SOLIDARIEDADE NO DIREITO DAS OBRIGAÇÕES

SOLIDARIEDADE NO DIREITO DAS OBRIGAÇÕES

2022

Domício Whately Pacheco e Silva

ALMEDINA

SOLIDARIEDADE NO DIREITO DAS OBRIGAÇÕES

AUTOR: Domício Whately Pacheco e Silva

DIRETOR ALMEDINA BRASIL: Rodrigo Mentz
EDITORA JURÍDICA: Manuella Santos de Castro
EDITOR DE DESENVOLVIMENTO: Aurélio Cesar Nogueira
ASSISTENTES EDITORIAIS: Isabela Leite e Larissa Nogueira
ESTAGIÁRIA DE PRODUÇÃO: Laura Roberti

DIAGRAMAÇÃO: Almedina
DESIGN DE CAPA: Roberta Bassanetto

ISBN: 9786556276151
Setembro, 2022

Dados Internacionais de Catalogação na Publicação (CIP)
(Câmara Brasileira do Livro, SP, Brasil)

Silva, Domício Whately Pacheco e
Solidariedade no direito das obrigações / Domício
Whately Pacheco e Silva. -- São Paulo, SP : Almedina,2022.

Bibliografia.
ISBN 978-65-5627-615-1

1. Contratos 2. Contratos (Direito civil) 3. Danos(Direito civil) 4. Direito civil
5. Indenização (Direito civil) 6. Obrigações (Direito) 7. Resolução
(Direito) 8. Solidariedade I. Título.

22-113972 CDU-347.4

Índices para catálogo sistemático:

1. Direito das obrigações : Direito civil 347.4

Eliete Marques da Silva - Bibliotecária - CRB-8/9380

Coleção IDiP
Coordenador Científico: Francisco Paulo De Crescenzo Marino

Este livro segue as regras do novo Acordo Ortográfico da Língua Portuguesa (1990).

EDITORA: Almedina Brasil
Rua José Maria Lisboa, 860, Conj.131 e 132, Jardim Paulista | 01423-001 São Paulo | Brasil
editora@almedina.com.br
www.almedina.com.br

Agradeço a Gilberto Azevedo de Moraes Costa e aos Professores Giovanni Ettore Nanni, Francisco Paulo de Crescenzo Marino, Claudio Luiz Bueno de Godoy e Mairan Gonçalves Maia Júnior.

Dedico aos meus amores, Ana Paula, Domício e Joaquim.

SUMÁRIO

INTRODUÇÃO

O vocábulo *solidariedade*, em seus múltiplos significados, sempre remete a bons sentimentos, como os de simpatia ou de piedade para com os que sofrem; transmite a ideia de fraternidade, de harmonia e união entre aqueles que vivem em proximidade ou que lutam pela mesma causa. Durante as atividades de estudo e pesquisa, sempre que indagado por pessoas leigas acerca do tema escolhido, invariavelmente percebemos reações positivas; notamos certa curiosidade sobre o alcance e a extensão dos futuros escritos sobre o intrigante assunto, tão simpático a todos.

Se alguém decidir, por acaso, examinar o texto da Constituição da República, encontrará, logo em seus primeiros artigos, o *objetivo fundamental* de construir uma sociedade solidária (além de justa e livre). Ninguém, em sã consciência, dotado de bons propósitos, consideraria enfastiante ou desprovida de significados benfazejos a ideia de buscar a construção de uma sociedade solidária; esse é o escopo de todos – ao menos, de todos aqueles cidadãos movidos por boas intenções.

Os potenciais leitores, se alheios ao mundo jurídico, ficariam decepcionados, decerto, acaso se aventurassem a ler as páginas que seguem. Não porque o tema não seja interessante – aliás, na nossa suspeita visão, um dos mais interessantes do direito privado –, mas porque a solidariedade no direito das obrigações não se mostraria algo tão vibrante aos olhos leigos. Trata-se, no entanto, de instituto de extrema importância, presente na vida de todas as pessoas (juristas ou leigas), desde, no mínimo, o período clássico do direito romano.

Há obrigações solidárias entre pessoas naturais, entre grandes e pequenas sociedades empresárias, entre consumidores e fornecedores, entre agentes públicos e o Estado, entre o Estado e os cidadãos etc. Não é exagero afirmar que se discorrerá, nas próximas páginas, sobre poderoso instrumento de justiça, de equidade, que também se presta a simplificar a celebração e a execução de negócios jurídicos, além de auxiliar sobremaneira na construção de boas soluções para intrincadas controvérsias de responsabilidade civil.

Embora o tema esteja presente em todos os manuais de direito civil e obras sobre direito das obrigações e em alguns artigos científicos publicados em revistas especializadas, não há, na doutrina brasileira, monografias atuais de grande envergadura sobre a solidariedade no direito privado. Exigiu-se, por isso, a consulta a diversas obras estrangeiras – sem, com isso, desmerecer os civilistas brasileiros tradicionais e contemporâneos. Não bastasse o rigor técnico da literatura alienígena, são muitos os pontos de contato entre a legislação pátria e as codificações espanhola, alemã, italiana, portuguesa, argentina e francesa.

Naturalmente, não se tem a pretensão de esgotar esse tema tão fecundo e tão complexo; tal mister exigiria um volumoso tratado – e ainda assim as pesquisas se eternizariam. Optou-se, por isso, por apresentar os contornos básicos da solidariedade, a fim de melhor compreender o funcionamento do instituto na atualidade.

Inicia-se o texto com breves considerações acerca da interação entre os dois principais significados de solidariedade para o mundo jurídico, até para permitir distingui-los e apresentar o tema específico que será objeto de análise. Em seguida, também com brevidade, apresentam-se algumas notas relevantes sobre as origens históricas da solidariedade; não se tem o propósito de discorrer, com profundidade, sobre as obrigações solidárias no direito romano: há obras específicas sobre o assunto, com metodologia própria.

Ainda no Capítulo 1, destinado aos "contornos gerais da solidariedade" (ou seja, às ideias comuns às duas espécies de solidariedade, passiva e ativa), examina-se o enquadramento sistemático do instituto na legislação brasileira (nos diplomas atual e revogado) e na de alguns países específicos: Espanha, Alemanha, Itália, Portugal, Argentina e França. Não adotamos essa sequência aleatoriamente: respeita-se a cronologia da entrada em vigor das disposições dedicadas ao direito das obrigações.

Desses países, a Espanha, hoje, é o que tem o arcabouço normativo de direito das obrigações vigente há mais tempo; e a França, apesar de contar com o Código Civil mais antigo, viveu uma grande reforma legislativa, em 2016, que alterou não só, substancialmente, em diversos pontos, a disciplina, mas também a própria numeração dos artigos respectivos.

Analisam-se, em seguida: a noção; os pressupostos normalmente apresentados pela doutrina (pluralidade de sujeitos, identidade de prestação e unidade do fato gerador ou da fonte); as fontes; a causa, a função e o fundamento da solidariedade; sua estrutura, diante da concepção da obrigação como processo; e possíveis categorias de solidariedade, criadas pela doutrina e pela jurisprudência. Apresenta-se, então, a natureza jurídica da solidariedade, distinta de figuras afins. A última seção do Capítulo 1 é dedicada aos elementos acidentais na solidariedade, dos quais decorrem muitas das divergências teóricas e práticas.

Buscou-se delinear, ao longo do Capítulo 1, em síntese, a teoria geral aplicável à solidariedade formada nos polos passivo e ativo. Tornou-se possível, a partir daí, no Capítulo 2, enfrentar a solidariedade passiva, seus conceitos próprios e suas vicissitudes. Optou-se por inverter a ordem disposta no Código Civil de 2002, em que a solidariedade ativa aparece em primeiro lugar. Não se agiu assim por qualquer laivo de rebeldia, mas porque se nos afigurou mais adequado. Além da maior importância prática desempenhada pela solidariedade passiva, vários de seus conceitos e vicissitudes coincidem com o que, depois, será tratado no Capítulo 3 – são duas faces da mesma moeda. Por isso, como a pluralidade de sujeitos é mais comum no polo passivo – e, até por isso, se mostra mais elaborada a doutrina –, seria inadequado analisar, antes, um fenômeno mais raro, para, depois, chegar ao mais comum. Não é à toa, aliás, que codificações avançadas, como as de Portugal e Argentina, também optam por essa inversão.

Nos Capítulos 2 e 3, portanto, são analisados o conceito, o conteúdo, a importância, os efeitos fundamentais e os principais fatos modificativos, extintivos e impeditivos das obrigações, em sua interação com relações obrigacionais solidárias (passivas e, depois, ativas). Em cada um deles, há seções específicas dedicadas às respectivas fases internas – assim denominado, na presente obra, aquele momento em que se solucionarão as possíveis controvérsias entre os antes devedores solidários ou credores solidários. Desmembrou-se a relação obrigacional solidária em fases (externa e interna), sob influência de escritores italianos e da concepção de obrigação como processo, o que parece auxiliar na compreensão do instituto.

No Capítulo 4, por fim, cuidamos de questões processuais que, diante de obrigações solidárias, podem gerar inúmeras discussões. Afinal, o direito processual civil, conquanto disciplina autônoma, não se desprende do direito material – serve-lhe, na verdade, como instrumento para a solução dos conflitos. A processualística deve respeito às categorias próprias do direito privado, para que as soluções encontradas nos casos concretos se revelem em consonância com a realidade da vida.

1.
CONTORNOS GERAIS DA SOLIDARIEDADE

1.1. Solidariedade constitucional e solidariedade obrigacional

Todo ser humano está compreendido em uma rede econômica de direito das obrigações. Ainda que se limite a mendigar, o indivíduo invade o campo do direito, ao aceitar a doação. O número de relações obrigacionais concretizadas a cada dia ultrapassa, hoje, seguramente, a casa dos bilhões. Não há, na realidade, estatísticas que permitam analisar esse fenômeno, motivado onde quer que ocorra pelo *fator econômico*.[1]

Para além das preocupações com o fator econômico, exige-se dos indivíduos envolvidos nessas relações obrigacionais uma *conduta de cooperação*, segundo as diretrizes em que essa conduta é devida para a satisfação do direito alheio. Relações dessa natureza também põem em jogo um interesse da contraparte; um interesse na integridade da própria esfera jurídica, satisfeito por comportamento positivo ou negativo – este quando implicar prática de atos lesivos a essa esfera de interesses.[2]

A relação obrigacional não deve ser considerada um mero estatuto do credor; a cooperação, e um determinado modo de ser, substitui a subordinação, e o credor se torna titular de obrigações genéricas ou

[1] Hedemann, J. W. *Derecho de obligaciones*. Trad. Jaime Santos Briz. Madrid: Editorial Revista de Derecho Privado, 1958, v. III, p. 30.

[2] Betti, Emilio. *Teoria geral das obrigações*. Trad. Francisco José Galvão Bruno. Campinas: Bookseller, 2006, p. 85-86.

específicas de cooperação ao adimplemento do devedor. O terceiro também se encontra envolvido neste novo clima de colaboração e de responsabilidade: o crédito assume, então, a fisionomia de um bem autônomo, sobre o qual, de modo evidente, incidem direitos de terceiros qualificados e que terceiros são obrigados a respeitar.[3]

Esse clima de colaboração e de responsabilidade – ideia relativamente recente no Brasil – decorre do reposicionamento da Constituição no centro do sistema jurídico, em que passou a atuar como um filtro para a leitura do direito em geral. Segundo Luís Roberto Barroso, operou-se uma "virada axiológica" do direito civil, tanto pela vinda de normas de direito civil para a Constituição, quanto, sobretudo, pela ida da Constituição para a interpretação do direito civil, a impor um novo conjunto de valores e princípios.[4]

Exige-se, de fato, um fio condutor diverso para a aplicação das normas de direito privado. Outrora localizado no Código Civil, desloca-se o núcleo do sistema para o texto constitucional, no qual se veem, hoje, vários dispositivos que regem as relações privadas, tais como aqueles atinentes aos direitos da personalidade, à família, à propriedade, à sucessão, às obrigações e aos negócios jurídicos em geral.

Não mais subsistem relações jurídicas obrigacionais desconectadas das considerações à dignidade humana, à liberdade, à justiça e, claro, à solidariedade. Emergentes da Constituição da República, tais elementos passam a fornecer o substrato essencial para a validade das relações entre os sujeitos de direito.[5]

Com efeito, um dos objetivos fundamentais da República Federativa do Brasil, nos termos do art. 3º, I, da Constituição de 1988, é o de construir uma sociedade *livre, justa* e *solidária*. Ao influxo dessa solidariedade constitucional, também se sujeita o direito obrigacional, de acordo com essa visão metodológica surgida a partir da superação do positivismo jurídico.

[3] PERLINGIERI, Pietro. *Perfis do direito civil*: introdução ao direito civil constitucional. Trad. Maria Cristina De Cicco. 3. ed. Rio de Janeiro: Renovar, 1997, p. 212.

[4] BARROSO, Luís Roberto. A Constitucionalização do direito e o direito civil. In: TEPEDINO, Gustavo (Org.). *Direito civil contemporâneo*: novos problemas à luz da legalidade constitucional: anais do Congresso Internacional de Direito Civil-Constitucional da Cidade do Rio de Janeiro. São Paulo: Atlas, 2008, p. 258.

[5] NANNI, Giovanni Ettore. *Enriquecimento sem causa*. 2. ed. São Paulo: Saraiva, 2010, p. 140.

Em um de seus sentidos vulgares, *solidariedade* significa o laço fraternal, o sentimento recíproco entre duas ou mais pessoas, unidas pelos mesmos interesses e que, por isso, se ajudam e se apoiam, umas às outras.[6] A fim de fomentar o liame fraternal entre os indivíduos, inseriu-se esse princípio na ordem constitucional, como inspiração para que o direito exerça a sua vocação social, a sua funcionalização, com a compreensão do que pode ser considerado parificação e pacificação.[7]

Busca-se assegurar aos seres humanos, assim, uma existência livre e digna, tanto sob os aspectos físico, intelectual, espiritual e material, quanto negocial e econômico, sem que predomine o interesse meramente individual; pretende-se viabilizar a inserção de todos no meio social de sua convivência.[8] Essa é, em breve síntese, a compreensão do princípio constitucional da *solidariedade*, ligado à noção de fraternidade entre os indivíduos.

A despeito do compartilhamento da denominação, a *solidariedade* de que se ocupa o presente estudo é de outro matiz, mais técnico. Em ambas as acepções, o termo remonta ao vocábulo latino *solidus*, que transmite a ideia de totalidade, de inteireza, sem divisão ou fracionamentos.[9] O enfoque, aqui, todavia, recairá sobre a *solidariedade obrigacional* – ou *obrigação solidária* –, aquela em que concorre mais de um credor, ou mais de um devedor, cada um com direito, ou obrigado, à dívida toda (v. art. 264[10] do Código Civil de 2002).

Em lugar do princípio constitucional, a análise concentrar-se-á sobre o complexo de normas disciplinadoras desse peculiar instituto de direito privado. No curso dessa atividade, é claro, não se ignorarão as ideias de cooperação, de boa-fé, de função social, de dignidade humana, a fim de compatibilizá-las com técnica desenvolvida ao longo dos séculos.

[6] Aulete, Francisco Júlio de Caldas. *Dicionário contemporâneo da língua portuguesa*. 2. ed. Rio de Janeiro: Delta, 1964, p. 3.791.

[7] Nery, Rosa Maria Barreto Borriello de Andrade. Apontamentos sobre o princípio da solidariedade no sistema do direito privado. *Revista de Direito Privado*. São Paulo: Editora Revista dos Tribunais, v. 17, p. 65-70, jan.-mar. 2004.

[8] Nanni, Giovanni Ettore. *Enriquecimento sem causa*. 2. ed. São Paulo: Saraiva, 2010, p. 152.

[9] Silva, De Plácido e. *Vocabulário jurídico*. 15. ed. Rio de Janeiro: Forense, 1999, p. 771.

[10] "Art. 264. Há solidariedade, quando na mesma obrigação concorre mais de um credor, ou mais de um devedor, cada um com direito, ou obrigado, à dívida toda".

1.2. Breves notas sobre as origens históricas da solidariedade

Essencial à sociedade contemporânea, a solidariedade é, no entanto, um instituto muito antigo, disciplinado já no período clássico do direito romano, surgido a partir da formalização externa de uma relação coletiva interna marcada pela solidariedade natural que existia no seio da família romana.[11] Na época, dentre as fontes das obrigações solidárias, a principal (e a primeira) delas era a *stipulatio*, um contrato celebrado verbalmente, por meio de interrogação e de resposta, em termos solenes, entre o futuro credor e o futuro devedor.[12]

Empregava-se, então, a expressão *duo rei*, quer para designar dois credores (*duo rei stipulandi*), cada um deles autorizado a perseguir, pelo todo, o devedor comum, e a receber o pagamento, com a extinção do direito do outro; quer para referir, de forma semelhante, a dois devedores (*duo rei promittendi*), sujeitos à cobrança, pelo todo, e cujo pagamento se prestava a liberar o coobrigado.[13]

A partir da *stipulatio*, estendeu-se a solidariedade a contratos caracterizados por dar origem a um *iudicium bonae fidei* (a venda, a locação, a sociedade, o mandato, o depósito, a comodato, a promessa).[14] Era possível, ainda, que a solidariedade decorresse de um testamento, em que estivesse previsto um legado *per damnationem*: com a aceitação da herança, surgia uma relação obrigacional entre os herdeiros (devedores solidários) e o legatário, a fim de que fosse transferida uma propriedade ou constituído um determinado direito.[15] Também se aplicava o regime das obrigações solidárias às hipóteses de indivisibilidade.[16]

Antes do direito justinianeu, as expressões *in solidum obligari, in solidum teneri* apareciam nas fontes com um sentido literal, a significar que os sujeitos da relação estavam vinculados ao adimplemento integral de

[11] Mignot, Marc. *Les obligations solidaires et les obligations in solidum en droit privé français*. Paris: Dalloz, 2002, p. 72.

[12] Alves, José Carlos Moreira. *Direito romano*. 4. ed. Rio de Janeiro: Forense, 1986, v. II, p. 24-25.

[13] Demangeat, Charles. *Des obligations solidaires en droit romain*: commentaire du titre *de duobus reis*, au Digeste. Paris: A. Marescq Ainé Libraire-Éditeur, 1858, p. 3-4.

[14] Masi, Antonio. Solidarietà (diritto romano). In: Azara, Antonio; Eula, Ernesto (Dir.). *Novissimo Digesto Italiano*. Torino: UTET, 1965, v. 17, p. 832.

[15] Alves, José Carlos Moreira. *Direito romano*. 4. ed. Rio de Janeiro: Forense, 1986, v. II, p. 25.

[16] Masi, Antonio. Solidarietà (diritto romano). In: Azara, Antonio; EULA, Ernesto (Dir.). *Novissimo Digesto Italiano*. Torino: UTET, 1965, v. 17, p. 832.

uma prestação. Tais locuções, porém, encontravam aplicação tanto em casos de obrigações eletivas de solidariedade (solidariedade *stricto sensu*) quanto nas hipóteses das chamadas "obrigações solidárias cumulativas", em que a prestação podia ser exigida integralmente do devedor, tantas vezes quantos fossem os credores, ou devesse ser adimplida por inteiro por cada um dos vários devedores.[17]

Durante o período clássico, a obrigação solidária resultava de estipulação única, da qual se deduzia, incontestavelmente, a unidade da obrigação e, portanto, a unidade da ação. Isso explicava, sob o ponto de vista processual, o efeito extintivo da *litis contestatio* – a ação do credor contra um codevedor, por um procedimento formulário, *extinguia a própria obrigação*. A *litis contestatio* encerrava a primeira fase do processo, a marcar o acordo entre as partes quanto à fórmula escolhida; fórmula essa que serviria, depois, como fundamento jurídico para a resolução efetiva da disputa. Segundo os romanistas, a *litis contestatio* traduzia uma espécie de contrato judiciário sobre uma fórmula.[18]

Não se admitia, até então, nenhum recurso (ou regresso) na estrutura obrigacional da solidariedade, quer na modalidade ativa quer na passiva. Com efeito, o recurso não poderia ser compreendido senão nos casos de pagamento de débito de terceiros ou no recebimento de pagamento devido a terceiros. Três ações distintas, contudo, permitiam o exercício de recursos: (i) a ação *pro socio* (ação na qualidade de associado, permitindo a cada um obter a execução do contrato de sociedade); (ii) a ação *familiae erciscundae* (ação de partilha da indivisão da herança comum entre os herdeiros); (iii) a ação *communi dividundo* (ação de partilha da indivisão, de qualquer fonte).[19]

Com o *Corpus Iuris Civilis*, adotou-se a expressão *in solidum*, nas *Institutas* e no *Digesto*, para indicar o caráter mais proeminente dessa natureza de relação obrigacional, com o mesmo sentido de "pelo todo".[20]

[17] Masi, Antonio. Solidarietà (diritto romano). In: Azara, Antonio; Eula, Ernesto (Dir.). *Novissimo Digesto Italiano*. Torino: UTET, 1965, v. 17, p. 831-832.

[18] Mignot, Marc. *Les obligations solidaires et les obligations in solidum en droit privé français.* Paris: Dalloz, 2002, p. 72-73.

[19] Mignot, Marc. *Les obligations solidaires et les obligations in solidum en droit privé français.* Paris: Dalloz, 2002, p. 74.

[20] Demangeat, Charles. *Des obligations solidaires en droit romain*: commentaire du titre *de duobus reis*, au Digeste. Paris: A. Marescq Ainé Libraire-Éditeur, 1858, p. 6.

Mais tarde, surgiram inúmeras controvérsias entre os romanistas acerca do significado dessa locução.[21] Não se nega, entretanto, que as obrigações solidárias sofreram, graças a Justiniano, uma grande transformação, multiplicadas as possibilidades de aplicação de seu regime.[22] O Título 2 do Livro 45 do *Digesto*, o Título 40 do Livro 8 do *Codex*, bem como o Título 16 do Livro 3 das *Institutas* são inteiramente consagrados à questão das obrigações solidárias.[23]

Após a intervenção do imperador bizantino, passou a lei a ser importante fonte de solidariedade, ativa ou passiva, nas hipóteses de delitos cometidos por várias pessoas ou contra várias vítimas (até então, as obrigações *ex delito* eram cumulativas, porquanto o pagamento era considerado um meio de punição).[24] Tratou-se de admitir, ainda, o direito de recurso (ou de regresso) entre os codevedores ou cocredores. Os romanistas modernos consideram, com base no que pode ser considerada, hoje, uma *communis opinio*, que o direito de regresso não constituía um "elemento orgânico" na arquitetura da obrigação solidária clássica, mas representava, ao contrário, a importância da nova estrutura surgida na era justinianeia.[25]

Por razões práticas, ademais, Justiniano suprimiu o efeito extintivo da *litis contestatio*, para permitir a renovação das pretensões até que se obtivesse o completo pagamento (C., 8, 40, 28). Apesar da natureza essencialmente processual, essa reforma teria gerado consequências sob o plano substancial, por autorizar o credor de uma obrigação solidária a ajuizar várias ações perante o pretor, tantas quantos fossem os devedores.[26]

Em razão de possíveis interpolações, porém, os textos pertinentes à solidariedade provocaram uma grande divergência nas escolas roma-

[21] V. seção 1.9.1, sobre obrigações solidárias simples e obrigações correais.

[22] Kaser, Max. *Direito privado romano.* 2. ed. Trad. Samuel Rodrigues e Ferdinand Hämmerle. Rev. Maria Armanda de Saint-Maurice. Lisboa: Fundação Calouste Gulbenkian, 2011, p. 308-309.

[23] Mignot, Marc. *Les obligations solidaires et les obligations in solidum en droit privé français.* Paris: Dalloz, 2002, p. 69.

[24] Alves, José Carlos Moreira. *Direito romano.* 4. ed. Rio de Janeiro: Forense, 1986, v. II, p. 23-25.

[25] Rossetti, Giulietta. *Le obbligazioni in solido*: modelli romani e disciplina attuale. Napoli: Jovene Editore, 2013, p. 53.

[26] Mignot, Marc. *Les obligations solidaires et les obligations in solidum en droit privé français.* Paris: Dalloz, 2002, p. 75-76.

nistas, com influência nas teorias civilistas subsequentes – conforme melhor se analisará no momento oportuno, quando se tratar da distinção entre a *solidariedade simples* e a *correalidade*.[27]

A literatura especializada, tradicionalmente, inclui entre os requisitos da solidariedade *ex stipulatione* (e, em geral, da obrigação solidária romana) o da identidade da prestação (*idem debitum*), o qual, juntamente com a pluralidade subjetiva e com o *unitas actus*, caracteriza, sob o plano dos pressupostos, a configuração estrutural típica da obrigação solidária romana, que resistiu ao longo dos séculos e acabou por ser recebida na tradição civilística até as codificações modernas.[28]

A dissolução do Império Romano derrubou normas e institutos; todavia, as regras pertinentes à solidariedade não se extinguiram completamente. Aliás, a tendência de rendimensionamento dessas regras, verificada no período pós-clássico, reforçou-se mesmo depois das invasões e ocupações de bárbaros e germânicos, e isso se explica por questões de caráter econômico, assim como por motivações mais estritamente jurídicas.[29]

Aparentemente, o direito germânico arcaico não conhecia o conceito de solidariedade – ao menos, em sua acepção ordinária. Mas, em um contexto de empobrecimento econômico e cultural, o direito romano permaneceu vivo e logo fez valer a sua própria força, com o que provocou modificações progressivas nas regras e nas tradições dos povos invasores.[30]

A história do direito privado moderno inicia-se na Europa, com a redescoberta do direito justinianeu. No início da alta Idade Média, surgia uma nova ciência jurídica europeia, quando as formas de comentário e de ensino do *trivium*, herdadas da antiguidade, passaram a ser aplicadas ao estudo o *Corpus Iuris Civilis*. Nesse período, o jurista (inicialmente ainda como clérigo, mas depois com uma relevante influência na vida pública) introduziu a discussão racional da problemática técnico-jurídica na sociedade.[31]

[27] V. seção 1.9.1, sobre obrigações solidárias simples e obrigações correais.

[28] Rossetti, Giulietta. *Le obbligazioni in solido*: modelli romani e disciplina attuale. Napoli: Jovene Editore, 2013, p. 14.

[29] Pellegatta, Stefano. *Unità e pluralità nella obbligazione solidale passiva*. Torino: G. Giappichelli Editore, 2016, p. 33.

[30] Pellegatta, Stefano. *Unità e pluralità nella obbligazione solidale passiva*. Torino: G. Giappichelli Editore, 2016, p. 33-34.

[31] Wieacker, Franz. *História do direito privado moderno*. Trad. A. M. Botelho Hespanha. 2. ed. Lisboa: Fundação Calouste Gulbenkian. 1967, p. 11.

Na baixa Idade Média, a partir do século XI, o interesse pelos estudos romanísticos encontrou um novo e vigoroso impulso, graças à escola de Pavia e, principalmente, dos glosadores, oriundos de Bolonha. Ao centro da análise jurídica, voltou o *Corpus Iuris Civilis*, e a doutrina medieval se ocupou da solidariedade – em especial, quanto ao direito de regresso; foi determinante, sob esse aspecto, a contribuição dos glosadores, que buscavam uma progressiva generalização desse direito.[32]

À fundação da ciência jurídica no norte da Itália, seguiu-se, ainda no século XII, a criação de um *studium civile* na França meridional e central, *studium* que, no decurso do século XIII, adquiriu significado europeu e independência progressiva. Em pouco tempo, os ultramontanos (assim designados na Itália) entraram em constante intercâmbio e concorrência com os juristas italianos.[33]

Até muito tempo depois do fim da Idade Média (quando surgiu, na Alemanha, o *usus modernus pandectarum*), as glosas dominaram as faculdades de direito europeias. O objeto das lições era constituído pelas três partes do *Corpus Iuris Civilis*, às quais corresponderam, até o século XVII, as cadeiras universitárias tradicionais. Com esse modelo, os glosadores deram origem ao método que, ainda hoje, fundamentalmente, se mantém como técnica dos juristas: apreenderam dos romanos a arte de resolver os conflitos de interesse não mais com recurso à força ou a costumes espontâneos e irracionais.[34]

Posteriormente, vários institutos do direito romano, como a solidariedade, cristalizaram-se na tradição da *civil law*. Na elaboração do Código Civil francês, de 1804, o direito romano figurou como uma de suas fontes, sobretudo para o regime da propriedade e para as regras gerais das obrigações e dos contratos.[35]

As ordens jurídicas de família românica (nas quais se inclui a brasileira), influenciadas pelos trabalhos de codificação napoleônicos, basea-

[32] Pellegatta, Stefano. *Unità e pluralità nella obbligazione solidale passiva*. Torino: G. Giappichelli Editore, 2016, p. 34-35.

[33] Wieacker, Franz. *História do direito privado moderno*. Trad. A. M. Botelho Hespanha. 2. ed. Lisboa: Fundação Calouste Gulbenkian. 1967, p. 59.

[34] Wieacker, Franz. *História do direito privado moderno*. Trad. A. M. Botelho Hespanha. 2. ed. Lisboa: Fundação Calouste Gulbenkian. 1967, p. 63-65.

[35] Planiol, Marcel. *Traité élémentaire de droit civil*: príncipes généraux: personnes: biens. 4. ed. Paris: Librairie Générale de Droit et de Jurisprudence, 1948, t. 1, p. 33.

ram-se na "cientificização" do direito por meio do reencontro do *Corpus Iuris Civilis*, na jurisprudência medieval, e na sua informação pela antiga ciência do direito comum, na teoria e no sistema do jusracionalismo, na humanização e na racionalização da jurisprudência pelo iluminismo da Europa central e pela Revolução Francesa.[36]

1.3. Enquadramento sistemático da solidariedade

No atual Código Civil brasileiro (Lei n. 10.406, de 10 de janeiro de 2002), as *obrigações solidárias* encontram-se disciplinadas no Livro I, Título I, da Parte Especial, em um sexto e último capítulo sobre modalidade de obrigações, em seguida às *obrigações de dar* (Capítulo I), de *fazer* (Capítulo II), de *não fazer* (Capítulo III), *alternativas* (Capítulo IV), *divisíveis* e *indivisíveis* (Capítulo V).

Trata-se de sistematização análoga à do Código Civil anterior (Lei n. 3.071, de 1º de janeiro de 1916). A dessemelhança precípua está em que, ao *direito das obrigações*, no diploma revogado, se dedicava o Livro III, da Parte Especial, após o *direito de família* (Livro I) e o *direito das coisas* (Livro II); modificou-se essa ordem, a fim de que o direito das obrigações passasse a inaugurar a Parte Especial. Trata-se de aperfeiçoamento: o direito das obrigações merece ser estudado logo após parte geral, porquanto a análise dos vários institutos dos outros departamentos depende do conhecimento de seus conceitos e construções teóricas.[37]

Incluindo a classificação tríplice (obrigações de dar, fazer e não fazer), inspirada no direito romano, esse conjunto de *modalidades* de obrigações, albergado por ambos os códigos brasileiros, parece não corresponder, verdadeiramente, a uma reunião de categorias diversas. Não se vê um elemento distintivo claro; em muitos casos, inclusive, essas diferentes modalidades se sobrepõem: assim, pode existir uma determinada obrigação que, além de solidária, seja também alternativa, e com prestações indivisíveis.

Além disso, independentemente do tipo que se apresentar, sempre estará presente o elemento do qual partem todas as exigências possíveis, ligado à qualidade da prestação: o dar, o fazer ou o não fazer. De fato,

[36] Wieacker, Franz. *História do direito privado moderno*. Trad. A. M. Botelho Hespanha. 2. ed. Lisboa: Fundação Calouste Gulbenkian. 1967, p. 574-575.

[37] Gomes, Orlando. *Obrigações*. 5. ed. Rio de Janeiro: Forense, 1978, p. 11.

as espécies "alternativas", "divisíveis e indivisíveis" e "solidárias" contêm todas o ser ôntico de um daqueles componentes ou elementos.[38] Sujeita-se a críticas, portanto, esse enquadramento sistemático adotado pelo legislador brasileiro.

Registre-se, ainda, que as normas pertinentes à solidariedade não estão compreendidas todas no mencionado capítulo, conforme se verá no decorrer do presente estudo. Apenas a título de exemplo, mencione-se, desde logo, que a eficácia da transação, no que diz respeito aos cocredores ou codevedores solidários, se encontra disciplinada no art. 844,[39] §§ 2º e 3º, inserido no Título IV, do Livro I, da Parte Especial.

No Esboço de Código Civil, de A. Teixeira de Freitas, o direito das obrigações encontrava-se disciplinado na Parte Especial, Livro Segundo, Seção I (Dos Direitos Pessoais em Geral); classificavam-se as obrigações: (i) *em relação ao seu objeto* (Título 2º): como *obrigações de dar* (Capítulo 1º); *obrigações de fazer* e *de não fazer* (Capítulo 2º); *obrigações alternativas* (Capítulo 3º); *obrigações facultativas* (Capítulo 4º); *obrigações divisíveis* e *indivisíveis* (Capítulo 5º); e *obrigações com cláusula penal* (Capítulo 6º); (ii) *em relação às pessoas* (Título 3º): como *obrigações solidárias* (Capítulo Único), subdivididas em *solidariedade ativa* (§ 1º) e *solidariedade passiva* (§ 2º).[40]

Apresentado, em parte, em 1965, o Esboço sofreu críticas, por ser muito longo – prolixo mesmo –, com quase cinco mil artigos. Ressentido, Teixeira de Freitas suspendeu a execução do contrato celebrado com o Governo, contrato esse posteriormente desfeito, em razão da divergência surgida. Não chegou o autor a finalizar o Esboço, do qual, no entanto, muito se serviu a Argentina na elaboração de seu antigo Código Civil – substituído, em 2014, por novo diploma.[41]

Na legislação estrangeira, não há uniformidade no disciplinamento da questão. O Código Civil italiano, de 1942, p. ex., arrola, em seu

[38] Rizzardo, Arnaldo. *Direito das obrigações*. 7. ed. Rio de Janeiro: Forense, 2013, p. 54.

[39] "Art. 844. A transação não aproveita, nem prejudica senão aos que nela intervierem, ainda que diga respeito a coisa indivisível. § 1º Se for concluída entre o credor e o devedor, desobrigará o fiador. § 2º Se entre um dos credores solidários e o devedor, extingue a obrigação deste para com os outros credores. § 3º Se entre um dos devedores solidários e seu credor, extingue a dívida em relação aos co-devedores".

[40] Freitas, A. Teixeira de. *Código Civil*: esbôço. Rio de Janeiro: Ministério da Justiça e Negócios Interiores, 1952, p. I.

[41] Pereira, Caio Mário da Silva. *Instituições de direito civil*: introdução ao direito civil: teoria geral de direito civil. 27. ed. Rio de Janeiro: Forense, 2014, v. I, p. 69.

Livro Quarto, Título I, Capítulo VII, apenas quatro categorias de obrigações: das *obrigações pecuniárias* (Seção I), das *obrigações alternativas* (Seção II), das *obrigações in solido* (Seção III) e das *obrigações divisíveis* e *indivisíveis* (Seção IV).

G. Amorth entende ser lógico questionar o motivo da discriminação levada a efeito pelo legislador italiano, por não vislumbrar os caracteres diferenciadores considerados para a finalidade dessas distinções. A seu ver, a separação em apenas quatro categorias resultaria da fisionomia estrutural intrínseca de cada uma delas, porque todas apresentariam problemas especiais – para os quais haveria a necessidade de soluções legislativas também especiais.[42] U. Breccia também critica essa equiparação de fenômenos completamente heterogêneos, a demonstrar a inutilidade de pesquisar as respostas às muitas dúvidas de aplicação no plano de uma linha sistemática pré-constituída.[43]

Outros diplomas estrangeiros oferecem soluções diversas, as quais também não estão imunes às críticas. O Código Civil espanhol, de 1889, prefere, em seu Livro IV, Título I, Capítulo III, classificar as obrigações em seis espécies: das *obrigações puras* e das *condicionais* (Seção Primeira), das *obrigações a prazo* (Seção Segunda), das *obrigações alternativas* (Seção Terceira), das *obrigações mancomunadas* e das *solidárias* (Seção Quarta), das *obrigações divisíveis* e das *indivisíveis* (Seção Quinta), das *obrigações com cláusula penal* (Seção Sexta).

O Código Civil alemão, de 1900, contém um Livro 2, dedicado ao direito das relações obrigacionais, dividido, hoje, em oito seções, sobre: o *conteúdo das obrigações* (Seção 1), a *formação de relações negociais mediante condições gerais de contratação* (Seção 2), as *obrigações contratuais* (Seção 3), a *extinção das obrigações* (Seção 4), a *transmissão do crédito* (Seção 5), a *assunção de dívida* (Seção 6), a *pluralidade de devedores e de credores* (Seção 7) e as *relações obrigacionais em particular* (Seção 8). A Seção 7, particularmente,

[42] Amorth, Giorgio. *L'obbligazione solidale.* Milano: Giuffrè, 1959, p. 4-7. Nesse sentido, cf. Majo, Adolfo Di. Obbligazioni solidali (e indivisibili). In: Mortati, Costantino; Santoro--Passarelli, Francesco (Dir.). *Enciclopedia del Diritto.* Milano: Giuffrè Editore, 1979, v. XXIX, p. 298-299.

[43] Breccia, Umberto. Prefazione. In: Breccia, Umberto; Busnelli, Francesco Donato (a cura di). Breccia, Umberto; Busnelli, Francesco Donato (a cura di). Le "nuove" obbligazioni solidali: principi europei, orientamenti giurisprudenziali, interventi legislativi. In: *I quaderni della Rivista di Diritto Civile.* Padova: Cedam, 2015, p. XII.

distribui-se ao longo de treze parágrafos (§§ 420 a 432), dedicados às *obrigações solidárias, divisíveis* e *indivisíveis.*

O Código Civil português, de 1966, divide as obrigações, em seu Livro II, Capítulo III, em nove modalidades: *obrigações de sujeito ativo indeterminado* (Seção I), *obrigações solidárias* (Seção II), *obrigações divisíveis* e *indivisíveis* (Seção III), *obrigações genéricas* (Seção IV), *obrigações alternativas* (Seção V), *obrigações pecuniárias* (Seção VI), *obrigações de juros* (Seção VII), *obrigação de indenização* (Seção VIII) e *obrigação de informação* e de *apresentação de coisas ou documentos* (Seção IX).

O Código Civil e Comercial argentino, de 2014, em seu Livro Terceiro, Título I, Capítulo III, divide as obrigações em diferentes classes: *obrigações de dar* (Seção 1º), *obrigações de fazer* e de *não fazer* (Seção 2ª), *obrigações alternativas* (Seção 3ª), *obrigações facultativas* (Seção 4ª), *obrigações com cláusula penal* e *sanções cominatórias* (Seção 5ª), *obrigações divisíveis* e *indivisíveis* (Seção 6ª), *obrigações de sujeito plural* (Seção 7ª), subdivididas em *simplesmente mancomunadas* e *solidárias, obrigações concorrentes* (Seção 8ª), *obrigações disjuntivas* (Seção 9ª), *obrigações principais* e *acessórias* (Seção 10ª), *prestação de contas* (Seção 11ª).

O Código Civil francês, após a significativa reforma promovida em 2016 (*Ordonnance* n. 2016-131, de 10 de fevereiro de 2016), passou a considerar, em seu Livro III (dedicado às diferentes maneiras de se adquirir a propriedade), Título IV, Capítulo 1º, as seguintes modalidades de obrigações: a *obrigação condicional* (Seção 1), a *obrigação a termo* (Seção 2) e a *obrigação plural* (Seção 3). A obrigação plural, por sua vez, desdobra-se em: com *pluralidade de objetos* (subseção 1), *cumulativa* (parágrafo 1), *alternativa* (parágrafo 2) e *facultativa* (parágrafo 3); com *pluralidade de sujeitos* (subseção 2), *solidária* (parágrafo 1) e de *prestação indivisível* (parágrafo 2).

Como se vê, não são poucas nem homogêneas as soluções legislativas para tentar enquadrar a solidariedade de forma sistemática, em harmonia com os demais preceitos concernentes às obrigações. A existência desses diferentes arranjos, é claro, não contribui para arrefecer as dificuldades na definição da natureza jurídica do instituto. São relevantes as divergências na doutrina, conforme se constatará ao longo do presente estudo.

1.4. Noção de solidariedade

Nos termos do art. 264[44] do Código Civil de 2002, há solidariedade quando, na mesma obrigação, concorrem mais de um credor, ou mais de um devedor, cada um com direito, ou obrigado, à dívida toda. Trata-se de redação praticamente idêntica à do art. 896, par. ún.,[45] do Código Civil de 1916. Esse conceito legal não difere, em substância, daquele formulado por A. Teixeira de Freitas, em seu Esboço (v. art. 1.007):[46] a obrigação é ativamente solidária quando houver dois ou mais credores com direito a exigir e receber o crédito por inteiro; e é passivamente solidária quando houver dois ou mais devedores com obrigação de pagar o débito por inteiro.[47]

Referidas definições guardam certa proximidade, ainda, com aquelas apresentadas pelo Código Civil português (v. art. 512º, 1),[48] pelo Código Civil italiano (v. art. 1.292)[49] e pelo Código Civil e Comercial argentino (v. art. 827),[50] em que a solidariedade passiva e a ativa se encontram disciplinadas de maneira conjunta. Alguns diplomas trazem as noções de

[44] "Art. 264. Há solidariedade, quando na mesma obrigação concorre mais de um credor, ou mais de um devedor, cada um com direito, ou obrigado, à dívida toda".

[45] "Art. 896. [...] Parágrafo único. Há solidariedade, quando na mesma obrigação concorrem diversos credores, ou diversos devedores, cada um com direito, ou obrigado à divida toda".

[46] "Art. 1.007. A solidariedade das obrigações pode ser ativa, ou passiva. A obrigação é *ativamente solidária*, quando houverem [sic] dois ou mais credores com direito a exigir e receber o crédito por inteiro. É *passivamente solidária*, quando houverem [sic] dois ou mais devedores com obrigação de pagar o débito por inteiro".

[47] Freitas, A. Teixeira de. *Código Civil*: esbôço. Rio de Janeiro: Ministério da Justiça e Negócios Interiores, 1952, p. I, p. 402.

[48] "Art. 512º [...] 1. A obrigação é solidária, quando cada um dos devedores responde pela prestação integral e esta a todos libera, ou quando cada um dos credores tem a faculdade de exigir, por si só, a prestação integral e esta libera o devedor para com todos eles".

[49] "Art. 1292. [...] L'obbligazione e in solido quando più debitori sono obbligati tutti per la medesima prestazione, in modo che ciascuno può essere costretto all'adempimento per la totalità e l'adempimento da parte di uno libera gli altri; oppure quando tra più creditori ciascuno ha diritto di chiedere l'adempimento dell'intera obbligazione e l'adempimento conseguito da uno di essi libera il debitore verso tutti i creditori".

[50] "Art. 827. [...] Hay solidaridad en las obligaciones con pluralidad de sujetos y originadas en una causa única cuando, en razón del título constitutivo o de la ley, su cumplimiento total puede exigirse a cualquiera de los deudores, por cualquiera de los acreedores".

solidariedade em dispositivos apartados, como o Código Civil alemão[51] (v. §§ 421[52] e 428)[53] e o Código Civil francês (v. arts. 1.311[54] e 1.313).[55]

Em geral, sem grandes variações, a doutrina conceitua: (i) a *obrigação solidária passiva*, como aquela em que mais de um devedor está vinculado ao adimplemento de uma certa prestação, de modo que cada um deles pode ser constrangido pelo credor comum a pagá-la por inteiro; satisfeita a prestação, liberam-se todos os coobrigados; (ii) a *obrigação solidária ativa*, como aquela em que há uma pluralidade de credores, os quais, singularmente, podem exigir integramente a prestação do devedor comum; e este, com o pagamento, se libera em relação a todos aqueles.[56]

Há menções, ainda, sem grande relevo, a uma certa *obrigação solidária mista* (ou *recíproca*),[57] desprovida de previsão legal. Seria aquela em que se verifica a pluralidade de devedores e, simultaneamente, de credores, todos obrigados, ou com direito, à integralidade da prestação. Afirma-se que não corresponderia a uma classe à parte de solidariedade, com regras próprias, porquanto a solidariedade mista não passaria da soma das duas outras, disciplinada pela aplicação combinada das regras

[51] No tocante ao Código Civil alemão, *Bürgerliches Gesetzbuch* (ou BGB), utilizou-se a tradução para o idioma espanhol de Encinas, Emilio Eiranova. *Código Civil alemán comentado*: BGB. Barcelona: Marcial Pons, 1998. Cf., ainda, versão atualizada em língua inglesa, disponível em: [https://www.gesetze-im-internet.de/englisch_bgb/englisch_bgb.html]. Acesso em 30.6.2018.

[52] "§ 421. [...] Si varias personas deben una prestación de tal manera que cada uno está obligado a efectuar toda la prestación, pero el acreedor está facultado a exigir la prestación sólo una vez (deudores solidarios), el acreedor puede exigir la prestación a su voluntad de cualquieira de los deudores, en su totalidad o en una parte. Hasta que toda la deuda haya sido realizada todos los deudores permanecen obligados".

[53] "§ 428. [...] Si varias personas están facultadas para exigir una prestación de maneira tal que cada uno puede exigir toda la prestación, aunque el deudor está obligado a cumplir sólo una vez (acreedores solidarios), el deudor puede cumplir a su voluntad a favor de culquiera de los acreedores".

[54] "Art. 1311. La solidarité entre créanciers permet à chacun d'eux d'exiger et de recevoir le paiement de toute la créance. Le paiement fait à l'un d'eux, qui en doit compte aux autres, libère le débiteur à l'égard de tous".

[55] "Art. 1313. La solidarité entre les débiteurs oblige chacun d'eux à toute la dette. Le paiement fait par l'un d'eux les libère tous envers le créancier".

[56] Ticozzi, Marco. *Studio sulle obbligazioni solidali*. Padova: Cedam, 2012, p. 24.

[57] Diniz, Maria Helena. *Curso de direito civil brasileiro*: teoria geral das obrigações. 33. ed. São Paulo: Saraiva, 2018, v. 2, p. 210.

pertinentes à ativa e à passiva, defrontadas.[58] Essa combinação não produz mudanças estruturais, mas mero efeito de combinar as regras da solidariedade ativa com as da passiva.[59]

A obrigação solidária é *subjetivamente complexa* – isto é, espécie de obrigação mancomunada –,[60] porque nela se verifica uma *pluralidade de credores* (solidariedade ativa) ou *de devedores* (solidariedade passiva). Distingue-se da *obrigação parciária* (*múltipla*, *fracionária*, *conjunta* ou *mancomunada simples*),[61] também subjetivamente complexa, porque nesta cada um dos credores tem direito, em confronto com o devedor, a apenas parte da prestação (obrigação parciária ativa) ou cada um dos devedores está obrigado, em confronto com o credor, a apenas parte da prestação (obrigação parciária passiva).[62]

Assevera a doutrina que, na *obrigação parciária, mútipla* ou *conjunta* (v. art. 275[63] do Código Civil de 2002), haverá tantas obrigações quantas forem as pessoas dos credores e dos devedores; todo credor terá um

[58] FULGÊNCIO, Tito. *Do direito das obrigações*: das modalidades das obrigações: artigos 863-927. 2. ed. Atual. por José de Aguiar Dias. Rio de Janeiro: Forense, 1958, p. 299. Nesse sentido, cf. GOMES, Orlando. *Obrigações*. 5. ed. Rio de Janeiro: Forense, 1978, p. 88; MENDONÇA, José Xavier Carvalho de. *Tratado de direito commercial brasileiro*: das obrigações, dos contractos e da prescripção em materia commercial: parte I: das obrigações em materia commercial. 3. ed. Rio de Janeiro: Livraria Editora Freitas Bastos, 1939, p. 245; MENDONÇA, Manuel Inácio Carvalho de. *Doutrina e prática das obrigações ou tratado geral dos direitos de crédito*. 4. ed. Rio de Janeiro: Forense, 1956, tomo I, p. 310; SANTOS, J. M. de Carvalho. *Código Civil brasileiro interpretado*: principalmente do ponto de vista prático: parte geral. 7. ed. Rio de Janeiro: Freitas Bastos, 1956, v. XI, p. 179.

[59] ROSSETTI, Giulietta. *Le obbligazioni in solido*: modelli romani e disciplina attuale. Napoli: Jovene Editore, 2013, p. 125.

[60] ESPANÉS, Luis Mosset de; MÁRQUEZ, José Fernando. *Curso de derecho civil*: obligaciones. Buenos Aires: Zavalía, 2018, v. 2, p. 36.

[61] Francisco dos Santos Amaral Neto, porém, distingue as obrigações com pluralidade de partes em: (i) *obrigações fracionárias*, em que cada pessoa tem direito ou é obrigada a uma parte da dívida; (ii) *obrigações unitárias ou conjuntas*, em que as prestações não se dividem, devendo ser cumpridas *in totum*; (iii) *obrigações solidárias*, em que cada pessoa tem direito ou é obrigada à dívida toda. Cf. AMARAL NETO, Francisco dos Santos. Solidariedade (direito das obrigações). In: FRANÇA, R. Limongi (Coord.). *Enciclopédia Saraiva do Direito*. São Paulo: Saraiva, 1977, p. 416.

[62] GIORGIANNI, Michele. Obbligazione solidale e parziaria. In: AZARA, Antonio; EULA, Ernesto (Dir.). *Novissimo Digesto Italiano*. Torino: UTET, 1965, v. 11, p. 675.

[63] "Art. 257. Havendo mais de um devedor ou mais de um credor em obrigação divisível, esta presume-se dividida em tantas obrigações, iguais e distintas, quantos os credores ou devedores".

direito restrito à sua parte, de modo que não poderá exigir a obrigação de nenhum devedor senão dentro dos limites de sua responsabilidade.[64] Nesses casos, a independência de cada obrigação manifesta-se ainda nos reflexos que, sobre cada relação singular, exercem, de um lado, a eventual invalidade da fonte negocial; de outro, os fatos extintivos ou modificativos do vínculo, com eficácia meramente pessoal (p. ex., compensação, confusão etc.).[65]

A literatura geralmente individualiza os pressupostos da *solidariedade* na (i) pluralidade de devedores ou de credores, na (ii) identidade de prestação (*eadem res debita*) e na (iii) unidade do fato gerador da obrigação (*eadem causa obligandi*).[66] Consoante essa tese, a obrigação solidária se diferenciaria das obrigações comuns em razão da presença desses três requisitos; seria necessário, para que houvesse solidariedade, pois, não só um fato idôneo a gerar uma obrigação comum, mas também a pluralidade de devedores ou de credores, a identidade da prestação e a unidade do fato gerador; a falta de um só desses elementos impediria de se considerar solidária a obrigação.[67]

G. Amorth, porém, relaciona quatro requisitos característicos da solidariedade: o primeiro diria respeito à *pluralidade de devedores ou credores* (elemento subjetivo); o segundo, à *identidade da prestação* (elemento objetivo). Estes dois primeiros seriam comuns a outras modalidades de obrigações. Já o terceiro e o quarto requisitos exprimiriam a modalidade típica do vínculo solidário em seu aspecto funcional: cada devedor, na solidariedade passiva, poderia ser constrangido a adimplir a totalidade da prestação (terceiro requisito), mas o adimplemento por parte de um liberaria todos os demais (quarto requisito), e, correlativamente, na solidariedade ativa, cada credor teria o direito de exigir o adimplemento da inteira obrigação, mas o recebimento por parte de um liberaria o devedor em relação a todos os outros credores.[68]

[64] Diniz, Maria Helena. *Curso de direito civil brasileiro*: teoria geral das obrigações. 33. ed. São Paulo: Saraiva, 2018, v. 2, p. 169.

[65] Giorgianni, Michele. Obbligazione solidale e parziaria. In: Azara, Antonio; Eula, Ernesto (Dir.). *Novissimo Digesto Italiano*. Torino: UTET, 1965, v. 11, p. 675.

[66] Majo, Adolfo Di. Obbligazioni solidali (e indivisibili). In: Mortati, Costantino; Santoro-Passarelli, Francesco (Dir.). *Enciclopedia del Diritto*. Milano: Giuffrè Editore, 1979, v. XXIX, p. 300.

[67] Ticozzi, Marco. *Studio sulle obbligazioni solidali*. Padova: Cedam, 2012, p. 24.

[68] Amorth, Giorgio. *L'obbligazione solidale*. Milano: Giuffrè, 1959, p. 8-9.

Esses últimos dois requisitos, de acordo com Amorth, interfeririam na predeterminação do momento dinâmico da obrigação. Em geral, na fase estática das obrigações, quando se estabelecesse a forma com a qual o vínculo se poria entre devedor e credor, já seria possível antever a sua fase dinâmica, isto é, o seu modo de atuação; na solidariedade, todavia, ainda não se mostraria viável apurar – ao nascer a obrigação – qual dos devedores realizará a prestação (na passiva) ou qual dos credores virá a ser o destinatário do adimplemento (na ativa).[69]

Essa indeterminação da fase dinâmica poderia, então, para Amorth, ser considerada uma característica intrínseca ou um elemento estrutural da obrigação solidária. A seu ver, não se trataria apenas de um *efeito* da solidariedade, na medida em que, se retirada essa característica, não mais se poderia cogitar, propriamente, de solidariedade: restaria apenas "um simples nome, uma palavra sem alma".[70]

M. Ticozzi não compartilha dessa posição, sob o argumento de que as modalidades do vínculo da obrigação solidária, se de certo ponto de vista constituiriam elementos caracterizadores da solidariedade, também representariam os *efeitos* de obrigação surgida independentemente deles: esses *efeitos* existiriam apenas se houvesse solidariedade. Mas isso derivaria da natureza solidária, sem constituir elemento de identificação que se pudesse verificar *ex ante*.[71]

No caso concreto – segundo D. Rubino –, para determinar se uma obrigação é solidária, o caminho não poderia ser o de verificar a presença dos efeitos salientes previstos em lei; seria necessário pesquisar se existem, de fato, os pressupostos de tais consequências: essa análise simplificar-se-ia, a ponto de permanecer na sombra, quando a fonte da solidariedade fosse constituída por uma norma específica ou por uma especial cláusula contratual; mas se tornaria preeminente, e manifestaria toda a sua importância prática, quando a fonte da solidariedade se constituísse pela norma geral do art. 1.294 (do Código Civil italiano).[72]

[69] Amorth, Giorgio. *L'obbligazione solidale.* Milano: Giuffrè, 1959, p. 9.

[70] Amorth, Giorgio. *L'obbligazione solidale.* Milano: Giuffrè, 1959, p. 10.

[71] Ticozzi, Marco. *Studio sulle obbligazioni solidali.* Padova: Cedam, 2012, p. 26.

[72] Dispõe o Código Civil italiano: "I condebitori sono tenuti in solido, se dalla legge o dal titolo non risulta diversamente". Semelhante regra não existe no ordenamento jurídico brasileiro. Tratar-se-á da (ausência de) possibilidade de presunção de solidariedade, mais adiante, na seção 1.6.3.3, dada a relevância da questão.

Considera Rubino que, de resto, bastaria seguir a configuração exata do art. 1.292 do *Codice* (cuja redação, conquanto mais abrangente, se parece com a do art. 264 do Código Civil de 2002), dispositivo que indicaria os pressupostos das obrigações solidárias – isto é, as características de seu fato gerador, ainda que não as enumerasse todas – e enunciaria os efeitos essenciais e mais característicos dessas obrigações.[73]

Além dessa divergência entre os citados autores italianos, alguns outros civilistas questionam a imprescindibilidade da coexistência de todos esses três pressupostos. A. P. S. Vaz Serra, sob esse aspecto, entende que a identidade de objeto da prestação (*eadem res debita*) não seria "forçosa", porquanto as obrigações dos vários sujeitos poderiam ter conteúdo diferente desde o início; e, mesmo com idêntico conteúdo inicial coincidente, poderiam, depois, vir a ter conteúdo diverso, como, p. ex., nas hipóteses de culpa de um dos devedores.[74]

Considera possível Vaz Serra, ademais, que o montante da obrigação não seja o mesmo para cada um dos devedores solidários ou que o seu conteúdo seja totalmente diverso; bastaria, para ser solidária, em seu entendimento, que a obrigação de um dos devedores fosse passível de extinção com a prestação do outro.[75]

Também o pressuposto da unidade do fato gerador da obrigação (*eadem causa obligandi*) sofre sérios questionamentos. E há, ainda, quem reduza essas discussões a uma mera "questão de gosto", sob o fundamento de que a opção por uma ou por outra posição não redundaria nenhum efeito prático, já que todos se achariam "acordes" no direito dos credores, na solidariedade ativa, de exigir a prestação *in solidum*, e na obrigação dos devedores, na passiva, de realizá-la nas mesmas condições.[76]

Faz-se imprescindível, diante disso, proceder a uma análise mais criteriosa acerca dos pressupostos em apreço, tanto para que se possibilite

[73] Rubino, Domenico. Delle obbligazioni: obbligazioni alternative, obbligazioni in solido, obbligazioni divisibili e indivisibili: art. 1285-1320. In: Scialoja, Antonio; Branca, Giuseppe (a cura di). *Commentario del Codice Civile*: libro quarto: delle obbligazioni. 2. ed. Bologna: Zanichelli; Roma: Soc. Ed. Del Foro Italiano, 1968, p. 134.

[74] Serra, Adriano Paes da Silva Vaz. Pluralidade de devedores ou de credores. Lisboa: [s.n], v. 69, out. 1957. Separata do *Boletim do Ministério da Justiça*, p. 98-99.

[75] Serra, Adriano Paes da Silva Vaz. Pluralidade de devedores ou de credores. Lisboa: [s.n], v. 69, out. 1957. Separata do *Boletim do Ministério da Justiça*, p. 102-103.

[76] Dias, Regina Bottentuit Gondim. *Natureza jurídica da solidariedade*. Rio de Janeiro: Conquista, 1958, p. 73.

distinguir a solidariedade, com melhor precisão, de outras figuras afins, quanto para que seja viável determinar, de maneira mais clara, a sua estrutura e a sua natureza jurídica.

1.5. Pressupostos da solidariedade

Examinou-se acima que a literatura, em geral, considera três os pressupostos ou requisitos da solidariedade: (i) a *pluralidade de devedores ou de credores*, (ii) a *identidade de prestação* e (iii) a *unidade do fato gerador*. Compreende-se, assim, que não seriam todos os fatos aptos a gerar uma obrigação solidária, mas apenas aqueles em que se reunissem os três mencionados pressupostos, sem os quais não haveria solidariedade.

As pesquisas acerca das hipóteses de solidariedade resolvem-se na busca das formas de expressão dessa figura; e a elaboração doutrinária dos três pressupostos essenciais diz respeito à constituição (quando ocorre?) desse fenômeno, e não à sua estrutura "interna" (o que é?). Trata-se de pressupostos (ou de requisitos), e não de elementos, visto que eles não se inserem na própria obrigação; colocam-se externa e antecedentemente.[77]

1.5.1. Pluralidade de sujeitos

Titulares da relação obrigacional, em regra, são os titulares das correlativas posições de débito e de crédito: o devedor e o credor. O devedor, precisamente, é o sujeito vinculado ao adimplemento da obrigação, enquanto o credor é o sujeito em relação ao qual o devedor é obrigado. Esses sujeitos passivo e ativo são os pressupostos subjetivos da relação obrigacional, como titulares das posições de débito e de crédito.[78]

As relações obrigacionais, em geral, estão sujeitas ao princípio da dualidade de sujeitos: é imprescindível a intercorrência do vínculo entre um titular ativo e um titular passivo (credor e devedor). Não haverá relação obrigacional se não existir, ao menos, dois titulares distintos, o que se confirma na figura da *confusão*: extingue-se a obrigação quando se reúnem em uma única pessoa as posições de débito e de crédito.[79]

[77] ORLANDI, Mauro. *La responsabilità solidale*: profili dele obbligazioni solidali risarcitorie. Milano: Dott. A. Giuffrè Editore, 1993, p. 16-17.

[78] BIANCA, C. Massimo. *Diritto civile*: l'obbligazione. Milano: Giuffrè, 1993, v. 4, p. 50.

[79] BIANCA, C. Massimo. *Diritto civile*: l'obbligazione. Milano: Giuffrè, 1993, v. 4, p. 50.

No tocante à obrigação solidária, particularmente, não basta uma dualidade de titulares; é necessário, mais, que se verifique uma *pluralidade de sujeitos* em um dos polos da relação obrigacional (ativo ou passivo) ou em ambos (solidariedade mista ou recíproca). Cuida-se, assim, de *obrigação subjetivamente complexa* (subjetivamente coletiva ou mancomunada),[80] em contraposição à obrigação subjetivamente simples.

Há casos, contudo, em que a pluralidade de sujeitos é apenas aparente. Não há obrigação solidária, p. ex., quando se dá em penhor um crédito, hipótese em que o credor, não satisfeito, pode recorrer ao *devedor do devedor* pelo crédito dado em garantia. De forma semelhante, o credor com garantia hipotecária poderá perseguir o seu crédito contra o comprador do bem hipotecado; este jamais se tornará devedor, embora esteja sujeito à excussão do bem dado em garantia. Para que se cogite de solidariedade, é necessário que todos os devedores sejam obrigados na mesma direção, ou seja, que cada sujeito esteja vinculado diretamente ao credor comum.[81]

A pluralidade de sujeitos, isolada dos outros elementos da relação obrigacional, aparenta ser um fenômeno neutro; seria necessário combinar esse elemento, pois, com *nota adicional*, a fim de correlacionar o indivíduo com o "núcleo" unitário.[82] Qual seria, então, essa "nota adicional"?

O efeito essencial[83] das obrigações solidárias – isto é, a possibilidade de exigir o cumprimento da prestação a um devedor individual ou de satisfazê-la a um único credor – apenas se apresentará como tal quando houver *mais de um* devedor ou *mais de um* credor; se cada um dos polos estiver composto somente por um indivíduo, o direito à integralidade da prestação será inerente ao conceito mesmo de obrigação.[84]

[80] Espanés, Luis Mosset de; Márquez, José Fernando. *Curso de derecho civil*: obligaciones. Buenos Aires: Zavalía, 2018, v. 2, p. 35.

[81] Ticozzi, Marco. *Studio sulle obbligazioni solidali*. Padova: Cedam, 2012, p. 27.

[82] Orlandi, Mauro. *La responsabilità solidale*: profili dele obbligazioni solidali risarcitorie. Milano: Dott. A. Giuffrè Editore, 1993, p. 16-17.

[83] Ressalvada a posição de G. Amorth, para quem, como se viu acima, esse não é um mero efeito, senão de um dos pressupostos da solidariedade.

[84] Rubino, Domenico. Delle obbligazioni: obbligazioni alternative, obbligazioni in solido, obbligazioni divisibili e indivisibili: art. 1285-1320. In: Scialoja, Antonio; Branca, Giuseppe (a cura di). *Commentario del Codice Civile*: libro quarto: delle obbligazioni. 2. ed. Bologna: Zanichelli; Roma: Soc. Ed. Del Foro Italiano, 1968, p. 135.

É imprescindível, assim, que todos os sujeitos passivos sejam devedores do mesmo credor; ou que todos os sujeitos ativos sejam credores do mesmo devedor.[85] Não há solidariedade quando a obrigação se reparte entre os vários devedores ou vários credores, mas *obrigação parciária*. Revela-se essencial, para a obrigação ser solidária, que cada credor possa exigir e que cada devedor deva realizar toda a prestação, ainda que essa prestação seja divisível.

Discute-se se os integrantes de um mesmo polo da relação obrigacional solidária devem ser considerados *pari gradu* ou se podem ostentar uma graduação diversa, isto é, alguns como principais, outros como subsidiários. De acordo com a doutrina majoritária, a igualdade entre os codevedores seria um princípio previsto na norma, de modo que o credor estaria livre para se voltar contra cada um deles; e essa liberdade seria absoluta, ainda que isso, às vezes, pudesse contrastar com a posição subsidiária de alguns codevedores.[86] Mas há posições discordantes.

Com efeito, quanto ao *beneficium divisionis*, M. I. Carvalho de Mendonça admite haja a partição da dívida por pacto expresso, o que não desnaturaria a obrigação solidária, porque não operaria *ipso jure*: essa divisão precisaria ser alegada e só produziria efeito entre os devedores solventes quando invocada. Desde então, passaria a ser uma exceção, passível de ser apresentada ou por aqueles em favor dos quais foi estabelecida, ou por todos, se a todos se estendeu.[87] A. P. S. Vaz Serra também a admite, por não contrastar com norma de ordem pública.[88]

Essa posição, entretanto, aparenta atentar contra o *efeito fundamental* da solidariedade,[89] por força do qual cada um dos devedores está obriga-

[85] Rubino, Domenico. Delle obbligazioni: obbligazioni alternative, obbligazioni in solido, obbligazioni divisibili e indivisibili: art. 1285-1320. In: Scialoja, Antonio; Branca, Giuseppe (a cura di). *Commentario del Codice Civile*: libro quarto: delle obbligazioni. 2. ed. Bologna: Zanichelli; Roma: Soc. Ed. Del Foro Italiano, 1968, p. 135.

[86] Amorth, Giorgio. *L'obbligazione solidale*. Milano: Giuffrè, 1959, p. 12-13.

[87] Mendonça, Manuel Inácio Carvalho de. *Doutrina e prática das obrigações ou tratado geral dos direitos de crédito*. 4. ed. Rio de Janeiro: Forense, 1956, tomo I, p. 343.

[88] Serra, Adriano Paes da Silva Vaz. Pluralidade de devedores ou de credores. Lisboa: [s.n], v. 69, out. 1957. Separata do *Boletim do Ministério da Justiça*, p. 131.

[89] Costa, Mário Júlio de Almeida. *Direito das obrigações*. 12. ed. Coimbra: Almedina, 2009, p. 670. Nesse sentido, cf. Santos, J. M. de Carvalho. *Código Civil brasileiro interpretado*: principalmente do ponto de vista prático: parte geral. 7. ed. Rio de Janeiro: Freitas Bastos, 1956, v. XI, p. 261.

do ou cada um dos credores tem o direito à integralidade da prestação. Ora, se houver repartição do débito ou do crédito em quotas, ter-se-á, com isso, uma obrigação parciária (ou conjunta); deixará, pois, de existir verdadeira solidariedade. É o que entende, com razão, Renan Lotufo.[90]

No tocante ao *beneficium excussionis*, entretanto, talvez seja possível chegar a conclusão diversa. Menciona G. Amorth, nesse sentido, a possibilidade legal de cada devedor ser obrigado ou cada credor poder exigir o adimplemento de acordo com modalidades diferentes (v. art. 1.293[91] do Código Civil italiano); e a própria lei prevê a hipótese de subsidiariedade entre os coobrigados, tal como estabelece o art. 1.944[92] do Código Civil italiano, com relação ao fiador.[93]

O essencial, na solidariedade, para Amorth, é que cada um esteja vinculado ao todo (*solidum*) e que o pagamento de um libere os outros (unidade de causa). Poderia, assim, existir *subsidiariedade* apenas no âmbito do pagamento (ordem na execução), o que evidenciaria a viabilidade de estabelecer, para as obrigações solidárias, uma graduação diversa entre os sujeitos.[94] A. P. S. Vaz Serra também considera possível que, por convenção, se crie uma ordem para o credor exigir a prestação dos devedores.[95]

Há quem enxergue como "forma especial de solidariedade" (ou responsabilidade subsidiária) a situação em que uma das pessoas tem o débito originário e a outra, apenas a responsabilidade por esse débito, com uma ordem de preferência para a excussão dos bens. Seria exemplo a hipótese dos fiadores, assim como a dos sócios e do tomador dos

[90] LOTUFO, Renan. *Código Civil comentado*: obrigações: parte geral (arts. 233 a 420). São Paulo: Saraiva, 2003, v. 2, p. 98.

[91] "Art. 1293. [...] La solidarietà non è esclusa dal fatto che i singoli debitori siano tenuti ciascuno con modalità diverse, o il debitore comune sia tenuto con modalità diverse di fronte ai singoli creditori".

[92] "Art. 1944. [...] Il fideiussore e obbligato in solido col debitore principale al pagamento del debito (1292 e seguenti, 1410). Le parti però possono convenire che il fideiussore non sia tenuto a pagare prima dell'esclusione del debitore principale. In tal caso il fideiussore, che sia convenuto dal creditore e intenda valersi del beneficio dell'escussione, deve indicare i beni del debitore principale da sottoporre ad esecuzione (2268). Salvo patto contrario, il fideiussore è tenuto ad anticipare le spese necessarie".

[93] AMORTH, Giorgio. *L'obbligazione solidale*. Milano: Giuffrè, 1959, p. 13-14.

[94] AMORTH, Giorgio. *L'obbligazione solidale*. Milano: Giuffrè, 1959, p. 14-16.

[95] SERRA, Adriano Paes da Silva Vaz. Pluralidade de devedores ou de credores. Lisboa: [s.n], v. 69, out. 1957. Separata do *Boletim do Ministério da Justiça*, p. 131.

serviços, esta última descrita no verbete sumular n. 331,[96] do Tribunal Superior do Trabalho.[97]

Em razão da autonomia privada, com efeito, não se exclui a possibilidade de as partes estabelecerem, a seu critério, o *beneficium excussionis*. Diferentemente do que ocorre com o *beneficium divisionis*, a criação de uma ordem para a excussão de patrimônios não aparenta interferir no caráter solidário da obrigação.

Ora, se a lei admite a inserção de condição, termo ou lugar diversos para a realização da prestação entre os integrantes do mesmo polo da relação obrigacional (v. art. 266[98] do Código Civil de 2002),[99] não se vislumbra nenhum óbice para que, à semelhança do que ocorre com a fiança (v. art. 827[100] do Código Civil de 2002), se estabeleça que primeiro sejam executados os bens de certo(s) devedor(es).

Cumpre advertir, entretanto, que a fiança é uma espécie de *contrato acessório*, ou seja, algo distinto da subsidiariedade. Na subsidiariedade, há apenas um dever de o credor respeitar uma ordem na excussão do patrimônio dos coobrigados; não existe, nesse caso, devedor principal e acessório (quando muito, primário e secundário).[101]

Cogita-se de acessoriedade quando uma obrigação supõe a existência da principal. Ocorre, às vezes, de a obrigação subsidiária ser também acessória, mas isso não significa que, entre esses dois termos (acessoriedade e subsidiariedade), haveria uma necessária correlação ou, menos

[96] "O inadimplemento das obrigações trabalhistas, por parte do empregador, implica a responsabilidade subsidiária do tomador dos serviços quanto àquelas obrigações, desde que haja participado da relação processual e conste também do título executivo judicial".

[97] Gagliano, Pablo Stolze; Pamplona Filho, Rodolfo. *Novo curso de direito civil*: obrigações. 12. ed. São Paulo: Saraiva, 2011, v. II. Nesse sentido, cf. Amorth, Giorgio. *L'obbligazione solidale*. Milano: Giuffrè, 1959, p. 16-17. O último autor, entretanto, fundamenta sua tese no fato de que, diferentemente da legislação brasileira, o Código Civil italiano prescreve que, *em regra*, o fiador é obrigado solidariamente com o devedor principal (v. art. 1.944).

[98] "Art. 266. A obrigação solidária pode ser pura e simples para um dos cocredores ou codevedores, e condicional, ou a prazo, ou pagável em lugar diferente, para o outro".

[99] V. seção 1.11, sobre os elementos acidentais na solidariedade.

[100] "Art. 827. O fiador demandado pelo pagamento da dívida tem direito a exigir, até a contestação da lide, que sejam primeiro executados os bens do devedor. Parágrafo único. O fiador que alegar o benefício de ordem, a que se refere este artigo, deve nomear bens do devedor, sitos no mesmo município, livres e desembargados, quantos bastem para solver o débito".

101 Amorth, Giorgio. *L'obbligazione solidale*. Milano: Giuffrè, 1959, p. 18.

ainda, uma identidade. Independentemente disso, a acessoriedade não parece ser incompatível com a solidariedade.[102]

Mencione-se, p. ex., a possibilidade de o fiador se obrigar como devedor solidário (v. art. 828, II,[103] do Código Civil de 2002); aplicar-se-ão, nessa hipótese, as regras da solidariedade, mesmo que o vínculo do fiador decorra de um contrato acessório, e isso se refletirá, em especial, na fase interna da relação obrigacional.

1.5.2. Identidade de prestação

De acordo com o art. 1.174[104] do Código Civil italiano, a prestação corresponderia ao *objeto* da obrigação. O Código Civil português, entretanto, refere-se à prestação como o *conteúdo* da obrigação (v. Livro II, Título I, Capítulo I, Seção I). A. Menezes Cordeiro distingue: (i) o *objeto imediato* ou *conteúdo*; (ii) do *objeto mediato* ou, simplesmente, *objeto*. O conteúdo relaciona-se com a dicotomia direito de crédito/débito, abrangendo as regras que lhes são aplicáveis, enquanto o objeto se reporta à realidade do mundo exterior sobre o qual poderá recair o conteúdo. Assim, numa obrigação de entrega de coisa certa, o conteúdo será o dever de entregar, e o objeto, a coisa a ser entregue.[105]

Nos termos do art. 398º[106] do Código Civil português, as partes podem fixar livremente, dentro dos limites da lei, o conteúdo *positivo* ou *negativo* da prestação. O Código Civil de 2002, porém, em seus arts. 233 a 251, acolheu o modelo consagrado no Código Civil de 1916, com o que dividiu as prestações em condutas de *dar*, *fazer* e *não fazer*. Assim também o fizeram o Código Civil espanhol (v. art. 1.088)[107] e o Código Civil e Comercial argentino (v. arts. 746 a 778).

[102] AMORTH, Giorgio. *L'obbligazione solidale*. Milano: Giuffrè, 1959, p. 18-19.

[103] "Art. 828. Não aproveita este benefício [de ordem] ao fiador: [...] II – se se obrigou como principal pagador, ou devedor solidário".

[104] "Art. 1174. [...] La prestazione che forma oggetto dell'obbligazione deve essere suscettibile di valutazione economica e deve corrispondere a un interesse, anche non patrimoniale, del creditore (Cod. Civ. 1256 e seguente, 1411 e seguenti)". Não há dispositivo semelhante no Código Civil de 2002.

[105] CORDEIRO, António Menezes. *Tratado de direito civil português*. Coimbra: Almedina, direito das obrigações, 2009, v. II, t. I, p. 441.

[106] "Art. 398º [...] 1. As partes podem fixar livremente, dentro dos limites da lei, o conteúdo positivo ou negativo da prestação. 2. A prestação não necessita de ter valor pecuniário; mas deve corresponder a um interesse do credor, digno de protecção legal".

[107] "Art. 1088. Toda obligación consiste en dar, hacer o no hacer alguna cosa".

Em síntese,[108] a prestação é a *atividade* ou a *conduta* a que o devedor se acha adstrito com vista à satisfação do interesse do credor;[109] é a *atuação* do sujeito passivo, positiva ou negativa, que consiste em dar, fazer ou não fazer algo.[110] O bem, nos direitos de crédito, é, no fundo, *ato* do devedor (*dare, facere, non facere*).[111] Passa-se a analisar, diante dessa definição, se seria a identidade dessa atividade, conduta, atuação ou ato do devedor o segundo pressuposto ou requisito da solidariedade.

Considerando o texto do art. 1.292 do Código Civil italiano, D. Rubino pensa que a expressão "mesma prestação" deveria ser entendida no sentido de "idêntica prestação", conforme o significado gramatical da palavra. Não seriam, portanto, tantas prestações iguais quantos fossem os vários devedores ou credores, mas a *medesima prestazione* é que se aplicaria a todos eles.[112]

Não haveria, assim, para ele, solidariedade, quando uma pluralidade de sujeitos se unisse a uma pluralidade de prestações: as partes poderiam também atuar na relação obrigacional de uma outra maneira, isto é, como obrigação alternativa, objetiva e subjetivamente. Também não

[108] Não se pretende ingressar, aqui, por extrapolar os limites do presente estudo, nas discussões relacionadas ao dever de prestar, notadamente quanto à indagação sobre se corresponderia a uma conduta ou ao resultado dessa conduta. Cf. Cordeiro, António Menezes. *Tratado de direito civil português*. Coimbra: Almedina, direito das obrigações, 2009, v. II, t. I, p. 443-454. Também não se discutirá, com mais profundidade, a polêmica de a prestação ter ou não de ser suscetível de avaliação econômica, tal como prevê o art. 1.174 do Código Civil italiano, transcrito em nota acima. Cf. Gambino, Francesco. Le obbligazioni, 1: il rapporto obbligatorio. In: Sacco, Rodolfo (diretto da). *Trattato di diritto civile*. Milano: Utet Giuridica, 2015, p. 153-187; Bianca, C. Massimo. *Diritto civile*: l'obbligazione. Milano: Giuffrè, 1993, v. 4, p. 77-82; Miranda, Pontes de. *Tratado de direito privado*. 3. ed. Rio de Janeiro: Borsoi, 1971, v. XXII, p. 14, 17, 40 e 41.

[109] Costa, Mário Júlio de Almeida. *Direito das obrigações*. 12. ed. Coimbra: Almedina, 2009, p. 152.

[110] Diniz, Maria Helena. *Curso de direito civil brasileiro*: teoria geral das obrigações. 33. ed. São Paulo: Saraiva, 2018, v. 2, p. 49.

[111] Miranda, Pontes de. *Tratado de direito privado*. 3. ed. Rio de Janeiro: Borsoi, 1971, v. XXII, p. 14.

[112] Rubino, Domenico. Delle obbligazioni: obbligazioni alternative, obbligazioni in solido, obbligazioni divisibili e indivisibili: art. 1285-1320. In: Scialoja, Antonio; Branca, Giuseppe (a cura di). *Commentario del Codice Civile*: libro quarto: delle obbligazioni. 2. ed. Bologna: Zanichelli; Roma: Soc. Ed. Del Foro Italiano, 1968, p. 135.

reputa verdadeiramente solidária a obrigação decorrente da fiança, mesmo quando não houver o benefício da excussão ou o da divisão.[113]

Considera Rubino que, se houver apenas diferenças parciais entre duas obrigações, como resultado da previsão de modalidades diversas (v. art. 1.293[114] do Código Civil italiano), fará parte da interpretação determinar até que ponto essas diferenças poderão ir sem prejudicar a unidade da prestação e, portanto, a natureza solidária da obrigação.[115]

Nesse sentido, G. Amorth assevera que a "mesma prestação" não é certamente a prestação "similar" nem é uma prestação "igual". Quando se diz que foi encontrada a "mesma pessoa", não se quer dizer que foi encontrada uma *pessoa igual*, mesmo que se trate de um irmão gêmeo, senão que foi encontrada "aquela pessoa". Assim, no seu modo de ver, a prestação seria apenas uma.[116]

Semelhante é o pensamento de M. Ticozzi, para quem, por *medesima prestazione*, se compreenderia uma obrigação propriamente *idêntica* – e não similar ou apenas igual. Consequentemente, a hipótese de várias partes obrigadas a prestações diversas uma das outras, em relação a um único credor, não poderia dar origem a uma obrigação solidária; nessa *fattispecie*, faltaria um caracterizador da solidariedade, fixado pela lei como pressuposto de aplicação da disciplina correspondente.[117]

Em lugar de *medesima prestazione*, o Código Civil de 2002, art. 264, tal como já fizera o Código Civil de 1916 (v. art. 896, par. ún.), adotou a expressão "mesma obrigação", com um sentido equivalente àquele empregado pelo diploma italiano, inclusive por corresponder a prestação

[113] Rubino, Domenico. Delle obbligazioni: obbligazioni alternative, obbligazioni in solido, obbligazioni divisibili e indivisibili: art. 1285-1320. In: Scialoja, Antonio; Branca, Giuseppe (a cura di). *Commentario del Codice Civile*: libro quarto: delle obbligazioni. 2. ed. Bologna: Zanichelli; Roma: Soc. Ed. Del Foro Italiano, 1968, p. 136-137.

[114] "Art. 1293. [...] La solidarietà non è esclusa dal fatto che i singoli debitori siano tenuti ciascuno con modalità diverse, o il debitore comune sia tenuto con modalità diverse di fronte ai singoli creditori".

[115] Rubino, Domenico. Delle obbligazioni: obbligazioni alternative, obbligazioni in solido, obbligazioni divisibili e indivisibili: art. 1285-1320. In: Scialoja, Antonio; Branca, Giuseppe (a cura di). *Commentario del Codice Civile*: libro quarto: delle obbligazioni. 2. ed. Bologna: Zanichelli; Roma: Soc. Ed. Del Foro Italiano, 1968, p. 136.

[116] Amorth, Giorgio. *L'obbligazione solidale*. Milano: Giuffrè, 1959, p. 22.

[117] Ticozzi, Marco. *Studio sulle obbligazioni solidali*. Padova: Cedam, 2012, p. 29-30.

ao conteúdo (ou o objeto imediato) da obrigação. É viável, diante disso, a importação do entendimento dos autores italianos antes mencionados.

Outros códigos utilizam locuções diversas: o Código Civil alemão (v. §§ 421 e 428) menciona "uma prestação" e "toda a prestação"; o Código Civil francês (v. arts. 1.311 e 1313) opta por "todo o crédito" ou "toda a dívida"; o Código Civil e Comercial argentino (v. art. 827) adota a expressão "cumprimento total". O Esboço de A. Teixeira de Freitas referia-se ao "crédito por inteiro" (v. art. 1.013, § 1º) e "dívida por inteiro" (v. art. 1.016, § 4º).[118]

Diferentemente dos diplomas supracitados, o Código Civil português, art. 512º, 2,[119] prevê que a obrigação não deixa de ser solidária pelo fato de ser *diferente o conteúdo* das prestações de cada um dos devedores ou em relação a cada um dos credores solidários. Em Portugal, como parece claro, admite-se expressamente a coexistência de prestações diversas, de montantes diversos, sem que, com isso, se afaste a solidariedade.

Segundo A. P. S. Vaz Serra – um dos autores do anteprojeto português –,[120] é comum que se afirme, quanto às obrigações solidárias, que existiria *identidade de objeto da prestação*. Mas essa identidade não seria inevitável: as obrigações dos vários sujeitos poderiam ter conteúdo diferente desde o início, e, quando isso se verificasse, poderiam depois vir a ter conteúdo diverso, como ocorre em virtude de culpa de um dos devedores.[121]

Entende Vaz Serra que, embora o conteúdo da obrigação, em geral, seja o mesmo, seria permitido estabelecer diferenças, no que diz respeito ao montante da obrigação, em relação a cada um dos devedores solidários, assim como também se admitiria um conteúdo totalmente

[118] Freitas, A. Teixeira de. *Código Civil*: esbôço. Rio de Janeiro: Ministério da Justiça e Negócios Interiores, 1952, p. 403-405.

[119] "Art. 512º [...] 2. A obrigação não deixa de ser solidária pelo facto de os devedores estarem obrigados em termos diversos ou com diversas garantias, ou de ser diferente o conteúdo das prestações de cada um deles; igual diversidade se pode verificar quanto à obrigação do devedor relativamente a cada um dos credores solidários".

[120] Guilherme Moreira e Manuel de Andrade sistematizaram a matéria, cabendo a Vaz Serra, através de adequadas propostas, providenciar o Código Civil de 1966. Cf. Cordeiro, António Menezes. *Tratado de direito civil português*. Coimbra: Almedina, direito das obrigações, 2009, v. II, t. I, p. 707.

[121] Serra, Adriano Paes da Silva Vaz. Pluralidade de devedores ou de credores. Lisboa: [s.n], v. 69, out. 1957. Separata do *Boletim do Ministério da Justiça*, p. 98-99.

diverso, desde que a obrigação de um dos devedores pudesse se extinguir com a prestação do outro.[122]

Essa é, a nosso ver, a solução mais adequada, diante da realidade prática. Tanto que C. M. Bianca, mesmo sem ignorar a expressão *medesima prestazione*, se convenceu de que as prestações não são senão *programas obrigacionais* que, do ponto de vista objetivo, não ostentam uma identidade individual, no tocante às pessoas e às coisas.[123]

Semelhante característica, para Bianca, decorreria sobretudo das obrigações genéricas, em que há apenas uma igualdade de conteúdo das prestações devidas. Assim, a identidade significa que apenas seria exigível uma só prestação, ou seja, que bastaria um adimplemento para que se liberassem todos os devedores; e isso não seria um pressuposto, mas uma *expressão da regra jurídica da solidariedade*.[124]

Consequentemente, a identidade de prestação corresponderia a um dos pré-requisitos para que a presunção legal de solidariedade fosse acionada. De modo que, se as prestações não guardarem o mesmo conteúdo, não haverá solidariedade, salvo quando existir previsão diversa no título. O art. 1.292 do Código Civil italiano, segundo Bianca, estabeleceria apenas um *modelo típico de solidariedade*, fixando-lhe os pressupostos gerais. E essa circunstância não excluiria a possibilidade de a lei e de a vontade contratual criarem um vínculo solidário, ainda que entre obrigações de conteúdo diverso.[125]

A literatura brasileira, entretanto, não confere grande importância ao tratamento desse possível pressuposto da solidariedade, ao qual nossos escritores não costumam dedicar senão algumas poucas linhas – em regra, de maneira superficial.

Sob esse aspecto, Tito Fulgêncio considera a unidade da prestação um *traço característico* da solidariedade; do contrário, haveria tantas obri-

[122] SERRA, Adriano Paes da Silva Vaz. Pluralidade de devedores ou de credores. Lisboa: [s.n], v. 69, out. 1957. Separata do *Boletim do Ministério da Justiça*, p. 102-103.

[123] BIANCA, C. Massimo. *Diritto civile*: l'obbligazione. Milano: Giuffrè, 1993, v. 4, p. 707.

[124] BIANCA, C. Massimo. *Diritto civile*: l'obbligazione. Milano: Giuffrè, 1993, v. 4, p. 707. Em sentido contrário, cf. ESPANÉS, Luis Mosset de; MÁRQUEZ, José Fernando. *Curso de derecho civil*: obligaciones. Buenos Aires: Zavalía, 2018, v. 2, p. 42-43; MESA, Marcelo J. López. *Derecho de las obligaciones*: análisis exegético del nuevo Código Civil y Comercial. Buenos Aires: Euros Editores S.R.L., 2015, p. 995-996 e 1.001.

[125] BIANCA, C. Massimo. *Diritto civile*: l'obbligazione. Milano: Giuffrè, 1993, v. 4, p. 707-708.

gações distintas quantos fossem os credores, ou devedores, a confundir o instituto com a conjunção simples ou com o concurso de obrigações conexas a cargo do mesmo devedor.[126]

M. I. Carvalho de Mendonça assevera que, na solidariedade, dos elementos de todas as classes de obrigações (pessoa, vínculo de direito, prestação e objeto da prestação), só manifestaria unidade o *objeto da prestação*. Tudo mais seria múltiplo: os sujeitos, os vínculos de direito e as prestações como atos pessoais independentes do seu objeto.[127]

Segundo Regina B. Gondim Dias, se houver *identidade da prestação*, nada impedirá, na solidariedade ativa, que o direito de um ou de alguns dos credores apresente diferenças não substanciais, como um termo ou uma condição. O mesmo ocorreria, para ela, se fosse convencionado com o devedor comum uma prestação facultativa apenas em face de um ou de alguns deles. A identidade da prestação, indeclinável na solidariedade, não se acharia afetada, na medida em que a prestação facultativa, apesar de extinguir o direito dos demais, não estaria na obrigação (*in obligatione*), mas no pagamento (*in facultate solutionis*).[128]

Orosimbo Nonato entende que as definições em voga realçariam a *unidade* da prestação, mas sem lhe desvelar a natureza, a essência. Ressalta que a solidariedade poderia ser pura e simples para um dos cocredores e condicional ou a prazo para o outro ou para os outros; poderia, ainda, ser *válida* para uns e *nula* contra outros. Mas assevera que, apesar da pluralidade de vínculos, haveria unidade de prestação.[129]

Washington de Barros Monteiro encara a unidade de prestação como um dos traços mais expressivos da solidariedade, na medida em que a prestação não poderia se realizar mais de uma vez.[130] Analogamente, Silvio de Salvo Venosa afirma que uma das características da solidariedade

[126] Fulgêncio, Tito. *Do direito das obrigações*: das modalidades das obrigações: artigos 863-927. 2. ed. Atual. por José de Aguiar Dias. Rio de Janeiro: Forense, 1958, p. 241.

[127] Mendonça, Manuel Inácio Carvalho de. *Doutrina e prática das obrigações ou tratado geral dos direitos de crédito*. 4. ed. Rio de Janeiro: Forense, 1956, tomo I, p. 303.

[128] Dias, Regina Bottentuit Gondim. *Natureza jurídica da solidariedade*. Rio de Janeiro: Conquista, 1958.

[129] Nonato, Orosimbo. *Curso de obrigações*: generalidades – espécies. Rio de Janeiro: Forense, 1959, v. II, p. 99-102.

[130] Monteiro, Washington de Barros. *Curso de direito civil*: direito das obrigações, 1ª parte: das modalidades das obrigações: dos efeitos das obrigações. 15. ed. São Paulo: Saraiva, 1979, p. 156.

seria *a unidade da prestação* e a *pluralidade e independência de vínculo*; mas a unidade de prestação não impediria que o vínculo que une credores e devedores fosse distinto e independente.[131]

Revela-se mais sólido, entretanto, o entendimento (já exposto) de C. M. Bianca: a identidade de prestação não traduziria um verdadeiro pressuposto da solidariedade; logo, ainda que o Código Civil de 2002 se refira à "mesma obrigação", podem as partes (e até a própria lei) atribuir prestações diversas aos coobrigados ou em relação a cada um dos credores solidários, sem que isso desnature o caráter solidário da relação jurídica obrigacional.

É claro que, em algumas situações específicas, será indispensável a identidade da prestação. Tratando-se, p. ex., da obrigação de dar coisa certa, a prestação de qualquer um dos devedores ou a qualquer um dos credores é a mesma. Ora, se se convencionou a entrega de um certo cavalo, o credor não pode ser compelido a aceitar outro animal, quer da mesma espécie quer com as mesmas características.

Se o *objeto* da prestação é fungível, porém, a prestação (conduta ou atividade) de um devedor não necessariamente coincide com a prestação de outro: podem ser iguais, se iguais forem os montantes, mas isso não significa que se trataria das "mesmas" prestações. E nada impedirá, diante da autonomia privada, que as partes prevejam prestações diferentes, em valores, quantidades ou de qualidades diferentes, para cada um dos devedores ou em favor de cada um dos credores solidários: será solidária *se* o adimplemento de um liberar os demais.

1.5.3. Unidade do fato gerador ou da fonte

O terceiro e último pressuposto da solidariedade – de acordo com a doutrina tradicional – estaria representado na *eadem causa obligandi*; para que houvesse solidariedade, em síntese, exigir-se-ia que os dois ou mais devedores (ou os dois ou mais credores) estivessem obrigados por força de um mesmo título, de uma mesma fonte ou de uma mesma causa; do contrário haveria obrigação *in solidum*, ou *obrigações indistintas*,[132] mas não

[131] VENOSA, Sílvio de Salvo. *Direito civil*: teoria geral das obrigações e teoria geral dos contratos. 7. ed. São Paulo: Atlas, 2007, v. 2, p. 100.

[132] V. seção 1.9.2, sobre solidariedade negocial (perfeita) e legal (imperfeita, espúria ou *in solidum*).

obrigação solidária.[133] A interpretação e a aplicação desse pressuposto, entretanto, são sempre problemáticas, observa G. Rossetti.[134]

Conquanto reconheça que se cuida de requisito não previsto expressamente em lei, D. Rubino assegura ser necessário que, para os vários devedores ou credores, a obrigação resulte *do mesmo fato jurídico*; ou, no mínimo, de fatos jurídicos diversos, mas *coligados* de tal forma que se possa considerá-los um complexo unitário, para efeito do vínculo que deles deriva.[135]

É que a lei contemplaria hipóteses de solidariedade entre obrigações causalmente autônomas e distintas, destinadas a satisfazer interesses diversos, mas conectados. Nessas hipóteses, em que o vínculo obrigacional fosse expressamente definido e disciplinado por lei como solidário, cada uma das várias obrigações (ligadas pelo único modo de execução) descenderia de um autônomo ato causal, integrante de um conjunto de interesses igualmente autônomo. Justificar-se-ia a solidariedade, em tais casos, apenas em razão do *coligamento funcional* entre os fatos geradores.[136]

Admite Rubino, entretanto, que essas hipóteses, em que os fatos geradores das várias obrigações fossem simplesmente coligados, não estariam claramente delimitadas, no sentido de que, de modo geral e apriorístico, não se revelaria possível, nem pela lei, nem pelo intérprete, definir, com exatidão, o que deveria ser esse coligamento, ou seja, essa verdadeira e própria unidade, da qual pudesse surgir a obrigação solidária.[137]

[133] Borda, Guillermo A. *Tratado de derecho civil*: obligaciones. 5. ed. Buenos Aires: Editorial Perrot, 1983, t. I, p. 461.

[134] Rossetti, Giulietta. *Le obbligazioni in solido*: modelli romani e disciplina attuale. Napoli: Jovene Editore, 2013, p. 132.

[135] Rubino, Domenico. Delle obbligazioni: obbligazioni alternative, obbligazioni in solido, obbligazioni divisibili e indivisibili: art. 1285-1320. In: Scialoja, Antonio; Branca, Giuseppe (a cura di). *Commentario del Codice Civile*: libro quarto: delle obbligazioni. 2. ed. Bologna: Zanichelli; Roma: Soc. Ed. Del Foro Italiano, 1968, p. 139. Nesse sentido, cf. Ticozzi, Marco. *Studio sulle obbligazioni solidali*. Padova: Cedam, 2012, p. 37.

[136] Nesse sentido, cf. Porta, Ubaldo La. Delle obbligazioni in solido: artt. 1292-1313. In: Schlesinger, Piero; Busnelli, Francesco Donato (diretto da). *Il Codice Civile*: commentario. Milano: Giuffrè Editore, 2014, p. 12.

[137] Rubino, Domenico. Delle obbligazioni: obbligazioni alternative, obbligazioni in solido, obbligazioni divisibili e indivisibili: art. 1285-1320. In: Scialoja, Antonio; Branca, Giuseppe (a cura di). *Commentario del Codice Civile*: libro quarto: delle obbligazioni. 2. ed. Bologna: Zanichelli; Roma: Soc. Ed. Del Foro Italiano, 1968, p. 139.

Quando, porém, a solidariedade fosse estabelecida por lei – defende Rubino –, o intérprete não teria permissão para avaliar e criticar se entre os dois (ou mais) fatos existiria um mínimo de elementos objetivos comuns, isto é, uma conexão objetiva idônea a justificar a solidariedade. Afinal, essa avaliação já teria sido realizada pela lei, de modo que remanesceria apenas a atividade interpretativa.[138]

Acrescenta Rubino que a solidariedade poderia ser *superveniente* quando a segunda obrigação nascesse depois da primeira, e essa segunda já nasceria certamente como solidária em relação à primeira. Nesse caso, a solidariedade seria *sucessiva* somente em relação à primeira obrigação, mas *contemporânea* ao nascimento da segunda e, portanto, da coexistência entre as duas obrigações. Quando houvesse coligamento, não consubstanciaria obstáculo à solidariedade a circunstância de que os dois fatos não seriam contemporâneos.[139]

Como exemplo de solidariedade superveniente, ter-se-ia a hipótese de assunção cumulativa da dívida de terceiros, em que a manutenção da relação obrigacional, *em função de garantia* da expectativa de satisfação do credor, justificaria a solidariedade entre o devedor original e o terceiro designado. Nessa situação, a pluralidade de sujeitos passivos não afetaria a unidade do interesse do credor, ainda que as obrigações (a original e aquela objeto do negócio de assunção) pudessem decorrer de causas diferentes.[140]

Considera Rubino que, se duas obrigações, mesmo que contivessem a mesma prestação, já nascessem de forma não solidária, não seria tecnicamente possível torná-las solidárias em um momento posterior. É que seus dois fatos geradores seriam totalmente independentes entre si, o que tornaria inviável a criação do coligamento indispensável à solidarie-

[138] RUBINO, Domenico. Delle obbligazioni: obbligazioni alternative, obbligazioni in solido, obbligazioni divisibili e indivisibili: art. 1285-1320. In: SCIALOJA, Antonio; BRANCA, Giuseppe (a cura di). *Commentario del Codice Civile*: libro quarto: delle obbligazioni. 2. ed. Bologna: Zanichelli; Roma: Soc. Ed. Del Foro Italiano, 1968, p. 140.

[139] RUBINO, Domenico. Delle obbligazioni: obbligazioni alternative, obbligazioni in solido, obbligazioni divisibili e indivisibili: art. 1285-1320. In: SCIALOJA, Antonio; BRANCA, Giuseppe (a cura di). *Commentario del Codice Civile*: libro quarto: delle obbligazioni. 2. ed. Bologna: Zanichelli; Roma: Soc. Ed. Del Foro Italiano, 1968, p. 144.

[140] PORTA, Ubaldo La. Delle obbligazioni in solido: artt. 1292-1313. In: SCHLESINGER, Piero; BUSNELLI, Francesco Donato (diretto da). *Il Codice Civile*: commentario. Milano: Giuffrè Editore, 2014, p. 13.

dade, salvo se houvesse uma novação. Nesse caso, porém, surgiria uma nova obrigação, em substituição das anteriores.[141]

Sob outra perspectiva, U. La Porta ressalta que a diversidade de fontes não afastaria a solidariedade no débito, contanto que se atendesse, entre as obrigações funcionalmente coligadas, à identidade objetiva da prestação. Os devedores seriam, em tal circunstância, solidários, ainda que a obrigação decorresse de causas autônomas, desde que estivessem todos vinculados a uma mesma prestação.[142]

Na obrigação de ressarcimento de dano, haveria solidariedade mesmo que a responsabilidade de um sujeito decorresse de ilícito extracontratual, enquanto a do outro sujeito resultasse de inadimplemento contratual. D. Rubino assevera que não seria necessário existir nem mesmo regras específicas, uma vez que o disposto no art. 2.055[143] poderia ser aplicado por analogia; necessário se faria haver dano em sentido econômico.[144]

Ao lado do dano econômico, Rubino considera imprescindível a presença de uma das seguintes condições: (i) que o dano não teria ocorrido se não houvesse um dos dois ilícitos, ou seja, que cada um desses dois atos, por si só, não fosse suficiente para produzir o dano; (ii) que os dois atos ilícitos houvessem sido acordados. Parece-lhe que a verificação de um ou de outro desses dois extremos seria indispensável para conferir à fonte das duas obrigações uma certa unidade, necessária à solidariedade.[145]

[141] Rubino, Domenico. Delle obbligazioni: obbligazioni alternative, obbligazioni in solido, obbligazioni divisibili e indivisibili: art. 1285-1320. In: Scialoja, Antonio; Branca, Giuseppe (a cura di). *Commentario del Codice Civile*: libro quarto: delle obbligazioni. 2. ed. Bologna: Zanichelli; Roma: Soc. Ed. Del Foro Italiano, 1968, p. 145. Nesse sentido, cf. Ticozzi, Marco. *Studio sulle obbligazioni solidali*. Padova: Cedam, 2012, p. 43.

[142] Porta, Ubaldo La. Delle obbligazioni in solido: artt. 1292-1313. In: Schlesinger, Piero; Busnelli, Francesco Donato (diretto da). *Il Codice Civile*: commentario. Milano: Giuffrè Editore, 2014, p. 19.

[143] "Art. 2055. [...] Se il fatto dannoso è imputabile a più persone, tutte sono obbligate in solido (1292) al risarcimento del danno. Colui che ha risarcito il danno ha regresso contro ciascuno degli altri, nella misura determinata dalla gravità della rispettiva colpa e dall'entità delle conseguenze che ne sono derivate (1299). Nel dubbio, le singole colpe si presumono uguali".

[144] Rubino, Domenico. Delle obbligazioni: obbligazioni alternative, obbligazioni in solido, obbligazioni divisibili e indivisibili: art. 1285-1320. In: Scialoja, Antonio; Branca, Giuseppe (a cura di). *Commentario del Codice Civile*: libro quarto: delle obbligazioni. 2. ed. Bologna: Zanichelli; Roma: Soc. Ed. Del Foro Italiano, 1968, p. 145-146.

[145] Rubino, Domenico. Delle obbligazioni: obbligazioni alternative, obbligazioni in solido, obbligazioni divisibili e indivisibili: art. 1285-1320. In: Scialoja, Antonio; Branca, Giuseppe

Estaria em declínio, para M. Orlandi, entretanto, a consideração da *eadem causa obbligandi* como pressuposto da solidariedade. A unidade de título não seria um elemento necessário para a definição dessa figura, já que a solidariedade traduziria um *efeito*: corresponde à equivalência da prestação. Nada diria, sob sua ótica, que esse efeito derivaria de uma *fattispecie*, e não de outra.[146]

Assim, para ele, o problema de "quando" a obrigação é solidária resolver-se-ia na hermenêutica: a obrigação seria solidária quando os efeitos previstos no título coincidissem com aqueles previstos na definição legal. O art. 1.292 do Código Civil italiano prescindiria da *fattispecie* geradora do vínculo solidário, e atribuiria o termo *solidariedade* a um determinado "tipo de efeito", independentemente da estrutura da *fattispecie* da qual esse efeito derivasse.[147]

F. Gambino também enxerga na noção de solidariedade apenas um *efeito*, distinto de seu fato gerador. Ainda que não se vislumbre correlação entre a fonte e o efeito (geralmente criada pela identidade do título ou pela causa da obrigação), isso não necessariamente excluiria a solidariedade. Seria possível, assim, no caso concreto, tratar-se de um único contrato, de um mesmo fato ilícito, de um ato coletivo; mas a unidade, para fins de solidariedade, equivaleria à pluralidade de títulos.[148]

Segundo Gambino, tão somente por "economia de pensamento" é que se operaria a redução de uma pluralidade de *fattispecie* em uma categoria unitária, para construir, no plano empírico, as razões reputadas comuns ao efeito solidário. A investigação da função atribuída aos casos individuais de solidariedade não afetaria a fisionomia do efeito, que seria independente da unidade e da pluralidade de títulos geradores.[149]

(a cura di). *Commentario del Codice Civile*: libro quarto: delle obbligazioni. 2. ed. Bologna: Zanichelli; Roma: Soc. Ed. Del Foro Italiano, 1968, p. 146. Nesse sentido, cf. Ticozzi, Marco. *Studio sulle obbligazioni solidali*. Padova: Cedam, 2012, p. 38.

[146] Orlandi, Mauro. *La responsabilità solidale*: profili dele obbligazioni solidali risarcitorie. Milano: Dott. A. Giuffrè Editore, 1993, p. 77.

[147] Orlandi, Mauro. *La responsabilità solidale*: profili dele obbligazioni solidali risarcitorie. Milano: Dott. A. Giuffrè Editore, 1993, p. 77-78.

[148] Gambino, Francesco. Le obbligazioni: il rapporto obbligatorio. In: Sacco, Rodolfo (diretto da). *Trattato di diritto civile*. Milano: Utet Giuridica, 2015, v. 1, p. 574-575.

[149] Gambino, Francesco. Le obbligazioni: il rapporto obbligatorio. In: Sacco, Rodolfo (diretto da). *Trattato di diritto civile*. Milano: Utet Giuridica, 2015, v. 1, p. 575.

G. Rossetti acredita que a abordagem tradicional, ao correlacionar o conceito de *eadem causa obligandi* à identidade do título, resulte de uma influência da tradição interpretativa estabelecida no ambiente romanístico, em que se identificaria, na locução *unitas actus*, um dos requisitos da obrigação solidária, o que se justificaria pela necessidade de explicar o efeito extintivo da *litis contestatio*. Nota, de qualquer forma, que, de acordo com o panorama doutrinário mais recente, estaria superada a ideia de *edem causa obligandi* como um requisito estrutural da solidariedade.[150]

No Brasil, da redação do art. 264 do Código Civil de 2002, do qual consta a definição legal de solidariedade, não se extrai, de forma necessária, como pressuposto, a unidade do fato gerador. Na melhor das hipóteses, a depender da interpretação a ser conferida aos termos do citado dispositivo, poder-se-ia construí-lo a partir da locução "mesma obrigação".[151]

Por aqui, no tocante à *solidariedade negocial*, Regina B. Gondim Dias acredita ser prescindível unidade do ato. Afinal, a obrigação solidária que costuma nascer ordinariamente de um mesmo ato jurídico poderia, sem dúvida, ter sua origem em atos distintos e separados, desde que fosse evidente, de modo expresso ou tácito, o propósito de a prestação se realizar uma só vez, o que poderia ocorrer quando o contrato anterior já previsse a conclusão do segundo, ou, ainda, se este último, de forma precisa, fizesse referência ao primeiro.[152]

É certo, todavia, que a solidariedade não resulta apenas de negócios jurídicos. Com efeito, ao tratar da *obrigação de indenizar*, no mesmo Livro I, Título IX, o Código Civil de 2002 (v. art. 942, segunda parte)[153] determina que, se a ofensa tiver mais de um autor, todos responderão solidariamente pela reparação; e também responderão solidariamente com os autores e coautores do dano as pessoas designadas no art. 932,[154] ainda que sem culpa de sua parte (v. art. 933).[155]

[150] Rossetti, Giulietta. *Le obbligazioni in solido*: modelli romani e disciplina attuale. Napoli: Jovene Editore, 2013, p. 134-136.

[151] V. seção 1.8.3, sobre unidade ou pluralidade da obrigação.

[152] Dias, Regina Bottentuit Gondim. *Natureza jurídica da solidariedade*. Rio de Janeiro: Conquista, 1958, p. 104.

[153] "Art. 942. [...] se a ofensa tiver mais de um autor, todos responderão solidariamente pela reparação".

[154] "Art. 932. São também responsáveis pela reparação civil: I – os pais, pelos filhos menores que estiverem sob sua autoridade e em sua companhia; II – o tutor e o curador, pelos pupilos e curatelados, que se acharem nas mesmas condições; III – o empregador ou comitente, por

Aparentemente, essas regras relativas à responsabilidade civil prestam-se a demonstrar que a unidade de fato gerador não poderia ser considerada como pressuposto da solidariedade. Conquanto se possa cogitar, em todas essas hipóteses arroladas no Código Civil de 2002, de uma certa conexão, não se vislumbra, como condição necessária para a solidariedade, o coligamento mencionado, p. ex., por D. Rubino, até porque nem sempre se vê unidade de desígnios ou culpa concorrente entre os corresponsáveis.

A solução dessas questões ligadas à obrigação de indenizar, na prática, prender-se-ia à análise dos antecedentes causais, algo que interessa mais propriamente à teoria da responsabilidade civil, sobre a qual se tratará, de forma tangencial (e apenas à medida da necessidade, para fins de contextualização do tema), ao longo da presente obra.

Enfim, consideramos que têm razão M. Orlandi, F. Gambino e G. Rossetti: está superada a ideia de *eadem causa obligandi* como pressuposto da solidariedade. Entendemos que, para a aplicação do regime jurídico próprio das obrigações solidárias, basta a presença dos *efeitos* designados nos arts. 264, 267 e 275. Mesmo que, no mais das vezes, seja de simples constatação, a missão de apontar o coligamento entre os fatos de que se origina a relação obrigacional torna-se árdua, em alguns casos concretos, notadamente nas hipóteses de obrigação de indenizar.

1.6. Fontes de solidariedade

1.6.1. Conceito e classificação das fontes das obrigações

Chama-se *fonte* o ato ou disposição legal de que se origina a obrigação. Como são de diversas naturezas, preocupam-se os juristas, desde um passado muito remoto, em criar uma classificação que simplifique o ordenamento jurídico e o seu estudo. No *Digesto*, apresentavam-se como

seus empregados, serviçais e prepostos, no exercício do trabalho que lhes competir, ou em razão dele; IV – os donos de hotéis, hospedarias, casas ou estabelecimentos onde se albergue por dinheiro, mesmo para fins de educação, pelos seus hóspedes, moradores e educandos; V – os que gratuitamente houverem participado nos produtos do crime, até a concorrente quantia".

[155] "Art. 933. As pessoas indicadas nos incisos I a V do artigo antecedente, ainda que não haja culpa de sua parte, responderão pelos atos praticados pelos terceiros ali referidos".

fontes das obrigações: os contratos, os quase-contratos, os delitos e os quase-delitos; os glosadores acrescentaram uma nova categoria: a lei.[156]

Esse arranjo clássico tem sido objeto de críticas contundentes; de um lado, impugna-se a categoria de quase-contratos, que a doutrina contemporânea repugna unanimemente; de outro, afirma-se que os delitos e quase-delitos se submetem à lei; finalmente, sustenta-se que se omitem outras fontes (a vontade unilateral, as relações contratuais de fato, o enriquecimento sem causa etc.).[157]

No Brasil, Caio Mário da Silva Pereira pensa que o assunto mereceria ser tratado em termos da maior singeleza. Remotamente, a seu ver, todas as obrigações nasceriam da lei, pois que seria esta a fonte primária dos direitos; mesmo no campo contratual, não haveria a força jurígena da manifestação volitiva, não fosse o poder obrigatório que a lei lhe reconhecesse. Considera, porém, que toda obrigação envolveria um *fato humano*, porque, para que houvesse obrigação exigível, seria necessário um procedimento ou conduta, em termos que a lei considerasse suscetíveis de criar uma relação obrigacional.[158]

Para ele, em síntese, seriam duas as fontes obrigacionais, diante da preponderância de um ou de outro ator: uma, em que a força geratriz imediata seria a *vontade*; outra, em que seria a *lei*. Não se poderia, assim, afirmar que as obrigações se originariam somente da lei, nem que haveria aquelas oriundas só da vontade, porquanto em ambas se verificaria *fato humano* e, em conjunto, atuaria o ordenamento jurídico. Ao se referir à lei, como fonte, pretende o aludido autor incluir as situações em que não haveria declaração de vontade, mas *fato humano não volitivo*.[159]

Sob a perspectiva da *obrigação como processo*, Clóvis do Couto e Silva também apresenta concepção dualista, para a qual as fontes se dividiriam entre: (i) aquelas com um *suporte fático normado*, em que o desenvolvimento da relação se daria conforme o programa traçado pela lei

[156] Borda, Guillermo A. *Tratado de derecho civil*: obligaciones. 5. ed. Buenos Aires: Editorial Perrot, 1983, t. I, p. 22.

[157] Borda, Guillermo A. *Tratado de derecho civil*: obligaciones. 5. ed. Buenos Aires: Editorial Perrot, 1983, t. I, p. 22.

[158] Pereira, Caio Mário da Silva. *Instituições de direito civil*: teoria geral das obrigações. 26. ed. Rio de Janeiro: Forense, 2014, v. II, p. 33-35.

[159] Pereira, Caio Mário da Silva. *Instituições de direito civil*: teoria geral das obrigações. 26. ed. Rio de Janeiro: Forense, 2014, v. II, p. 36.

(o que também abrangeria as hipóteses em que a lei estabelecesse, como fonte, determinado evento, para o qual não concorresse a vontade de particulares); e (ii) as *negociais*.[160]

Observa Orlando Gomes que as obrigações não nasceriam apenas dos *negócios jurídicos*, assim como jamais se originariam direta e imediatamente da *lei*. Procederiam sempre de um fato jurídico *lato sensu*, seja a declaração de vontade, seja uma situação de fato que a lei considerasse idônea a suscitar o comportamento típico do devedor. Haveria, para ele, *causas determinantes* das obrigações, e não se poderia confundi-las com a *causa eficiente* – sempre a lei.[161]

Esses fatos constitutivos (condições determinantes, fontes ou causas geradoras) poderiam ser situações que passassem a impressão de que a obrigação nasceria diretamente da lei, mas, em verdade, de acordo com Gomes, derivariam do *fato condicionante*, que nem sempre seria uma situação voluntária, mas, ao revés, determinaria comportamento indeclinável, como devedor, de quem nelas se encontrasse.[162]

Fernando Noronha, sob diferente ângulo, considera superado esse critério das fontes. Em seu lugar, defende que seria mais relevante agrupar as obrigações de acordo com a diversidade de *funções* que desempenhassem na vida real, das quais resultariam as especificidades do regime jurídico. Enumera, assim, três categorias de obrigações: (i) as negociais, cuja causa seria um negócio jurídico; quando violadas, gerariam responsabilidade negocial; (ii) as de responsabilidade civil, que teriam como causa atos ilícitos, ou outros equiparados a estes, e gerariam a obrigação de indenizar (responsabilidade civil propriamente dita); e (iii) os enriquecimentos injustificados, resultantes do aproveitamento de bens ou direitos alheios, os quais gerariam a obrigação de restituir o acréscimo patrimonial indevidamente obtido.[163]

Além dessas concepções, há diversas outras, baseadas em critérios metodológicos e técnicos essencialmente variáveis, a ponto de G. A.

[160] SILVA, Clóvis V. do Couto. *A obrigação como processo*. Rio de Janeiro: Editora FGV, 2006, p. 80-81.

[161] GOMES, Orlando. *Transformações gerais do direito das obrigações*. 2. ed. São Paulo: Editora Revista dos Tribunais, 1980, p. 166-167.

[162] GOMES, Orlando. *Transformações gerais do direito das obrigações*. 2. ed. São Paulo: Editora Revista dos Tribunais, 1980, p. 166-167.

[163] NORONHA, Fernando. *Direito das obrigações*. São Paulo: Saraiva, 2003, p. 413-417.

Borda considerar que a divergência de opiniões levaria a uma *anarquia*; o esforço dos juristas teria sido mais frutífero, para Borda, em apontar a deficiência da classificação justinianeia.[164]

Não se pretende, aqui, ingressar nessa polêmica, até por escapar ao estreito âmbito da presente obra. Esclareça-se, para fins metodológicos, que se adotará a concepção que distribui as diversas fontes em duas grandes categorias: as fontes negociais e as fontes legais; parece ter sido essa a concepção abraçada pelo legislador brasileiro.

As *fontes negociais*, previstas e reguladas na lei, compreendem os contratos e todos os outros atos de autonomia privada. E as *fontes legais* são, em geral, correspondentes aos fatos típicos que, quando verificados, produzem a relação obrigacional em virtude da lei – abrangem os atos jurídicos em sentido estrito.[165]

Os atos jurídicos em sentido estrito podem ser lícitos ou ilícitos. O ato ilícito corresponde à lesão de um interesse juridicamente protegido; o fundamento da obrigação decorrente da prática de um ato desse jaez é a exigência de reparação do dano injusto. E o ato lícito, em alguns casos, também pode ser fonte de obrigação, quando cria uma vantagem econômica para a qual o ordenamento estabelece a exigência de uma restituição, de uma compensação ou de uma contribuição.[166]

1.6.2. Fontes de solidariedade em diferentes codificações

Nos termos do art. 265[167] do Código Civil de 2002, a solidariedade não se presume; resulta da lei ou da vontade das partes. Era idêntica a redação do art. 896, *caput*,[168] do Código Civil de 1916. Tudo indica que o legislador brasileiro acolheu a concepção dualista acerca das fontes de obrigações, antes mencionada. Muito semelhante é a redação do art. 513º[169] do Código Civil português.

[164] BORDA, Guillermo A. *Tratado de derecho civil*: obligaciones. 5. ed. Buenos Aires: Editorial Perrot, 1983, t. I, p. 22.

[165] BIANCA, C. Massimo. *Diritto civile*: l'obbligazione. Milano: Giuffrè, 1993, v. 4, p. 5-6.

[166] BIANCA, C. Massimo. *Diritto civile*: l'obbligazione. Milano: Giuffrè, 1993, v. 4, p. 6.

[167] "Art. 265. A solidariedade não se presume; resulta da lei ou da vontade das partes".

[168] "Art. 896. A solidariedade não se presume; resulta da lei ou da vontade das partes".

[169] "Artigo 513º [...] A solidariedade de devedores ou credores só existe quando resulte da lei ou da vontade das partes".

Em sentido diverso, o Código Civil espanhol estabelece, em seus arts. 1.137[170] e 1.138,[171] que apenas quando o *texto da obrigação expressamente* o determinar haverá solidariedade; não há referências explícitas às fontes de solidariedade. Quanto às fontes de obrigações, em geral, o art. 1.089[172] divide-as em lei, contrato, quase-contratos e atos e omissões ilícitos ou em que intervenha qualquer gênero de culpa ou negligência. É inequívoca a influência, na Espanha, da concepção justinianeia de fontes.

O Código Civil italiano, no art. 1.173[173] arrola, como fontes de obrigações, em geral, o contrato, o fato ilícito ou qualquer outro ato ou fato idôneo a produzi-las, em conformidade com o ordenamento jurídico. No art. 1.294,[174] o legislador italiano cria a presunção de solidariedade, aplicável às hipóteses de pluralidade de sujeitos, se da lei ou do título não resultar um sentido diverso.

O Código Civil alemão – sem se referir, especificamente, às fontes de obrigações – prevê, no § 427,[175] que os devedores de obrigação contratual conjunta divisível são responsáveis, *na hipótese de dúvida*, como devedores solidários. No § 431,[176] determina que são responsáveis solidariamente os sujeitos que se vinculam a uma prestação indivisível.

170 "Art. 1137. La concurrencia de dos o más acreedores o de dos o más deudores en una sola obligación no implica que cada uno de aquellos tenga derecho a pedir, ni cada uno de éstos deba prestar íntegramente, las cosas objeto de la misma. Sólo habrá lugar a esto cuando la obligación expresamente lo determine, constituyéndose con el carácter de solidaria".

171 "Art. 1138. Si del texto de las obligaciones a que se refiere el artículo anterior no resulta otra cosa, el crédito o la deuda se presumirán divididos en tantas partes iguales como acreedores o deudores haya, reputándose créditos o deudas distintos unos de otros".

172 "Art. 1189. Siempre que el documento privado de donde resulte la deuda se hallare en poder del deudor, se presumirá que el acreedor lo entregó voluntariamente, a no ser que se pruebe lo contrario".

173 "Art. 1173. [...] Le obbligazioni derivano da contratto (Cod. Civ. 1321 e seguenti), da fatto illecito (Cod. Civ. 2043 e seguenti), o da ogni altro atto o fatto idoneo a produrle (Cod. Civ. 433 e seguenti, 651, 2028 e seguenti, 2033 e seguenti, 2041 e seguenti) in conformità dell'ordinamento giuridico".

174 "Art. 1294. [...] I condebitori sono tenuti in solido, se dalla legge o dal titolo non risulta diversamente (441, 443, 752, 754, 961, 1314, 1408, 1682, 1944, 1948, 2150, 2268, 2304, 2513, 2670)".

175 "§ 427. [...] Si mediante un contrato varias personas se obligan conjuntamente a efectuar uma prestación divisible, son responsables, em caso de duda, como deudores solidarios".

176 "§ 431. [...] Si varias personas adeudan uma prestación indivisible, son responsables como deudores solidarios".

Tratando-se de vários *credores* de uma prestação indivisível, entretanto, o § 432[177] cria uma ressalva para a hipótese de solidariedade.

O Código Civil e Comercial argentino, no art. 726,[178] estabelece que não há obrigação sem causa, ou seja, não haveria obrigação que não derivasse de algum *fato idôneo* a produzi-la, de conformidade com o ordenamento jurídico. Ao tratar das fontes de obrigações solidárias, o art. 828[179] prescreve que a solidariedade não se presume; deve surgir *inequivocamente* da lei ou do título constitutivo da obrigação.

Em sua atual redação, o Código Civil francês, no art. 1.100,[180] elenca as fontes de obrigações, em geral, como os atos jurídicos, os fatos jurídicos e a autoridade da lei; e dispõe que as obrigações podem nascer da execução voluntária ou da promessa de execução de um dever de consciência para com os outros. Nos arts. 1.100-1[181] e 1.100-2,[182] estabelece definições legais para os atos e os fatos jurídicos. E, no que interessa mais especificamente ao presente estudo, o art. 1.310[183] dispõe, à semelhança do diploma brasileiro, que a solidariedade é legal ou convencional; e não se presume.

[177] "§ 432. [...] 1. Si son varios los que tienen que reclamar una aportación indivisible puede entonces el deudor, a menos que sean acreedores solidarios, safisfacer a todos en común, y cada uno de los acreedores reclamar solamente la aportación para todos. Cada acreedor puede reclamar que el deudor consigne para todos los acreedores el bien debito, o si el bien no es adecuado para su consignación, remitirlo a un depositario delegado por orden judicial. 2. Por los demás, un hecho que sólo afecte a un acreedor no es eficaz ni a favor ni en contra de los otros acreedores".

[178] "Art. 726. [...] No hay obligación sin causa, es decir, sin que derive de algún hecho idóneo para producirla, de conformidad con el ordenamiento jurídico".

[179] "Art. 828. [...] La solidaridad no se presume y debe surgir inequívocamente de la ley o del título constitutivo de la obligación".

[180] "Art. 1100. Les obligations naissent d'actes juridiques, de faits juridiques ou de l'autorité seule de la loi. Elles peuvent naître de l'exécution volontaire ou de la promesse d'exécution d'un devoir de conscience envers autrui".

[181] "Art. 1100-1. Les actes juridiques sont des manifestations de volonté destinées à produire des effets de droit. Ils peuvent être conventionnels ou unilatéraux. Ils obéissent, en tant que de raison, pour leur validité et leurs effets, aux règles qui gouvernent les contrats".

[182] "Art. 1100-2. Les faits juridiques sont des agissements ou des événements auxquels la loi attache des effets de droit. Les obligations qui naissent d'un fait juridique sont régies, selon le cas, par le sous-titre relatif à la responsabilité extracontractuelle ou le sous-titre relatif aux autres sources d'obligations".

[183] "Art. 1310. La solidarité est légale ou conventionnelle; elle ne se présume pas".

1.6.3. Fontes de solidariedade na doutrina

A literatura pátria, em geral, ao tratar das fontes de solidariedade, refere-se ao negócio jurídico e à lei. Segundo Orlando Gomes, distinguem-se a *solidariedade negocial* ou *contratual* e *solidariedade legal*, assumindo esta a forma especial da *responsabilidade cumulativa* quando a obrigação de indenizar por ato ilícito incumbe a várias pessoas.[184]

G. Amorth alerta para o cuidado de se distinguir entre o surgimento da obrigação propriamente dita e o da solidariedade. Afinal, os dois fenômenos podem ocorrer simultaneamente – ou seja, sem intervalo de tempo –, mas também podem nascer em momentos diversos. Para que se cogite de solidariedade, é necessária a existência de uma obrigação; mas o contrário não seria verdadeiro: uma obrigação poderia nascer não solidária, assumindo essa característica mais tarde.[185]

De fato, pouco importa se se cuida de solidariedade negocial ou legal; é possível que a solidariedade passe a qualificar a relação obrigacional em um momento posterior ao seu surgimento, quando novos sujeitos se lhe passarem a agregar, como obrigação subjetivamente complexa, obrigando-se ou se tornando credores de um todo.

1.6.3.1. O contrato e o ato unilateral

Não há dúvidas de que o contrato corresponde à fonte mais importante (ou mais comum) da solidariedade. É irrelevante a sua natureza: pode ser bilateral, isto é, de que resultem obrigações e direitos recíprocos para ambas as partes; ou unilateral, em que uma parte se obriga a uma prestação, enquanto a outra obtém apenas o direito. É possível até mesmo que um dos devedores desconheça a existência dos outros coobrigados, o que pode se verificar, p. ex., com a assunção de uma dívida.[186] Também não se mostra relevante a forma do contrato: pode ser escrito ou verbal.[187]

[184] Gomes, Orlando. *Obrigações*. 5. ed. Rio de Janeiro: Forense, 1978, p. 80.

[185] Amorth, Giorgio. *L'obbligazione solidale*. Milano: Giuffrè, 1959, p. 69.

[186] Dias, Regina Bottentuit Gondim. *Natureza jurídica da solidariedade*. Rio de Janeiro: Conquista, 1958, p. 103-105.

[187] Monteiro, Washington de Barros. *Curso de direito civil*: direito das obrigações, 1ª parte: das modalidades das obrigações: dos efeitos das obrigações. 15. ed. São Paulo: Saraiva, 1979, p. 161; Lopes, Miguel Maria de Serpa. *Curso de direito civil*: obrigações em geral. 4. ed. Rio de Janeiro: Freitas Bastos, 1966, v. II, p. 138.

Observa J. Giorgi que haveria necessidade de forma escrita apenas para aqueles contratos que seriam nulos se estipulados verbalmente; assim, se, depois de se estipular por escrito o contrato, sem referências à solidariedade, as partes quiserem pactuar verbalmente o vínculo da solidariedade entre os vários devedores, tal pacto poderá, teoricamente, reputar-se válido, mas, a seu ver, não teria eficácia na prática, pela impossibilidade de prová-lo, diante da proibição de produzir prova testemunhal, como complementar do documento.[188]

Quanto aos atos unilaterais, há controvérsia na doutrina. M. I. Carvalho de Mendonça, p. ex., defende que a manifestação da vontade, como fonte de solidariedade, teria sempre de ser bilateral; a vontade unilateral não produziria esse resultado – seria necessário o concurso da vontade das partes. A solidariedade, por traduzir uma agravação do vínculo obrigacional, seria uma modalidade das mais excepcionais, sobrecarregada de exceções onerosas, razão por que a vontade unilateral não lhe poderia dar origem.[189]

Na mesma direção, J. M. de Carvalho Santos assevera que, diante da exigência legal da manifestação da vontade *das partes*, o testamento não poderia ser fonte da solidariedade. Reconhece que, na opinião dominante, a vontade se exerceria por testamento ou por contrato, mas rechaça tal entendimento, porquanto a manifestação da vontade como fonte da solidariedade precisaria ser bilateral.[190]

Parece contradizer-se Carvalho Santos, no entanto, ao aceitar a possibilidade de um testador impor a vários herdeiros a obrigação de pagar, solidariamente, um legado. Mas esclarece que, aí, a questão seria outra, pois, se os herdeiros aceitassem a condição imposta no testamento, concordariam em ajustar a solidariedade, de modo que a manifestação de vontade se tornaria bilateral. Não resultaria a solidariedade, nesse caso,

[188] Giorgi, Jorge. *Tratado de las obligaciones en el derecho moderno*: expuesta conforme a la doctrina y la jurisprudência italiana, francesa, alemana, etc., etc.: definición de las obligaciones: obligaciones naturales, solidarias, indivisibles: forma y prueba de las obligaciones. Trad. Eduardo Dato Iradier. 2. ed. Madrid: Editora Reus, 1928, v. I, p. 117.

[189] Mendonça, Manuel Inácio Carvalho de. *Doutrina e prática das obrigações ou tratado geral dos direitos de crédito*. 4. ed. Rio de Janeiro: Forense, 1956, tomo I, p. 304-305.

[190] Santos, J. M. de Carvalho. *Código Civil brasileiro interpretado*: principalmente do ponto de vista prático: parte geral. 7. ed. Rio de Janeiro: Freitas Bastos, 1956, v. XI, p. 182, 222-223.

do testamento, mas, sim, do acordo das partes, tal como ocorre em qualquer outro contrato.[191]

M. M. de Serpa Lopes admite a estipulação de solidariedade em testamento. Se o que se pretende é a existência do consentimento do devedor ou dos codevedores, essa exigência se tornaria integralmente satisfeita, ao se aceitar que o testamento – embora originalmente ato unilateral – pressupõe a aceitação do herdeiro testamentário ou do legatário.[192]

Na visão de Orosimbo Nonato, tudo dependeria do reconhecimento da vontade do testador. Se essa vontade claramente se manifestasse no sentido da solidariedade, razão seria a que se lhe reconhecesse a existência. Pensa, entretanto, que não haveria fundamento para sustentar uma classe especial para o *testamento* nas fontes de solidariedade, de par com o *contrato* e a *lei*. Bastaria que se indicassem, como fontes, o *ato jurídico* ou a *vontade humana* (classe abrangedora, também, do testamento) e a *lei*.[193]

Muitos são os que acreditam que testamento poderia ser fonte de obrigações solidárias.[194] Afinal, para que possa ser cumprido, é imprescindível que o beneficiário de suas disposições aceite o quanto instituído; ou seja, o testamento nasceria unilateral, mas se cumpriria e se executaria bilateralmente. Teriam os beneficiários, pois, dois caminhos: ou cumprem a determinação do testador ou, se não o fizerem, se enten-

[191] SANTOS, J. M. de Carvalho. *Código Civil brasileiro interpretado*: principalmente do ponto de vista prático: parte geral. 7. ed. Rio de Janeiro: Freitas Bastos, 1956, v. XI, p. 223.

[192] LOPES, Miguel Maria de Serpa. *Curso de direito civil*: obrigações em geral. 4. ed. Rio de Janeiro: Freitas Bastos, 1966, v. II, p. 138.

[193] NONATO, Orosimbo. *Curso de obrigações*: generalidades – espécies. Rio de Janeiro: Forense, 1959, v. II, p. 175-177.

[194] DIAS, Regina Bottentuit Gondim. *Natureza jurídica da solidariedade*. Rio de Janeiro: Conquista, 1958, p. 112-113; ESPANÉS, Luis Mosset de; MÁRQUEZ, José Fernando. *Curso de derecho civil*: obligaciones. Buenos Aires: Zavalía, 2018, v. 2, p. 45; ESPINOLA, Eduardo. *Garantia e extinção das obrigações*: obrigações solidárias e indivisíveis. Rio de Janeiro: Freitas Bastos, 1951, p. 406; MAZEAUD, Henri y Léon; MAZEAUD, Jean. *Lecciones de derecho civil*: parte segunda: cumplimiento, extinción y transmisión de las obligaciones. Trad. Luis Alcalá-Zamora y Castillo. Buenos Aires: Ediciones Jurídicas Europa-América, 1960, p. 314; MONTEIRO, Washington de Barros. *Curso de direito civil*: direito das obrigações, 1ª parte: das modalidades das obrigações: dos efeitos das obrigações. 15. ed. São Paulo: Saraiva, 1979, p. 161; NERY, Rosa Maria de Andrade; NERY JUNIOR, Nelson. *Instituições de direito civil*: direito das obrigações. São Paulo: Editora Revista dos Tribunais, 2015, v. II, p. 195; POTHIER, Robert Joseph. *Tratado de las obligaciones*. Buenos Aires: Editorial Atalaya, 1947, p. 148; RODRIGUES, Silvio. *Direito civil*: parte geral das obrigações. 7. ed. São Paulo: Saraiva, 1977, v. II, p. 73 etc.

derá que renunciaram à herança ou ao legado (v. art. 1.913[195] do Código Civil de 2002).[196]

Aparenta estar com a razão quem elenca, dentre as fontes de solidariedade, também os atos unilaterais, inclusive com relação à solidariedade entre credores.[197] A promessa de recompensa (v. arts. 854 a 860 do Código Civil de 2002), nesse sentido, é um bom exemplo de como um ato unilateral poderia ser apto a gerar uma obrigação solidária, se assim o desejarem os promitentes.[198]

Ora, sempre aparenta interessar ao credor de eventual recompensa o concurso de mais de um devedor, ambos obrigados à integralidade da prestação; o crédito, nessa hipótese, contará com uma garantia muito mais expressiva. Importa, para esse fim, mais a perquirição da vontade dos promitentes: seria muito difícil que o credor se insurgisse contra a solidariedade.

Na gestão de negócios, para os casos de pluralidade de gestores, o art. 867, par. ún.,[199] do Código Civil de 2002, estabelece, de forma expressa, que todos responderão solidariamente. Era, aliás, o que já previa o art. 1.337, par. ún., do Código Civil de 1916. Com efeito, além de oferecer uma maior garantia ao dono do negócio, busca-se a fiscalização recíproca entre os vários gestores.[200]

1.6.3.2. Lei como fonte de solidariedade

Com relação à *solidariedade passiva*, não há controvérsias na doutrina quanto à possibilidade de a lei instituí-la. Em princípio, vislumbrar-se-ia

[195] "Art. 1.913. Se o testador ordenar que o herdeiro ou legatário entregue coisa de sua propriedade a outrem, não o cumprindo ele, entender-se-á que renunciou à herança ou ao legado".

[196] COSTA, José Maria da. As obrigações solidárias. In: FRANCIULLI NETTO, Domingos; MENDES, Gilmar Ferreira; MARTINS FILHO, Ives Gandra da Silva (Coord.). *O novo Código Civil*: estudos em homenagem ao Professor Miguel Reale. São Paulo: LTr, 2003, p. 244.

[197] Nesse sentido, cf. SERRA, Adriano Paes da Silva Vaz. Pluralidade de devedores ou de credores. Lisboa: [s.n], v. 70, nov. 1957. Separata do *Boletim do Ministério da Justiça*, p. 13; AMORTH, Giorgio. *L'obbligazione solidale*. Milano: Giuffrè, 1959, p. 74.

[198] DIAS, Regina Bottentuit Gondim. *Natureza jurídica da solidariedade*. Rio de Janeiro: Conquista, 1958, p. 112.

[199] "Art. 867. [...] Parágrafo único. Havendo mais de um gestor, solidária será a sua responsabilidade".

[200] BEVILAQUA, Clovis. *Código Civil dos Estados Unidos do Brasil comentado*. Rio de Janeiro: Livraria Francisco Alves, 1926, v. V, p. 87-88.

a necessidade de uma disposição legal expressa; mas há quem entenda ser viável a sua aplicação por analogia, quando as circunstâncias forem tais que a imponham inevitavelmente.[201]

Dentre as hipóteses de solidariedade legal, acham-se aquelas resultantes da prática de atos ilícitos, quando forem vários os seus autores (v. art. 942[202] do Código Civil de 2002). Cada um dos agentes que concorrer adequadamente para o evento será considerado pessoalmente causador do dano e, assim, se tornará obrigado a indenizar. Em face do lesado, quer haja causas cumulativas, quer subsequência ou mera coincidência de causas, qualquer um dos responsáveis será obrigado a reparar todo o dano; caberá ao adimplente, se for o caso, demandar contra os demais em regresso.[203]

No direito romano clássico, diferentemente, havia a responsabilidade solidária *múltipla* ou *cumulativa* dos autores de um delito: estava autorizado o lesado a reclamar o pagamento da *poena* de todos os culpados, sem que o adimplemento de um liberasse os demais. Justiniano submeteu a solidariedade legal por atos ilícitos às regras ordinárias sobre as obrigações solidárias.[204] E essa unificação teria sido acolhida pelo legislador brasileiro.[205]

Existe, além disso, uma miríade de situações previstas em lei. No Código Civil de 2002, obrigam-se, solidariamente, nas hipóteses: (i) de dolo, o *representante convencional* e o *representado* (v. art. 149, *in fine*); (ii) de coação, o *terceiro que a exercer* e a *parte a quem aproveitar*, se tiver ou dever ter conhecimento da coação (v. art. 154, *in fine*); (iii) de inobservância de preempção ou preferência, o *vendedor* e o *adquirente de má-fé* (v. art. 518, *in fine*); (iv) de comodato simultâneo, os *comodatários*, para

201 LOPES, Miguel Maria de Serpa. *Curso de direito civil*: obrigações em geral. 4. ed. Rio de Janeiro: Freitas Bastos, 1966, v. II, p. 138.

202 "Art. 942. Os bens do responsável pela ofensa ou violação do direito de outrem ficam sujeitos à reparação do dano causado; e, se a ofensa tiver mais de um autor, todos responderão solidariamente pela reparação. Parágrafo único. São solidariamente responsáveis com os autores os co-autores e as pessoas designadas no art. 932".

203 CAVALIERI FILHO, Sergio. *Programa de responsabilidade civil.* 7. ed. São Paulo: Atlas, 2007, p. 61.

204 DIAS, Regina Bottentuit Gondim. *Natureza jurídica da solidariedade.* Rio de Janeiro: Conquista, 1958, p. 119.

205 V. seção 1.9.2, sobre solidariedade negocial (perfeita) e legal (imperfeita, espúria ou *in solidum*).

com o comodante (v. art. 585); (v) de mandado para negócio comum, os *mandantes*, para com o mandatário (v. art. 580); (vi) de comissão *del credere*, o *comissário* e as *pessoas com quem houver tratado em nome do comitente* (v. art. 698); (vii) de contrato de transporte cumulativo, os *transportadores*, perante o remetente (v. art. 756); (viii) de fiança conjuntamente prestada a um só débito por mais de uma pessoa, os *fiadores* (v. art. 829, *caput*); (ix) de gestão de negócios, os *gestores*, se houver mais de um (v. art. 867, par. ún.); (x) de sociedade em comum, os *sócios*, pelas obrigações sociais (v. art. 990); (xi) de sociedade em conta de participação, o *sócio participante* que tomar parte nas relações do sócio ostentivo com terceiros (v. art. 93, par. ún.); (xii) de cessão de quota social, o *cedente* e o *cessionário*, perante a sociedade e terceiros, pelo prazo de dois anos, depois da averbação da modificação do contrato, pelas obrigações que tinha como sócio (v. art. 1.003, par. ún); (xiii) de distribuição de lucros ilícitos ou fictícios, os *administradores que a realizarem* e os *sócios que os receberem*, se conhecerem ou deverem conhecer a ilegitimidade (v. art. 1.009); (xiv) de não averbação do instrumento de nomeação do administrador à margem da inscrição da sociedade, o *administrador que se omitir* e a *sociedade* (v. art. 1.012); (xv) de culpa no desempenho de suas funções, o *administrador*, perante a sociedade e os terceiros prejudicados (v. art. 1.016); (xvi) de dissolução da sociedade, os *administradores*, quando não providenciarem a imediata investidura do liquidante, no que diz respeito às novas operações que realizarem (v. art. 1.036, *caput*); (xvii) da sociedade em nome coletivo, os *sócios*, pelas obrigações sociais (v. art. 1.039, *caput*); (xviii) de sociedade em comandita simples, os *comanditados*, pelas obrigações sociais (v. art. 1.045, *caput*); (xix) de sociedade limitada, os *sócios* (e os condôminos de quota indivisa), pela integralização do capital social (v. arts. 1.052, *in fine*, e 1.056, § 2º) e pela exata estimação de bens conferidos ao capital social (v. art. 1.055, § 1º); (xx) de sociedade em comandita por ações, os *diretores*, quando houver mais de um, pelas obrigações da sociedade, depois de esgotados os bens sociais (v. art. 1.091, § 1º); (xxi) de trespasse, o *adquirente do estabelecimento* e o *devedor primitivo*, pelo prazo de um ano, quanto aos débitos anteriores à transferência (v. art. 1.146, segunda parte); (xxii) de sociedade em que houver sócios de responsabilidade ilimitada, o(s) *sócio(s) cujo(s) nome(s) figurar(em) na firma da sociedade*, em relação às obrigações contraída sob essa firma social (v. art. 1.157, par. ún.); (xxiii) de sociedade limitada, os *administradores que empregarem a firma ou a denominação social* com omissão da palavra "limitada" (v. art. 1.158, § 3º); (xxiv) de atos dolosos no exercício de suas funções, os *prepostos* e os *proponentes*, perante terceiros (v. art. 1.177, par. ún.); (xxv) de pagamento do credor, o *devedor de título empenhado*, depois de intimado pelo credor pignoratício (v. art. 1.460, *in fine*); (xxvi) de compras de coisas necessárias à economia doméstica, ambos os cônjuges, quanto às dívidas contraídas para esse fim (v. art. 1.644); (xxvii) de tutela, o *tutor* que causar dano ao tutelado, as *pessoas às quais competia fiscalizar a atividade do tutor* e as *que concorreram para o dano* (v. art. 1.752, § 2º); (xxviii) de testamento, todos os *testamenteiros*, se houver mais de um, quanto ao dever de dar conta dos bens que lhe forem confiados (v. art. 1.986). Haveria, finalmente, mais uma hipótese, introduzida pela Lei n. 13.777/2018, pertinente ao *condomínio em multipropriedade* (v. art. 1.358-L, § 2º), mas tal dispositivo faz referência às obrigações previstas em um parágrafo que foi vetado (§ 5º do art. 1.358-J).[206]

Quanto à *solidariedade ativa*, diverge a doutrina sobre a possibilidade de instituição por lei. Segundo Eduardo Espínola, "todos os autores", apoiados no direito positivo, proclamariam que a solidariedade ativa seria sempre estabelecida ou por uma convenção expressa ou por uma disposição testamentária, sem enxergarem espaço para uma versão legal. Apesar da adoção do pronome "todos", no entanto, o próprio Espínola menciona dois escritores (Planiol e Ripert) que consideram viável a solidariedade ativa legal, apoiados em leis francesas.[207] Outro escritor brasileiro que também rechaça uma possível instituição de solidariedade ativa por lei é Álvaro Villaça Azevedo.[208]

[206] Apesar do veto, Marcelo Benacchio entende ser viável compreender o adquirente como solidariamente responsável com o alienante quanto aos débitos do multiproprietário com o condomínio em multipropriedade, em razão do rateio das despesas comuns e da unidade existentes antes da alienação. In: NANNI, Giovanni Ettore (Coord.). *Comentários ao Código Civil*: direito privado contemporâneo. São Paulo: Saraiva, 2019, p. 1.731.

[207] ESPINOLA, Eduardo. *Garantia e extinção das obrigações*: obrigações solidárias e indivisíveis. Rio de Janeiro: Freitas Bastos, 1951, p. 406.

[208] AZEVEDO, Álvaro Villaça. *Curso de direito civil*: teoria geral das obrigações. 8. ed. São Paulo: Editora Revista dos Tribunais, 2000, p. 100. Nesse sentido, cf. MESA, Marcelo J. López. *Derecho de las obligaciones*: análisis exegético del nuevo Código Civil y Comercial. Buenos Aires: Euros Editores S.R.L., 2015, p. 1.001; STERN, Walter. Obbligazioni (Diritto civile). In:

Chama a atenção de Caio Mario da Silva Pereira a inexistência, no Código Civil, de qualquer texto instituidor da solidariedade ativa legal, de modo que só remanesceria a vontade como fonte geradora. Linhas à frente, porém, admite a presença, na legislação extravagante, de uma hipótese de solidariedade ativa legal, isto é, aquela do art. 2º, *caput*,[209] da Lei n. 8.245/1991 (Lei de Locação).[210]

A. P. S. Vaz Serra entende que, dados os perigos desta espécie de solidariedade, ela só deveria existir, em princípio, quando estipulada pelos interessados. Considera que a lei não se acharia autorizada a presumir que haveria entre os credores a confiança bastante para que se produzissem os efeitos da solidariedade. Só os credores poderiam saber se a têm uns nos outros e, por conseguinte, a solidariedade entre credores deveria depender, pelo menos em regra, de estipulação.[211]

Washington de Barros Monteiro reconhece um único[212] caso de solidariedade ativa *ex lege* no Brasil, previsto no art. 12[213] da Lei n. 209/1948 (sobre a forma de pagamento dos débitos civis e comerciais de criadores e recriadores de gado bovino).[214] Menciona, ainda, duas outras situações de solidariedade ativa legal constantes do Código Civil italiano: a da conta-corrente em nome de duas ou mais pessoas (v. art. 1.854)[215] e a do serviço bancário de caixas de segurança (v. art. 1.839).[216]

D'Amelio, Mariano (a cura di). *Nuovo Digesto Italiano*. Torino: Unione Tipografico – Editrice Torinense, 1939, v. VIII, p. 1.214.

209 "Art. 2º Havendo mais de um locador ou mais de um locatário, entende-se que são solidários se o contrário não se estipulou".

210 Pereira, Caio Mário da Silva. *Instituições de direito civil*: teoria geral das obrigações. 26. ed. Rio de Janeiro: Forense, 2014, v. II, p. 87.

211 Serra, Adriano Paes da Silva Vaz. Pluralidade de devedores ou de credores. Lisboa: [s.n], v. 70, nov. 1957. Separata do *Boletim do Ministério da Justiça*, p. 7.

212 A edição consultada, datada de 1979, é muito anterior à promulgação da Lei n. 8.245/1991. Observe-se, de qualquer forma, que a Lei n. 6.649/1979, revogada pela atual Lei de Locação, já instituía a solidariedade ativa, na hipótese de mais de um locador (v. art. 1º, § 5º).

213 "Art. 12. O débito ajustado constituir-se-á à base de garantias reais ou fideijussórias existentes e se pagará anualmente pena de vencimento, em prestações iguais aos credores em solidariedade ativa rateadas em proporção ao crédito de cada um".

214 Monteiro, Washington de Barros. *Curso de direito civil*: direito das obrigações, 1ª parte: das modalidades das obrigações: dos efeitos das obrigações. 15. ed. São Paulo: Saraiva, 1979, p. 161.

215 "Art. 1854. [...] Nel caso in cui il conto sia intestato a più persone, con facoltà per le medesime di compiere operazioni anche separatamente, gli intestatari sono considerati creditori o debitori in solido dei saldi del conto (1292 e seguenti)".

Diferentemente do que se passa com a codificação italiana, não se vê – nem no Código Civil de 2002, tampouco no de 1916 – nenhuma hipótese de solidariedade ativa legal, conquanto nenhum desses dois diplomas exclua essa possibilidade. Mas não se pode ignorar a realidade da ordem jurídica; no mínimo, há duas situações em que a solidariedade ativa decorre de lei: a do art. 12 da Lei n. 209/1948 e a do art. 2º, *caput*, da Lei n. 8.245/1991.

Existe, hoje, um dispositivo que poderia dar margem a alguma confusão: o art. 1.173,[217] par. ún., do Código Civil de 2002, estabelece que, na falta de estipulação expressa, consideram-se *solidários* os *poderes* conferidos a dois ou mais gerentes, no tocante à prática dos atos a que foram incumbidos. Não há cogitar, nesse caso, entretanto, de solidariedade ativa propriamente dita, a despeito do que sugeriria uma análise mais apressada. É que não se cuida, aí, de uma relação obrigacional, mas do *exercício de poderes* por parte desses prepostos, indivíduos que, de acordo com a doutrina,[218] são sempre empregados do empresário. Optou o legislador pelo vocábulo "solidários" apenas para deixar claro que os poderes dos gerentes são conjuntos, e podem ser exercidos com independência.[219]

1.6.3.3. A não presunção de solidariedade

Extrai-se do art. 265 do Código Civil de 2002, supracitado, que a solidariedade *não se presume*; resulta da lei ou da vontade das partes. Essa não

216 "Art. 1839. [...] Nel servizio delle cassette di sicurezza (1321), la banca risponde (1176) verso l'utente per l'idoneità e la custodia dei locali e per l'integrità della cassetta, salvo il caso fortuito".

217 "Art. 1.173. Quando a lei não exigir poderes especiais, considera-se o gerente autorizado a praticar todos os atos necessários ao exercício dos poderes que lhe foram outorgados. Parágrafo único. Na falta de estipulação diversa, consideram-se solidários os poderes conferidos a dois ou mais gerentes".

218 Borba, José Edwaldo Tavares. *Direito societário*. 8. ed. Rio de Janeiro: Renovar, 2003, p. 48.

219 Nesse sentido, observa Ivo Waisberg que se trataria de "solidariedade de poderes", o que não se confundiria com responsabilidade solidária: o objetivo do legislador teria sido o de possibilitar que os gerentes agissem de forma isolada, quando o instrumento de preposição outorgasse os mesmos poderes a mais de um gerente. Isso não significaria, na visão do comentarista, que todos os gerentes com os mesmos poderes deveriam responder pelos danos experimentados pelo empresário, em razão da atuação isolada de um deles, seja por culpa, seja por dolo. In: Nanni, Giovanni Ettore (Coord.). *Comentários ao Código Civil*: direito privado contemporâneo. São Paulo: Saraiva, 2019, p. 1.552.

presunção, já tradicional no ordenamento jurídico brasileiro, decorre de peculiaridade do instituto. Cuida-se de preceito excepcional, por implicar o afastamento da divisibilidade da obrigação; se é exceção, não se presume.[220] No mesmo sentido, dispõem os arts. 513 do Código Civil português, 1.310 do Código Civil francês e 828 do Código Civil e Comercial argentino, já transcritos anteriormente.

No Código Civil italiano (v. art. 1.294), contudo, vislumbra-se a *presunção* de solidariedade passiva, na pluralidade de devedores, quando não houver previsão diversa na lei ou no título. Segundo a doutrina, desviou-se o legislador da tradição, para conferir ao credor uma proteção mais eficaz, porque a obrigação deixa de se dividir em várias relações e vários adimplementos. Para que se presuma a solidariedade, bastam a pluralidade de sujeito e a identidade do título. Assim, os devedores estarão vinculados *in solidum*, se da lei ou do título não resultar entendimento diverso.[221]

Analogamente, o Código Civil alemão (v. §§ 427 e 431) determina que, *em caso de dúvida*, sejam considerados devedores solidários os indivíduos que se obrigaram conjuntamente, em um contrato, a realizar uma *prestação divisível*. Tratando-se de *prestação indivisível*, os devedores são responsáveis solidariamente. Assegura A. P. S. Vaz Serra que os legisladores italianos e alemães, ao inscrirem semelhantes presunções, almejavam "pôr a lei de acordo com a realidade da vida".[222]

Washington de Barros Monteiro elogia a solução adotada na Alemanha (e, embora não afirme, também na Itália); argumenta que a presunção atenderia melhor à finalidade prática da obrigação solidária, melhor tutelando o direito de crédito. A solidariedade constituiria, efetivamente, a seu ver, verdadeira garantia para o credor.[223]

[220] Nanni, Giovanni Ettore. *A possibilidade de convenção tácita da solidariedade no direito obrigacional*: análise do artigo 265 do Código Civil. Inédito, 2018, p. 2.

[221] Gambino, Francesco. Le obbligazioni: il rapporto obbligatorio. In: Sacco, Rodolfo (diretto da). *Trattato di diritto civile*. Milano: Utet Giuridica, 2015, v. 1, p. 580.

[222] Serra, Adriano Paes da Silva Vaz. Pluralidade de devedores ou de credores. Lisboa: [s.n], v. 69, out. 1957. Separata do *Boletim do Ministério da Justiça*, p. 76.

[223] Monteiro, Washington de Barros. *Curso de direito civil*: direito das obrigações, 1ª parte: das modalidades das obrigações: dos efeitos das obrigações. 15. ed. São Paulo: Saraiva, 1979, p. 159.

Contudo, o sistema brasileiro – similar ao francês, ao argentino e ao português – não admite essa presunção, tal como já se asseverou antes. É semelhante ao que ocorria no direito romano, especialmente após a intervenção de Justiniano, quando a divisão passou, de forma definitiva, a ser a regra:[224] *concursu partes fiunt*.

Não foi acolhido o projeto de Código de Obrigações, elaborado por Caio Mário da Silva Pereira, que introduziria na ordem jurídica pátria essa presunção de solidariedade passiva, em seu art. 127, nas hipóteses em que uma pluralidade de devedores, em um só instrumento, se obrigasse para com um credor, salvo prova em sentido contrário.[225]

É induvidoso, pois, que a solidariedade não se presume; resulta da lei ou da vontade das partes. Questiona-se, a partir dessa conclusão, se seria imprescindível a sua instituição *expressa*, ou se bastaria, para extrair a vontade das partes, analisar o seu comportamento, aliado às circunstâncias negociais (previsão tácita).

Quanto à não exigência de *termos sacramentais*, parece ser unânime a doutrina; seria suficiente, para comprovar a solidariedade, a presença de expressões ou fórmulas equivalentes (como, por exemplo, "*in solidum*", "um por todos, todos por um", "obriga-se um pelo outro", "um só por todos", "cada um pelo todo", "*pro indiviso*", "correalmente" etc.). Importaria é que a vontade das partes se revelasse inequívoca, isto é, fora de dúvida, sem suscitar grandes perplexidades e hesitações ao intérprete,[226] de forma *tan clara que no deje en el ánimo de nadie la menor duda*.[227] Trata-se da ideia ínsita ao art. 1.012[228] do Esboço de A. Teixeira de Freitas.[229]

[224] Dias, Regina Bottentuit Gondim. *Natureza jurídica da solidariedade*. Rio de Janeiro: Conquista, 1958, p. 96-101.

[225] Morato, Antonio Carlos. Obrigações solidárias. In: Lotufo, Renan; Nanni, Giovanni Ettore (Coord). *Obrigações*. São Paulo: Atlas, 2011, p. 189.

[226] Rodrigues, Silvio. *Direito civil*: parte geral das obrigações. 7. ed. São Paulo: Saraiva, 1977, v. II, p. 73; Lopes, Miguel Maria de Serpa. *Curso de direito civil*: obrigações em geral. 4. ed. Rio de Janeiro: Freitas Bastos, 1966, v. II, p. 138; Mesa, Marcelo J. López. *Derecho de las obligaciones*: análisis exegético del nuevo Código Civil y Comercial. Buenos Aires: Euros Editores S.R.L., 2015, p. 1.003; Nonato, Orosimbo. *Curso de obrigações*: generalidades – espécies. Rio de Janeiro: Forense, 1959, v. II, p. 177-178.

[227] Espanés, Luis Mosset de; Márquez, José Fernando. *Curso de derecho civil*: obligaciones. Buenos Aires: Zavalía, 2018, v. 2, p. 45.

[228] Art. 1.012. Para que a obrigação seja havia por solidária, não é todavia indispensável que se use desta expressão; e bastará que as partes tenham empregado quaisquer palavras equi-

Portanto, a declaração dos codevedores – de que se conferem reciprocamente uns aos outros "poderes de representação" em face do credor; de que se obriga cada um para com o credor como se fosse só e único devedor; de que o credor poderá dirigir-se a qualquer deles como se fosse a todos; de que a obrigação residirá por inteiro em cada um; ou qualquer outra frase no mesmo sentido e de igual força – seria bastante para conferir efeitos de solidária à obrigação contraída.[230]

Observa Giovanni Ettore Nanni que, para uma relevante parte da doutrina brasileira, a solidariedade dependeria de convenção *expressa*. A seu ver, entretanto, o tema não tem sido objeto de maior atenção; e atribui essa concepção à grande influência da doutrina francesa no Brasil, bem como à hermética reprodução do que dispunham, antes da reforma ocorrida em 2016, os arts. 1.197[231] e 1.202[232] do Código Civil francês. Afinal, tais dispositivos previam que a solidariedade deveria ser *expressément stipulée*.[233] Adotou essa fórmula (v. art. 1.010)[234] o Esboço de A. Teixeira de Freitas.[235]

Com efeito, de acordo com J. M. de Carvalho Santos, a lei quer que a solidariedade emerja de forma *clara* e *expressa*, porquanto, se obtida de forma tácita, poderia não traduzir essa vontade; haveria a possibilidade

polentes, dizendo, por exemplo, – que um dos co-devedores se obriga por todos, – ou todos por um –, ou cada um pelo todo, – ou um pelo outro".

229 Freitas, A. Teixeira de. *Código Civil*: esbôço. Rio de Janeiro: Ministério da Justiça e Negócios Interiores, 1952, p. 403.

230 Magalhães, J. M. Barbosa de. *Das obrigações solidárias em direito civil portuguez*. Coimbra: Livraria Central de J. Diogo Pires – Editor, 1882, p. 32.

231 "Art. 1197. L'obligation est solidaire entre plusieurs créanciers lorsque le titre donne expressément à chacun d'eux le droit de demander le paiement du total de la créance, et que le paiement fait à l'un d'eux libère le débiteur, encore que le bénéfice de l'obligation soit partageable et divisible entre les divers créanciers".

232 "Art. 1202. La solidarité ne se présume point; il faut qu'elle soit expressément stipulée. Cette règle ne cesse que dans les cas où la solidarité a lieu de plein droit, en vertu d'une disposition de la loi".

233 Nanni, Giovanni Ettore. *A possibilidade de convenção tácita da solidariedade no direito obrigacional*: análise do artigo 265 do Código Civil. Inédito, 2018, p. 5-9.

234 "Art. 1.010. A solidariedade das obrigações pode resultar da lei, ou dos atos jurídicos. Não haverá obrigação solidária, sem que na lei ou nos atos jurídicos se lhe tenha expressamente atribuído êste caráter, assim em matérias civis, como em comerciais".

235 Freitas, A. Teixeira de. *Código Civil*: esbôço. Rio de Janeiro: Ministério da Justiça e Negócios Interiores, 1952, p. 403.

de não ter sido percebida por uma das partes, a depender do "jogo de raciocínio" adotado. Em sua visão, inclusive, a convenção deveria constar de um documento escrito, já que, se for necessário recorrer a provas estranhas ou à interpretação, não estará satisfeita a exigência da lei.[236]

Se havia – como afirma Giovanni Ettore Nanni, baseado em escritores italianos – "imitação espontânea dos modelos", ou seja, a reprodução ou a incorporação automática de regras oriundas de outros sistemas,[237] esse quadro tende a se alterar, com a *Ordonnance* n. 2016-131, de 10 de fevereiro de 2016, por força da qual se retirou do texto do *Code* o vocábulo "expressamente"; em seu novo art. 1.310,[238] passou tal diploma a dispor que a solidariedade, legal ou convencional, *ne se presume pas*; *tout court*, tal como estabelece o Código Civil de 2002.

Antes mesmo da reforma ocorrida na codificação francesa, porém, já se levantavam, na literatura brasileira, algumas vozes discordantes daquele entendimento: F. P. Lacerda de Almeida admitia a possibilidade de declaração *tácita*, resultando de *fatos inequívocos* dos quais se deduzia a intenção de assim se obrigarem;[239] Tito Fulgêncio asseverava que a lei não exigia que a vontade das partes fosse *expressa*, mas apenas que estivesse provada por quem a invocasse; pensava ser necessária, todavia, a

[236] SANTOS, J. M. de Carvalho. *Código Civil brasileiro interpretado*: principalmente do ponto de vista prático: parte geral. 7. ed. Rio de Janeiro: Freitas Bastos, 1956, v. XI, p. 180-182. Nesse sentido, cf. BEVILAQUA, Clovis. *Código Civil dos Estados Unidos do Brasil comentado*. Rio de Janeiro: Livraria Francisco Alves, 1930, v. IV, p. 45; COSOLA, Sebastián. In: CLUSELLAS, Gabriel (Coord.). *Código Civil y Comercial*: comentado, anotado y concordado: modelos de redacción sugeridos: artículos 638 a 1091. Buenos Aires: Astrea, 2015, v. 3, p. 416; GAGLIARDO, Mariano. *Tratado de obligaciones*: según el Código Civil y Comercial. Buenos Aires: Zavalía, 2015, t. 1, p. 406; GHERSI, Carlos Alberto. *Obligaciones civiles y comerciales*: complementado con análisis socioeconómico, constitucional, tratados internacionales y ley de defensa del consumidor. 2. ed. Buenos Aires: Astrea, 2005, p. 69; LOTUFO, Renan. *Código Civil comentado*: obrigações: parte geral (arts. 233 a 420). São Paulo: Saraiva, 2003, v. 2, p. 89; MESA, Marcelo J. López. *Derecho de las obligaciones*: análisis exegético del nuevo Código Civil y Comercial. Buenos Aires: Euros Editores S.R.L., 2015, p. 1.003; VENOSA, Sílvio de Salvo. *Direito civil*: teoria geral das obrigações e teoria geral dos contratos. 7. ed. São Paulo: Atlas, 2007, v. 2, p. 102.

[237] NANNI, Giovanni Ettore. *A possibilidade de convenção tácita da solidariedade no direito obrigacional*: análise do artigo 265 do Código Civil. Inédito, 2018, p. 9.

[238] "Art. 1310. [...] La solidarité est légale ou conventionnelle; elle ne se présume pas".

[239] ALMEIDA, Francisco de Paula Lacerda de. *Obrigações*. 2. ed. Rio de Janeiro: Livraria Cruz Coutinho [s.d.], p. 34.

concludência da prova, porque se dirigia a iludir uma presunção legal;[240] para M. I. Carvalho de Mendonça, o essencial era não se presumir, de maneira alguma, a solidariedade, que deveria resultar de manifestação *expressa* ou *implícita* das partes.[241]

Na literatura portuguesa, A. P. S. Vaz Serra afirma que, muitas vezes, os devedores estão ligados entre si por uma *comunhão de interesses*, o que, porém, não se mostraria bastante para justificar a solidariedade. Mas essa comunhão de interesses, a seu ver, tornaria mais fácil admitir uma convenção *tácita* de solidariedade, se das circunstâncias resultasse que as partes a quiseram estipular. Não seria exigível, assim, a previsão expressa; bastaria que se conferisse ao juiz o poder de investigar, com o auxílio de todos os elementos a que pudesse recorrer, se os devedores pretenderam obrigar-se pelo todo.[242]

Aparenta ter razão Giovanni Ettore Nanni, ao sustentar que a solidariedade possa ser convencionada tacitamente. Afinal, o art. 265 do Código Civil de 2002 apenas exige que não se presuma, sem nenhuma referência à necessidade de ser expressa; ainda que possa ser recomendável, na prática, a convenção escrita e expressa, essa não é a regra.[243]

De fato, o *quid* desloca-se para a atividade interpretativa da declaração tácita, extraída do comportamento concludente das partes. Torna-se necessária a indicação de dado objetivo, de um ou mais eventos conjugados, a fim de afastar subjetividades. E o comportamento concludente traduziria esse dado objetivo, passível de interpretação consoante as suas

[240] Fulgêncio, Tito. *Do direito das obrigações*: das modalidades das obrigações: artigos 863-927. 2. ed. Atual. por José de Aguiar Dias. Rio de Janeiro: Forense, 1958, p. 244.

[241] Mendonça, Manuel Inácio Carvalho de. *Doutrina e prática das obrigações ou tratado geral dos direitos de crédito*. 4. ed. Rio de Janeiro: Forense, 1956, tomo I, p. 304. Nesse sentido, cf. Dias, Regina Bottentuit Gondim. *Natureza jurídica da solidariedade*. Rio de Janeiro: Conquista, 1958, p. 102-103; Lôbo, Paulo. *Direito civil*: obrigações. 2. ed. São Paulo: Saraiva, 2011, p. 138; Monteiro, Washington de Barros. *Curso de direito civil*: direito das obrigações, 1ª parte: das modalidades das obrigações: dos efeitos das obrigações. 15. ed. São Paulo: Saraiva, 1979, p. 161; Miranda, Pontes de. *Tratado de direito privado*. 3. ed. Rio de Janeiro: Borsoi, 1971, v. X, p. 322-323.

[242] Serra, Adriano Paes da Silva Vaz. Pluralidade de devedores ou de credores. Lisboa: [s.n], v. 69, out. 1957. Separata do *Boletim do Ministério da Justiça*, p. 80-81. Nesse sentido, cf. Costa, Mário Júlio de Almeida. *Direito das obrigações*. 12. ed. Coimbra: Almedina, 2009, p. 668.

[243] Nanni, Giovanni Ettore. *A possibilidade de convenção tácita da solidariedade no direito obrigacional*: análise do artigo 265 do Código Civil. Inédito, 2018, p. 14-15.

circunstâncias; sua exteriorização corresponderia à declaração negocial, plasmada a produzir efeitos jurídicos. Dispensar-se-ia o requisito de certeza inequívoca; seria satisfatório que a inferência apresentasse *alta probabilidade*, observada a boa-fé.[244]

O art. 217º[245] do Código Civil português prevê que a declaração negocial pode ser expressa ou tácita; quando tácita, deduz-se de fatos que, com *toda a probabilidade*, a revelam. De acordo com José de Oliveira Ascensão, o *princípio* é ser a declaração tácita sempre admitida; só não seria assim quando a lei exigisse, em casos especiais, uma declaração expressa.[246] Se, portanto, os códigos português e brasileiro não reclamam, ao tratar da solidariedade, nenhuma declaração expressa, não há por que fazê-lo o intérprete.

1.6.3.4. A necessidade de lei expressa

No que diz respeito à instituição da solidariedade por lei, Orosimbo Nonato considera que a interpretação aplicável seria estrita, apesar de não se exigirem palavras sacramentais; na dúvida, concluir-se-á pela inocorrência de solidariedade. Sob tal perspectiva, defende que, para se cogitar de solidariedade legal, se dispensaria o emprego obrigatório do vocábulo "solidariedade" ou "solidária"; bastaria que o legislador reconhecesse, de forma inequívoca, direitos e deveres próprios, característicos, específicos e elementares de uma relação jurídica desse jaez.[247]

J. M. Barbosa de Magalhães, por sua vez, observa que os casos de solidariedade legal seriam excepcionais, tais como os convencionais, de modo que também dependeriam de uma disposição *expressa* da lei, de interpretação restrita. A solidariedade sempre careceria de um texto *expresso* que

[244] NANNI, Giovanni Ettore. *A possibilidade de convenção tácita da solidariedade no direito obrigacional*: análise do artigo 265 do Código Civil. Inédito, 2018, p. 19-20.

[245] "Art. 217º [...] 1. A declaração negocial pode ser expressa ou tácita: é expressa, quando feita por palavras, escrito ou qualquer outro meio directo de manifestação da vontade, e tácita, quando se deduz de factos que, com toda a probabilidade, a revelam. 2. O carácter formal da declaração não impede que ela seja emitida tacitamente, desde que a forma tenha sido observada quanto aos factos de que a declaração se deduz".

[246] ASCENSÃO, José de Oliveira. *Direito civil*: teoria geral: ações e fatos jurídicos. 3. ed. São Paulo: Saraiva, 2010, v. 2, p. 46.

[247] NONATO, Orosimbo. *Curso de obrigações*: generalidades – espécies. Rio de Janeiro: Forense, 1959, v. II, p. 180-182.

lhe servisse de fundamento: seria preciso que a lei conferisse, *expressamente*, à responsabilidade que competisse a vários indivíduos, o caráter de solidária. Mais ainda do que nas convenções, para Magalhães, a intenção do legislador deveria ser aqui restritamente interpretada.[248]

Mostra-se radical a posição de J. M. Barbosa de Magalhães, no que diz respeito à necessidade de ser indispensável, para traduzir a vontade do legislador, o emprego da mesma palavra por ele próprio consagrada para designar tal espécie de obrigação;[249] parece mais razoável a compreensão de Orosimbo Nonato. Seja como for, ambos têm razão quanto à necessidade de um texto expresso de lei.

De fato, ao prescrever que a solidariedade não se presume (v. art. 265 do Código Civil de 2002), deixou claro o legislador que se trata de uma figura excepcional. Considerando que não se vê como interpretar a *voluntas legis* a partir de comportamentos concludentes dos redatores do texto legal, a solução, nesse caso, teria de ser diferente daquela aplicável à vontade negocial. Discordamos de M. M. de Serpa Lopes, pois, quanto ao entendimento de que a solidariedade seria aplicável por analogia, quando as circunstâncias fossem tais que a impusessem inevitavelmente.[250]

Porque se cuida de hipótese *excepcional*,[251] afigura-se descabido o recurso à analogia. É que o processo analógico transporta a disposição formulada para uma espécie jurídica a uma outra hipótese não contemplada no texto; se o texto só encerra exceções, os casos não incluídos entre elas consideram-se como sujeitos à *regra geral*, até por se tratar de restrição a direitos dos devedores.[252]

Na hipótese de pluralidade de devedores, ou de credores, de prestação divisível, esta presume-se dividida, em regra, em tantas prestações, iguais e distintas, quanto os credores ou devedores (obrigação parciária,

[248] MAGALHÃES, J. M. Barbosa de. *Das obrigações solidárias em direito civil portuguez*. Coimbra: Livraria Central de J. Diogo Pires – Editor, 1882, p. 45.

[249] MAGALHÃES, J. M. Barbosa de. *Das obrigações solidárias em direito civil portuguez*. Coimbra: Livraria Central de J. Diogo Pires – Editor, 1882, p. 46.

[250] LOPES, Miguel Maria de Serpa. *Curso de direito civil*: obrigações em geral. 4. ed. Rio de Janeiro: Freitas Bastos, 1966, v. II, p. 138.

[251] SAVIGNY, M. de. *Le droit des obligations*. Traduit par C. Gérardin et P. Jozon. Paris: Auguste Durand, Librairie-Éditeur, 1863, p. 162.

[252] MAXIMILIANO, Carlos. *Hermenêutica e aplicação do direito*. 15. ed. Rio de Janeiro: Forense, 1995, p. 213.

fracionária ou conjunta). Trata-se da regra geral (*concursu partes fiunt*), extraída do texto do art. 257 do Código Civil de 2002. Se não houver, na lei, portanto, previsão expressa de solidariedade, solidariedade não haverá. Ainda que pareça prescindível o emprego dos vocábulos "solidariedade" ou "solidária", exige-se, de alguma forma, indicação na lei ("norma inequívoca")[253] de que os credores fariam jus, ou que os devedores estariam obrigados, à dívida toda.

Apesar de a solidariedade ser excepcional no Código Civil de 2002, há algumas situações específicas na legislação extravagante, a exemplo daquelas previstas na Lei n. 8.078/1990 (Código de Proteção e Defesa do Consumidor). Quando se está diante de uma relação de consumo, com efeito, a solidariedade aparenta tornar-se a regra, a abranger todos os partícipes do ciclo produtivo-distributivo, ressalvadas algumas exceções previstas nesse mesmo diploma normativo, consoante a doutrina especializada.[254]

Não se pretende ingressar, *in casu*, no exame das particularidades desse conjunto de princípios e regras destinados à proteção do consumidor, por escapar ao estreito âmbito da presente obra, cujo enfoque é o regime jurídico da solidariedade na relação obrigacional, de conformidade com a dogmática do direito civil.

1.6.3.5. Solidariedade judicial

Alguns autores fazem referência, ainda, a outra fonte de solidariedade: a *decisão judicial*. É o que defende Savigny, para quem, em um mesmo julgamento, quando vários indivíduos são condenados a pagar uma quantia em comum, a obrigação se repartiria, em regra, entre os devedores, sem que um se considerasse garantidor do outro. Considera, no entanto, que o julgamento também poderia obrigar cada um deles a responder pela insolvência dos outros; e seria possível ir mais longe, envolvendo-os solidariamente. Compreende, assim, a decisão judicial como uma verdadeira fonte de solidariedade.[255]

[253] Mesa, Marcelo J. López. *Derecho de las obligaciones*: análisis exegético del nuevo Código Civil y Comercial. Buenos Aires: Euros Editores S.R.L., 2015, p. 998.

[254] Cavalieri Filho, Sergio. *Programa de direito do consumidor*. 3. ed. São Paulo: Atlas, 2011, p. 296-298.

[255] Savigny, M. de. *Le droit des obligations*. Traduit par C. Gérardin et P. Jozon. Paris: Auguste Durand, Librairie-Éditeur, 1863, t. 1, p. 178-179.

Os próprios tradutores da obra de Savigny para o idioma francês, entretanto, em nota de rodapé, criticam o entendimento de que, da decisão judicial, poderia resultar uma solidariedade baseada na vontade das partes. Se condenasse os devedores conjuntos como se fossem solidários, o juiz incorreria em erro. Não se poderia dizer, assim, que essa solidariedade resultaria da vontade das partes interessadas.[256]

A decisão judicial também era arrolada como fonte de solidariedade pelo art. 700[257] do revogado Código Civil argentino, de 1869. Essa previsão legal, inspirada nos escritos de Savigny,[258] costumava ser objeto de crítica por parte de doutrinadores platinos, a exemplo de A. Colmo, para quem a redação do dispositivo permitiria entender que os juízes estariam autorizados a declarar solidária uma obrigação que não o fosse – algo "prodigioso". Afinal, o juiz declara o direito, e não o cria, pois se limita a reconhecer que relação *era*, ao tempo da demanda, de tal ou qual natureza, e não o que é, ao tempo da sentença.[259]

G. Borda reputa um "erro" a solidariedade poder originar-se de uma sentença que tenha autoridade de coisa julgada. A seu ver, os juízes não fariam senão declarar o direito das partes, e não poderiam condenar solidariamente os demandados ao pagamento de uma dívida se tal solidariedade não surgisse de um contrato, de um testamento ou da lei.[260] L. M. Boffi Boggero, de forma análoga, pensa que, afora as hipóteses de sentença *contra legem*, a decisão judicial, em sentido formal, não seria fonte de obrigações solidárias, porque sua elaboração envolveria uma "criação" baseada apenas nos elementos fornecidos pelo ordenamento jurídico.[261]

256 Savigny, M. de. *Le droit des obligations*. Traduit par C. Gérardin et P. Jozon. Paris: Auguste Durand, Librairie-Éditeur, 1863, t. 1, p. 164, nota 1.

257 "Art. 700. Las solidaridad puede también ser constituida por testamento, por decisión judicial, que tenga fuerza de cosa juzgada, o puede resultar de la ley respecto de los deudores".

258 Salvat, Raymundo M. *Tratado de derecho civil argentino*: obligaciones en general. 6. ed. Buenos Aires: Tipografica Editora Argentina, 1953, v. II, p. 73.

259 Colmo, Alfredo. *De las obligaciones en general*. 3. ed. Buenos Aires: Editorial Guillermo Kraft Ltda., 1944, p. 341.

260 Borda, Guillermo A. *Tratado de derecho civil*: obligaciones. 5. ed. Buenos Aires: Editorial Perrot, 1983, t. I, p. 461.

261 Boggero, Luis María Boffi. *Tratado de las obligaciones*. Buenos Aires: Editorial Astrea, 1985, t. 3, p. 549. Nesse sentido, cf. Gásperi, Luis de. *Tratado de las obligaciones en el derecho civil paraguayo y argentino*: parte especial: de las obligaciones en particular y sus fontes. Buenos Aires: Editorial DePalma, 1946, v. II, p. 62-63; Ghersi, Carlos Alberto. *Obligaciones*

A literatura argentina atual, com maior razão, considera que os juízes não podem criar a solidariedade *de la nada*, sem que esteja prevista em disposição legal, contrato ou testamento: eventual sentença judicial que impusesse a condenação solidária a sujeitos que não estivessem obrigados a tanto por lei, contrato ou testamento violaria direitos constitucionais; seria arbitrária e passível de anulação.[262]

Orosimbo Nonato, no Brasil, observa que a sentença não constituiria *fonte* de direito, pois pressuporia a existência do direito, e o declararia. A sentença não poderia ser qualificada como *fonte*, como *origem*, como *força criadora* do direito quando apenas o reconheceria e lhe certificaria a existência em favor de uma das partes.[263]

Entendemos, com efeito, que se equivocam aqueles que incluem, no rol de fontes de solidariedade, a decisão judicial (entendimento que, se fosse viável, também se estenderia à sentença arbitral, dada a sua natureza jurisdicional).[264] É que o juiz, assim como o árbitro, constrói a solução para o caso concreto a partir de regras gerais, sem nenhuma autorização – ressalvadas algumas hipóteses excepcionalíssimas – para o exercício de discricionariedade.

O juiz, assegura Eros Roberto Grau, mesmo ao se deparar com hipóteses de lacunas normativas, não produz normas *livremente*. Qualquer intérprete estará sempre vinculado aos textos normativos. A *abertura* dos *textos de direito*, embora seja suficiente para permitir que o direito permaneça a serviço da liberdade, não é absoluta. Repudia-se o entendimento

civiles y comerciales: complementado con análisis socioeconómico, constitucional, tratados internacionales y ley de defensa del consumidor. 2. ed. Buenos Aires: Astrea, 2005, p. 70; Lafaille, Héctor. *Tratado de las obligaciones*. Buenos Aires: Ediar Soc. Anón. Editores [s.d.], v. II, p. 225-226; Rezzónico, Luis María. *Estudio de las obligaciones en nuestro derecho civil*: teoria general de las obligaciones: extinción de las obligaciones. Buenos Aires: Ediciones Depalma, 1966, v. 1, 1ª parte, p. 633-634; Salvat, Raymundo M. *Tratado de derecho civil argentino*: obligaciones en general. 6. ed. Buenos Aires: Tipografica Editora Argentina, 1953, v. II, p. 74-75.

262 Mesa, Marcelo J. López. *Derecho de las obligaciones*: análisis exegético del nuevo Código Civil y Comercial. Buenos Aires: Euros Editores S.R.L., 2015, p. 1.000-1001. Nesse sentido, cf. Espanés, Luis Mosset de; Márquez, José Fernando. *Curso de derecho civil*: obligaciones. Buenos Aires: Zavalía, 2018, v. 2, p. 47.

263 Nonato, Orosimbo. *Curso de obrigações*: generalidades – espécies. Rio de Janeiro: Forense, 1959, v. II, p. 173-174. Nesse sentido, cf. Venosa, Sílvio de Salvo. *Direito civil*: teoria geral das obrigações e teoria geral dos contratos. 7. ed. São Paulo: Atlas, 2007, v. 2, p. 102.

264 V. seção 2.4.11, sobre compromisso, convenção de arbitragem e solidariedade.

de que o intérprete poderia exercer certa *discricionariedade*; não lhe foi confiada a formulação de juízos de oportunidade, senão apenas juízos de legalidade.[265]

Ainda que, no mais das vezes, pudesse ser mais conveniente aos credores o reconhecimento, com força de coisa julgada, de um vínculo de solidariedade entre os devedores, não se pode dispensar, jamais, nesse caso, a vontade de ambas as partes ou a atuação, no plano abstrato, do legislador. Não se questiona o fato de que a possibilidade de responsabilização *in solidum* tornaria mais simplificada a própria atividade jurisdicional, quer por dispensar o julgador da árdua atividade de distribuir entre os condenados os quinhões de responsabilidade, quer por abreviar a fase de cumprimento do título judicial, especialmente quando existir alguma resistência ou insolvência por parte de um dos coobrigados.

Essa *conveniência*, entretanto, não se presta a justificar a inobservância da regra prevista no art. 264 do Código Civil de 2002. Permite-se cogitar de solidariedade, diante da ordem jurídica em vigor, tão somente quando assim o desejaram ambas as partes ou quando houver instituição por lei. Pensamos que, de outro modo, grassaria o arbítrio, e se instalaria a insegurança jurídica.

Apesar dessas críticas, o art. 87,[266] § 2º, do Código de Processo Civil (à semelhança do que prescreve o art. 97[267] do Código de Processo Civil italiano) parece criar uma espécie de solidariedade judicial, aplicável às hipóteses em que o juiz (por conveniência ou por desídia) não distribuir, de forma expressa, entre os litisconsortes vencidos, a responsabilidade pelas despesas e pelos honorários resultantes da sucumbência.

[265] GRAU, Eros Roberto. *Por que tenho medo dos juízes*: a interpretação/aplicação do direito e os princípios. 6. Ed. São Paulo: Malheiros, 2013, p. 89.

[266] "Art. 87. Concorrendo diversos autores ou diversos réus, os vencidos respondem proporcionalmente pelas despesas e pelos honorários. § 1º A sentença deverá distribuir entre os litisconsortes, de forma expressa, a responsabilidade proporcional pelo pagamento das verbas previstas no *caput*. § 2º Se a distribuição de que trata o § 1º não for feita, os vencidos responderão solidariamente pelas despesas e pelos honorários".

[267] "Art. 97. [...]. Se le parti soccombenti sono più, il giudice condanna ciascuna di esse alle spese e ai danni in proporzione del rispettivo interesse nella causa. Può anche pronunciare condanna solidale di tutte o di alcune tra esse, quando hanno interesse comune. Se la sentenza non statuisce sulla ripartizione delle spese e dei danni, questa si fa per quote uguali".

1.7. Causa, função e fundamento da solidariedade

Os conceitos de *causa*, *função* e *fundamento* da solidariedade, muitas vezes, se confundem e se interpenetram, a depender da conotação que se conferir a esses vocábulos. Encontram-se referências na doutrina, ainda, a outros termos, como ao *papel*[268] e à *finalidade*[269] do instituto, cujas noções aparentam coincidir com a de *função*, ao menos com aquela empregada pela doutrina italiana.

Pretende-se, em seguida, pois, desenvolver e apartar esses conceitos, com a finalidade de melhor compreender o instituto da solidariedade, até para que, mais adiante, se permita, com maior precisão, fixar sua estrutura e determinar sua natureza jurídica.

1.7.1. A causa e a solidariedade

O vocábulo "causa" apresenta enorme gama de significações. Pode indicar a fonte de um determinado fato ou comportamento. Em matéria de atos ilícitos, p. ex., quando se estatui que a conduta negligente do condutor de um veículo foi a *causa* do dano sofrido por outro, o termo "causa" equivaleria, em um sentido geral, à *razão*, ao *motivo*, ao *escopo*, ao *fundamento*. Geralmente, ademais, quando se está a referir a uma previsão legal, faz-se referência à sua *causa*, no sentido de *ratio* da lei.[270]

Mas há também um significado técnico muito particular com o qual esse termo costuma ser utilizado no direito privado, em matéria de obrigações: é a *causa negocial*. De acordo com a doutrina corrente, o negócio apenas seria lícito quando tendesse a realizar interesses dignos de proteção; *causa*, assim, traduziria a função econômico-social do negócio, eleita pelo legislador como digna de tutela.[271]

Nesse sentido, a *causa* corresponderia à *razão prática* do contrato, ou seja, ao interesse que a operação contratual estaria destinada a satisfazer. A causa seria a base do reconhecimento da autonomia contratual. As partes poderiam estipular livremente contratos fora dos tipos pre-

[268] CORDEIRO, António Menezes. *Tratado de direito civil português*. Coimbra: Almedina, direito das obrigações, 2009, v. II, t. I, p. 727.

[269] PEREIRA, Caio Mário da Silva. *Instituições de direito civil*: teoria geral das obrigações. 26. ed. Rio de Janeiro: Forense, 2014, v. II, p. 93.

[270] AMORTH, Giorgio. *L'obbligazione solidale*. Milano: Giuffrè, 1959, p. 80.

[271] AMORTH, Giorgio. *L'obbligazione solidale*. Milano: Giuffrè, 1959, p. 80.

vistos na lei, para satisfazer interesses dignos de proteção, segundo o ordenamento jurídico.[272]

Distinguem-se a *causa* e o *objeto* do contrato. O objeto indicaria o programa, ou seja, o conteúdo do acordo das partes, enquanto a causa concerniria ao interesse que tal programa tenderia a realizar. A referência à causa, por parte da lei, imporia que se compreendesse o ato de autonomia privada em sua realidade de instrumento de finalidade prática, que, como tal, merecesse ser avaliado juridicamente.[273]

No Código Civil italiano, a *causa* figura como um dos requisitos do contrato (v. art. 1.325, 2),[274] e está disciplinada nos arts. 1.322,[275] 1.343,[276] 1.344[277] e 1.345.[278] Inspirador do diploma italiano, o Código Civil francês, no texto de 1804, adotava a *causa* como uma condição essencial para a validade dos contratos (v. arts. 1131,[279] 1132[280] e 1133,[281] todos já alterados); hoje, porém, após a *Ordonnance* n. 2016-131, de 10 de fevereiro de 2016, deixou o *Code* de se referir (expressamente) à causa.

No Brasil, o Código Civil de 2002, tal como o seu antecessor, não adotou a noção de *causa* como elemento integrador do contrato, nem como requisito de eficácia. Isso não impede a doutrina (ou parte da doutrina, dadas as divergências) de se lhe referir ora como razão determinante da

[272] Bianca, C. Massimo. *Diritto civile*: il contratto. Milano: Giuffrè, 1998, v. 3, p. 419-420.

[273] Bianca, C. Massimo. *Diritto civile*: il contratto. Milano: Giuffrè, 1998, v. 3, p. 419-420.

[274] "Art. 1325. [...] I requisiti del contratto sono: 1) l'accordo delle parti (1326 e seguenti, 1427); 2) la causa (1343 e seguenti); 3) l'oggetto (1346 e seguenti); 4) la forma, quando risulta che è prescritta dalla legge sotto pena di nullità (1350 e seguenti)".

[275] "Art. 1322. [...] Le parti possono liberamente determinare il contenuto del contratto nei limiti imposti dalla legge (e dalle norme corporative). Le parti possono anche concludere contratti che non appartengono ai tipi aventi una disciplina particolare, purché siano diretti a realizzare interessi meritevoli di tutela secondo l'ordinamento giuridico".

[276] "Art. 1343. [...] La causa è illecita quando è contraria a norme imperative, all'ordine pubblico o al buon costume (prel. 1, 1418, 1972)".

[277] "Art. 1344. [...] Si reputa altresì illecita la causa quando il contratto costituisce il mezzo per eludere l'applicazione di una norma imperativa".

[278] "Art. 1345. [...] Il contratto è illecito quando le parti si sono determinate a concluderlo esclusivamente per un motivo illecito comune ad entrambe (788, 1418)".

[279] "Art. 1131. L'obligation sans cause, ou sur une fausse cause, ou sur une cause illicite, ne peut avoir aucun effet".

[280] "Art. 1132. La convention n'est pas moins valable, quoique la cause n'en soit pas exprime".

[281] "Art. 1133. La cause est illicite, quand elle est prohibée par la loi, quand elle est contraire aux bonnes moeurs ou à l'ordre public".

obrigação que a parte toma no contrato; ora como o motivo do ato ou contrato que, nos gratuitos ou benéficos, seria o sentimento de bem fazer, e, nos onerosos ou lucrativos, seria o que se recebe pelo que se dá;[282] ora como fato externo ao negócio, mas que o justificaria do ponto de vista social e jurídico;[283] ora como atribuição jurídica do negócio, relacionada ao fim prático que se obteria como decorrência dele[284] etc.

Considera Pontes de Miranda que o legislador brasileiro, à semelhança do alemão, teria conferido maior valor à autonomia privada do que à exigência da *causa*.[285] Não interessa, aqui, entretanto, esmiuçar todas as definições de causa e as intermináveis controvérsias existentes, há muitas décadas, na doutrina nacional e estrangeira, inclusive sobre a sua utilidade. Há textos específicos sobre o assunto.[286]

De qualquer maneira, tratar-se-ia, em síntese, da avaliação da *finalidade prática* que as partes se proporiam a atingir com determinado negócio. Em seu sentido técnico, referir-se-ia a causa à *fattispecie* negocial *concreta*; e não à da obrigação em geral. Em outras palavras, a causa negocial não estaria ligada aos requisitos das obrigações abstratamente consideradas, porque concerniria às obrigações *concretas*. Não se cogitaria, em princípio, pois, de uma *causa* da solidariedade, em geral.[287]

Embora a obrigação solidária, no plano abstrato, não ostente uma *causa* própria, esse vocábulo costuma ser utilizado em outro sentido, para exprimir os fundamentos, isto é, o escopo do instituto da solidariedade.[288] E o termo, ainda, encontra-se previsto no art. 827[289] do Código

[282] GAMA, Affonso Dionysio. *Theoria e pratica dos contractos por instrumento particular no direito brasileiro*. 3. ed. Rio de Janeiro: Livraria Editora Leite Ribeiro, 1925, p. 51.

[283] AZEVEDO, Antonio Junqueira. *Negócio jurídico*: existência, validade e eficácia. São Paulo: Saraiva, 1974, p. 170.

[284] MELLO, Marcos Bernardes de. *Teoria do fato jurídico*: plano de existência. 20. ed. São Paulo: Saraiva, 2014, p. 205.

[285] MIRANDA, Pontes de. *Tratado de direito privado*. 3. ed. Rio de Janeiro: Borsoi, 1971, v. X, p. 373.

[286] Nesse sentido, cf. SILVA, Luís Renato Ferreira da. *Reciprocidade e contrato*: a teoria da causa e sua aplicação nos contratos e nas relações "paracontratuais". Porto Alegre: Livraria do Advogado Editora, 2013.

[287] AMORTH, Giorgio. *L'obbligazione solidale*. Milano: Giuffrè, 1959, p. 81.

[288] AMORTH, Giorgio. *L'obbligazione solidale*. Milano: Giuffrè, 1959, p. 81.

[289] "Art. 827. [...] Hay solidaridad en las obligaciones con pluralidad de sujetos y originadas en una causa única cuando, en razón del título constitutivo o de la ley, su cumplimiento total puede exigirse a cualquiera de los deudores, por cualquiera de los acreedores".

Civil e Comercial argentino: haveria solidariedade nas obrigações com pluralidades de sujeitos e originadas em uma *causa única*. À primeira vista, no entanto, o legislador platino, ao utilizar essa locução ("causa única"), referir-se-ia à fonte dessas obrigações.

Seja como for, é interessante traçar uma distinção entre *causa*, no sentido de finalidade prática, obtida a partir de situações concretas, e os *fundamentos abstratos* do instituto da solidariedade.

Adotadas essas concepções, tem-se que a pluralidade de causas (ou de escopos práticos), apesar de não impedir a atuação solidária da obrigação plurissubjetiva, justificaria a exclusão ou a modificação na aplicação de determinadas regras, diante da relação de interesses diferenciada, em alguns casos concretos, entre os devedores (ou credores) solidários. Mas, entre a obrigação solidária de "interesse comum" e aquela de "interesse unissubjetivo" (ou "impróprio"), não parece haver diferenças estruturais.[290]

O Código Civil de 2002, em seu art. 285,[291] admite que a dívida *interesse* a apenas um dos devedores, situação em que ele responderá por sua integralidade, nas relações internas, para com aquele que pagar; se ele próprio realizar a prestação, nem sequer se cogitará, depois, de relações internas (fase interna), pois que estarão extintos todos os vínculos, externos e internos.

Tal regra, apesar de prevista tão só para a solidariedade passiva, aplicar-se-ia, *mutatis mutandis*, às hipóteses de solidariedade ativa; de maneira que, se a obrigação interessar a apenas um credor solidário, não haverá divisão, na fase interna, em partes viris; se esse credor receber integralmente a prestação, resolver-se-á, em definitivo, a relação obrigacional.

Como se vê, essa pluralidade de escopos práticos interfere apenas na segunda fase da obrigação solidária, restrita aos devedores, ou credores, solidários. Na fase externa, não apresentaria relevância alguma, em linha de princípio, quer no tocante aos credores solidários, quer quanto aos devedores solidários, a perquirição acerca de interesse exclusivo de um ou de outro integrante da relação obrigacional.[292]

[290] PORTA, Ubaldo La. Delle obbligazioni in solido: artt. 1292-1313. In: SCHLESINGER, Piero; BUSNELLI, Francesco Donato (diretto da). *Il Codice Civile*: commentario. Milano: Giuffrè Editore, 2014, p. 14-15.

[291] "Art. 285. Se a dívida solidária interessar exclusivamente a um dos devedores, responderá este por toda ela para com aquele que pagar".

[292] V. seções 2.5 e 3.5, sobre a fase interna na solidariedade passiva e na solidariedade ativa.

1.7.2. A função da solidariedade

Derivado do latim *functio*, de *fungi* (no sentido de "exercer", "desempenhar"),[293] o vocábulo "função" diria respeito ao exercício ou desempenho de um mister. Transmitiria uma ideia de instrumento, na medida em que não traduziria um fim em si mesmo, mas um meio para atingi-lo. Coligar-se-ia, assim, à noção de "finalidade".

Afora isso, ter-se-ia um "atuar a serviço de algo que nos ultrapassa",[294] ou seja, de "uma competência dirigida a uma finalidade".[295] E, mais, a "função" seria sempre positiva, visto que, na perspectiva funcionalista, não existiriam funções negativas, senão "disfunções", ou seja, defeitos que poderiam ser corrigidos no âmbito do sistema.[296]

De modo geral, a doutrina atribui à solidariedade passiva a *função* de conferir maior vantagem e maior probabilidade de bom êxito para o credor, inclusive quanto à facilitação da cobrança e da execução;[297] ou a de reforçar o vínculo, assegurando a solvência do polo dos devedores e, assim, atribuindo maior garantia ao credor;[298] ou, ainda, como um "excelente banco de ensaio", para afinar o tema processual do litisconsórcio e o próprio jogo das exceções, com o seu alcance substancial e os seus limites.[299]

Aparentemente, prevalece o entendimento de que a função da solidariedade passiva seria, precisamente, a de fortalecer a proteção do credor, o qual, com a possibilidade de exigir de vários devedores o cumprimento de toda a prestação, se vê, de um lado, dispensado do dever de exercitar a pretensão contra cada um deles; de outro, sobretudo, tem à sua dispo-

293 Silva, De Plácido e. *Vocabulário Jurídico*. 15. ed. Rio de Janeiro: Forense, 1999, p. 372.

294 Passos, J. J. Calmon de. Função social do processo. *Revista do Tribunal Regional Federal da 1ª Região*, v. 9, n. 2, abr.-jun. 1997, p. 48.

295 Martins-Costa, Judith. Reflexões sobre o princípio da função social dos contratos. *Revista Direito GV*, vol. 1, n. 1, maio 2005, p. 47.

296 Bobbio, Norberto. *Da estrutura à função*: novos estudos de teoria do direito. Trad. Daniela Beccaccia Versiani. Barueri: Manole, 2007, p. 93.

297 Mesa, Marcelo J. López. *Derecho de las obligaciones*: análisis exegético del nuevo Código Civil y Comercial. Buenos Aires: Euros Editores S.R.L., 2015, p. 993; Miranda, Pontes de. *Tratado de direito privado*. 3. ed. Rio de Janeiro: Borsoi, 1971, v. X, p. 331.

298 Pereira, Caio Mário da Silva. *Instituições de direito civil*: teoria geral das obrigações. 26. ed. Rio de Janeiro: Forense, 2014, v. II, p. 93.

299 Cordeiro, António Menezes. *Tratado de direito civil português*. Coimbra: Almedina, direito das obrigações, 2009, v. II, t. I, p. 727.

sição, para garantir o próprio crédito, os patrimônios desses vários devedores, sem incorrer no risco de um deles cair em insolvência.[300]

Tal função de garantia persistiria, já na hipótese em que os codevedores respondem por força de um negócio jurídico, já quando respondem por um fato ilícito, já quando a responsabilidade deriva de diferentes títulos, como no caso de concurso entre responsabilidade contratual com a aquiliana de terceiros. Em todas essas situações, os riscos do inadimplemento transferir-se-ia às relações internas entre os codevedores.[301]

Veem-se, ainda, outras funções (secundárias) atreladas à solidariedade passiva. Além de reforçar a posição do credor, de lhe conferir uma maior garantia (função primária), tal instituto também desempenharia uma função social, qual seja, a de fomentar o tráfico jurídico. Se o credor se sentir mais seguro, tenderá a conceder mais crédito; e isso acarretará vantagens a toda a sociedade, por estimular a circulação de riquezas.

Mais do que fomentar o tráfico jurídico, a solidariedade também desempenha uma importante função preventiva, no que diz respeito, particularmente, à obrigação de indenizar. Cônscios de sua condição de responsáveis solidários por atos lesivos eventualmente praticados pelos indivíduos arrolados no art. 932, I a IV, do Código Civil de 2002, os pais, o tutor, o curador, o empregador e os donos de hotéis, hospedarias ou estabelecimentos onde se albergue por dinheiro, p. ex., zelarão para que não ocorram danos ou para que, se forem inevitáveis, se tornem menos expressivos.

Outra relevante função da solidariedade passiva seria a de simplificar (e racionalizar)[302] a solução dos conflitos. Diferentemente da obrigação parciária, em que o juiz (ou o árbitro) tem o dever de fixar, na sentença, a quota de cada um dos coobrigados, a solidariedade passiva facilita a fundamentação e a redação do dispositivo da decisão: fixa-se uma única prestação, no mais das vezes, mas se condenam, *in solidum*, vários indivíduos, independentemente de divisão de responsabilidades. Alivia-se, com isso, a atividade jurisdicional.

300 Ticozzi, Marco. *Studio sulle obbligazioni solidali.* Padova: Cedam, 2012, p. 62.

301 Ticozzi, Marco. *Studio sulle obbligazioni solidali.* Padova: Cedam, 2012, p. 63.

302 Majo, Adolfo Di. Obbligazioni solidali (e indivisibili). In: Mortati, Costantino; Santoro-Passarelli, Francesco (Dir.). *Enciclopedia del Diritto.* Milano: Giuffrè Editore, 1979, v. XXIX, p. 307.

Para além da fase de conhecimento dos processos, a solidariedade prestar-se-ia também a reduzir a complexidade do cumprimento da sentença, da execução da sentença arbitral ou do título extrajudicial. Relegam-se as discussões concernentes às relações internas às eventuais ações de regresso, com o que os autos se tornam menos volumosos, a prestigiar a "razoável duração do processo" e a "celeridade de sua tramitação", como almeja a Constituição da República (v. art. 5º, LXXVIII).[303]

Já a função da solidariedade ativa não se mostra, à primeira vista, *abstratamente* identificável com o interesse de uma ou de outra das partes. Seria capaz de conferir benefícios ao credor; mas, em alguns casos, poderia até mesmo lhe provocar prejuízos, sem apresentar vantagens substanciais nem mesmo ao devedor.

Em princípio, o devedor não sofreria um agravo em sua posição porque, na qualidade de único sujeito passivo, responderia pela totalidade, o que ocorreria, de toda a forma, ainda que a obrigação fosse parciária; nesse caso, a solidariedade poderia ser para ele vantajosa, porque estaria autorizado a cumprir a prestação em um único ato, sem que fosse obrigado ao adimplemento *per quota* a cada um dos credores.[304]

Em outras situações, porém, a solidariedade ativa tornar-se-ia capaz de prejudicar o devedor, quando ele não pudesse opor ao credor que reclamou a prestação um meio de defesa pessoal, oponível a outro. Claramente, agora, preferiria o devedor satisfazer a cada credor a sua relativa quota no crédito, para que lhe fosse facultado opor ao credor singular a exceção pessoal; assim, pagaria uma soma menor, em relação à inteira prestação.[305]

Alguns autores, como M. I. Carvalho de Mendonça, chegam a considerar a solidariedade ativa como um instituto extinto ou mesmo inútil, por submeter os cocredores à vontade de um só dentre eles, sujeitando-os a correr o risco da insolvência daquele que executar o devedor. A única vantagem da solidariedade ativa, a de evitar a arrecadação parcelada, obter-se-ia igualmente por meio de um mandato.[306]

303 "Art. 5º [...] LXXVIII – a todos, no âmbito judicial e administrativo, são assegurados a razoável duração do processo e os meios que garantam a celeridade de sua tramitação".

304 Ticozzi, Marco. *Studio sulle obbligazioni solidali*. Padova: Cedam, 2012, p. 63-64.

305 Ticozzi, Marco. *Studio sulle obbligazioni solidali*. Padova: Cedam, 2012, p. 64.

306 Mendonça, Manuel Inácio Carvalho de. *Doutrina e prática das obrigações ou tratado geral dos direitos de crédito*. 4. ed. Rio de Janeiro: Forense, 1956, tomo I, p. 309. Nesse sentido, cf.

Há quem justifique a manutenção da solidariedade ativa tão somente como uma "sobrevivência do direito romano", em que foi introduzida para remediar a intransmissibilidade dos créditos e contornar a regra *nemo alieno nomine agere potest.* Sob essa ótica, a sua regulamentação decorreria de uma questão de simetria ou de respeito à tradição, apesar da raridade por todos reconhecida.[307]

É, de fato, árdua a tarefa de identificar uma função geral e abstrata à solidariedade ativa. Por isso, talvez, sua instituição não seja tão comum, na prática. Mas não há dúvidas de que, em algumas situações, notadamente quando convencionada *em benefício do devedor*, tal instituto serve de instrumento simplificador da prestação.[308]

Tudo indica que seria esta a função primária da solidariedade ativa: a de tornar menos complexa a solução da relação obrigacional. E seria por isso que a Lei n. 8.245/1991, sobre locação de imóvel urbano, optou por prever, em seu art. 2º, que, se houver mais de um locador (ou mais de um locatário), serão solidários, se não se estipular o contrário – essa presunção de solidariedade torna mais ágeis a quitação e a cobrança dos aluguéis.

Alguns escritores brasileiros – embora pensem ser ela de reduzida utilidade prática ou enxerguem nela certa inconveniência, em razão dos riscos de insolvência justamente daquele credor que houver recebido a prestação – admitem, em linhas gerais, que a solidariedade ativa possa ser proveitosa, porque facilitaria a liquidação do débito e a extinção da obrigação.[309]

SANTOS, J. M. de Carvalho. *Código Civil brasileiro interpretado*: principalmente do ponto de vista prático: parte geral. 7. ed. Rio de Janeiro: Freitas Bastos, 1956, v. XI, p. 189; NERY, Rosa Maria de Andrade; NERY JUNIOR, Nelson. *Instituições de direito civil*: direito das obrigações. São Paulo: Editora Revista dos Tribunais, 2015, v. II, p. 195; NONATO, Orosimbo. *Curso de obrigações*: generalidades – espécies. Rio de Janeiro: Forense, 1959, v. II, p. 164; GAGLIANO, Pablo Stolze; PAMPLONA FILHO, Rodolfo. *Novo curso de direito civil*: obrigações. 12. ed. São Paulo: Saraiva, 2011, v. II, p. 107.

[307] DIAS, Regina Bottentuit Gondim. *Natureza jurídica da solidariedade*. Rio de Janeiro: Conquista, 1958, p. 14-15.

[308] V. seção 3.1, sobre conceito, conteúdo e importância da solidariedade ativa.

[309] DINIZ, Maria Helena. *Curso de direito civil brasileiro*: teoria geral das obrigações. 33. ed. São Paulo: Saraiva, 2018, v. 2, p. 183; ESPINOLA, Eduardo. *Garantia e extinção das obrigações*: obrigações solidárias e indivisíveis. Rio de Janeiro: Freitas Bastos, 1951, p. 406; COSTA, José Maria da. As obrigações solidárias. In: FRANCIULLI NETTO, Domingos; MENDES, Gilmar

É claro que, na prática, a solidariedade ativa acarreta alguns riscos. Muitas vezes, seria melhor que os cocredores pudessem reclamar as suas quotas do devedor originário, quando o credor que recebeu a prestação integral caísse em insolvência. Mas, nesse caso, a solidariedade terá liberado o devedor da obrigação. Em outras circunstâncias, o fato de receber a integralidade da prestação poderia provocar onerosidade ao credor, porque ele teria de assumir despesas para dividi-la entre seus consortes.[310]

Cuida-se, decerto, de questões sobre as quais as partes sempre terão de refletir, antes de convencionar a solidariedade ativa. Sempre haverá riscos, é claro, e isso também se verifica com a solidariedade passiva (a só celebração do negócio jurídico, aliás, costuma apresentar diversos riscos), haja vista o perigo de um dos coobrigados tornar-se insolvente, a prejudicar o exercício do direito de regresso entre os consortes.

Esses inconvenientes práticos, entretanto, não inquinam a função primária da solidariedade ativa, a de *simplificar a solução da relação obrigacional*; também não afastam a sua função secundária, a de proporcionar vantagens processuais, tanto em termos de tornar menos complexa a atividade jurisdicional, na elaboração da sentença, quanto de proporcionar celeridade à tramitação dos processos, por diferir para um momento mais conveniente a discussão sobre as relações internas.[311]

1.7.3. O fundamento da solidariedade

Proveniente do latim *fundamentum* ("firmeza", "fortalecimento"), "fundamento" é o termo aplicável com o mesmo sentido de *base* ou *razão* em que se firmaram as coisas ou em que se justificaram as ações.[312] Com relação à solidariedade, seus fundamentos corresponderiam às *razões* pelas quais a lei julgaria apropriado, por meio de semelhante instituto, reforçar o crédito ou facilitar a realização da prestação. Em outras palavras, essas *razões* ou *fundamentos* justificariam a *função* da solidariedade.

Ferreira; Martins Filho, Ives Gandra da Silva (Coord.). *O novo Código Civil*: estudos em homenagem ao Professor Miguel Reale. São Paulo: LTr, 2003, p. 266.

310 Ticozzi, Marco. *Studio sulle obbligazioni solidali*. Padova: Cedam, 2012, p. 64.

311 V. seção 3.5, sobre fase interna na solidariedade ativa.

312 Silva, De Plácido e. *Vocabulário Jurídico*. 15. ed. Rio de Janeiro: Forense, 1999, p. 373.

Segundo D. Rubino, a obrigação responderia, normalmente, a um interesse próprio de cada devedor, isto é, ao meio pelo qual cada um dos obrigados obtém uma vantagem, o que, em geral, estaria relacionado à contraprestação ou ao gozo de um bem. Justificar-se-ia, assim, que a obrigação recaísse sobre todos os devedores, quer solidariamente, quer *pro quota*. Esse interesse *na obrigação*, porém, nada teria a ver com o interesse *na solidariedade*, ligado a uma maior tutela do crédito.[313]

Na solidariedade passiva, entre os interesses de todos os coobrigados, haveria comunhão, porque todos teriam em comum a pessoa do credor e a prestação devida, ao passo que a fonte da relação ou seria unitária ou, ao menos, diria respeito a fatos conectados entre si. Assim, o fundamento dessa solidariedade corresponderia à comunhão de interesses entre os devedores: a lei induziria a tornar solidária a obrigação porque isso atenderia a um interesse comum de todos esses coobrigados.[314]

Reconhecem alguns escritores, no entanto, que nem sempre existe essa comunhão de interesses entre os devedores, notadamente no que diz respeito à obrigação de indenizar e à fiança. Com esse raciocínio, M. Ticozzi, inspirado em D. Rubino, distingue as obrigações solidárias entre aquelas *com interesse comum* e aquelas *com interesse exclusivo*. Seriam, para ele, duas categorias de obrigações solidárias com diferentes disciplinas, ainda que apenas parcialmente.[315]

Em cada uma dessas figuras, a solidariedade teria um fundamento próprio, uma razão justificativa particular, com variações entre os casos particulares. Esses fundamentos serviriam para demonstrar não apenas o porquê de duas obrigações serem solidárias, mas notadamente para encontrar o motivo da vinculação de outro indivíduo. O interesse

[313] Rubino, Domenico. Delle obbligazioni: obbligazioni alternative, obbligazioni in solido, obbligazioni divisibili e indivisibili: art. 1285-1320. In: Scialoja, Antonio; Branca, Giuseppe (a cura di). *Commentario del Codice Civile*: libro quarto: delle obbligazioni. 2. ed. Bologna: Zanichelli; Roma: Soc. Ed. Del Foro Italiano, 1968, p. 150.

[314] Rubino, Domenico. Delle obbligazioni: obbligazioni alternative, obbligazioni in solido, obbligazioni divisibili e indivisibili: art. 1285-1320. In: Scialoja, Antonio; Branca, Giuseppe (a cura di). *Commentario del Codice Civile*: libro quarto: delle obbligazioni. 2. ed. Bologna: Zanichelli; Roma: Soc. Ed. Del Foro Italiano, 1968, p. 150. Nesse sentido, cf. Ticozzi, Marco. *Studio sulle obbligazioni solidali*. Padova: Cedam, 2012, p. 71-72. Nesse sentido, cf. Mesa, Marcelo J. López. *Derecho de las obligaciones*: análisis exegético del nuevo Código Civil y Comercial. Buenos Aires: Euros Editores S.R.L., 2015, p. 994.

[315] Ticozzi, Marco. *Studio sulle obbligazioni solidali*. Padova: Cedam, 2012, p. 71.

desse outro indivíduo seria diverso daquele caso de solidariedade "pura", o que revelaria diferenças, assim, na própria estrutura da solidariedade.[316]

De acordo com esse entendimento, se não se verifica a comunhão de interesses, a exclusão da solidariedade (como, p. ex., por meio da renúncia) não levaria à divisão da obrigação em quotas, no sentido de torná-la parciária, mas apenas permitiria transformar uma das duas obrigações em subsidiária em relação à primeira, de modo que o credor só pudesse agir contra o devedor secundário depois de não ter recebido o pagamento do primeiro.[317]

D. Rubino identifica, ainda, um fundamento diverso para as obrigações decorrentes de ilícito extracontratual, em que o interesse dos responsáveis não estaria mais ligado propriamente à obrigação, mas à prática da conduta lesiva. O fator *interesse*, então, substituir-se-ia pelo fator *culpa*, e o fundamento da solidariedade passaria a ser constituído pelo concurso de culpas. Nessas circunstâncias, nas relações internas de regresso, a obrigação dividir-se-ia, proporcionalmente, à gravidade da respectiva culpa e à extensão das consequências que lhe seriam derivadas (v. art. 2.055, § 2º,[318] do Código Civil italiano).[319]

Esse entendimento, porém, não é compartilhado por toda a doutrina. G. Armoth, p. ex., sustenta que o fundamento se encontraria na tutela do credor, único propósito que levaria o legislador a criar o vínculo de solidariedade. Com isso, o credor poderia demandar contra o devedor

[316] Rubino, Domenico. Delle obbligazioni: obbligazioni alternative, obbligazioni in solido, obbligazioni divisibili e indivisibili: art. 1285-1320. In: Scialoja, Antonio; Branca, Giuseppe (a cura di). *Commentario del Codice Civile*: libro quarto: delle obbligazioni. 2. ed. Bologna: Zanichelli; Roma: Soc. Ed. Del Foro Italiano, 1968, p. 155.

[317] Rubino, Domenico. Delle obbligazioni: obbligazioni alternative, obbligazioni in solido, obbligazioni divisibili e indivisibili: art. 1285-1320. In: Scialoja, Antonio; Branca, Giuseppe (a cura di). *Commentario del Codice Civile*: libro quarto: delle obbligazioni. 2. ed. Bologna: Zanichelli; Roma: Soc. Ed. Del Foro Italiano, 1968, p. 155-156.

[318] "Art. 2055. [...] Se il fatto dannoso è imputabile a più persone, tutte sono obbligate in solido (1292) al risarcimento del danno. Colui che ha risarcito il danno ha regresso contro ciascuno degli altri, nella misura determinata dalla gravità della rispettiva colpa e dall'entità delle conseguenze che ne sono derivate (1299). Nel dubbio, le singole colpe si presumono uguali".

[319] Rubino, Domenico. Delle obbligazioni: obbligazioni alternative, obbligazioni in solido, obbligazioni divisibili e indivisibili: art. 1285-1320. In: Scialoja, Antonio; Branca, Giuseppe (a cura di). *Commentario del Codice Civile*: libro quarto: delle obbligazioni. 2. ed. Bologna: Zanichelli; Roma: Soc. Ed. Del Foro Italiano, 1968, p. 157.

considerado mais solvente ou, quando lhe parecesse mais cômodo, contra qualquer um deles; assim como também estaria autorizado a se voltar contra todos os devedores, de forma simultânea, satisfazendo-se com o primeiro que pagasse ou exigindo de cada um a sua parte, de acordo com a caminho que lhe fosse mais oportuno.[320]

Segundo Amorth, como a solidariedade se estabeleceria no interesse exclusivo do credor, o instituto não poderia sofrer distorções para favorecer o devedor. Não se compreenderia que o credor, assim, estivesse compelido a exigir a totalidade, se fosse de seu interesse reclamar apenas uma parte do crédito, na medida em que a solidariedade lhe concederia um poder, não um dever. Sob esse prisma, toda álea e inconveniência transferir-se-iam aos devedores.[321]

De fato, a solidariedade passiva ostenta a *função* de fortalecer a proteção do credor, para permitir que ele exija de vários devedores o cumprimento de toda a prestação comum. Sob a ótica de Amorth, portanto, confundir-se-iam a função e o fundamento da solidariedade. Pensamos, porém, que haveria a necessidade de delimitar cada um desses conceitos, de modo que fosse viável definir a estrutura e a natureza jurídica da solidariedade.

Consoante D. Rubino, o interesse *na obrigação* diferiria do interesse *na solidariedade*.[322] Mas essa distinção de interesses não estaria restrita à ótica do credor; também os devedores, todos eles, teriam interesse jurídico no vínculo solidário. Ao fazer menção à dívida que *interessar* exclusivamente a um dos devedores, o art. 285 do Código Civil de 2002 referir-se-ia ao interesse *na obrigação*. "Interesse", como define F. Carnelutti, corresponde à posição favorável à satisfação de uma necessidade.[323]

Não há, a despeito do que entende M. Ticozzi, fundamentos diferentes para as obrigações solidárias de *interesse comum* e de *interesse exclu-*

[320] Amorth, Giorgio. *L'obbligazione solidale*. Milano: Giuffrè, 1959, p. 83.

[321] Amorth, Giorgio. *L'obbligazione solidale*. Milano: Giuffrè, 1959, p. 83.

[322] Rubino, Domenico. Delle obbligazioni: obbligazioni alternative, obbligazioni in solido, obbligazioni divisibili e indivisibili: art. 1285-1320. In: Scialoja, Antonio; Branca, Giuseppe (a cura di). *Commentario del Codice Civile*: libro quarto: delle obbligazioni. 2. ed. Bologna: Zanichelli; Roma: Soc. Ed. Del Foro Italiano, 1968, p. 150.

[323] Carnelutti, Francisco. *Sistema de derecho procesal civil*: introducción y función del proceso civil. Trad. Niceto Alcalá-Zamora y Castillo e Santiago Sentís Melendo. Buenos Aires: Uteha Argentina, 1944, v. I, p. 11.

sivo.[324] Não se questiona a existência de regras diversas para solucionar questões particulares entre os coobrigados, notadamente nas relações internas, quando entre eles não houver comunhão de interesses na obrigação propriamente dita (ou na satisfação de uma necessidade, ligada à prestação).

Na hipótese de fiança, p. ex., o *interesse na obrigação* é exclusivo do afiançado; o fiador, assim, quando vinculado *in solidum* ao cumprimento da prestação, nenhum interesse nutre, em princípio, pelo conteúdo do negócio jurídico. Desse modo, no contrato de locação, a figura do fiador destina-se tão somente a assegurar ao credor o recebimento de seu crédito. E o interesse na ocupação do imóvel alugado é exclusivo do locatário; figura o fiador, em relação a semelhante interesse, como um terceiro.

Mesmo nessas hipóteses, todavia, quando não é possível identificar interesse "puro" do fiador na obrigação, em si, há *comunhão de interesses* quanto à solidariedade, diante da posição jurídica ocupada por todos. Ora, na eventualidade de inadimplemento, por parte do afiançado, o fiador se sujeitará a uma situação de desvantagem patrimonial, ao ter seu patrimônio submetido à excussão, sem faculdade de oposição do *beneficium excussionis*. E sua posição jurídica, ao menos na primeira fase da relação obrigacional, apresenta um igual *status*, em termos de direitos e deveres, em relação à do devedor de interesse "puro".

Também se pode identificar essa mesma comunhão de interesses (ou um interesse coletivo entre os coobrigados) na obrigação de indenizar, disciplinada nos arts. 927 e seguintes do Código Civil de 2002. Não se nega a divergência doutrinária sobre a coexistência de duas categorias distintas de obrigações solidárias, o que merecerá maior aprofundamento, no momento oportuno.[325]

Ainda que se admita essa distinção, no entanto, parece que sempre haverá a *comunhão de interesses* entre os devedores. Tanto que o Código de Processo Civil de 2015 admite: (i) a *assistência* (v. art. 119),[326] simples

[324] Ticozzi, Marco. *Studio sulle obbligazioni solidali*. Padova: Cedam, 2012, p. 71.

[325] V. seção 1.9.2, sobre solidariedade negocial (perfeita) e legal (imperfeita, espúria ou *in solidum*).

[326] "Art. 119. Pendendo causa entre 2 (duas) ou mais pessoas, o terceiro juridicamente interessado em que a sentença seja favorável a uma delas poderá intervir no processo para assisti-la. Parágrafo único. A assistência será admitida em qualquer procedimento e em todos os graus de jurisdição, recebendo o assistente o processo no estado em que se encontre".

e litisconsorcial, do terceiro juridicamente interessado em que a sentença seja favorável a uma das partes; (ii) a *denunciação da lide* (v. art. 125, II)[327] àquele que estiver obrigado, por lei ou por contrato, a indenizar, em ação regressiva, o prejuízo de quem for vencido no processo; e (iii) o *chamamento ao processo* (v. art. 130),[328] requerido pelo réu, do afiançado, dos demais fiadores e dos demais devedores solidários, quando o credor exigir de um ou de alguns o pagamento da dívida comum.[329]

Com efeito, todos os coobrigados têm interesse jurídico *na solidariedade*; e esse interesse é sempre de igual estatura, mesmo quando o interesse *na obrigação* – isto é, na satisfação de uma necessidade ligada à prestação – não possa ser compartilhado entre eles, tal como prevê o art. 285 do Código Civil de 2002.

Esse, a nosso ver, é o fundamento da solidariedade passiva: a *comunhão de interesses* entre os coobrigados. É certo que, na solução das relações internas, os coobrigados podem, aí, ocupar diferentes posições, em termos de direito de regresso. Enquanto não ultrapassada a fase externa da solidariedade – e a essa fase é que está ligado o seu fundamento –, há comunhão de interesses entre todos.[330]

No que concerne à solidariedade ativa, G. Amorth considera que seu escopo se limitaria a proporcionar uma maior vigilância entre os cocredores e uma maior comodidade na cobrança. Tais benefícios, no entanto, pressuporiam confiança e concordância entre esses credores; caso contrário, poderia ser preferível que eles obtivessem a prestação diretamente do devedor, em vez de enfrentarem o risco de praticar a cobrança contra o respectivo consorte.[331]

327 "Art. 125. É admissível a denunciação da lide, promovida por qualquer das partes: [...] II – àquele que estiver obrigado, por lei ou pelo contrato, a indenizar, em ação regressiva, o prejuízo de quem for vencido no processo".

328 "Art. 130. É admissível o chamamento ao processo, requerido pelo réu: I – do afiançado, na ação em que o fiador for réu; II – dos demais fiadores, na ação proposta contra um ou alguns deles; III – dos demais devedores solidários, quando o credor exigir de um ou de alguns o pagamento da dívida comum".

329 V. seção 4.3, sobre intervenção de terceiros.

330 Em outro sentido, com críticas ao uso da expressão "comunhão de interesses", cf. MAJO, Adolfo Di. Obbligazioni solidali (e indivisibili). In: MORTATI, Costantino; SANTORO-PASSARELLI, Francesco (Dir.). *Enciclopedia del Diritto.* Milano: Giuffrè Editore, 1979, v. XXIX, p. 306-308.

331 AMORTH, Giorgio. *L'obbligazione solidale.* Milano: Giuffrè, 1959.

Uma parte da doutrina (em especial, a francesa) costuma equiparar a solidariedade ativa à representação recíproca entre os cocredores: cada um deles qualificado para agir em nome dos demais, no interesse comum de todos. Porém, esse mandato estaria restrito a certos limites, para o fim de impedir cada credor de dispor absolutamente da totalidade do crédito e de limitar seus poderes, quando à disposição daquilo que excedesse à sua quota.[332]

Apesar da grande controvérsia acerca da possibilidade de comparar o mandato recíproco e a solidariedade ativa,[333] essa teoria da representação tem o mérito de destacar a existência de uma *comunhão de interesses* entre os cocredores. E parece corresponder ao fundamento também (e *a fortiori*) da solidariedade ativa.

De fato, a regra prevista no art. 285 do Código Civil de 2002 também se aplica à solidariedade ativa, *mutatis mutandis*. Mas o fato de o crédito interessar apenas a um dos credores – e os outros figurarem na relação obrigacional como se fossem apenas seus mandatários – não afasta essa comunhão de interesse, no que diz respeito à solidariedade. É que a posição jurídica de todos eles lhes atribui direitos e deveres, de modo que não se vê como, ao menos na fase externa da relação, diferenciar o interesse de cada um.

1.8. Estrutura da solidariedade

Considera-se *estrutura* da solidariedade a combinação e a distribuição dos diferentes elementos contidos no conjunto das normas que a disciplinam. Em geral, ao analisar esse arcabouço normativo, preocupa-se a doutrina com a antiga discussão sobre se a solidariedade corresponderia a uma única obrigação (ou relação obrigacional), com pluralidade de sujeitos, ou se se cuidaria de um conjunto de obrigações conexas, em número igual ao de devedores ou de credores consorciados.

Existe, ainda, um outro aspecto estrutural da solidariedade, frequentemente negligenciado, relacionado à sua bipartição em fases: a primeira, que pode ser denominada *fase externa*, durante a qual se busca satisfazer

[332] LAROMBIÈRE, M. L. *Théorie & pratique des obligations*: ou commentaire des titres III & IV, livre III, du Code Napoléon: art. 1101 à 1386. Paris: A. Durand, 1857, t. 2, p. 559. Nesse sentido, cf. PLANIOL, Marcel. *Traité élémentaire de droit civil*: obligations, contrats, sûretés réelles. 3. ed. Paris: Librairie Générale de Droit et de Jurisprudence, 1949, t. 2, p. 598-599.

[333] V. seção 1.10.1.1, sobre as obrigações solidárias e o mandato.

a prestação originária; e a fase seguinte ao adimplemento dessa primeira prestação, a *fase interna*, concernente às relações entre os codevedores e/ou cocredores, quando se desenvolve o direito de regresso e se liquidam as quotas de cada um deles.

Há quem enxergue na estrutura formal do conceito de solidariedade apenas a descrição de um evento de "dever-ser": um único adimplemento liberatório. Se a solidariedade se desenvolve sobre o plano dos efeitos, não se lhe reconheceriam elementos estruturais estranhos, mas apenas a equivalência das prestações. Em outras palavras, a obrigação assumiria o caráter solidário se, e apenas se, as suas prestações fossem "fungíveis", ou seja, suscetíveis de um único adimplemento em linha alternativa; e tal fenômeno seria designado com a fórmula "equivalência da prestação".[334]

Essa última posição, todavia, peca por desprezar o desenvolvimento da relação obrigacional solidária e o seu desdobramento em uma segunda fase, como se as regras relativas às *relações internas* não se encontrassem dispostas em meio às regras sobre as *relações externas*; como se a solidariedade e seus elementos se restringissem a apenas uma fase; e como se, com o adimplemento da prestação originária, não se tornasse necessário liquidar as quotas de cada um dos consorciados.

Seja como for, para melhor compreender a estrutura da solidariedade, inclusive para, depois, identificar a sua natureza jurídica, aparenta ser imprescindível revisitar o conceito de obrigação (ou relação obrigacional). Se a solidariedade é uma modalidade, um tipo, um atributo, um modo de ser ou um efeito de certas obrigações, não se afigura viável atingir alguma conclusão válida, sem que, antes, se firme posição sobre o conceito de relação obrigacional.

1.8.1. A relação obrigacional

Em razão da ausência de uma definição legal, os civilistas tradicionais inspiraram-se nas *Institutas* de Justiniano[335] para conceituar a obrigação, de maneira estática, como aquele vínculo jurídico em virtude do qual

[334] ORLANDI, Mauro. *La responsabilità solidale*: profili dele obbligazioni solidali risarcitorie. Milano: Dott. A. Giuffrè Editore, 1993, p. 82-83.

[335] "Obligatio est juris vinculum quo necessitate adstringimur alicujus solvendae rei secundum nostrae civitatis jura" (I., 3, 13, pr.).

uma pessoa poderia exigir de outra uma prestação economicamente apreciável. A relação obrigacional, assim, traduziria o *direito pessoal*, oponível a uma pessoa determinada, em oposição ao *direito real*, oponível a todas as pessoas, genericamente.[336]

O Código Civil espanhol, ainda no século XIX, conceituou a obrigação, em seu art. 1.088, como o "dar, fazer ou não fazer alguma coisa". Em 1900, o Código Civil alemão apresentou uma definição legal diferenciada, lastreada na *pretensão*, em seu § 241: "O efeito de uma obrigação é que o credor está autorizado a exigir do devedor uma prestação. O cumprimento pode consistir em uma omissão".[337] De acordo com J. W. Hedemann, o direito das obrigações consiste em uma vinculação de pessoa a pessoa, baseada no princípio de equiparação jurídica.[338]

Sob essa perspectiva estática, K. Larenz conceitua a relação obrigacional como aquela relação jurídica em que duas ou mais pessoas se obrigam a cumprir e adquirem o direito de exigir determinadas prestações. Ele também enxerga, contudo, a relação obrigacional *como um todo*, ou seja, não apenas como relação isolada de prestação (crédito e dever de prestação), mas também como uma *relação jurídica total*, por compreender uma série de deveres de prestação e de conduta, além de deveres formativos e outras situações jurídicas.[339]

A relação obrigacional, de acordo com tal concepção, corresponderia a um conjunto de direitos, obrigações e situações jurídicas. Aquilo em que repousaria essa conexão e que, em última análise, conferiria ao conjunto uma diretriz unitária, seria o *fim* para o qual ela tende. É que toda relação de obrigação persegue, o quanto possível, a mais completa e adequada satisfação do credor ou dos credores, em consequência de

336 Planiol, Marcel. *Traité élémentaire de droit civil*: obligations, contrats, sûretés réelles. s3. ed. Paris: Librairie Générale de Droit et de Jurisprudence, 1949, t. 2, p. 1.

337 Hoje, o § 241 do Código Civil alemão subdivide-se em dois subitens. Nos termos da versão atual, no idioma inglês: "(1) By virtue of an obligation an obligee is entitled to claim performance from the obligor. The performance may also consist in forbearance. (2) An obligation may also, depending on its contents, oblige each party to take account of the rights, legal interests and other interests of the other party". Disponível em: [https://www.gesetze-im-internet.de/englisch_bgb/englisch_bgb.html#p0915]. Acesso em 16.7.2018.

338 Hedemann, J. W. *Derecho de obligaciones*. Trad. Jaime Santos Briz. Madrid: Editorial Revista de Derecho Privado, 1958, v. III, p. 18.

339 Larenz, Karl. *Derecho de obligaciones*. Trad. Jaime Santos Briz. Madrid: Editorial Revista de Derecho Privado, 1958, t. I, p. 37.

um determinado interesse na prestação. Considerar-se-ia a relação obrigacional, por isso, um *processo*.[340]

No Brasil, Clóvis do Couto e Silva, na esteira da doutrina alemã, acolheu a expressão *obrigação como processo*, para sublinhar "o ser dinâmico da obrigação", as várias fases que surgem no desenvolvimento da relação obrigacional e que entre si se ligam com interdependência. Confundir-se-ia a obrigação, assim, com o conjunto de atividades necessárias à satisfação do interesse do credor. Afinal, os atos praticados pelas partes, devedor e credor, ingressam no mundo jurídico, no qual são dispostos e classificados, segundo uma ordem; e tais atos sempre tendem a um fim – e é a busca desse fim que determinaria a concepção da obrigação como processo.[341]

Essa visão dinâmica, antes de mais nada, faria com que se vislumbrasse a obrigação como relação jurídica complexa ("organismo"), de contornos vastos e alastrantes, a partir da qual poderiam ser deduzidos não só múltiplos deveres acessórios e "deveres de proteção" de caráter geral, tanto do lado de uma das partes como da outra, mas também assunções de deveres pré-contratuais (*culpa in contrahendo*) e uma responsabilização contratual do respectivo credor (*culpa in exigendo*).[342]

A simples imposição do dever de prestação ao devedor, em decorrência do vínculo jurídico obrigacional, não se demonstrava suficiente para possibilitar o efetivo cumprimento do negócio. Fazia-se necessária a maior proteção ao credor e, também, ao próprio devedor, a fim de que não fossem criados obstáculos para o adimplemento da obrigação. Em decorrência disso, buscou-se alargar a abrangência da relação jurídica, impondo-se, além da simples prestação, deveres correlatos, razão pela qual ela passou a ser vista como uma relação complexa.[343]

Entretanto, para além da proteção da confiança – o que se alcança por intermédio do reconhecimento dos deveres anexos, secundários ou instrumentais –, essa concepção dinâmica da relação obrigacional, *como processo*, também aparenta ser útil para melhor compreender a solidariedade.

[340] LARENZ, Karl. *Derecho de obligaciones*. Trad. Jaime Santos Briz. Madrid: Editorial Revista de Derecho Privado, 1958, t. I, p. 38-39.

[341] SILVA, Clóvis V. do Couto e. *A obrigação como processo*. Rio de Janeiro: Editora FGV, 2006, p. 20-21.

[342] WIEACKER, Franz. *História do direito privado moderno*. Trad. A. M. Botelho Hespanha. 2. ed. Lisboa: Fundação Calouste Gulbenkian. 1967, p. 597.

[343] NANNI, Giovanni Ettore. *Enriquecimento sem causa*. 2. ed. São Paulo: Saraiva, 2010, p. 153.

Menos do que traduzir um fenômeno suscetível de exame apenas à luz do conceito estático de obrigação, a solidariedade parece melhor revelar-se quando visualizado o desdobramento da relação obrigacional em uma sequência de atos tendentes a um fim. Não se busca, quando há uma obrigação solidária, apenas a prática de uma conduta de dar, de fazer ou de não fazer, circunscrita às relações externas entre credores e devedores.

Com efeito, o complexo dos atos resultantes da solidariedade desenvolve-se até a liquidação e o adimplemento das quotas entre os integrantes do consórcio de credores ou de devedores.[344] Ao longo desse caminho, sujeita-se a relação obrigacional solidária a fatos modificativos, extintivos e impeditivos.[345] Não seria adequado, pois, diante disso, enxergá-la como um fenômeno estático.

1.8.2. Fases da relação obrigacional solidária

A solidariedade ostentaria, sob a perspectiva processual, uma *estrutura bifronte*, com duas fases distintas: de uma, haveria regras dedicadas à relação entre os codevedores solidários e os credores (lado externo da relação); de outra, prevaleceriam as regras aplicáveis entre os indivíduos que integrassem o grupo solidário, e seriam todos considerados como um conjunto de codevedores, em confronto com o credor comum (lado interno da relação).[346]

As relações ulteriores, a rigor, seriam estranhas à função própria da obrigação coletiva. Mas a lacuna não seria assim tão profunda, a ponto de excluir o nexo entre a primeira e a segunda fase. Nas codificações atuais, realmente, esse nexo existe: as duas fases são coligadas, porque os germes da segunda já existem na primeira.[347]

Nesse sentido, A. Di Majo considera que a solidariedade – enquanto formalização da obrigação com pluralidade de sujeitos – não se colocaria somente no nível externo da obrigação, mas conotaria o seu modo

[344] V. seções 2.5 e 3.5, sobre a fase interna na solidariedade passiva e ativa.

[345] V. seção 2.4 e 3.4, sobre fatos modificativos, extintivos e impeditivos na solidariedade passiva e ativa.

[346] Pellegatta, Stefano. *Unità e pluralità nella obbligazione solidale passiva*. Torino: G. Giappichelli Editore, 2016, p. 86.

[347] Barassi, Lodovico. *La teoria generale delle obbligazioni*: la struttura. 2. ed. Milano: Dott. A. Giuffrè Editore, 1963, v. 1, p. 228.

de ser também nas relações internas; logo, dever-se-ia refutar a tese de uma solidariedade operante somente externamente ou como limite externo à divisibilidade da obrigação.[348]

Deveras, com a integral satisfação do credor, os efeitos externos da solidariedade cessam, momento em que todos os codevedores se liberam do vínculo primário. A partir daí, abre-se uma nova fase, destinada a regular a posição dos sujeitos do grupo solidário, a fim de possibilitar que cada um deles suporte, de forma definitiva, somente aquela parte da prestação que lhe seria atribuível, acaso não houvesse solidariedade.[349]

Essa abordagem bipartida do conceito de solidariedade é útil, a nosso ver, para melhor descrever e compreender seu funcionamento, por permitir individualizar as fases do adimplemento e do regresso. Todavia, o excessivo fracionamento entre os dois momentos poderia acarretar riscos, já que a solidariedade traduz um fenômeno unitário. Seria possível enxergar as duas fases, entre as relações internas e as externas, mas também se faria necessário destacar as múltiplas conexões e a influência recíproca entre esses dois planos.[350]

Algumas regras da solidariedade parecem aplicar-se a essas possíveis duas fases, a exemplo daquela prevista no art. 266[351] do Código Civil de 2002, por força do qual a obrigação solidária pode ser pura e simples para um dos cocredores ou codevedores, e condicional, ou a prazo, para o outro. É que, na assim denominada *fase externa*, o codevedor condicional não poderia ser demandado, senão depois da ocorrência do evento futuro e incerto; na *fase interna*, o codevedor solidário puro e simples somente estaria autorizado a exigir o reembolso de seu consorte condicional após o implemento da condição.

Além disso, os atos praticados na primeira fase repercutiriam no desenvolvimento da segunda fase. Se o credor solidário, p. ex., fizer remissão à dívida (fase externa), responderá aos demais cocredores (fase

348 Majo, Adolfo Di. Obbligazioni solidali (e indivisibili). In: Mortati, Costantino; Santoro-Passarelli, Francesco (Dir.). *Enciclopedia del Diritto*. Milano: Giuffrè Editore, 1979, v. XXIX, p. 310.

349 Pellegatta, Stefano. *Unità e pluralità nella obbligazione solidale passiva*. Torino: G. Giappichelli Editore, 2016, p. 87.

350 Pellegatta, Stefano. *Unità e pluralità nella obbligazione solidale passiva*. Torino: G. Giappichelli Editore, 2016, p. 87.

351 "Art. 266. A obrigação solidária pode ser pura e simples para um dos cocredores ou codevedores, e condicional, ou a prazo, ou pagável em lugar diferente, para o outro".

interna) pela parte que lhes couber (v. art. 272).[352] De forma semelhante, se um dos devedores for agraciado com a remissão (v. art. 277),[353] essa circunstância será considerada, depois, na liquidação e no acertamento das quotas. Analisar-se-á a aplicação dessas regras no momento oportuno;[354] a breve referência, aqui, decorre da necessidade de evidenciar a imbricação entre as duas fases.

1.8.3. Unidade ou pluralidade

Discute-se, no direito civil, desde sempre, se as obrigações solidárias dariam origem a uma única relação obrigacional, com pluralidade de sujeitos (da mesma parte), ou se a um conjunto coligado de relações obrigacionais, correspondentes ao número de codevedores ou de cocredores, cada um deles relacionado a uma inteira e idêntica prestação.[355]

M. I. Carvalho de Mendonça entende que seria essa "uma questão frívola diante da verdade clara que impõe o fato jurídico da solidariedade". A seu ver, não haveria necessidade de perpetuar essa discussão, na medida em que, na solidariedade, dentre todos os seus elementos, só manifestaria unidade o objeto da prestação. Tudo mais seria múltiplo: múltiplos os sujeitos, os vínculos de direito, as prestações como atos pessoais independentes do seu objeto.[356] Cuida-se, de fato, de "questão frívola"?

A tese da unidade de relação, acolhida por uma parte minoritária da doutrina, justificaria a estrutura unitária do vínculo solidário em consideração à unidade do interesse creditório, que o laço de solidariedade tende a satisfazer. Se o direito se identifica com o interesse juridicamente protegido, em relação a um único interesse configurar-se-ia ainda um

[352] "Art. 272. O credor que tiver remitido a dívida ou recebido o pagamento responderá aos outros pela parte que lhes caiba".

[353] "Art. 277. O pagamento parcial feito por um dos devedores e a remissão por ele obtida não aproveitam aos outros devedores, senão até à concorrência da quantia paga ou relevada".

[354] V. seções 2.5 e 3.5, sobre a fase interna na solidariedade passiva e ativa.

[355] ROSSETTI, Giulietta. *Le obbligazioni in solido*: modelli romani e disciplina attuale. Napoli: Jovene Editore, 2013, p. 121; AMARAL NETO, Francisco dos Santos. Solidariedade (direito das obrigações). In: FRANÇA, R. Limongi (Coord.). *Enciclopédia Saraiva do Direito*. São Paulo: Saraiva, 1977, v. 70, p. 420; STERN, Walter. Obbligazioni (Diritto civile). In: D'AMELIO, Mariano (a cura di). *Nuovo Digesto Italiano*. Torino: Unione Tipografico – Editrice Torinense, 1939, v. VIII, p. 1.214.

[356] MENDONÇA, Manuel Inácio Carvalho de. *Doutrina e prática das obrigações ou tratado geral dos direitos de crédito*. 4. ed. Rio de Janeiro: Forense, 1956, tomo I, p. 303.

único direito, ao qual seria correlacionada uma única obrigação sobre os vários codevedores.[357]

À primeira vista, o Código Civil de 2002 teria adotado a tese da unidade,[358] uma vez que se utiliza da expressão "mesma obrigação" (v. art. 264), tal como o fazia seu antecessor (v. art. 896, par. ún.). Seriam também unitaristas, aparentemente: (i) o Código Civil espanhol, ao se referir a "una sola obligación" (v. art. 1.137); (ii) o Código Civil alemão, por mencionar "der ganzen Leistung", ou "toda la prestación", traduzido para o idioma espanhol,[359] ou, em inglês, "the entire performance" (v. § 421); (iii) o Código Civil italiano, quando acolhe a expressão "la medesima prestazione" (v. art. 1.292); e (iv) o Código Civil francês, em sua redação atual, por fazer alusão a "tout la créance" (v. art. 1.311) e "tout la dette" (v. art. 1.313).

No Brasil, à luz do Código Civil de 1916, J. M. de Carvalho Santos considerava a unidade do vínculo obrigacional como a "essência da solidariedade". Ainda que pudesse haver, em relação a um dos sujeitos, certa modalidade acessória de condição ou de prazo, não existente quanto aos demais, a obrigação seria uma só; a condição e o prazo seriam cláusulas adicionais, que não lhe atingiriam a "essência".[360]

Essa individualização de uma estrutura de tipo unitário, dentro da solidariedade, permitiria justificar, de um modo mais simples, a produção do efeito extintivo da inteira obrigação, eficaz para todos os coobrigados, que se verificaria em seguida ao integral adimplemento prestado por apenas um deles. Se efetivamente o vínculo obrigacional fosse único para todos, o pagamento comportaria necessariamente a sua total extinção com efeito para cada um dos consortes.[361]

[357] Rossetti, Giulietta. *Le obbligazioni in solido*: modelli romani e disciplina attuale. Napoli: Jovene Editore, 2013, p. 121.

[358] Amaral Neto, Francisco dos Santos. Solidariedade (direito das obrigações). In: França, R. Limongi (Coord.). *Enciclopédia Saraiva do Direito*. São Paulo: Saraiva, 1977, v. 70, p. 420.

[359] Encinas, Emilio Eiranova. *Código Civil alemán comentado*: BGB. Barcelona: Marcial Pons, 1998, p. 161.

[360] Santos, J. M. de Carvalho. *Código Civil brasileiro interpretado*: principalmente do ponto de vista prático: parte geral. 7. ed. Rio de Janeiro: Freitas Bastos, 1956, v. XI, p. 185. Nesse sentido, cf. Almeida, Francisco de Paula Lacerda de. *Obrigações*. 2. ed. Rio de Janeiro: Livraria Cruz Coutinho [s.d.], p. 32.

[361] Pellegatta, Stefano. *Unità e pluralità nella obbligazione solidale passiva*. Torino: G. Giappichelli Editore, 2016, p. 93.

Há códigos claramente pluralistas, entretanto, como o português e o argentino atual: o primeiro por admitir, de maneira expressa, a convenção de prestações de conteúdo diferente em relação a cada um dos devedores ou credores solidários (v. art. 512º, 2) – e não faria sentido a coexistência de prestações diferentes acaso não se tratasse de uma pluralidade de obrigações; o segundo por mencionar, no plural, "las obligaciones", as quais teriam por origem "uma causa única" (v. art. 827), com independência relativa entre os vínculos.[362]

Conquanto possa parecer, de início, que teria adotado a tese da unidade, o Código Civil de 2002 inaugura a divergência a partir da previsão de que a obrigação solidária poderia ser *pura e simples*, para um dos cocredores ou codevedores, e *condicional*, ou a *prazo*, ou *pagável em lugar diferente*, para o outro (v. art. 266 do Código Civil de 2002). O Código Civil de 1916 também autorizava a estipulação de condições e termos distintos, embora nada dispusesse acerca da estipulação de pagamento em locais distintos (v. art. 897), o que, todavia, já era admitido por alguns escritores.[363]

Também admitiriam a convivência de elementos acidentais diversos, entre os cocredores e os codevedores, em uma relação obrigacional solidária ("solidariedade flexível"),[364] os códigos espanhol (v. art. 1.140),[365] italiano (v. art. 1.293),[366] português (v. art. 512º, 2),[367] francês

362 MESA, Marcelo J. López. *Derecho de las obligaciones*: análisis exegético del nuevo Código Civil y Comercial. Buenos Aires: Euros Editores S.R.L., 2015, p. 1.002; GAGLIARDO, Mariano. *Tratado de obligaciones*: según el Código Civil y Comercial. Buenos Aires: Zavalía, 2015, t. 1, p. 405.

363 Cf., por todos, MIRANDA, Pontes de. *Tratado de direito privado*. 3. ed. Rio de Janeiro: Borsoi, 1971, v. XXII, p. 343.

364 MESA, Marcelo J. López. *Derecho de las obligaciones*: análisis exegético del nuevo Código Civil y Comercial. Buenos Aires: Euros Editores S.R.L., 2015, p. 995.

365 "Art. 1140. La solidaridad podrá existir aunque los acreedores y deudores no estén ligados del propio modo y por unos mismos plazos y condiciones".

366 "Art. 1293. [...] La solidarietà non è esclusa dal fatto che i singoli debitori siano tenuti ciascuno con modalità diverse, o il debitore comune sia tenuto con modalità diverse di fronte ai singoli creditori".

367 "Art. 512º [...] 2. A obrigação não deixa de ser solidária pelo facto de os devedores estarem obrigados em termos diversos ou com diversas garantias, ou de ser diferente o conteúdo das prestações de cada um deles; igual diversidade se pode verificar quanto à obrigação do devedor relativamente a cada um dos credores solidários".

(v. art. 1.315)[368] e argentino (v. art. 830, segunda parte).[369] Não haveria, no Código Civil alemão, semelhante previsão; apesar disso, entende-se, na Alemanha, que as modalidades de prestação também poderiam ser diversamente determinadas, como, p. ex., por depender a obrigação de apenas um dos devedores solidários de condição ou termo.[370]

Apesar dessa mixórdia de regras que ora se inclinam para uma, ora para outra tese,[371] prevalece, na literatura, a tese da pluralidade de relações. Sob tal concepção, a solidariedade corresponderia a um feixe de relações obrigacionais que teriam como objeto, para muitos, uma prestação idêntica; prender-se-ia à premissa lógica de que a relação é intersubjetiva e de que cada codevedor é titular de uma própria relação obrigacional em confronto com o credor comum; assim, a execução da prestação por parte de um codevedor teria eficácia extintiva geral, ao mesmo tempo em que realizaria exatamente a pretensão do credor em confronto com todos os codevedores.[372]

Tal como já se examinou anteriormente,[373] não obstante a redação do art. 1.292 do Código Civil italiano ("medesima prestazione") ou a do art. 264 do Código Civil de 2002 ("mesma obrigação"), prescindir-se-ia, para que a relação jurídica fosse considerada solidária, da existência de uma mesma e única prestação para todos os consortes. Bastaria, com efeito, que houvesse *unidade de adimplemento*, na fase externa, o que

368 "Art. 1315. Le débiteur solidaire poursuivi par le créancier peut opposer les exceptions qui sont communes à tous les codébiteurs, telles que la nullité ou la résolution, et celles qui lui sont personnelles. Il ne peut opposer les exceptions qui sont personnelles à d'autres codébiteurs, telle que l'octroi d'un terme. Toutefois, lorsqu'une exception personnelle à un autre codébiteur éteint la part divise de celui-ci, notamment en cas de compensation ou de remise de dette, il peut s'en prévaloir pour la faire déduire du total de la dette".

369 "Art. 830. [...] La incapacidad y la capacidad restringida de alguno de los acreedores o deudores solidarios no perjudica ni beneficia la situación de los demás; tampoco la existencia de modalidades a su respecto".

370 Larenz, Karl. *Derecho de obligaciones*. Trad. Jaime Santos Briz. Madrid: Editorial Revista de Derecho Privado, 1958, p. 503.

371 Pellegatta, Stefano. *Unità e pluralità nella obbligazione solidale passiva*. Torino: G. Giappichelli Editore, 2016, p. 90-91. Nesse sentido, cf. Ticozzi, Marco. *Studio sulle obbligazioni solidali*. Padova: Cedam, 2012, p. 65-66.

372 Rossetti, Giulietta. *Le obbligazioni in solido*: modelli romani e disciplina attuale. Napoli: Jovene Editore, 2013, p. 121-122.

373 V. seção 1.5.2, sobre identidade de prestação como pressuposto da solidariedade.

melhor satisfaria o interesse do credor ou mesmo do devedor (na solidariedade ativa).

A tese da pluralidade aparenta ser mais adequada para a doutrina dominante. Entendemos, entretanto, que também seria possível enxergar a relação obrigacional solidária em sua unidade, diante da ideia de obrigação como processo. Em outras palavras, a obrigação solidária seria relação obrigacional unitária que abrangeria o credor e todos os devedores solidários, e encerraria em si uma *pluralidade de créditos* (o credor em relação a cada um dos devedores solidários). Cada um desses créditos (portanto, cada relação obrigacional em particular) desenvolver-se-ia até certo grau com independência das demais.[374]

Todas essas singulares relações obrigacionais permaneceriam unidas entre si através da unidade de fim do adimplemento. A relação obrigacional que compreende a todos os partícipes apresentar-se-ia, nas palavras de K. Larenz, como uma *relação obrigacional de ordem superior*, que encerraria em si uma pluralidade de relações obrigacionais singulares (*de ordem inferior*), aptas a ostentar naturezas distintas, mas vinculadas permanentemente entre si pelo fato de se destinarem em comum à satisfação do interesse do credor.[375]

Assim, a obrigação solidária seria, a um só tempo, unidade e pluralidade. Traduziria unidade, sob a perspectiva de relação obrigacional de ordem superior; e corresponderia a uma pluralidade, porque essa relação de ordem superior abrigaria múltiplas relações obrigacionais de ordem inferior, coligadas pela uniformidade de adimplemento. Superada a fase externa, com a satisfação do credor originário, tornar-se-ia ainda mais evidente a coexistência de uma pluralidade de obrigações de ordem inferior, as quais se desenvolveriam, a partir daí, de acordo com o direito de regresso dos antigos consortes.

[374] Larenz, Karl. *Derecho de obligaciones*. Trad. Jaime Santos Briz. Madrid: Editorial Revista de Derecho Privado, 1958, p. 504.

[375] Larenz, Karl. *Derecho de obligaciones*. Trad. Jaime Santos Briz. Madrid: Editorial Revista de Derecho Privado, 1958, p. 504-505. Nesse sentido, cf. Gagliardo, Mariano. *Tratado de obligaciones*: según el Código Civil y Comercial. Buenos Aires: Zavalía, 2015, t. 1, p. 402. Segundo L. M. de Espanés e J. F. Márquez, haveria "una pluralidad de situaciones subjetivas dentro de la unidad del vinculo", o que, a nosso ver, expressaria a mesma ideia. Cf. Espanés, Luis Moset de; Márquez, José Fernando. *Curso de derecho civil*: obligaciones. Buenos Aires: Zavalía, 2018, v. 2, p. 44.

1.9. A solidariedade e suas categorias

1.9.1. Obrigações solidárias simples e obrigações correais

Baseados nas fontes romanas – ou seja, em um "autêntico monte de ruínas", nas palavras de R. Zimmermann –, escritores do século XIX passaram a traçar uma distinção entre a *solidariedade simples* e a *correalidade.* A solidariedade simples indicaria duas (ou mais) obrigações dirigidas a uma ou à mesma finalidade jurídica, não identificadas objetivamente, e, assim, extintas apenas pela *solutio.* Já a correalidade se referiria a uma concorrência entre duas (ou mais) obrigações, as quais seriam objetivamente identificadas como se formassem apenas uma.[376]

Decorrente de estudos realizados por dois romanistas alemães (Ribbentrop e Keller), tal distinção teria surgido do fato de que, em face de textos do *Corpus Iuris Civilis,* certas obrigações (correais) se extinguiriam em relação a todos os codevedores, ante a *litis contestatio,* ou seja, com a propositura de uma ação, pelo credor, em face de um dos devedores; mas, no tocante a outras obrigações solidárias (solidariedade simples), a *litis contestatio* não produziria semelhante efeito, de modo que elas se extinguiriam tão somente quando se realizasse o pagamento efetivo do débito.[377]

A *litis contestatio* clássica consistiria na comunicação (por parte do autor) e na aceitação (por parte do réu) da fórmula da ação. Seus principais efeitos seriam o de estabelecer um vínculo em virtude do qual as partes deveriam aceitar a sentença do juiz, vínculo esse que extinguiria a antiga relação jurídica que dera lugar à lide. Em razão da sua natureza de acordo entre as partes, a *litis contestatio* se assemelharia, no direito

[376] Zimmermann, Reinhard. *The law of obligations*: roman foundations of the civilian tradition. Oxford: Oxford University Press, 1996, p. 128. Segundo A. Dernburg, as obrigações correais e a solidariedade simples seriam subdivisões da solidariedade entre: (i) obrigações independentes e de igual força, quando houver várias obrigações principais; (ii) obrigações acessórias, quando uma corresponder ao débito principal e a outra a um débito simplesmente acessório, que serviria de garantia à obrigação principal, com a qual se extinguiria. Cf. Dernburg, Arrigo. *Diritto delle obbligazioni.* Trad. Francesco Bernardino Cicala. 6. ed. Torino: Fratelli Bocca, Editori, 1903, v. 2, p. 282.

[377] Alves, José Carlos Moreira. *Direito romano.* 4. ed. Rio de Janeiro: Forense, 1986, v. II, p. 29; Dernburg, Arrigo. *Diritto delle obbligazioni.* Trad. Francesco Bernardino Cicala. 6. ed. Torino: Fratelli Bocca, Editori, 1903, v. 2, p. 288-298.

clássico, a um contrato; ou melhor, apareceria como um modo de extinção das obrigações, porque a relação jurídica, objeto da lide, após a *litis contestatio*, se transformaria em outra relação, de caráter processual, ao dar lugar a uma *novatio necessaria*.[378]

Influenciado por esses estudos, B. Windscheid explica que a designação "obrigação correal" se basearia na expressão *correus*, que figuraria, no entanto, pelo que reconhece esse autor, uma única vez nas fontes. Normalmente, as fontes tratavam de *duo* ou *plures rei*, mas Windscheid não considerava tais expressões rigorosamente técnicas. A seu ver, a *obrigação solidária simples* ostentaria uma estrutura jurídica essencialmente diversa da *obrigação correal*, porque, na primeira, cada credor e cada devedor teriam um direito de crédito particular. Mas, como ambas as figuras compartilhariam do mesmo escopo econômico, teriam de ser tratadas de maneira simultânea.[379]

B. Windscheid encara a *obrigação correal* como uma obrigação única com uma pluralidade de relações subjetivas; assim, cada credor poderia cobrar seu crédito, sem necessitar da cooperação do cocredor, e cada devedor estaria sujeito a pagar o crédito, sem a possibilidade de invocar a existência de um codevedor. Na *obrigação solidária simples*, todavia, o credor poderia exigir o todo e cada devedor estaria obrigado ao todo, e ainda que, por meio da mesma prestação, se liberassem todos os devedores, cada credor e cada devedor teriam um direito de crédito particular. Por isso, um fato extintivo, verificado na pessoa de um credor ou devedor, seria indiferente aos outros credores ou devedores, enquanto não houvesse adimplemento ou um fato equiparado.[380]

Com base nos mesmos estudos supracitados, Savigny admite, de forma análoga, a coexistência dessas duas categorias distintas; e reconhece que as características das obrigações correais também se apresentariam – mas de uma maneira acidental – em obrigações sobremaneira distintas e independentes umas das outras, como nas hipóteses de relações pessoais de natureza diferente ou de certas limitações que não estariam de

[378] CORREIA, Alexandre; SCIASCIA, Gaetano. *Manual de direito romano*. Rio de Janeiro: Cadernos Didáticos [s.d.], p. 85-86.

[379] WINDSCHEID, Bernardo. *Diritto delle pandette*. Trad. Carlo Fadda e Paolo Emilio Bensa. Torino: Unione Tipografico-Editrice Torinese, 1904, v. 2, parte 1, p. 143-144.

[380] WINDSCHEID, Bernardo. *Diritto delle pandette*. Trad. Carlo Fadda e Paolo Emilio Bensa. Torino: Unione Tipografico-Editrice Torinese, 1904, v. 2, parte 1, p. 145-162.

alguma forma ligadas ao relacionamento pessoal de uma pluralidade de credores ou de devedores (*correalidade impropriamente dita*).[381]

Como exemplo de *obrigações correais impropriamente ditas*, Savigny menciona as obrigações decorrentes de um delito cometido por vários indivíduos: o ato de cada um seria considerado independente, não relacionado aos demais agentes, de forma que cada um deles estaria obrigado a pagar toda a indenização, e não apenas a sua quota-parte; mas, quando um deles pagasse essa indenização, os outros seriam assim liberados, porque o fato do pagamento teria aniquilado completamente a ideia de dano, que seria a condição dessa obrigação, cujo objeto se teria perdido.[382]

Essa bipartição, entretanto, mostrou-se falsa. Com efeito, a diferença de tratamento decorria do fato de que, no direito clássico, a *litis contestatio* seria extintiva de qualquer obrigação solidária para todos os codevedores; no direito justinianeu, porém, a extinção passou a se verificar apenas com o pagamento efetivo. Os compiladores do *Corpus Iuris Civilis* teriam interpolado os textos clássicos, mas esse trabalho, por negligência ou indiferença deles, não atingiu a perfeição, porque permaneceram nas fontes textos com a doutrina clássica, ao lado dos interpolados.[383]

De fato, as comissões encarregadas por Justiniano de elaborar os *Códigos*, o *Digesto* e as *Institutas* realizaram grandes modificações nos textos originais, não só nos dos jurisconsultos clássicos, mas também nos das próprias constituições imperiais. Promoveram acréscimos, supressões e substituições de palavras e, até, de períodos inteiros. Tais alterações denominar-se-iam "interpolações" ou "tribonianismos". A pesquisa dessas interpolações obedeceria a diversos critérios ou processos (notadamente o textual e o filológico), os quais nem sempre ofereceriam bom resultado. A língua sofreu alterações profundas através dos séculos e o estilo bizantino discreparia em muitos pontos do clássico-romano. Apesar do crivo por que teriam passado todos os textos integrantes das compilações justinianeias, haveria neles contradições de toda a ordem.[384]

381 SAVIGNY, M. de. *Le droit des obligations*. Trad. C. Gérardin et P. Jozon. Paris: Auguste Durand, Librairie-Éditeur, 1863, p. 156-158.

382 SAVIGNY, M. de. *Le droit des obligations*. Trad. C. Gérardin et P. Jozon. Paris: Auguste Durand, Librairie-Éditeur, 1863, p. 220-223.

383 ALVES, José Carlos Moreira. *Direito romano*. 4. ed. Rio de Janeiro: Forense, 1986, v. II, p. 29.

384 MEIRA, Sílvio A. B. *História e fontes do direito romano*. São Paulo: Saraiva, 1966, p. 197-206.

Atualmente, considera-se que Justiniano suprimiu o efeito consuntivo da *litis contestatio* – vigente, no período clássico, para determinadas relações (C., 8, 40, 28). Com isso, só impediriam o exercício posterior da ação a realização da prestação ou a satisfação do credor de outro modo. Isto é, o credor, mesmo depois de ter demandado um dos codevedores, estaria autorizado pelo imperador bizantino a agir contra qualquer dos restantes, até obter a satisfação. De igual modo, o devedor que foi demandado por um dos credores solidários se teria tornado responsável, perante os outros, enquanto não estivesse realizada toda a prestação.[385]

Por meio de interpolações, Justiniano substituiu, nos escritos dos clássicos, a "concorrência consuntiva" pela "solutória", mas deixou inalterados, por descuido, alguns daqueles textos. Teria sido esse estado contraditório das fontes o responsável por provocar, na literatura do século XIX, uma discussão tão violenta quanto infrutífera sobre a suposta diferença entre "obrigação correal", como unidade objetiva com pluralidade de relações subjetivas nos casos em que a *litis contestatio* já ostentava efeito consuntivo, e a "obrigação solidária", como pluralidade de obrigações que só se extinguiriam por cumprimento.[386]

Mesmo sem se referir à contradição das fontes, R. von Ihering reconhece que a obrigação correal era uma das "figuras jurídicas" que mais resistiam, e que era tratada com uma "teimosia verdadeiramente diabólica". Sentiria "vertigem", Ihering, ao mergulhar na literatura que cuidava do assunto: afirma que, quanto mais lia, mais se confundia, até o ponto de, para compreender um caso concreto, ser necessário esquecer completamente o que ouviu e leu sobre as obrigações correais.[387]

Sob a ótica de P. Bonfante, a expressão *in solidum* não significaria para os romanos, no período clássico, senão que cada um entre os vários obrigados a uma mesma prestação devia o todo e cada um dos vários credores tinha direito de exigir o todo. E isso não apenas quando o todo era

385 Kaser, Max. *Direito privado romano.* 2. ed. Trad. Samuel Rodrigues e Ferdinand Hämmerle. Rev. por Maria Armanda de Saint-Maurice. Lisboa: Fundação Calouste Gulbenkian, 2011, p. 309.

386 Kaser, Max. *Direito privado romano.* 2. ed. Trad. Samuel Rodrigues e Ferdinand Hämmerle. Rev. por Maria Armanda de Saint-Maurice. Lisboa: Fundação Calouste Gulbenkian, 2011, p. 309-310.

387 Ihering, Rodolf von. *Jurisprudencia en broma y en serio.* Trad. Román Riaza. Madrid: Editorial Reus [s.d.], p. 28-29.

devido ou podia ser exigido por um ou por outro, de forma eletiva, mas também quando todos deviam o todo ou todos tinham o direito de exigir o todo. E essa segunda hipótese, quer ativa, quer passivamente, que poderia ser cumulativa ou múltipla, não eletiva ou alternativa, estaria nas obrigações *ex delicto*.[388]

Em geral, todavia, Justiniano aparenta ter convertido as ações penais contra vários culpados ou a favor de várias pessoas lesadas, de solidariedade cumulativa que eram, em solidariedade eletiva, isto é, solidariedade no sentido ordinário da palavra. Com essa conversão, reconhecer-se-ia a eficácia da causa extintiva da obrigação; passar-se-ia a admitir as outras causas extintivas; e se eliminaria, para sempre, o efeito extintivo da *litis contestatio*.[389]

Em síntese, P. Bonfante critica a bipartição do conceito de obrigação solidária, o que considera um mito. Sustenta que, apesar das diferentes formulações, os dois princípios aparentemente diversos coincidiriam. Tudo o que se diz para as obrigações solidárias, pois, nada mais seria do que a formulação prática e concreta daquilo que se assevera, em abstrato, para a obrigação correal. A fórmula da solidariedade parecer-lhe-ia francesa, enquanto a da correalidade lhe soaria alemã: o fundo seria o mesmo.[390]

Nesse sentido, R. Zimmermann assevera que tal distinção revelaria o pandectismo em seu pior. Considera que, atualmente, essa teorização, em termos de "solidariedade" e "correalidade", deveria ser evitada, até porque seria um empreendimento completamente antagônico à história. Afinal, os juristas romanos nem conheciam essa terminologia, tampouco estavam preocupados com análises abstratas acerca da natureza conceitual dos vários casos de pluralidade de devedores.[391]

[388] Bonfante, Pietro. *Scritti giuridici varii*: obbligazioni, comunione e possesso. Torino: Unione Tipografico – Editrice Torinese, 1926, v. III, p. 214.

[389] Bonfante, Pietro. *Scritti giuridici varii*: obbligazioni, comunione e possesso. Torino: Unione Tipografico – Editrice Torinese, 1926, v. III, p. 216.

[390] Bonfante, Pietro. *Scritti giuridici varii*: obbligazioni, comunione e possesso. Torino: Unione Tipografico – Editrice Torinese, 1926, v. III, p. 235-241.

[391] Zimmermann, Reinhard. *The law of obligations*: roman foundations of the civilian tradition. Oxford: Oxford University Press, 1996, p. 129.

1.9.2. Solidariedade negocial (perfeita) e legal (imperfeita, espúria ou *in solidum*)

Apesar da artificialidade da distinção entre a obrigação correal e a solidariedade simples, tal como acima demonstrado, essa tese aparenta ter influenciado a jurisprudência e a doutrina francesas, a ponto de criarem, diante da omissão do *Code*, uma separação entre duas possíveis espécies de solidariedade: a negocial (ou perfeita) e a legal (ou imperfeita ou, ainda, obrigação *in solidum*).

Enquanto a solidariedade perfeita decorreria da vontade das partes, a solidariedade imperfeita, ou legal, teria como fonte o concurso de atos ilícitos praticados por terceiros, como causa direta do dano sofrido pela vítima. Como a lesão, nesse caso, poderia ser integralmente imputável ao concurso de dois (ou mais) atos ilícitos, seus autores responderiam *de maneira indivisível*.

Baseava-se a jurisprudência francesa, segundo R. Savatier, nessa ideia de indivisibilidade, para declarar os agentes *solidariamente* responsáveis, sob a influência do art. 55[392] do *Code Pénal* de 1810. Em consequência dessa responsabilidade solidária, entendia-se que os agentes representavam-se uns aos outros, sob as regras da solidariedade passiva, ainda que distintos os ilícitos cometidos.[393]

Depois de 1939, entretanto, a *Cour de Cassation*, respondendo às críticas da doutrina, teria reconhecido que a responsabilidade de diversas pessoas por um ato ilícito seria apenas uma responsabilidade *in solidum*. Em relação à vítima, cada uma dessas pessoas estaria vinculada de maneira indivisível; mas a indivisibilidade não existiria senão na causalidade do dano; e não quanto à natureza do crédito de indenização.[394]

Na doutrina francesa mais recente, M. Mignot adota a denominação *obligation au total* como um gênero, do qual seriam espécies a obrigação

[392] "Art. 55. Tous les individus condamnés pour un même crime, ou pour un même délit, sont tenus solidairement des amendes, des restitutions, des dommages et intérêts et des frais".

[393] Savatier, René. *Traité de la responsabilité civile en droit français*: civil, administratif, professionnel, procedural. 2. ed. Paris: Librairie Générale de Droit et de Jurisprudence, 1951, t. II, p. 45-46.

[394] Savatier, René. *Traité de la responsabilité civile en droit français*: civil, administratif, professionnel, procedural. 2. ed. Paris: Librairie Générale de Droit et de Jurisprudence, 1951, t. II, p. 46.

solidária, a obrigação *in solidum* e a obrigação indivisível. Tal gênero teria o mérito de destacar o efeito essencial e comum dessas três espécies obrigacionais, em face da pluralidade de sujeitos: o direito de exigir o pagamento total. Assim, a *obligation au total plurale* traduziria o gênero de obrigações plurais, integrado por aquelas espécies que, como efeito comum, permitiriam ao credor exigir o pagamento da integralidade do débito do codevedor.[395]

Não soa adequado, entretanto, ao menos em face do ordenamento jurídico brasileiro, considerar a solidariedade e a indivisibilidade como espécies de uma mesma categoria de obrigação ao total. Com efeito, enquanto a obrigação solidária se caracteriza pela pluralidade de sujeitos, faz-se necessário, para que se considere indivisível uma obrigação, atentar para a qualidade da prestação. Embora, na prática, haja algumas coincidências entre esses dois institutos, não se trata de espécies do mesmo gênero, até porque, em certos casos, é possível que se estabeleça a sobreposição dessas categorias. Sobre essa questão, aliás, discorrer-se-á, de forma mais aprofundada, em momento oportuno.[396]

Seja como for, a literatura francesa, majoritariamente, separa a obrigação solidária da obrigação *in solidum*. A primeira derivaria, sempre, de um ato jurídico; seu fundamento estaria nas noções específicas das obrigações de fontes voluntárias, inexistentes na responsabilidade civil. Já as obrigações *in solidum* resultariam de um fato gerador de responsabilidade, a exigir o enfrentamento de noções próprias do domínio da responsabilidade civil. Ainda assim, reconhecem os próprios juristas franceses que tais categorias compartilhariam características fundamentais comuns.[397]

Semelhante distinção não aparenta decorrer da letra da lei, mas seria fruto da elaboração da doutrina e da jurisprudência. A obrigação *in solidum* encontrou sua primeira aplicação na responsabilidade civil extracontratual por culpa, mas depois se estendeu, progressivamente, seguindo a expansão da responsabilidade civil também para a esfera da

[395] Mignot, Marc. *Les obligations solidaires et les obligations in solidum en droit privé français*. Paris: Dalloz, 2002, p. 3.

[396] V. seção 1.10.1.2, sobre obrigações solidárias e obrigações indivisíveis.

[397] Hontebeyrie, Antoine. *Le fondement de l'obligation solidaire en droit privé français*. Paris: Economica, 2004, p. 13.

responsabilidade objetiva e da responsabilidade contratual, a ponto de desfrutar de uma aplicação generalizada em todos os setores.[398]

A obrigação *in solidum*, para a doutrina francesa, diferiria da obrigação solidária em numerosos aspectos. Distinguir-se-iam, entre si, primeiramente, pela estrutura obrigacional externa; depois, pela estrutura interna, na medida em que, entre os codevedores *in solidum*, não haveria um *mandato recíproco*,[399] de modo que os chamados efeitos secundários não se produzem.[400]

Em síntese, a obrigação *in solidum* estaria presente em quatro principais situações: (i) entre os coautores de um mesmo dano; (ii) entre os codevedores de alimentos; (iii) entre o autor de um dano e a pessoa civilmente responsável; e (iv) entre o devedor intermediário e do sub-devedor, perseguidos em virtude de uma ação direta.[401]

Seriam distintos (ou parcialmente distintos), assim, os regimes entre a solidariedade perfeita (ou negocial) e imperfeita (*in solidum*). Sob esse aspecto, a colocação em mora de um dos codevedores *in solidum*, diferentemente do que se passa com a solidariedade perfeita, não seria eficaz em relação aos outros, assim como a interrupção da prescrição, quanto a um, não atingiria os demais etc.[402]

Na doutrina espanhola, alguns escritores também traçam distinções entre a solidariedade e a obrigação *in solidum*, no plano extracontratual, especialmente para solucionar questões relativas à responsabilidade civil, quando houver uma pluralidade de agentes. Efetivamente, omitiu-se o Código Civil espanhol, ao não estabelecer (ao menos, de maneira expressa) a solidariedade entre os coautores de danos (v. art. 1.902).[403]

398 CERCHIA, Rossella Esther. *Uno per tutti, tutti per uno*: itinerari dela responsabilità solidale nel diritto comparato. Milano: Giuffrè Editore, 2009, p. 159-174.

399 V. seção 1.10.1.1, sobre as obrigações solidárias e o mandato.

400 MAZEAUD, Henri y Léon; MAZEAUD, Jean. *Lecciones de derecho civil*: parte segunda: cumplimiento, extinción y transmisión de las obligaciones. Trad. Luis Alcalá-Zamora y Castillo. Buenos Aires: Ediciones Jurídicas Europa-América, 1960, p. 304-306.

401 MIGNOT, Marc. *Les obligations solidaires et les obligations in solidum en droit privé français*. Paris: Dalloz, 2002, p. 199-200.

402 SERRA, Adriano Paes da Silva Vaz. Pluralidade de devedores ou de credores. Lisboa: [s.n], v. 69, out. 1957. Separata do *Boletim do Ministério da Justiça*, p. 116.

403 "Art. 1902. El que por acción u omisión causa daño a otro, interviniendo culpa o negligencia, está obligado a reparar el daño causado".

Inspirado na literatura francesa, J. R. Leon Alonso defende que, para a individualização dessa categoria (obrigação *in solidum*), seria necessário considerar as hipóteses em que, quer pela independência de vínculos causais, quer pelas necessidades das prestações de ressarcimento, haveria regime distinto de solidariedade, cuja vigência não se reduziria aos casos de responsabilidade objetiva, mas também se aplicaria a quaisquer outras hipóteses que melhor respondessem à adequação entre a estrutura interna da solidariedade e a responsabilidade civil.[404]

Outros autores espanhóis, contudo, preceituam que a responsabilidade surgida de um dano imputável a uma pluralidade de pessoas seria solidária, por derivar do disposto no art. 116[405] do Código Penal espanhol.[406] O raciocínio para estender, por analogia, a solução desse dispositivo partiria, em primeiro lugar, da compreensão de que os arts. 1.137 e 1.138 do Código Civil espanhol apenas se aplicariam às obrigações contratuais; em segundo lugar, da ideia de inexistência de fundamento para a adoção de soluções diferentes, independentemente do fato de ser (a conduta danosa) um delito ou não.[407]

Sob essa ótica, não haveria distinção entre obrigação *in solidum* e obrigação solidária. Esse também é o entendimento de L. Díez-Picazo, para quem não se deveria deduzir a existência duas espécies distintas

[404] Alonso, Jose Ricardo Leon. *La categoria de la obligación "in solidum"*. Sevilla: Publicaciones de la Universidad de Sevilla, 1978, p. 29-30.

[405] "Art. 116. 1. Toda persona criminalmente responsable de un delito lo es también civilmente si del hecho se derivaren daños o perjuicios. Si son dos o más los responsables de un delito los jueces o tribunales señalarán la cuota de que deba responder cada uno. 2. Los autores y los cómplices, cada uno dentro de su respectiva clase, serán responsables solidariamente entre sí por sus cuotas, y subsidiariamente por las correspondientes a los demás responsables. La responsabilidad subsidiaria se hará efectiva: primero, en los bienes de los autores, y después, en los de los cómplices. Tanto en los casos en que se haga efectiva la responsabilidad solidaria como la subsidiaria, quedará a salvo la repetición del que hubiere pagado contra los demás por las cuotas correspondientes a cada uno. 3. La responsabilidad penal de una persona jurídica llevará consigo su responsabilidad civil en los términos establecidos en el artículo 110 de este Código de forma solidaria con las personas físicas que fueren condenadas por los mismos hechos".

[406] Nesse sentido, cf. Brutau, José Puig. *Fundamentos de derecho civil*: derecho geral de las obligaciones. Barcelona: Bosch Casa Editorial, 1959, t. I, v. II, p. 189.

[407] Laporta, Jorge Caffarena. La extensión de la solidariedade y la dulcificación de su régimen. In: Laporta, Jorge Caffarena; López, Joaquín Ataz (Coord.). *Las obligaciones solidarias*: jornadas de derecho civil em Murcia. Valencia: Tirant lo Blanch, 2002, p. 56-61.

de solidariedade, senão somente que, em certas ocasiões, em virtude do tipo de relação existentes entre os sujeitos, não se aplicariam algumas regras gerais da solidariedade típica.[408]

Há quem recuse, na Espanha, contudo, não apenas a convivência de duas categorias distintas, mas também a existência da própria solidariedade nas obrigações de indenizar. É que, na disciplina legal dessas obrigações, não existiria nenhuma previsão específica, no Código Civil espanhol, que estabelecesse a solidariedade para a pluralidade de agentes. Ou seja, diante da ausência de peculiaridades, aplicar-se-ia a regra geral do direito das obrigações, por força da qual a solidariedade não se presume.[409]

A. Cristobal Montes, nesse sentido, reconhece que os ordenamentos mais técnicos e avançados estabelecem a solidariedade no campo do ressarcimento do dano injusto, mas pensa que isso não justificaria que se forçasse uma interpretação das normas espanholas vigentes, a extrapolar as possibilidades hermenêuticas; não vê outro caminho válido, pois, que não passe pela reforma legislativa.[410]

Na Argentina, R. M. Salvat assevera que nenhum código criaria diferenças no regime da solidariedade, qualquer que fosse a fonte de que se originasse (contratual ou legal), nem estabeleceria a vigência de regimes simultâneos, de efeitos restritos e amplos, para a solidariedade. A seu ver, à luz do revogado Código Civil argentino, não seria possível localizar variantes na forma de atuar a solidariedade, até porque seu art. 701[411] equiparava as expressões: obrigação solidária, *in solidum* ou qualquer outra equivalente de que resultasse que cada devedor estaria obrigado pelo todo, uns pelos outros etc.[412]

[408] Díez-Picazo, Luis. *Fundamentos del derecho civil patrimonial*: las relaciones obligatorias. 6. ed. Madrid: Civitas, 2008, v. II, p. 236-237.

[409] Montes, Angel Cristobal. *Estudios de derecho de obligaciones*. Zaragoza: Editorial Librería General, 1985, p. 183.

[410] Montes, Angel Cristobal. *Estudios de derecho de obligaciones*. Zaragoza: Editorial Librería General, 1985, p. 212.

[411] "Art.701. Para que la obligación sea solidaria, es necesario que en ella esté expresa la solidaridad por términos inequívocos, ya obligándose 'in solidum', o cada uno por el todo, o el uno por los otros, etcétera, o que expresamente la ley la haya declarado solidaria".

[412] Salvat, Raymundo M. *Tratado de derecho civil argentino*: obligaciones en general. 6. ed. Buenos Aires: Tipografica Editora Argentina, 1953, v. II, p. 60-61. Nesse sentido, cf. Rezzónico, Luis María. *Estudio de las obligaciones en nuestro derecho civil*: teoria general de las obligaciones: extinción de las obligaciones. Buenos Aires: Ediciones Depalma, 1966, v. 1, 1ª parte,

L. de Gásperi, porém, acolhe a bipartição da solidariedade em duas categorias distintas: seria *perfeita* quando decorresse da vontade expressa dos particulares ou da disposição da lei, e se houvesse interesse legítimo e comum entre os codevedores, de tal forma que o pagamento feito por um deles liberasse os demais, além de lhe conferir ação recursória para obrigar seus consortes a contribuir proporcionalmente à sua parte ou interesse na dívida; seria *imperfeita* quando as normas comuns não se lhe aplicassem, como, p. ex., na responsabilidade civil resultante de delitos, em que não existiria direito de regresso, na forma do art. 1.082[413] do Código Civil revogado.[414]

O Código Civil e Comercial argentino criou nova categoria de obrigação com pluralidade de devedores, não prevista no diploma revogado:[415] as chamadas *obligaciones concurrentes* (v. art. 850),[416] isto é, aquelas em que vários devedores devem o mesmo objeto em razão de causas diferentes, às quais se aplicam, subsidiariamente, as normas relativas às obrigações solidárias (v. art. 852).[417] Trata-se, segundo M. López Mesa, de categoria equivalente à das obrigações *in solidum*, em que se estabelecem várias relações, conjugadas entre si por terem o mesmo objeto e por existirem em favor do mesmo credor, de modo que cada um dos obrigados concorrentes responde pela totalidade da dívida.[418]

Em Portugal, J. M. Barbosa de Magalhães reconhece que grande parte dos juristas divide as hipóteses de solidariedade em *perfeita*, quando pro-

p. 629-630; Lafaille, Héctor. *Tratado de las obligaciones.* Buenos Aires: Ediar Soc. Anón. Editores [s.d.], v. II, p. 222-223; Colmo, Alfredo. *De las obligaciones en general.* 3. ed. Buenos Aires: Editorial Guillermo Kraft Ltda., 1944, p. 370-371.

413 "Art. 1.082. Indemnizando uno de ellos todo el daño, no tendrá derecho para demandar a los otros, las partes que les correspondieren".

414 Gásperi, Luis de. *Tratado de las obligaciones en el derecho civil paraguayo y argentino*: parte especial: de las obligaciones en particular y sus fontes. Buenos Aires: Editorial DePalma, 1946, v. II, p. 55-56.

415 Cosola, Sebastián. In: Clusellas, Gabriel (Coord.). *Código Civil y Comercial*: comentado, anotado y concordado: modelos de redacción sugeridos: artículos 638 a 1091. Buenos Aires: Astrea, 2015, v. 3, p. 445-451.

416 "Art. 850. [...] Obligaciones concurrentes son aquellas en las que varios deudores deben el mismo objeto en razón de causas diferentes".

417 "Art. 852. [...] Las normas relativas a las obligaciones solidarias son subsidiariamente aplicables a las obligaciones concorrentes".

418 Mesa, Marcelo J. López. *Derecho de las obligaciones*: análisis exegético del nuevo Código Civil y Comercial. Buenos Aires: Euros Editores S.R.L., 2015, p. 1.019-1.026.

duziria todos os efeitos atribuídos pela lei a essa situação excepcional, e *imperfeita*, quando apenas concederia ao credor comum algum desses efeitos excepcionais. Entende que, se fosse adotada essa distinção, seria necessário separar os diferentes casos de solidariedade, enumerando escrupulosamente os que deveriam constituir cada uma das categorias.[419]

Rejeita o autor semelhante distinção, sob sete fundamentos, em síntese: (i) por não haver um único texto legal em que se baseie; (ii) por ir de encontro à letra da lei; (iii) por ser contrária ao seu espírito; (iv) por não existir critério seguro para a distinção; (v) porque seria inteiramente arbitrária a soma dos efeitos que fossem assinalados a cada uma; (vi) por não haver princípio racional em que se baseie; (vii) porque seria fonte de injustas e encontradas decisões.[420]

A. P. S. Vaz Serra acredita na existência do mesmo fundamento para a solidariedade, quer se cuide de responsabilidade contratual, quer de extracontratual; ou seja, o fato de qualquer dos responsáveis poder ser tido como causador do dano. Aduz que a responsabilidade solidária deveria existir não só quando os vários responsáveis respondessem por culpa, mas também quando respondessem objetivamente, porque não haveria motivo para a distinção. Na relação interna, a seu ver, é que a diferença de causas de responsabilidade poderia ter influência.[421]

Ainda quando não houver comunidade de fim (como, p. ex., nos casos do autor do incêndio e do segurador, do ladrão e do arrendatário ou comodatário que, por negligência, tornaram o roubo possível), pensa Vaz Serra que não seria necessário excluir a solidariedade, até por enxergar ali comunidade de fim; afinal, tanto a obrigação do incendiário quanto a do segurador teriam por fim a segurança e a satisfação do credor, assim como a obrigação do ladrão como a do arrendatário ou comodatário teriam por fim a reparação do dano do credor.[422]

Em síntese, assevera Vaz Serra que não haveria, entre as hipóteses da chamada solidariedade imperfeita e as da solidariedade propriamente

[419] Magalhães, J. M. Barbosa de. *Das obrigações solidárias em direito civil portuguez*. Coimbra: Livraria Central de J. Diogo Pires – Editor, 1882, p. 47.

[420] Magalhães, J. M. Barbosa de. *Das obrigações solidárias em direito civil portuguez*. Coimbra: Livraria Central de J. Diogo Pires – Editor, 1882, p. 48-53.

[421] Serra, Adriano Paes da Silva Vaz. Pluralidade de devedores ou de credores. Lisboa: [s.n], v. 69, out. 1957. Separata do *Boletim do Ministério da Justiça*, p. 343-344.

[422] Serra, Adriano Paes da Silva Vaz. Pluralidade de devedores ou de credores. Lisboa: [s.n], v. 69, out. 1957. Separata do *Boletim do Ministério da Justiça*, p. 345.

dita, diferenças que justificassem a distinção entre as duas figuras. Acaso houvesse distinção, uma das diferenças possíveis seria a exclusão do direito de regresso, nos casos de obrigação solidária imperfeita, quando a lei não o estatuísse. Mas essa exclusão poderia ser inadmissível, por dar lugar ao enriquecimento injustificado de um dos devedores à custa do outro.[423]

Na Alemanha, o Código Civil (§§ 830[424] e 840)[425] estabelece expressamente a solidariedade entre os vários responsáveis pelo dano derivado de um ato ilícito, quer o ato tenha sido praticado por todos em conjunto, quer não; e os instigadores e os cúmplices são equiparados aos autores. Admite-se, ainda, por lá, a responsabilidade solidária quando várias pessoas respondem sem culpa pelo dano, como acontece em relação a dois possuidores de automóveis ou a duas companhias de transportes em comum, se o dano for causado por seus carros.[426]

Na visão de K. Larenz, não haveria necessidade de a obrigação de vários devedores solidários se basear na mesma causa ou fundamento jurídico; seria solidária a obrigação ainda que, p. ex., em virtude de um mesmo dano, uma pessoa fosse responsável pelo ato ilícito, outra, pelo risco que lhe pudesse ser imputável, e uma terceira, em razão da inobservância de um dever contratual de diligência; ou uma pessoa fosse responsável em decorrência de sua própria intervenção culposa na esfera de um terceiro, enquanto outra o fosse em virtude da violação de um dever de escolha ou de vigilância.[427]

[423] SERRA, Adriano Paes da Silva Vaz. Pluralidade de devedores ou de credores. Lisboa: [s.n], v. 69, out. 1957. Separata do *Boletim do Ministério da Justiça*, p. 349-350.

[424] "§ 830. [...] (1) If more than one person has caused damage by a jointly committed tort, then each of them is responsible for the damage. The same applies if it cannot be established which of several persons involved caused the damage by his act. (2) Instigators and accessories are equivalent to joint tortfeasors".

[425] "§ 840. [...] (1) If more than one person is responsible for damage arising from a tort, then they are jointly and severally liable. (2) If besides the person who is obliged to make compensation for damage caused by another person under sections 831 and 832 the other person is also responsible for the damage, then in their internal relationship the other is obliged alone, and in the case specified in section 829 the person with a duty of supervision is obliged alone. (3) If besides the person who is obliged to make compensation for damage under sections 833 to 838 a third party is responsible, then the third party is solely obliged in their internal relationship".

[426] SERRA, Adriano Paes da Silva Vaz. Pluralidade de devedores ou de credores. Lisboa: [s.n], v. 69, out. 1957. Separata do *Boletim do Ministério da Justiça*, p. 117.

[427] LARENZ, Karl. *Derecho de obligaciones*. Trad. Jaime Santos Briz. Madrid: Editorial Revista de Derecho Privado, 1958, p. 513.

Enxerga dificuldades Larenz, no entanto, para qualificar como solidárias algumas obrigações com pluralidade de sujeitos, como aquelas do incendiário e da seguradora e do ladrão e do depositário da coisa, em relação à vítima. Entende que, nessas situações, não nasceria nenhuma relação interna entre o ladrão e o depositário ou entre o causador do incêndio e a seguradora, conquanto possam estar presentes algumas notas formais da solidariedade.[428]

Segundo Larenz, não se aplicariam a esses "casos duvidosos" os preceitos das obrigações solidárias; tratar-se-ia apenas de *obrigações solidárias aparentes*. A aparência que induziria a admitir solidariedade, ainda que "imprópria", decorreria do fato de que o credor poderia exigir de várias pessoas a satisfação do mesmo interesse. Porém, essas várias pessoas concorrentes não seriam devedoras solidárias, na medida em que, de acordo com o ordenamento jurídico, a prestação de um (e, consequentemente, a *mora accipiendi* do credor em face de um) não redundaria em proveito do outro. A prestação de um liberaria o outro apenas porque, com ela, desapareceria um pressuposto da obrigação: o dano causado ao credor. Nesses casos, não existiria conexão jurídica entre várias obrigações – característica da obrigação solidária –, senão uma *pluralidade de relações obrigacionais independentes entre si*, ainda que dirigidas ao mesmo interesse na prestação.[429]

Discorda desse entendimento H. P. Westermann, a quem parece não existir nem separação da solidariedade em classes distintas, tampouco a categoria obrigações solidárias "aparentes" ou "inautênticas". Considera que essa demarcação desempenharia seu papel principalmente na composição entre os diversos devedores, e não serviria para delimitar os casos de responsabilidade de cada devedor pela totalidade, igualmente característica da solidariedade. A seu ver, prestar-se-ia, até aí, a regulação legal que, entretanto, não resolveria a problemática do direito de regresso propriamente dito.[430]

428 LARENZ, Karl. *Derecho de obligaciones*. Trad. Jaime Santos Briz. Madrid: Editorial Revista de Derecho Privado, 1958, p. 513-516.

429 LARENZ, Karl. *Derecho de obligaciones*. Trad. Jaime Santos Briz. Madrid: Editorial Revista de Derecho Privado, 1958, p. 517.

430 WESTERMANN, Harm Peter. *Código civil alemão*: direito das obrigações: parte geral. Trad. Armindo Edgar Laux. Porto Alegre: Sergio Antonio Fabris, 1983, p. 191.

Na Itália, há certa divergência acerca da possibilidade de distinção entre a solidariedade própria e a imprópria (espúria, intermediária ou imperfeita). A ideia de que a "verdadeira" solidariedade seria apenas aquela fundada no interesse comum dos consortes, com divisão *pro quota* nas relações internas, afigura-se difícil de se sepultar, e a jurisprudência italiana, segundo A. Gnani, insistiria em se referir a uma solidariedade "atípica", p. ex., entre o causador do dano e a seguradora.[431]

D. Rubino vislumbra a solidariedade *espúria* (ou *intermediária*), em alguns casos, quando estiver presente o efeito mais importante e característico da solidariedade (ou seja, a possibilidade de reclamar a mesma prestação, na totalidade, de um ou de outro devedor), apesar de, de resto, a regulamentação específica afastar-se da disciplina da *solidariedade pura*; e se afastaria, a seu ver, porque as duas obrigações surgiriam de fatos coligados, mas distintos. Explica que, nessas hipóteses, ora a obrigação responderia exclusivamente ao interesse de apenas um devedor, ora um terceiro se limitaria a assumir um débito alheio, em relação ao qual, sem isso, seria completamente estranho.[432]

Traduziriam exemplos dessa *solidariedade espúria* as hipóteses previstas nos arts. 1.272[433] e 1.273[434] do Código Civil italiano, relativos à *expro-*

[431] GNANI, Alessandro. L'obbligazione soggettivamente complessa nel quadro del diritto privato europeo. In: BRECCIA, Umberto; BUSNELLI, Francesco Donato (a cura di). Le "nuove" obbligazioni solidali: principi europei, orientamenti giurisprudenziali, interventi legislativi. In: *I quaderni della Rivista di Diritto Civile*. Padova: Cedam, 2015, p. 7.

[432] RUBINO, Domenico. Delle obbligazioni: obbligazioni alternative, obbligazioni in solido, obbligazioni divisibili e indivisibili: art. 1285-1320. In: SCIALOJA, Antonio; BRANCA, Giuseppe (a cura di). *Commentario del Codice Civile*: libro quarto: delle obbligazioni. 2. ed. Bologna: Zanichelli; Roma: Soc. Ed. Del Foro Italiano, 1968, p. 140-141.

[433] "Art. 1272. [...] Il terzo che, senza delegazione del debitore (1180), ne assume verso il creditore il debito, è obbligato in solido col debitore originario, se il creditore non dichiara espressamente di liberare quest'ultimo. Se non si è convenuto diversamente, il terzo non può opporre al creditore le eccezioni relative ai suoi rapporti col debitore originario. Può opporgli invece le eccezioni che al creditore avrebbe potuto opporre il debitore originario, se non sono personali a quest'ultimo e non derivano da fatti successivi all'espromissione. Non può opporgli la compensazione che avrebbe potuto opporre il debitore originario, quantunque si sia verificata prima dell'espromissione".

[434] "Art. 1273. [...] Se il debitore e un terzo convengono che questi assuma il debito dell'altro, il creditore può aderire alla convenzione, rendendo irrevocabile la stipulazione a suo favore (1411). L'adesione del creditore importa liberazione del debitore originario solo se ciò costituisce condizione espressa della stipulazione o se il creditore dichiara espressamente di liberarlo. Se non vi è liberazione del debitore, questi rimane obbligato in solido

missão, sem liberação do devedor originário, e à *assunção cumulativa de dívida*, considerando o regime específico, previsto em tais dispositivos, acerca da compensação de dívidas. Haveria disciplina diversa, ainda, nos casos de *obrigações cambiais*: mesmo que os vários devedores estejam obrigados a pagar ao portador do título a inteira prestação, aqueles que a quitaram não estariam autorizados a demandar, em regresso, *pro quota*, os outros devedores; apenas poderiam reclamar o reembolso daqueles que os precederam, enquanto os subsequentes seriam liberados. Também seria espúria, sob tal ótica, a solidariedade decorrente da fiança, seja porque lhe faltaria o requisito da "medesima prestazione", seja porque ostentaria uma disciplina própria, distante, em muitos pontos, da solidariedade.[435]

Majoritariamente, entretanto, os autores italianos negam a existência dessa diferenciação. Quanto aos exemplos supracitados, M. Ticozzi admite a possibilidade de o legislador adaptar a disciplina geral a algumas situações específicas, e isso não significaria que, em tais hipóteses, estaria presente apenas o efeito principal da solidariedade. Exceções à disciplina geral seriam, comumente, de âmbito limitado; para existir solidariedade, portanto, bastaria que suas regras gerais se aplicassem diretamente.[436]

Segundo R. de Ruggiero, o conceito da correalidade não seria – nem no direito romano, nem no moderno – diverso do de solidariedade; dever-se-ia repelir, portanto, qualquer construção que tendesse a distinguir, nas obrigações com pluralidade de sujeitos, duas classes ou categorias diferentes, já que a concepção do Código Civil italiano seria a do tratamento uniforme de todas as espécies, seja qual fosse a causa do vínculo solidário, o que não impediria que, quanto a cada um dos vários sujeitos, a obrigação pudesse ter características próprias.[437]

G. Amorth reconhece que a dúvida seria legítima, mas sustenta que, ao utilizar a expressão "responsabilidade solidária", a lei se referiria à

col terzo. In ogni caso il terzo è obbligato verso il creditore che ha aderito alla stipulazione nei limiti in cui ha assunto il debito, e può opporre al creditore le eccezioni fondate sul contratto in base al quale l'assunzione è avvenuta (1413)".

[435] Ticozzi, Marco. *Studio sulle obbligazioni solidali*. Padova: Cedam, 2012, p. 43-44.

[436] Ticozzi, Marco. *Studio sulle obbligazioni solidali*. Padova: Cedam, 2012, p. 45.

[437] Ruggiero, Roberto de. *Instituições de direito civil*: direito das obrigações: direito hereditário. Trad. Ary dos Santos. 6. ed. São Paulo: Saraiva [s.d.], v. III, p. 72. Nesse sentido, cf. Bianca, C. Massimo. *Diritto civile*: l'obbligazione. Milano: Giuffrè, 1993, v. 4, p. 698.

mesma figura que a "obrigação solidária". Haveria equivalência, pois, entre "solidariamente responsável" e "solidariamente obrigado", inclusive porque o art. 2.055[438] do Código Civil italiano prevê que, quando um fato danoso for imputável a várias pessoas, "tutte sono obbligate", o que eliminaria qualquer dúvida.[439]

É o que também pensa R. E. Cerchia: o uso da expressão "in solido", pelo art. 2.055 do Código Civil italiano, teria como objetivo atribuir aquela mesma disciplina prevista na seção especial sobre a solidariedade, na qual se encontrariam individualizados os seus efeitos e características. Assevera que, com isso, o legislador italiano teria pretendido excluir qualquer tentativa de subdividir a solidariedade em duas espécies distintas (perfeita e imperfeita); de modo que a obrigação ressarcitória entre os coautores de um fato danoso não passaria de uma obrigação solidária normal.[440]

A coexistência dessas diferentes categorias, com efeito, parece injustificável, em face do ordenamento italiano. Na França, entretanto, veem-se razões mais consistentes para a distinção: afinal, o surgimento do regime da obrigação *in solidum* decorreria da exigência prática de superar tanto a presunção de divisibilidade da obrigação plurissubjetiva, quanto o silêncio do *Code* acerca da responsabilidade plurissubjetiva; seu escopo seria o de reforçar a proteção do lesado, para lhe atribuir a possibilidade de demandar o todo de cada um dos responsáveis pelo dano. Mas, na Itália, não existiria essa necessidade: o art. 2.055 do *Codice Civile* aparenta oferecer um argumento poderoso para eliminar qualquer tentativa de criar uma dupla espécie de solidariedade.[441]

[438] "Art. 2055. [...] Se il fatto dannoso è imputabile a più persone, tutte sono obbligate in solido (1292) al risarcimento del danno. Colui che ha risarcito il danno ha regresso contro ciascuno degli altri, nella misura determinata dalla gravità della rispettiva colpa e dall'entità delle conseguenze che ne sono derivate (1299). Nel dubbio, le singole colpe si presumono uguali".

[439] AMORTH, Giorgio. *L'obbligazione solidale*. Milano: Giuffrè, 1959, p. 90.

[440] CERCHIA, Rossella Esther. *Uno per tutti, tutti per uno*: itinerari dela responsabilità solidale nel diritto comparato. Milano: Giuffrè Editore, 2009, p. 217.

[441] ORLANDI, Mauro. *La responsabilità solidale*: profili dele obbligazioni solidali risarcitorie. Milano: Dott. A. Giuffrè Editore, 1993, p. 277.

1.9.3. A solidariedade como instituto único

No tocante à obrigação de indenizar, o tratamento legal, no Brasil, assemelha-se ao italiano. Apesar de não fazer remissão expressa às regras do Capítulo VI (Das Obrigações Solidárias), do Título I (Das Modalidades das Obrigações), do mesmo Livro (Do Direito das Obrigações), o art. 942[442] do Código Civil de 2002 estabelece que, nos casos de pluralidade de ofensores a direito de outrem, todos responderão *solidariamente* pela reparação dos danos. Com poucas alterações redacionais, o legislador de 2002 repetiu a fórmula prevista no art. 1.518[443] do Código Civil de 1916. Não há, por aqui, diante dessa previsão expressa de solidariedade, o mesmo vácuo legislativo existente, p. ex., na Espanha e na França.

Apesar disso, alguns autores brasileiros diferenciam a solidariedade perfeita da imperfeita. Dentre eles, F. P. Lacerda de Almeida entende que, apesar da ausência de menção na lei, não se trataria de construção vã, arbitrária ou mesmo um artifício de lógica jurídica, mas de real distinção entre categorias diferentes. Considera, assim, que a *solidariedade perfeita* (ou *correalidade*) seria obrigação única com pluralidade de sujeitos, os quais figurariam como se fossem o único credor ou único devedor; enquanto a *solidariedade imperfeita* (ou *simples*) corresponderia a várias obrigações com objeto único, de sorte que todas reunidas, ou cada uma de per si, compreenderia esse objeto no todo.[444]

Silvio de Salvo Venosa reconhece a ausência de utilidade prática na distinção, já que, de acordo com o nosso ordenamento, a solidariedade seria uma só. Mas defende que, em algumas situações de pluralidade de agentes, todos seriam devedores da totalidade, sem que se pudessem considerar solidários, como, p. ex., nos casos de acidente de trânsito, em que responderiam pela reparação dos danos o motorista e o proprietário do veículo. Acredita que tais obrigações seriam *in solidum*, em razão

[442] "Art. 942. Os bens do responsável pela ofensa ou violação do direito de outrem ficam sujeitos à reparação do dano causado; e, se a ofensa tiver mais de um autor, todos responderão solidariamente pela reparação. Parágrafo único. São solidariamente responsáveis com os autores os coautores e as pessoas designadas no art. 932".

[443] "Art. 1.518. Os bens do responsável pela ofensa ou violação do direito de outros ficam sujeitos à reparação do dano causado; e, se tiver mais de um autor a ofensa, todos responderão solidariamente pela reparação. Parágrafo único. São solidariamente responsáveis como autores os cúmplices e as pessoas designadas do artigo 1.521".

[444] ALMEIDA, Francisco de Paula Lacerda de. *Obrigações*. 2. ed. Rio de Janeiro: Livraria Cruz Coutinho [s.d.], p. 31-37.

da independência dos liames entre os devedores e o credor, conquanto ligados pelo mesmo fato. Consequentemente, para ele, a contagem dos prazos prescricionais seria independente; a interpelação feita a um dos devedores não constituiria em mora os outros; e a remissão da dívida feita em favor de um dos credores não beneficiaria os demais.[445]

Pontes de Miranda, depois de descrever algumas situações de *concorrência de pretensões sem solidariedade* (como, p. ex., quando houver um causador do dano e um segurador; ou um ladrão e um comodatário ou locatário, cuja negligência possibilitou o roubo), assevera que o conceito de solidariedade imprópria pecaria por dois defeitos graves, quais sejam: (i) poria entre obrigações solidárias impróprias aquelas que seriam verdadeiramente solidárias, com causas diferentes, mas unidas pelo mesmo fim; (ii) consideraria situações apenas assemelhadas à solidariedade, para se lhes referir como solidariedade imprópria. Para ele, não haveria gradações: ou as obrigações são solidárias ou não.[446]

Independentemente dessas posições, prevalece, no Brasil, a tese de que o ordenamento jurídico não autorizaria a distinção, de maneira que, em matéria extracontratual, quando surgir um caso de solidariedade, será aplicado o mesmo tratamento e as mesmas consequências a que se sujeita a solidariedade contratual.[447] É o que pensam Caio Mario da Silva Pereira,[448] J. M. de Carvalho Santos,[449] J. X. Carvalho de Mendonça,[450] Maria Helena Diniz,[451] M. I. Carvalho de Mendonça,[452] M. M. de Serpa

[445] Venosa, Sílvio de Salvo. *Direito civil*: teoria geral das obrigações e teoria geral dos contratos. 7. ed. São Paulo: Atlas, 2007, v. 2, p. 99-100.

[446] Miranda, Pontes de. *Tratado de direito privado*. 3. ed. Rio de Janeiro: Borsoi, 1971, v. X, p. 360-361.

[447] Dias, José de Aguiar. *Da responsabilidade civil*. 6. ed. Rio de Janeiro: Forense, 1979, v. II, p. 514-515.

[448] Pereira, Caio Mário da Silva. *Instituições de direito civil*: teoria geral das obrigações. 26. ed. Rio de Janeiro: Forense, 2014, v. II, p. 83-84.

[449] Santos, J. M. de Carvalho. *Código Civil brasileiro interpretado*: principalmente do ponto de vista prático: parte geral. 7. ed. Rio de Janeiro: Freitas Bastos, 1956, v. XI, p. 179.

[450] Mendonça, José Xavier Carvalho de. *Tratado de direito commercial brasileiro*: das obrigações, dos contractos e da prescripção em materia commercial: parte I: das obrigações em materia commercial. 3. ed. Rio de Janeiro: Livraria Editora Freitas Bastos, 1939, p. 243.

[451] Diniz, Maria Helena. *Curso de direito civil brasileiro*: teoria geral das obrigações. 33. ed. São Paulo: Saraiva, 2018, v. 2, p. 189.

[452] Mendonça, Manuel Inácio Carvalho de. *Doutrina e prática das obrigações ou tratado geral dos direitos de crédito*. 4. ed. Rio de Janeiro: Forense, 1956, t. I, p. 301.

Lopes,[453] Orlando Gomes,[454] Tito Fulgêncio[455] e Washington de Barros Monteiro.[456]

Com efeito, as obrigações de indenizar, quer se nascidas de ato ilícito, quer se oriundas de um ato lícito não contratual (ou mesmo da lei), ostentam, sem dúvida, uma condição singular, diante de sua origem diferenciada. Isso não significa, porém, que se lhes aplicaria um regime jurídico totalmente diverso, ou que tais categorias não manteriam algum ponto de contato com as obrigações contratuais; do contrário, umas ou outras teriam de abandonar o nome "obrigação", porque não se poderia cogitar, sob a mesma denominação, de realidades que discrepam em sua substância.

Não é à toa que o Código Civil de 2002 insere o Título IX, relativo à disciplina da responsabilidade civil, no Livro I, de sua Parte Especial, dedicado ao direito das obrigações. E o Capítulo I, do Título IX, ostenta a denominação "Da Obrigação de Indenizar". Considerando esse enquadramento sistemático, portanto, aparenta querer o legislador estabelecer um regime jurídico uniforme para todas as espécies de obrigação, independentemente da fonte de que se originem.

Não entendemos adequado, assim, decompor a solidariedade em duas (ou mais) categorias distintas. Independentemente da fonte da obrigação solidária, haveria sempre a pluralidade de relações obrigacionais de ordem inferior, entre os cocredores ou os codevedores solidários, muitas vezes de natureza distinta umas das outras; e essas relações obrigacionais de ordem inferior – em estado potencial, na fase externa – reunir-se-iam sob uma única relação obrigacional de ordem superior.[457]

A relação obrigacional solidária, sob tal estrutura, submeter-se-ia sempre a regime jurídico uniforme, disciplinado nos arts. 264 a 285 do Código Civil de 2002. Isso não significa, é claro, que a solução teria de

[453] Lopes, Miguel Maria de Serpa. *Curso de direito civil*: obrigações em geral. 4. ed. Rio de Janeiro: Freitas Bastos, 1966, v. II, p. 123.

[454] Gomes, Orlando. *Obrigações*. 5. ed. Rio de Janeiro: Forense, 1978, p. 81.

[455] Fulgêncio, Tito. *Do direito das obrigações*: das modalidades das obrigações: artigos 863-927. 2. ed. Atual. por José de Aguiar Dias. Rio de Janeiro: Forense, 1958, p. 239.

[456] Monteiro, Washington de Barros. *Curso de direito civil*: direito das obrigações, 1ª parte: das modalidades das obrigações: dos efeitos das obrigações. 15. ed. São Paulo: Saraiva, 1979, p. 148.

[457] V. seção 1.8.3, sobre a divergência entre unidade ou pluralidade.

ser sempre a mesma, notadamente quanto às relações internas: quando houver, p. ex., interesse de apenas um dos devedores (v. art. 285), responderá ele, nas demandas de regresso, por toda a dívida solidária; nas hipóteses de responsabilidade objetiva por fato de outrem (v. arts. 932 e 933), aquele que ressarcir o dano poderá reaver o que houver pago daquele por quem pagou (ressalvadas as exceções previstas no art. 934). No primeiro exemplo, se o próprio interessado cumprir a prestação, ou, no segundo, se o causador do dano se dispuser a ressarcir o lesado, não chegará a nascer, entre os coobrigados, o direito de regresso.[458]

Em várias situações, a pluralidade de relações obrigacionais de ordem inferior – ao menos no que diz respeito à prestação principal – manter-se-ia em seu estado potencial. Ressalvada a necessidade de observância de deveres anexos entre os coobrigados, seria possível que não chegasse a surgir o direito de regresso entre eles. Essas peculiaridades de certas relações obrigacionais, contudo, não criariam categorias autônomas de solidariedade. Se o legislador não estabelece uma distinção desse jaez, não cabe ao intérprete, afirma L. Josserand,[459] romper a *unidade do sistema*.

1.9.4. Algumas situações limítrofes e duvidosas

Há alguns casos que recomendam uma análise mais acurada, como o do seguro de responsabilidade civil, previsto no art. 787[460] do Código Civil de 2002. Não se vê menção alguma, no aludido dispositivo legal, à existência de possível relação obrigacional solidária, senão apenas que o segurador *garante* o pagamento de perdas e danos devidos pelo segurado a terceiro.

[458] V. seção 2.5.2, sobre o exercício do direito de regresso.

[459] Josserand, Louis. *Cours de droit civil positif français*: théorie générale des obligations: les principaux contrats du droit civil: les suretés. 3. ed. Paris: Librairie du Recueil Sirey, 1939, v. II, p. 482.

[460] "Art. 787. No seguro de responsabilidade civil, o segurador garante o pagamento de perdas e danos devidos pelo segurado a terceiro. § 1º Tão logo saiba o segurado das consequências de ato seu, suscetível de lhe acarretar a responsabilidade incluída na garantia, comunicará o fato ao segurador. § 2º É defeso ao segurado reconhecer sua responsabilidade ou confessar a ação, bem como transigir com o terceiro prejudicado, ou indenizá-lo diretamente, sem anuência expressa do segurador. § 3º Intentada a ação contra o segurado, dará este ciência da lide ao segurador. § 4º Subsistirá a responsabilidade do segurado perante o terceiro, se o segurador for insolvente".

O Superior Tribunal de Justiça,[461] no entanto, quiçá por questões de ordem prática, e com atenção maior a aspectos processuais, manifestou o entendimento de que, em ação de reparação de danos promovida em face do segurado, a seguradora denunciada poderia ser condenada *direta e solidariamente* a pagar a indenização devida à vítima, nos limites contratados na apólice.

Não obstante a força vinculante desses julgados (v. art. 927, III e IV,[462] do Código de Processo Civil de 2015), não se vislumbra, de fato, *relação obrigacional solidária* entre segurado, seguradora e vítima. Na realidade, o seguro de responsabilidade civil traduziria, na melhor das hipóteses, uma *garantia* de reparação civil. Ainda que pudesse estar correta a tese de que a seguradora responde diretamente, esse efeito não resultaria de solidariedade.

Segundo José de Aguiar Dias, mesmo que seguro não figurasse no patrimônio do responsável, o direito de exigi-lo viria, sem dúvida, a ser integrado nele, ao surgir a obrigação de indenizar. Não haveria, assim, a seu ver, solidariedade entre o autor do dano e a seguradora; o primeiro seria responsável em virtude do ato danoso, ao passo que a última se ligaria a um contrato e só responderia nos limites desse contrato.[463]

Há, na doutrina, todavia, o entendimento de que o segurado não contrataria o seguro em benefício da vítima, mas em benefício próprio, para resguardar o seu patrimônio das consequências civis do dano que viesse a causar a outrem, de modo que a vítima nada poderia exigir do segurador, por não manter com ele nenhuma relação jurídica. Assim, apenas o segu-

[461] Cf. REsp nº 925.130/SP, rel. Ministro Luís Felipe Salomão, Segunda Seção, j. 8.2.2012. Cf., também, o verbete nº 537 da súmula daquela corte: "Em ação de reparação de danos, a seguradora denunciada, se aceitar a denunciação ou contestar o pedido do autor, pode ser condenada, direta e solidariamente junto com o segurado, ao pagamento da indenização devida à vítima, nos limites contratados na apólice".

[462] "Art. 927. Os juízes e os tribunais observarão: [...] III – os acórdãos em incidente de assunção de competência ou de resolução de demandas repetitivas e em julgamento de recursos extraordinário e especial repetitivos; IV – os enunciados das súmulas do Supremo Tribunal Federal em matéria constitucional e do Superior Tribunal de Justiça em matéria infraconstitucional".

[463] DIAS, José de Aguiar. *Da responsabilidade civil.* 6. ed. Rio de Janeiro: Forense, 1979, v. II, p. 570-574.

rado é que teria ação contra o segurador para ser ressarcido, até o limite do contrato, por quantia que houvesse indenizado à vítima.[464]

Acaso se cuidasse de solidariedade, ademais, não constaria da súmula desse mesmo Superior Tribunal de Justiça que, na hipótese de seguro de responsabilidade civil facultativo, seria descabido o ajuizamento de ação pelo terceiro prejudicado *direta e exclusivamente em face da seguradora* do apontado causador do dano (v. enunciado n. 529).[465] Afinal, é da essência da solidariedade a faculdade de demandar contra um, contra vários ou contra todos os coobrigados, à escolha do credor.[466] Ora, se o credor apenas estivesse autorizado a demandar a seguradora *se também* figurasse no polo passivo o segurado, essa observação seria bastante para comprovar que não se está diante de obrigação solidária.

Outra situação duvidosa sobre a possibilidade de se caracterizar a solidariedade diz respeito ao contrato de seguro de dano, disciplinado nos arts. 778 a 786 do Código Civil. Em alguns casos, quando os prejuízos decorrerem da conduta culposa de um terceiro, o segurado poderá demandar contra a seguradora e, ao mesmo tempo, contra o causador do dano. Um exemplo comum, na literatura, é o do incêndio provocado por terceiro; discute-se se o concurso de responsabilidades entre o incendiário e a seguradora, em face da vítima, consistiria em solidariedade imprópria (*in solidum*) ou em conformação de outra natureza.[467]

Apesar da aparência, também não haveria solidariedade nem obrigação *in solidum*, nesses casos, mas obrigações meramente simultâneas, observa Antunes Varela. Se a seguradora houver indenizado o dono da

[464] Cavalieri Filho, Sergio. *Programa de responsabilidade civil*. 7. ed. São Paulo: Atlas, 2007, p. 434.

[465] "No seguro de responsabilidade civil facultativo, não cabe o ajuizamento de ação pelo terceiro prejudicado direta e exclusivamente em face da seguradora do apontado causador do dano".

[466] V. seção 2.2.1, sobre direito do credor e descabimento do benefício da divisão.

[467] Larenz, Karl. *Derecho de obligaciones*. Trad. Jaime Santos Briz. Madrid: Editorial Revista de Derecho Privado, 1958, p. 513-518; Miranda, Pontes de. *Tratado de direito privado*. 3. ed. Rio de Janeiro: Borsoi, 1971, v. X, p. 320; Venosa, Sílvio de Salvo. *Direito civil*: teoria geral das obrigações e teoria geral dos contratos. 7. ed. São Paulo: Atlas, 2007, v. 2, p. 100; Varela, Antunes. *Direito das obrigações*: conceito, estrutura e função da relação obrigacional, fontes das obrigações, modalidades das obrigações. Rio de Janeiro: Forense, 1977, p. 321-323; Serra, Adriano Paes da Silva Vaz. Pluralidade de devedores ou de credores. Lisboa: [s.n], v. 69, out. 1957. Separata do *Boletim do Ministério da Justiça*, p. 345.

coisa e pretender, em seguida, voltar-se contra o incendiário, não o fará por direito de regresso, mas como verdadeira sub-rogada no direito do dono da coisa (v. art. 786,[468] *caput*, do Código Civil de 2002).[469] Não se vê outra conclusão válida.

Outra polêmica diz respeito à possível solidariedade entre o proprietário do veículo automotor e o condutor culpado por acidente de trânsito, para com a vítima. Segundo a jurisprudência do Superior Tribunal de Justiça, o proprietário do veículo responde solidariamente pelos danos decorrentes de acidente de trânsito causado por culpa do condutor, e não importa que ele não seja seu empregado ou preposto, ou que o transporte seja oneroso ou gratuito.[470] Mais antigo – e até mais radical – é o enunciado n. 492[471] da súmula do Supremo Tribunal Federal.

Há, no Código Civil italiano (v. art. 2.054, § 3º),[472] disposição expressa acerca da responsabilidade solidária do proprietário (ou do usufrutuário), quando não comprovar que a circulação do veículo ocorreu contra a sua vontade. Mas não existe regra semelhante no ordenamento jurídico brasileiro, o que provoca, apesar da jurisprudência pacífica, uma grande controvérsia na doutrina. José de Aguiar Dias, p. ex., entende que a circulação de automóveis teria criado um "risco social próprio", a que seria preciso atender, estabelecendo a responsabilidade na base dos princípios objetivos.[473]

[468] "Art. 786. Paga a indenização, o segurador sub-roga-se, nos limites do valor respectivo, nos direitos e ações que competirem ao segurado contra o autor do dano. § 1º Salvo dolo, a sub-rogação não tem lugar se o dano foi causado pelo cônjuge do segurado, seus descendentes ou ascendentes, consanguíneos ou afins. § 2º É ineficaz qualquer ato do segurado que diminua ou extinga, em prejuízo do segurador, os direitos a que se refere este artigo".

[469] VARELA, Antunes. *Direito das obrigações*: conceito, estrutura e função da relação obrigacional, fontes das obrigações, modalidades das obrigações. Rio de Janeiro: Forense, 1977, p. 321-323.

[470] Cf. AgInt no AgInt no AREsp nº 982.632/RJ, rel. Ministro Marco Aurélio Bellizze, Terceira Turma, j. 12.6.2018.

[471] "A empresa locadora de veículos responde, civil e solidariamente com o locatário, pelos danos por este causados a terceiro, no uso do carro locado".

[472] "Art. 2054. [...] Il proprietario del veicolo, o, in sua vece, l'usufruttuario (978 e seguenti) o l'acquirente con patto di riservato dominio (1523 e seguenti), è responsabile in solido (1292) col conducente, se non prova che la circolazione del veicolo è avvenuta contro la sua volontà".

[473] DIAS, José de Aguiar. *Da responsabilidade civil*. 6. ed. Rio de Janeiro: Forense, 1979, v. II, p. 54.

Sérgio Cavalieri Filho, entretanto, pensa que o acidente de trânsito, quando o veículo estiver emprestado (ou, *a fortiori*, houver sido furtado ou roubado), não provocaria, necessariamente, a responsabilização do proprietário. Ninguém poderia responder por fato de terceiro, salvo nas hipóteses do art. 932, I a III, do Código Civil de 2002, e o comodatário não seria preposto do comodante (por dele não receber ordens), nem lhe deveria obediência. A seu ver, o empréstimo de veículo transferiria juridicamente ao terceiro a sua guarda, pela qual passaria a responder, de modo que o dono só deveria ser responsabilizado pelo fato culposo do comodatário se ficasse provado que foi negligente ou imprudente ao confiar o veículo a quem não tinha habilitação, de fato ou de direito, ou era motorista notoriamente imprudente.[474]

Deveras, conquanto aparente ser mais cômoda a solução criada pelo legislador italiano e pela jurisprudência brasileira, não se afigura viável, *de lege lata*, no Brasil, responsabilizar solidariamente o proprietário do veículo por um dano causado por terceiro, salvo quando ele concorrer culposamente com o condutor. Afinal, não se encontra disciplinada, por aqui, ressalvadas algumas circunstâncias excepcionais (v. arts. 936, 937 e 938), a responsabilidade pelo fato da coisa.

Vale mencionar, enfim, mais uma situação limítrofe, relativa à hipótese de a coisa dada em comodato (ou em depósito) ser subtraída por um terceiro, quando se verificar que a subtração foi facilitada pela negligência do comodatário (ou depositário), ao não guardar a coisa de maneira adequada. Trata-se de uma outra hipótese em que a doutrina costuma discutir se haveria, ou não, solidariedade.

Antunes Varela, p. ex., não enxerga, entre as duas ou mais obrigações (do comodatário ou depositário e do ladrão), uma comunhão de fim, de modo que, a seu ver, não haveria senão obrigações meramente simultâneas.[475] K. Larenz, no mesmo sentido, entende que seria clara a falta de conexão jurídica característica da obrigação solidária, razão por que não haveria nenhuma relação interna entre o ladrão e o depositário.[476]

[474] Cavalieri Filho, Sergio. *Programa de responsabilidade civil.* 7. ed. São Paulo: Atlas, 2007, p. 196-198.

[475] Varela, Antunes. *Direito das obrigações*: conceito, estrutura e função da relação obrigacional, fontes das obrigações, modalidades das obrigações. Rio de Janeiro: Forense, 1977, p. 322.

[476] Larenz, Karl. *Derecho de obligaciones.* Trad. Jaime Santos Briz. Madrid: Editorial Revista de Derecho Privado, 1958, p. 515-516.

Verifica-se, todavia, verdadeira solidariedade entre o comodatário (ou depositário) e o ladrão, à luz do que estabelece o art. 942, *caput*, segunda parte,[477] do Código Civil de 2002, visto que todos seriam considerados autores do dano, cada qual à sua maneira. De acordo com José de Aguiar Dias, a diversa natureza dos atos ilícitos perpetrados pelos diferentes responsáveis não poderia ser invocada como motivo capaz de afastar a solidariedade: tanto faria se fossem de omissão ou de comissão, que um pudesse ser penalmente punido e outro não, que a culpa em relação a um se presumisse e isso já não acontecesse em relação ao outro.[478]

Seja como for, não se pretende, aqui, proceder a uma análise mais aprofundada acerca dessas discussões, as quais se circunscrevem, mais especificamente, ao âmbito da responsabilidade civil. Abordá-las, ainda que de maneira superficial, resulta do escopo de demonstrar que há algumas situações limítrofes, em que não se revela clara a existência de solidariedade; em muitos casos, conquanto possa aparentar, não se verificaria verdadeira (nem imprópria, espúria, imperfeita etc.) relação obrigacional solidária, mas, quando muito, obrigações meramente simultâneas.

1.10. A natureza jurídica da solidariedade

1.10.1. Distinção a partir de figuras afins

O termo *natureza*, como muitos outros, é polissêmico. Sem prejuízo dessa diversidade, duas significações maiores emergem: a primeira sugeriria a dinâmica do surgimento e do nascimento de algo; a segunda faria referência, em especial, à ordenação das espécies. A pesquisa sobre a *natureza jurídica* de um instituto, de maneira análoga, desenvolver-se-ia de acordo com essas duas acepções distintas: do primeiro ponto de vista, buscar-se-ia a gênese do instituto, estudada a partir de suas condições de existência; do segundo, precisar-se-ia a sua maneira de ser, as suas caraterísticas distintivas, o que seria relativo à sua definição, à sua essência e à sua substância.[479]

477 "Art. 942. [...] se a ofensa tiver mais de um autor, todos responderão solidariamente pela reparação".

478 DIAS, José de Aguiar. *Da responsabilidade civil*. 6. ed. Rio de Janeiro: Forense, 1979, v. II, p. 513.

479 MIGNOT, Marc. *Les obligations solidaires et les obligations in solidum en droit privé français*. Paris: Dalloz, 2002, p. 31.

No tocante à solidariedade, especificamente, a pesquisa de sua natureza jurídica traduz tarefa sobremaneira árdua, quer diante das várias teorias desenvolvidas ao longo dos anos, quer se consideradas as peculiaridades da legislação. Pretende-se apresentar, a partir de agora, em síntese, essas várias teorias e suas críticas, para se tentar encontrar a essência, a substância, a compleição da solidariedade no direito das obrigações, especialmente com o escopo de classificá-la e de distingui-la de figuras jurídicas análogas.

É verdade que já se estava a tratar da natureza jurídica da solidariedade, quando se discorreu, antes, sobre sua origem, sobre seus pressupostos, sobre suas fontes, sobre a causa, a função e o fundamento, sobre sua estrutura e sobre suas categorias. Mas ainda se mostra necessário compará-la a figuras assemelhadas, com o que se esboçará, enfim, um delineamento de sua essência.

1.10.1.1. As obrigações solidárias e o mandato

Uma das teses mais difundidas, especialmente na doutrina francesa, acerca da natureza jurídica da obrigação solidária denomina-se *teoria da representação*, por equiparar a solidariedade a um mandato recíproco e mútuo entre os cocredores, na ativa, ou entre os codevedores, na passiva. Cuida-se, aliás, de teoria adotada expressamente pelo legislador argentino de 2014, a ponto de o art. 829[480] do Código Civil e Comercial normativizar – como critério de aplicação para a solidariedade ativa e passiva, apesar das críticas da doutrina – que cada um dos codevedores solidários e cada um dos cocredores *representaria os demais nos atos que realiza como tal.*[481]

[480] "Art. 829. [...] Con sujeción a lo dispuesto en este Parágrafo y en los dos siguientes, se considera que cada uno de los codeudores solidarios, en la solidaridad pasiva, y cada uno de los coacreedores, en la solidaridad activa, representa a los demás en los actos que realiza como tal".

[481] Mesa, Marcelo J. López. *Derecho de las obligaciones*: análisis exegético del nuevo Código Civil y Comercial. Buenos Aires: Euros Editores S.R.L., 2015, p. 995. Nesse sentido, cf. Cosola, Sebastián. In: Clusellas, Gabriel (Coord.). *Código Civil y Comercial*: comentado, anotado y concordado: modelos de redacción sugeridos: artículos 638 a 1091. Buenos Aires: Astrea, 2015, v. 3, p. 417; Espanés, Luis Mosset de; Márquez, José Fernando. *Curso de derecho civil*: obligaciones. Buenos Aires: Zavalía, 2018, v. 2, p. 43; Gagliardo, Mariano. *Tratado de obligaciones*: según el Código Civil y Comercial. Buenos Aires: Zavalía, 2015, t. 1, p. 403-405.

O termo *mandato* advém de *manus dare*; outrora, dando-se a mão a um amigo, a quem se confiava a realização de um negócio, em sinal do compromisso assumido, estava-se a aceitar um encargo. Trata-se, hoje, do contrato pelo qual alguém (mandatário ou procurador) recebe de outrem (mandante) poderes para, em seu nome, praticar atos ou administrar interesses (v. art. 653[482] do Código Civil de 2002).[483] Seria uma espécie do gênero "representação".

Com efeito, o mandato traduziria a *representação convencional* – em que o representante pratica atos que dão origem a direitos e obrigações que repercutem na esfera jurídica do representado. O mandatário, como representante do mandante, falaria e agiria em seu nome e por conta deste. Logo, quem contrairia as obrigações e adquiriria direitos seria o mandante, tal como se houvesse tomado parte pessoalmente no negócio jurídico.[484]

Adepto da teoria da representação, considera M. L. Larombière que a solidariedade, como qualidade particular da obrigação, não passaria de uma *ficção jurídica*, em virtude da qual um único credor poderia exercer o direito de vários, como se estivesse sozinho, ou apenas um devedor estaria obrigado a cumprir a obrigação de uma pluralidade, também como se estivesse sozinho.[485]

Basear-se-ia a solidariedade ativa, sob sua ótica, em uma ideia de *mandato recíproco e mútuo*, que os credores se confeririam, uns aos outros, para perseguir e receber o pagamento do crédito. Acredita, porém, que esse mandato sofreria certas restrições, para impedir cada credor de dispor absolutamente da totalidade do crédito, além de limitar seus poderes quanto à disposição de tudo que excedesse a sua quota na obrigação.[486]

Defende que a solidariedade passiva, tal como a ativa, também estaria lastreada em um *mandato recíproco e mútuo* que os codevedores se

[482] "Art. 653. Opera-se o mandato quando alguém recebe de outrem poderes para, em seu nome, praticar atos ou administrar interesses. A procuração é o instrumento do mandato".

[483] Diniz, Maria Helena. *Tratado teórico e prático dos contratos*. 7. ed. São Paulo: Saraiva, 2013, p. 363.

[484] Diniz, Maria Helena. *Tratado teórico e prático dos contratos*. 7. ed. São Paulo: Saraiva, 2013, p. 363.

[485] Larombière, M. L. *Théorie & pratique des obligations*: ou commentaire des titres III & IV, livre III, du Code Napoléon: art. 1101 à 1386. Paris: A. Durand, 1857, t. 2, p. 557.

[486] Larombière, M. L. *Théorie & pratique des obligations*: ou commentaire des titres III & IV, livre III, du Code Napoléon: art. 1101 à 1386. Paris: A. Durand, 1857, t. 2, p. 558-559.

teriam conferido, para representar os demais em tudo aquilo que concernisse à execução do vínculo comum. Esse mandato (subentendido) limitar-se-ia por certas restrições, a fim de impedir que os devedores se representassem em tudo de maneira perfeita. Em termos gerais, cada codevedor estaria a autorizado a *melhorar* (e não a *piorar*, por um fato pessoal) a posição de seus consortes.[487]

C. Aubry e C. Rau também adotam essa ideia. A seu ver, as disposições do *Code Napoleón* pressuporiam que os credores solidários estivessem associados entre si, em benefício do crédito. Pensam que, de acordo com essa presunção, não se conferiria aos diversos credores solidários o poder de dispor individualmente da totalidade do crédito, mas se lhes atribuiria, no que excedesse a quota de cada um, um mero mandato, para perseguir e receber o pagamento do que fosse devido aos outros.[488]

Quanto à solidariedade passiva, também defendem que os devedores estariam associados entre si, no que se refere à dívida comum, e os consideram agentes uns dos outros para tudo o que pudesse melhorar a sua condição em face do credor. Assim, todos os devedores teriam o direito, de maneira geral, de invocar a transação, o julgamento favorável e a confissão obtidos por um de seus consortes, desde que esses atos dissessem respeito à obrigação comum, e não ao vínculo de um só dos coobrigados.[489]

Influenciado pela doutrina francesa, Orosimbo Nonato abraçou a teoria da representação, sob o argumento de que, na solidariedade ativa, ocorreria um mandato a cada um dos sujeitos ativos da obrigação de proceder em nome, também, dos consortes na relação jurídica. Assim, com o exigir o total, procederia *nomine proprio* e como representante dos outros credores, sem estar autorizado a dispor individualmente da totalidade do crédito. O mandato seria no sentido de conservar, garantir, in-

[487] LAROMBIÈRE, M. L. *Théorie & pratique des obligations*: ou commentaire des titres III & IV, livre III, du Code Napoléon: art. 1101 à 1386. Paris: A. Durand, 1857, t. 2, p. 581.

[488] AUBRY, Charles; RAU, Charles-Frédéric. *Cours de droit civil français*: d'après l'ouvrage allemand de C. S. Zacharie. 3. ed. Paris: Librairie de la Cour de Cassation, 1856, t. III, p. 11.

[489] AUBRY, Charles; RAU, Charles-Frédéric. *Cours de droit civil français*: d'après l'ouvrage allemand de C. S. Zacharie. 3. ed. Paris: Librairie de la Cour de Cassation, 1856, t. III, p. 22-23. Nesse sentido, cf. MAZEAUD, Henri y Léon; MAZEAUD, Jean. *Lecciones de derecho civil*: parte segunda: cumplimiento, extinción y transmisión de las obligaciones. Trad. Luis Alcalá-Zamora y Castillo. Buenos Aires: Ediciones Jurídicas Europa-América, 1960, p. 304.

crementar o direito de cada credor, e não de o agravar, de o prejudicar, de o aniquilar.[490]

Na solidariedade passiva, propugna, de forma análoga, pela existência de um mandato, pelo qual os sujeitos passivos da *obligatio* se representariam no encargo de pagar a prestação por inteiro, ainda que não fosse ela naturalmente divisível. Esse mandato conferir-se-ia no interesse de todos os devedores, para a prática de atos de conservação e de segurança, sem conter poderes de lhes agravar a situação. Seria um mandato *ad conservandum et perpetuandum, non ad augendam obligationem*.[491]

Outro simpatizante dessa tese, no Brasil, é M. I. Carvalho de Mendonça, para quem cada credor solidário e cada devedor solidário teria o direito de representar seus consortes em virtude de um mandato *ad hoc* estabelecido tacitamente. Seria consequência desse mandato o fato de a interrupção da prescrição aproveitar a todos os credores solidários, além de ser exceção comum aos devedores solidários. Nem mesmo a questão de não poder agravar a posição dos demais retiraria a natureza de representação recíproca, já que o mandatário não poderia, de fato, por ato seu, piorar as condições de seu constituinte, em favor de quem sempre se presumiria instituído.[492]

Como se vê, a representação recíproca costuma ser utilizada para explicar os efeitos principais e secundários da solidariedade, o efeito coletivo da interrupção da prescrição ou da demanda por juros, assim como, em particular, a extensão da autoridade da coisa julgada. Para a maioria dos adeptos dessa teoria, a estrutura externa da solidariedade passiva construir-se-ia sobre essa ideia de mandato (ou, mais genericamente, de representação).

De acordo com Tito Fulgêncio, contudo, essa teoria teria sido repelida pelo legislador brasileiro, na medida em que, aqui, os devedores ou credores solidários não poderiam agravar a posição dos demais (v. art. 907[493]

[490] Nonato, Orosimbo. *Curso de obrigações*: generalidades – espécies. Rio de Janeiro: Forense, 1959, v. II, p. 115-16 e 138.

[491] Nonato, Orosimbo. *Curso de obrigações*: generalidades – espécies. Rio de Janeiro: Forense, 1959, v. II, p. 167-204.

[492] Mendonça, Manuel Inácio Carvalho de. *Doutrina e prática das obrigações ou tratado geral dos direitos de crédito*. 4. ed. Rio de Janeiro: Forense, 1956, t. I, p. 318, 320, 333 e 347.

[493] "Art. 907. Qualquer cláusula, condição, ou obrigação adicional, estipulada entre um dos devedores solidários e o credor, não poderá agravar a posição dos outros, sem consentimento destes".

do Código Civil de 1916, correspondente ao art. 278[494] do Código Civil de 2002). Apesar de ver certa semelhança com o mandato, sustenta que o caráter (ou a natureza) da solidariedade, em nosso sistema, estaria em constituir em feixe, em condensação, uma obrigação única, uma mesma obrigação, com pluralidade de sujeitos, para cuja extinção bastaria uma prestação única, deixando subsistir nas relações dos credores e devedores entre si a diversidade de obrigações individuais distintas, tantas quantos eles fossem.[495]

No mesmo sentido, Washington de Barros Monteiro entende que tal teoria não passa de "pura fantasia", de "pura obra de imaginação". Devedores ou credores agiriam em nome próprio, para resguardar interesse próprio, e não em nome alheio. Além disso, alguns atos nem aproveitariam nem afetariam os demais: um não poderia agravar a situação do outro; a coisa julgada contra um não aproveitaria aos outros nem os prejudicaria (se fosse representação, seria o contrário). Em certos casos, ademais, haveria modalidades diversas entre os consortes (pura e simples, para uns, condicional ou a prazo, para outros), e nem sempre se veria comunhão de interesses (p. ex., na fiança, em que o fiador não tem nenhum interesse).[496]

Rechaçam, ainda, a teoria da representação, Antunes Varela,[497] Eduardo Espínola,[498] José Maria da Costa,[499] J. M. de Carvalho Santos,[500]

[494] "Art. 278. Qualquer cláusula, condição ou obrigação adicional, estipulada entre um dos devedores solidários e o credor, não poderá agravar a posição dos outros sem consentimento destes".

[495] Fulgêncio, Tito. *Do direito das obrigações*: das modalidades das obrigações: artigos 863-927. 2. ed. Atual. por José de Aguiar Dias. Rio de Janeiro: Forense, 1958, p. 260.

[496] Monteiro, Washington de Barros. *Curso de direito civil*: direito das obrigações, 1ª parte: das modalidades das obrigações: dos efeitos das obrigações. 15. ed. São Paulo: Saraiva, 1979, p. 152-153.

[497] Varela, Antunes. *Direito das obrigações*: conceito, estrutura e função da relação obrigacional, fontes das obrigações, modalidades das obrigações. Rio de Janeiro: Forense, 1977, p. 307.

[498] Espinola, Eduardo. *Garantia e extinção das obrigações*: obrigações solidárias e indivisíveis. Rio de Janeiro: Freitas Bastos, 1951, p. 404-405.

[499] Costa, José Maria da. As obrigações solidárias. In: Franciulli Netto, Domingos; Mendes, Gilmar Ferreira; Martins Filho, Ives Gandra da Silva (Coord.). *O novo Código Civil*: estudos em homenagem ao Professor Miguel Reale. São Paulo: LTr, 2003, p. 252-253.

[500] Santos, J. M. de Carvalho. *Código Civil brasileiro interpretado*: principalmente do ponto de vista prático: parte geral. 7. ed. Rio de Janeiro: Freitas Bastos, 1956, v. XI, p. 190.

L. M. Boffi Boggero,[501] L. M. de Espanés e J. F. Márquez,[502] M. J. de Almeida Costa,[503] M. Giorgianni,[504] Orlando Gomes,[505] Renan Lotufo,[506] A. P. S. Vaz Serra,[507] W. Stern,[508] além da maioria dos civilistas atuais. Até mesmo a doutrina francesa mais recente passou a tecer severas críticas quanto à possibilidade de adotar a teoria da representação.

Com efeito, A. Hontebeyrie assevera que a teoria da representação não se prestaria a explicar a solidariedade passiva, até porque o mandato estaria exposto a causas de extinção particulares (v. art. 2.003[509] do Código Civil francês). Se ocorrida uma dessas causas de extinção, a própria solidariedade, na prática, estaria extinta, o que não lhe parece corresponder à realidade.[510]

Ademais, a natureza da representação, em geral, aparentaria colidir com semelhante assimilação. Se o codevedor solidário fosse simples representante de seus consortes, no que se refere ao montante da prestação que excedesse à sua quota, ele não estaria pessoalmente ligado ao credor, de modo que não teria nenhum direito pessoal contra ele; mas essa conclusão não seria verdadeira. Assim, o codevedor solidário seria, de fato, devedor do credor pelo todo, de modo que – conclui – a teoria da representação não teria a vocação para explicar a solidariedade passiva.[511]

501 Boggero, Luis María Boffi. *Tratado de las obligaciones*. Buenos Aires: Editorial Astrea, 1985, t. 3, p. 541-542.

502 Espanés, Luis Mosset de; Márquez, José Fernando. *Curso de derecho civil*: obligaciones. Buenos Aires: Zavalía, 2018, v. 2, p. 43.

503 Costa, Mário Júlio de Almeida. *Direito das obrigações*. 12. ed. Coimbra: Almedina, 2009, p. 685.

504 Giorgianni, Michele. Obbligazione solidale e parziaria. In: Azara, Antonio; EULA, Ernesto (Dir.). *Novissimo Digesto Italiano*. Torino: UTET, 1965, v. 11, p. 677-678.

505 Gomes, Orlando. *Obrigações*. 5. ed. Rio de Janeiro: Forense, 1978, p. 81.

506 Lotufo, Renan. *Código Civil comentado*: obrigações: parte geral (arts. 233 a 420). São Paulo: Saraiva, 2003, v. 2, p. 94.

507 Serra, Adriano Paes da Silva Vaz. Pluralidade de devedores ou de credores. Lisboa: [s.n], v. 69, out. 1957. Separata do *Boletim do Ministério da Justiça*, p. 253.

508 Stern, Walter. Obbligazioni (Diritto civile). In: D'Amelio, Mariano (a cura di). *Nuovo Digesto Italiano*. Torino: Unione Tipografico – Editrice Torinense, 1939, v. VIII, p. 1.214.

509 "Art. 2003. Le mandat finit: Par la révocation du mandataire, Par la renonciation de celui-ci au mandat, Par la mort, la tutelle des majeurs ou la déconfiture, soit du mandant, soit du mandataire".

510 Hontebeyrie, Antoine. *Le fondement de l'obligation solidaire en droit privé français*. Paris: Economica, 2004, p. 57-59.

511 Hontebeyrie, Antoine. *Le fondement de l'obligation solidaire en droit privé français*. Paris: Economica, 2004, p. 60-64.

Acerca da solidariedade ativa, Hontebeyrie considera ser mais difícil eliminar a explicação baseada na representação recíproca, porque existiria, efetivamente, um *mandato de interesse comum* entre os cocredores e o devedor (quanto ao último, por facilitar o adimplemento), bem como porque seria a mesma a fonte da obrigação. Afirma, todavia, que a solidariedade apresentaria uma natureza própria que a destacaria tanto do mandato quanto da representação em particular.[512]

Deveras, a *vocação interna*, ou seja, a repartição interna do produto do crédito entre os cocredores, revelaria uma característica infinitamente variável, a desconectar a solidariedade ativa da teoria da representação. Ao se admitir que, em alguns casos, a *vocação externa* do credor poderia não corresponder à sua vocação interna, isso equivaleria a aceitar que um dos cocredores solidários estaria autorizado a agir simplesmente como credor, e não como representante. Nega Hontebeyrie a possibilidade de distinção entre a parte do credor, pela qual ele age como credor propriamente dito, e a parte em que intervém como simples representante. O pagamento seria exigido e recebido de uma só vez, sem distinção, e isso explicaria o porquê da não aceitação da teoria da representação.[513]

No mesmo sentido, M. Mignot afirma que a tese da representação se afastaria da natureza legal da obrigação solidária – dita híbrida, baseada em um feixe de obrigações parciais – por não considerar a existência de uma garantia mútua entre codevedores solidários, sobreposta a esse feixe. Equiparar a solidariedade a um mandato equivaleria a dizer, *grosso modo*, que os codevedores solidários seriam devedores conjuntos, mas o caractere realmente essencial da obrigação solidária seria o laço de direito ao total que aproximaria o credor de cada devedor. Entende que, para aceitar essa doutrina, a compensação apenas poderia ocorrer para a quota verdadeiramente devida por cada codevedor, na medida em que, para além dessa quota, cada devedor seria apenas um mandatário de seus consortes.[514]

[512] Hontebeyrie, Antoine. *Le fondement de l'obligation solidaire en droit privé français*. Paris: Economica, 2004, p. 81-88.

[513] Hontebeyrie, Antoine. *Le fondement de l'obligation solidaire en droit privé français*. Paris: Economica, 2004, p. 90-94.

[514] Mignot, Marc. *Les obligations solidaires et les obligations in solidum en droit privé français*. Paris: Dalloz, 2002, p. 106.

1.10.1.2. Obrigações solidárias e obrigações indivisíveis

Em razão da identidade parcial entre os respectivos regimes jurídicos, notadamente no que diz respeito às questões ligadas ao adimplemento, entendemos ser imprescindível tecer algumas considerações, ainda que de forma superficial, acerca das chamadas *obrigações indivisíveis* (ou, com mais precisão, *obrigações de prestação indivisível*), com o escopo de estremá-las da solidariedade.

Anota L. Josserand que a matéria da indivisibilidade tem a reputação de ser uma das mais obscuras da ciência jurídica, porque se teria criado, em torno do assunto, uma verdadeira lenda. Atribuir-se-ia a Dumoulin uma grande parte dessa responsabilidade, haja vista o seu tratado, denominado, de forma pretensiosa, "Extricatio labyrinthi dividui et individui", de 1561, cujo escopo era o de apresentar ao leitor alguns tópicos e chaves para que lhe servissem de guia nesse labirinto jurídico e lhe abrissem as portas mais fechadas.[515]

Clovis Bevilaqua acredita que o assunto teria adquirido, injustamente, fama de obscuro. Alguns civilistas, a seu ver, deixaram-se emaranhar nas distinções inconsequentes de divisão material e intelectual, fonte abundante e inesgotável das confusões, o que não teria permitido clarear bem os horizontes deste assunto. Propõe Bevilaqua, assim, seja determinada a divisibilidade ou indivisibilidade pela possibilidade ou impossibilidade jurídica de fracionar a prestação – o que seria simples e claríssimo.[516]

Seja como for, segundo a obra de R. J. Pothier, baseada em Dumoulin, uma obrigação divisível seria aquela que se poderia dividir; uma obrigação indivisível seria aquela que não se poderia dividir; uma obrigação poderia ser dividida, e seria divisível, quando a coisa devida, que constituísse sua matéria e objeto, fosse suscetível de divisão em partes pelas quais pudesse ser adimplida; e, pelo contrário, a obrigação seria indivisível, e não poderia ser dividida, quando a coisa devida não fosse suscetível de divisão em partes, e não poderia ser adimplida senão no total. Essa divisão não seria a *divisão física* (*in solutione continuitatis*), mas sim a

[515] Josserand, Louis. *Cours de droit civil positif français*: théorie générale des obligations: les principaux contrats du droit civil: les suretés. 3. ed. Paris: Librairie du Recueil Sirey, 1939, v. II, p. 492-493.

[516] Bevilaqua, Clovis. *Direito das obrigações*. Ed. histórica. Rio de Janeiro: Editora Rio, 1977, p. 79-80.

divisão civil, própria do comércio das coisas, de duas espécies: (i) a que se faria em partes reais e divididas; (ii) a que se faria em partes intelectuais e indivisíveis.[517]

Considera Pothier, ainda, que as questões da divisibilidade ou da indivisibilidade não se restringiriam às obrigações de dar; aplicar-se-iam, também, às de fazer: consequentemente, se o fato que constitui objeto da obrigação puder ser prestado em partes, tal obrigação será divisível. Seria essa, aliás, uma das "chaves" de Dumoulin: *omnis obligatio etiam facti dividua est, nisi quatenus de contrario apparet.* Igualmente, a obrigação de não fazer seria divisível quando o fato a que alguém se obrigou a não fazer pudesse ser realizado em parte.[518]

No Brasil, o art. 258[519] do Código Civil de 2002 contém o seguinte conceito: a obrigação é indivisível quando *prestação* tem por objeto uma *coisa* ou um *fato* não suscetíveis de divisão, (i) por sua natureza, (i) por motivo de ordem econômica, ou (iii) dada a razão determinante do negócio jurídico. Inovou o legislador de 2002, em relação ao diploma anterior, o qual não estabelecia nenhuma definição; inspirou-se, ao que tudo indica, na redação do art. 1.316[520] do Código Civil italiano.

O art. 1.151[521] do Código Civil espanhol considera indivisíveis as obrigações *de dar cuerpos ciertos* e todas aquelas que não sejam suscetíveis de cumprimento parcial. Por força de referido dispositivo, as obrigações de fazer serão divisíveis quando tiverem por objeto: (i) uma *prestação* de

[517] Pothier, Robert Joseph. *Tratado de las obligaciones*. Buenos Aires: Editorial Atalaya, 1947, p. 172-173.

[518] Pothier, Robert Joseph. *Tratado de las obligaciones*. Buenos Aires: Editorial Atalaya, 1947, p. 173-174.

[519] "Art. 258. A obrigação é indivisível quando a prestação tem por objeto uma coisa ou um fato não suscetíveis de divisão, por sua natureza, por motivo de ordem econômica, ou dada a razão determinante do negócio jurídico".

[520] "Art. 1316. [...] L'obbligazione è indivisibile, quando la prestazione ha per oggetto una cosa o un fatto che non è suscettibile di divisione per sua natura o per il modo in cui è stato considerato dalle parti contraenti".

[521] "Art. 1151. Para los efectos de los artículos que preceden, se reputarán indivisibles las obligaciones de dar cuerpos ciertos y todas aquellas que no sean susceptibles de cumplimiento parcial. Las obligaciones de hacer serán divisibles cuando tengan por objeto la prestación de un número de días de trabajo, la ejecución de obras por unidades métricas, u otras cosas análogas que por su naturaleza sean susceptibles de cumplimiento parcial. En las obligaciones de no hacer, la divisibilidad o indivisibilidad se decidirá por el carácter de la prestación en cada caso".

um número de dias de trabalho; (ii) a execução de obras por unidades métricas; ou (iii) outras coisas análogas que, por sua natureza, sejam suscetíveis de cumprimento parcial; nas obrigações de não fazer, a divisibilidade ou indivisibilidade será decidida pelo caráter da *prestação* em cada caso.

O Código Civil e Comercial argentino, no art. 805,[522] define a obrigação divisível como aquela que tem como objeto *prestações* suscetíveis de cumprimento parcial; no art. 813,[523] estabelece que são indivisíveis as *obrigações* não suscetíveis de cumprimento parcial. Dentre as hipóteses de indivisibilidade, arrola, no art. 814:[524] (i) as de prestação que não pode ser materialmente dividida; (ii) as de indivisibilidade convencional (nas hipóteses de dúvida sobre se a obrigação é solidária ou indivisível, estabelece a presunção de solidariedade); (iii) as de indivisibilidade prevista em lei.

Prescreve, ainda, o diploma platino (v. art. 815),[525] que se consideram indivisíveis as prestações correspondentes às obrigações (i) de dar coisa certa, (ii) de fazer (exceto quando forem convencionadas por unidade de medida e o devedor tem direito à liberação parcial), (iii) de não fazer e (iv) acessórias, se a principal é indivisível.

Já o Código Civil português (v. art. 535),[526] em lugar de conceituar a obrigação indivisível, refere-se tão somente à qualidade da *prestação*, para fixar o regime jurídico aplicável às hipóteses em que o objeto da obrigação é divisível ou indivisível.

522 "Art. 805. [...] Obligación divisible es la que tiene por objeto prestaciones susceptibles de cumplimiento parcial".

523 "Art. 813. [...] Son indivisibles las obligaciones no susceptibles de cumplimiento parcial".

524 "Art. 814. [...] Hay indivisibilidad: a) si la prestación no puede ser materialmente dividida; b) si la indivisibilidad es convenida; en caso de duda sobre si se convino que la obligación sea indivisible o solidaria, se considera solidaria; c) si lo dispone la ley".

525 "Art. 815. [...] Se consideran indivisibles las prestaciones correspondientes a las obligaciones: a) de dar una cosa cierta; b) de hacer, excepto si han sido convenidas por unidad de medida y el deudor tiene derecho a la liberación parcial; c) de no hacer; d) accesorias, si la principal es indivisible".

526 "Art. 535º [...] 1. Se a prestação for indivisível e vários os devedores, só de todos os obrigados pode o credor exigir o cumprimento da prestação, salvo se tiver sido estipulada a solidariedade ou esta resultar da lei. 2. Quando ao primitivo devedor da prestação indivisível sucedam vários herdeiros, também só de todos eles tem o credor a possibilidade de exigir o cumprimento da prestação".

Também não conceitua a obrigação indivisível o Código Civil alemão; e confere às obrigações de *prestação indivisível* com pluralidade de *devedores* o mesmo regime jurídico das obrigações solidárias (§ 431);[527] além de criar uma disciplina própria para as obrigações de *prestação indivisível* com pluralidade de *credores* (§ 432).[528]

O Código Civil francês, hoje, dentre as obrigações plurais, também cuida da obrigação de *prestação indivisível*, sem conceituá-la (v. art. 1.320,[529] modificado pela *Ordonnance* n. 2016-131, de 10 de fevereiro de 2016). Anteriormente à reforma de 2016, a própria *obrigação* (e não a *prestação*) era considerada *indivisível*, embora a coisa ou o fato fossem divisíveis por sua natureza, quando não se mostrasse possível, em decorrência de peculiaridades da relação jurídica, a sua execução parcial (v. art. 1.208).[530]

Como se vê, a maioria dos códigos aqui analisados faz referência, atualmente, à qualidade da *prestação*. Com efeito, divisível ou indivisível não é a *obrigação* (ou a relação obrigacional), em si, mas o seu *objeto*: a prestação. Fala-se em divisibilidade ou indivisibilidade da obrigação por metonímia, afirma Caio Mário da Silva Pereira.[531] Tal como já se definiu

[527] "§ 431. [...] Si varias personas adeudan una prestación indivisible, son responsables como deudores solidários".

[528] "§ 432. [...] 1. Si son vários los que tienen que reclamar una aportación indivisible puede entonces el deudor, a menos que sean acreedores solidarios, satisfacer a todos en común, y cada uno de los acreedores reclamar solamente la aportación para todos. Cada acreedor puede reclamar que el deudor consigne para todos los acreedores el bien debido, o si el bien no es adecuado para su consignación, remitirlo a un depositario delegado por orden judicial. 2. Por lo demás, un hecho que sólo afecte a un acreedor no es eficaz ni a favor ni en contra de los otros acreedores".

[529] "Art. 1320. Chacun des créanciers d'une obligation à prestation indivisible, par nature ou par contrat, peut en exiger et en recevoir le paiement intégral, sauf à rendre compte aux autres; mais il ne peut seul disposer de la créance ni recevoir le prix au lieu de la chose. Chacun des débiteurs d'une telle obligation en est tenu pour le tout; mais il a ses recours en contribution contre les autres. Il en va de même pour chacun des successeurs de ces créanciers et débiteurs".

[530] "Art. 1218. L'obligation est indivisible, quoique la chose ou le fait qui en est l'objet soit divisible par sa nature, si le rapport sous lequel elle est considérée dans l'obligation ne la rend pas susceptible d'exécution partielle".

[531] PEREIRA, Caio Mário da Silva. *Instituições de direito civil*: teoria geral das obrigações. 26. ed. Rio de Janeiro: Forense, 2014, v. II, p. 69.

anteriormente,[532] a *prestação* corresponde à atividade ou à conduta a que o devedor se acha adstrito para satisfazer o interesse do credor.

Considera Pontes de Miranda que, nas expressões "obrigações indivisíveis" e "obrigações divisíveis", haveria elipses: obrigações indivisíveis são as que se não podem adimplir por partes. Portanto, "obrigação indivisível" equivale à *obrigação em que o adimplemento é indivisível*; "obrigação divisível", à *obrigação em que o adimplemento é divisível*. Na última, o credor, ao receber uma parte, parcialmente se satisfaz; na primeira, não: o adimplemento parcial não é adimplemento, a não ser que haja acordo posterior, que atinja a relação jurídica.[533]

Ao classificar uma obrigação como divisível ou indivisível, de acordo com as diretrizes propostas pelo art. 258 do Código Civil de 2002, deve-se ter em conta, em primeiro lugar, se o *objeto da prestação* corresponde a uma *coisa* ou um *fato* não suscetível de divisão, *por sua natureza*. Ora, se for considerado apenas o fracionamento dos corpos, tudo pode ser dividido, desde os macro-organismos que se deslocam na esfera celeste, até o átomo infinitamente pequeno, sobre o qual os processos técnicos são capazes de romper a unidade. Acaso fosse adotada essa perspectiva física, mostrar-se-ia inviável a adoção da divisibilidade como critério de classificação das obrigações.[534]

Trata-se, entretanto, da indivisibilidade material, sob a ótica jurídica. De acordo com M. I. Carvalho de Mendonça, é inteiramente metafísico perscrutar sobre o conceito da indivisibilidade absoluta; ela só existe e só pode ser concebida claramente do ponto de vista jurídico.[535] Assim, a coisa ou o fato serão insuscetíveis de fracionamento em partes distintas quando esse fracionamento criar dificuldades ou um custo excessivo; quando acarretar a destruição de sua identidade física; ou, simplesmente, quando se mostrar inviável a divisão, se o serviço, p. ex., consistir em um único ato.[536]

[532] V. seção 1.5.2, sobre identidade de prestação.

[533] MIRANDA, Pontes de. *Tratado de direito privado*. 3. ed. Rio de Janeiro: Borsoi, 1971, v. X, p. 157-158.

[534] PEREIRA, Caio Mário da Silva. *Instituições de direito civil*: teoria geral das obrigações. 26. ed. Rio de Janeiro: Forense, 2014, v. II, p. 70.

[535] MENDONÇA, Manuel Inácio Carvalho de. *Doutrina e prática das obrigações ou tratado geral dos direitos de crédito*. 4. ed. Rio de Janeiro: Forense, 1956, tomo I, p. 279.

[536] BIANCA, C. Massimo. *Diritto civile*: l'obbligazione. Milano: Giuffrè, 1993, v. 4, p. 753.

Se o objeto da prestação for *coisa*, um critério útil, para verificar se a obrigação é materialmente divisível ou indivisível, seria aquele previsto no art. 87[537] do Código Civil de 2002,[538] por força do qual são considerados divisíveis os bens que se podem fracionar sem alteração na sua substância, diminuição considerável de valor, ou prejuízo do uso a que se destinam.

Além do critério material, o art. 258 do Código Civil de 2002 prevê a indivisibilidade por *motivo de ordem econômica*, verificável nas hipóteses em que decomposição da coisa ou do serviço em partes distintas acarretar uma grande perda de utilidade ou de valor da prestação; em outras palavras, quando a porção singular, separada do restante, ostentar uma utilidade ou um valor notavelmente menor do que a sua parte proporcional sobre o todo.[539]

Como exemplo, mencione-se um quadro pintado por um famoso artista, suscetível (material e juridicamente), sem dúvida, de ser repartido em dois; mas, se esse fracionamento ocorrer, não alcançará o bem o mesmo preço no mercado: passará a ser negociado mais como uma curiosidade do que propriamente como obra de arte.[540]

Refere-se o art. 258 do Código Civil, ainda, à indivisibilidade ligada à *razão determinante* do negócio jurídico. Entende-se, como *razão determinante*, a *base subjetiva do negócio*, correspondente à intenção das partes contratantes ou às representações nas quais assentaram o seu acordo. É, em outras palavras, o mote do negócio, conhecido da outra parte por manifestação expressa de vontade do interessado em vê-lo concretizado. Se a razão (ou o motivo) não estiver expressa como determinante da declaração de vontade, nenhuma relevância se lhe conferirá, porque não passará de substrato empírico da declaração.[541]

[537] "Art. 87. Bens divisíveis são os que se podem fracionar sem alteração na sua substância, diminuição considerável de valor, ou prejuízo do uso a que se destinam".

[538] ZANGEROLAME, Flavia Maria. Obrigações divisíveis e indivisíveis e obrigações solidárias. In: TEPEDINO, Gustavo (Coord.). *Obrigações*: estudos na perspectiva civil-constitucional. Rio de Janeiro: Renovar, 2005, p. 187.

[539] BIANCA, C. Massimo. *Diritto civile*: l'obbligazione. Milano: Giuffrè, 1993, v. 4, p. 753.

[540] COELHO, Fábio Ulhoa. *Curso de direito civil*: obrigações: responsabilidade civil. 4. ed. São Paulo: Saraiva, 2010, v. 2, p. 99.

[541] NERY, Rosa Maria de Andrade; NERY JUNIOR, Nelson. *Instituições de direito civil*: parte geral. São Paulo: Editora Revista dos Tribunais, 2015, v. I, t. II, p. 321-324.

Assim, portanto, também se considerará indivisível a obrigação naquelas hipóteses em que as partes, ao celebrarem o negócio jurídico, expressaram a vontade de que a prestação fosse realizada de uma só vez; ainda que, materialmente, se revele possível o cumprimento fracionado. Cuida-se, de acordo com a nomenclatura proposta por D. Rubino, da indivisibilidade *subjetiva*, *intencional* ou *teleológica*.[542]

Acrescenta a doutrina, ainda, uma outra espécie de indivisibilidade: aquela decorrente da lei. Considera M. I. Carvalho de Mendonça que a indivisibilidade legal não demanda explanações: dá-se quando a lei faz divisível uma obrigação que, de fato, pode não ser tal; e os casos de direito real, sob sua ótica, são muito claros.[543]

Nesse sentido, Everaldo Cambler menciona o caso da incorporação imobiliária, como exemplo, sob o argumento de que a propriedade horizontal constituiria uma combinação de propriedade comum e de propriedade exclusiva, a formar um todo incindível: as frações ideias e as unidades autônomas do edifício, de propriedade exclusiva, somente poderiam existir quando conjugadas às partes comuns de todos os condôminos e vice-versa.[544]

Há, ainda, outros exemplos comumente referidos pela doutrina. Um deles corresponde ao da prestação consistente em entregar lotes de terreno com dimensões correspondentes ao tamanho mínimo legal de 125 m². Como o art. 4º, II,[545] da Lei n. 6.766/1979 impede a comercialização de lotes menores do que estes, a prestação não comportaria

542 RUBINO, Domenico. Delle obbligazioni: obbligazioni alternative, obbligazioni in solido, obbligazioni divisibili e indivisibili: art. 1285-1320. In: SCIALOJA, Antonio; BRANCA, Giuseppe (a cura di). *Commentario del Codice Civile*: libro quarto: delle obbligazioni. 2. ed. Bologna: Zanichelli; Roma: Soc. Ed. Del Foro Italiano, 1968, p. 350.

543 MENDONÇA, Manuel Inácio Carvalho de. *Doutrina e prática das obrigações ou tratado geral dos direitos de crédito*. 4. ed. Rio de Janeiro: Forense, 1956, tomo I, p. 281.

544 CAMBLER, Everaldo. As obrigações divisíveis e indivisíveis e o novo Código Civil. In: ALVIM, Arruda; CÉSAR, Joaquim Portes de Cerqueira; ROSAS, Roberto (Coord.). *Aspectos controvertidos do novo Código Civil*: escritos em homenagem ao Ministro José Carlos Moreira Alves. São Paulo: Editora Revista dos Tribunais, 2003, p. 177.

545 "Art. 4º Os loteamentos deverão atender, pelo menos, aos seguintes requisitos: [...] II – os lotes terão área mínima de 125m² (cento e vinte e cinco metros quadrados) e frente mínima de 5 (cinco) metros, salvo quando o loteamento se destinar a urbanização específica ou edificação de conjuntos habitacionais de interesse social, previamente aprovados pelos órgãos públicos competentes".

divisão.[546] São dignos de menção, além disso, os exemplos da pequena propriedade agrícola (v. art. 65, *caput*,[547] da Lei n. 4.504/1964) e da servidão predial (v. art. 1.386[548] do Código Civil de 2002).[549]

Com relação à divisibilidade ou indivisibilidade das obrigações de fazer e não fazer, existe grande divergência na literatura. Tito Fulgêncio, p. ex., considera as *obrigações de fazer* indivisíveis, em princípio, a não ser que as prestações sejam determinadas por quantidade ou duração de trabalho. Nas suas palavras: "o que não é inteiramente feito, não é feito".[550]

M. M. de Serpa Lopes também afirma que as obrigações de fazer seriam indivisíveis, porque exigem a realização integral da prestação; nelas, é impossível existir uma parte qualitativamente igual ao todo, e o adimplemento parcial não proporcionaria ao credor a utilidade pretendida na obrigação. Excepcionalmente, entretanto, admite que se caracterize nelas a divisibilidade quando se trata de um desempenho, a exemplo do que sucede na obrigação de prestar determinados dias de trabalho.[551]

Quanto às *obrigações de não fazer*, M. I. Carvalho de Mendonça pensa que elas não comportariam a distinção de divisível ou indivisível; não se poderia conceber tal possibilidade, se o credor nada tivesse a exigir e o devedor nada tivesse a prestar. A seu ver, como tal espécie de obrigação sempre se resolveria no direito de pedir a reparação do dano decorrente do ato de cuja prática o devedor estava obrigado a se abster (e a inde-

[546] Coelho, Fábio Ulhoa. *Curso de direito civil*. obrigações. responsabilidade civil. 4. ed. São Paulo: Saraiva, 2010, v. 2, p. 100.

[547] "Art. 65. O imóvel rural não é divisível em áreas de dimensão inferior à constitutiva do módulo de propriedade rural".

[548] "Art. 1.386. As servidões prediais são indivisíveis, e subsistem, no caso de divisão dos imóveis, em benefício de cada uma das porções do prédio dominante, e continuam a gravar cada uma das do prédio serviente, salvo se, por natureza, ou destino, só se aplicarem a certa parte de um ou de outro".

[549] Gagliano, Pablo Stolze; Pamplona Filho, Rodolfo. *Novo curso de direito civil*: obrigações. 12. ed. São Paulo: Saraiva, 2011, v. II, p. 124.

[550] Fulgêncio, Tito. *Do direito das obrigações*: das modalidades das obrigações: artigos 863-927. 2. ed. Atual. por José de Aguiar Dias. Rio de Janeiro: Forense, 1958, p. 187.

[551] Lopes, Miguel Maria de Serpa. *Curso de direito civil*: obrigações em geral. 4. ed. Rio de Janeiro: Freitas Bastos, 1966, v. II, p. 114.

nização é essencialmente divisível), as obrigações de não fazer seriam sempre indivisíveis.[552]

Entretanto, de acordo com Pontes de Miranda, a omissão, em regra, é indivisível, indivisível a prestação, e indivisível a obrigação; mas poderia ocorrer que se viabilizasse fracionar o não fazer. Se houvesse pluralidade de devedores, dificilmente se conceberia a divisibilidade. Se o dono de um prédio faleceu e tinha obrigação pessoal de *amplius non agi*, cada herdeiro, após a divisão do prédio, é obrigado.[553]

Maria Helena Diniz, de forma semelhante, entende que a obrigação de não fazer, devido ao seu conteúdo, é indivisível, porquanto seu inadimplemento, seja ele total ou parcial, acarretaria sempre uma perda para o credor; mas vê possibilidade de ser divisível, se sua prestação consistir em um conjunto de abstenções que não se relacionem entre si.[554]

Independentemente dessas posições, a distinção entre obrigações divisíveis e indivisíveis só manifestará verdadeiro interesse prático quando houver pluralidade de credores ou de devedores (ou obrigações subjetivamente complexas). Na obrigação singular, o devedor, como regra, já está adstrito a cumprir integralmente a prestação (e tem o direito de fazê-lo), mesmo que se mostre possível o seu fracionamento. É o que prescreve o art. 314[555] do Código Civil de 2002, ao aperfeiçoar a redação do art. 889[556] do Código Civil de 1916, para incluir o direito do devedor de cumprir a prestação integralmente, se assim o desejar. Semelhante regra, no Código Civil português, está prevista no art. 763.[557]

552 Mendonça, Manuel Inácio Carvalho de. *Doutrina e prática das obrigações ou tratado geral dos direitos de crédito*. 4. ed. Rio de Janeiro: Forense, 1956, t. I, p. 287.

553 Miranda, Pontes de. *Tratado de direito privado*. 3. ed. Rio de Janeiro: Borsoi, 1971, v. X, p. 161-162.

554 Diniz, Maria Helena. *Curso de direito civil brasileiro*: teoria geral das obrigações. 33. ed. São Paulo: Saraiva, 2018, v. 2, p. 174-175. Cf., ainda: Nonato, Orosimbo. *Curso de obrigações*: generalidades – espécies. Rio de Janeiro: Forense, 1959, v. II, p. 25.

555 "Art. 314. Ainda que a obrigação tenha por objeto prestação divisível, não pode o credor ser obrigado a receber, nem o devedor a pagar, por partes, se assim não se ajustou".

556 "Art. 889. Ainda que a obrigação tenha por objeto prestação divisível, não pode o credor ser obrigado a receber por partes, se assim não ajustou".

557 "Art. 763º [...] 1. A prestação deve ser realizada integralmente e não por partes, excepto se outro for o regime convencionado ou imposto por lei ou pelos usos. 2. O credor tem, porém, a faculdade de exigir uma parte da prestação; a exigência dessa parte não priva o devedor da possibilidade de oferecer a prestação por inteiro".

Na forma do art. 257[558] do Código Civil de 2002, porém, quando houver pluralidade de *credores* ou de *devedores*, e a prestação for *divisível*, presumir-se-á o fracionamento em tantas obrigações, iguais e distintas, quantos os credores ou devedores (*concursu partes fiunt*). Tal norma, segundo a doutrina, comporta duas exceções: a da indivisibilidade e a da solidariedade, nas quais cada credor poderá reclamar o pagamento integral da prestação e cada devedor responderá pelo todo.[559]

Se houver pluralidade de *devedores* e prestação indivisível, há duas alternativas, consoante Antunes Varela: ou o credor pode exigir o cumprimento de *cada um dos devedores*, e responde o interpelado pela prestação (única ou integral), ou o credor tem de interpelar todos eles, para validamente exigir o cumprimento.[560] O art. 259[561] do Código Civil de 2002, à semelhança do art. 891[562] do diploma anterior, acolheu a primeira solução, ao considerar cada um dos devedores obrigado pela dívida toda.

É preciso ficar bem claro – observa Caio Mário da Silva Pereira – que, abstratamente, cada sujeito passivo deve uma quota-parte da prestação, mas, em razão da indivisibilidade e do direito do credor de recebê-la por inteiro, cada um dos devedores é obrigado pelo total. Cada devedor é, pois, sujeito à prestação por inteiro, não porque deva toda ela, mas pela necessidade de cumpri-la assim, por ser insuscetível de solução parcelada: *in obligatione individua, totum debetur ex necessitate, sed non totaliter*. Trata-se do principal efeito da indivisibilidade.[563]

[558] "Art. 257. Havendo mais de um devedor ou mais de um credor em obrigação divisível, esta presume-se dividida em tantas obrigações, iguais e distintas, quantos os credores ou devedores".

[559] DINIZ, Maria Helena. *Curso de direito civil brasileiro*: teoria geral das obrigações. 33. ed. São Paulo: Saraiva, 2018, v. 2, p. 169.

[560] VARELA, Antunes. *Direito das obrigações*: conceito, estrutura e função da relação obrigacional, fontes das obrigações, modalidades das obrigações. Rio de Janeiro: Forense, 1977, p. 343.

[561] "Art. 259. Se, havendo dois ou mais devedores, a prestação não for divisível, cada um será obrigado pela dívida toda. Parágrafo único. O devedor, que paga a dívida, sub-roga-se no direito do credor em relação aos outros coobrigados".

[562] "Art. 891. Se, havendo vários devedores, a prestação não for divisível, cada um será obrigado pela dívida toda. Parágrafo único. O devedor, que paga a dívida, sub-roga-se no direito do credor em relação aos outros co-obrigados".

[563] PEREIRA, Caio Mário da Silva. *Instituições de direito civil*: teoria geral das obrigações. 26. ed. Rio de Janeiro: Forense, 2014, v. II, p. 74.

Dispõe o art. 259, par. ún., do Código Civil de 2002, que o devedor que paga a dívida se sub-roga (isto é, substitui-se) no direito do credor em relação aos outros coobrigados. Visa o legislador, com isso, restabelecer a *par conditio debitorum*, sem prejuízo da consideração de não estar obrigado o *solvens* ao total, embora seja responsável pelo todo: *totum sed no totaliter*.[564]

Essa sub-rogação, entretanto, é *no que se pagou por outrem*. Apesar de não haver referência às quotas iguais, assevera Pontes de Miranda que às obrigações indivisíveis se aplicaria a regra do art. 913[565] do Código Civil de 1916 (repetida no art. 283[566] do Código Civil de 2002), para presumir a igualdade dessas quotas. Essa sub-rogação estender-se-ia às garantias do crédito e alcançaria os privilégios, desde que isso não prejudicasse o credor. E a responsabilidade seria de cada devedor pelo que deveria ter pago e não pagou.[567]

Nessa mesma direção, considera Tito Fulgêncio que o codevedor que paga a dívida se investe no direito do credor em relação aos outros coobrigados, mas o direito que lhe é dado exercer não pode ir além da soma que houver desembolsado para desobrigar os outros devedores. Entende que, nas hipóteses de indivisibilidade, o devedor que paga está obrigado a dividir as suas "ações de regresso" na proporção das quotas a cargo dos codevedores – por maioria de razão, porque assim o é na solidariedade.[568]

Se a pluralidade for de *credores*, cada um deles poderá exigir a integralidade da prestação. Mas o pagamento apenas poderá ser feito a todos, em conjunto, ou a um deles, se prestar caução de ratificação dos demais

[564] Nonato, Orosimbo. *Curso de obrigações*: generalidades – espécies. Rio de Janeiro: Forense, 1959, v. II, p. 45-46.

[565] "Art. 913. O devedor que satisfez a dívida por inteiro, tem direito a exigir de cada um dos co-devedores a sua quota, dividindo-se igualmente por todos a do insolvente, se o houver. Presumem-se iguais, no débito da solidariedade pelo credor (art. 912)".

[566] "Art. 283. O devedor que satisfez a dívida por inteiro tem direito a exigir de cada um dos codevedores a sua quota, dividindo-se igualmente por todos a do insolvente, se o houver, presumindo-se iguais, no débito, as partes de todos os codevedores".

[567] Miranda, Pontes de. *Tratado de direito privado*. 3. ed. Rio de Janeiro: Borsoi, 1971, v. X, p. 171.

[568] Fulgêncio, Tito. *Do direito das obrigações*: das modalidades das obrigações: artigos 863-927. 2. ed. Atual. por José de Aguiar Dias. Rio de Janeiro: Forense, 1958, p. 212-213.

(v. art. 260[569] do Código Civil de 2002). Essa caução traduz a segurança ou garantia, real ou pessoal, de que os outros devedores consentem na validade do pagamento feito, autorizam o ato, renunciam ao direito de impugnar o negócio jurídico; se houver recusa por um dos credores, e inexistir caução de ratificação, a solução será o depósito judicial.[570] Há situações em que, aparentemente, não seria necessária a caução de ratificação, como, p. ex., na construção em um terreno comum, em que o adimplemento aproveitasse a todos os credores.

Na indivisibilidade com pluralidade de sujeitos no polo ativo, todos são credores de uma prestação cujo objeto é indivisível; se o pagamento se der a um deles, os demais não poderão exigir que o objeto se parta ou reparta, haja vista a indivisibilidade. Mas, ao receber, o credor sub-roga-se passivamente, de modo que passa a ter de satisfazer o crédito dos demais. Assevera Renan Lotufo que o sistema, nessa hipótese, não poderia deixar de oferecer uma solução operativa de efeitos jurídicos: seria necessário proceder à avaliação, para estabelecer o valor do quinhão de cada um dos credores, em dinheiro.[571] Trata-se de regra prevista no art. 261[572] do Código Civil de 2002, correspondente ao art. 893[573] do Código Civil de 1916.

Hadid Charaf Bdine Jr. entende, porém, que a aplicação dessa regra poderá, em alguns casos, provocar soluções injustas, no que se refere às relações entre os credores: a depender da espécie de prestação, os demais credores poderão ter o interesse em permanecer com o bem e, eventualmente, pagar mais pela quota de seus consortes. Defende, assim, a aplicação, por analogia, do disposto no art. 1.322[574] do Código Civil de 2002, o que permite a venda e a partilha do preço.[575]

[569] "Art. 260. Se a pluralidade for dos credores, poderá cada um destes exigir a dívida inteira; mas o devedor ou devedores se desobrigarão, pagando: I – a todos conjuntamente; II – a um, dando este caução de ratificação dos outros credores".

[570] Fulgêncio, Tito. *Do direito das obrigações*: das modalidades das obrigações: artigos 863-927. 2. ed. Atual. por José de Aguiar Dias. Rio de Janeiro: Forense, 1958, p. 219.

[571] Lotufo, Renan. *Código Civil comentado*: obrigações: parte geral (arts. 233 a 420). São Paulo: Saraiva, 2003, v. 2, p. 78-79.

[572] "Art. 261. Se um só dos credores receber a prestação por inteiro, a cada um dos outros assistirá o direito de exigir dele em dinheiro a parte que lhe caiba no total".

[573] "Art. 893. Se um só dos credores receber a prestação por inteiro, a cada um dos outros assistirá o direito de exigir-lhe em dinheiro a parte, que lhe caiba no total".

[574] "Art. 1.322. Quando a coisa for indivisível, e os consortes não quiserem adjudicá-la a um só, indenizando os outros, será vendida e repartido o apurado, preferindo-se, na venda, em

A doutrina, em geral, vê grande semelhança entre a indivisibilidade e a solidariedade. Afinal, a prestação, em ambas, deve ser realizada *in solidum*. Washington de Barros Monteiro encara a indivisibilidade e a solidariedade como aspectos diferentes da obrigação subjetivamente coletiva.[576] Já Orlando Gomes afirma que, embora devam ser equiparadas, por se subordinarem à mesma disciplina legal, distinguem-se pela *causa*: a indivisibilidade resulta de obstáculo ao fracionamento da obrigação, ainda que criado em razão do que se quer obter, ao passo que a solidariedade é garantia que nada tem a ver com o conteúdo da prestação.[577] De acordo com Orosimbo Nonato, a solidariedade constitui qualidade, por assim dizer, pessoal da obrigação; a indivisibilidade, qualidade real.[578]

Caio Mario da Silva Pereira distingue-as, em síntese, nos seguintes aspectos: (i) a causa da solidariedade é o título; a da indivisibilidade, normalmente, a natureza da prestação; (ii) na solidariedade, cada devedor paga por inteiro, porque deve por inteiro; na indivisibilidade, cada devedor deve solver a totalidade, em razão da impossibilidade jurídica de repartir a prestação em quotas; (iii) a solidariedade é uma relação subjetiva; a indivisibilidade, objetiva; (iv) a indivisibilidade justifica-se, às vezes, com a própria natureza da prestação, quando o objeto é, em si mesmo, insuscetível de fracionamento, enquanto a solidariedade é sempre de origem técnica (resulta da lei ou da vontade das partes), e nunca um dado real; (v) a solidariedade cessa com a morte dos devedores, relativamente a cada um dos herdeiros, mas a indivisibilidade subsiste

condições iguais de oferta, o condômino ao estranho, e entre os condôminos aquele que tiver na coisa benfeitorias mais valiosas, e, não as havendo, o de quinhão maior. Parágrafo único. Se nenhum dos condôminos tem benfeitorias na coisa comum e participam todos do condomínio em partes iguais, realizar-se-á licitação entre estranhos e, antes de adjudicada a coisa àquele que ofereceu maior lanço, proceder-se-á à licitação entre os condôminos, a fim de que a coisa seja adjudicada a quem afinal oferecer melhor lanço, preferindo, em condições iguais, o condômino ao estranho".

575 BDINE JR., Hamid Charaf. In: PELUSO, Cezar (Coord.). *Código Civil comentado*: doutrina e jurisprudência: Lei n. 10.406, de 10.01.2002: contém o Código Civil de 1916. 4. ed. Barueri: Manole, 2010.

576 MONTEIRO, Washington de Barros. *Curso de direito civil*: direito das obrigações, 1ª parte: das modalidades das obrigações: dos efeitos das obrigações. 15. ed. São Paulo: Saraiva, 1979, p. 129.

577 GOMES, Orlando. *Obrigações*. 5. ed. Rio de Janeiro: Forense, 1978, p. 96.

578 NONATO, Orosimbo. *Curso de obrigações*: generalidades – espécies. Rio de Janeiro: Forense, 1959, v. II, p. 78.

enquanto a prestação a suportar; (vi) a indivisibilidade termina quando a obrigação se converte em perdas e danos, enquanto a solidariedade conserva este atributo mesmo nessa hipótese.[579]

Maria Helena Diniz acrescenta outras duas distinções: (vii) na solidariedade, na hipótese de inadimplemento, todos os devedores respondem pelos juros moratórios, ainda que a ação tenha sido proposta apenas contra um deles (embora o culpado seja responsável, em relação aos outros, pela obrigação acrescida); na *indivisibilidade*, se a culpa é de um só dos devedores, os outros exoneram-se, e só o primeiro responde pelas perdas e danos; (viii) na *solidariedade*, a interrupção da prescrição promovida por um dos credores aproveita aos demais, assim como a interrupção efetuada contra o devedor solidário envolve os outros e seus herdeiros; na *indivisibilidade*, a interrupção da prescrição por um credor não aproveita aos demais; e a interrupção operada contra o codevedor ou seu herdeiro não prejudica os demais coobrigados.[580]

Não negamos a existência dessas distinções, mas entendemos que a maioria delas está relacionada menos à natureza jurídica de cada um desses institutos do que aos seus efeitos. Na essência, distanciam-se a obrigação indivisível e a solidária pela perspectiva de que se analisa cada uma. Nesse sentido, para Nelson Nery Jr. e Rosa Maria de Andrade Nery, a indivisibilidade refere-se à forma que o objeto da obrigação assume perante o dever de prestação do sujeito; e a solidariedade concerne ao modo de os sujeitos realizarem essa prestação.[581] Assim pensa Paulo Lôbo, para quem a solidariedade está nos próprios sujeitos, e não no objeto, como ocorre com a obrigação indivisível.[582]

[579] Pereira, Caio Mário da Silva. *Instituições de direito civil*: teoria geral das obrigações. 26. ed. Rio de Janeiro: Forense, 2014, v. II, p. 79.

[580] Diniz, Maria Helena. *Curso de direito civil brasileiro*: teoria geral das obrigações. 33. ed. São Paulo: Saraiva, 2018, v. 2, p. 190-191.

[581] Nery, Rosa Maria de Andrade; Nery Junior, Nelson. *Instituições de direito civil*: parte geral. São Paulo: Editora Revista dos Tribunais, 2015, v. I, t. II, p. 190.

[582] Lôbo, Paulo. *Direito civil*: obrigações. 2. ed. São Paulo: Saraiva, 2011, p. 135. Nesse sentido, cf. Azevedo, Álvaro Villaça. *Curso de direito civil*: teoria geral das obrigações. 8. ed. São Paulo: Editora Revista dos Tribunais, 2000, p. 97-99; Cambler, Everaldo. As obrigações divisíveis e indivisíveis e o novo Código Civil. In: Alvim, Arruda; César, Joaquim Portes de Cerqueira; Rosas, Roberto (Coord.). *Aspectos controvertidos do novo Código Civil*: escritos em homenagem ao Ministro José Carlos Moreira Alves. São Paulo: Editora Revista dos Tribunais, 2003, p. 176; Lotufo, Renan. *Código Civil comentado*: obrigações: parte geral (arts. 233 a 420). São Paulo: Saraiva, 2003, v. 2, p. 72; Lopes, Miguel Maria de Serpa. *Curso de direito civil*: obriga-

Consoante A. Di Majo, enquanto o vínculo da solidariedade tenderia a representar uma forma de mediação mais abrangente de um conflito de interesses que não dissesse respeito apenas ao objeto da prestação, o princípio da indivisibilidade seria a expressão máxima de exigência relativamente a tal objeto.[583]

Com efeito, há um fenômeno *subjetivo*, na solidariedade, porque os vários devedores e/ou os vários credores estão ligados a uma mesma relação jurídica obrigacional em razão da lei ou da vontade das partes, e não se afigura relevante, para esse fim, investigar a natureza da prestação. Na indivisibilidade, porém, o fenômeno é *objetivo*; origina-se da inviabilidade de fracionamento da prestação (o que pode, inclusive, decorrer da vontade das partes); mas os sujeitos, agora, são considerados apenas em relação aos efeitos da específica relação obrigacional.

A solidariedade e a indivisibilidade têm um "ponto de ligeiro contato" – assegura M. I. Carvalho de Mendonça –, quando a obrigação é indivisível e há pluralidade de devedores, porque o credor pode exigir de qualquer deles a prestação. Os efeitos, aí, se não são idênticos, são ao menos análogos. Mas, afora essas coincidências, só restam dessemelhanças.[584]

Ainda que alguns sistemas equiparem os regimes jurídicos desses institutos, em vários aspectos, a exemplo do que ocorre com os códigos alemão (v. § 431,[585] aplicável à pluralidade de devedores) e italiano (v. art. 1.317),[586] isso não lhes transmuda a natureza jurídica. De fato, essa equiparação não importa automaticamente que a obrigação indivi-

ções em geral. 4. ed. Rio de Janeiro: Freitas Bastos, 1966, v. II, p. 130-137; Rodrigues, Silvio. *Direito civil*: parte geral das obrigações. 7. ed. São Paulo: Saraiva, 1977, v. II, p. 68-69; Venosa, Sílvio de Salvo. *Direito civil*: teoria geral das obrigações e teoria geral dos contratos. 7. ed. São Paulo: Atlas, 2007, v. 2, p. 97-98; Zangerolame, Flavia Maria. Obrigações divisíveis e indivisíveis e obrigações solidárias. In: Tepedino, Gustavo (Coord.). *Obrigações*: estudos na perspectiva civil-constitucional. Rio de Janeiro: Renovar, 2005, p. 210.

583 Majo, Adolfo Di. Obbligazioni solidali (e indivisibili). In: Mortati, Costantino; Santoro-Passarelli, Francesco (Dir.). *Enciclopedia del Diritto*. Milano: Giuffrè Editore, 1979, v. XXIX, p. 305-306.

584 Mendonça, Manuel Inácio Carvalho de. *Doutrina e prática das obrigações ou tratado geral dos direitos de crédito*. 4. ed. Rio de Janeiro: Forense, 1956, t. I, p. 275.

585 "§ 431. [...] Si varias personas adeudan uma prestación indivisible, son responsables como deudores solidários".

586 "Art. 1317. [...] Le obbligazioni indivisibili sono regolate dalle norme relative alle obbligazioni solidali (1292 e seguenti), in quanto applicabili, salvo quanto è disposto dagli articoli seguenti".

sível seja solidária, adverte M. Giorgianni, porquanto a lei italiana dispõe que as obrigações indivisíveis são disciplinadas pelas normas relativas às obrigações solidárias *in quanto applicabili.*[587] Procurar-se-á, pois, apontar as distinções entre os institutos, no tocante aos seus efeitos particulares, ao longo da presente obra.

1.10.1.3. Obrigações solidárias e garantias pessoais

Chama-se *garantia*, no direito das obrigações, o ajuste que visa dar ao credor uma segurança de pagamento. Há duas categorias de *garantia especial*,[588] em síntese: (i) a das *garantias reais*, efetivadas mediante a entrega de um bem móvel ou imóvel, pertencente ao próprio patrimônio do obrigado (penhor, hipoteca ou anticrese), para responder preferencialmente pelo adimplemento; e (ii) a das *garantias pessoais* (ou *fidejussórias*), consagradas por meio de promessa de terceiro estranho à relação jurídica, hipótese em que, se o devedor não solver o débito, ou se os seus haveres forem insuficientes para cumprir a obrigação, o credor poderá se voltar contra esse terceiro.[589]

Considera-se a *fiança*, em geral, um negócio jurídico de *garantia*; garantia pessoal, que tanto pode ser livremente pactuada (fiança convencional), quanto resultar de imposição legal (fiança legal) ou de ordem judicial (fiança judicial). Cuida-se de negócio *acessório*, diferente daquele (*principal*) que contém a obrigação afiançada (o fato que se promete). É, ainda, em regra, negócio subsidiário, exigível somente quando a obrigação principal não houver sido cumprida. Não existe isoladamente e depende da existência do outro contrato.[590]

[587] GIORGIANNI, Michele. Obbligazione solidale e parziaria. In: AZARA, Antonio; EULA, Ernesto (Dir.). *Novissimo Digesto Italiano*. Torino: UTET, 1965, v. 11, p. 676.

[588] Em monografia dedicada ao tema das garantias, L. M. T. de Menezes Leitão classifica as garantias em: (i) *garantia geral das obrigações*, consistente na faculdade que a lei atribui ao credor de executar o patrimônio do devedor, principal tutela jurídica de que goza o direito de crédito; (ii) *garantias especiais das obrigações*, subdivididas em *pessoais* e *reais*. No curso de seu estudo, discorre o autor sobre a prestação de *caução*, a *fiança*, o *mandato de crédito*, o *aval*, a *garantia autônoma*, as *cartas de conforto*, a *solidariedade passiva*, a *assunção cumulativa de dívida*, o *seguro de créditos* e o *seguro-caução*. Cf. LEITÃO, Luís Manuel Teles de Menezes. *Garantias das obrigações*. 6. ed. Coimbra: Almedina, 2018.

[589] DINIZ, Maria Helena. *Tratado teórico e prático dos contratos*. 7. ed. São Paulo: Saraiva, 2013, v. 5, p. 17.

[590] FRANCO, Vera Helena de Mello. *Contratos*: direito civil e empresarial. 5. ed. São Paulo: Editora Revista dos Tribunais, 2014, p. 221-222.

Há diferenças entre a *caução*, o *aval* e o *abono*. Caução é o gênero, do qual a fiança é uma espécie. A caução é garantia, pessoal ou real, para prevenir dano a algum direito. O aval, tal qual a fiança, é garantia pessoal, mas se restringe às dívidas estampadas em títulos de crédito, sujeitas aos princípios cambiários. Já a fiança cria deveres acessórios e subsidiários; pode ser prestada no instrumento principal ou em documento apartado; permite o benefício de ordem, diferentemente do aval; e o devedor não é parte na relação jurídica fidejussória. O abono, enfim, é garantia dada ao fiador por terceiro, que se compromete a pagar a dívida, caso o fiador não possa saldá-la.[591]

A fiança, regulamentada nos arts. 818 a 839 do Código Civil de 2002, pode ser fonte de *solidariedade passiva* entre fiador e afiançado (v. art. 828, II),[592] quando o primeiro se obrigou como principal pagador ou devedor solidário. Também é fonte de solidariedade passiva entre os cofiadores, nos casos em que *conjuntamente* prestada a um só débito, se esses cofiadores não reservarem entre si o benefício da divisão (v. art. 829, *caput*).[593]

Quanto a essa última hipótese, adverte Claudio Luiz Bueno de Godoy que não basta a simples pluralidade de fiadores, porque bem pode haver várias fianças prestadas autônoma e separadamente, sem relação interna entre os fiadores, que não terão regresso senão contra o afiançado. Para que haja solidariedade entre cofiadores, portanto, entende ser imprescindível que a fiança seja prestada conjuntamente.[594]

No tocante ao aval, a legislação não prevê, de maneira expressa, a responsabilidade solidária do avalista: (i) o art. 899, *caput*,[595] do Código Civil de 2002, apenas *equipara* a figura do avalista à do avalizado (ou, na falta de indicação do avalizado, à do emitente ou do devedor final); (ii) o

591 Diniz, Maria Helena. *Tratado teórico e prático dos contratos*. 7. ed. São Paulo: Saraiva, 2013, v. 5, p. 17-18.

592 "Art. 828. Não aproveita este benefício ao fiador: [...] II – se se obrigou como principal pagador, ou devedor solidário".

593 "Art. 829. A fiança conjuntamente prestada a um só débito por mais de uma pessoa importa o compromisso de solidariedade entre elas, se declaradamente não se reservarem o benefício de divisão".

594 Godoy, Claudio Luiz Bueno de. In: Peluso, Cezar (Coord.). *Código Civil comentado*: doutrina e jurisprudência: Lei n. 10.406, de 10.01.2002: contém o Código Civil de 1916. 4. ed. Barueri: Manole, 2010, p. 845.

595 "Art. 899. O avalista equipara-se àquele cujo nome indicar; na falta de indicação, ao emitente ou devedor final".

art. 32º[596] da Lei Uniforme relativa às Letras de Câmbio e Notas Promissórias, promulgada pelo Decreto n. 57.663/1966, dispõe que o avalista é "responsável da mesma maneira que a pessoa por ele afiançada"; e (iii) o art. 31[597] da Lei n. 7.357/1985 (sobre o cheque) estabelece que o avalista "se obriga da mesma maneira que o avaliado".

Apesar da ausência de previsão expressa, há quem afirme, como Fran Martins, Rubens Requião e Tullio Ascarelli, que o avalista se tornaria obrigado *solidariamente* com aquele a favor de quem desse o aval.[598] Esse, aliás, parece ser o entendimento da jurisprudência brasileira.[599] Entretanto, o escopo, aqui, não é tratar, de maneira específica, da solidariedade nas obrigações cambiárias, até porque, conforme registra A. P. S. Vaz Serra, ao contrário do que se dá nas obrigações solidárias comuns, as obrigações dos vários devedores cambiários são independentes e autônomas umas das outras; não estão todas no mesmo plano; e não há, na relação entre os coobrigados, divisão por quotas.[600]

A despeito disso, questiona-se se a natureza da solidariedade seria a de uma garantia pessoal. L. M. T. de Menezes Leitão sustenta que a solidariedade passiva corresponderia a outra garantia pessoal das obrigações: afinal, quando existe pluralidade de partes em uma obrigação, seria totalmente diferente o credor poder exigir a totalidade da prestação de todos os devedores ou apenas uma parte de cada um deles. Refere-se o autor, em seguida, à *função de garantia* da solidariedade passiva, passível

[596] "Art. 32º O dador de aval é responsável da mesma maneira que a pessoa por êle afiançada. A sua obrigação mantém-se, mesmo no caso de a obrigação que êle garantiu ser nula por qualquer razão que não seja um vício de forma. Se o dador do aval paga a letra, fica sub-rogado nos direitos emergentes da letra contra a pessoa a favor de quem foi dado o aval e contra os obrigados para com esta em virtude da letra".

[597] "Art. 31. O avalista se obriga da mesma maneira que o avaliado. Subsiste sua obrigação, ainda que nula a por ele garantida, salvo se a nulidade resultar de vício de forma. Parágrafo único. O avalista que paga o cheque adquire todos os direitos dele resultantes contra o avalizado e contra os obrigados para com este em virtude do cheque".

[598] MARTINS, Fran. *Títulos de crédito*: cheques, duplicatas, títulos de financiamento, títulos representativos e legislação. Rio de Janeiro: Forense, 1980, v. II, p. 83. REQUIÃO, Rubens. *Curso de direito comercial*. 8. ed. São Paulo: Saraiva, 1977, v. 2, p. 351; ASCARELLI, Tullio. *Teoria geral dos títulos de crédito*. Trad. Nicolau Nazo. 2. ed. São Paulo: Saraiva, 1969, p. 290.

[599] Cf. STJ, REsp n. 1.333.431/PR, rel. Min. Luís Felipe Salomão, Quarta Turma, j 19.9.2017; STF, AI n. 137.256 AgR, rel. Min. Marco Aurélio, Segunda Turma, j. 3.9.1991.

[600] SERRA, Adriano Paes da Silva Vaz. Pluralidade de devedores ou de credores. Lisboa: [s.n], v. 69, out. 1957. Separata do *Boletim do Ministério da Justiça*, p. 100.

de ser reforçada na hipótese de nas relações internas apenas um devedor responder pela dívida; a seu ver, estar-se-ia diante da "chamada solidariedade em garantia".[601]

De acordo com F. Messineo, a *função* ou *finalidade* da solidariedade passiva é, no tocante ao único credor, reforçar a probabilidade de obter a prestação, mesmo em caso de insolvência de um ou de vários codevedores, sempre que um deles, pelo menos, seja solvente. Considera que, *desse ponto de vista*, a solidariedade passiva poderia integrar *um grupo* com as garantias reais e pessoais e os meios de reforço do direito do credor. Assevera, contudo, que não se confundiria a figura da solidariedade (ainda que seja atenuada pelo benefício da excussão) com a da *garantia* a que algum pode ser obrigado em consequência do inadimplemento de uma obrigação por parte de um terceiro. O obrigado e o garante não seriam devedores *pari gradu*: um responderia se o outro não cumprisse (inteira ou parcialmente).[602]

Já G. Baudry-Lacantinerie e L. Barde concebem a solidariedade passiva como *a mais forte das garantias pessoais*, aquela que melhor assegura o pagamento e, por consequência, o mais poderoso meio de crédito. Enxergam uma grande semelhança entre a fiança e a solidariedade: tratar-se-ia, para eles, com efeito, de um *cautionnement renforcé*. Ainda que, na solidariedade, todos os devedores sejam interessados, a comparação entre os dois institutos teria sua razão de ser: é que cada um dos devedores, pelo que excedesse a sua parte, seria uma espécie de fiador dos demais; a solidariedade conteria, assim, uma *fiança recíproca*.[603]

Nas palavras de A. P. S. Vaz Serra, a solidariedade é uma *fonte de garantia* para o credor, garantia essa superior à da fiança. Se a obrigação do fiador é acessória à obrigação principal (de modo que não é válida, se o não o for a obrigação principal), as obrigações dos vários devedores solidários não dependem umas das outras; não são nulas, pois, as obrigações

[601] Leitão, Luís Manuel Teles de Menezes. *Garantias das obrigações*. 6. ed. Coimbra: Almedina, 2018, p. 157-158.

[602] Messineo, Francesco. *Manual de derecho civil y comercial*: derecho de las obligaciones: parte general. Trad. Santiago Sentis Melendo. Buenos Aires: Ediciones Juridicas Europa-America, 1955, t. VI, p. 409 e 413.

[603] Baudry-Lacantinerie, G.; Barde, L. *Théorie et pratique de droit civil*: des obligations. Paris: Librairie de la Société du Recueil des Lois et des Arrêts, 1902, p. 274-275. Nesse sentido, cf. Espinola, Eduardo. *Garantia e extinção das obrigações*: obrigações solidárias e indivisíveis. Rio de Janeiro: Freitas Bastos, 1951, p. 419-420.

dos outros devedores pelo fato de o ser a de algum dos seus codevedores, a não ser que se conclua das regras sobre nulidade parcial de negócios jurídicos.[604]

Nas hipóteses em que se obriga solidariamente com o devedor principal, o fiador deixa de gozar do benefício de excussão. Mas, para Vaz Serra, essa solidariedade entre o fiador e o afiançado não se confundiria com as obrigações solidárias em geral; a obrigação do fiador seria sempre uma obrigação subsidiária ou acessória, de que resultariam diferentes efeitos (assim, se o devedor principal pagasse, a obrigação do fiador extinguir-se-ia, sem que o devedor tivesse contra ele o direito de regresso).[605]

Analogamente, na visão de Tito Fulgêncio, não haveria confundir os dois institutos: a fiança não poderia exceder ao devido pelo devedor, nem ser contratada sob condições mais onerosas, salvo redução à medida da obrigação. Mas aceita Fulgêncio que o empenho solidário de um dos codevedores, mesmo para o excedente de sua parte pessoal na obrigação, seja contraído de maneira mais onerosa do que o dos seus consortes, sob as diversas relações do lugar, do termo ou da condição.[606]

Explica J. M. de Carvalho Santos que a fiança é contrato de beneficência, ato (nem sempre) desinteressado, o que já não sucede com a obrigação solidária, de tal maneira que seria descabida a analogia. Também não se poderia aplicar ao devedor solidário o preceito que regulasse os direitos do fiador solidário. Admite a existência de algumas semelhanças entre a situação dos devedores solidários – os quais nenhum interesse têm na dívida – e os fiadores; mas destaca as muitas diferenças que estremam os institutos.[607]

Assim, p. ex.: (i) o fiador somente se responsabiliza na falta do devedor principal; o devedor solidário é obrigado à prestação por inteiro; (ii) a fiança pode ser inferior ao valor da dívida afiançada; a solidariedade não se divide e abrange a totalidade da obrigação; (iii) se o fiador

[604] SERRA, Adriano Paes da Silva Vaz. Pluralidade de devedores ou de credores. Lisboa: [s.n], v. 69, out. 1957. Separata do *Boletim do Ministério da Justiça*, p. 99.

[605] SERRA, Adriano Paes da Silva Vaz. Pluralidade de devedores ou de credores. Lisboa: [s.n], v. 69, out. 1957. Separata do *Boletim do Ministério da Justiça*, p. 100.

[606] FULGÊNCIO, Tito. *Do direito das obrigações*: das modalidades das obrigações: artigos 863-927. 2. ed. Atual. por José de Aguiar Dias. Rio de Janeiro: Forense, 1958, p. 254.

[607] SANTOS, J. M. de Carvalho. *Código Civil brasileiro interpretado*: principalmente do ponto de vista prático: parte geral. 7. ed. Rio de Janeiro: Freitas Bastos, 1956, v. XI, p. 271 e 297.

se torna insolvável, o credor pode exigir outro; na obrigação solidária, a porção do insolvável recai sobre os demais codevedores solidários; (iv) o fiador demandado pode exigir que, em primeiro lugar, sejam excutidos os bens do devedor, enquanto que, na solidariedade, nenhum remédio existe senão o recurso após o pagamento.[608]

Arnoldo Wald também não embaralha os institutos: para ele, a fiança é uma *garantia pessoal dada à obrigação*; a solidariedade, uma *maneira de ser* ou uma *forma das obrigações* (originárias) que impede a divisão, seja do crédito (solidariedade ativa), seja do débito (solidariedade passiva). Na solidariedade, a relação seria unitária, mas, na fiança, haveria várias relações distintas e, inclusive, um contrato principal (de mútuo) e um contrato acessório (de fiança). Enquanto o devedor solidário responde por dívida sua, o fiador se obriga a responder, perante o credor, por débito alheio. Vê-se, segundo Wald, em cada uma das situações jurídicas, declaração de vontade específica que cria uma posição jurídica própria.[609]

Alguns autores, a exemplo de C. A. Ghersi,[610] Francisco dos Santos Amaral Neto,[611] Fabio Ulhoa Coelho,[612] Maria Helena Diniz,[613]

[608] SANTOS, J. M. de Carvalho. *Código Civil brasileiro interpretado*: principalmente do ponto de vista prático: parte geral. 7. ed. Rio de Janeiro: Freitas Bastos, 1956, v. XI, 297.

[609] WALD, Arnoldo. Solidariedade e fiança. In: MENDES, Gilmar Ferreira; STOCO, Rui (Org.). *Doutrinas essenciais*: direito civil: parte geral: princípios e aspectos gerais: lei de introdução às normas do direito brasileiro: princípios do direito privado: aspectos gerais do direito civil. São Paulo: Editora Revista dos Tribunais, 2011, v. 2, p. 538-540. Nesse sentido, cf. DIAS, Regina Bottentuit Gondim. *Natureza jurídica da solidariedade*. Rio de Janeiro: Conquista, 1958, p. 29-30); LÔBO, Paulo. *Direito civil*: obrigações. 2. ed. São Paulo: Saraiva, 2011, p. 146; MENDONÇA, Manuel Inácio Carvalho de. *Doutrina e prática das obrigações ou tratado geral dos direitos de crédito*. 4. ed. Rio de Janeiro: Forense, 1956, t. I, p. 354-355; MIRANDA, Pontes de. *Tratado de direito privado*. 3. ed. Rio de Janeiro: Borsoi, 1971, v. X, p. 335-336; NONATO, Orosimbo. *Curso de obrigações*: generalidades – espécies. Rio de Janeiro: Forense, 1959, v. II, p. 171-172; VARELA, Antunes. *Direito das obrigações*: conceito, estrutura e função da relação obrigacional, fontes das obrigações, modalidades das obrigações. Rio de Janeiro: Forense, 1977, p. 313.

[610] GHERSI, Carlos Alberto. *Obligaciones civiles y comerciales*: complementado con análisis socioeconómico, constitucional, tratados internacionales y ley de defensa del consumidor. 2. ed. Buenos Aires: Astrea, 2005, p. 69.

[611] AMARAL NETO, Francisco dos Santos. Solidariedade (direito das obrigações). In: FRANÇA, R. Limongi (Coord.). *Enciclopédia Saraiva do Direito*. São Paulo: Saraiva, 1977, v. 70, p. 422.

[612] COELHO, Fábio Ulhoa. *Curso de direito civil*: obrigações: responsabilidade civil. 4. ed. São Paulo: Saraiva, 2010, v. 2, p. 103.

[613] DINIZ, Maria Helena. *Curso de direito civil brasileiro*: teoria geral das obrigações. 33. ed. São Paulo: Saraiva, 2018, v. 2, p. 183.

M. Giorgianni,[614] Orlando Gomes,[615] M. López Mesa,[616] Rosa Maria de Andrade Nery e Nelson Nery Jr.,[617] Silvio Rodrigues[618] e Washington de Barros Monteiro,[619] lançam mão do termo "garantia" para cuidar, em algumas circunstâncias, da *função* da solidariedade. Isso não significa, entretanto, que haveria confusão entre os institutos; a solidariedade, apesar de guardar certa similitude com a fiança, com ela não se confunde. Com efeito, as obrigações solidárias não integram a categoria das garantias pessoais ou fidejussórias.

Consoante A. Hontebeyrie, a confusão entre a solidariedade e a fiança deve ser rechaçada, inclusive por não explicar a solidariedade ativa. Ora, não há como considerar os cocredores como "fiadores ativos", e não parece suficiente classificá-los como mandatários uns dos outros pelo que exceder a fração de cada no débito. De resto, o mandato não corresponde à "face ativa" da fiança: há, na verdade, duas instituições diferentes. Tal teoria da fiança recíproca, ademais, faria com que surgisse uma noção heterogênea para a obrigação solidária, a depender do fato de se tratar de solidariedade ativa ou passiva.[620]

Na melhor das hipóteses, vale considerar a solidariedade como um *reforço* daquela *garantia comum a todas as obrigações*, a qual se traduz pelo direito de execução forçada.[621] Mas não se misturam, de fato, a solidariedade e a fiança, apesar da função comum de melhor assegurar o adimplemento. Às vezes, aliás, a fiança pode ser *fonte de solidariedade*, quando

[614] GIORGIANNI, Michele. Obbligazione solidale e parziaria. In: AZARA, Antonio; EULA, Ernesto (Dir.). *Novissimo Digesto Italiano*. Torino: UTET, 1965, v. 11, p. 678.

[615] GOMES, Orlando. *Obrigações*. 5. ed. Rio de Janeiro: Forense, 1978, p. 87.

[616] MESA, Marcelo J. López. *Derecho de las obligaciones*: análisis exegético del nuevo Código Civil y Comercial. Buenos Aires: Euros Editores S.R.L., 2015, p. 996.

[617] NERY, Rosa Maria de Andrade; NERY JUNIOR, Nelson. *Instituições de direito civil*: parte geral. São Paulo: Editora Revista dos Tribunais, 2015, v. I, t. II, p. 190.

[618] RODRIGUES, Silvio. *Direito civil*: parte geral das obrigações. 7. ed. São Paulo: Saraiva, 1977, v. II, p. 73.

[619] MONTEIRO, Washington de Barros. *Curso de direito civil*: direito das obrigações, 1ª parte: das modalidades das obrigações: dos efeitos das obrigações. 15. ed. São Paulo: Saraiva, 1979, p. 159.

[620] HONTEBEYRIE, Antoine. *Le fondement de l'obligation solidaire en droit privé français*. Paris: Economica, 2004, p. 123.

[621] COSTA, Mário Júlio de Almeida. *Direito das obrigações*. 12. ed. Coimbra: Almedina, 2009, p. 154; LEITÃO, Luís Manuel Teles de Menezes. *Garantias das obrigações*. 6. ed. Coimbra: Almedina, 2018, p. 62.

o fiador se obriga como principal pagador, ou devedor solidário (v. art. 828, II, do Código Civil de 2002).

Nessas circunstâncias, haverá *autêntica obrigação solidária*.[622] É que, na fase externa, entre devedores e credor comum, se mostra de nenhum relevo, à partida, pesquisar sobre a existência de interesse de apenas um dos devedores, uma vez que, sob a perspectiva do credor, se igualam todos: há comunhão de interesses. Deixa o *fiador*, ao se obrigar como principal pagador (ou devedor solidário), de ser um *verdadeiro fiador*; como devedor solidário, não figurará mais como terceiro na relação obrigacional, de modo que não se aplicará o óbice à compensação previsto no art. 376[623] do Código Civil de 2002.

Quanto a esse ponto, lembra Regina B. Gondim Dias que nem sempre a forma jurídica da obrigação convencionada entre partes correspondente à realidade econômica: o fiador, às vezes, assume o papel de verdadeiro devedor solidário em face do credor, e permanece a fiança inteiramente oculta; pode até mesmo suceder que as coisas se invertam, e o fiador apareça como devedor principal, enquanto este assume o papel de simples garante. Em tais casos, a relação interna que representa a realidade prevalece apenas entre os coobrigados, para regular o direito de regresso.[624]

1.10.1.4. Obrigações solidárias e obrigações alternativas e/ou disjuntivas

As *obrigações alternativas* (ou, para alguns, *disjuntivas*)[625] são aquelas que têm previsão de duas ou mais *prestações*, mas o devedor se libera mediante

[622] Pontes de Miranda, entretanto, entende que, ainda que fiador se faça obrigado principal, com a renúncia à subsidiariedade, a acessoriedade é inafastável. A seu ver, o art. 1.492, II, do Código Civil de 1916 (v. art. 828, II, do Código Civil de 2002) cogita de fiador solidário, mas a figura apenas é próxima da solidariedade (Miranda, Pontes de. *Tratado de direito privado*. 3. ed. Rio de Janeiro: Borsoi, 1971, v. X, p. 345).

[623] "Art. 376. Obrigando-se por terceiro uma pessoa, não pode compensar essa dívida com a que o credor dele lhe dever".

[624] Dias, Regina Bottentuit Gondim. *Natureza jurídica da solidariedade*. Rio de Janeiro: Conquista, 1958, p. 27.

[625] Rubino, Domenico. Delle obbligazioni: obbligazioni alternative, obbligazioni in solido, obbligazioni divisibili e indivisibili: art. 1285-1320. In: Scialoja, Antonio; Branca, Giuseppe (a cura di). *Commentario del Codice Civile*: libro quarto: delle obbligazioni. 2. ed. Bologna: Zanichelli; Roma: Soc. Ed. Del Foro Italiano, 1968, p. 7.

a realização de apenas uma delas, da que for objeto da *concentração*, da *escolha*. Como se insere na esfera de liberdade do devedor, por sofrer a carga da obrigação, caber-lhe-á, em princípio, essa escolha, porque se lhe reconhece o direito de optar pela prestação menos onerosa. Isso não ocorrerá se, por convenção das partes, houver sido transferida a escolha ao credor ou a um terceiro.[626]

Se, em lugar de uma operação de *escolha*, a prestação for determinada por sorteio ou depender de qualquer outro fato futuro e incerto, obrigação alternativa não haverá, conforme adverte M. J. de Almeida Costa. Entrar-se-á, nessas hipóteses, no domínio dos negócios condicionais.[627] Realizada, enfim, a escolha, produz-se a *concentração* da obrigação sobre a coisa ou o fato (a prestação); com isso, confere-se ao credor o direito de exigir a execução imediata do contrato. A obrigação passa, então, a ter um único objeto (a escolha é irrevogável) e a ser considerada como pura e simples, desde o momento em que foi contraída (a escolha é retroativa ao momento da formação do vínculo).[628]

No Brasil, a disciplina das obrigações alternativas localiza-se nos arts. 252 a 255 do Código Civil de 2002. Em comparação com o regime previsto nos arts. 884 a 888 do Código Civil de 1916, houve algumas alterações. Em apertada síntese, o legislador de 2002 passou a atribuir ao juiz (ou ao árbitro,[629] pelo que se afigura lógico, apesar de ausência de previsão) o papel de decidir, tanto nas hipóteses de pluralidade de optantes, se não houver acordo entre eles, quanto nas circunstâncias em que essa opção for conferida a um terceiro que não quiser ou não puder exercê-la, se não houver acordo entre as partes (v. art. 252, §§ 3º e 4º).[630]

[626] LOTUFO, Renan. *Código Civil comentado*: obrigações: parte geral (arts. 233 a 420). São Paulo: Saraiva, 2003, v. 2, p. 56.

[627] COSTA, Mário Júlio de Almeida. *Direito das obrigações*. 12. ed. Coimbra: Almedina, 2009, p. 727. Em sentido contrário, inclusive admitindo que a escolha seja feita por terceiro, cf. DINIZ, Maria Helena. *Curso de direito civil brasileiro*: teoria geral das obrigações. 33. ed. São Paulo: Saraiva, 2018, v. 2, p. 145.

[628] SANTOS, J. M. de Carvalho. *Código Civil brasileiro interpretado*: principalmente do ponto de vista prático: parte geral. 7. ed. Rio de Janeiro: Freitas Bastos, 1956, v. XI, p. 112-113.

[629] TEPEDINO, Gustavo; BARBOZA, Heloisa Helena; MORAES, Maria Celina Bodin de. *Código Civil interpretado*: conforme a Constituição da República: parte geral e obrigações. 2. ed. Rio de Janeiro: Renovar, 2007, v. 1, p. 535.

[630] "Art. 252. Nas obrigações alternativas, a escolha cabe ao devedor, se outra coisa não se estipulou. [...] § 3º No caso de pluralidade de optantes, não havendo acordo unânime entre

Para Hamid Charaf Bdine Jr., houve *significativa inovação* no tema das obrigações alternativas, com essa atribuição ao juiz do dever de efetivar a escolha, nas hipóteses previstas nos dois citados parágrafos. Assevera que, no primeiro caso, caberá a decisão ao juiz, ainda que *apenas um* dos diversos optantes discorde da escolha, pois exige o dispositivo que ela seja *unânime*: não se adotou o critério de admitir a escolha pela maioria, diferentemente do que ocorre com a administração de condomínio (v. art. 1.323[631] do Código Civil de 2002).[632]

Na legislação estrangeira, a obrigação alternativa encontra-se disciplinada: (i) nos arts. 1.131 a 1.136 do Código Civil espanhol; (ii) nos §§ 262 a 265 do Código Civil alemão; (iii) nos arts. 1.285 a 1.291 do Código Civil italiano; (iv) nos arts. 543 a 548 do Código Civil português; (v) nos arts. 1.307 a 1.307-5 do Código Civil francês (após a *Ordonnance* n. 2016-131, de 10 de fevereiro de 2016);[633] (vi) nos arts. 779 a 785 do Código Civil e Comercial argentino. Salvo no que diz respeito a algumas particularidades dos respectivos regimes,[634] os conceitos extraídos desses diferentes diplomas são todos análogos ao brasileiro.

A importância, aqui, de apresentar essa figura de prestação alternativa, ainda que de maneira perfunctória, decorre do fato de que, tal como noticia L. M. Boffi Boggero, existe uma teoria da solidariedade inspirada na estrutura das obrigações alternativas. De acordo com essa corrente, haveria uma *indeterminação* do devedor e do credor, nas obrigações solidárias, e a *alternativa* diria respeito, nessa hipótese, à pessoa que deverá cumprir ou receber a prestação, em lugar de recair sobre

eles, decidirá o juiz, findo o prazo por este assinado para a deliberação. § 4º Se o título deferir a opção a terceiro, e este não quiser, ou não puder exercê-la, caberá ao juiz a escolha se não houver acordo entre as partes".

631 "Art. 1.323. Deliberando a maioria sobre a administração da coisa comum, escolherá o administrador, que poderá ser estranho ao condomínio; resolvendo alugá-la, preferir-se-á, em condições iguais, o condômino ao que não o é".

632 BDINE JR., Hamid Charaf. In: PELUSO, Cezar (Coord.). *Código Civil comentado*: doutrina e jurisprudência: Lei n. 10.406, de 10.01.2002: contém o Código Civil de 1916. 4. ed. Barueri: Manole, 2010, p. 203-204.

633 Antes da reforma ocorrida em 2016, o *Code* dedicava os arts. 1.189 a 1.196 às obrigações alternativas.

634 Tais particularidades não serão tratadas na presente obra, porquanto fogem ao seu escopo.

o objeto da prestação. Uma vez que se der a "eleição", "prevenção" ou "concentração", cessará a incerteza.[635]

Apesar de não se dizer adepto dessa teoria, M. I. Carvalho de Mendonça, vislumbra certa analogia entre a obrigação alternativa e a solidária, porquanto, nos dois casos, o vínculo da obrigação prende, em um laço único, devedores e prestações; e ambas as figuras visam obter um acréscimo de garantias ao credor. Apresenta, porém, os seguintes argumentos contrários à adoção da tese em apreço: (i) o credor não perde a faculdade de demandar os outros devedores solidários pelo fato de haver demandado um deles anteriormente; (ii) o pagamento parcial realizado por um dos devedores solidários não aproveita aos outros, senão até a concorrente quantia; (iii) o pagamento, a novação e a remissão podem extinguir a obrigação, antes que o credor tenha manifestado a vontade de se dirigir a qualquer dos devedores ou *vice versa*. Para o mencionado autor, esses resultados não se verificariam, caso o nosso direito admitisse a teoria da alternativa.[636]

Na realidade, a *obrigação alternativa* mostra-se mais próxima daquela que, para F. P. Lacerda de Almeida, seria a *obrigação disjuntiva*, ou seja, a obrigação concebida na pluralidade de sujeitos, de tal forma que, satisfeita por um dos devedores ou a um dos credores, fica em relação aos demais como se não existisse. Cuida-se, para referido autor, de uma verdadeira *alternativa nos sujeitos*, assim como a obrigação alternativa seria uma *disjuntiva no objeto*.[637]

Essa *obrigação disjuntiva* também não se confundiria com a *solidária* – explica F. P. Lacerda de Almeida –, porque os credores ou devedores disjuntos seriam, entre si, completamente estranhos, de modo que se excluíssem e se anulassem um pelo outro. Não poderiam, assim, os devedores disjuntos, ser conjunta ou subsidiariamente demandados; se acionado um deles, extingue-se a obrigação dos outros. Também não se permitiria que os credores disjuntos demandassem conjuntamente ou pretendessem preferir um deles ao outro; pertenceria a escolha ao

[635] BOGGERO, Luis María Boffi. *Tratado de las obligaciones*. Buenos Aires: Editorial Astrea, 1985, t. 3, p. 534-535.

[636] MENDONÇA, Manuel Inácio Carvalho de. *Doutrina e prática das obrigações ou tratado geral dos direitos de crédito*. 4. ed. Rio de Janeiro: Forense, 1956, t. I, p. 197-198 e p. 361.

[637] ALMEIDA, Francisco de Paula Lacerda de. *Obrigações*. 2. ed. Rio de Janeiro: Livraria Cruz Coutinho [s.d.], p. 25.

devedor, nesse caso, do mesmo modo que, entre devedores disjuntos, a escolha caberia ao credor. E não haveria direito de regresso entre os consortes.[638]

A exposição dessas ideias evidencia que a obrigação solidária se distingue da obrigação alternativa e/ou disjunta. Não parece possível equiparar os institutos, apenas por se alterar o elemento referencial (subjetivo, na solidariedade, em lugar do objetivo, na alternativa). Na obrigação solidária, não ocorre a *concentração* do devedor (ou do credor), porque todos os consortes permanecem devedores ou credores, mesmo que apenas um deles seja acionado ou que apenas um deles exija, como demandante, a prestação.

É certo que, na solidariedade ativa, como melhor se demonstrará oportunamente,[639] existe um fenômeno denominado *prevenção judicial* (v. art. 268[640] do Código Civil de 2002): assim que demandado por um dos cocredores solidários, o devedor não mais terá a faculdade de realizar a prestação aos demais. Há quem afirme que a propositura de ação judicial produziria a "concentração";[641] essa concentração, porém, difere sobremaneira daquela provocada pela escolha da prestação, na obrigação alternativa. Afinal, além da possibilidade de intervenção no processo por parte dos cocredores, cessará a prevenção judicial se houver absolvição de instância ou mesmo na hipótese de julgamento desfavorável ao demandante.

Essa inexistência de concentração evidencia a grande dessemelhança entre a obrigação solidária e a alternativa. Ainda que se vislumbre a possibilidade de as partes, p. ex., convencionarem que, diante da escolha, o débito se concentrará na pessoa de um dos devedores, com a extinção da obrigação quanto aos demais, não haverá, aí, propriamente obrigação solidária, mas, talvez – e consoante a concepção de F. P. Lacerda de Almeida –, uma obrigação disjuntiva entre sujeitos.

638 Almeida, Francisco de Paula Lacerda de. *Obrigações*. 2. ed. Rio de Janeiro: Livraria Cruz Coutinho [s.d.], p. 25-26.

639 V. seção 3.2.2, sobre prevenção judicial.

640 "Art. 268. Enquanto alguns dos credores solidários não demandarem o devedor comum, a qualquer daqueles poderá este pagar".

641 Tepedino, Gustavo; Barboza, Heloisa Helena; Moraes, Maria Celina Bodin de. *Código Civil interpretado*: conforme a Constituição da República: parte geral e obrigações. 2. ed. Rio de Janeiro: Renovar, 2007, v. 1, p. 552.

1.10.2. Efeito ou modo de ser

Conforme já se examinou anteriormente, a obrigação solidária (ou solidariedade) figura, no Código Civil de 2002 – à semelhança do que ocorria no Código Civil de 1916 –, como uma das *modalidades* de obrigação, ao lado das obrigações de dar, de fazer, de não fazer, das obrigações alternativas, divisíveis e indivisíveis. Na legislação estrangeira, a solidariedade também costuma ser enquadrada como uma *categoria* ou *classe* de obrigação (cf., p. ex., códigos italiano, espanhol, português, argentino e francês).[642]

Sob o plano terminológico – afirma M. Orlandi –, a escolha seria trivial, porque as solidárias são apontadas como uma espécie do gênero "obrigações"; mas, na elaboração dogmática do instituto, as zonas da *fattispecie* (a descrição de um fato possível) e do efeito (a descrição de um comportamento humano que recebe, ou perde, a qualificação de dever) se entrelaçam e até coincidem.[643]

Na visão de Orlandi, o atributo "solidária" é (e permanece) associado ao substantivo "obrigação", e executa uma função específica. A solidariedade, a rigor, desse modo, seria o enunciado de uma definição ou de uma preposição descritiva de um evento extintivo das obrigações. Não conteria, assim, uma norma, senão a pressuporia; não vincularia efeitos à *fattispecie*, mas reclamaria a aplicação de efeitos já previstos em outro lugar.[644]

Qualificar-se-ia a disposição do art. 1.292 do Código Civil italiano – assevera Orlandi – não como "normativa", mas como "denominativa", por: (i) *resolver*, na palavra "solidariedade", o efeito extintivo de uma pluralidade de débitos por meio de apenas um adimplemento; (ii) *resumir*, nessa mesma palavra "solidariedade", esse efeito extintivo. Com isso, o legislador atenderia a uma exigência de economia linguística, para substituir, em vários outros dispositivos, a complexa descrição de um efeito por esse termo "evocativo".[645]

[642] V. seção 1.3, sobre o enquadramento sistemático da solidariedade.

[643] Orlandi, Mauro. *La responsabilità solidale*: profili dele obbligazioni solidali risarcitorie. Milano: Dott. A. Giuffrè Editore, 1993, p. 67-68.

[644] Orlandi, Mauro. *La responsabilità solidale*: profili dele obbligazioni solidali risarcitorie. Milano: Dott. A. Giuffrè Editore, 1993, p. 67 e 70.

[645] Orlandi, Mauro. *La responsabilità solidale*: profili dele obbligazioni solidali risarcitorie. Milano: Dott. A. Giuffrè Editore, 1993, p. 71.

Realmente, mostra-se possível atribuir essa mesma qualidade ("denominativa") ao disposto no art. 264 do Código Civil de 2002: "Há solidariedade, quando na mesma obrigação concorre mais de um credor, ou mais de um devedor, cada um com direito, ou obrigado, à dívida toda". No Código Civil de 2002, entretanto, o "efeito extintivo" descrito no art. 1.292 do Código Civil italiano encontra-se espalhado em outros dispositivos, ao longo do Capítulo VI, do Título I, do Livro I, da Parte Especial (v., em especial, arts. 267, 269, 275 e 277).

À luz do ordenamento jurídico brasileiro, a solidariedade não corresponderia a uma espécie do mesmo gênero, em comparação às demais *modalidades* (dar, fazer, não fazer, alternativas, divisíveis e indivisíveis). O legislador aparenta ter acolhido esse enquadramento sistemático motivado por questões de ordem prática, na medida em que, sob o mesmo rótulo, inseriu categorias heterogêneas. Pretendeu, com isso, presume-se, afastar-se das inúmeras discussões que grassam na doutrina sobre a classificação da solidariedade como uma única obrigação ou como pluralidade de vínculos.[646]

De fato, sempre que se levantam questionamentos acerca da natureza jurídica da solidariedade, procuram os escritores, em geral, defender as teorias antes expostas ou adotar uma posição sobre se seria *unidade*[647] ou *pluralidade*[648] de obrigações, de vínculos ou de relações jurídicas, por

[646] V. seção 1.8.3, sobre unidade ou pluralidade.

[647] Nesse sentido, cf. Bevilaqua, Clovis. *Código Civil dos Estados Unidos do Brasil comentado*. Rio de Janeiro: Livraria Francisco Alves, 1926, v. V; Espinola, Eduardo. *Garantia e extinção das obrigações*: obrigações solidárias e indivisíveis. Rio de Janeiro: Freitas Bastos, 1951, p. 420; Fulgêncio, Tito. *Do direito das obrigações*: das modalidades das obrigações: artigos 863-927. 2. ed. Atual. por José de Aguiar Dias. Rio de Janeiro: Forense, 1958, p. 241; Gagliano, Pablo Stolze; Pamplona Filho, Rodolfo. *Novo curso de direito civil*: obrigações. 12. ed. São Paulo: Saraiva, 2011, v. II, p. 104; Gomes, Orlando. *Obrigações*. 5. ed. Rio de Janeiro: Forense, 1978, p. 83; Lopes, Miguel Maria de Serpa. *Curso de direito civil*: obrigações em geral. 4. ed. Rio de Janeiro: Freitas Bastos, 1966, v. II, p. 129-130; Lotufo, Renan. *Código Civil comentado*: obrigações: parte geral (arts. 233 a 420). São Paulo: Saraiva, 2003, v. 2, p. 91; Santos, J. M. de Carvalho. *Código Civil brasileiro interpretado*: principalmente do ponto de vista prático: parte geral. 7. ed. Rio de Janeiro: Freitas Bastos, 1956, v. XI, p. 185; Zangerolame, Flavia Maria. Obrigações divisíveis e indivisíveis e obrigações solidárias. In: Tepedino, Gustavo (coord.). *Obrigações*: estudos na perspectiva civil-constitucional. Rio de Janeiro: Renovar, 2005, p. 198-199.

[648] Nesse sentido, cf. Borda, Guillermo A. *Tratado de derecho civil*: obligaciones. 5. ed. Buenos Aires: Editorial Perrot, 1983, t. I, p. 460; Costa, José Maria da. As obrigações solidárias. In: Franciulli Netto, Domingos; Mendes, Gilmar Ferreira; Martins Filho, Ives Gandra

esse ou por aquele fundamento.[649] Há quem, ao diferenciar as figuras da correalidade e da solidariedade, enxergue unidade na primeira e pluralidade na segunda.[650]

Adepto da teoria da unidade, p. ex., R. de Ruggiero assegura que, independentemente da fonte de que se origina, a natureza intrínseca da solidariedade seria dada pela *unidade* da obrigação, que se apresentaria como *vínculo único*, tendo uma única causa e destinando-se a uma *prestação única* e *idêntica*.[651]

Já M. I. Carvalho de Mendonça, não obstante o fato de considerar tal questão "frívola" (ou "o eterno tema de todas as discussões"), garante que, na solidariedade, dentre todos os elementos da obrigação (pessoa, vínculo, prestação e objeto da prestação), só manifestaria unidade o objeto da prestação; tudo mais seria *múltiplo*: os sujeitos, os vínculos de direito, as prestações como atos pessoais independentes do seu objeto. Pensa que seria "inconcebível" compreender a unidade na solidariedade, se as obrigações podem ser condicionais ou a prazo para um ou mais solidários, e pura e simples, para outro.[652]

Há quem, para explicar a solidariedade passiva, opte por distinguir entre o débito (*Schuld* ou *debitum*) e a responsabilidade (*Haftung* ou *obligatio*), conforme concepção originária da Alemanha (mais tarde,

da Silva (Coord.). *O novo Código Civil*: estudos em homenagem ao Professor Miguel Reale. São Paulo: LTr, 2003, p. 249; Giorgianni, Michele. Obbligazione solidale e parziaria. In: Azara, Antonio; Eula, Ernesto (Dir.). *Novissimo Digesto Italiano*. Torino: UTET, 1965, v. 11, p. 677; Lôbo, Paulo. *Direito civil*: obrigações. 2. ed. São Paulo: Saraiva, 2011, p. 136-137; Mendonça, Manuel Inácio Carvalho de. *Doutrina e prática das obrigações ou tratado geral dos direitos de crédito*. 4. ed. Rio de Janeiro: Forense, 1956, t. I, p. 303; Monteiro, Washington de Barros. *Curso de direito civil*: direito das obrigações, 1ª parte: das modalidades das obrigações: dos efeitos das obrigações. 15. ed. São Paulo: Saraiva, 1979, p. 150-151; Nonato, Orosimbo. *Curso de obrigações*: generalidades – espécies. Rio de Janeiro: Forense, 1959, v. II, p. 102; Serra, Adriano Paes da Silva Vaz. Pluralidade de devedores ou de credores. Lisboa: [s.n], v. 69, out. 1957. Separata do *Boletim do Ministério da Justiça*, p. 104; Venosa, Sílvio de Salvo. *Direito civil*: teoria geral das obrigações e teoria geral dos contratos. 7. ed. São Paulo: Atlas, 2007, v. 2, p. 100-101.

649 Para um panorama sobre as várias teorias existentes na doutrina alemã, cf. Miranda, Pontes de. *Tratado de direito privado*. 3. ed. Rio de Janeiro: Borsoi, 1971, v. X, p. 332-334.

650 Almeida, Francisco de Paula Lacerda de. *Obrigações*. 2. ed. Rio de Janeiro: Livraria Cruz Coutinho [s.d.], p. 31-34.

651 Ruggiero, Roberto de. *Instituições de direito civil*: direito das obrigações: direito hereditário. Trad. Ary dos Santos. 6. ed. São Paulo: Saraiva [s.d.], v. III, p. 70.

652 Mendonça, Manuel Inácio Carvalho de. *Doutrina e prática das obrigações ou tratado geral dos direitos de crédito*. 4. ed. Rio de Janeiro: Forense, 1956, t. I, p. 303 e 365.

desenvolvida na Itália), para afirmar que, enquanto pendente a obrigação solidária, a relação obrigacional seria *una*, entre devedores e credor, e repousaria só na responsabilidade (*obligatio*); nas relações internas – quando houvesse relações internas – os possíveis e múltiplos créditos decorreriam do *debitum*.[653]

Alguns, como A. Menezes Cordeiro, veem na solidariedade uma única obrigação complexa, mas, ao mesmo tempo, pelo prisma dos envolvidos, tantos direitos de crédito quanto os credores (sobre a mesma prestação) e/ou tantos deveres de prestar quanto os devedores (relativos à mesma prestação).[654]

Pontes de Miranda assevera que, na solidariedade passiva, não haveria unidade de dívida e, pois, de crédito, mas sim a comunidade do fim. De modo que a causa das obrigações (assim como a própria fonte) não precisaria ser a mesma: um dos devedores pode dever em virtude de ato ilícito, outro, por força de lei, e outro por infração de contrato. A seu ver, o que importa é que se haja constituído a *relação jurídica única*, com a irradiação de pretensão a que correspondem obrigações solidárias. Assim, a relação jurídica seria uma só; o crédito, um só; a pretensão, uma só; as obrigações, múltiplas.[655]

Segundo L. M. Boffi Boggero, a obrigação solidária ofereceria uma estrutura complexa, formada por dois grupos ou duas fases de vínculos e de prestações: (i) o grupo de vínculos e prestações entre cada cocredor, de um lado, e cada codevedor, de outro; e (ii) o vínculo basicamente único e a prestação basicamente única que, no essencial, uniriam um grupo ao outro. O primeiro pertenceria às relações internas de cada conjunto, seja de credores, seja de devedores; o segundo, *verdadeiramente solidário*, às relações da unidade credora (formada pela pluralidade de credores) com a unidade devedora (formada pela pluralidade de devedores), pelo que haveria um só credor e um só devedor com crédito ou dívida de uma prestação única.[656]

653 Pereira, Regis Fichtner. A natureza jurídica das obrigações solidárias. *Revista do Ministério Público*. Edição comemorativa. Rio de Janeiro: Ministério Público do Estado do Rio de Janeiro, v. 1, n. 1, p. 1.057-1.064, jan./jun. 1995.

654 Cordeiro, António Menezes. *Tratado de direito civil português*. Coimbra: Almedina, direito das obrigações, 2009, v. II, t. I, p. 728.

655 Miranda, Pontes de. *Tratado de direito privado*. 3. ed. Rio de Janeiro: Borsoi, 1971, v. X, p. 334.

656 Boggero, Luis María Boffi. *Tratado de las obligaciones*. Buenos Aires: Editorial Astrea, 1985, t. 3, p. 542-543.

A "mesma prestação", para M. Orlandi, significaria eficácia extintiva geral do adimplemento de um só dos codevedores. Ele não considera a "qualidade" do comportamento descrito no título, a modalidade ôntica da prestação (*facere, non facere, dare* etc.); mas a idoneidade de cada um dos comportamentos que produz o mesmo (único) evento extintivo da obrigação subjetivamente complexa. "Mesma prestação", sob sua ótica, indicaria a previsão, no programa obrigacional deduzido do título, de um "mesmo efeito".[657] Em outras palavras, a solidariedade corresponderia a um *efeito* de determinadas obrigações.

Diante dessas divergências, talvez fosse mais adequado se o legislador de 2002 houvesse inserido a solidariedade na disciplina das obrigações com pluralidade de devedores e de credores, a exemplo do que fez o Código Civil alemão, na Seção 7, do Livro 2; ou, ainda, se as tivesse inserido em categoria das *obrigações em relação às pessoas*, à semelhança do que pretendia o Esboço de A. Teixeira de Freitas.[658] Afinal, as obrigações singulares que, coligadas de algum modo, formam uma *relação jurídica obrigacional complexa*[659] podem, elas próprias, ostentar naturezas diversas.

Não apenas as obrigações pecuniárias, senão as de qualquer outro conteúdo, seriam passíveis de se constituir com o caráter de créditos solidários ou de dívidas solidárias. E as obrigações singulares que integram a relação obrigacional podem ser muito diversas entre si: (i) é possível que uma seja condicional e a outra, incondicional; (ii) podem ser distintas pela época de vencimento, pelo lugar da prestação ou por outras modalidades, inclusive quanto ao conteúdo da prestação; (iii) uma pode ser principal e a outra, acessória, destinada unicamente à garantia da primeira, como na hipótese de fiança.[660]

Qual seria, então, a essência da solidariedade? Talvez seja útil, para responder a semelhante indagação, tomar de empréstimo algumas lições da processualística,[661] notadamente porque adotada, para os fins

[657] Orlandi, Mauro. *La responsabilità solidale*: profili dele obbligazioni solidali risarcitorie. Milano: Dott. A. Giuffrè Editore, 1993, p. 75.

[658] Freitas, A. Teixeira de. *Código Civil*: esbôço. Rio de Janeiro: Ministério da Justiça e Negócios Interiores, 1952, p. I.

[659] V. seção 1.8.1, sobre relação obrigacional.

[660] Enneccerus, Ludwig. *Derecho de obligaciones*. Trad. Blas Pérez González e José Alguer. 2. ed. Barcelona: Bosch, 1954, p. 446.

[661] Santos, Moacyr Amaral. *Primeiras linhas de direito processual civil*. 27. ed. São Paulo: Saraiva, 2011, v. 2, p. 112-113.

do presente estudo, a concepção da *obrigação como processo*. Sob a perspectiva dinâmica, a obrigação poderia ser definida como o complexo das atividades que se desenvolvem com a finalidade de obter a satisfação do crédito; seria uma unidade, um todo, uma direção em movimento dessa satisfação.

Mas a obrigação, assim concebida, não se movimenta sempre do mesmo modo e com as mesmas formas; e, no curso de um mesmo processo obrigacional, pode sofrer alterações no modo com o que se move. A solidariedade, dessa forma, aparenta equivaler ao *modo de ser* de certas obrigações com pluralidade de sujeitos. Esse modo de ser imporia, para a satisfação dos créditos (e não apenas o crédito do credor primário, mas também daqueles oriundos do direito de regresso entre os consortes), um procedimento específico.

Com efeito, o procedimento, para o direito processual civil, é a marcha dos atos processuais, coordenados sob formas e ritos, para que o processo alcance seu escopo e objetivo.[662] De forma análoga, vislumbra-se a solidariedade como que um tipo de procedimento, a ser seguido quando, em uma primeira fase (externa), bastar um ato de adimplemento para extingui-la; com o que se inaugurará uma segunda fase (interna), em que se liquidarão e se satisfarão os créditos surgidos entre os antigos consortes. Esses novos créditos, nascidos simultaneamente com a extinção da fase externa, decorreriam do direito de regresso.

Se a obrigação é um complexo de atos (uma relação obrigacional ou um processo), seria possível considerar a solidariedade como o procedimento específico para solucionar algumas situações de pluralidade de sujeitos. Não se cuidaria propriamente de uma categoria própria de obrigação, por não se distinguir das demais modalidades previstas em lei. A obrigação solidária pode ter por objeto uma prestação de fazer, de dar, de não fazer; essa prestação pode ser divisível, indivisível, alternativa; seu objeto, inclusive, pode ser um misto de prestações de naturezas diversas.

O que qualifica a obrigação solidária como tal não é a sua prestação, mas a forma ou modo com que se agrupam e se vinculam os vários consortes, em relação à contraparte – esse é o ponto de vista estático. Sob o aspecto dinâmico, contudo, a solidariedade corresponde exatamente

[662] MARQUES, José Frederico. *Manual de direito processual civil*: teoria geral do processo civil. 5. ed. São Paulo: Saraiva, 1977, v. I, p. 9.

àquele procedimento, ou seja, àquele caminho que deve ser observado em busca da extinção de todos os vínculos, seja aquele primário, entre os integrantes de polos diversos, seja aqueles eventuais, nascidos com o encerramento da fase externa.

Não se cuidaria, ademais, como já se tentou demonstrar,[663] nem de unidade tampouco de pluralidade, mas de *unidade e pluralidade*, ao mesmo tempo: é que a solidariedade constitui uma relação obrigacional de ordem superior, em que estão contidas várias relações obrigacionais singulares, de ordem inferior.

Explica L. Díez-Picazo, nesse sentido, que, se se compreender a obrigação como *relação obrigacional global ou complexa*, a conclusão óbvia seria a de que tal relação, na solidariedade, continuaria a existir e a ser uma só, o que não implicaria ocultar a complexa articulação de relação obrigacional desse jaez, que se realiza por meio de vínculos distintos, especialmente nas relações internas entre os diferentes devedores.[664]

Também não parece útil equiparar a solidariedade a outros institutos, como as obrigações de prestação indivisível, de prestação alternativa, a representação (mais especificamente, o mandato) e a fiança (e as outras formas de garantia). A solidariedade é, deveras, um instituto único e peculiar do direito das obrigações, com características próprias e natureza *sui generis* – um modo de ser de certas obrigações plurissubjetivas.

1.11. Os elementos acidentais na solidariedade

Os *elementos acidentais* (ou seja, não essenciais) são aqueles previstos em um negócio jurídico por meio de cláusulas acessórias; submetem a eficácia desse negócio a um acontecimento futuro ou a uma restrição (como a condição e o termo). Negócios assim são chamados *modais*; diferenciam-se dos *puros e simples*. A expressão "elementos acidentais" foi acolhida pela doutrina como alternativa ao termo "modalidade", para fazer referência à condição, ao termo e ao modo (ou encargo).[665]

Dentre os elementos que formam e compõem os atos jurídicos, explica Vicente Ráo, uns são *essenciais*; outros, *acidentais*. Sem os primeiros

[663] V. seção 1.8.3, sobre unidade ou pluralidade.

[664] Díez-Picazo, Luis. *Fundamentos del derecho civil patrimonial*: las relaciones obligatorias. 6. ed. Madrid: Civitas, 2008, v. II, p. 237.

[665] Nery, Rosa Maria de Andrade; Nery Junior, Nelson. *Instituições de direito civil*: parte geral. São Paulo: Editora Revista dos Tribunais, 2015, v. I, t. II, p. 417-418.

(obrigatórios), os atos jurídicos não se constituem; já os últimos (facultativos) só podem ser criados pela vontade das partes. Segundo Ráo, a indicação da lei não é taxativa, pois inúmeros outros elementos acessórios, nominados ou inominados, podem ser livremente estabelecidos pelas partes, conforme as suas conveniências ou as necessidades do comércio jurídico, desde que não contrariem a ordem pública, os preceitos legais, os bons costumes e não contradigam os elementos essenciais dos atos que podem recebê-los.[666]

A condição, o termo e o encargo, embora denominados elementos "acidentais", uma vez incorporados ao negócio jurídico pela autonomia privada, tornam-se *essenciais* para a compreensão da concreta relação negocial. A acidentalidade, portanto, refere-se à prescindibilidade desses elementos para a qualificação do tipo negocial abstratamente considerado, não já para, no ajuste de interesses celebrado, reputá-los menos relevantes quanto ao desempenho da função perseguida pelas partes.[667]

Nos termos do art. 121[668] do Código Civil de 2002, *condição* é a cláusula que, derivando exclusivamente da vontade das partes, subordina o efeito do negócio jurídico a evento futuro e incerto. Caio Mário da Silva Pereira esclarece que o essencial, para caracterizar a condição, é que o evento, a que estiver subordinada a vontade das partes, seja *futuro* e *incerto*; é imprescindível, para ele, pois, que a certeza seja *objetiva*, e não subjetiva, o que significa que a eventualidade poderá ou não acontecer.[669]

A condição pode ser *suspensiva*, quando subordina o início da eficácia do ato jurídico à verificação ou não de um evento futuro e incerto, ou *resolutiva*, cujo implemento faz cessar os efeitos do ato jurídico (v. arts. 125 a 128 do Código Civil). A doutrina arrola, ainda, outras espécies de

[666] Ráo, Vicente. *Ato jurídico*: noção, pressupostos, elementos essenciais e acidentais: o problema do conflito entre os elementos volitivos e a declaração. 3. ed. São Paulo: Saraiva, 1981, p. 289-290.

[667] Tepedino, Gustavo; Oliva, Milena Donato. Notas sobre a condição no negócio jurídico. *Revista de Direito Civil Contemporâneo*. São Paulo: Editora Revista dos Tribunais, n. 5, v. 16, jul./set. 2018, p. 62-63.

[668] "Art. 121. Considera-se condição a cláusula que, derivando exclusivamente da vontade das partes, subordina o efeito do negócio jurídico a evento futuro e incerto".

[669] Pereira, Caio Mário da Silva. *Instituições de direito civil*: introdução ao direito civil: teoria geral de direito civil. 27. ed. Rio de Janeiro: Forense, 2014, v. I, p. 465-466.

condição: *positiva* e *negativa*; *casual*, *potestativa* e *mista*; *divisível* e *indivisível*; *conjunta* e *alternativa*; *expressa* e *tácita*;[670] *lícita* e *ilícita*, *verdadeira* e *falsa*.[671]

Já o conceito de *termo*, à luz do que prescreve o art. 131[672] do Código Civil de 2002, está ligado ao limite de algo que tem extensão de tempo. Em outras palavras, a função do termo é fixar, no tempo, o dia (ou momento) de início e o dia (ou momento) do fim da eficácia de um negócio jurídico. O termo delimita a duração do negócio jurídico, de maneira parcial (se previsto apenas o termo inicial, ou *dies a quo*) ou total (se previstos ambos os termos, inicial e final, ou *dies ad quem*).[673] Fala-se, além de outras classificações, em: (i) *termo convencional*, se resulta da vontade das partes; (ii) *termo de direito*, quando decorre de uma disposição legal; (iii) *termo judicial ou de graça*, se provém de uma decisão judicial.[674]

Não se confunde o termo com o *prazo* (v. art. 132[675] do Código Civil), isto é, aquele lapso determinado de tempo (contado em horas, dias, meses ou anos), dentro do qual (ou decorrido o qual) se deve praticar ou não praticar determinado ato.[676] Classifica-se o prazo em: (i) *certo*, se o negócio é a termo certo; (ii) incerto, quando o negócio é a termo incerto.[677]

[670] Ráo, Vicente. *Ato jurídico*: noção, pressupostos, elementos essenciais e acidentais: o problema do conflito entre os elementos volitivos e a declaração. 3. ed. São Paulo: Saraiva, 1981, p. 298-304.

[671] Pereira, Caio Mário da Silva. *Instituições de direito civil*: introdução ao direito civil: teoria geral de direito civil. 27. ed. Rio de Janeiro: Forense, 2014, v. I, p. 467.

[672] "Art. 131. O termo inicial suspende o exercício, mas não a aquisição do direito".

[673] Nery, Rosa Maria de Andrade; Nery Junior, Nelson. *Instituições de direito civil*: parte geral. São Paulo: Editora Revista dos Tribunais, 2015, v. I, t. II, p. 417-418.

[674] Pereira, Caio Mário da Silva. *Instituições de direito civil*: introdução ao direito civil: teoria geral de direito civil. 27. ed. Rio de Janeiro: Forense, 2014, v. I, p. 483.

[675] "Art. 132. Salvo disposição legal ou convencional em contrário, computam-se os prazos, excluído o dia do começo, e incluído o do vencimento. § 1º Se o dia do vencimento cair em feriado, considerar-se-á prorrogado o prazo até o seguinte dia útil. § 2º Meado considera-se, em qualquer mês, o seu décimo quinto dia. § 3º Os prazos de meses e anos expiram no dia de igual número do de início, ou no imediato, se faltar exata correspondência. § 4º Os prazos fixados por hora contar-se-ão de minuto a minuto".

[676] Ráo, Vicente. *Ato jurídico*: noção, pressupostos, elementos essenciais e acidentais: o problema do conflito entre os elementos volitivos e a declaração. 3. ed. São Paulo: Saraiva, 1981, p. 361-362.

[677] Pereira, Caio Mário da Silva. *Instituições de direito civil*: introdução ao direito civil: teoria geral de direito civil. 27. ed. Rio de Janeiro: Forense, 2014, v. I, p. 483.

Distinguem-se o *termo* e a *condição*, em síntese, porque aquele é certo, isto é, de verificação necessária, e por não afetar a existência do direito, mas apenas o seu exercício. Anota Vicente Ráo que o termo e a condição podem se juntar, quando, p. ex., certo tempo se estabelecer para que a condição, positiva ou negativa, se verifique; mas nem por isso esses dois elementos acidentais dos atos jurídicos se confundiriam.[678]

O *encargo* (ou *modo*), enfim, apresenta-se como uma restrição à vantagem criada para o beneficiário de um *negócio jurídico gratuito*, quer pela determinação de finalidade a que se destine a coisa adquirida, quer pela imposição de obrigação ao favorecido, em benefício do próprio instituidor ou de terceiro (ou da coletividade anônima). Mas não constitui, nem pode constituir, uma real contraprestação; não é, nem pode ser, uma contrapartida da prestação recebida;[679] porque, caso contrário, o negócio jurídico deixaria de ser gratuito.

A importância desses elementos acidentais, para o tema da solidariedade, está em que, na forma do art. 266[680] do Código Civil de 2002, a obrigação solidária pode ser *pura e simples* para um dos cocredores ou codevedores, e *condicional*, ou a *prazo*, ou *pagável em lugar diferente*, para o outro. Apesar de referido dispositivo não fazer referência ao *encargo*, há quem o arrole como um dos elementos acidentais que podem ser estipulados de maneira diversa, entre a pluralidade de sujeitos, na solidariedade.[681]

Manteve o legislador de 2002, em linhas gerais, a fórmula do diploma de 1916 (v. art. 897);[682] apenas acrescentou a possibilidade de as partes convencionarem um *lugar diferente* para pagamento em relação a cada

678 Ráo, Vicente. *Ato jurídico*: noção, pressupostos, elementos essenciais e acidentais: o problema do conflito entre os elementos volitivos e a declaração. 3. ed. São Paulo: Saraiva, 1981, p. 362.

679 Pereira, Caio Mário da Silva. *Instituições de direito civil*: introdução ao direito civil: teoria geral de direito civil. 27. ed. Rio de Janeiro: Forense, 2014, v. I, p. 486.

680 "Art. 266. A obrigação solidária pode ser pura e simples para um dos cocredores ou codevedores, e condicional, ou a prazo, ou pagável em lugar diferente, para o outro".

681 Nesse sentido, cf. Lotufo, Renan. *Código Civil comentado*: obrigações: parte geral (arts. 233 a 420). São Paulo: Saraiva, 2003, v. 2, p. 91; Morato, Antonio Carlos. Obrigações solidárias. In: Lotufo, Renan; Nanni, Giovanni Ettore (Coord). *Obrigações*. São Paulo: Atlas, 2011, p. 190.

682 "Art. 897. A obrigação solidária pode ser pura e simples para um dos co-credores ou co-devedores, e condicional, ou a prazo, para o outro".

um dos cocredores ou codevedores – o que, no entanto, já era amplamente admitido pela doutrina.[683]

Disposições análogas são encontradiças na legislação estrangeira: (i) no Código Civil espanhol (v. art. 1.140);[684] no Código Civil português (v. art. 512, 2);[685] no Código Civil italiano (v. art. 1.293);[686] no Código Civil e Comercial argentino (v. art. 830).[687] O Código Civil francês, em sua redação original, continha uma previsão equivalente, aplicável, em princípio, à solidariedade passiva (v. art. 1.201).[688] Hoje, após a *Ordonnance* n. 2016-131, de 10 de fevereiro de 2016, tal codificação ainda autoriza que sejam estipulados elementos acidentais diversos, mas o faz de maneira exemplificativa, ao tratar das exceções pessoais dos codevedores (v. art. 1.315).[689]

683 Nesse sentido, cf. Fulgêncio, Tito. *Do direito das obrigações*: das modalidades das obrigações: artigos 863-927. 2. ed. Atual. por José de Aguiar Dias. Rio de Janeiro: Forense, 1958.; Giorgi, Jorge. *Tratado de las obligaciones en el derecho moderno*: expuesta conforme a la doctrina y la jurisprudência italiana, francesa, alemana, etc., etc.: definición de las obligaciones: obligaciones naturales, solidarias, indivisibles: forma y prueba de las obligaciones. Trad. Eduardo Dato Iradier. 2. ed. Madrid: Editora Reus, 1928, v. I, p. 131; Monteiro, Washington de Barros. *Curso de direito civil*: direito das obrigações, 1ª parte: das modalidades das obrigações: dos efeitos das obrigações. 15. ed. São Paulo: Saraiva, 1979, p. 162; Tepedino, Gustavo; Barboza, Heloisa Helena; Moraes, Maria Celina Bodin de. *Código Civil interpretado*: conforme a Constituição da República: parte geral e obrigações. 2. ed. Rio de Janeiro: Renovar, 2007, v. 1, p. 551.

684 "Art. 1140. La solidaridad podrá existir aunque los acreedores y deudores no estén ligados del propio modo y por unos mismos plazos y condiciones".

685 "Art. 512º [...] 2. A obrigação não deixa de ser solidária pelo facto de os devedores estarem obrigados em termos diversos ou com diversas garantias, ou de ser diferente o conteúdo das prestações de cada um deles; igual diversidade se pode verificar quanto à obrigação do devedor relativamente a cada um dos credores solidários".

686 "Art. 1293. [...] La solidarietà non è esclusa dal fatto che i singoli debitori siano tenuti ciascuno con modalità diverse, o il debitore comune sia tenuto con modalità diverse di fronte ai singoli creditori".

687 "Art. 830. [...] La incapacidad y la capacidad restringida de alguno de los acreedores o deudores solidarios no perjudica ni beneficia la situación de los demás; tampoco la existencia de modalidades a su respecto".

688 "Art. 1201. L'obligation peut être solidaire, quoique l'un des débiteurs soit obligé différemment de l'autre au paiement de la même chose; par exemple, si l'un n'est obligé que conditionnellement, tandis que l'engagement de l'autre est pur et simple, ou si l'un a pris un terme qui n'est point accordé à l'autre".

689 "Art. 1315. Le débiteur solidaire poursuivi par le créancier peut opposer les exceptions qui sont communes à tous les codébiteurs, telles que la nullité ou la résolution, et celles qui lui sont personnelles. Il ne peut opposer les exceptions qui sont personnelles à d'autres

Na Alemanha, a despeito da ausência de previsão legal, a doutrina também aceita a viabilidade de modos diversos entre os consortes.[690]

A viabilidade de estabelecer elementos acidentais (ou modalidades) diversos é fonte de grande divergência na doutrina, entre pluralistas e unitaristas. Carlos Roberto Gonçalves afirma que semelhante princípio parece ser *ilógico*, por repugnar, à primeira vista, a concorrência de qualidades opostas – pura e simples a respeito de um dos devedores, condicional a respeito de outro. Entende que a *unidade objetiva* não impede a multiplicidade de vínculos obrigacionais distintos, com qualidades diferentes.[691]

A previsão de elementos acidentais diversos, entretanto, é uma das características essenciais desse peculiar instituto. G. Amorth, inclusive, considera correto o fato de o art. 1.293 do Código Civil italiano referir-se, apenas genericamente, às *modalità diverse*, porquanto é vastíssima a gama de modalidades que podem nascer da livre convenção: o essencial, para ele, é o respeito à *identidade substancial da prestação*.[692]

U. La Porta ressalta que se trata de regras de desenvolvimento da relação que não podem, por definição, incidir sobre o *debitum*; referem-se, na verdade, para ele, aos *modos de ser da obrigação*, a exemplo do que ocorre quando se diferenciam os prazos para adimplir (ou para receber), os graus de responsabilidade de cada devedor ou de garantia de cada vínculo, os lugares de pagamento, os instrumentos materiais pelos quais a utilidade convencionada pode chegar ao credor; ou quando, inclusive, a mesma relação jurídica (e não apenas a atividade de execução) apresentar elementos de distinção, como nas hipóteses em que apenas um dos vínculos estiver sujeito a termos de eficácia ou condições diversos.[693]

codébiteurs, telle que l'octroi d'un terme. Toutefois, lorsqu'une exception personnelle à un autre codébiteur éteint la part divise de celui-ci, notamment en cas de compensation ou de remise de dette, il peut s'en prévaloir pour la faire déduire du total de la dette".

690 Enneccerus, Ludwig. *Derecho de obligaciones*. Trad. Blas Pérez González e José Alguer. 2. ed. Barcelona: Bosch, 1954, p. 446.

691 Gonçalves, Carlos Roberto. In: Cambler, Everaldo Augusto; Gonçalves, Carlos Roberto; Maia, Mairan. *Comentários ao Código Civil brasileiro*: do direito das obrigações. Coord. Arruda Alvim e Thereza Alvim. Rio de Janeiro: Forense, 2003, v. 3, p. 153.

692 Amorth, Giorgio. *L'obbligazione solidale*. Milano: Giuffrè, 1959, p. 97. Nesse sentido, cf. DIAS, Regina Bottentuit Gondim. *Natureza jurídica da solidariedade*. Rio de Janeiro: Conquista, 1958, p. 20.

693 Porta, Ubaldo La. Delle obbligazioni in solido: artt. 1292-1313. In: Schlesinger, Piero; Busnelli, Francesco Donato (diretto da). *Il Codice Civile*: commentario. Milano: Giuffrè Editore, 2014, p. 47.

Independentemente da natureza acidental do elemento do ato jurídico, entende La Porta que seria necessário, para avaliar a compatibilidade entre a "mesma prestação" e a "modalidade diversa", que a diversidade tolerada pela lei (v. art. 1.293 do Código Civil italiano) não afetasse o *debitum* em sua objetividade e não incidisse sobre a *causa obligandi* (ou, se incidisse, que não prejudicasse o coligamento funcional entre as relações obrigacionais).[694]

É o que também afirma D. Rubino: se não houver *consistenza oggettiva della prestazione*, ou seja, se a prestação não for idêntica para todos os vários codevedores ou cocredores, as obrigações não serão solidárias. Ainda que, como na solidariedade, o adimplemento seja suficiente para extinguir (nas relações externas) as outras, tal efeito seria explicado com uma diferente construção: p. ex., no sentido de que se trataria de uma diversa ou mais tênue forma de coligamento entre as obrigações, ou de uma obrigação alternativa, não apenas quanto ao objeto, mas também quanto aos sujeitos.[695]

No mesmo sentido, F. P. Lacerda de Almeida, no Brasil, defende a tese de que não poderia a diferença de modalidades afetar o conteúdo ou o objeto da obrigação; porque, então, a seu ver, haveria duas obrigações distintas, como, p. ex., se um dos devedores prometer responder por dolo, e o outro, por dolo e culpa.[696]

Entendemos, no entanto, que até mesmo o conteúdo das prestações, entre os integrantes de um mesmo polo da relação obrigacional, pode ser diverso, tal como admite, de maneira expressa, o art. 512, 2, do Código Civil português. Discordamos, assim, no ponto, de G. Amorth, U. La Porta, D. Rubino e F. P. Lacerda de Almeida, porque consideramos que a disciplina da solidariedade prevista em lei (em especial, nos códigos italiano e brasileiro) traduz tão somente um

[694] PORTA, Ubaldo La. Delle obbligazioni in solido: artt. 1292-1313. In: SCHLESINGER, Piero; BUSNELLI, Francesco Donato (diretto da). *Il Codice Civile*: commentario. Milano: Giuffrè Editore, 2014, p. 48.

[695] RUBINO, Domenico. Delle obbligazioni: obbligazioni alternative, obbligazioni in solido, obbligazioni divisibili e indivisibili: art. 1285-1320. In: SCIALOJA, Antonio; BRANCA, Giuseppe (a cura di). *Commentario del Codice Civile*: libro quarto: delle obbligazioni. 2. ed. Bologna: Zanichelli; Roma: Soc. Ed. Del Foro Italiano, 1968, p. 178.

[696] ALMEIDA, Francisco de Paula Lacerda de. *Obrigações*. 2. ed. Rio de Janeiro: Livraria Cruz Coutinho [s.d.], p. 32.

modelo típico de solidariedade. Não é necessária, assim, para que seja solidária a obrigação, a existência, sempre, de identidade de prestações ou de *causa obligandi.*[697]

A eficácia desses elementos acidentais diversos revela-se tanto na fase externa quanto na fase interna. Assim como o credor, p. ex., não se pode voltar contra aquele determinado devedor, antes do vencimento do prazo que o beneficia, também os devedores solventes (não favorecidos por esse prazo especial) não estão autorizados, anteriormente ao decurso desse prazo, a perseguir seu consorte em regresso. Trata-se de um dos fundamentos dos meios de defesa que podem ser utilizados pelo demandado.[698]

Ante de concretizados o termo e a condição, poderá o seu titular, na melhor das hipóteses, exercer atos conservatórios, na forma dos arts. 125 e 130 do Código Civil de 2002. Se a condição é suspensiva, de acordo com J. M. de Carvalho Santos, o nascimento do direito do credor, que tem efeito retroativo, universaliza a situação desse devedor ou credor – quando realizada a condição – à dos demais; se falha, esse direito será excluído totalmente da obrigação solidária, e reputa-se nunca ter havido obrigação relativamente a esse sujeito.[699]

Todavia, se se trata de condição resolutiva, enquanto pendente, ou quando não mais se puder verificar, a obrigação é pura e simples, de modo que o credor ou o devedor solidário, a que a condição se referir, receberá o mesmo tratamento dos demais; se verificada a condição, a obrigação desfaz-se retroativamente, isto é, a obrigação desaparece e, com ela, todos os efeitos de uma originária não comparticipação na obrigação contratada.[700]

Quando se estipula prazo ou termo para um dos codevedores, no caso de ser suspensivo, não se impede o direito de nascer, mas é diferida a exigibilidade; o credor ou devedor solidário, a quem o termo ou prazo

[697] V. seções 1.5.2 e 1.5.3, sobre identidade de prestação e unidade do fato gerador ou da fonte.

[698] V. seção 2.5.2.5, sobre os meios de defesa do codevedor demandado.

[699] SANTOS, J. M. de Carvalho. *Código Civil brasileiro interpretado*: principalmente do ponto de vista prático: parte geral. 7. ed. Rio de Janeiro: Freitas Bastos, 1956, v. XI, p. 186.

[700] SANTOS, J. M. de Carvalho. *Código Civil brasileiro interpretado*: principalmente do ponto de vista prático: parte geral. 7. ed. Rio de Janeiro: Freitas Bastos, 1956, v. XI, p. 186.

se refere, não pode acionar ou ser acionado, apesar de o credor estar autorizado a praticar todos os atos de conservação (v. art. 131 do Código Civil de 2002). Quando o prazo é extintivo, verificam-se os efeitos do art. 135 do Código Civil de 2002: antes do evento, o direito nasce puro e simples; com o decurso do prazo, o direito cessa de existir somente para o futuro.[701]

[701] SANTOS, J. M. de Carvalho. *Código Civil brasileiro interpretado*: principalmente do ponto de vista prático: parte geral. 7. ed. Rio de Janeiro: Freitas Bastos, 1956, v. XI, p. 187.

2.
SOLIDARIEDADE PASSIVA

2.1. Conceito, conteúdo e importância

A *obrigação solidária passiva*, à luz do que estabelece o art. 275, *caput*,[702] primeira parte, do Código Civil de 2002, é aquela em que o credor tem o *direito* de exigir e de receber, de um ou de alguns dos devedores, *parcial* ou *totalmente*, a *dívida comum*; e, se o pagamento tiver sido parcial, todos os demais devedores continuarão obrigados solidariamente pelo resto. Referido dispositivo acolheu o texto do art. 904[703] do Código Civil de 1916, com aperfeiçoamentos redacionais de pequena monta.

Na legislação estrangeira: (i) o Código Civil espanhol não apresenta semelhante conceito; disciplina as obrigações mancomunadas, solidárias ativas e passivas em uma única seção (v. arts. 1.137 a 1.148); (ii) o Código Civil português dedica uma subseção exclusiva à solidariedade entre devedores (v. arts. 518º a 527º); estabelece que o credor tem o direito de exigir de qualquer dos devedores toda a prestação, ou parte

[702] "Art. 275. O credor tem direito a exigir e receber de um ou de alguns dos devedores, parcial ou totalmente, a dívida comum; se o pagamento tiver sido parcial, todos os demais devedores continuam obrigados solidariamente pelo resto".

[703] "Art. 904. O credor tem direito a exigir e receber de um ou alguns dos devedores, parcial, ou totalmente, a dívida comum. No primeiro caso, todos os demais devedores continuam obrigados solidariamente pelo resto".

dela, proporcional ou não à quota do interpelado (v. art. 519º);[704] (iii) o Código Civil italiano contém, em um único dispositivo, as noções de solidariedade ativa e passiva (v. art. 1.292);[705] prevê, ainda, a presunção de solidariedade passiva (v. art. 1.294),[706] nas hipóteses de pluralidade de devedores, em que não haja previsão contrária na lei ou no título; (iv) o Código Civil alemão define a solidariedade passiva no § 421,[707] relativamente às várias pessoas obrigadas a efetuar toda a prestação e à possibilidade de o credor exigi-la apenas uma vez, total ou parcialmente; fixa-lhe o regime jurídico nos §§ 422 a 426; e, à semelhança do diploma italiano, presume a solidariedade passiva, nas hipóteses em que, em um contrato, várias pessoas se obrigam conjuntamente a realizar uma prestação divisível (§ 427); (v) o Código Civil e Comercial argentino dedica um *parágrafo* exclusivo à solidariedade passiva (v. arts. 833 a 843); define-a como a situação em que o credor tem o direito de requerer o pagamento de um, de vários ou de todos os codevedores, simultânea e sucessivamente (v. art. 833);[708] (v) o Código Civil francês, em sua redação atual, trata de ambas as figuras (solidariedade ativa e passiva) em

704 "Art. 519º [...] 1. O credor tem o direito de exigir de qualquer dos devedores toda a prestação, ou parte dela, proporcional ou não à quota do interpelado; mas, se exigir judicialmente a um deles a totalidade ou parte da prestação, fica inibido de proceder judicialmente contra os outros pelo que ao primeiro tenha exigido, salvo se houver razão atendível, como a insolvência ou risco de insolvência do demandado, ou dificuldade, por outra causa, em obter dele a prestação. 2. Se um dos devedores tiver qualquer meio de defesa pessoal contra o credor, não fica este inibido de reclamar dos outros a prestação integral, ainda que esse meio já lhe tenha sido oposto".

705 "Art. 1292. [...] L'obbligazione e in solido quando più debitori sono obbligati tutti per la medesima prestazione, in modo che ciascuno può essere costretto all'adempimento per la totalità e l'adempimento da parte di uno libera gli altri; oppure quando tra più creditori ciascuno ha diritto di chiedere l'adempimento dell'intera obbligazione e l'adempimento conseguito da uno di essi libera il debitore verso tutti i creditori".

706 "Art. 1294. [...] I condebitori sono tenuti in solido, se dalla legge o dal titolo non risulta diversamente (441, 443, 752, 754, 961, 1314, 1408, 1682, 1944, 1948, 2150, 2268, 2304, 2513, 2670)".

707 "§ 421. [...] Si varias personas deben una prestación de tal manera que cada uno está obligado a efectuar toda la prestación, pero el acreedor está facultado a exigir la prestación sólo una vez (deudores solidarios), el acreedor puede exigir la prestación a su voluntad de cualquiera de los deudores, en su totalidad o en una parte. Hasta que toda la deuda haya sido realizada todos los deudores permanecen obligados".

708 "Art. 833. [...] El acreedor tiene derecho a requerir el pago a uno, a varios o a todos los codeudores, simultánea o sucesivamente".

um único *paragrafe* (v. arts. 1.310 a 1.319); define a solidariedade passiva como aquela que obriga cada um dos devedores a toda a dívida; prevê que o pagamento feito por um libera os demais perante o credor; possibilita que o credor exija o pagamento daquele devedor de sua escolha, sem que isso impeça o exercício da pretensão contra os demais (v. art. 1.313).[709]

A solidariedade passiva, nas palavras de Clovis Bevilaqua, seria a "conjunção solidária de devedores", em que se permitiria ao credor pedir o cumprimento da obrigação a qualquer dos codevedores, sem que se pudesse invocar o *beneficium divisionis*. Afinal, cada um dos sujeitos passivos da obrigação corresponderia ao "devedor único da totalidade", perante o credor, ainda que se considerasse divisível a prestação.[710]

Em síntese, é o que já sustentava, no século XVIII, R. J. Pothier, baseado nas fontes romanas: considerar-se-ia cada um dos devedores como se fosse o único devedor (*totum et totaliter debeat*); ou seja, para que se pudesse caracterizar a solidariedade passiva, seria imprescindível que cada devedor estivesse obrigado totalmente à prestação, como se houvesse sozinho contratado a obrigação.[711]

Esse conceito é amplamente acolhido pelos civilistas até os dias de hoje, sem grandes divergências, ressalvadas as predileções por uma ou outra das teorias explicativas da natureza jurídica da solidariedade.[712] M. I. Carvalho de Mendonça e Orosimbo Nonato, dentre os escritores brasileiros, p. ex., utilizam os termos "mandato" ou "representação" para conceituar a obrigação solidária passiva.[713] Consoante já se expôs, contudo, a equiparação entre a solidariedade e a representação (ou mandato) é repelida pela doutrina majoritária.

[709] "Art. 1313. La solidarité entre les débiteurs oblige chacun d'eux à toute la dette. Le paiement fait par l'un d'eux les libère tous envers le créancier. Le créancier peut demander le paiement au débiteur solidaire de son choix. Les poursuites exercées contre l'un des débiteurs solidaires n'empêchent pas le créancier d'en exercer de pareilles contre les autres".

[710] BEVILAQUA, Clovis. *Código Civil dos Estados Unidos do Brasil comentado*. Rio de Janeiro: Livraria Francisco Alves, 1930, v. IV, p. 55.

[711] POTHIER, Robert Joseph. *Tratado de las obligaciones*. Buenos Aires: Editorial Atalaya, 1947, p. 147.

[712] V. seção 1.10, sobre a natureza jurídica da solidariedade.

[713] MENDONÇA, Manuel Inácio Carvalho de. *Doutrina e prática das obrigações ou tratado geral dos direitos de crédito*. 4. ed. Rio de Janeiro: Forense, 1956, t. I, p. 327; NONATO, Orosimbo. *Curso de obrigações*: generalidades – espécies. Rio de Janeiro: Forense, 1959, v. II, p. 167.

Cuidar-se-ia, em síntese, para a literatura: (i) de obrigação plural, em que cada um dos devedores seria responsável pela prestação integral, cuja efetivação liberaria a todos;[714] (ii) de atributo externo que revestiria a obrigação e possibilitaria ao credor exigir de qualquer dos devedores o cumprimento da obrigação em sua totalidade;[715] (iii) da circunstância em que cada um dos vários sujeitos passivos respondesse perante o credor comum pela prestação integral, cujo cumprimento a todos exoneraria;[716] (iv) de uma relação com multiplicidade de devedores, e cada qual responderia *in totum et totaliter* pelo cumprimento da prestação, como se fosse o único devedor, como se tivesse contraído sozinho o débito;[717] (v) do direito de o credor, se quiser, se dirigir contra um dos devedores, exigir-lhe o pagamento e lhe reclamar o todo (ou, ao seu arbítrio, apenas uma parte);[718] (vi) de unificação de devedores, em que seria facultado ao credor exigir de qualquer deles o cumprimento integral da obrigação;[719] (vii) do direito do credor de exigir e receber de um só ou de algum dos devedores toda a dívida, ou somente parte dela;[720] (viii) da faculdade de o credor exigir toda a prestação de qualquer um dos devedores solidários, os quais continuariam devedores até que se solvesse inteiramente a dívida;[721] (ix) de um predicado externo que cingiria a obrigação, por força do qual o credor estaria autorizado a exigir a totalidade da dívida de qualquer dos devedores que nela

[714] Cordeiro, António Menezes. *Tratado de direito civil português*. Coimbra: Almedina, direito das obrigações, 2009, v. II, t. I, p. 719.

[715] Costa, José Maria da. As obrigações solidárias. In: Franciulli Netto, Domingos; Mendes, Gilmar Ferreira; Martins Filho, Ives Gandra da Silva (Coord.). *O novo Código Civil*: estudos em homenagem ao Professor Miguel Reale. São Paulo: LTr, 2003, p. 264.

[716] Costa, Mário Júlio de Almeida. *Direito das obrigações*. 12. ed. Coimbra: Almedina, 2009, p. 667.

[717] Diniz, Maria Helena. *Curso de direito civil brasileiro*: teoria geral das obrigações. 33. ed. São Paulo: Saraiva, 2018, v. 2, p. 197-198.

[718] Enneccerus, Ludwig. *Derecho de obligaciones*. Trad. Blas Pérez González e José Alguer. 2. ed. Barcelona: Bosch, 1954, p. 446.

[719] Lopes, Miguel Maria de Serpa. *Curso de direito civil*: obrigações em geral. 4. ed. Rio de Janeiro: Freitas Bastos, 1966, v. II, p. 144.

[720] Mendonça, Manuel Inácio Carvalho de. *Doutrina e prática das obrigações ou tratado geral dos direitos de crédito*. 4. ed. Rio de Janeiro: Forense, 1956, t. I, p. 100.

[721] Miranda, Pontes de. *Tratado de direito privado*. 3. ed. Rio de Janeiro: Borsoi, 1971, v. X, p. 330.

concorressem;[722] (x) da obrigação de cada um dos devedores à prestação em sua integralidade, *totum et totaliter*, como se em verdade a houvesse contraído inteira, sozinho;[723] (xi) da situação em que a prestação devida por vários devedores pudesse ser integralmente demandada a cada um deles;[724] (xii) do vínculo entre vários devedores, por força do qual cada um deles estaria obrigado pelo pagamento total da dívida;[725] (xiii) do fato de que cada um dos devedores estaria adstrito à realização integral da prestação, que poderia ser exigida de todos em conjunto ou só de algum deles, sem que o demandado pudesse opor o benefício da divisão, isto é, sem que a dívida se dividisse entre os codevedores[726] etc.

Esses conceitos doutrinários, entretanto, parecem desprezar a estrutura da solidariedade, porque se referem tão só à fase externa da relação obrigacional, aquela formada entre os codevedores e o credor comum.[727] Sob tal perspectiva, entendemos que se mostra relevante o conceito adotado de J. Giorgi, por também considerar aquele vínculo *entre os codevedores*, no tocante à quota de cada um.[728]

Pode-se conceituar a obrigação solidária passiva, assim, como um *modo de ser* de determinadas relações obrigacionais subjetivamente complexas, com pluralidade de devedores e pluralidade de obrigações singulares de ordem inferior, em que os atos de adimplemento se desenvolvem em duas fases distintas, mas correlacionadas: (i) a externa, com prestação igual, equivalente ou de conteúdo diverso, a depender da conformação concreta, mas sempre com os mesmos efeitos liberatórios,

722 MONTEIRO, Washington de Barros. *Curso de direito civil*: direito das obrigações, 1ª parte: das modalidades das obrigações: dos efeitos das obrigações. 15. ed. São Paulo: Saraiva, 1979, p. 173.

723 PEREIRA, Caio Mário da Silva. *Instituições de direito civil*: teoria geral das obrigações. 26. ed. Rio de Janeiro: Forense, 2014, v. II, p. 92.

724 SALVAT, Raymundo M. *Tratado de derecho civil argentino*: obligaciones en general. 6. ed. Buenos Aires: Tipografica Editora Argentina, 1953, v. II, p. 66.

725 SANTOS, J. M. de Carvalho. *Código Civil brasileiro interpretado*: principalmente do ponto de vista prático: parte geral. 7. ed. Rio de Janeiro: Freitas Bastos, 1956, v. XI, p. 221.

726 SERRA, Adriano Paes da Silva Vaz. Pluralidade de devedores ou de credores. Lisboa: [s.n], v. 69, out. 1957. Separata do *Boletim do Ministério da Justiça*, p. 100.

727 V. seção 1.8.2, fases da relação obrigacional solidária.

728 GIORGI, Jorge. *Tratado de las obligaciones en el derecho moderno*: expuesta conforme a la doctrina y la jurisprudência italiana, francesa, alemana, etc., etc.: definición de las obligaciones: obligaciones naturales, solidarias, indivisibles: forma y prueba de las obligaciones. Trad. Eduardo Dato Iradier. 2. ed. Madrid: Editora Reus, 1928, v. I, p. 115.

para todos os codevedores, cada um deles como se fosse o único, em face do credor comum; (ii) a interna, subsequente à externa, destinada ao acertamento das eventuais quotas de cada um dos codevedores, entre si, em regresso.

Quanto ao *conteúdo*, as obrigações solidárias passivas (assim como as ativas) não oferecem especialidade alguma, observa L. Enneccerus. Com efeito, não apenas os créditos pecuniários, mas também os créditos de qualquer outro conteúdo poderiam constituir-se com o caráter de créditos solidários ou de dívidas solidárias.[729]

Há quem considere, como J. Giorgi, entretanto, ser inviável a solidariedade passiva nas obrigações de fazer, cujas prestações exigiriam um fato pessoal de pessoa determinada, de modo que tais obrigações poderiam ser consideradas solidárias apenas no aspecto de ressarcimento de dano.[730]

A lei, porém, não traça semelhante distinção, e essa posição, na prática, a nosso ver, não apresenta relevo. Independentemente de sua natureza (de dar, de fazer ou de não fazer), qualquer prestação, inclusive aquelas personalíssimas, sempre poderá corresponder ao conteúdo de uma obrigação solidária passiva. A prestação poderá ser indivisível ou divisível, alternativa, facultativa, genérica, fungível ou infungível etc.

Seriam ilimitadas, pois, as possibilidades de variação do elemento objetivo, sem que isso pudesse descaracterizar a solidariedade. Se o cumprimento da prestação depender de um fato pessoal de um dos credores, esse aspecto influenciará apenas a execução da obrigação, sem desnaturar o seu caráter solidário.

A importância da solidariedade passiva estaria diretamente ligada à sua *função* de conferir maior vantagem e maior probabilidade de bom êxito ao credor, inclusive quanto à facilitação de cobrança e da exe-

[729] ENNECCERUS, Ludwig. *Derecho de obligaciones*. Trad. Blas Pérez González e José Alguer. 2. ed. Barcelona: Bosch, 1954, p. 446.

[730] GIORGI, Jorge. *Tratado de las obligaciones en el derecho moderno*: expuesta conforme a la doctrina y la jurisprudência italiana, francesa, alemana, etc., etc.: definición de las obligaciones: obligaciones naturales, solidarias, indivisibles: forma y prueba de las obligaciones. Trad. Eduardo Dato Iradier. 2. ed. Madrid: Editora Reus, 1928, v. I, p. 135. Nesse sentido, cf. MENDONÇA, José Xavier Carvalho de. *Tratado de direito commercial brasileiro*: das obrigações, dos contractos e da prescripção em materia commercial: parte I: das obrigações em materia commercial. 3. ed. Rio de Janeiro: Livraria Editora Freitas Bastos, 1939, p. 257.

cução.[731] Por isso, seria muito mais frequente do que a solidariedade ativa;[732] "frequentíssima", aliás, anota Caio Mário da Silva Pereira.[733] Em razão dessa maior relevância, optou-se, aqui, por, apesar da ordem prevista no Código Civil de 2002, estudá-la anteriormente à solidariedade ativa.

De fato, traduziria a solidariedade passiva um *modo de ser* das obrigações que muito contribuiria para a maior *segurança* do crédito; sobrepujaria, nesse aspecto, o instituto da fiança, de natureza acessória, na medida em que é sempre uma obrigação principal;[734] colocaria o credor, ainda, ao abrigo da eventual insolvência dos devedores; com isso, facilitaria a concessão de crédito;[735] vincularia diversos patrimônios à disposição do credor;[736] enfim, facilitaria, e muito, os negócios,[737] bem como a própria prestação jurisdicional, por não ter o magistrado ou o árbitro de repartir, desde logo, as quotas dos coobrigados.

Além da segurança, da maior garantia e de maior simplicidade à satisfação do crédito, a solidariedade passiva também proporcionaria *comodidade*, por conferir ao credor a faculdade de escolher, dentre os devedores, aquele de maior patrimônio, de maior idoneidade financeira ou, ainda, o mais fácil de ser localizado.[738] São esses os aspectos, em geral, apontados pela doutrina para atribuir tamanha importância ao instituto.[739]

[731] V. seção 1.7.2, sobre a função da solidariedade.

[732] MAZEAUD, Henri y Léon; MAZEAUD, Jean. *Lecciones de derecho civil*: parte segunda: cumplimiento, extinción y transmisión de las obligaciones. Trad. Luis Alcalá-Zamora y Castillo. Buenos Aires: Ediciones Jurídicas Europa-América, 1960, p. 312-313.

[733] PEREIRA, Caio Mário da Silva. *Instituições de direito civil*: teoria geral das obrigações. 26. ed. Rio de Janeiro: Forense, 2014, v. II, p. 92.

[734] LOPES, Miguel Maria de Serpa. *Curso de direito civil*: obrigações em geral. 4. ed. Rio de Janeiro: Freitas Bastos, 1966, v. II, p. 144.

[735] SANTOS, J. M. de Carvalho. *Código Civil brasileiro interpretado*: principalmente do ponto de vista prático: parte geral. 7. ed. Rio de Janeiro: Freitas Bastos, 1956, v. XI, p. 221.

[736] COSTA, José Maria da. As obrigações solidárias. In: FRANCIULLI NETTO, Domingos; MENDES, Gilmar Ferreira; MARTINS FILHO, Ives Gandra da Silva (Coord.). *O novo Código Civil*: estudos em homenagem ao Professor Miguel Reale. São Paulo: LTr, 2003, p. 274.

[737] DINIZ, Maria Helena. *Curso de direito civil brasileiro*: teoria geral das obrigações. 33. ed. São Paulo: Saraiva, 2018, v. 2, p. 183.

[738] MONTEIRO, Washington de Barros. *Curso de direito civil*: direito das obrigações, 1ª parte: das modalidades das obrigações: dos efeitos das obrigações. 15. ed. São Paulo: Saraiva, 1979, p. 173-174.

[739] Cf. AZEVEDO, Álvaro Villaça. *Curso de direito civil*: teoria geral das obrigações. 8. ed. São Paulo: Editora Revista dos Tribunais, 2000, p. 101; FULGÊNCIO, Tito. *Do direito das obriga-*

Diante dessa importância, as instituições financeiras frequentemente utilizam-se da solidariedade em contratos de empréstimo, para inserir terceiros na avença como forma de se acautelar em face de eventual insolvência dos devedores. Realmente, os credores contam com um poderoso instrumento facilitador no tráfico jurídico; até o cessionário de direitos também se vale de tal importante vantagem de direito material.[740]

A importância da solidariedade, ademais, teria crescido em função da responsabilidade objetiva. Repugnaria a ideia de que a vítima de dano suportasse os prejuízos silente, sem o devido ressarcimento; assegurar-se-ia a solidariedade, com maior amplitude, assim, no direito à indenização, por vincular aqueles que, às vezes de maneira mais leve, não teriam propriamente influído no resultado, nem participado de algum modo da conduta, mas manteriam alguma relação (de subordinação) com o causador direito desse dano,[741] a exemplo do que prevê o art. 932 do Código Civil de 2002.

2.2. Efeitos fundamentais

2.2.1. Direito do credor e descabimento do benefício da divisão

A regra do art. 275[742] do Código Civil de 2002, para Renan Lotufo, refletiria a *essência* da obrigação solidária passiva, por fixar a possibilidade

ções: das modalidades das obrigações: artigos 863-927. 2. ed. Atual. por José de Aguiar Dias. Rio de Janeiro: Forense, 1958, p.297-308; Gomes, Orlando. *Obrigações*. 5. ed. Rio de Janeiro: Forense, 1978, p. 85; Venosa, Sílvio de Salvo. *Direito civil*: teoria geral das obrigações e teoria geral dos contratos. 7. ed. São Paulo: Atlas, 2007, v. 2, p. 105-106; Zangerolame, Flavia Maria. Obrigações divisíveis e indivisíveis e obrigações solidárias. In: Tepedino, Gustavo (Coord.). *Obrigações*: estudos na perspectiva civil-constitucional. Rio de Janeiro: Renovar, 2005, p. 203.

740 Farias, Cristiano Chaves de; Rosenvald, Nelson. *Direito das obrigações*. Rio de Janeiro: Lumen Juris, 2006, p. 150. Nesse sentido, cf. Mesa, Marcelo J. López. *Derecho de las obligaciones*: análisis exegético del nuevo Código Civil y Comercial. Buenos Aires: Euros Editores S.R.L., 2015, p. 996.

741 Rizzardo, Arnaldo. *Direito das obrigações*. 7. ed. Rio de Janeiro: Forense, 2013, p. 215.

742 "Art. 275. O credor tem direito a exigir e receber de um ou de alguns dos devedores, parcial ou totalmente, a dívida comum; se o pagamento tiver sido parcial, todos os demais devedores continuam obrigados solidariamente pelo resto. Parágrafo único. Não impor-

de o credor exigir de qualquer dos devedores a integralidade da dívida (sem que coubesse ao cobrado o direito de invocar o benefício da divisão) ou de fracioná-la, entre os coobrigados, ou de cobrar a parte devida por um e o restante conjuntamente dos demais.[743]

Seria corolário da distinção entre as relações externa e interna, típicas da solidariedade, a *faculdade* de o credor cobrar de quem entendesse conveniente, conjunta ou individualmente, sem que se cogitasse de concentração do débito.[744] Este parece ser o *primeiro e principal efeito da solidariedade*:[745] o de cada um dos codevedores se responsabilizar pela inteira prestação, a ponto de o credor ter a faculdade de exigi-la, no todo ou em parte, da totalidade dos devedores ou de só de alguns deles.

Tal efeito, correspondente ao descabimento do benefício da divisão,[746] encontra-se previsto, ora mais, ora menos explicitamente, no art. 1.144[747] do Código Civil espanhol, no § 421[748] do Código Civil alemão,

tará renúncia da solidariedade a propositura de ação pelo credor contra um ou alguns dos devedores".

743 Lotufo, Renan. *Código Civil comentado*: obrigações: parte geral (arts. 233 a 420). São Paulo: Saraiva, 2003, v. 2, p. 109.

744 Lotufo, Renan. *Código Civil comentado*: obrigações: parte geral (arts. 233 a 420). São Paulo: Saraiva, 2003, v. 2, p. 110-111.

745 Larombière, M. L. *Théorie & pratique des obligations*: ou commentaire des titres III & IV, livre III, du Code Napoléon: art. 1101 à 1386. Paris: A. Durand, 1857, t. 2, p. 613; Mazeaud, Henri y Léon; Mazeaud, Jean. *Lecciones de derecho civil*: parte segunda: cumplimiento, extinción y transmisión de las obligaciones. Trad. Luis Alcalá-Zamora y Castillo. Buenos Aires: Ediciones Jurídicas Europa-América, 1960, p. 317-318; MESA, Marcelo J. López. *Derecho de las obligaciones*: análisis exegético del nuevo Código Civil y Comercial. Buenos Aires: Euros Editores S.R.L., 2015, p. 1.005.

746 Costa, Mário Júlio de Almeida. *Direito das obrigações*. 12. ed. Coimbra: Almedina, 2009, p. 670.

747 "Art. 1144. El acreedor puede dirigirse contra cualquiera de los deudores solidarios o contra todos ellos simultáneamente. Las reclamaciones entabladas contra uno no serán obstáculo para las que posteriormente se dirijan contra los demás, mientras no resulte cobrada la deuda por completo".

748 "§ 421. [...] Si varias personas deben una prestación de tal manera que cada uno está obligado a efectuar toda la prestación, pero el acreedor está facultado a exigir la prestación sólo una vez (deudores solidarios), el acreedor puede exigir la prestación a su voluntad de cualquieira de los deudores, en su totalidad o en una parte. Hasta que toda la deuda haya sido realizada todos los deudores permanecen obligados".

no art. 1.292[749] do Código Civil italiano, nos arts. 518º[750] e 519º[751] do Código Civil português, no art. 833[752] do Código Civil e Comercial argentino e no art. 1.313[753] do Código Civil francês.

M. I. Carvalho de Mendonça afirma que nosso direito não admitiria, na solidariedade, a estipulação do benefício da divisão; mas escreve, depois, que seria possível a partilha da dívida, desde que prevista em pacto expresso, o que, sob sua ótica, não desnaturaria a obrigação solidária, por não operar *ipso jure*. Afirma, ainda, que alguns códigos tolerariam que o devedor demandado tivesse o direito de citar seus codevedores para lhe satisfazerem com que houvesse pagado ao credor comum.[754]

Esse direito de citar os codevedores, mencionado por M. I. Carvalho de Mendonça, corresponderia, hoje, no Brasil, ao *chamamento ao processo*,[755] previsto pelo Código de Processo Civil de 2015, a ser requerido pelo réu, em relação aos codevedores solidários, quando o credor exigir de um ou de alguns o pagamento da dívida comum (v. art. 130,

[749] "Art. 1292. [...] L'obbligazione e in solido quando più debitori sono obbligati tutti per la medesima prestazione, in modo che ciascuno può essere costretto all'adempimento per la totalità e l'adempimento da parte di uno libera gli altri; oppure quando tra più creditori ciascuno ha diritto di chiedere l'adempimento dell'intera obbligazione e l'adempimento conseguito da uno di essi libera il debitore verso tutti i creditori".

[750] "Art. 518º [...] Ao devedor solidário demandado não é licito opor o benefício da divisão; e, ainda que chame os outros devedores à demanda, nem por isso se libera da obrigação de efectuar a prestação por inteiro".

[751] "Art. 519º [...] 1. O credor tem o direito de exigir de qualquer dos devedores toda a prestação, ou parte dela, proporcional ou não à quota do interpelado; mas, se exigir judicialmente a um deles a totalidade ou parte da prestação, fica inibido de proceder judicialmente contra os outros pelo que ao primeiro tenha exigido, salvo se houver razão atendível, como a insolvência ou risco de insolvência do demandado, ou dificuldade, por outra causa, em obter dele a prestação. 2. Se um dos devedores tiver qualquer meio de defesa pessoal contra o credor, não fica este inibido de reclamar dos outros a prestação integral, ainda que esse meio já lhe tenha sido oposto".

[752] "Art. 833. [...] El acreedor tiene derecho a requerir el pago a uno, a varios o a todos los codeudores, simultánea o sucessivamente".

[753] "Art. 1313. [...] La solidarité entre les débiteurs oblige chacun d'eux à toute la dette. Le paiement fait par l'un d'eux les libère tous envers le créancier. Le créancier peut demander le paiement au débiteur solidaire de son choix. Les poursuites exercées contre l'un des débiteurs solidaires n'empêchent pas le créancier d'en exercer de pareilles contre les autres".

[754] MENDONÇA, Manuel Inácio Carvalho de. *Doutrina e prática das obrigações ou tratado geral dos direitos de crédito*. 4. ed. Rio de Janeiro: Forense, 1956, tomo I, p. 328 e 343.

[755] V. seção 4.3.2, sobre denunciação da lide e chamamento ao processo.

III). Tal instituto de direito processual, porém, não aparenta se confundir com o *beneficium divisionis*, até por não provocar, em face do credor, a partilha da prestação.

J. Giorgi explica que, apesar de ter existido alguma discussão entre os romanistas, quanto à interpretação da *Novela* 99, de Justiniano, por ter introduzido o benefício da divisão entre os vários *correi debendi*, essa divergência seria resultado de equívocos derivados do uso inoportuno de antigas regras e doutrinas. A seu ver, ter-se-ia convertido em preceito legal o princípio de não existência do benefício da divisão entre os devedores, a ponto de afastar as controvérsias no direito moderno.[756] Ainda há, todavia, divergências,[757] mas se entende, aqui, que o benefício da divisão, ainda que estipulado expressamente, transformaria a obrigação em parciária ou conjunta: deixaria de existir solidariedade propriamente dita.

Note-se, com Antunes Varela, que o efeito em apreço traduziria uma *faculdade* do credor (não de um *dever* ou de um ônus); de maneira que ele poderia ou não dela se utilizar, ou se valer apenas de uma parte, para exigir o cumprimento de todos os devedores ou só de alguns deles, ou exigir de qualquer deles uma parte apenas da dívida comum. Essa faculdade de exigir de todos ou de qualquer um não cessaria nem com o fato de o credor ter *interpelado* um só deles, tampouco com o fato de ter *acionado* apenas um deles.[758]

2.2.2. Faculdade de o devedor liberar-se

Não apenas ao credor se confeririam direitos, mas também aos codevedores, os quais seriam livres para realizar a prestação, tão logo o crédito se vencesse, independentemente da vontade daquele. A condição, nessas hipóteses, em princípio, seria a de que satisfizessem a prestação por

[756] GIORGI, Jorge. *Tratado de las obligaciones en el derecho moderno*: expuesta conforme a la doctrina y la jurisprudência italiana, francesa, alemana, etc., etc.: definición de las obligaciones: obligaciones naturales, solidarias, indivisibles: forma y prueba de las obligaciones. Trad. Eduardo Dato Iradier. 2. ed. Madrid: Editora Reus, 1928, v. I, p. 136.

[757] V. seção 1.5.1, sobre pluralidade de sujeitos.

[758] VARELA, Antunes. *Direito das obrigações*: conceito, estrutura e função da relação obrigacional, fontes das obrigações, modalidades das obrigações. Rio de Janeiro: Forense, 1977, p. 301.

inteiro.[759] Afinal, na forma do art. 314[760] do Código Civil de 2002, ainda que a obrigação tenha por objeto prestação divisível, não poderia o credor ser obrigado a receber, nem o devedor a pagar, por partes, se assim não se ajustou.

Não se cuidaria, no entanto, de condição intransponível. Mostrar-se-ia viável, assim, admitir a liberação parcial (ou, a depender das circunstâncias, até mesmo integral) do devedor, quando verificado o abuso de direito por parte do credor (v. art. 187[761] do Código Civil de 2002). Segundo Hamid Charaf Bdine Jr., o abuso de direito poderia ser identificado, p. ex., nos casos em que o devedor não dispusesse de patrimônio algum, porquanto não haveria fundamento jurídico defensável para lhe recusar o parcelamento.[762]

Além das hipóteses de abuso de direito, prevê o art. 916[763] do Código de Processo Civil de 2015 a possibilidade de o devedor, na execução de

[759] VARELA, Antunes. *Direito das obrigações*: conceito, estrutura e função da relação obrigacional, fontes das obrigações, modalidades das obrigações. Rio de Janeiro: Forense, 1977, p. 302.

[760] "Art. 314. Ainda que a obrigação tenha por objeto prestação divisível, não pode o credor ser obrigado a receber, nem o devedor a pagar, por partes, se assim não se ajustou".

[761] "Art. 187. Também comete ato ilícito o titular de um direito que, ao exercê-lo, excede manifestamente os limites impostos pelo seu fim econômico ou social, pela boa-fé ou pelos bons costumes".

[762] BDINE JR., Hamid Charaf. In: PELUSO, Cezar (Coord.). *Código Civil comentado*: doutrina e jurisprudência: Lei n. 10.406, de 10.01.2002: contém o Código Civil de 1916. 4. ed. Barueri: Manole, 2010, p. 296.

[763] "Art. 916. No prazo para embargos, reconhecendo o crédito do exequente e comprovando o depósito de trinta por cento do valor em execução, acrescido de custas e de honorários de advogado, o executado poderá requerer que lhe seja permitido pagar o restante em até 6 (seis) parcelas mensais, acrescidas de correção monetária e de juros de um por cento ao mês. § 1º O exequente será intimado para manifestar-se sobre o preenchimento dos pressupostos do caput, e o juiz decidirá o requerimento em 5 (cinco) dias. § 2º Enquanto não apreciado o requerimento, o executado terá de depositar as parcelas vincendas, facultado ao exequente seu levantamento. § 3º Deferida a proposta, o exequente levantará a quantia depositada, e serão suspensos os atos executivos. § 4º Indeferida a proposta, seguir-se-ão os atos executivos, mantido o depósito, que será convertido em penhora. § 5º O não pagamento de qualquer das prestações acarretará cumulativamente: I – o vencimento das prestações subsequentes e o prosseguimento do processo, com o imediato reinício dos atos executivos; II – a imposição ao executado de multa de dez por cento sobre o valor das prestações não pagas. § 6º A opção pelo parcelamento de que trata este artigo importa renúncia ao direito de opor embargos. § 7º O disposto neste artigo não se aplica ao cumprimento da sentença".

título extrajudicial, requerer autorização para adimplemento da dívida (de natureza pecuniária, evidentemente) em até seis parcelas mensais, desde que reconheça a existência do crédito e, ao mesmo tempo, comprove o depósito de trinta por cento do valor da execução.

Cuida-se de um *direito do executado*, decorrente de técnica de incentivo ao cumprimento da obrigação, de modo que, preenchidos os pressupostos legais, não estaria o magistrado autorizado a indeferir o parcelamento.[764] Nas hipóteses de dívida solidária, facultar-se-ia a um dos devedores solidários reconhecer a existência da dívida, para aderir ao parcelamento previsto no diploma processual, situação em que se afastaria a incidência da regra prevista no art. 314[765] do Código Civil de 2002.

Se algum dos codevedores, por erro, realizar o pagamento depois de um outro já o ter feito, poderá exigir do credor a repetição do indébito (v. art. 884, *caput*,[766] do Código Civil de 2002). Se ambos o fizeram na mesma data (por meio de transferências bancárias, p. ex.), a solução mais defensável seria a de conceder, a cada um deles, o direito de repetição quanto à metade, pensa Antunes Varela. Até para evitar situações desse jaez, e por força da boa-fé objetiva, incumbiria ao codevedor que satisfizesse a dívida o dever de avisar aos demais; e, àquele que pretendesse cumprir, caberia certificar-se previamente de que outro já não o fizera.[767]

Na hipótese de um dos codevedores pagar ou provocar, de outro modo, a extinção da dívida para com o credor (p. ex., por dação em pagamento ou por compensação), se não houver cumprido com o dever de informar os seus consortes, considera A. P. S. Vaz Serra que poderá ser concedido ao outro codevedor solvente o direito de lhe exigir a reparação do dano derivado de tal falta, uma vez verificados os requisitos da responsabilidade civil. Mas isso dependeria das circunstâncias; poder-

764 DIDIER JR., Fredie et al. *Curso de direito processual civil*: execução. 4. ed. Salvador: JusPodivm, 2012, v. 5, p. 365.

765 "Art. 314. Ainda que a obrigação tenha por objeto prestação divisível, não pode o credor ser obrigado a receber, nem o devedor a pagar, por partes, se assim não se ajustou".

766 "Art. 884. Aquele que, sem justa causa, se enriquecer à custa de outrem, será obrigado a restituir o indevidamente auferido, feita a atualização dos valores monetários".

767 VARELA, Antunes. *Direito das obrigações*: conceito, estrutura e função da relação obrigacional, fontes das obrigações, modalidades das obrigações. Rio de Janeiro: Forense, 1977, p. 302.

-se-ia, talvez, remeter-se à boa-fé: o devedor seria obrigado a avisar os outros quando a boa-fé, vistas as circunstâncias do caso, o impusesse.[768]

Vaz Serra, entretanto, adverte que essa solução não corresponderia à perda do direito de regresso contra o outro, até porque este estaria autorizado a pleitear do credor a repetição do que houvesse quitado por erro, de modo que auferiria, ao final, uma vantagem excessiva. Também não se poderia considerar firme o segundo pagamento e se declarar perdido o direito de regresso do primeiro pagador contra o segundo. Mais perfeito seria, sob sua ótica, negar ao primeiro devedor o direito de regresso contra o segundo, transmitindo-se àquele, ao mesmo tempo, o direito de repetir do credor o que indevidamente lhe pagara.[769]

A verdade é que não existem soluções pré-estabelecidas para a multiplicidade de complexas situações que costumam surgir no quotidiano. Assim, será possível lançar mão, em alguns casos, das cláusulas gerais (p. ex., a boa-fé objetiva), as quais, com essa elasticidade que lhes é peculiar, proporcionam uma constante renovação da lei; não no sentido de seguidas reformas, mas no de mutações semânticas do texto, diante da incapacidade do legislador, em face da velocidade com que evolui o mundo tecnológico, de regular todas as inúmeras e multifacetadas situações nas quais o sujeito de direito se insere.[770]

K. Larenz considera que, nas cláusulas gerais, haveria uma pauta de valoração que careceria de preenchimento valorativo, para delimitar uma hipótese legal ou também uma consequência jurídica. Semelhantes pautas não seriam pura e simplesmente destituídas de conteúdo ou fórmulas vazias pseudonormativas, porque conteriam sempre uma ideia jurídica específica a ser clarificada por meio de exemplos geralmente aceitos.[771]

Independentemente disso, aparenta ser indiscutível o direito de os devedores se liberarem, inclusive contra a vontade do credor, mediante

[768] SERRA, Adriano Paes da Silva Vaz. Pluralidade de devedores ou de credores. Lisboa: [s.n], v. 69, out. 1957. Separata do *Boletim do Ministério da Justiça*, p. 140-141.

[769] SERRA, Adriano Paes da Silva Vaz. Pluralidade de devedores ou de credores. Lisboa: [s.n], v. 69, out. 1957. Separata do *Boletim do Ministério da Justiça*, p. 140-141.

[770] TEPEDINO, Gustavo. Premissas metodológicas para a constitucionalização do direito civil. In: TEPEDINO, Gustavo. *Temas de direito civil*. Rio de Janeiro: Renovar, 1999, p. 19.

[771] LARENZ, Karl. *Metodologia da ciência do direito*. Trad. José Lamego. 3. ed. Lisboa: Calouste Gulbenkian, 1997, p. 310-311.

a consignação da quantia ou coisa devida, com efeito de pagamento (v. arts. 539[772] a 549 do Código de Processo Civil de 2015). Esse direito de liberar-se seria de todos os devedores, mesmo daqueles que possam não ter *interesse* direto na dívida.

O credor, assim, jamais estaria autorizado a recusar o adimplemento que lhe fora oferecido, mesmo que sob o argumento de pretender exigir a prestação de outro codevedor.[773] Considerar-se-ia abusiva tal conduta, porque, sob a perspectiva do credor, todos os devedores estariam no mesmo patamar. Conquanto o credor pudesse exigir apenas parte da dívida, não estaria autorizado a impor aos devedores, contra a sua vontade, a divisão do débito, por não lhe ser facultado prejudicar o direito de cada um dos devedores de pagar toda a dívida e de liberar os demais por meio desse pagamento.[774]

Realmente, a vinculação de cada um dos obrigados à prestação devida, em qualquer caso, tornaria aplicáveis à obrigação solidária as regras gerais sobre o adimplemento e suas modalidades, de modo que se pudesse tratar o credor como se o fosse de uma obrigação subjetivamente simples. Desse modo, a recusa ilegítima à prestação permitiria que cada codevedor solidário (mesmo aqueles que não houvessem oferecido a prestação) considerasse o credor em mora, cujas consequências não

[772] "Art. 539. Nos casos previstos em lei, poderá o devedor ou terceiro requerer, com efeito de pagamento, a consignação da quantia ou da coisa devida. § 1º Tratando-se de obrigação em dinheiro, poderá o valor ser depositado em estabelecimento bancário, oficial onde houver, situado no lugar do pagamento, cientificando-se o credor por carta com aviso de recebimento, assinado o prazo de 10 (dez) dias para a manifestação de recusa. § 2º Decorrido o prazo do § 1º, contado do retorno do aviso de recebimento, sem a manifestação de recusa, considerar-se-á o devedor liberado da obrigação, ficando à disposição do credor a quantia depositada. § 3º Ocorrendo a recusa, manifestada por escrito ao estabelecimento bancário, poderá ser proposta, dentro de 1 (um) mês, a ação de consignação, instruindo-se a inicial com a prova do depósito e da recusa. § 4º Não proposta a ação no prazo do § 3º, ficará sem efeito o depósito, podendo levantá-lo o depositante".

[773] Rubino, Domenico. Delle obbligazioni: obbligazioni alternative, obbligazioni in solido, obbligazioni divisibili e indivisibili: art. 1285-1320. In: Scialoja, Antonio; Branca, Giuseppe (a cura di). *Commentario del Codice Civile*: libro quarto: delle obbligazioni. 2. ed. Bologna: Zanichelli; Roma: Soc. Ed. Del Foro Italiano, 1968, p. 161.

[774] Larombière, M. L. *Théorie & pratique des obligations*: ou commentaire des titres III & IV, livre III, du Code Napoléon: art. 1101 à 1386. Paris: A. Durand, 1857, t. 2, p. 616.

poderiam ser evitadas pela justificativa de que o adimplemento deveria ser feito por um, e não pelo outro.[775]

2.2.3. A litispendência e a solidariedade passiva

O recebimento parcial da dívida comum das mãos de algum ou de alguns dos devedores e a exigência, mesmo que em parte, por meio de uma demanda judicial, não se mostra suficiente para liberar os demais devedores do vínculo de solidariedade pelo restante. A cobrança apenas parcial não importará renúncia do direito do credor, renúncia essa que não se presume, tal como expressamente prevê o art. 275, par. ún.,[776] do Código Civil de 2002.

Afinal, a renúncia de direitos (em geral) jamais se presume; e não induziria essa presunção, como se afigura lógico, o ajuizamento de uma demanda contra um (ou mais de um) dos devedores. Se a dívida houver sido inteiramente paga, a consequência é que faltará interesse processual; se o credor recebeu pagamento parcial, restringir-se-á seu interesse ao restante, porque não se lhe permite receber duas vezes.[777] Mas não se poderá dizer que houve renúncia, salvo se o credor houver declarado o seu propósito de renunciar.[778]

Nos termos do art. 910 do Código Civil de 1916, o credor, ao propor ação contra um dos devedores solidários, não estaria inibido de acionar os outros. Apesar de nenhum dispositivo daquele diploma fazer referência à renúncia, a Clovis Bevilaqua assevera que não seria aceitável a opinião dos que sustentam que a ação proposta contra todos os devedores, conjuntamente, importaria renúncia de solidariedade, pela divisão da dívida. O credor teria o direito de receber de qualquer dos devedores.

[775] Porta, Ubaldo La. Delle obbligazioni in solido: artt. 1292-1313. In: Schlesinger, Piero; Busnelli, Francesco Donato (diretto da). *Il Codice Civile*: commentario. Milano: Giuffrè Editore, 2014, p. 23-24.

[776] "Art. 275. [...] Parágrafo único. Não importará renúncia da solidariedade a propositura de ação pelo credor contra um ou alguns dos devedores".

[777] Gonçalves, Carlos Roberto. In: Cambler, Everaldo Augusto; Gonçalves, Carlos Roberto; Maia, Mairan. *Comentários ao Código Civil brasileiro*: do direito das obrigações. Coord. Arruda Alvim e Thereza Alvim. Rio de Janeiro: Forense, 2003, v. 3, p. 173.

[778] V. seção 2.4.12, sobre renúncia à solidariedade.

Ainda que um não o pudesse satisfazer, o seu direito manter-se-ia íntegro em relação a todos e a qualquer dos outros.[779]

Na solidariedade passiva, não existe regra de *prevenção judicial*, diferentemente da solidariedade ativa (v. art. 268[780] do Código Civil de 2002).[781] Em princípio, portanto, considerando a manutenção da autonomia,[782] o credor poderá promover uma só demanda, ou várias demandas separadas, contra distintos codevedores, e a consequência dessa conduta será, quando muito, o reconhecimento de conexão ou, a depender da hipótese, de continência entre os processos (v. arts. 55[783] e 56[784] do Código de Processo Civil de 2015), a ocasionar a reunião dos autos para tramitação e julgamento conjuntos.

A exigência de obrigação solidária, por meio de ação judicial, ademais, não acarretaria litisconsórcio necessário, mas apenas facultativo, salvo nas hipóteses de desconstituição do negócio;[785] assim, a ação de cobrança poderá ser proposta contra um só dos vários devedores, e não terá necessariamente de ser integrado o contraditório com os outros consortes, a não ser quando houver intervenção de terceiros.[786]

Não obstante concorde que qualquer devedor poderia ser demandado, conjunta ou separadamente, entende A. P. S. Vaz Serra que se

[779] Bevilaqua, Clovis. *Código Civil dos Estados Unidos do Brasil comentado*. Rio de Janeiro: Livraria Francisco Alves, 1930, v. IV, p. 55 e 62.

[780] "Art. 268. Enquanto alguns dos credores solidários não demandarem o devedor comum, a qualquer daqueles poderá este pagar".

[781] V. seção 3.2.2, sobre prevenção judicial.

[782] Gonçalves, Carlos Roberto. In: Cambler, Everaldo Augusto; Gonçalves, Carlos Roberto; Maia, Mairan. *Comentários ao Código Civil brasileiro*: do direito das obrigações. Coord. Arruda Alvim e Thereza Alvim. Rio de Janeiro: Forense, 2003, v. 3, p. 172.

[783] "Art. 55. Reputam-se conexas 2 (duas) ou mais ações quando lhes for comum o pedido ou a causa de pedir. § 1º Os processos de ações conexas serão reunidos para decisão conjunta, salvo se um deles já houver sido sentenciado. § 2º Aplica-se o disposto no *caput*: I – à execução de título extrajudicial e à ação de conhecimento relativa ao mesmo ato jurídico; II – às execuções fundadas no mesmo título executivo. § 3º Serão reunidos para julgamento conjunto os processos que possam gerar risco de prolação de decisões conflitantes ou contraditórias caso decididos separadamente, mesmo sem conexão entre eles".

[784] "Art. 56. Dá-se a continência entre 2 (duas) ou mais ações quando houver identidade quanto às partes e à causa de pedir, mas o pedido de uma, por ser mais amplo, abrange o das demais".

[785] V. seção 4.2, sobre litisconsórcio (facultativo, necessário, simples e unitário).

[786] V. seção 4.3, sobre intervenção de terceiros.

faria necessário evitar procedimentos arbitrários do credor. Poder-se-ia, a seu ver, assim, dispor que, ao exigir judicialmente a totalidade ou parte da prestação a um devedor solidário, não estaria mais o credor autorizado a proceder contra os outros, se não houvesse para isso um motivo atendível, tal como a insolvência ou o risco de insolvência do demandado ou outra dificuldade em obter dele a prestação. Obstar-se-ia, com isso, que o credor, depois de incomodar com a ação ou execução um dos devedores, viesse, sem razão admissível, proceder contra os outros.[787]

Tal entendimento, acolhido explicitamente pelo Código Civil português (v. art. 519),[788] aparenta amoldar-se ao ordenamento brasileiro, haja vista o disposto no art. 187[789] do Código Civil de 2002. Assim pensa Eduardo M. G. de Lyra Junior, para quem não se afiguraria difícil a ocorrência de caso em que o credor, no pleno exercício do *ius variandi* em relação aos devedores solidários, viesse a infringir a boa-fé objetiva, como, p. ex., num caso em que o credor tenha proposto demanda contra apenas um dos devedores solidários, embora pudesse fazê-lo, desde logo, contra todos os demais codevedores.[790]

Diante de circunstâncias concretas, portanto, caberá ao juiz realizar uma interpretação contextual, situacional, no sentido de aferir se o exercício da posição jurídica se deu de forma abusiva ou não (à luz das cláusulas gerais; finalidade, função social e boa-fé). Preenchidos os elementos e reconhecido o exercício abusivo, impor-se-á a aplicação das sanções previstas no próprio ordenamento jurídico para aquele tipo

[787] SERRA, Adriano Paes da Silva Vaz. Pluralidade de devedores ou de credores. Lisboa: [s.n], v. 69, out. 1957. Separata do *Boletim do Ministério da Justiça*, p. 131.

[788] "Art. 519º [...] 1. O credor tem o direito de exigir de qualquer dos devedores toda a prestação, ou parte dela, proporcional ou não à quota do interpelado; mas, se exigir judicialmente a um deles a totalidade ou parte da prestação, fica inibido de proceder judicialmente contra os outros pelo que ao primeiro tenha exigido, salvo se houver razão atendível, como a insolvência ou risco de insolvência do demandado, ou dificuldade, por outra causa, em obter dele a prestação. 2. Se um dos devedores tiver qualquer meio de defesa pessoal contra o credor, não fica este inibido de reclamar dos outros a prestação integral, ainda que esse meio já lhe tenha sido oposto".

[789] "Art. 187. Também comete ato ilícito o titular de um direito que, ao exercê-lo, excede manifestamente os limites impostos pelo seu fim econômico ou social, pela boa-fé ou pelos bons costumes".

[790] LYRA JUNIOR, Eduardo M. G. de. Notas sobre a solidariedade passiva no novo Código Civil. *Revista de Direito Privado*. São Paulo: Editora Revista dos Tribunais, v. 13, jan.-mar. 2003, p. 46-47.

de ilicitude.[791] Recorde-se, com C. F. Sessarego, a riqueza da casuística dos atos abusivos, o que, consequentemente, amplia a atividade criativa do julgador – o que não significa que ele estaria autorizado a atuar de forma arbitrária.[792]

Seja como for, se o juiz (ou o árbitro, quando se tratar de procedimento arbitral) verificar que o exercício do direito de ação se deu de forma abusiva, por mero capricho do credor, p. ex., ou com o intuito de incomodar os devedores ou de praticar mero ato emulativo, isto é, desprovido de utilidade, deverá aplicar ao demandante, por meio de fundamentação adequada, as sanções por litigância de má-fé (v. arts. 77, III,[793] e 80, V,[794] do Código de Processo Civil de 2015).

2.3. Meios de defesa do devedor solidário

2.3.1. Exceções, objeções e direitos potestativos

O art. 281[795] do Código Civil de 2002 prevê a possibilidade de o devedor, quando demandado, opor as *exceções* que lhe forem *pessoais* e as *comuns a todos*, mas não as *exceções pessoais de outro codevedor*. Essas mesmas expressões eram utilizadas pelo Código Civil de 1916, cujo art. 911[796] teve o texto copiado pelo legislador de 2002, após ser promovida uma pequena (e inócua) alteração redacional.

Há processualistas, como José Frederico Marques, que identificam a palavra *exceção*, em sentido amplo, com o próprio direito de defesa. Em sentido estrito, *exceção* seria espécie particular do referido direito;

[791] RODOVALHO, Thiago. *Abuso de direito e direitos subjetivos*. São Paulo. Editora Revista dos Tribunais, 2011, p. 207.

[792] SESSAREGO, Carlos Fernández. *Abuso del derecho*. Buenos Aires: Editorial Astrea, 1992, p. 31-32.

[793] "Art. 77. Além de outros previstos neste Código, são deveres das partes, de seus procuradores e de todos aqueles que de qualquer forma participem do processo: [...] III – não produzir provas e não praticar atos inúteis ou desnecessários à declaração ou à defesa do direito".

[794] "Art. 80. Considera-se litigante de má-fé aquele que: [...] V – proceder de modo temerário em qualquer incidente ou ato do processo".

[795] "Art. 281. O devedor demandado pode opor ao credor as exceções que lhe forem pessoais e as comuns a todos; não lhe aproveitando as exceções pessoais a outro codevedor".

[796] "Art. 911. O devedor demandado pode opor ao credor as exceções que lhe forem pessoais e as comuns a todos; não lhe aproveitando, porém, as pessoais a outro codevedor".

restringir-se-ia à *defesa indireta*: aquela que não se oporia à pretensão, no sentido de negá-la, não nos fatos em que se fundasse a exigência formulada, mas às causas que houvessem impedido essa pretensão de nascer ou a fatores que a tornassem sem efeito, ainda que, em si, ela pudesse existir.[797]

Tal vocábulo (*exceção*), entretanto, é problemático, porque costuma ser utilizado em várias acepções.[798] Referir-se-ia o art. 281, à primeira vista, à chamada *exceção em sentido amplo*. É que, sob outra perspectiva, as *exceções em sentido estrito* corresponderiam àquelas que o réu teria o ônus de alegar, sob pena de o juiz ser proibido de conhecê-las; enquanto as *objeções* traduziriam as defesas de que o julgador poderia e deveria conhecer de ofício, embora tivessem as partes a faculdade de formulá-las (p. ex., a prescrição, a decadência, a incompetência absoluta, o impedimento do juiz etc.).[799]

À sua maneira, Pontes de Miranda observa que, da relação jurídica de crédito, às vezes, se irradiariam *direitos formativos geradores* (p. ex., direito de opção, direito de marcar prazo, direito de avocar o vencimento do crédito por interpelação ou por outro ato, do direito de compensação), os quais seriam tidos por alguns juristas – erradamente, a seu ver – por *exceções*; porém, tais direitos não se confundiriam com as *pretensões*, porque, por eles, nada exigiria o titular do direito; apenas, como exercício do direito formativo, se conseguiria o que se quisesse.[800]

As *exceções* (ou o direito de exceção), ainda de acordo com Pontes de Miranda, diferir-se-iam dos *direitos formativos*. Corresponderiam ao direito de alegar o que *encobrisse* a eficácia do direito, da pretensão, da ação ou da própria exceção que se exercesse contra o titular do *ius excepctionis*. Em outras palavras, não se *objetaria*: não se alegaria fato que impedisse o nascimento do direito ou que o extinguisse. Já as *objeções* não comportariam alegações de direitos, mas de fatos; nas *exceções*, haveria exercício de direitos, por meio de alegações e oposições; por isso mesmo, teriam

797 MARQUES, José Frederico. *Manual de direito processual civil*: teoria geral do processo civil. 5. ed. São Paulo: Saraiva, 1977, v. I, p. 171.

798 SANTOS, Moacyr Amaral. *Primeiras linhas de direito processual civil*. 27. ed. Saraiva: São Paulo, 2011, v. 2, p. 229.

799 DINAMARCO, Cândido Rangel. *Instituições de direito processual civil*. 6. ed. São Paulo: Malheiros, 2009, v. II, p. 335.

800 MIRANDA, Pontes de. *Tratado de direito privado*. 3. ed. Rio de Janeiro: Borsoi, 1971, v. X, p. 26.

de ser exercidas. A seu ver, cada devedor solidário teria as objeções comuns e as suas objeções, as exceções comuns e as exceções pessoais, direitos formativos comuns e próprios, como o de compensação.[801]

Definitivamente, o vocábulo *exceção* não comporta um sentido unívoco; seria ilógico, pois, interpretar literalmente o texto do art. 281, no sentido de restringir os meios de defesa do devedor solidário às *exceções em sentido estrito*. Afinal, as objeções, a depender da classificação adotada, estão relacionadas, no mais das vezes, a *questões de ordem pública*, isto é, a circunstâncias muito mais graves (porque de alto interesse social)[802] do que aquelas passíveis de ser deduzidas por meio de simples exceção. Haveria, ainda, direitos formativos, como o de compensar um débito com um crédito.

Apesar de *exceção* ser o termo tradicionalmente adotado,[803] a ponto de também ser acolhido pelos códigos espanhol (v. art. 1.148),[804] italiano (v. art. 1.297)[805] e francês (v. art. 1.315),[806] entende-se que seria o legislador mais técnico se o substituísse pela expressão *meios de defesa*. Tramitam, no Brasil, inclusive, dois projetos de lei destinados a alterar a redação do art. 281, para acolher o vocábulo *defesas*, em lugar de *exceções*, além de outras finalidades: (i) o PL n. 6.960/2002, proposto pelo deputado

[801] Miranda, Pontes de. *Tratado de direito privado*. 3. ed. Rio de Janeiro: Borsoi, 1971, v. X, p. 28-29 e 39.

[802] Reale, Miguel. *Lições preliminares de direito*. São Paulo: José Bushatsky, 1974, p. 145.

[803] Nonato, Orosimbo. *Curso de obrigações*: generalidades – espécies. Rio de Janeiro: Forense, 1959, v. II, p. 223.

[804] "Art. 1148. El deudor solidario podrá utilizar, contra las reclamaciones del acreedor, todas las excepciones que se deriven de la naturaleza de la obligación y las que le sean personales. De las que personalmente correspondan a los demás sólo podrá servirse en la parte de deuda de que éstos fueren responsables".

[805] "Art. 1297. [...] Uno dei debitori in solido non può opporre al creditore le eccezioni personali agli altri debitori. A uno dei creditori in solido il debitore non può opporre le eccezioni personali agli altri creditori".

[806] "Art. 1315. Le débiteur solidaire poursuivi par le créancier peut opposer les exceptions qui sont communes à tous les codébiteurs, telles que la nullité ou la résolution, et celles qui lui sont personnelles. Il ne peut opposer les exceptions qui sont personnelles à d'autres codébiteurs, telle que l'octroi d'un terme. Toutefois, lorsqu'une exception personnelle à un autre codébiteur éteint la part divise de celui-ci, notamment en cas de compensation ou de remise de dette, il peut s'en prévaloir pour la faire déduire du total de la dette".

Ricardo Fiuza, em 12 de junho de 2002,[807] hoje arquivado; [808] e (ii) o PL n. 699/2011, proposto pelo deputado Arnaldo Faria de Sá, em 15 de março de 2011,[809] no aguardo da criação de comissão especial.[810]

Atento a essa divergência, o legislador português (v. art. 512)[811] optou pela expressão *meios de defesa*. Segundo A. P. S. Vaz Serra, a palavra *exceção* deveria ser tomada numa acepção que compreenderia tanto as exceções propriamente ditas quanto as objeções; abrangeria também certas faculdades, as quais não seriam rigorosamente, a seu ver, exceções ou objeções, mas direitos potestativos (ou, como diria Pontes de Miranda, direitos formativos), como o de ter declarada a compensação.[812] Em 2014, também o Código Civil e Comercial argentino (v. art. 831)[813] abandonou o termo *exceções*; em seu lugar, acolheu o vocábulo *defesas*.

Conquanto aparente ser mais apropriada essa locução genérica *meios de defesa*, entende a doutrina, em geral, que o art. 281 do Código Civil de 2002 aludiria a toda espécie de defesa hábil a ilidir a pretensão do credor.[814] Cada um dos devedores solidários, assim, estaria autorizado a

[807] VENOSA, Sílvio de Salvo. *Direito civil*: teoria geral das obrigações e teoria geral dos contratos. 7. ed. São Paulo: Atlas, 2007, v. 2, p. 108.

[808] Disponível em: [http://www.camara.gov.br/proposicoesWeb/fichadetramitacao?idProposicao=56549]. Acesso em 25.8.2018.

[809] DINIZ, Maria Helena. *Curso de direito civil brasileiro*: teoria geral das obrigações. 33. ed. São Paulo: Saraiva, 2018, v. 2, p. 206.

[810] Disponível em: [http://www.camara.gov.br/proposicoesWeb/fichadetramitacao?idProposicao=494551]. Acesso em 26.8.2018.

[811] "Art. 514º [...] 1. O devedor solidário demandado pode defender-se por todos os meios que pessoalmente lhe competem ou que são comuns a todos os condevedores. 2. Ao credor solidário são oponíveis igualmente não só os meios de defesa comum, como os que pessoalmente lhe respeitem".

[812] SERRA, Adriano Paes da Silva Vaz. Pluralidade de devedores ou de credores. Lisboa: [s.n], v. 69, out. 1957. Separata do *Boletim do Ministério da Justiça*, p. 134.

[813] "Art. 831. [...] Cada uno de los deudores puede oponer al acreedor las defensas comunes a todos ellos. Las defensas personales pueden oponerse exclusivamente por el deudor o acreedor a quien correspondan, y sólo tienen valor frente al coacreedor a quien se refieran. Sin embargo, pueden expandir limitadamente sus efectos hacia los demás codeudores, y posibilitar una reducción del monto total de la deuda que se les reclama, hasta la concurrencia de la parte perteneciente en la deuda al codeudor que las puede invocar".

[814] PEREIRA, Caio Mário da Silva. *Instituições de direito civil*: teoria geral das obrigações. 26. ed. Rio de Janeiro: Forense, 2014, v. II, p. 96. Nesse sentido, cf. ESPANÉS, Luis Mosset de; MÁRQUEZ, José Fernando. *Curso de derecho civil*: obligaciones. Buenos Aires: Zavalía, 2018, v. 2, p. 56.

opor ao credor, para se eximir ao cumprimento da obrigação, os meios de defesa que pessoalmente lhe competissem ou que fossem comuns a todos; mas não teria a possibilidade de se valer de exceções pessoais de outros codevedores.[815]

Cumpre advertir, tal como o faz M. Ticozzi, que as exceções ou meios de defesa que o grupo solidário poderá utilizar contra a outra parte da relação obrigacional são diversas das exceções ou meios de defesa que se operariam na relação interna entre os sujeitos do grupo solidário, isto é, as exceções oponíveis ao sujeito que age em regresso contra os próprios consortes[816] (todo esse tema será analisado com maior acuidade em seção própria).[817]

Com referência à antiga redação do art. 1.208[818] do Código Civil francês, análoga à do art. 281 do Código Civil de 2002, M. L. Larombière explica que tais disposições seriam rigorosamente consequência do duplo princípio tantas vezes mencionados em matéria de solidariedade: a identidade de obrigação e a diversidade de laços jurídicos. Sob sua ótica, porque não existiria senão uma só obrigação – em que o pagamento de cada um seria eficaz pelo todo, ou todos juntos constituir-se-iam como um devedor único –, cada devedor demandado poderia opor todas as exceções que resultassem da natureza da obrigação, assim como aquelas que fossem comuns a todos; e, com isso, tal devedor apenas cumpriria o mandato recebido.[819]

Não é, entretanto, a teoria da representação a mais apropriada para justificar esse regime jurídico, inclusive por ser amplamente rechaçada pela doutrina mais recente.[820] Mostra-se mais adequada, assim, a explicação de U. La Porta, para quem o art. 1.297 do Código Civil italiano (também análogo ao art. 281 do Código Civil de 2002) reafirmaria a

[815] Costa, Mário Júlio de Almeida. *Direito das obrigações*. 12. ed. Coimbra: Almedina, 2009, p. 673.

[816] Ticozzi, Marco. *Studio sulle obbligazioni solidali*. Padova: Cedam, 2012, p. 110.

[817] V. seção 2.5.2.5, sobre os meios de defesa do codevedor demandado.

[818] "Art. 1208. Le codébiteur solidaire poursuivi par le créancier peut opposer toutes les exceptions qui résultent de la nature de l'obligation, et toutes celles qui lui sont personnelles, ainsi que celles qui sont communes à tous les codébiteurs. Il ne peut opposer les exceptions qui sont purement personnelles à quelques-uns des autres codébiteurs".

[819] Larombière, M. L. *Théorie & pratique des obligations*: ou commentaire des titres III & IV, livre III, du Code Napoléon: art. 1101 à 1386. Paris: A. Durand, 1857, t. 2, p. 634.

[820] V. seção 1.10.1.1, sobre as obrigações solidárias e o mandato.

autonomia dos vínculos obrigacionais de cada codevedor, ao privá-lo da faculdade de opor ao credor as exceções pessoais a um consorte. Portanto, a exigência de que a prestação tivesse de ser a mesma para todos (*medesima*)[821] não excluiria que as relações jurídicas (entre o credor e cada devedor) pudessem se caracterizar por suas próprias peculiaridades, sujeitas a eventos relativos a um ou a mais devedores determinados.[822]

A literatura costuma repartir esses *meios de defesa* (ou exceções) em: (i) *comuns*: concernentes ao *objeto* da obrigação ou à sua *fonte*, objetivamente considerada, de modo que aproveitariam a todos os devedores (p. ex., falta de forma, impossibilidade ou ilicitude da prestação ou do fim negocial, exceção de contrato não cumprido, resolução por inadimplemento do devedor, não verificação da condição ou do termo, cumprimento ou outros modos de satisfação do crédito); e (ii) *pessoais*: ligados a circunstâncias inerentes à *pessoa* de um dos devedores (incapacidade, falta de vontade, erro, dolo, coação, simulação, etc.) ou a *situações* de que só *ele seria titular* (crédito de um dos codevedores contra o credor).[823]

Com relação à solidariedade, especificamente, M. I. Carvalho de Mendonça menciona a existência de classificação desses meios de defesa em *reais* (ou decorrentes da natureza da obrigação e, por isso, comuns a todos devedores) e *puramente pessoais*, mas entende que tal distinção seria "eminentemente arbitrária", "puramente escolástica" e "sem valor prático". A seu ver, dividir-se-iam as exceções, na verdade, em três categorias: (i) pessoais ao devedor demandado; (ii) comuns a todos; e (iii) pessoais a alguns dos codevedores. Reconhece, todavia, que a terceira classe, como a mais vasta, não permitiria uma distribuição metódica e detalhada.[824]

Semelhante classificação, entretanto, parece não ostentar utilidade. Afinal, a categorização dos fatos *modificativos*, *impeditivos* ou *extintivos* na primeira (pessoais ao devedor demandado) ou na terceira catego-

[821] V. seção 1.5.2, sobre identidade de prestação.

[822] PORTA, Ubaldo La. Delle obbligazioni in solido: artt. 1292-1313. In: SCHLESINGER, Piero; BUSNELLI, Francesco Donato (diretto da). *Il Codice Civile*: commentario. Milano: Giuffrè Editore, 2014, p. 139-140.

[823] VARELA, Antunes. *Direito das obrigações*: conceito, estrutura e função da relação obrigacional, fontes das obrigações, modalidades das obrigações. Rio de Janeiro: Forense, 1977, p. 303.

[824] MENDONÇA, Manuel Inácio Carvalho de. *Doutrina e prática das obrigações ou tratado geral dos direitos de crédito*. 4. ed. Rio de Janeiro: Forense, 1956, t. I, p. 341-342.

rias (pessoais a alguns dos codevedores) depende tão somente de considerações acerca da posição do devedor como *demandado* ou como *não demandado*. Na verdade, a terceira categoria nem sequer corresponde a verdadeiros *meios de defesa* ou de *exceção*, já que, rigorosamente, o *devedor demandado*, referido pelo art. 281, delas não pode lançar mão, porque veiculam fatos que lhe são estranhos; ou, como escreve Clovis Bevilaqua, fatos "intransmissíveis", "inirradiáveis".[825]

Opta-se, aqui, por utilizar a expressão *meios de defesa*, como um gênero, do qual são espécies: (i) os *meios diretos*, ou seja, aqueles que se dirigem contra o pedido, nos seus fundamentos de fato e de direito, por meio da negação dos fatos jurídicos afirmados pela parte contrária ou das consequências jurídicas por ela atribuídas; (ii) os *meios indiretos*, quando, não obstante possam ser verdadeiros os fatos, opõem ao direito pleiteado pela parte contrária outros fatos, que o impedem, o extinguem ou lhe modificam os efeitos.[826]

Os meios de defesa indiretos são sempre *fatos*. Ao negar, total ou parcialmente, o direito do credor, tem o devedor solidário, ao ser demandado, o ônus de explicar quais seriam os *fatos* pelos quais o direito inexistiria, teria deixado de existir ou já não seria mais como antes. Consideram-se: (i) *impeditivos*: os fatos ou circunstâncias anteriores ou simultâneos ao fato constitutivo, que lhe impedem a produção dos efeitos que ordinariamente produziria; representam a negação desses efeitos e correspondem a situações negativas e extraordinárias no *iter* de formação do direito; (ii) *extintivos*: aqueles que têm a eficácia de causar a morte dos direitos, de modo que põem fim à sua existência (ou seja, esses direitos realmente teriam existido em algum momento, mas estariam extintos); e (iii) *modificativos*: responsáveis por alterações objetivas ou subjetivas da relação jurídica substancial.[827]

Afigura-se *relativa*, entretanto, a classificação dos fatos como constitutivos, impeditivos, extintivos ou modificativos. Consoante Cândido Rangel Dinamarco, a capacidade de constituir, impedir, extinguir ou

[825] BEVILAQUA, Clovis. *Direito das obrigações*. Ed. histórica. Rio de Janeiro: Editora Rio, 1977, p. 87.

[826] SANTOS, Moacyr Amaral. *Primeiras linhas de direito processual civil*. 27. ed. Saraiva: São Paulo, 2011, v. 2, p. 229.

[827] DINAMARCO, Cândido Rangel. *Instituições de direito processual civil*. 6. ed. São Paulo: Malheiros, 2009, v. II, p. 259-260.

modificar revelar-se-ia sempre em relação à finalidade com que o fato é alegado em cada litígio. Assim, p. ex., a incapacidade do agente seria *impeditiva* da regular constituição de obrigações, mas, caso houvesse sido constituída uma obrigação mediante ato de um sujeito incapaz, a incapacidade desse agente passaria a ser *constitutiva* do direito à anulação do negócio jurídico celebrado.[828]

Discorrer-se-á, em seções apartadas,[829] sobre os meios de defesa considerados comuns e pessoais. Mais adiante, analisar-se-ão, em seções próprias,[830] os principais fatos *modificativos* (impossibilidade da prestação, mora do devedor, mora do credor, prescrição, incidência de direitos formativos, agravamento e abrandamento das situações dos devedores, morte de um dos devedores e cessão de crédito) e *extintivos* das obrigações solidárias (adimplemento, impossibilidade da prestação, dação em pagamento, compensação, remissão, transação, novação, assunção de dívida, confusão e renúncia), os quais, por vezes, poderão corresponder a meios de defesa comuns, por vezes, pessoais. Cuidar-se-á, ainda, oportunamente, de questões processuais, nas quais têm destaque, como um possível meio de defesa pelo devedor demandado, a coisa julgada e a eficácia da sentença.[831]

2.3.2. Meios de defesa comuns

Os *meios de defesa comuns* (ou, nos termos da lei, exceções comuns), utilizáveis, em regra, por todos os devedores, em confronto com o credor, dizem respeito à validade do título, à sua exigibilidade ou à extinção da obrigação, no tocante à totalidade da relação obrigacional.[832] Em outras palavras, trata-se daqueles meios de defesa independentes da esfera pessoal de um ou de outro devedor singularmente considerado; pela própria natureza, concernem igualmente a todos os consortes.[833]

828 Dinamarco, Cândido Rangel. *Instituições de direito processual civil.* 6. ed. São Paulo: Malheiros, 2009, v. II, p. 260-261.

829 V. seções 2.3.1, sobre meios de defesa comuns, e 2.3.2, sobre meios de defesa pessoais.

830 V. seção 2.4, sobre fatos modificativos, extintivos e impeditivos.

831 V. seção 4.4, coisa julgada e eficácia da sentença

832 Bianca, C. Massimo. *Diritto civile*: l'obbligazione. Milano: Giuffrè, 1993, v. 4, p. 715.

833 Rubino, Domenico. Delle obbligazioni: obbligazioni alternative, obbligazioni in solido, obbligazioni divisibili e indivisibili: art. 1285-1320. In: Scialoja, Antonio; Branca, Giuseppe (a cura di). *Commentario del Codice Civile*: libro quarto: delle obbligazioni. 2. ed. Bologna: Zanichelli; Roma: Soc. Ed. Del Foro Italiano, 1968, p. 218.

Relacionam-se sobretudo ao *fato jurídico* de que deriva a relação (p. ex., nulidade do contrato por defeito de forma ou por ilicitude da causa), à *prestação* objetivamente considerada (p. ex., impossibilidade da própria prestação, originária ou superveniente) ou a *eventos* da relação obrigacional em sua complexidade (p. ex., pagamento, dação em pagamento, resolução por inadimplemento).[834]

Em geral, os meios de defesa comuns atingem a relação obrigacional complexa, isto é, a relação no seu todo;[835] aproveitariam, assim, a todos os outros consortes;[836] fariam desaparecer, se integralmente acolhidos, a responsabilidade de todos eles.[837] Em decorrência de uma possível unidade de prestação, tudo o que dissesse respeito a essa unidade se estenderia, indistintamente, aos demais coobrigados.[838]

Considera a doutrina que esses meios de defesa comuns se distribuiriam em dois grupos: (i) o daqueles relativos à natureza da obrigação (intrínsecos), respeitantes à própria índole da relação jurídica, concomitantes com sua formação: corresponderiam aos vícios primitivos de sua origem, ou às modalidades que originalmente foram contratadas por todos os devedores juntos, ou resultariam de um fato originariamente comum a todo o feixe das obrigações constitutivas da solidariedade; (ii) o daqueles originados de fatos posteriores ao nascimento da obrigação, mas suficientes para extingui-la ou para modificá-la.[839]

834 Rubino, Domenico. Delle obbligazioni: obbligazioni alternative, obbligazioni in solido, obbligazioni divisibili e indivisibili: art. 1285-1320. In: Scialoja, Antonio; Branca, Giuseppe (a cura di). *Commentario del Codice Civile*: libro quarto: delle obbligazioni. 2. ed. Bologna: Zanichelli; Roma: Soc. Ed. Del Foro Italiano, 1968, p. 218.

835 Costa, Mário Júlio de Almeida. *Direito das obrigações*. 12. ed. Coimbra: Almedina, 2009, p. 673.

836 Diniz, Maria Helena. *Curso de direito civil brasileiro*: teoria geral das obrigações. 33. ed. São Paulo: Saraiva, 2018, v. 2, p. 206; Gomes, Orlando. *Obrigações*. 5. ed. Rio de Janeiro: Forense, 1978, P. 87; Varela, Antunes. *Direito das obrigações*: conceito, estrutura e função da relação obrigacional, fontes das obrigações, modalidades das obrigações. Rio de Janeiro: Forense, 1977, p. 304.

837 Santos, J. M. de Carvalho. *Código Civil brasileiro interpretado*: principalmente do ponto de vista prático: parte geral. 7. ed. Rio de Janeiro: Freitas Bastos, 1956, v. XI, p. 257.

838 Monteiro, Washington de Barros. *Curso de direito civil*: direito das obrigações, 1ª parte: das modalidades das obrigações: dos efeitos das obrigações. 15. ed. São Paulo: Saraiva, 1979, p. 186.

839 Fulgêncio, Tito. *Do direito das obrigações*: das modalidades das obrigações: artigos 863-927. 2. ed. Atual. por José de Aguiar Dias. Rio de Janeiro: Forense, 1958, p. 345-346. Nesse sen-

Integrariam o primeiro grupo as hipóteses de nulidade do ato, de anulabilidade decorrente de fato comum a todos os devedores (p. ex., incapacidade relativa de *todos* eles), de elementos acidentais que atingissem a *todos* os vínculos (p. ex., termo não vencido ou condição irrealizada) e de inadimplemento por parte do credor, nos contratos sinalagmáticos (exceção de contrato não cumprido). No segundo grupo, estariam os fatos extintivos e modificativos (p. ex., o pagamento, a *datio in solutum*, o depósito em consignação, a novação, a impossibilidade fortuita da prestação, a remissão, a compensação, a confusão, a prescrição, a transação, a dilação de prazo e o benefício da divisão convencionado).[840]

Diante do inadimplemento, por parte do credor, ou do não oferecimento da prestação que lhe incumbisse, haveria a exceção *non adimpleti contractus*, ou *non rite adimpleti contractus*, comum a todos os devedores, como observa Pontes de Miranda. Todavia, quando as obrigações dos devedores pudessem corresponder a diferentes contraprestações do credor, uns poderiam exercitar a exceção *non adimpleti contractus* ou a *non rite adimpleti contractus*, enquanto outro, ou outros, não.[841]

Muitos sustentam que o devedor demandado não teria apenas o *direito* de invocar os meios de defesa comuns, mas verdadeiro *dever*, na medida em que, quando não o fizesse, incorreria em perdas e danos, perante os seus consortes na dívida.[842] A omissão do devedor demandado traria

tido, cf. LOPES, Miguel Maria de Serpa. *Curso de direito civil*: obrigações em geral. 4. ed. Rio de Janeiro: Freitas Bastos, 1966, v. II, p. 161; NONATO, Orosimbo. *Curso de obrigações*: generalidades – espécies. Rio de Janeiro: Forense, 1959, v. II, p. 228; SANTOS, J. M. de Carvalho. *Código Civil brasileiro interpretado*: principalmente do ponto de vista prático: parte geral. 7. ed. Rio de Janeiro: Freitas Bastos, 1956, v. XI, p. 263.

840 NONATO, Orosimbo. *Curso de obrigações*: generalidades – espécies. Rio de Janeiro: Forense, 1959, v. II, p. 229-230.

841 MIRANDA, Pontes de. *Tratado de direito privado*. 3. ed. Rio de Janeiro: Borsoi, 1971, v. X, p. 339.

842 SANTOS, J. M. de Carvalho. *Código Civil brasileiro interpretado*: principalmente do ponto de vista prático: parte geral. 7. ed. Rio de Janeiro: Freitas Bastos, 1956, v. XI, p. 263. Nesse sentido, cf. LÔBO, Paulo. *Direito civil*: obrigações. 2. ed. São Paulo: Saraiva, 2011, p. 147; NONATO, Orosimbo. *Curso de obrigações*: generalidades – espécies. Rio de Janeiro: Forense, 1959, v. II, p. 222; PEREIRA, Caio Mário da Silva. *Instituições de direito civil*: teoria geral das obrigações. 26. ed. Rio de Janeiro: Forense, 2014, v. II, p. 96; SERRA, Adriano Paes da Silva Vaz. Pluralidade de devedores ou de credores. Lisboa: [s.n], v. 69, out. 1957. Separata do *Boletim do Ministério da Justiça*, p. 139; TUHR, A. von. *Tratado de las obligaciones*. Trad. W. Roces. Madrid: Editorial Reus, 1934, t. II, p. 262.

dano aos outros devedores, por negligência ou dolo, pelos quais o omisso seria responsável. É o que entende Caio Mario da Silva Pereira, para quem, apesar do silêncio a respeito, seria lícito aos consortes prejudicados responsabilizar o devedor omisso, seja em ação direta, seja pela recusa de compartilhar no ressarcimento.[843]

Segundo A. von Tuhr, essa responsabilidade apenas poderia acarretar a perda do reembolso, haja vista que o devedor demandado, acaso houvesse invocado o meio de defesa comum, se teria isentado da dívida; esse efeito jurídico, porém, a seu ver, não se produziria quando, sem culpa sua, esse devedor ignorasse a existência do meio de defesa comum.[844]

Já A. P. S. Vaz Serra entende que, se o devedor ignorasse, mesmo sem culpa sua, a existência da exceção comum, nem por isso teria o direito de compelir os outros ao reembolso, a não ser que a eles também fosse imputável a falta de oposição ao credor da mesma exceção. Caberia ao devedor solvente, se não se verificasse a concorrência de culpa dos demais, valer-se da repetição do indevido, salvo quando houvesse uma sentença condenatória.[845] Esse tema, de qualquer forma, mostra-se mais afeito ao direito de regresso entre os consortes.[846]

2.3.3. Meios de defesa pessoais

Os *meios de defesa pessoais* (ou, nos termos da lei, as *exceções pessoais*) caracterizam-se pela ligação individualizada aos diversos codevedores, porque respeitam a cada uma das relações simples que permitem ao credor exigir o cumprimento integral da obrigação. São meios de defesa pessoais aqueles que, em princípio, só poderiam ser invocados por algum (ou alguns) dos codevedores solidários, e apenas a ele (ou a eles) aproveitariam, com possível prejuízo aos demais consortes, no tocante ao direito de regresso.[847]

[843] Pereira, Caio Mário da Silva. *Instituições de direito civil*: teoria geral das obrigações. 26. ed. Rio de Janeiro: Forense, 2014, v. II, p. 96.

[844] Tuhr, A. von. *Tratado de las obligaciones*. Trad. W. Roces. Madrid: Editorial Reus, 1934, t. II, p. 262.

[845] Serra, Adriano Paes da Silva Vaz. Pluralidade de devedores ou de credores. Lisboa: [s.n], v. 69, out. 1957. Separata do *Boletim do Ministério da Justiça*, p. 139.

[846] V. seção 2.5.2, sobre o exercício do direito de regresso.

[847] Costa, Mário Júlio de Almeida. *Direito das obrigações*. 12. ed. Coimbra: Almedina, 2009, p. 673-674.

Diferentemente dos comuns, os meios de defesa pessoais parecem traduzir uma faculdade, não um dever; e não teria o devedor demandado a faculdade de invocar exceções pessoais pertinentes a seu consorte, porque não lhe interessariam (p. ex., a existência de termo ou condição, os defeitos relativos do negócio jurídico, a confusão da obrigação etc.).[848] Não se trataria de dever, ademais, porque, se deles não utilizasse, o devedor demandado apenas abriria mão de benefício próprio (e, não, alheio) e renunciável.[849]

Esses meios de defesa não dizem respeito, assim, às obrigações de todos, mas apenas às de um ou às de alguns dos devedores; seu fundamento é um fato ou circunstância inerente à pessoa de um ou de alguns dos devedores. Desse modo, a exceção ou defesa pessoal poderia ser invocada pelo devedor demandado para exonerá-lo da responsabilidade pelo total (ou por parte) da dívida, mas, em princípio, sem que isso beneficiasse os outros devedores, senão até a concorrência da parte daquele na dívida.[850]

Apesar de a solidariedade unir os devedores em face do credor, não se permite ao devedor demandado individualmente, em regra, invocar as exceções pessoais de seus consortes, por concernirem a *fatos pessoais*, ou seja, direitos alheios, de terceiros, dos quais ele não se beneficia, porque tais direitos não se ampliam de pessoa a pessoa.[851] Afirma-se que, por isso, subsistiria para o demandado a integralidade do débito.[852]

Esse entendimento, no entanto, não é pacífico, tanto que o Código Civil e Comercial argentino (v. art. 831),[853] permite que as defesas pes-

[848] Pereira, Caio Mário da Silva. *Instituições de direito civil*: teoria geral das obrigações. 26. ed. Rio de Janeiro: Forense, 2014, v. II, p. 96.

[849] Nonato, Orosimbo. *Curso de obrigações*: generalidades – espécies. Rio de Janeiro: Forense, 1959, v. II, p. 222.

[850] Santos, J. M. de Carvalho. *Código Civil brasileiro interpretado*: principalmente do ponto de vista prático: parte geral. 7. ed. Rio de Janeiro: Freitas Bastos, 1956, v. XI, p. 256-257.

[851] Nonato, Orosimbo. *Curso de obrigações*: generalidades – espécies. Rio de Janeiro: Forense, 1959, v. II, p. 220-226.

[852] Serra, Adriano Paes da Silva Vaz. Pluralidade de devedores ou de credores. Lisboa: [s.n], v. 69, out. 1957. Separata do *Boletim do Ministério da Justiça*, p. 136-137.

[853] "Art. 831. [...] Cada uno de los deudores puede oponer al acreedor las defensas comunes a todos ellos. Las defensas personales pueden oponerse exclusivamente por el deudor o acreedor a quien correspondan, y sólo tienen valor frente al coacreedor a quien se refieran. Sin embargo, pueden expandir limitadamente sus efectos hacia los demás codeudores, y

soais "expandam limitadamente" seus efeitos aos demais codevedores, para reduzir o montante total da dívida até a concorrência da quota do codevedor que as pode invocar. Possibilitaria o diploma platino, em outros termos, que os demais consortes se servissem das defesas pessoais de um deles,[854] mas nem a lei nem a doutrina consultada esclarecem os efetivos limites dessa "expansão". Sob esse aspecto, L. M. de Espanés e J. F. Márquez afirmam o dispositivo em apreço teria consagrado a distinção das exceções pessoais, por seus efeitos, em duas categorias. A seu ver, embora nenhuma dessas exceções pudesse ser invocada pelos outros devedores pela totalidade da dívida, algumas aproveitariam aos outros até a concorrência da parte que correspondesse ao primeiro; outras, porém, em nada beneficiariam aos restantes devedores solidários.[855] Contudo, mesmo que tenha sido esse o intuito do codificador – isto é, o de incorporar o entendimento dominante –, a redação (superficial) do mencionado dispositivo afigura-se capaz de provocar grande divergência na literatura e na jurisprudência argentinas.

Há quem sustente que alguns meios de defesa seriam *simplesmente pessoais*, no confronto entre um só devedor e o credor, embora operassem diretamente sobre a obrigação. Quanto ao demandado, esses meios explicariam por inteiro todos os seus efeitos, conforme a natureza do próprio fato e das circunstâncias do caso concreto; assim, se se referissem a fato extintivo da obrigação, abrangeriam toda a prestação, de modo que liberariam esse devedor, quer na relação externa, quer na interna. Com relação aos demais consortes: às vezes (se os efeitos fossem indivisíveis e favoráveis a eles), seriam eficazes para a prestação inteira; às vezes (se os efeitos fossem indivisíveis, mas desfavoráveis aos outros consortes), totalmente ineficazes; às vezes (se os efeitos fossem divisíveis), eficazes apenas nos limites da quota interna daquele codevedor específico a que

posibilitar una reducción del monto total de la deuda que se les reclama, hasta la concurrencia de la parte perteneciente en la deuda al codeudor que las puede invocar".

854 GAGLIARDO, Mariano. *Tratado de obligaciones*: según el Código Civil y Comercial. Buenos Aires: Zavalía, 2015, t. 1, p. 408. Nesse sentido, cf. COSOLA, Sebastián. In: CLUSELLAS, Gabriel (Coord.). *Código Civil y Comercial*: comentado, anotado y concordado: modelos de redacción sugeridos: artículos 638 a 1091. Buenos Aires: Astrea, 2015, v. 3, p. 424.

855 ESPANÉS, Luis Mosset de; MÁRQUEZ, José Fernando. *Curso de derecho civil*: obligaciones. Buenos Aires: Zavalía, 2018, v. 2, p. 57-58.

se referissem. Sob tais condições e nesses limites, esses meios de defesa seriam oponíveis pelos demais devedores ao credor comum.[856]

Tito Fulgêncio considera *exceções simplesmente pessoais* aquelas que o devedor demandado poderia pessoalmente invocar para o todo, enquanto os outros codevedores se aproveitariam apenas no que dissesse respeito à porção na dívida do demandado. Tocariam, assim, tão só ao empenho particular de um dos codevedores, embora se tornassem, depois, oponíveis pelos demais, até a concorrência da parte daquele na dívida. Seriam elas: a remissão subjetiva, concedida a um dos codevedores, o que importaria na diminuição correspondente da dívida; a confusão; a renúncia da solidariedade feita pelo credor em favor de um ou de alguns dos devedores.[857] O Código Civil de 2002, ao estabelecer que a remissão obtida por um dos credores aproveita aos demais até à concorrência da quantia relevada (v. art. 277),[858] aparenta ter acolhido, ao menos em parte, esse entendimento.[859]

Ao lado dos meios de defesa *simplesmente pessoais*, haveria, sob a ótica da doutrina, aqueles considerados *estritamente pessoais* ou *pessoais de outro devedor*, os quais não aproveitariam, em absoluto, aos outros consortes, de modo que o montante da dívida sempre permaneceria o mesmo, apesar da diminuição do número de devedores,[860] ainda que a hipótese fosse de interesse exclusivo de um dos devedores.[861]

[856] RUBINO, Domenico. Delle obbligazioni: obbligazioni alternative, obbligazioni in solido, obbligazioni divisibili e indivisibili: art. 1285-1320. In: SCIALOJA, Antonio; BRANCA, Giuseppe (a cura di). *Commentario del Codice Civile*: libro quarto: delle obbligazioni. 2. ed. Bologna: Zanichelli; Roma: Soc. Ed. Del Foro Italiano, 1968, p. 218. Nesse sentido, cf. NONATO, Orosimbo. *Curso de obrigações*: generalidades – espécies. Rio de Janeiro: Forense, 1959, v. II, p. 245-246.

[857] FULGÊNCIO, Tito. *Do direito das obrigações*: das modalidades das obrigações: artigos 863--927. 2. ed. Atual. por José de Aguiar Dias. Rio de Janeiro: Forense, 1958, p. 352-353.

[858] "Art. 277. O pagamento parcial feito por um dos devedores e a remissão por ele obtida não aproveitam aos outros devedores, senão até à concorrência da quantia paga ou relevada".

[859] V. seção 2.4.8.1, sobre pagamento parcial e remissão.

[860] NONATO, Orosimbo. *Curso de obrigações*: generalidades – espécies. Rio de Janeiro: Forense, 1959, v. II, p. 246.

[861] RUBINO, Domenico. Delle obbligazioni: obbligazioni alternative, obbligazioni in solido, obbligazioni divisibili e indivisibili: art. 1285-1320. In: SCIALOJA, Antonio; BRANCA, Giuseppe (a cura di). *Commentario del Codice Civile*: libro quarto: delle obbligazioni. 2. ed. Bologna: Zanichelli; Roma: Soc. Ed. Del Foro Italiano, 1968, p. 219.

Nessas circunstâncias, o devedor solidário não estaria autorizado a fazer objeção, ou opor exceção, pessoal de outro devedor, ou de outros devedores (*exceptio de iuri tertii*); não poderia reclamar, em benefício próprio, a eficácia de prazo que o credor pudesse ter concedido a seu consorte, ou a anulabilidade que só dissesse respeito a outro devedor;[862] mesmo quando o demandado não tiver *interesse próprio* na dívida (no sentido do art. 285[863] do Código Civil de 2002), pois isso acarretaria um injustificado prejuízo à posição do credor, com uma influência da relação interna na externa, em um ponto não admitido pela norma.[864]

Essas opiniões, porém, não são pacíficas. C. M. Bianca, p. ex., arrola três possíveis exceções à inoponibilidade dos meios de defesa pessoais de outrem, nas hipóteses de: (i) obrigação solidária de *interesse exclusivo* de algum dos devedores, situação em que o demandado se beneficiaria dos meios de defesa pessoais do devedor principal, porque se aplicaria, por analogia, a regra relativa à fiança (v. art. 1.945[865] do Código Civil italiano, correspondente ao art. 837[866] do Código Civil de 2002); (ii) *causas extintivas da obrigação*, de natureza pessoal, limitadas à quota da relação atingida por essas causas; (iii) *causas de invalidade do título*, se relacionadas a apenas alguma das relações solidárias, oponíveis pelos outros codevedores no limite da quota da relação inválida.[867]

[862] Miranda, Pontes de. *Tratado de direito privado*. 3. ed. Rio de Janeiro: Borsoi, 1971, v. X, p. 340.

[863] "Art. 285. Se a dívida solidária interessar exclusivamente a um dos devedores, responderá este por toda ela para com aquele que pagar".

[864] Rubino, Domenico. Delle obbligazioni: obbligazioni alternative, obbligazioni in solido, obbligazioni divisibili e indivisibili: art. 1285-1320. In: Scialoja, Antonio; Branca, Giuseppe (a cura di). *Commentario del Codice Civile*: libro quarto: delle obbligazioni. 2. ed. Bologna: Zanichelli; Roma: Soc. Ed. Del Foro Italiano, 1968, p. 219. Nesse sentido, cf. Ticozzi, Marco. *Studio sulle obbligazioni solidali*. Padova: Cedam, 2012, p. 113.

[865] "Art. 1945. [...] Il fideiussore può opporre contro il creditore tutte le eccezioni che spettano al debitore principale (1239), salva quella derivante dall'incapacità (1247, 1939)".

[866] "Art. 837. O fiador pode opor ao credor as exceções que lhe forem pessoais, e as extintivas da obrigação que competem ao devedor principal, se não provierem simplesmente de incapacidade pessoal, salvo o caso do mútuo feito a pessoa menor".

[867] Bianca, C. Massimo. *Diritto civile*: l'obbligazione. Milano: Giuffrè, 1993, v. 4, p. 716.

Suscita grandes controvérsias, no Brasil, aliás, a redação do art. 177[868] do Código Civil de 2002, correspondente ao art. 152[869] do Código Civil de 1916, ao dispor que a *anulabilidade*, invocável apenas pelo interessado, aproveitará exclusivamente àqueles que a alegarem, *salvo* o caso de solidariedade ou indivisibilidade. Semelhante regra, para Tito Fulgêncio e Orosimbo Nonato, estaria em antinomia com aquela enunciada no art. 281 do Código Civil de 2002.[870]

Esse tema, de qualquer forma, dada a sua relevância, será analisado com maior profundidade, em seção apartada,[871] assim como os mais relevantes fatos modificativos, extintivos e impeditivos da solidariedade,[872] até para que se melhor avaliem as hipóteses em que poderiam ser considerados pessoais e aquelas em que seriam invocáveis por todos os devedores. Afinal, não é possível reconstruir, de modo uniforme, a categoria dos meios de defesa pessoais, pois o legislador não segue critério unitário para disciplinar a eficácia externa de todos os atos modificativos, extintivos e impeditivos da relação obrigacional solidária.[873]

2.4. Fatos modificativos, extintivos e impeditivos

2.4.1. A incidência de certos direitos potestativos ou formativos

O termo *direito* é suscetível às mais variadas significações. Na linguagem cotidiana, divide-se, em primeiro lugar, em duas classes, quando se faz referência ao "direito de fazer ou de deixar de fazer tal ou qual coisa" ou ao "direito de exigir de outra pessoa que faça ou se abstenha de fazer tal ou qual coisa". O uso linguístico, como se vê, traça uma distinção entre

[868] "Art. 177. A anulabilidade não tem efeito antes de julgada por sentença, nem se pronuncia de ofício; só os interessados a podem alegar, e aproveita exclusivamente aos que a alegarem, salvo o caso de solidariedade ou indivisibilidade".

[869] "Art. 152. As nulidades do art. 147 não têm efeito antes de julgadas por sentença, nem se pronunciam de ofício. Só os interessados as podem alegar, e aproveitam exclusivamente aos que as alegarem, salvo o caso de solidariedade, ou indivisibilidade".

[870] Fulgêncio, Tito. *Do direito das obrigações*: das modalidades das obrigações: artigos 863--927. 2. ed. Atual. por José de Aguiar Dias. Rio de Janeiro: Forense, 1958, p. 354; Nonato, Orosimbo. *Curso de obrigações*: generalidades – espécies. Rio de Janeiro: Forense, 1959, v. II, p. 247.

[871] V. seção 2.4.1, sobre a incidência de certos direitos potestativos ou formativos.

[872] V. seção 2.4, sobre fatos modificativos, extintivos e impeditivos.

[873] Ticozzi, Marco. *Studio sulle obbligazioni solidali*. Padova: Cedam, 2012, p. 111-112.

o *direito a uma conduta própria* e o *direito a uma conduta alheia*. Mas também haveria o *direito sobre determinada coisa*, a exemplo da propriedade. Nas hipóteses em que o direito tivesse caráter subjetivo, cuidar-se-ia necessariamente de um direito a uma conduta alheia, ou seja, à conduta a que outro estivesse juridicamente obrigado.[874]

Parece útil, para os escopos do presente estudo, considerar a classificação dos direitos em duas grandes categorias, tal como proposta por G. Chiovenda: (i) a dos direitos tendentes a um bem da vida a se conseguir, antes de tudo, por meio de prestação positiva ou negativa de outros (*direitos a uma prestação*); (ii) a dos direitos tendentes à modificação do estado jurídico existente (*direitos potestativos*). Enquanto os *direitos a uma prestação* se subdividiriam em absolutos e relativos, reais e pessoais, os *direitos potestativos* corresponderiam a uma categoria nitidamente contraposta à primeira, por lhes faltar precisamente a obrigação de uma pessoa de realizar uma prestação.[875]

Esses *direitos potestativos* atuariam mediante simples declaração de vontade (em alguns casos, com a intervenção do juiz); tenderiam à produção de um efeito jurídico a favor de um indivíduo; e o outro se sujeitaria a esse efeito jurídico, sem que nada devesse nem pudesse fazer para se esquivar; a *sujeição*, como estado jurídico, dispensaria o concurso da vontade do sujeito ou qualquer atitude dele. Os *direitos potestativos*, por sua natureza, não se dirigiriam contra certa obrigação, mas se exauririam no poder jurídico de produzir um efeito, por meio de manifestação de vontade; de modo que não poderiam ser *lesados* por ninguém.[876]

Há quem critique, hoje, a utilização da categoria *direito subjetivo* como arquétipo para a solução das questões relativas à atribuição de bens e direitos; seria preciso, sob tal perspectiva, um instituto de maior amplitude, que viesse a permitir a integração dos deveres aos outrora únicos direitos concedidos ao titular do direito subjetivo. Como a solução dos litígios decorre, geralmente, da atribuição de determinados objetos de direito a certas pessoas, a *situação jurídica* encerraria uma acomodação

[874] Kelsen, Hans. *Teoría general del derecho y del estado*. Trad. Eduardo García Máynez. México: Textos Universitarios, 1969, p. 87.

[875] Chiovenda, Giuseppe. *Instituições de direito processual civil*: os conceitos fundamentais; a doutrina das ações. Trad. J. Guimarães Menegale. São Paulo: Saraiva, 1942, v. 1, p. 36-40.

[876] Chiovenda, Giuseppe. *Instituições de direito processual civil*: os conceitos fundamentais; a doutrina das ações. Trad. J. Guimarães Menegale. São Paulo: Saraiva, 1942, v. 1, p. 41-47.

entre o ser e o ter, com base no objeto da relação, ou melhor, na integração entre fato, objeto e sujeitos.[877]

Cogita-se, ainda, de *situação jurídica ativa*, considerada como *direito potestativo*, em que se atribui ao titular o poder (pelo exercício de faculdade) de alterar a ordem jurídica, ao criar uma posição desfavorável a outro sujeito, em obediência à realização do interesse desse titular, com a constituição, modificação ou extinção de *situação jurídica passiva*. Essa sujeição não se confundiria com o dever jurídico, por se tratar de "necessidade inelutável": o sujeitado não conseguiria violar ou infringir a situação; estaria necessariamente exposto à produção dos resultados do exercício do direito potestativo.[878]

Semelhante situação jurídica ativa corresponderia – na linguagem própria de Pontes de Miranda, influenciado pela doutrina germânica – aos chamados *direitos formativos*. Distinguir-se-iam, a seu ver, os *direitos formados* dos *direitos formativos*; estes tenderiam à criação (direitos formativos criadores ou geradores), à modificação (direitos formativos modificadores), ou à extinção dos direitos (direitos formativos extintivos).[879] Afora essa questão terminológica, não se veem significativas diferenças entre os direitos potestativos e os direitos formativos, ao menos quanto ao que aqui interessa.

A relação obrigacional solidária passiva, como a de qualquer outra natureza, está sujeita à incidência, ao longo de todo o seu desenvolvimento, de direitos potestativos ou formativos, dos quais ambas as partes podem figurar como titulares. O próprio surgimento da obrigação convencional decorre do exercício de direito dessa categoria, com o que se vinculam os devedores ao credor, no exercício da autonomia privada. A incidência de tais direitos também é suficiente para modificar, extinguir ou impedir que a obrigação produza efeitos, o que ocorrerá, p. ex., quando for anulado ou for declarada a nulidade do negócio.

[877] BENACCHIO, Marcelo. Direito subjetivo – situação jurídica – relação jurídica. In: LOTUFO, Renan; NANNI, Giovanni Ettore (Coord.). *Teoria geral do direito civil*. São Paulo: Atlas, 2008, p. 200.

[878] BENACCHIO, Marcelo. Direito subjetivo – situação jurídica – relação jurídica. In: LOTUFO, Renan; NANNI, Giovanni Ettore (Coord.). *Teoria geral do direito civil*. São Paulo: Atlas, 2008, p. 208-209.

[879] MIRANDA, Pontes de. *Tratado de direito privado*. 3. ed. Rio de Janeiro: Borsoi, 1970, v. VI, p. 305.

Há, ainda, outras situações, como a de inadimplemento, que acarretam, conforme o caso, a modificação ou a extinção da obrigação. Questionam-se, p. ex., as possibilidades de resilição, de distrato ou de resolução parciais do negócio jurídico, no tocante a apenas um (ou a mais de um) dos devedores solidários; seria possível manter, para os demais, a relação obrigacional solidária? Todas as relações jurídicas, em geral, sujeitam-se a grande número de direitos potestativos; oportunamente serão analisadas algumas circunstâncias específicas, por afetarem, de maneira particular, a solidariedade.

2.4.2. Impossibilidade da prestação

Com redação idêntica à do art. 908[880] do Código Civil de 1916, o art. 279[881] do Código Civil de 2002 dispõe que, se a prestação se *impossibilitar* por culpa de um dos devedores solidários, subsistirá para todos a obrigação de pagar o *equivalente*; mas só o culpado responderá pelas *perdas e danos*. Cuida-se de disciplina aplicável ao inadimplemento culposo da obrigação solidária; disciplina essa que tem de se compatibilizar com as demais regras pertinentes à inexecução de obrigações em geral,[882] como, p. ex., aquelas previstas nos arts. 234,[883] 236,[884] 239[885] (obrigações de dar coisa certa), 248[886] (obrigações de fazer), 251,

[880] "Art. 908. Impossibilitando-se a prestação por culpa de um dos devedores solidários, subsiste para todos o encargo de pagar o equivalente; mas pelas perdas e anos só responde o culpado".

[881] "Art. 279. Impossibilitando-se a prestação por culpa de um dos devedores solidários, subsiste para todos o encargo de pagar o equivalente; mas pelas perdas e danos só responde o culpado".

[882] Amorth, Giorgio. *L'obbligazione solidale*. Milano: Giuffrè, 1959, p. 105.

[883] "Art. 234. Se, no caso do artigo antecedente, a coisa se perder, sem culpa do devedor, antes da tradição, ou pendente a condição suspensiva, fica resolvida a obrigação para ambas as partes; se a perda resultar de culpa do devedor, responderá este pelo equivalente e mais perdas e danos".

[884] "Art. 236. Sendo culpado o devedor, poderá o credor exigir o equivalente, ou aceitar a coisa no estado em que se acha, com direito a reclamar, em um ou em outro caso, indenização das perdas e danos".

[885] "Art. 239. Se a coisa se perder por culpa do devedor, responderá este pelo equivalente, mais perdas e danos".

[886] "Art. 248. Se a prestação do fato tornar-se impossível sem culpa do devedor, resolver-se-á a obrigação; se por culpa dele, responderá por perdas e danos".

caput[887] (obrigações de não fazer), 392[888] (inadimplemento de contratos benéficos e onerosos), 399[889] (impossibilidade da prestação ocorrida após a constituição em mora) etc.

Ingressa-se, aqui, diria Agostinho Alvim, no *estado patológico* da relação obrigacional, na medida em que o cumprimento da obrigação traduz a regra, o inadimplemento, a exceção. A impossibilidade da prestação, prevista no art. 279, corresponde ao *inadimplemento absoluto, total* (se a prestação deixar, em sua integralidade, de ser cumprida) ou *parcial* (se um ou mais objetos, dentre os vários integrantes de um conjunto, perecer). Note-se que, nessas circunstâncias, a prestação (ou parte dela) não se realizou nem se realizará.[890]

De fato, ao se impossibilitar a prestação, não mais se cogitará de *mora*; é que nunca haverá o *adimplemento* (ao menos, quanto ao cumprimento daquela prestação originária). Se não se verificar a culpa de nenhum dos devedores, resolver-se-á a obrigação; na hipótese de culpa de um deles, entretanto, *modificar-se-á* a relação jurídica obrigacional: em lugar da prestação original, a solidariedade recairá, agora, sobre o *equivalente*, por força do que prescreve o art. 279; os não culpados estarão livres tão só das perdas e danos.

Semelhante regra encontra-se prevista do Código Civil italiano (v. art. 1.307)[891] e no Código Civil português (v. art. 520).[892] Também figu-

[887] "Art. 251. Praticado pelo devedor o ato, a cuja abstenção se obrigara, o credor pode exigir dele que o desfaça, sob pena de se desfazer à sua custa, ressarcindo o culpado perdas e danos".

[888] "Art. 392. Nos contratos benéficos, responde por simples culpa o contratante, a quem o contrato aproveite, e por dolo aquele a quem não favoreça. Nos contratos onerosos, responde cada uma das partes por culpa, salvo as exceções previstas em lei'.

[889] "Art. 399. O devedor em mora responde pela impossibilidade da prestação, embora essa impossibilidade resulte de caso fortuito ou de força maior, se estes ocorrerem durante o atraso; salvo se provar isenção de culpa, ou que o dano sobreviria ainda quando a obrigação fosse oportunamente desempenhada".

[890] Alvim, Agostinho. *Da inexecução das obrigações e suas consequências.* São Paulo: Saraiva, 1949, p. 11-15.

[891] "Art. 1307. [...] Se l'adempimento dell'obbligazione è divenuto impossibile per causa imputabile a uno o più condebitori (1218), gli altri condebitori non sono liberati dall'obbligo solidale di corrispondere il valore della prestazione dovuta. Il creditore può chiedere il risarcimento del danno ulteriore al condebitore o a ciascuno dei condebitori inadempienti".

[892] "Art. 520º [...] Se a prestação se tornar impossível por facto imputável a um dos devedores, todos eles são solidariamente responsáveis pelo seu valor; mas só o devedor a quem o

rava na redação original do art. 1.205[893] do Código Civil francês, mas, com a *Ordonnance* n. 2016-131, de 10 de fevereiro de 2016, tal diploma passou a dispor (v. art. 1.319)[894] que todos os codevedores solidários responderão solidariamente pela *inexecução da obrigação*, mesmo que o inadimplemento seja imputável a apenas um deles.[895]

Conquanto não mencione expressamente o elemento *culpa*, parece que o *Code* teria acolhido uma solução análoga à do Código Civil espanhol (v. art. 1.147);[896] seria ilógico, afinal, se a simples inexecução da obrigação, mesmo quando não se vislumbrasse nexo de causalidade entre a ação ou a omissão de um dos devedores e a impossibilidade da prestação, acarretasse a responsabilidade solidária de todos.

Ligeiramente diverso é o regime previsto no Código Civil e Comercial argentino (v. art. 838),[897] no qual se distinguem as situações de (i) *culpa* de algum dos devedores, em que os demais respondem tanto pelo equivalente quanto pelas perdas e danos, das (ii) de inexecução *dolosa*, em que se liberam da responsabilidade os codevedores inocentes.[898]

facto é imputável responde pela reparação dos danos que excedam esse valor, e, sendo vários, é solidária a sua responsabilidade".

[893] "Art. 1205. [...] Si la chose due a péri par la faute ou pendant la demeure de l'un ou de plusieurs des débiteurs solidaires, les autres codébiteurs ne sont point déchargés de l'obligation de payer le prix de la chose ; mais ceux-ci ne sont point tenus des dommages et intérêts. Le créancier peut seulement répéter les dommages et intérêts tant contre les débiteurs par la faute desquels la chose a péri, que contre ceux qui étaient en demeure".

[894] "Art. 1319. Les codébiteurs solidaires répondent solidairement de l'inexécution de l'obligation. La charge en incombe à titre définitif à ceux auxquels l'inexécution est imputable".

[895] François, Clément. Présentation des articles 1310 à 1319 du nouveau paragrafe 1 'L'obligation solidaire'. *La réforme du droit des contrats présentée par l'IEJ de Paris 1*, 2016. Disponível em: [https://iej.univ-paris1.fr/openaccess/reforme-contrats/titre4/chap1/sect3/ssect2/para1-obligation-solidaire/]. Acesso em 2.9.2018.

[896] "Art. 1147. Si la cosa hubiese perecido o la prestación se hubiese hecho imposible sin culpa de los deudores solidarios, la obligación quedará extinguida. Si hubiese mediado culpa de parte de cualquiera de ellos, todos serán responsables, para con el acreedor, del precio y de la indemnización de daños y abono de intereses, sin perjuicio de su acción contra el culpable o negligente".

[897] "Art. 838. [...] Si el cumplimiento se hace imposible por causas imputables a un codeudor, los demás responden por el equivalente de la prestación debida y la indemnización de daños y perjuicios. Las consecuencias propias del incumplimiento doloso de uno de los deudores no son soportadas por los otros".

[898] Cosola, Sebastián. In: Clusellas, Gabriel (Coord.). *Código Civil y Comercial*: comentado, anotado y concordado: modelos de redacción sugeridos: artículos 638 a 1091. Buenos Aires: Astrea, 2015, v. 3, p. 431-432.

Diz-se que há dolo para exprimir que a violação do dever foi intencional, consciente, ao contrário do que se dá na hipótese de culpa, em que a violação se origina de um descuido ou imprudência.[899]

Inspirou-se o legislador brasileiro (assim como o italiano e o português), porém, na redação original do Código Civil francês, baseada, por sua vez, na doutrina de R. J. Pothier, segundo quem, quando a coisa devida perecesse pelo fato ou pela falta de algum dos devedores solidários, ou quando o devedor estivesse em mora, a dívida perpetuar-se-ia não apenas contra esse devedor, senão contra todos os devedores solidários, quanto ao preço da coisa; porque a obrigação de cada um seria uma só e única, de modo que não poderia subsistir para um, sem alcançar os demais. Apesar disso, a falta, o fato ou a demora de um dos devedores não prejudicaria os demais *ad agenda ipsorum obligationem*; ou seja, apenas aquele que houvesse cometido a falta ou fosse colocado em mora seria responsável pelos danos e prejuízos que pudessem resultar da inexecução da obrigação, afora o valor da coisa devida.[900]

Renan Lotufo, no Brasil, entende que tal regra seria lógica e coerente com a natureza jurídica da solidariedade obrigacional; afinal, se um dos devedores, culposamente, tornasse impossível o cumprimento da obrigação, isso não desfaria a solidariedade; apenas não seriam solidárias as agravações decorrentes da culpa subjetiva.[901]

Todos seriam igualmente devedores da totalidade, *totum et totaliter*, explica Clovis Bevilaqua; a substituição pelo equivalente não lhes aumentaria, pois, o encargo, não lhes tornaria a obrigação mais pesada; diferentemente das perdas e danos (pena civil), as quais corresponderiam a um acréscimo da obrigação estipulada, de modo que seria justo que recaíssem somente sobre aquele que lhes desse causa.[902]

A culpa de um dos devedores, assim, não poderia extinguir a solidariedade, o que faria com que o credor perdesse o direito de cobrar de

899 Alvim, Agostinho. *Da inexecução das obrigações e suas consequências*. São Paulo: Saraiva, 1949, p. 228.

900 Pothier, Robert Joseph. *Tratado de las obligaciones*. Buenos Aires: Editorial Atalaya, 1947, p. 150.

901 Lotufo, Renan. *Código Civil comentado*: obrigações: parte geral (arts. 233 a 420). São Paulo: Saraiva, 2003, v. 2, p. 116.

902 Bevilaqua, Clovis. *Código Civil dos Estados Unidos do Brasil comentado*. Rio de Janeiro: Livraria Francisco Alves, 1930, v. IV, p. 60.

qualquer um ou de todos o que lhe fosse devido, ou seu equivalente, com "grande injustiça", na opinião de J. M. de Carvalho Santos. O pagamento do equivalente, a seu ver, não importaria agravação alguma; seria justo, assim, que todos permanecessem obrigados pelo equivalente.[903]

Sob a perspectiva da lógica, entretanto, a culpa de um dos devedores solidários corresponderia a um *caso fortuito* para os demais, algo suficiente para liberá-los, quer quanto ao equivalente, quer quanto à indenização.[904] Essa forma de ressarcimento, aliás, suscita perplexidade entre muitos autores, sob a acusação de ser uma incompreensível e injustificada derrogação dos princípios gerais em tema de inadimplemento.[905] Mas a lei, para M. I. Carvalho de Mendonça, sacrificaria a lógica à equidade, porquanto seria incongruente estabelecer a solidariedade em favor do credor, para despojá-lo, depois, de suas vantagens, precisamente pela conduta de um daqueles contra quem a solidariedade se exercesse.[906]

O codevedor, ademais, ao qual a responsabilidade não pudesse ser imputável, não veria modificado quantitativamente seu próprio patrimônio, porque se manteria obrigado para com o credor por uma soma em dinheiro correspondente ao valor da prestação originária. Haveria, nessas circunstâncias, uma cisão entre o débito originário (modificado em seu objeto, mas mantida a solidariedade entre os devedores) e o débito de ressarcimento do dano ulterior, que restaria a cargo apenas do(s) devedor(es) culpado(s).[907]

Conveniente ou não, lógica ou ilógica, trata-se da solução adotada pela lei brasileira: se houver inadimplemento absoluto da prestação, por culpa de um dos devedores, os demais permanecerão obrigados pelo

[903] Santos, J. M. de Carvalho. *Código Civil brasileiro interpretado*: principalmente do ponto de vista prático: parte geral. 7. ed. Rio de Janeiro: Freitas Bastos, 1956, v. XI, p. 242-243. Nesse sentido, cf. Nonato, Orosimbo. *Curso de obrigações*: generalidades – espécies. Rio de Janeiro: Forense, 1959, v. II, p. 203.

[904] Amorth, Giorgio. *L'obbligazione solidale*. Milano: Giuffrè, 1959, p. 105-106.

[905] Orlandi, Mauro. *La responsabilità solidale*: profili dele obbligazioni solidali risarcitorie. Milano: Dott. A. Giuffrè Editore, 1993, p. 317.

[906] Mendonça, Manuel Inácio Carvalho de. *Doutrina e prática das obrigações ou tratado geral dos direitos de crédito*. 4. ed. Rio de Janeiro: Forense, 1956, t. I, p. 335. Nesse sentido, cf. Ticozzi, Marco. *Studio sulle obbligazioni solidali*. Padova: Cedam, 2012, p. 135.

[907] Porta, Ubaldo La. Delle obbligazioni in solido: artt. 1292-1313. In: Schlesinger, Piero; Busnelli, Francesco Donato (diretto da). *Il Codice Civile*: commentario. Milano: Giuffrè Editore, 2014, p. 308-309.

valor equivalente. Cuida-se, ao que se vê, de *responsabilidade objetiva por fato de terceiro*;[908] com a assunção da obrigação, os devedores assumem o risco de inadimplemento de seus consortes, no sentido de garantir o valor da prestação.[909] Quanto ao que extrapolar esse equivalente, ou seja, no que disser respeito às perdas e danos *em sentido estrito*,[910] porém, responderá apenas o culpado.

Essa manutenção da solidariedade, quanto ao equivalente, aliás, traduziria uma das diferenças entre a obrigação indivisível e a solidária.[911] Perderia a qualidade de indivisível a obrigação (não solidária) que se resolvesse em perdas e danos: transformar-se-ia em parciária, e o adimplemento seria em pecúnia, fracionado, a depender da concorrência de culpas entre os devedores (v. art. 263[912] do Código Civil de 2002). Já a obrigação solidária, mesmo diante da impossibilidade da prestação, conservaria essa qualidade, no que se referisse ao equivalente, até a satisfação do crédito.[913]

Se a impossibilidade da prestação decorresse da culpa de todos os devedores, a solidariedade subsistiria, inclusive, na conversão em perdas e danos, com todas as suas consequências.[914] Nesse caso, entretanto, aparenta ser mais adequado afirmar que surgiu *nova solidariedade*, resul-

[908] ORLANDI, Mauro. *La responsabilità solidale*: profili dele obbligazioni solidali risarcitorie. Milano: Dott. A. Giuffrè Editore, 1993, p. 321.

[909] BIANCA, C. Massimo. *Diritto civile*: l'obbligazione. Milano: Giuffrè, 1993, v. 4, p. 746.

[910] MIRANDA, Pontes de. *Tratado de direito privado*. 3. ed. Rio de Janeiro: Borsoi, 1971, v. X, p. 345.

[911] V. seção 1.10.1.2, sobre obrigações solidárias e obrigações indivisíveis.

[912] "Art. 263. Perde a qualidade de indivisível a obrigação que se resolver em perdas e danos. § 1º Se, para efeito do disposto neste artigo, houver culpa de todos os devedores, responderão todos por partes iguais. 2º Se for de um só a culpa, ficarão exonerados os outros, respondendo só esse pelas perdas e danos".

[913] AZEVEDO, Álvaro Villaça. *Curso de direito civil*: teoria geral das obrigações. 8. ed. São Paulo: Editora Revista dos Tribunais, 2000, p. 98-99; GAGLIANO, Pablo Stolze; PAMPLONA FILHO, Rodolfo. *Novo curso de direito civil*: obrigações. 12. ed. São Paulo: Saraiva, 2011, v. II, p. 126; GOMES, Orlando. *Obrigações*. 5. ed. Rio de Janeiro: Forense, 1978, p. 96; MONTEIRO, Washington de Barros. *Curso de direito civil*: direito das obrigações, 1ª parte: das modalidades das obrigações: dos efeitos das obrigações. 15. ed. São Paulo: Saraiva, 1979, p. 139-140; NERY, Rosa Maria de Andrade; NERY JUNIOR, Nelson. *Instituições de direito civil*: direito das obrigações. São Paulo: Editora Revista dos Tribunais, 2015, v. II, p. 193; NONATO, Orosimbo. *Curso de obrigações*: generalidades – espécies. Rio de Janeiro: Forense, 1959, v. II, p. 74.

[914] PEREIRA, Caio Mário da Silva. *Instituições de direito civil*: teoria geral das obrigações. 26. ed. Rio de Janeiro: Forense, 2014, v. II, p. 95. Nesse sentido, cf. MENDONÇA, Manuel Inácio

tante, agora, da aplicação da regra prevista no art. 942, *caput*, segunda parte,[915] do Código Civil de 2002,[916] haja vista o concurso de culpas.

Na prática, se *todos* os devedores concorrerem para a impossibilidade da prestação, todos serão obrigados solidariamente pelo equivalente *e* pelas perdas e danos,[917] *como se* subsistisse a solidariedade originária. Porém, se a inexecução estiver relacionada à culpa de alguns devedores (e não de todos os integrantes do grupo solidário), cindir-se-á a relação obrigacional, de forma que: (i) todos, inclusive os inocentes, permanecerão obrigados, de forma solidária, pelo equivalente; (ii) mas apenas os culpados serão responsáveis solidariamente pelas perdas e danos, liberados aqueles que não houverem contribuído para a inexecução.

Não se cogitará de equivalente em dinheiro, contudo, nos contratos sinalagmáticos, quando, antes de entregar a sua contraprestação, o credor optar pela resolução do negócio. Se a prestação que se impossibilitar for objeto de um contrato desse jaez, o credor terá direito, em primeiro lugar, à pura e simples resolução; liberar-se-á, com isso, de sua prestação correspectiva, contra todos os devedores, ainda que se cuide de devedores inocentes, porquanto a resolução não se verificará senão para todos os sujeitos.[918] Nessas circunstâncias, se a resolução ocorrer antes de o credor cumprir a sua própria prestação, os devedores não estarão obrigados ao equivalente em dinheiro, já que, se não fosse assim, se verificaria o enriquecimento injustificado do credor.

Não há menção, no art. 279, acerca das hipóteses de responsabilidade objetiva dos devedores solidários, em que se eliminaria a culpa

Carvalho de. *Doutrina e prática das obrigaçoes ou tratado geral dos direitos de crédito*. 4. ed. Rio de Janeiro: Forense, 1956, t. I, p. 334.

915 "Art. 942. [...]; e, se a ofensa tiver mais de um autor, todos responderão solidariamente pela reparação".

916 Bdine Jr., Hamid Charaf. In: Peluso, Cezar (Coord.). *Código Civil comentado*: doutrina e jurisprudência: Lei n. 10.406, de 10.01.2002: contém o Código Civil de 1916. 4. ed. Barueri: Manole, 2010, p. 229.

917 Porta, Ubaldo La. Delle obbligazioni in solido: artt. 1292-1313. In: Schlesinger, Piero; Busnelli, Francesco Donato (diretto da). *Il Codice Civile*: commentario. Milano: Giuffrè Editore, 2014, p. 308.

918 Rubino, Domenico. Delle obbligazioni: obbligazioni alternative, obbligazioni in solido, obbligazioni divisibili e indivisibili: art. 1285-1320. In: Scialoja, Antonio; Branca, Giuseppe (a cura di). *Commentario del Codice Civile*: libro quarto: delle obbligazioni. 2. ed. Bologna: Zanichelli; Roma: Soc. Ed. Del Foro Italiano, 1968, p. 299.

como requisito do dano indenizável, para que cada um respondesse pelos riscos de seus atos, desde que houvesse nexo causal entre o dano e o agente. Nos casos em que a responsabilidade objetiva fosse convencionada ou estivesse prevista na lei (v., p. ex., arts. 393, *caput*, segunda parte,[919] e 735,[920] ambos do Código Civil de 2002), e a culpa não correspondesse a um de seus elementos indispensáveis, em virtude de necessidades de várias ordens,[921] todos os devedores, mesmo os inocentes, responderiam, tanto pelo equivalente, quanto pelas perdas e danos, solidariamente. Não se aplicaria, nessas situações hipotéticas, a regra do art. 279, porque se mostraria irrelevante a verificação da culpa.

Outra questão que costuma suscitar certa divergência entre os escritores concerne às situações de impossibilidade da prestação por culpa de herdeiro de um dos devedores.[922] Há quem defenda as seguintes soluções: (i) os coerdeiros liberar-se-iam, tal como se a coisa houvesse perecido por culpa de um terceiro, uma vez que a solidariedade não existiria mais na relação entre eles; (ii) os demais devedores responderiam tão somente até a concorrência da parte pela qual, na sucessão, fosse obrigado o coerdeiro culpado, porque, quanto ao mais, seria fato de terceiro, e a solidariedade não iria além daí, em tais casos.[923]

Discordamos, todavia, dessa solução, porquanto se faz necessário combinar as regras previstas nos arts. 276[924] e 279. Ora, se todos os herdeiros, reunidos, são considerados como um devedor solidário em

[919] "Art. 393. O devedor não responde pelos prejuízos resultantes de caso fortuito ou força maior, se expressamente não se houver por eles responsabilizado".

[920] "Art. 735. A responsabilidade contratual do transportador por acidente com o passageiro não é elidida por culpa de terceiro, contra o qual tem ação regressiva".

[921] ALVIM, Agostinho. *Da inexecução das obrigações e suas consequências*. São Paulo: Saraiva, 1949, p. 269-272.

[922] V. seção 2.4.7, sobre morte de um dos devedores.

[923] SANTOS, J. M. de Carvalho. *Código Civil brasileiro interpretado*: principalmente do ponto de vista prático: parte geral. 7. ed. Rio de Janeiro: Freitas Bastos, 1956, v. XI, p. 245. Nesse sentido, cf. AMORTH, Giorgio. *L'obbligazione solidale*. Milano: Giuffrè, 1959, p. 108. LAROMBIÈRE, M. L. *Théorie & pratique des obligations*: ou commentaire des titres III & IV, livre III, du Code Napoléon: art. 1101 à 1386. Paris: A. Durand, 1857, t. 2, p. 625; TEPEDINO, Gustavo; BARBOZA, Heloisa Helena; MORAES, Maria Celina Bodin de. *Código Civil interpretado*: conforme a Constituição da República: parte geral e obrigações. 2. ed. Rio de Janeiro: Renovar, 2007, v. 1, p. 563.

[924] "Art. 276. Se um dos devedores solidários falecer deixando herdeiros, nenhum destes será obrigado a pagar senão a quota que corresponder ao seu quinhão hereditário, salvo se a

relação aos demais devedores, a impossibilidade superveniente da prestação, se resultar de culpa de um desses coerdeiros, equivalerá, na fase externa, à inexecução culposa por um dos devedores solidários.

Diante da harmonização das regras dos mencionados dispositivos, o credor estaria autorizado, a seu critério, a exigir o equivalente de qualquer um dos devedores solidários ou, se lhe fosse conveniente, do espólio do codevedor morto. Já o coerdeiro culpado poderia responder, sozinho, tanto pelo equivalente quanto pelas perdas e danos, por força do que prescreve o art. 927, *caput*.[925] Caberia aos coerdeiros inocentes a responsabilidade apenas por uma fração do equivalente, de forma proporcional ao respectivo quinhão hereditário.

Discute-se, ainda, na doutrina, sobre a extensão da responsabilidade dos devedores inocentes quanto à importância prevista em eventual cláusula penal. Com base nos escritos de Dumoulin, R. J. Pothier explica que, nas hipóteses de previsão expressa dos danos e prejuízos, todos os devedores seriam responsáveis; não apenas pelo equivalente em dinheiro, na medida em que, nessas circunstâncias, o fato ou a demora de um daria origem à condição da inexecução da obrigação, sob a qual se haviam todos obrigado a tais danos e prejuízos.[926]

Há quem, como Orosimbo Nonato, todavia, considere que as perdas e os danos não se estenderiam aos demais devedores sem culpa. Não haveria motivo para diferenciar entre perdas e danos predeterminados por cláusula penal e aqueles fixados, posteriormente, por arbitramento. Ressalvar-se-iam, no entanto, os casos em que todos os devedores, às expressas, assumissem, ainda que inculpados, o encargo de perdas e danos.[927]

obrigação for indivisível; mas todos reunidos serão considerados como um devedor solidário em relação aos demais devedores".

[925] "Art. 927. Aquele que, por ato ilícito (arts. 186 e 187), causar dano a outrem, fica obrigado a repará-lo".

[926] Pothier, Robert Joseph. *Tratado de las obligaciones*. Buenos Aires: Editorial Atalaya, 1947, p, 151. Nesse sentido, cf. Costa, Mário Júlio de Almeida. *Direito das obrigações*. 12. ed. Coimbra: Almedina, 2009, p. 673; Santos, J. M. de Carvalho. *Código Civil brasileiro interpretado*: principalmente do ponto de vista prático: parte geral. 7. ed. Rio de Janeiro: Freitas Bastos, 1956, v. XI, p. 245.

[927] Nonato, Orosimbo. *Curso de obrigações*: generalidades – espécies. Rio de Janeiro: Forense, 1959, v. II, p. 211-212.

Afigura-se lógico, com efeito, esse último entendimento: se o art. 279 não traça distinções entre o prejuízo prefixado em cláusula penal e aquele apurado, concretamente, depois de se impossibilitar a prestação, não estaria o intérprete autorizado a criar tratamentos diferenciados entre essas situações análogas. A não ser, é claro, que estivesse convencionada a extensão da responsabilidade de todos os devedores pelo inadimplemento culposo de algum deles.

Não se poderia excluir – explica M. Ticozzi – a possibilidade de as partes pactuarem a derrogação da disciplina legal; seria possível, assim, que os devedores se obrigassem não apenas ao adimplemento da inteira prestação, mas também a garantir o adimplemento dos outros, de tal modo que o inadimplemento de um impusesse o ressarcimento (e não apenas o equivalente) por parte dos outros. Tratar-se-ia, em última análise, de uma obrigação solidária quanto à prestação originária, acompanhada de uma obrigação de garantir o ressarcimento de eventual dano decorrente do inadimplemento dos outros consortes.[928]

2.4.3. Mora e juros

No campo da inexecução das obrigações, é sobretudo o instituto da mora que requer mais delongado exame, não só por ser mais frequente do que o inadimplemento absoluto, mas também por causa das dificuldades que seu estudo apresenta.[929] O art. 394[930] do Código Civil de 2002, praticamente uma reprodução do art. 955[931] do Código Civil de 1916, dispõe que se considera em mora o devedor que não efetuar o pagamento e o credor que não quiser recebê-lo no *tempo*, *lugar* e *forma* que a lei ou a convenção estabelecer.

Realmente, a normatização da mora liga-se às consequências negativas dos comportamentos não satisfativos das partes, quer na liberação do devedor, pelo credor, quer na satisfação do interesse do credor pelo

[928] Ticozzi, Marco. *Studio sulle obbligazioni solidali*. Padova: Cedam, 2012, p. 136. Nesse sentido, cf. Bianca, C. Massimo. *Diritto civile*: l'obbligazione. Milano: Giuffrè, 1993, v. 4, p. 746.

[929] Alvim, Agostinho. *Da inexecução das obrigações e suas consequências*. São Paulo: Saraiva, 1949, p. 16-17.

[930] "Art. 394. Considera-se em mora o devedor que não efetuar o pagamento e o credor que não quiser recebê-lo no tempo, lugar e forma que a lei ou a convenção estabelecer".

[931] "Art. 955. Considera-se em mora o devedor que não efetuar o pagamento, e o credor que não quiser receber no tempo, lugar e forma convencionados (art. 1.058)".

devedor, conforme a previsão hipotética da obrigação quanto à integralidade, tempestividade e devido lugar.[932]

Não se confunde a mora propriamente com o *retardamento* culposo no pagar o que se deve, ou no receber o que é devido: a lei considera em mora quem não pagar ou quem não receber no *tempo*, no *lugar* e na *forma* convencionados. Apesar de se manifestar, em regra, pelo retardamento, a mora seria, antes, a *imperfeição* no cumprimento da obrigação, imperfeição essa não necessariamente culposa.[933]

Incorre em mora o devedor (ou o credor), assim, quer no retardamento culposo, quer na inobservância do lugar ou da forma convencionados. Ou seja, não apenas o pagamento e o recebimento intempestivos configuram a mora, mas também o pagamento e o recebimento em outro lugar ou por outra forma, diversos dos contratados.

Diferentemente do inadimplemento (absoluto), permanece, na mora, a utilidade subjetiva do cumprimento da obrigação: o *accipiens* mantém o interesse na prestação, acrescida de juros e correção monetária;[934] quando for o caso, também de indenização por perdas e danos e honorários advocatícios (v. art. 395[935] do Código Civil de 2002).

Nas hipóteses de mora do *credor*, libera-se o devedor isento de *dolo* da responsabilidade pela conservação da coisa, além de se obrigar o credor ao ressarcimento das despesas empregadas para essa conservação e de o sujeitar a receber a prestação pela estimação mais favorável ao devedor, se o seu valor oscilar entre o dia estabelecido para o pagamento e o da sua efetivação (v. art. 400[936] do Código Civil de 2002).

[932] Lotufo, Renan. *Código Civil comentado*: obrigações: parte geral (arts. 233 a 420). São Paulo: Saraiva, 2003, v. 2, p. 441.

[933] Alvim, Agostinho. *Da inexecução das obrigações e suas consequências*. São Paulo: Saraiva, 1949, p. 17-18.

[934] Scavone Junior, Luiz Antonio. *Juros no direito brasileiro*. 4. ed. São Paulo: Editora Revista dos Tribunais, 2011, p. 133.

[935] "Art. 395. Responde o devedor pelos prejuízos a que sua mora der causa, mais juros, atualização dos valores monetários segundo índices oficiais regularmente estabelecidos, e honorários de advogado".

[936] "Art. 400. A mora do credor subtrai o devedor isento de dolo à responsabilidade pela conservação da coisa, obriga o credor a ressarcir as despesas empregadas em conservá-la, e sujeita-o a recebê-la pela estimação mais favorável ao devedor, se o seu valor oscilar entre o dia estabelecido para o pagamento e o da sua efetivação".

Purga-se a mora, por parte do credor, quando ele se oferece a receber a prestação antes recusada, com o que se sujeita aos efeitos da mora até aquela data (v. art. 401, II,[937] do Código Civil de 2002). A mora do credor (*mora accipiendi*), consoante Pontes de Miranda, produz os seus efeitos a favor de todos os devedores solidários (eficácia coletiva da *mora accipiendi*). Compreende-se facilmente a razão disso: aceita a prestação, todos os devedores se liberam; não aceita, todos são atingidos pela mora do credor.[938]

De fato, a constituição em mora do credor por obra de um só dos devedores, na solidariedade passiva, beneficia todos os coobrigados; isto é, seus efeitos estendem-se a todos eles, por lhes serem favoráveis.[939] Essa extensão de efeitos, naturalmente, produz-se desde que não surjam, além da mora, outras circunstâncias estritamente pessoais a um ou a outro devedor, situação em que tais efeitos beneficiam apenas o codevedor a quem se referirem (mesmo que não se trate do autor da constituição em mora). Quanto ao reembolso das despesas para a conservação da coisa, p. ex., para as quais o credor está obrigado desde o momento de sua mora, apenas têm direito aqueles devedores (ou aquele devedor) que suportaram os gastos, e isso se aplica tanto à fase externa quanto à interna.[940]

Já o *devedor* em mora responde pela impossibilidade da prestação, ainda quando essa impossibilidade resultar de caso fortuito, ou de força maior, ocorrido durante o atraso, salvo se provar a isenção de culpa ou que o dano sobreviria se a obrigação houvesse sido oportunamente desempenhada (v. art. 399).[941] Na obrigação solidária, as consequências

[937] "Art. 401. Purga-se a mora: [...] II – por parte do credor, oferecendo-se este a receber o pagamento e sujeitando-se aos efeitos da mora até a mesma data".

[938] MIRANDA, Pontes de. *Tratado de direito privado*. 3. ed. Rio de Janeiro: Borsoi, 1971, v. X, p. 346-347.

[939] MAZEAUD, Henri y Léon; MAZEAUD, Jean. *Lecciones de derecho civil*: parte segunda: cumplimiento, extinción y transmisión de las obligaciones. Trad. Luis Alcalá-Zamora y Castillo. Buenos Aires: Ediciones Jurídicas Europa-América, 1960, p. 318-319.

[940] RUBINO, Domenico. Delle obbligazioni: obbligazioni alternative, obbligazioni in solido, obbligazioni divisibili e indivisibili: art. 1285-1320. In: SCIALOJA, Antonio; BRANCA, Giuseppe (a cura di). *Commentario del Codice Civile*: libro quarto: delle obbligazioni. 2. ed. Bologna: Zanichelli; Roma: Soc. Ed. Del Foro Italiano, 1968, p. 305-306.

[941] "Art. 399. O devedor em mora responde pela impossibilidade da prestação, embora essa impossibilidade resulte de caso fortuito ou de força maior, se estes ocorrerem durante o

resultantes da impossibilidade da obrigação estão previstas no art. 279, analisado anteriormente.[942]

A mais comum consequência da mora do devedor, contudo, corresponde à incidência de *juros*. Cuida-se, em síntese, da remuneração (ou dos frutos civis) de determinado capital, do qual esses juros são acessórios; representam um acréscimo real ao valor originário, para espelhar rendimento calculado a partir de determinada taxa; não incidem apenas sobre somas em dinheiro, mas também quando houver privação de qualquer capital, desde que representado por bens fungíveis.[943]

No tocante à solidariedade, especificamente, prevê o art. 280[944] do Código Civil de 2002 que *todos* os devedores respondem pelos juros da mora, ainda que a ação tenha sido proposta somente contra um; mas o culpado ressarcirá os demais pelo acréscimo. Trata-se de reprodução do texto previsto no art. 909[945] do Código Civil de 1916.

Na fase externa, portanto, todos os devedores responsabilizam-se, *in solidum*, pelos juros moratórios devidos ao credor comum. Há uma irradiação da solidariedade sobre o acréscimo à prestação originária. Na fase interna, porém, durante a liquidação das quotas, a responsabilidade pelo montante acrescido atribuir-se-á apenas ao(s) culpado(s) pela mora. Assevera Renan Lotufo que essa regra permite distinguir bem os níveis de relação, ou seja, o externo e o interno: o externo atrela os devedores solidários ao credor, e o interno, somente os devedores solidários entre si.[946]

Na legislação estrangeira: (i) o Código Civil espanhol não regulamenta, de maneira específica, a situação de mora por culpa de um dos devedores; aplicam-se, por analogia, as regras previstas para o pereci-

atraso; salvo se provar isenção de culpa, ou que o dano sobreviria ainda quando a obrigação fosse oportunamente desempenhada".

942 V. seção 2.4.2, sobre impossibilidade da prestação.

943 Scavone Junior, Luiz Antonio. *Juros no direito brasileiro*. 4. ed. São Paulo: Editora Revista dos Tribunais, 2011, p. 47 e 51.

944 "Art. 280. Todos os devedores respondem pelos juros da mora, ainda que a ação tenha sido proposta somente contra um; mas o culpado responde aos outros pela obrigação acrescida".

945 "Art. 909. Todos os devedores respondem juros da mora, ainda que a ação tenha sido proposta somente contra um; mas o culpado responde aos outros pela obrigação acrescida'.

946 Lotufo, Renan. *Código Civil comentado*: obrigações: parte geral (arts. 233 a 420). São Paulo: Saraiva, 2003, v. 2, p. 118.

mento da prestação, de forma que todos os devedores se responsabilizam para com o credor quanto ao acréscimo de juros, sem prejuízo de seu direito de ação contra o culpado (v. art. 1.147);[947] (ii) o Código Civil alemão (§ 425)[948] estabelece que a mora prejudica apenas o devedor solidário ao qual se referir; (iii) o Código Civil italiano, no art. 1.308, § 1º,[949] no mesmo sentido, dispõe que a constituição em mora de um dos devedores solidários não afeta os demais; (iv) o Código Civil e Comercial argentino prevê que a mora de um dos devedores solidários prejudica os demais (v. art. 838, primeira parte);[950] e (v) o Código Civil francês, na atual redação do art. 1.314[951] (reprodução do antigo art. 1.207), atribui a todos os devedores a responsabilidade pelos juros moratórios. Embora se omita o Código Civil português, entende a doutrina que os requisitos e efeitos da mora do devedor seriam meramente pessoais, salvo quando a obrigação for líquida e vencer em dia certo, quando a mora será de todos, simultaneamente.[952]

Há dois modelos opostos, como se vê, quanto à responsabilidade pela mora culposa de um dos devedores. Nos sistemas alemão, italiano e português, restringem-se os efeitos da mora ao devedor culpado. Afinal, se a solidariedade é uma exceção ao direito comum, deveria ser sempre restritivamente interpretada, de modo que não lhe sejam atribuíveis

947 "Art. 1147. Si la cosa hubiese perecido o la prestación se hubiese hecho imposible sin culpa de los deudores solidarios, la obligación quedará extinguida. Si hubiese mediado culpa de parte de cualquiera de ellos, todos serán responsables, para con el acreedor, del precio y de la indemnización de daños y abono de intereses, sin perjuicio de su acción contra el culpable o negligente".

948 "425 [...] 1. Los supuestos distintos de los especificados en los §§ 422 a 424 son efectivos, a menos que la naturaleza de la obligación lo indique de otra manera, a favor e y en contra sólo del deudor solidario a quien se refieran de forma particular. 2. Esto se aplica en particular a la denuncia, a la mora, a la culpa de la imposibilidad de cumplimiento por parte de un deudor solidario, de la perscripción, de su interrupción y suspensión, de la confusión del crédito con la deuda de la sentencia firme".

949 "Art. 1308. [...] La costituzione in mora (1219) di uno dei debitori in solido non ha effetto riguardo agli altri, salvo il disposto dell'art. 1310".

950 "Art. 838. [...] La mora de uno de los deudores solidarios perjudica a los demás".

951 "Art. 1314. [...] La demande d'intérêts formée contre l'un des débiteurs solidaires fait courir les intérêts à l'égard de tous".

952 Serra, Adriano Paes da Silva Vaz. Pluralidade de devedores ou de credores. Lisboa: [s.n], v. 69, out. 1957. Separata do *Boletim do Ministério da Justiça*, p. 159. Nesse sentido, cf. Costa, Mário Júlio de Almeida. *Direito das obrigações*. 12. ed. Coimbra: Almedina, 2009, p. 673.

efeitos que não estejam expressos no contrato ou, subsidiariamente, na lei. Na falta de estipulação expressa, portanto, a interpelação feita pelo credor comum apenas constituiria em mora o devedor interpelado; e não sofreriam agravamentos os devedores não interpelados.[953]

Entende A. P. S. Vaz Serra, na esteira de J. M. Barbosa de Magalhães, que essa solução seria a mais adequada, para que a mora do devedor seja sempre apreciada, em separado, para cada devedor, e só em relação ao devedor em mora produza efeitos. Com efeito, se a constituição em mora dependesse de interpelação, só se sujeitaria aos seus efeitos o devedor interpelado, na medida em que a interpelação se destinaria a adverti-lo de que o credor deseja o cumprimento; só o devedor interpelado se consideraria em mora, enquanto os demais, não interpelados, não incorreriam nas consequências que supusessem a interpelação; salvo se ao interpelado houvessem sido conferidos poderes para receber também pelos outros a interpelação.[954]

Mesmo nesses sistemas, naturalmente, quando houver mora *ipso iure* (ou mora *ex re*), seus efeitos incidirão, de forma contemporânea, a todos os devedores, em geral; salvo nas hipóteses de exceção aplicável, por convenção, a um (ou a uma parte) deles, nos casos em que, p. ex., apenas para um (ou mais) a obrigação for a termo, ou se o cumprimento da prestação estiver sujeito a termos diversos para cada um, ou, ainda, se os locais de pagamento forem diferentes entre eles.[955]

Nos ordenamentos espanhol, brasileiro, argentino[956] e francês, diversamente, expandem-se os efeitos da mora, na fase externa, a todos os devedores, mesmo àqueles não culpados. Esse modelo, apesar de con-

[953] MAGALHÃES, J. M. Barbosa de. *Das obrigações solidárias em direito civil portuguez*. Coimbra: Livraria Central de J. Diogo Pires – Editor, 1882, p. 230.

[954] SERRA, Adriano Paes da Silva Vaz. Pluralidade de devedores ou de credores. Lisboa: [s.n], v. 69, out. 1957. Separata do *Boletim do Ministério da Justiça*, p. 163-164.

[955] RUBINO, Domenico. Delle obbligazioni: obbligazioni alternative, obbligazioni in solido, obbligazioni divisibili e indivisibili: art. 1285-1320. In: SCIALOJA, Antonio; BRANCA, Giuseppe (a cura di). *Commentario del Codice Civile*: libro quarto: delle obbligazioni. 2. ed. Bologna: Zanichelli; Roma: Soc. Ed. Del Foro Italiano, 1968, p. 302.

[956] M. López Mesa, entretanto, embora reconheça a existência, na Argentina, de nova regra em sentido contrário, entende que, entre os efeitos da solidariedade, não figura uma espécie de constituição em mora coletiva por interpelação de apenas um dos codevedores solidários. Cf. MESA, Marcelo J. López. *Derecho de las obligaciones*: análisis exegético del nuevo Código Civil y Comercial. Buenos Aires: Euros Editores S.R.L., 2015, p. 1.009.

trastar com o entendimento de R. J. Pothier,[957] explicar-se-ia em razão de seus numerosos adeptos e de seu triunfo na jurisprudência; decorreria de considerações práticas, com o propósito de beneficiar tanto os devedores quanto o credor, na medida em que reduziria os custos da cobrança, ao afastar a necessidade de propositura de várias ações judiciais.[958]

Segundo M. L. Larombière, trata-se de exceção ao princípio de que a mora ou a falta de um dos devedores solidários não poderia agravar a obrigação dos outros.[959] G. Baudry-Lacantinerie e L. Barde, entretanto, entendem que semelhante solução não seria a mais adequada, porquanto os juros moratórios não traduziriam senão indenizações concedidas pelo retardamento na execução da obrigação. Não faria sentido, a seu ver, a adoção de consequências díspares para o inadimplemento absoluto[960] e para a mora.[961]

No Brasil, J. M. de Carvalho Santos vê uma divergência meramente aparente entre os tratamentos da responsabilidade por perdas e danos e dos juros de mora. Os juros, disciplinados por preceitos especiais, seriam acessórios da obrigação principal; dela inseparáveis, portanto, a não ser que houvesse alteração do vínculo obrigacional e quebra da solidariedade, o que não sucederia com as perdas e danos.[962]

No mesmo sentido, M. I. Carvalho de Mendonça assevera que a mora de um dos devedores sempre se estenderia aos demais, porque um de seus efeitos seria o de perpetuar a obrigação. Nas hipóteses de solidariedade, portanto, a obrigação continuaria como tal, a despeito mesmo da mora de um dos devedores.[963]

[957] POTHIER, Robert Joseph. *Tratado de las obligaciones*. Buenos Aires: Editorial Atalaya, 1947, p. 150-151.

[958] BAUDRY-LACANTINERIE, G.; BARDE, L. *Théorie et pratique de droit civil*: des obligations. Paris: Librairie de la Société du Recueil des Lois et des Arrêts, 1902, t. 2, p. 321.

[959] LAROMBIÈRE, M. L. *Théorie & pratique des obligations*: ou commentaire des titres III & IV, livre III, du Code Napoléon: art. 1101 à 1386. Paris: A. Durand, 1857, t. 2, p. 631.

[960] V. seção 2.4.2, sobre impossibilidade da prestação.

[961] BAUDRY-LACANTINERIE, G.; BARDE, L. *Théorie et pratique de droit civil*: des obligations. Paris: Librairie de la Société du Recueil des Lois et des Arrêts, 1902, t. 2, p. 321-322.

[962] SANTOS, J. M. de Carvalho. *Código Civil brasileiro interpretado*: principalmente do ponto de vista prático: parte geral. 7. ed. Rio de Janeiro: Freitas Bastos, 1956, v. XI, p. 246.

[963] MENDONÇA, Manuel Inácio Carvalho de. *Doutrina e prática das obrigações ou tratado geral dos direitos de crédito*. 4. ed. Rio de Janeiro: Forense, 1956, t. I, p. 336.

Quando a obrigação é positiva (prestações de dar ou de fazer) e líquida (certa ou determinada, sem a necessidade de cálculos), se não estiver sujeita a condições ou a prazos diversos, para um ou para vários devedores solidários, aplica-se a regra prevista no art. 397, *caput*,[964] do Código Civil de 2002: *dies interpellat pro homine*. Nessas circunstâncias, todos os devedores são considerados culpados pela mora, porquanto todos eles, vencido o prazo, estão obrigados ao cumprimento da prestação, e pouco importa, em tais hipóteses, o fato de um ou de outro ter sido interpelado.

É irrelevante a existência de culpa de um ou de outro, entretanto, para que o credor possa exigir os juros moratórios de todos os devedores; pouco importa, pois, na fase externa, a qualificação da mora como *ex re* ou *ex persona*. Na forma do art. 280, todos os devedores responderão pelos juros moratórios, ainda que um ou outro não seja culpado ou não tenha sido interpelado. A discussão sobre a culpa será dirimida em ocasião posterior, na fase interna, após a satisfação do credor originário. Basta, pois, em um primeiro momento, a ocorrência da condição, o vencimento do prazo ou a interpelação de apenas um dos devedores: o credor poderá exigir os juros moratórios de todos os devedores.

É o que sustenta J. M. de Carvalho Santos: diante do credor, todos os devedores sempre estão em falta, incorrem em culpa, porque devem a totalidade da obrigação, razão por que respondem, igualmente, pelos juros da mora. Mas, nas relações entre codevedores, assim já não o seria, na medida em que, se apenas um deles houvesse dado causa à mora, somente ele seria culpado e sofreria as consequências da sua culpa, no sentido de compor aos outros o desfalque em seu patrimônio, por tê-los obrigado a pagar juros, sem necessidade.[965]

Se um dos devedores estiver obrigado a termo, ou sob condição, e o acionado não for beneficiado por uma dessas cláusulas acessórios, o devedor, cujo termo ainda não se venceu ou cuja obrigação ainda se achar dependente de cláusula condicional, não responderá pelos juros de mora, inexistentes em relação a ele. Somente depois de vencido o termo

[964] "Art. 397. O inadimplemento da obrigação, positiva e líquida, no seu termo, constitui de pleno direito em mora o devedor".

[965] Santos, J. M. de Carvalho. *Código Civil brasileiro interpretado*: principalmente do ponto de vista prático: parte geral. 7. ed. Rio de Janeiro: Freitas Bastos, 1956, v. XI, p. 247.

é que a obrigação se tornará exigível para ele; somente depois do implemento da condição é que a obrigação será eficaz. Não haverá mora, para ele, antes de ser exigível a obrigação.[966]

Eduardo Espínola enxerga a lei como um "enigma", principalmente pela preocupação de conciliar princípios antagônicos. A seu ver, apesar de a primeira parte do art. 909 do Código Civil de 1916 (idêntica à do art. 280 do Código Civil de 2002) se referir à *ação proposta* contra um dos devedores solidários, seria suficiente, para que estivesse em mora, que o devedor não pagasse no vencimento, ou, se não houvesse termo, que fosse interpelado judicial ou extrajudicialmente.[967]

Apesar de Orosimbo Nonato também considerar defeituosa a redação do mencionado dispositivo – à *ação*, sob sua ótica, nivelar-se-ia qualquer ato capaz de constituir o devedor em mora –,[968] a interpretação desse dispositivo suscita divergências: há quem defenda, como M. I. Carvalho de Mendonça, que, para constituir os devedores em mora, seria essencial o ajuizamento de uma *ação*; não bastaria, assim, a adoção de qualquer dos meios comuns com que se constitui o devedor em mora.[969]

Entendemos, no entanto, que não atuou com precisão o legislador, ao se referir à *ação proposta* somente contra um. A interpretação do art. 280 há de ser harmônica com o restante do sistema (v. arts. 397 e 398),[970] pelo que: (i) o inadimplemento da obrigação positiva e líquida, se houver termo comum, constitui de pleno direito em mora todos os devedores solidários (mora *ex re*); (ii) se não houver termo algum, a mora constitui-se mediante interpelação judicial ou extrajudicial (mora *ex persona*) a qualquer um dos codevedores; (iii) se se tratar de obrigação proveniente de ato ilícito, consideram-se os devedores solidários em mora desde o momento em que o praticaram. Prescinde-se, assim, da propo-

[966] Bevilaqua, Clovis. *Código Civil dos Estados Unidos do Brasil comentado.* Rio de Janeiro: Livraria Francisco Alves, 1930, v. IV, p. 61.

[967] Espinola, Eduardo. *Garantia e extinção das obrigações*: obrigações solidárias e indivisíveis. Rio de Janeiro: Freitas Bastos, 1951, p. 430-431.

[968] Nonato, Orosimbo. *Curso de obrigações*: generalidades – espécies. Rio de Janeiro: Forense, 1959, v. II, p. 217.

[969] Mendonça, Manuel Inácio Carvalho de. *Doutrina e prática das obrigações ou tratado geral dos direitos de crédito.* 4. ed. Rio de Janeiro: Forense, 1956, t. I, p. 336-337.

[970] "Art. 398. Nas obrigações provenientes de ato ilícito, considera-se o devedor em mora, desde que o praticou".

situra de uma ação, até porque, no mais das vezes, as obrigações se cumprem voluntariamente, sem prévia ordem judicial.

Cuida-se, aqui, evidentemente, da incidência de juros moratórios *legais* e dos *convencionais* previstos no pacto originário. Consoante M. I. Carvalho de Mendonça, não poderiam os juros moratórios resultar de um pacto novo, pois que ele implicaria agravação da obrigação proibida em lei,[971] tema que será abordado em seção própria.[972]

2.4.4. Prescrição

Sem correspondente no Código Civil de 1916, o art. 189[973] do Código Civil de 2002 dispõe que, violado o direito, nasce para o titular a *pretensão*, a qual se extingue, pela *prescrição*, após decorrido certo lapso temporal. Alguns justificam a prescrição como uma sanção à negligência do titular do direito que não o exerce em certo lapso de tempo (*dormientibus non succurrit ius*), enquanto outros procuram explicá-la com motivos de ordem pública, dada a necessidade de consolidação das situações jurídicas.[974]

Considera-se a prescrição, com efeito, tanto uma medida de ordem pública, para que a instabilidade do direito não venha a se perpetuar, com o sacrifício da harmonia social,[975] quanto como proteção do devedor, a fim de que ele não fique eternamente vinculado, por não se tolerar um odioso vínculo obrigacional perpétuo.[976] A perda ou destruição de provas exporia os que já se sentem seguros, em paz, confiantes no mundo jurídico, porque permitiria o levantamento de pretensões ignoradas ou descabidas. Sob esse aspecto, a prescrição também visaria pro-

[971] MENDONÇA, Manuel Inácio Carvalho de. *Doutrina e prática das obrigações ou tratado geral dos direitos de crédito*. 4. ed. Rio de Janeiro: Forense, 1956, t. I, p. 336-337. Nesse sentido, cf. NONATO, Orosimbo. *Curso de obrigações*: generalidades – espécies. Rio de Janeiro: Forense, 1959, v. II, p. 215.

[972] V. seção 2.4.6, sobre agravamento e abrandamento da situação dos devedores.

[973] "Art. 189. Violado o direito, nasce para o titular a pretensão, a qual se extingue, pela prescrição, nos prazos a que aludem os arts. 205 e 206".

[974] DUARTE, Nestor. In: PELUSO, Cezar (Coord.). *Código Civil comentado*: doutrina e jurisprudência: Lei n. 10.406, de 10.01.2002: contém o Código Civil de 1916. 4. ed. Barueri: Manole, 2010, p. 144.

[975] LEAL, Antônio Luís da Câmara. *Da prescrição e da decadência*: teoria geral do direito civil. 3. ed. Rio de Janeiro: Forense, 1978, p. 15.

[976] NERY, Rosa Maria de Andrade; NERY JUNIOR, Nelson. *Instituições de direito civil*: parte geral. São Paulo: RT, 2015, v. 1, t. 2, p. 356.

teger aquele que nunca foi devedor, por afastar as dificuldades de produzir provas.[977]

Traduz anacronismo afirmar que a "ação" se extingue pela prescrição, inclusive porque se encontra mais do que rejeitada, hoje, a vetusta teoria imanentista.[978] Acolheu o legislador brasileiro, nas últimas décadas, essa figura da "pretensão" (*Anspruch*), inspirado na redação do Código Civil alemão (v. § 194, I),[979] no que se refere ao *direito de exigir* uma prestação.[980]

Segundo K. Larenz, o conceito de *pretensão* coincidiria quase literalmente com aquele dado pela lei à relação obrigacional;[981] teria por escopo possibilitar o exercício e imposição, pela via da ação, de uma exigência específica de determinada pessoa diante de outra.[982] Já Pontes de Miranda define a pretensão, em síntese, como a posição subjetiva de poder exigir de outrem alguma prestação positiva ou negativa.[983]

J. C. Barbosa Moreira menciona duas concepções de pretensão, tanto como *poder de exigir* (critério subjetivo) quanto como *exigência em si* (critério objetivo). A seu ver, seria mais adequado o critério objetivo. E esse *poder de exigir* concerniria tanto ao âmbito obrigacional quanto ao domínio dos direitos reais. No tocante aos direitos a uma *modificação jurídica* (*potestativos* ou *formativos*), porque a violação seria "impensável", não se cogitaria, propriamente, de pretensão.[984]

[977] MIRANDA, Pontes de. *Tratado de direito privado*. 3. ed. Rio de Janeiro: Borsoi, 1970, v. 6, p. 100.

[978] Câmara, Alexandre Freitas. *Lições de direito processual civil*. 24. ed. São Paulo: Atlas, 2013, v. 1, p. 140.

[979] "§ 194. [...] 1. El derecho a exigir un acto o una omisión a otro se extingue por prescripción".

[980] MOREIRA, José Carlos Barbosa. Notas sobre pretensão e prescrição no sistema do novo Código Civil brasileiro. *Revista Forense*. Rio de Janeiro: Forense, 2003, v. 366, mar./abr. 2003, p. 120.

[981] V. seção 1.8.1, sobre a relação obrigacional.

[982] LARENZ, Karl. *Derecho civil*: parte general. Trad. Miguel Izquierdo e Macías-Picavea. Madrid: Editorial Revista de Derecho Privado, 1978, p. 313/315.

[983] MIRANDA, Pontes de. *Tratado de direito privado*. 3. ed. Rio de Janeiro: Borsoi, 1970, v. 5, p. 451.

[984] MOREIRA, José Carlos Barbosa. Notas sobre pretensão e prescrição no sistema do novo Código Civil brasileiro. *Revista Forense*. Rio de Janeiro: Forense, 2003, v. 366, mar./abr. 2003, p. 122-123.

Apesar de o art. 189 do Código Civil de 2002 sugerir que a *pretensão* se extinguiria com a prescrição, há críticas quanto à adoção dessa fórmula. É que a prescrição atuaria, para muitos, no plano da eficácia,[985] de modo que não "apagaria" esse poder de exigir a prestação; apenas encobriria a eficácia da pretensão.[986] Independentemente dessa divergência, não há dúvidas de que o decurso do prazo prescricional interfere na relação jurídica obrigacional, por prejudicar o exercício do poder de exigir a prestação.

Até a entrada em vigor da Lei n. 11.280/2006 – que deu nova redação ao artigo 219, § 5º,[987] do hoje revogado Código de Processo Civil de 1973 –, afirmava-se que prescrição era *exceção*, mas hoje prevalece o entendimento de que se cuida de *objeção*, haja vista a possibilidade (poder/dever) de o juiz dela conhecer de ofício.[988]

A doutrina, em geral, ao tratar da solidariedade, arrola a prescrição como *exceção comum* a todos os devedores solidários: quando verificada para um, aproveitaria a todos eles, que a poderiam invocar. Seria "óbvia" a razão, para M. I. Carvalho de Mendonça, na medida em que a prescrição *extinguiria a dívida*, por se presumir o pagamento, e a regra dominante na matéria seria *uno solvente, reliqui liberantur*.[989]

Não se considera a prescrição, entretanto, como fato extintivo da obrigação. Persiste, na verdade, a relação obrigacional, mesmo após o decurso do prazo prescricional, mas *modificada*, diante do encobrimento da eficácia da pretensão. Tanto é assim que se faculta aos devedores a renúncia à prescrição já consumada, expressa ou tacitamente (v. art. 191[990]

[985] Nicolau Junior, Mauro; Almeida, Ricardo Marques de. Prescrição, cláusulas gerais e segurança jurídica. Perspectivas hermenêuticas dos direitos fundamentais no Código Civil. In: Cianci, Mirna (Coord.). *Prescrição no Código Civil*: uma análise interdisciplinar. 2. ed. São Paulo: Saraiva, 2006, p. 280.

[986] Miranda, Pontes de. *Tratado de direito privado*. 3. ed. Rio de Janeiro: Borsoi, 1970, v. VI, p. 101. Nesse sentido, cf. Silva, Clóvis V. do Couto. *A obrigação como processo*. Rio de Janeiro: Editora FGV, 2006, p. 90.

[987] "Art. 219. [...] § 5º O juiz pronunciará, de ofício, a prescrição".

[988] Dinamarco, Cândido Rangel. *Instituições de direito processual civil*. 6. ed. São Paulo: Malheiros, 2009, v. II, p. 335.

[989] Mendonça, Manuel Inácio Carvalho de. *Doutrina e prática das obrigações ou tratado geral dos direitos de crédito*. 4. ed. Rio de Janeiro: Forense, 1956, t. I, p. 347.

[990] "Art. 191. A renúncia da prescrição pode ser expressa ou tácita, e só valerá, sendo feita, sem prejuízo de terceiro, depois que a prescrição se consumar; tácita é a renúncia quando se presume de fatos do interessado, incompatíveis com a prescrição".

do Código Civil de 2002). Acaso estivesse extinta a obrigação, não seria viável ressuscitá-la por meio da renúncia; tornar-se-ia necessário, em seu lugar, criar outra e nova obrigação. Apesar disso, é certo que a prescrição, no mais das vezes, é *meio de defesa comum*.

2.4.4.1. Interrupção da prescrição

À luz do que dispõe o art. 204, § 1º,[991] do Código Civil de 2002, o ato interruptivo da prescrição (v. art. 202),[992] praticado contra o devedor solidário, envolve seus consortes e herdeiros. Copiou-se a fórmula consagrada no art. 176, § 1º,[993] do Código Civil de 1916, com uma ligeira alteração redacional. Diferentemente do que ocorre com a mera *suspensão*, o prazo *interrompido* reinicia-se integralmente, desprezado o tempo anteriormente decorrido.[994]

Cuida-se de modelo análogo aos dos códigos espanhol (v. art. 1.974, § 1º),[995] italiano (v. art. 1.310, § 1º)[996] e argentino (v. arts. 839[997] e

[991] "Art. 204. [...] § 1º A interrupção por um dos credores solidários aproveita aos outros; assim como a interrupção efetuada contra o devedor solidário envolve os demais e seus herdeiros".

[992] "Art. 202. A interrupção da prescrição, que somente poderá ocorrer uma vez, dar-se-á: I – por despacho do juiz, mesmo incompetente, que ordenar a citação, se o interessado a promover no prazo e na forma da lei processual; II – por protesto, nas condições do inciso antecedente; III – por protesto cambial; IV – pela apresentação do título de crédito em juízo de inventário ou em concurso de credores; V – por qualquer ato judicial que constitua em mora o devedor; VI – por qualquer ato inequívoco, ainda que extrajudicial, que importe reconhecimento do direito pelo devedor. Parágrafo único. A prescrição interrompida recomeça a correr da data do ato que a interrompeu, ou do último ato do processo para a interromper'.

[993] "Art. 176. [...] § 1º A interrupção, porém, aberta por um dos credores solidários aproveita aos outros; assim como a interrupção efetuada contra o devedor solidário envolve os demais e seus herdeiros".

[994] TEPEDINO, Gustavo; BARBOZA, Heloisa Helena; MORAES, Maria Celina Bodin de. *Código Civil interpretado*: conforme a Constituição da República: parte geral e obrigações. 2. ed. Rio de Janeiro: Renovar, 2007, v. 1, p. 383.

[995] "Art. 1974. La interrupción de la prescripción de acciones en las obligaciones solidarias aprovecha o perjudica por igual a todos los acreedores y deudores".

[996] "Art. 1310. [...] Gli atti con i quali il creditore interrompe la prescrizione contro uno dei debitori in solido, oppure uno dei creditori in solido interrompe la prescrizione (2943 e seguenti) contro il comune debitore, hanno effetto riguardo agli altri debitori o agli altri creditori".

[997] "Art. 839. [...] La interrupción y la suspensión del curso de la prescripción extintiva están regidas por lo dispuesto en el Título I del Libro Sexto".

2.549).[998] Era semelhante a previsão do Código Civil francês, ao menos enquanto estava em vigor o art. 1.206,[999] em sua redação original. Com o advento da *Ordonnance* n. 2016-131, de 10 de fevereiro de 2016, excluiu-se tal disposição, o que causou certa perplexidade à doutrina.

C. François considera estranha a supressão da regra prevista no antigo art. 1.206 do *Code*, até porque o relatório entregue ao Presidente da República manteve silêncio acerca das justificativas para semelhante modificação. Seria um descuido, a seu ver, ou, no mínimo, o governo não teria pretendido abandonar a regra. Entende que apenas um acórdão da Corte de Cassação poderia definir, agora, se a solução persistiria ou não, após o desaparecimento do dispositivo que a consagrava.[1000]

Diante do fato de que a reforma manteve intocada a redação do art. 2.245[1001] do diploma francês, entretanto, a única alteração no regime da interrupção da prescrição, quanto às obrigações solidárias, é o de que não basta qualquer *poursuite*; faz-se necessária, hoje, a *interpellation par une demande en justice* ou *par un acte d'exécution forcée*; em outras palavras, um ato judicial. A solução dessa controvérsia, porém, incumbirá à doutrina francesa.

998 "Art. 2549. [...] La interrupción de la prescripción no se extiende a favor ni en contra de los interesados, excepto que se trate de obligaciones solidarias o indivisibles".

999 "Art. 1206. Les poursuites faites contre l'un des débiteurs solidaires interrompent la prescription à l'égard de tous".

1000 François, Clément. Présentation des articles 1310 à 1319 du nouveau paragrafe 1 'L'obligation solidaire'. *La réforme du droit des contrats présentée par l'IEJ de Paris 1*, 2016. Disponível em: [https://iej.univ-paris1.fr/openaccess/reforme-contrats/titre4/chap1/sect3/ssect2/para1-obligation-solidaire/]. Acesso em 2.9.2018.

1001 "Art. 2245. L'interpellation faite à l'un des débiteurs solidaires par une demande en justice ou par un acte d'exécution forcée ou la reconnaissance par le débiteur du droit de celui contre lequel il prescrivait interrompt le délai de prescription contre tous les autres, même contre leurs héritiers. En revanche, l'interpellation faite à l'un des héritiers d'un débiteur solidaire ou la reconnaissance de cet héritier n'interrompt pas le délai de prescription à l'égard des autres cohéritiers, même en cas de créance hypothécaire, si l'obligation est divisible. Cette interpellation ou cette reconnaissance n'interrompt le délai de prescription, à l'égard des autres codébiteurs, que pour la part dont cet héritier est tenu. Pour interrompre le délai de prescription pour le tout, à l'égard des autres codébiteurs, il faut l'interpellation faite à tous les héritiers du débiteur décédé ou la reconnaissance de tous ces héritiers".

Diversamente dos sistemas francês, espanhol, brasileiro, italiano e argentino, os códigos alemão (v. § 425)[1002] e português (v. art. 521)[1003] consideram *pessoais* os efeitos da interrupção da prescrição: os prazos, assim, correm autonomamente em relação a cada um dos codevedores.[1004] Explica K. Larenz que os créditos em particular contra os distintos devedores solidários *prescrevem* em separado; e também teriam lugar em separado a interrupção e a suspensão da prescrição.[1005]

A. P. S. Vaz Serra pensa ser mais *razoável* a solução do efeito pessoal, porque as obrigações dos devedores solidários são diferentes umas das outras, de modo que a prescrição deveria ocorrer em relação a cada um, independentemente das obrigações dos outros. Se a interrupção quanto a todos os devedores ostenta vantagens práticas para o credor, traz, por outro lado, inconvenientes para os demais devedores, os quais, em alguns casos, poderão ignorar a interrupção promovida contra um de seus consortes e, depois, ser surpreendidos.[1006]

A solução brasileira (assim como a francesa, a espanhola, a italiana e a argentina) para a solidariedade, todavia, independentemente de ser mais ou menos *razoável* do que a portuguesa e a alemã, traduz *exceção* à regra de que *persona ad personam non fit interruptio*, ou seja, de que a interrupção só aproveitaria ou prejudicaria, respectivamente, a quem a pro-

1002 "§ 425. [...] 1. Los supuestos distintos de los especificados en los §§ 422 a 424 son efectivos, a menos que la naturaleza de la obligación lo indique de otra manera, a favor e y en contra sólo del deudor solidario a quien se refieran de forma particular. 2. Esto se aplica en particular a la denuncia, a la mora, a la culpa de la imposibilidad de cumplimiento por parte de un deudor solidario, de la perscripción, de su interrupción y suspensíón, de la confusión del crédito con la deuda de la sentencia firme".

1003 "Art. 521º [...] 1. Se, por efeito da suspensão ou interrupção da prescrição, ou de outra causa, a obrigação de um dos devedores se mantiver, apesar de prescritas as obrigações dos outros, e aquele for obrigado a cumprir, cabe-lhe o direito de regresso contra os seus condevedores. 2. O devedor que não haja invocado a prescrição não goza do direito de regresso contra os condevedores cujas obrigações tenham prescrito, desde que estes aleguem a prescrição".

1004 Costa, Mário Júlio de Almeida. *Direito das obrigações*. 12. ed. Coimbra: Almedina, 2009, p. 682; Enneccerus, Ludwig. *Derecho de obligaciones*. Trad. Blas Pérez González e José Alguer. 2. ed. Barcelona: Bosch, 1954, p. 458.

1005 Larenz, Karl. *Derecho de obligaciones*. Trad. Jaime Santos Briz. Madrid: Editorial Revista de Derecho Privado, 1958, p. 505-506.

1006 Serra, Adriano Paes da Silva Vaz. Pluralidade de devedores ou de credores. Lisboa: [s.n], v. 69, out. 1957. Separata do *Boletim do Ministério da Justiça*, p. 170-176.

movesse ou contra quem se dirigisse.[1007] Por aqui, portanto, basta que se pratique algum ato interruptivo contra um dos devedores solidários para que os demais sejam afetados.

Aparenta ser irrelevante, para a finalidade de interrupção, as considerações sobre se a interpelação se dirigiu ao devedor dito *interessado* ou àquele *não interessado* (ou mero garantidor), no sentido previsto no art. 285 do Código Civil de 2002. U. La Porta, porém, entende que, nos casos de obrigação solidária desprovida de *comunhão de interesses*, a interpelação endereçada ao garantidor, se não acompanhada de prova de atividade realizada contra o devedor principal, seria inidônea para o fim de interromper a prescrição, mesmo em relação ao destinatário.[1008]

Essa posição não merece acolhimento, já que, na fase externa, sob a ótica do credor, a existência ou não de comunhão de interesses não parece afastar, em princípio, a exigibilidade da prestação em relação a nenhum dos devedores: cada um deles é considerado como se houvesse contraído a obrigação inteira, sozinho, *totum et totaliter*. Esses eventuais interesses diversos entre os devedores tornar-se-ão discutíveis apenas na fase interna, quando se discutir o direito de regresso daquele que houver cumprido a prestação ao credor comum.[1009]

A interrupção da prescrição não atingirá tão somente aquele(s) codevedor(es) beneficiado(s) por termo (ou prazo) diverso, ainda não ocorrido, ou por condição não implementada (v. art. 266 do Código Civil de 2002).[1010] Se dirigida contra esse codevedor específico, aliás, a interpelação será inócua, inclusive em relação aos demais. Se é inviável interromper o prazo cuja fluência ainda não está em curso, incumbe ao credor interpelar algum outro devedor, a quem a prestação já puder ser exigida. Afinal, a regra do art. 204, § 1º, do Código Civil de 2002 tem de ser interpretada em harmonia com o sistema.

[1007] Duarte, Nestor. In: Peluso, Cezar (Coord.). *Código Civil comentado*: doutrina e jurisprudência: Lei n. 10.406, de 10.01.2002: contém o Código Civil de 1916. 4. ed. Barueri: Manole, 2010, p. 159.

[1008] Porta, Ubaldo La. Delle obbligazioni in solido: artt. 1292-1313. In: Schlesinger, Piero; Busnelli, Francesco Donato (diretto da). *Il Codice Civile*: commentario. Milano: Giuffrè Editore, 2014, p. 319-320.

[1009] V. seção 2.5, sobre a fase interna.

[1010] V. seção 1.11, sobre os elementos acidentais na solidariedade.

Outra questão sujeita a controvérsias diz respeito à prática dos atos interruptivos da prescrição arrolados no art. 202[1011] do Código Civil de 2002. No mais das vezes, a interrupção resulta de conduta do *credor*, ao propor uma demanda, ao realizar o protesto, ao apresentar o título nos autos de inventário ou de concurso de credores, ao promover qualquer ato judicial que constitua o devedor em mora. A interrupção resultante da prática de semelhantes atos não provocaria maiores divergências: todos se baseiam na ausência de inércia quanto ao exercício de sua pretensão; envolvem uma atitude deliberada do credor, alerta e interessado na preservação de seu direito.[1012]

Além de condutas *do credor*, o art. 202, VI, do Código Civil de 2002 também prevê que se interrompe a prescrição com a prática de *qualquer ato inequívoco*, ainda que extrajudicial, que importe reconhecimento do direito *pelo devedor*. Clovis Bevilaqua cita os seguintes exemplos: uma carta,[1013] na qual alguém reconheça a obrigação, a novação, a reforma da dívida, o pedido de espera, o pagamento de juros, a prestação de fiança; todos esses atos, a seu ver, importariam reconhecimento do direito do credor, por parte do devedor, de forma suficiente para interromper o curso da prescrição.[1014]

Se esses atos forem praticados conjuntamente por todos os devedores solidários, não haverá maiores questionamentos: interrompida estará, em detrimento de todos, sem dúvida, a fluência do prazo prescricional. É discutível, à primeira vista, porém, a eficácia do ato praticado por um

[1011] "Art. 202. A interrupção da prescrição, que somente poderá ocorrer uma vez, dar-se-á: I – por despacho do juiz, mesmo incompetente, que ordenar a citação, se o interessado a promover no prazo e na forma da lei processual; II – por protesto, nas condições do inciso antecedente; III – por protesto cambial; IV – pela apresentação do título de crédito em juízo de inventário ou em concurso de credores; V – por qualquer ato judicial que constitua em mora o devedor; VI – por qualquer ato inequívoco, ainda que extrajudicial, que importe reconhecimento do direito pelo devedor. Parágrafo único. A prescrição interrompida recomeça a correr da data do ato que a interrompeu, ou do último ato do processo para a interromper".

[1012] Tepedino, Gustavo; Barboza, Heloisa Helena; Moraes, Maria Celina Bodin de. *Código Civil interpretado*: conforme a Constituição da República: parte geral e obrigações. 2. ed. Rio de Janeiro: Renovar, 2007, v. 1, p. 382.

[1013] Pode-se afirmar, hoje, que mensagens eletrônicas de texto, de áudio ou de vídeo, remetidas por qualquer meio (telegrama, fax, *e-mail*, SMS, redes sociais etc.), também podem surtir o mesmo efeito, se não houver questionamentos quanto à sua autenticidade.

[1014] Bevilaqua, Clovis. *Codigo Civil dos Estados Unidos do Brasil commentado*. Rio de Janeiro: Livraria Francisco Alves, 1931, v. I, p. 444.

dos devedores, em detrimento dos demais, diante do princípio de que um não poderia agravar a posição dos outros, sem o consentimento dos prejudicados.[1015]

O art. 1.309, primeira parte,[1016] do Código Civil italiano, apesar de não cuidar especificamente da interrupção da prescrição, estabelece que o reconhecimento do débito por um dos devedores solidários não é eficaz em relação aos outros. Já o art. 1.310 faz referência aos atos com os quais *o credor* interrompe a prescrição, sem mencionar o reconhecimento do direito por parte de um dos devedores solidários.

Diante da combinação desses dois dispositivos, apenas os atos interruptivos praticados *pelo credor* seriam eficazes em relação a todos os devedores solidários. É, ao menos, o que entende U. La Porta, para quem o reconhecimento do débito por um dos devedores solidários produziria *efeitos meramente relativos*, inclusive quanto à interrupção do prazo prescricional.[1017]

À luz da legislação francesa, no entanto, G. Baudry-Lacandinerie e L. Barde entendem que, na hipótese de reconhecimento da dívida por um dos codevedores, não haveria *agravamento* da situação dos demais consortes, pois esse ato não provocaria majoração do crédito, mas apenas o tornaria menos exposto ao perigo: em outras palavras, tão somente a *conservação* dos direitos do credor estaria em jogo.[1018]

A. Rodière assevera que o reconhecimento da obrigação por um dos devedores produziria os mesmos efeitos que as ações dirigidas contra ele. Mas admite a possibilidade de surgirem dificuldades quando esse fato resultar de acordo privado, datado de época anterior à ocorrência da prescrição. Pensa, contudo, que os devedores solidários seriam, uns em relação aos outros, mandantes e mandatários. Em outras palavras, eles apenas poderiam excluir o reconhecimento privado realizado por um consorte se provassem a fraude.[1019]

[1015] V. seção 2.4.6, sobre o agravamento e o abrandamento da situação dos devedores.

[1016] "Art. 1309. [...] Il riconoscimento del debito fatto da uno dei debitori in solido non ha effetto riguardo agli altri".

[1017] PORTA, Ubaldo La. Delle obbligazioni in solido: artt. 1292-1313. In: SCHLESINGER, Piero; BUSNELLI, Francesco Donato (diretto da). *Il Codice Civile*: commentario. Milano: Giuffrè Editore, 2014, p. 318.

[1018] BAUDRY-LACANTINERIE, G.; BARDE, L. *Théorie et pratique de droit civil*: des obligations. Paris: Librairie de la Société du Recueil des Lois et des Arrêts, 1902, t. 2, p. 312.

[1019] RODIÈRE, A. *De la solidarité et de l'indivisibilité*. Paris: Chez A. Durant, 1852, p. 76.

No Brasil, apesar de ser majoritariamente rechaçada pela doutrina a teoria da representação,[1020] a combinação das regras previstas nos arts. 202 e 204, § 1º, do Código Civil de 2002 induz à conclusão de que o reconhecimento da dívida por um dos devedores solidários – desde que inequívoco, induvidoso – seria eficaz para interromper a prescrição quanto aos seus consortes, mesmo quando não houvesse consentimento de nenhum dos prejudicados.

Essa inferência, é claro, não afasta a possibilidade de discutir possível conluio entre o credor e o devedor que reconheça a existência da obrigação, o que poderá, a depender das circunstâncias do caso concreto (em especial, se se tratar de devedor *insolvente*), traduzir abuso de direito (v. art. 187 do Código Civil de 2002). Esse ato de um dos codevedores também surtirá repercussão na fase interna, quando ele estiver diante de seus antigos consortes, ao se promover a liquidação das quotas de cada um, consoante se analisará oportunamente.[1021]

Como exceção à regra, dispõe o art. 204, § 2º, do Código Civil de 2002, que a interrupção operada contra *um dos herdeiros* do devedor solidário não prejudica os outros herdeiros ou devedores, a não ser que também se trate de obrigações e direitos *indivisíveis*. Se a prestação for divisível,[1022] será insuficiente a interpelação de apenas um (ou uma parte) dos herdeiros do devedor solidário; para que seja eficaz em face de todos, é imprescindível que o ato interruptivo se dirija a um dos *devedores* ou, antes da partilha, ao *agrupamento dos herdeiros* do devedor morto (espólio).

Se a obrigação solidária tiver por objeto uma prestação divisível, portanto, a interrupção relativa a um dos herdeiros será eficaz, no que se refere aos devedores solidários, quanto à parte da dívida que solidariamente esse herdeiro suportar.[1023] Explica-se a regra diante do disposto no art. 276[1024] do Código Civil de 2002.[1025]

[1020] V. seção 1.10.1.1, sobre as obrigações solidárias e o mandato.

[1021] V. seção 2.5.2, sobre o exercício do direito de regresso.

[1022] V. seção 1.10.1.2. Obrigações solidárias e obrigações indivisíveis.

[1023] Serra, Adriano Paes da Silva Vaz. Pluralidade de devedores ou de credores. Lisboa: [s.n], v. 69, out. 1957. Separata do *Boletim do Ministério da Justiça*, p. 111.

[1024] "Art. 276. Se um dos devedores solidários falecer deixando herdeiros, nenhum destes será obrigado a pagar senão a quota que corresponder ao seu quinhão hereditário, salvo se a obrigação for indivisível; mas todos reunidos serão considerados como um devedor solidário em relação aos demais devedores".

[1025] V. seção 2.4.7, sobre morte de um dos devedores.

2.4.4.2. Impedimento ou suspensão da prescrição

Os artigos 197 a 200 do Código Civil de 2002 cuidam das causas que *impedem* ou *suspendem* a prescrição; as impeditivas (ou impedientes) tolhem o início do prazo, enquanto as suspensivas fazem cessar o seu curso, de forma que, ao voltar a fluir, se conte apenas o tempo remanescente, descontado o lapso antes transcorrido.[1026] Trata-se de disciplina semelhante à dos arts. 168 a 170 do Código Civil de 1916. Basicamente, afora pequenas modificações redacionais, o legislador de 2002 *incluiu* nova hipótese de impedimento da fluência do prazo prescricional, quando houver apuração do fato no juízo criminal (v. art. 200[1027] do Código Civil de 2002), e *excluiu* a situação prevista no art. 168, IV,[1028] do diploma revogado.

As circunstâncias descritas no art. 197[1029] do Código Civil de 2002, em síntese, estão ligadas a fundamentos de ordem moral, porquanto a afeição e a confiança que têm de existir entre as pessoas não permitiriam que se criasse, enquanto se mantivessem os vínculos dessa natureza, a situação jurídica da prescrição.[1030] O art. 198,[1031] diferentemente, visa proteger os absolutamente incapazes (inc. I), os ausentes do país, por motivo de serviço público (inc. II), e aqueles que servirem às Forças Armadas, em tempo de guerra (inc. III).

[1026] Duarte, Nestor. In: Peluso, Cezar (Coord.). *Código Civil comentado*: doutrina e jurisprudência: Lei n. 10.406, de 10.01.2002: contém o Código Civil de 1916. 4. ed. Barueri: Manole, 2010, p. 149.

[1027] "Art. 200. Quando a ação se originar de fato que deva ser apurado no juízo criminal, não correrá a prescrição antes da respectiva sentença definitiva".

[1028] "Art. 168. Não corre a prescrição: [...] IV – Em favor do credor pignoratício, do mandatário, e, em geral, das pessoas que lhes são equiparadas, contra o depositante, o devedor, o mandante e as pessoas representadas, ou seus herdeiros, quanto ao direito e obrigações relativas aos bens confiados à sua guarda".

[1029] "Art. 197. Não corre a prescrição: I – entre os cônjuges, na constância da sociedade conjugal; II – entre ascendentes e descendentes, durante o poder familiar; III – entre tutelados ou curatelados e seus tutores ou curadores, durante a tutela ou curatela".

[1030] Bevilaqua, Clovis. *Codigo Civil dos Estados Unidos do Brasil commentado.* Rio de Janeiro: Livraria Francisco Alves, 1931, v. I, p. 438.

[1031] "Art. 198. Também não corre a prescrição: I – contra os incapazes de que trata o art. 3º; II – contra os ausentes do País em serviço público da União, dos Estados ou dos Municípios; III – contra os que se acharem servindo nas Forças Armadas, em tempo de guerra".

Quanto ao art. 199[1032] do Código Civil de 2002, há quem o considere supérfluo (inócuo, portanto): afinal, o prazo prescricional não teria sua fluência iniciada, nas hipóteses arroladas nos incisos, pelo simples fato de não existir sequer pretensão para exigir o cumprimento da obrigação,[1033] quando pender condição suspensiva (inc. I), termo ainda não verificado (inc. II) ou estiver em trâmite ação de evicção (inc. III).

No que diz respeito à *solidariedade passiva*, não há nenhuma regra expressa, na lei brasileira, acerca de possível extensão do impedimento ou da suspensão do curso do prazo prescricional a todo o grupo de devedores solidários. Não se omitiu o legislador, porém, quanto à *solidariedade ativa*: o art. 201[1034] do Código Civil de 2002 prevê que a suspensão em favor de um dos credores solidários só aproveitará aos outros se a prestação for indivisível, questão essa que será melhor analisada no momento apropriado.[1035]

Já o Código Civil italiano prevê, expressamente (v. art. 1.310, § 2º),[1036] que a suspensão da prescrição, em relação a um dos devedores solidários, não é eficaz quanto aos outros. Essa regra, para a doutrina, provocaria um deslocamento dos prazos prescricionais entre cada um dos consortes, apesar da unicidade da relação jurídica.[1037] É análoga a solução

[1032] "Art. 199. Não corre igualmente a prescrição: I – pendendo condição suspensiva; II – não estando vencido o prazo; III – pendendo ação de evicção".

[1033] TEPEDINO, Gustavo; BARBOZA, Heloisa Helena; MORAES, Maria Celina Bodin de. *Código Civil interpretado*: conforme a Constituição da República: parte geral e obrigações. 2. ed. Rio de Janeiro: Renovar, 2007, v. 1, p. 378.

[1034] "Art. 201. Suspensa a prescrição em favor de um dos credores solidários, só aproveitam os outros se a obrigação for indivisível".

[1035] V. seção 3.4.3, sobre a prescrição na solidariedade ativa.

[1036] "Art. 1310. [...] La sospensione della prescrizione (2941 e seguente) nei rapporti di uno dei debitori o di uno dei creditori in solido non ha effetto riguardo agli altri. Tuttavia il debitore che sia stato costretto a pagare ha regresso contro i condebitori liberati in conseguenza della prescrizione".

[1037] PORTA, Ubaldo La. Delle obbligazioni in solido: artt. 1292-1313. In: SCHLESINGER, Piero; BUSNELLI, Francesco Donato (diretto da). *Il Codice Civile*: commentario. Milano: Giuffrè Editore, 2014, p. 324-325.

acolhida pelos sistemas alemão[1038] e português,[1039] os quais conferem *eficácia pessoal* à suspensão, tal como o fazem com a interrupção.

Em sentido contrário, o Código Civil e Comercial argentino estende os efeitos da suspensão do prazo prescricional aos demais *interessados* (v. art. 2.540),[1040] à semelhança do tratamento dado à interrupção. Em relação ao diploma revogado (v. art. 3.981),[1041] inovou radicalmente o legislador de 2014; contrariou, sob esse aspecto, o entendimento majoritário dos escritores platinos, para os quais era justificável a diferença de tratamento, porque a suspensão, diferentemente da interrupção, teria mais a ver com o vínculo do que com a obrigação.[1042]

A doutrina francesa, diante da omissão do *Code*, questiona se a prescrição suspensa em relação a um dos devedores solidários estaria igualmente suspensa em relação aos outros. Considera A. Rodière que a suspensão se estenderia a todos os devedores, na medida em que, ao aceitarem a solidariedade com o codevedor, em favor do qual se estipulou uma condição ou termo, p. ex., todos teriam concordado com todas as consequências que resultassem dessa estipulação; em especial, quanto à suspensão da fluência do prazo prescricional.[1043]

Admite Rodière, porém, que possa surgir dúvida quando a suspensão não resultar de cláusulas contratuais, mas de um fato pessoal de um dos devedores, posterior à celebração, como, p. ex., na hipótese em que um

[1038] ENNECCERUS, Ludwig. *Derecho de obligaciones*. Trad. Blas Pérez González e José Alguer. 2. ed. Barcelona: Bosch, 1954, p. 453; LARENZ, Karl. *Derecho de obligaciones*. Trad. Jaime Santos Briz. Madrid: Editorial Revista de Derecho Privado, 1958, p. 506-507.

[1039] COSTA, Mário Júlio de Almeida. *Direito das obrigações*. 12. ed. Coimbra: Almedina, 2009, p. 682; MAGALHÃES, J. M. Barbosa de. *Das obrigações solidárias em direito civil portuguez*. Coimbra: Livraria Central de J. Diogo Pires – Editor, 1882, p. 184; SERRA, Adriano Paes da Silva Vaz. Pluralidade de devedores ou de credores. Lisboa: [s.n], v. 69, out. 1957. Separata do *Boletim do Ministério da Justiça*, p. 170.

[1040] "Art. 2540. [...] La suspensión de la prescripción no se extiende a favor ni en contra de los interesados, excepto que se trate de obligaciones solidarias o indivisibles".

[1041] "Art. 3.981. El beneficio de la suspensión de la prescripción no puede ser invocado sino por las personas, o contra las personas, en perjuicio o a beneficio de las cuales ella está establecida, y no por sus cointeresados o contra sus cointeressados".

[1042] COLMO, Alfredo. *De las obligaciones en general*. 3. ed. Buenos Aires: Editorial Guillermo Kraft Ltda., 1944, p. 344. Em sentido diverso, cf. MESA, Marcelo J. López. *Derecho de las obligaciones*: análisis exegético del nuevo Código Civil y Comercial. Buenos Aires: Euros Editores S.R.L., 2015, p. 1.007-1.008.

[1043] RODIÈRE, A. *De la solidarité et de l'indivisibilité*. Paris: Chez A. Durant, 1852, p. 77.

deles contraísse matrimônio com o credor. Aos demais devedores, nessa circunstância, poder-se-ia argumentar que tal fato, por lhes ser estranho e imprevisível, não lhes prejudicaria. Ainda assim, os princípios gerais da solidariedade, a seu ver, forçariam a estender a suspensão sempre a todos os devedores, até por eles figurarem, em relação ao credor comum, como garantidores, uns dos outros.[1044]

Discordam desse entendimento G. Baudry-Lacantinerie e L. Barde, sob o fundamento de que, por sua natureza, a interrupção e a suspensão seriam profundamente diversas; basear-se-ia a suspensão do prazo prescricional em considerações particulares ao devedor em relação ao qual a lei a teria estabelecido. Se a prescrição corresse entre os cônjuges, p. ex., a paz matrimonial sujeitar-se-ia a perturbações. A *causa* da suspensão, portanto, seria essencialmente pessoal, de modo que não se aplicaria às relações entre o credor e os demais devedores.[1045]

No Brasil, a doutrina costuma considerar pessoal a suspensão do prazo prescricional,[1046] salvo se decorrer de fato relacionado a todos os devedores.[1047] Tito Fulgêncio, entretanto, vislumbra a possibilidade de surgir controvérsia sobre se a suspensão se aplicaria a todos os devedores, quando não se tratasse de obrigações ou direitos indivisíveis, ante a omissão da lei; mas entende que estaria resolvida a questão pela negativa, pois as causas impedientes ou suspensivas da prescrição seriam essencialmente pessoais.[1048]

Aceita Fulgêncio, apesar disso, que o devedor, em face do qual se teria dado a suspensão, pudesse invocar a prescrição operada em benefício

1044 Rodière, A. *De la solidarité et de l'indivisibilité*. Paris: Chez A. Durant, 1852, p. 77-78.

1045 Baudry-Lacantinerie, G.; Barde, L. *Théorie et pratique de droit civil*: des obligations. Paris: Librairie de la Société du Recueil des Lois et des Arrêts, 1902, t. 2, p. 314.

1046 Miranda, Pontes de. *Tratado de direito privado*. 3. ed. Rio de Janeiro: Borsoi, 1971, v. X, p. 348; Monteiro, Washington de Barros. *Curso de direito civil*: direito das obrigações, 1ª parte: das modalidades das obrigações: dos efeitos das obrigações. 15. ed. São Paulo: Saraiva, 1979, p. 157; Pereira, Caio Mário da Silva. *Instituições de direito civil*: teoria geral das obrigações. 26. ed. Rio de Janeiro: Forense, 2014, v. II, p. 97. Em sentido contrário, cf. Venosa, Sílvio de Salvo. *Direito civil*: teoria geral das obrigações e teoria geral dos contratos. 7. ed. São Paulo: Atlas, 2007, v. 2, p. 97.

1047 Nonato, Orosimbo. *Curso de obrigações*: generalidades – espécies. Rio de Janeiro: Forense, 1959, v. II, p. 240.

1048 Fulgêncio, Tito. *Do direito das obrigações*: das modalidades das obrigações: artigos 863-927. 2. ed. Atual. por José de Aguiar Dias. Rio de Janeiro: Forense, 1958, p. 350.

dos outros coobrigados, na medida em que "esta extingue a dívida, tão extensa e completamente como se fosse o pagamento, ele mesmo, sobre cuja presunção repousa".[1049] Discordamos desse entendimento, entretanto, visto que o decurso do prazo prescricional, na verdade, não extingue a dívida, senão encobre a eficácia da pretensão.[1050]

Se os prazos prescricionais fluem de maneira independente, ao sabor das circunstâncias, diante da possibilidade de cada um dos devedores solidários se sujeitar a termos e condições diversos, não há como estender a suspensão a todos eles, porque isso prejudicaria aqueles que não se enquadrassem nas situações descritas nos artigos 197[1051] e 199, I e II,[1052] do Código Civil de 2002. Acaso um dos devedores venha a se casar com o credor comum, p. ex., suspender-se-á o curso do prazo prescricional apenas entre os cônjuges. Essa situação não atingirá os demais coobrigados, porque eles nada terão a ver com o matrimônio alheio.

Seria assaz constrangedor, decerto, se o marido tivesse o ônus de interpelar a própria mulher (ou vice-versa), dentro de determinado prazo, para não ter sua pretensão encoberta; por isso, prevê a lei que não corre a prescrição entre os cônjuges, na constância da sociedade conjugal (v. art. 197, I, do Código Civil de 2002). Também não faria sentido que os genitores, durante o poder familiar, interpelassem seus próprios filhos, ou que os curadores ou tutores se vissem na necessidade de exigir determinada prestação de seus curatelados ou tutelados (v. art. 197, II e III, do Código Civil de 2002). Essas regras prestam-se a proteger o *credor* que mantiver relação especial com um dos devedores solidários.

Não obstante seja omissa a lei, aparenta ser mais lógica a solução encontrada pela doutrina majoritária. Dada a natureza dos vínculos arrolados no art. 197 do Código Civil de 2002, parece ser meramente *pessoal* a suspensão ou o impedimento do curso do prazo prescricional; do

1049 Fulgêncio, Tito. *Do direito das obrigações*: das modalidades das obrigações: artigos 863-927. 2. ed. Atual. por José de Aguiar Dias. Rio de Janeiro: Forense, 1958, p. 350.

1050 V. seção 2.4.4, sobre prescrição.

1051 "Art. 197. Não corre a prescrição: I – entre os cônjuges, na constância da sociedade conjugal; II – entre ascendentes e descendentes, durante o poder familiar; III – entre tutelados ou curatelados e seus tutores ou curadores, durante a tutela ou curatela".

1052 "Art. 199. Não corre igualmente a prescrição: I – pendendo condição suspensiva; II – não estando vencido o prazo".

contrário, prejudicar-se-iam os devedores que não se enquadrassem em nenhuma das hipóteses previstas no mencionado dispositivo.

Quando houvesse condição ou termo diversos em favor de um dos devedores, ademais, ver-se-iam seus consortes em situação de clara iniquidade, porque se sujeitariam a uma pretensão que, em muitos casos, se tornaria imprescritível. Isso ocorreria, p. ex., sempre que a condição (evento futuro e incerto) não se implementasse, ou seja, que estivesse eternamente pendente (v. art. 199, I, do Código Civil de 2002) ou que fosse *puramente potestativa*.

As hipóteses de impedimento e suspensão previstas nos arts. 198[1053] e 199, III,[1054] e 200[1055] do Código Civil de 2002, todavia, não suscitam muitas dúvidas, no que diz respeito à solidariedade passiva. Em todas elas, haverá suspensão do prazo prescricional em face de todos os devedores, quer quando o *credor* for incapaz, estiver ausente do país (por motivo de serviço público) ou servir às Forças Armadas (em tempo de guerra), quer quando pender ação de evicção, quer quando houver necessidade de apuração *do fato* no juízo criminal.

Se se cuidar, em tese, de ilícito criminal, aliás, mesmo que ao responsável não se puder imputar a prática do delito (p. ex., nas situações dos arts. 932, III, IV e V, do Código Civil de 2002), a lei prevê tão somente a necessidade de *apuração do fato* no juízo criminal, sem mencionar questões relacionadas à culpa, ao dolo do agente, ou à responsabilidade objetiva de terceiro. Esse óbice ao curso da prescrição, ademais, não está condicionado nem mesmo à prolação de sentença criminal condenatória; basta, para impedir a fluência do prazo, que o *fato* seja suscetível de apuração na esfera criminal.

Logo, ainda que venha o réu a ser absolvido ou que se encerre, sob qualquer outro fundamento, a ação penal, não terá sequer se iniciado o curso do prazo prescricional,[1056] inclusive em face de eventuais corres-

1053 "Art. 198. Também não corre a prescrição: I – contra os incapazes de que trata o art. 3º; II – contra os ausentes do País em serviço público da União, dos Estados ou dos Municípios; III – contra os que se acharem servindo nas Forças Armadas, em tempo de guerra".

1054 "Art. 199. Não corre igualmente a prescrição: [...] III – pendendo ação de evicção".

1055 "Art. 200. Quando a ação se originar de fato que deva ser apurado no juízo criminal, não correrá a prescrição antes da respectiva sentença definitiva".

1056 Duarte, Nestor. In: Peluso, Cezar (Coord.). *Código Civil comentado*: doutrina e jurisprudência: Lei n. 10.406, de 10.01.2002: contém o Código Civil de 1916. 4. ed. Barueri: Manole, 2010, p. 154.

ponsáveis solidários.[1057] Se porventura o juízo criminal vier a reconhecer a *inexistência do próprio fato*, a questão a ser discutida, aí, concernirá aos efeitos da coisa julgada (e não propriamente à prescrição).[1058]

2.4.4.3. Renúncia à prescrição

À luz do que estabelece o art. 191[1059] do Código Civil de 2002, correspondente ao art. 161[1060] do Código Civil de 1916, a *renúncia* à prescrição, expressa ou tácita, apenas será eficaz depois de consumada, ou seja, após esgotada a fluência do prazo previsto em lei. Cuida-se, em suma, da desistência do direito de invocar a prescrição, manifestada por aquele que dela se beneficiaria. Não se admite a renúncia antecipada porque, segundo A. L. da Câmara Leal, a prescrição se tornaria ilusória, e o instituto desapareceria: todos aqueles, em cujo proveito fossem celebrados os contratos, não deixariam de exigir essa prévia renúncia.[1061]

Se um dos devedores solidários renunciar à prescrição já consumada, seus consortes – porque são *terceiros*, em relação ao ato unilateral de renúncia – não serão prejudicados. Assim, ao devedor que renunciou à prescrição, desde que maior e capaz, na livre administração de seus bens,[1062] poderá ser exigida a integralidade da prestação, sem que, depois, em regra, tenha direito de regresso contra os demais. Assim prescrevem, de forma mais clara do que a lei brasileira, o art. 1.310, 3,[1063]

[1057] Nesse sentido, cf., por todos, STJ, REsp n. 1.135.988/SP, rel. Ministro Luís Felipe Salomão, Quarta Turma, j. 8.10.2013; STJ, REsp n. 1.704.525/AP, rel. Ministra Nancy Andrighi, Terceira Turma, j. 12.12.2017.

[1058] V. seção 4.4, sobre coisa julgada e eficácia da sentença.

[1059] "Art. 191. A renúncia da prescrição pode ser expressa ou tácita, e só valerá, sendo feita, sem prejuízo de terceiro, depois que a prescrição se consumar; tácita é a renúncia quando se presume de fatos do interessado, incompatíveis com a prescrição".

[1060] "Art. 161. A renúncia da prescrição pode ser expressa, ou tácita, e só valerá, sendo feita, sem prejuízo de terceiro, depois que a prescrição se consumar. Tácita é a renúncia, quando se presume de fatos do interessado, incompatíveis com a prescrição".

[1061] Leal, Antônio Luís da Câmara. *Da prescrição e da decadência*: teoria geral do direito civil. 3. ed. Rio de Janeiro: Forense, 1978, p. 51.

[1062] Duarte, Nestor. In: Peluso, Cezar (Coord.). *Código Civil comentado*: doutrina e jurisprudência: Lei n. 10.406, de 10.01.2002: contém o Código Civil de 1916. 4. ed. Barueri: Manole, 2010, p. 145.

[1063] "Art. 1310. [...] La rinunzia alla prescrizione (2937) fatta da uno dei debitori in solido non ha effetto riguardo agli altri; fatta in confronto di uno dei creditori in solido, giova agli

do Código Civil italiano, e o art. 2.535[1064] do Código Civil e Comercial argentino.

Ao contrário do ato interruptivo da prescrição (em que se afirma o direito), a renúncia é ato decisivamente *dispositivo*, por meio do qual um dos devedores solidários abdica da situação subjetiva resultante do decurso do prazo prescricional. A relatividade de seus efeitos é, como se vê, consequência inevitável, e a ausência de favorecimento aos consortes impede, com a mesma certeza, que se lhes estenda qualquer prejuízo.[1065]

Muitos podem ser os motivos que levam um certo devedor a renunciar; um rigoroso senso moral pelo qual ele entenda que deva pagar a dívida; um sentimento de piedade para com o credor necessitado; uma prova de amizade, uma generosidade inata, o recebimento de benefício análogo no passado etc. É claro que se trata de avaliação pessoal, que pode não ser compartilhada pelos outros devedores, por razões inteiramente opostas.[1066]

Não seria admissível que um dos devedores solidários pudesse prejudicar os outros com essa renúncia. Se o devedor que renunciou à prescrição mantivesse o direito de regresso contra os demais, exonerados pelo decurso do prazo prescricional, haveria a possibilidade de um agravar a posição do outro com a renúncia. Apenas se manterá o direito de regresso daquele que manifestar a renúncia quando a prestação ainda for exigível em relação aos demais devedores, beneficiados por termo ou condição.[1067]

altri. Il condebitore che ha rinunziato alla prescrizione non ha regresso verso gli altri debitori liberati in conseguenza della prescrizione medesima".

1064 "Art. 2535. [...] La prescripción ya ganada puede ser renunciada por las personas que pueden otorgar actos de disposición. La renuncia a la prescripción por uno de los codeudores o coposeedores no surte efectos respecto de los demás. No procede la acción de regreso del codeudor renunciante contra sus codeudores liberados por la prescripción".

1065 Porta, Ubaldo La. Delle obbligazioni in solido: artt. 1292-1313. In: Schlesinger, Piero; Busnelli, Francesco Donato (diretto da). *Il Codice Civile*: commentario. Milano: Giuffrè Editore, 2014, p. 325.

1066 Amorth, Giorgio. *L'obbligazione solidale*. Milano: Giuffrè, 1959, p.121.

1067 Serra, Adriano Paes da Silva Vaz. Pluralidade de devedores ou de credores. Lisboa: [s.n], v. 69, out. 1957. Separata do *Boletim do Ministério da Justiça*, p. 174-175.

2.4.5. Invalidades

2.4.5.1. Anulabilidades

Verificada a *existência* da principal fonte de obrigações solidárias, o negócio jurídico,[1068] segue-se o problema de sua *validade*. Entre existir e produzir efeitos, interpõe-se a questão de valer; e é justamente o plano da validade a principal consequência da característica específica do negócio; ou seja, a de ser, entre os fatos jurídicos, o único que consiste em declaração de vontade, isto é, em uma manifestação de vontade vista socialmente como destinada à produção de efeitos jurídicos. O papel maior ou menor da vontade, a causa, os limites da autonomia privada quanto à forma e quanto ao objeto – essas são algumas questões que se põem, quando se trata da validade do negócio.[1069]

São *anuláveis*, de acordo com o Código Civil de 2002, p. ex., os negócios jurídicos: (i) que o representante, no seu interesse ou por conta de outrem, celebrar consigo mesmo, salvo se a lei o permitir ou o representado (v. art. 117, *caput*); (ii) concluídos pelo representante em conflito de interesses com o representado (v. art. 119, *caput*); (iii) quando as declarações emanarem de erro substancial (v. art. 138); (iv) por dolo, quando este for a sua causa (v. art. 145); (v) por fraude contra credores, se onerosos, quando a insolvência do devedor for notória ou houver motivo para ser conhecida do outro contratante (v. art. 159); (vi) por incapacidade relativa do agente (v. art. 171, I); (vii) por coação, estado de perigo e lesão (v. art. 171, II).

Não se pretende, aqui, por extrapolar os estreitos limites do presente estudo, analisar cada uma das hipóteses de anulabilidade. Basta atentar, por ora, que a anulabilidade (ou, para a doutrina francesa, *nullité relative*) traduz espécie de invalidade do negócio jurídico, em grau menor do que o da nulidade (ou *nullité absolue*). Não fosse essa limitação, seria necessário percorrer um caminho longo que conduzisse à complexa dogmática das invalidades, o que demandaria técnica refinada de comunicação das sanções aos preceitos de autonomia privada, conforme anotam Rosa Maria de Andrade Nery e Nelson Nery Junior.[1070]

[1068] V. seção 1.6, sobre as fontes de solidariedade.

[1069] AZEVEDO, Antônio Junqueira. *Negócio jurídico*: existência, validade e eficácia. São Paulo: Saraiva, 1974, p. 51.

[1070] NERY, Rosa Maria de Andrade; NERY JUNIOR, Nelson. *Instituições de direito civil*: parte geral. São Paulo: Editora Revista dos Tribunais, 2015, v. I, t. II, p. 224.

Em apertada síntese, as *anulabilidades*, ou *nulidades relativas*, para L. Josserand, seriam aquelas que sancionassem regras protetivas de interesses especiais, interesses privados; qualificar-se-iam como "nulidades de ordem privada"; diriam respeito, basicamente, às situações em que o consentimento de uma das partes estivesse viciado (erro, dolo, violência, lesão, incapacidade); viriam em auxílio da fraqueza.[1071]

Cuidar-se-iam, segundo A. Colin e H. Capitant, de medidas de proteção para um ou mais interesses privados, justificadas quando o interessado fosse vítima de sua inexperiência, cometesse um erro, ou porque sofresse violência ou manobras fraudulentas; ou, enfim, porque tal indivíduo suportasse uma lesão. A melhor maneira de protegê-lo não seria aniquilar o ato, porque o remédio muitas vezes poderia exceder o seu objetivo; far-se-ia mais recomendável subordinar a sua manutenção à vontade do interessado; se o considerasse vantajoso, confirmá-lo-ia; caso contrário, pediria a sua anulação.[1072]

Há quem opte por outra terminologia, como Marcos Bernardes de Mello, para quem seria preferível classificar as invalidades em "nulidades *de pleno iure*", com referência àquelas que podem ser alegadas por qualquer interessado, inclusive pelo Ministério Público, e decretadas de ofício pelo juiz (correspondentes às chamadas absolutas), e em "nulidades dependentes de alegação" (correspondentes às ditas relativas).[1073] Ao legislador de 2002, entretanto, pareceu preferível o termo *anulabilidade*, para se referir ao negócio que, apesar de inválido, possa ser confirmado pelas partes, resguardado direito de terceiro (v. art. 172).

No que se refere, especificamente, à obrigação solidária, suscita grandes divergências a interpretação do art. 177[1074] do Código Civil de 2002,

[1071] JOSSERAND, Louis. *Cours de droit civil positif français*: théorie générale du droit et des droits: les personnes: la famille: la propriété et les autres droits réels principaux. 3. ed. Paris: Librairie du Recueil Sirey, 1938, v. I, p. 104.

[1072] COLIN, Ambroise; CAPITANT, H. *Cours élémentaire de droit civil français*. 6. ed. Paris: Librairie Dalloz, 1930, t. 1, p. 79-80.

[1073] MELLO, Marcos Bernardes. *Teoria do fato jurídico*: plano da validade. 13. ed. São Paulo: Saraiva, 2014, p. 99.

[1074] "Art. 177. A anulabilidade não tem efeito antes de julgada por sentença, nem se pronuncia de ofício; só os interessados a podem alegar, e aproveita exclusivamente aos que a alegarem, salvo o caso de solidariedade ou indivisibilidade".

correspondente ao art. 152, *caput*,[1075] do Código Civil de 1916, por força do qual *somente os interessados* poderão alegar as anulabilidades, a quem aproveitarão exclusivamente, à exceção dos casos de *solidariedade* ou *indivisibilidade*. Em princípio, com efeito, somente os interessados teriam o direito potestativo de, *se lhes fosse conveniente*, promover a extinção da relação jurídica inquinada com o vício;[1076] teriam, ao mesmo tempo, a faculdade de confirmar (ratificar expressamente) o negócio ou, simplesmente, de cumpri-lo (v. arts. 172[1077] e 174[1078] do Código Civil de 2002).

Segundo Clovis Bevilaqua, entendem-se por *interessados* (i) a parte, em favor da qual existe a anulabilidade, (ii) os seus sucessores, (iii) os sub-rogados, credores e, ainda, (iv) terceiros prejudicados.[1079] Qual seria, então, o porquê da ressalva, pela lei, aos casos de solidariedade (e indivisibilidade)? Seriam meios de defesa comuns aquelas anulabilidades pertinentes a um dos devedores solidários (p. ex., a sua incapacidade relativa)?[1080] Tamanha é a perplexidade provocada pelo texto do art. 177 do Código Civil de 2002 que Tito Fulgêncio e Orosimbo Nonato, se escrevessem sobre o diploma em vigor, considerariam tal dispositivo em antinomia com o disposto no art. 281.[1081]

Na doutrina estrangeira, J. Giorgi reafirma a qualidade das anulabilidades como meios de defesa (ou exceções) *pessoais*, mas pensa que seria natural o surgimento das seguintes perguntas: a anulabilidade relacionada a um dos devedores, por vício de causa ou de consentimento, peculiar a apenas ele, que efeito produziria em relação aos demais deve-

1075 "Art. 152. As nulidades do art. 147 não têm efeito antes de julgadas por sentença, nem se pronunciam de ofício. Só os interessados as podem alegar, e aproveitam exclusivamente aos que as alegarem, salvo o caso de solidariedade, ou indivisibilidade".

1076 Tepedino, Gustavo; Barboza, Heloisa Helena; Moraes, Maria Celina Bodin de. *Código Civil interpretado*: conforme a Constituição da República: parte geral e obrigações. 2. ed. Rio de Janeiro: Renovar, 2007, v. 1, p. 327.

1077 "Art. 172. O negócio anulável pode ser confirmado pelas partes, salvo direito de terceiro".

1078 "Art. 174. É escusada a confirmação expressa, quando o negócio já foi cumprido em parte pelo devedor, ciente do vício que o inquinava".

1079 Bevilaqua, Clovis. *Codigo Civil dos Estados Unidos do Brasil commentado*. Rio de Janeiro: Livraria Francisco Alves, 1931, v. I, p. 411.

1080 V. seção 2.3.1, sobre meios de defesa comuns, e 2.3.2, sobre meios de defesa pessoais.

1081 Fulgêncio, Tito. *Do direito das obrigações*: das modalidades das obrigações: artigos 863-927. 2. ed. Atual. por José de Aguiar Dias. Rio de Janeiro: Forense, 1958, p. 354; Nonato, Orosimbo. *Curso de obrigações*: generalidades – espécies. Rio de Janeiro: Forense, 1959, v. II, p. 247.

dores? Tal anulabilidade favoreceria os codevedores, ao menos na parte do devedor a quem a obrigação se extinguisse?[1082]

Admite Giorgi a existência de controvérsias, mas pensa que seriam viáveis duas soluções: (i) se os demais codevedores não conhecessem o vício, quando da celebração do negócio, favorecer-se-iam, tanto por meio de regresso em face do devedor liberado, quanto pela possibilidade de deduzirem a anulabilidade como meio de defesa; (ii) se soubessem do vício, não teriam meio de defesa nem regresso. E a incapacidade civil de um dos devedores, sob sua ótica, não passaria de exceção puramente pessoal do incapaz, porque o estado das pessoas seria facilmente conhecido por todos.[1083]

M. Giorgianni busca simplificar a discussão, considerando o disposto no art. 1.297[1084] do Código Civil italiano, por força do qual um dos devedores solidários não pode opor ao credor as exceções pessoais relativas aos outros devedores. Afirma que o caso mais evidente, no qual se aplicaria o princípio instituído em referido dispositivo legal, seria o da invalidade da fonte negocial relativamente a apenas um dos devedores ou dos credores, por causa de situação pessoal dele, como, p. ex., a incapacidade ou vício da vontade. Mas entende que, se a nulidade operasse por todos, não seria devida a prestação entre nenhuma das partes, cujo vínculo nascesse de um negócio nulo.[1085]

Também sem grande aprofundamento, G. Amorth, ao discorrer sobre as regras aplicáveis à situação particular do devedor, sustenta que a anulabilidade por vício do consentimento, p. ex., se dissesse respeito a determinado codevedor, daria lugar tão somente a uma exceção *pessoal*.

[1082] Giorgi, Jorge. *Tratado de las obligaciones en el derecho moderno*: expuesta conforme a la doctrina y la jurisprudência italiana, francesa, alemana, etc., etc.: definición de las obligaciones: obligaciones naturales, solidarias, indivisibles: forma y prueba de las obligaciones. Trad. Eduardo Dato Iradier. 2. ed. Madrid: Editora Reus, 1928, v. I, p. 146.

[1083] Giorgi, Jorge. *Tratado de las obligaciones en el derecho moderno*: expuesta conforme a la doctrina y la jurisprudência italiana, francesa, alemana, etc., etc.: definición de las obligaciones: obligaciones naturales, solidarias, indivisibles: forma y prueba de las obligaciones. Trad. Eduardo Dato Iradier. 2. ed. Madrid: Editora Reus, 1928, v. I, p. 146-147.

[1084] "Art. 1297. [...] Uno dei debitori in solido non può opporre al creditore le eccezioni personali agli altri debitori. A uno dei creditori in solido il debitore non può opporre le eccezioni personali agli altri creditori".

[1085] Giorgianni, Michele. Obbligazione solidale e parziaria. In: Azara, Antonio; Eula, Ernesto (Dir.). *Novissimo Digesto Italiano*. Torino: UTET, 1965, v. 11, p. 679.

Acaso as exceções pessoais pudessem ser comunicáveis entre os consortes, o escopo a que a pluralidade de devedores visa alcançar seria grandemente diminuído.[1086]

A. P. S. Vaz Serra entende, em princípio, que o problema da validade deveria ser apreciado isoladamente, para cada devedor, naquilo que dependesse das circunstâncias pessoais dele; assim, poderia suceder que a obrigação de um fosse anulada por incapacidade ou por vícios da vontade, sem que isso atingisse a obrigação do outro. Se o credor exigisse a prestação a um dos devedores solidários, e este invocasse vitoriosamente uma exceção pessoal sua, subsistiria, apesar disso, a obrigação dos outros codevedores pelo todo.[1087]

Tal doutrina, para Serra, corresponderia a ter os outros devedores como *garantes* da falta de exceções pessoais do seu codevedor, razão por que suportariam, ao final, as consequências dessas exceções; o credor, para com quem se obrigassem solidariamente vários devedores, receberia de quaisquer dos outros a totalidade da prestação, embora um dos devedores pudesse invocar exceção pessoal (como a incapacidade ou um vício da vontade), o que, se ocorresse, reduziria o número de obrigados, caso em que os restantes devedores se sujeitariam, em definitivo, a um encargo superior.[1088]

Sustenta Serra que a solução contrária daria lugar a dificuldades; portanto, acaso os devedores desejassem se acautelar contra o risco da invalidade da obrigação de algum deles, poderiam celebrar com o credor as convenções adequadas; quando fosse de admitir, todavia, que os outros devedores se não teriam obrigado sem o seu codevedor, favorecido pela anulação, a obrigação daqueles não se manteria – em harmonia com as regras sobre redução de negócios jurídicos – senão com a dedução da parte desse codevedor, ou até em absoluto, se a existência desse devedor fosse essencial à subsistência, mesmo parcial, da obrigação.[1089]

1086 AMORTH, Giorgio. *L'obbligazione solidale*. Milano: Giuffrè, 1959, p. 153-154.

1087 SERRA, Adriano Paes da Silva Vaz. Pluralidade de devedores ou de credores. Lisboa: [s.n], v. 69, out. 1957. Separata do *Boletim do Ministério da Justiça*, p. 104, 136-137.

1088 SERRA, Adriano Paes da Silva Vaz. Pluralidade de devedores ou de credores. Lisboa: [s.n], v. 69, out. 1957. Separata do *Boletim do Ministério da Justiça*, p. 137.

1089 SERRA, Adriano Paes da Silva Vaz. Pluralidade de devedores ou de credores. Lisboa: [s.n], v. 69, out. 1957. Separata do *Boletim do Ministério da Justiça*, p. 138.

Trata-se, com efeito, de controvérsia bastante complexa; e a lei brasileira, ao invés de buscar solucioná-la, provoca-lhe o aprofundamento. Pareceria, em princípio, que, nas hipóteses de anulação parcial do contrato (v. art. 184[1090] do Código Civil de 2002), por incapacidade relativa ou por vício do consentimento de apenas um dos devedores solidários, esse devedor seria excluído da relação contratual por inteiro, enquanto o título remanesceria válido para os restantes coobrigados, os quais não estariam autorizados a opor, em defesa, o fato pessoal de seu consorte.

Consequentemente, manter-se-iam obrigados esses outros codevedores, em relação ao credor, pela integralidade da prestação, inclusive quanto à quota do devedor favorecido pela anulação. Nas relações internas, assim, esses outros devedores compartilhariam não apenas as próprias quotas, mas também a quota daquele devedor excluído pela anulabilidade, à semelhança do que ocorreria se um deles caísse em insolvência.

Em linha de princípio, essa conclusão estaria correta, de acordo com M. Ticozzi. Mas, se os outros devedores não conhecessem a incapacidade ou o vício de consentimento de seu consorte, no momento em que aceitassem participar do ato constitutivo da relação obrigacional, estariam autorizados a pleitear a anulação do contrato, se seu erro fosse passível de reconhecimento como *essencial*, nas hipóteses em que fosse determinante para a sua participação no negócio também a do devedor que obteve a anulação; em tais casos, não se trataria de uma exceção pessoal de outro devedor, mas de direito próprio.[1091]

De fato, se o devedor beneficiado pela anulação fosse o principal interessado, no sentido do art. 285[1092] do Código Civil de 2002, os demais devedores poderiam, por lógica, depois, em confronto com o credor comum, sustentar que incorreram em erro substancial quanto a uma das qualidades essenciais do negócio ou de pessoa a quem se referisse

[1090] "Art. 184. Respeitada a intenção das partes, a invalidade parcial de um negócio jurídico não o prejudicará na parte válida, se esta for separável; a invalidade da obrigação principal implica a das obrigações acessórias, mas a destas não induz a da obrigação principal".

[1091] Ticozzi, Marco. *Studio sulle obbligazioni solidali*. Padova: Cedam, 2012, p. 114.

[1092] "Art. 285. Se a dívida solidária interessar exclusivamente a um dos devedores, responderá este por toda ela para com aquele que pagar".

a declaração de vontade (v. art. 139, I e II,[1093] do Código Civil de 2002). Sob tais circunstâncias, realmente, não se cogitaria de exceção *pessoal* de outro devedor; não se vislumbraria nenhum óbice a que fosse suscitado semelhante defeito como *direito próprio*.

Não obstante tal solução aparente ser bastante razoável – em consonância, inclusive, com a unidade da relação jurídica obrigacional –,[1094] a verdade é que nem sempre haverá erro substancial; em muitos casos, nenhum devedor será considerado o principal interessado; ou a anulabilidade poderá dizer respeito a quem não seja esse principal interessado. Remanesce, pois, a dúvida quanto à interpretação do texto do art. 177 do Código Civil de 2002, no que se refere à ressalva aplicável aos casos de solidariedade (e de indivisibilidade).

A literatura brasileira, em geral, cuida da questão de maneira superficial: (i) J. M. de Carvalho Santos limita-se a sustentar que os fatos obstativos da formação do vínculo, ou que o tornaria anulável em relação a um dos devedores, não impediriam a validade dos vínculos dos demais coobrigados solidários;[1095] (ii) Orosimbo Nonato apenas assevera que, se se cuidasse de vício de vontade ou de incapacidade de uma das partes, o caso não se relacionaria, diretamente, à obrigação, mas ao estado particular de um dos sujeitos;[1096] (iii) M. M. de Serpa Lopes reconhece como pessoais aquelas exceções que dizem respeito à própria pessoa do codevedor ou ao seu patrimônio, *tais como* as nulidades relativas, a remissão parcial, a concordata na falência, a renúncia da solidariedade etc.;[1097] (iv) Tito Fulgêncio, apesar de admitir a aparente antinomia entre os dispositivos do Código Civil de 1916, dedica poucas linhas a essa

[1093] "Art. 139. O erro é substancial quando: I – interessa à natureza do negócio, ao objeto principal da declaração, ou a alguma das qualidades a ele essenciais; II – concerne à identidade ou à qualidade essencial da pessoa a quem se refira a declaração de vontade, desde que tenha influído nesta de modo relevante".

[1094] V. seção 1.8.3, sobre unidade ou pluralidade.

[1095] SANTOS, J. M. de Carvalho. *Código Civil brasileiro interpretado*: principalmente do ponto de vista prático: parte geral. 7. ed. Rio de Janeiro: Freitas Bastos, 1956, v. XI, p. 190.

[1096] NONATO, Orosimbo. *Curso de obrigações*: generalidades – espécies. Rio de Janeiro: Forense, 1959, v. II, p. 226.

[1097] LOPES, Miguel Maria de Serpa. *Curso de direito civil*: obrigações em geral. 4. ed. Rio de Janeiro: Freitas Bastos, 1966, v. II, p. 161.

divergência;[1098] e (v) Washington de Barros Monteiro assevera que a anulação de um negócio beneficiaria também aqueles que não fossem parte no feito.[1099]

Com maior profundidade, Pontes de Miranda assevera que o codevedor solidário, em princípio, não estaria autorizado a fazer objeção, ou opor exceção, que fosse pessoal a outro devedor, ou a outros devedores (*exceptio de iuri tertii*), de modo que não poderia almejar que lhe fosse eficaz o prazo que o credor concedesse a outro devedor, ou a anulabilidade que só dissesse respeito a outro devedor.[1100]

A seu ver, porém, o art. 152, *caput*, do Código Civil de 1916 (v. art. 177 do Código Civil de 2002) deveria ser lido da seguinte forma: conquanto apenas os interessados pudessem alegar as anulabilidades, seu reconhecimento aproveitaria aos demais, nos casos de solidariedade e de indivisibilidade. Afinal, a anulação apanharia o negócio jurídico e, pois, a relação jurídica; não poderia haver solidariedade com o que *deixasse* de ser, como seria inconcebível a solidariedade com o que dimanasse do nulo, pois o nulo não produziria efeitos, e a obrigação seria efeito.[1101]

Sob tal perspectiva, a relação jurídica nem sempre desapareceria, em virtude da anulação: a consequência da invalidade diria respeito somente à solidariedade, e não ao outro vínculo. Se "C" e "D" contraíssem, negocialmente, obrigação, e o negócio jurídico fosse anulado, a respeito de "C", "D" não seria mais solidário, mas poderia se manter como devedor; a dívida se teria irradiado da parte do negócio jurídico inatingida pela anulação. A eficácia sentencial que excepcionalmente aproveitasse a outrem somente concerniria à solidariedade, e não ao que resultasse da parte válida do negócio jurídico.[1102]

1098 Fulgêncio, Tito. *Do direito das obrigações*: das modalidades das obrigações: artigos 863-927. 2. ed. Atual. por José de Aguiar Dias. Rio de Janeiro: Forense, 1958, p. 354.

1099 Monteiro, Washington de Barros. *Curso de direito civil*: direito das obrigações, 1ª parte: das modalidades das obrigações: dos efeitos das obrigações. 15. ed. São Paulo: Saraiva, 1979, p. 157-158.

1100 Miranda, Pontes de. *Tratado de direito privado*. 3. ed. Rio de Janeiro: Borsoi, 1971, v. X, p. 340.

1101 Miranda, Pontes de. *Tratado de direito privado*. 3. ed. Rio de Janeiro: Borsoi, 1971, v. X, p. 341.

1102 Miranda, Pontes de. *Tratado de direito privado*. 3. ed. Rio de Janeiro: Borsoi, 1971, v. X, p. 340.

Já Regina B. Gondim Dias questiona: se um contrato fosse anulável por um motivo pessoal a qualquer dos credores ou devedores, como, p. ex., a incapacidade ou vício do consentimento, deveria ser válido para os demais? Sob sua ótica, os *interessados* aos quais se referia o art. 152, *caput*, do Código Civil de 1916 (v. art. 177 do Código Civil de 2002), seriam as pessoas em cujo benefício a anulabilidade fosse estabelecida.[1103]

Entende que o art. 152 deveria ser interpretado em combinação com a primeira parte do art. 153 do Código Civil de 1916 (v. art. 184 do Código Civil de 2002), de modo que a anulação do contrato só atingisse aos demais consortes quando essa invalidade contrariasse a intenção e os interesses das partes, hipótese em que se estenderia a todo o ato. Exemplifica: se um indivíduo vendesse a dois outros, que se obrigassem solidariamente ao pagamento do preço, não seria forçado a entregar a coisa, se aquele que inspirasse confiança fosse incapaz.[1104]

Em síntese, na visão da monografista: só o incapaz e o prejudicado por um vício de consentimento poderiam invocar a anulabilidade estabelecida pela lei para ampará-los. Mas seus efeitos não se estenderiam à parte válida, isto é, aos demais devedores, quando a quota deles fosse separável, isto é, se o fim do contrato, sem afetar de modo considerável a segurança do credor, ainda pudesse ser alcançado com os restantes coobrigados.[1105]

Na vigência do Código Civil de 2002, e de forma contrária à doutrina predominante, Paulo Lôbo chega a qualificar como *exceção comum* a anulabilidade, ao lado da inexistência, da nulidade, da ineficácia, da resolução e da revogação do negócio jurídico; aproveitaria, nesse sentido, a todos os devedores solidários, e não apenas a um. Em princípio, a anulabilidade só poderia ser suscitada pelos interessados, e beneficiaria exclusivamente os que a alegassem, mas, por força do que dispõe o art. 177, quando se tratasse de solidariedade ou indivisibilidade, aproveitaria aos demais devedores. Seria inconcebível, a seu ver, que a exceção de anulabilidade não fosse comum, pois a anulação retiraria a validade do negó-

1103 Dias, Regina Bottentuit Gondim. *Natureza jurídica da solidariedade*. Rio de Janeiro: Conquista, 1958, p. 109-110.

1104 Dias, Regina Bottentuit Gondim. *Natureza jurídica da solidariedade*. Rio de Janeiro: Conquista, 1958, p. 110.

1105 Dias, Regina Bottentuit Gondim. *Natureza jurídica da solidariedade*. Rio de Janeiro: Conquista, 1958, p. 112.

cio jurídico e da relação jurídica, de modo que não poderia sobreviver a solidariedade sobre o que deixasse de ser válido e perdesse a eficácia no mundo jurídico, pois a obrigação seria efeito.[1106]

Apesar de todas essas posições, entendemos que a interpretação do art. 177 estaria condicionada ao contexto funcional do sistema, especialmente diante do que dispõem os arts. 172, 175, 178, 184, 277, 281, 284, 285 e 422, todos do Código Civil de 2002. Como é cediço, não se interpretam textos de direito em tiras, aos pedaços; um texto de direito isolado, destacado, desprendido do sistema jurídico, não expressa significado normativo algum.[1107]

Deve-se considerar, em primeiro lugar, que o negócio jurídico anulável pode ser confirmado pelas partes, expressa ou tacitamente (v. arts. 172 e 175), assim como também está sujeito à convalidação pelo decurso do prazo decadencial (v. art. 178). Aquele a quem a invalidade beneficiasse, portanto, teria a faculdade de alegá-la ou não, inclusive por ser possível que a anulação não lhe fosse conveniente, a depender das circunstâncias. A invalidação nem sempre se mostra vantajosa, em especial quando se tratar de um bom negócio. Consoante R. de Ruggiero, o negócio anulável tem eficácia plena, como se não houvesse vícios, até que a pessoa interessada e autorizada por lei a fazer valer o vício o suscite.[1108]

Mostra-se obscura a redação do art. 177 do Código Civil de 2002, ao dispor que "só os interessados a podem alegar, e aproveita exclusivamente aos que a alegarem, salvo o caso de solidariedade ou indivisibilidade". Ora, diante da possibilidade de ser confirmado o negócio jurídico, além da eventual inconveniência da anulabilidade, a ressalva ("salvo o caso de solidariedade ou indivisibilidade") parece não se aplicar à primeira oração ("só os interessados a podem alegar"), mas apenas à segunda ("aproveita exclusivamente aos que a alegarem").

De fato, se a solidariedade corresponde a uma relação obrigacional complexa, formada por um conjunto de obrigações conexas, aparenta ser impositiva a extensão dos efeitos da anulação a todo o grupo de

[1106] Lôbo, Paulo. *Direito civil*: obrigações. 2. ed. São Paulo: Saraiva, 2011, p. 147.

[1107] Grau, Eros Roberto. *Por que tenho medo dos juízes*: a interpretação/aplicação do direito e os princípios. 6. ed. São Paulo: Malheiros, 2013, p. 84.

[1108] Ruggiero, Roberto de. *Instituições de direito civil*: introdução e parte geral: direito das pessoas. Trad. Ary dos Santos. 6. ed. São Paulo: Saraiva, 1934, v. I, p. 908.

devedores solidários. Ainda que, quando respeitar a apenas um dos coobrigados, os demais não a puderem *alegar* (v. art. 281), o fato é que, *depois de alegada* pelo interessado e de *reconhecida por sentença* (v. art. 177, primeira parte), todos se beneficiarão, diferentemente do que ocorreria se a obrigação fosse parciária e divisível.

Na hipótese em que a dívida interessar exclusivamente a um dos devedores (v. art. 285), os demais poderão alegar, por direito próprio, erro substancial quanto a uma das qualidades essenciais do negócio ou de pessoa a quem se referisse a declaração de vontade (v. art. 139, I e II), tal como já se ventilou anteriormente. Seria ilógico, afinal, se permanecessem obrigados apenas aqueles devedores que figuravam como meros garantidores, enquanto o único interessado fosse liberado pela invalidade. A solução definitiva, no entanto, dependerá das circunstâncias concretas, porquanto os codevedores, apesar de não interessados, têm de agir de acordo com a boa-fé objetiva (v. art. 422).[1109]

Se a invalidade for apenas parcial (v. art. 184), o credor *culpado* poderá ser forçado a descontar a quota do devedor favorecido pela invalidade, ao exigir dos coobrigados o cumprimento da prestação, a não ser que eles tenham agido de má-fé. Aplica-se, por analogia, a regra prevista no art. 277, no sentido de equiparar as situações de invalidade e às de remissão parcial.[1110] Apesar da separação entre as fases externa e interna da relação obrigacional solidária, ambas se encontram imbricadas, e não seria razoável transferir os prejuízos decorrentes da culpa do credor aos devedores inocentes.

Como se vê, apesar da má qualidade redacional do artigo 177 do Código Civil de 2002, a suscitar sérias controvérsias, despontam várias soluções possíveis. Tudo dependerá, é claro, de circunstâncias particulares do caso concreto, mas as diretrizes antes apontadas poderão servir de norte ao intérprete. Afinal, não aparenta ser viável, como querem alguns escritores, nem ignorar a existência da ressalva constante da parte final do mencionado dispositivo (quanto às obrigações solidárias e indivisíveis), tampouco a interpretar de forma literal.

1109 "Art. 422. Os contratantes são obrigados a guardar, assim na conclusão do contrato, como em sua execução, os princípios de probidade e boa-fé".

1110 V. seção 2.4.8.1, sobre pagamento parcial e remissão.

2.4.5.2. Nulidades

Além das *anulabilidades*, sobre as quais se discorreu na seção anterior, a categoria das invalidades do negócio jurídico comporta sanções ainda mais graves, resultantes das *nulidades absolutas* (*pleno iure* ou, simplesmente, nulidades). Optou-se, aqui, por tratar previamente das anulabilidades, quer porque, apesar de acarretarem consequências, em geral, mais brandas, sua aplicação, quanto às obrigações solidárias, parece provocar maior complexidade, em especial, diante do teor do art. 177 do Código Civil de 2002; quer porque, se a nulidade é meramente parcial, seus efeitos são análogos aos da anulação, quanto aos devedores solidários.

Ato nulo, afirma a civilística tradicional, seria aquele praticado por meio de violação da chamada *ordem pública*. As regras definidoras da nulidade, assim, teriam caráter cogente; estariam legitimados para a arguir, pois, quaisquer interessados, em seu próprio nome, ou o representante do Ministério Público; e mesmo o juiz deveria pronunciá-la *ex officio*, quando tivesse oportunidade de tomar conhecimento do ato ou de seus efeitos (v. art. 168[1111] do Código Civil de 2002). Dada a sua gravidade, a nulidade não poderia jamais ser suprida judicialmente, e o ato nulo não seria passível de confirmação, assim como não convalesceria pelo decurso do tempo (v. art. 169[1112] do Código Civil de 2002).[1113]

A questão das nulidades, entretanto, mostra-se muito mais complexa do que se poderia extrair dessa noção meramente superficial. Já M. Planiol criticava, na primeira metade do século XX, a noção de nulidade de pleno direito. Segundo o civilista francês, cuidar-se-ia de uma ideia simples em si mesma, mas obscurecida pela formação histórica da teoria das nulidades, notadamente em razão da influência, sobre o codificador, do direito romano, em que coexistiam a *nulidade civil* (ou de pleno direito),

[1111] "Art. 168. As nulidades dos artigos antecedentes podem ser alegadas por qualquer interessado, ou pelo Ministério Público, quando lhe couber intervir. Parágrafo único. As nulidades devem ser pronunciadas pelo juiz, quando conhecer do negócio jurídico ou dos seus efeitos e as encontrar provadas, não lhe sendo permitido supri-las, ainda que a requerimento das partes".

[1112] "Art. 169. O negócio jurídico nulo não é suscetível de confirmação, nem convalesce pelo decurso do tempo".

[1113] Pereira, Caio Mário da Silva. *Instituições de direito civil*: introdução ao direito civil: teoria geral de direito civil. 27. ed. Rio de Janeiro: Forense, 2014, v. I, 532-533.

prevista em lei, e a *nulidade pretoriana*, que supunha o exercício de uma ação na justiça.[1114]

Segundo A. Colin e H. Capitant, as *verdadeiras caraterísticas* da nulidade absoluta ou radical seriam as seguintes: (i) qualquer pessoa interessada teria o direito de a invocar perante a Justiça, por meio de ação ou de exceção, tanto os contratantes quanto terceiros; (ii) o ato absolutamente nulo não poderia ser confirmado por aquele de quem emana, até porque a ordem pública, fundamento ordinário das nulidades absolutas, exigiria que o ato assim maculado permanecesse essencialmente frágil, caduco, de forma que nada pudesse apagar a sua ineficácia; (iii) a ação pela qual se pudesse alegar a nulidade de pleno direito deveria ser protegida da prescrição, até porque a prescrição traduziria espécie de renúncia tácita.[1115]

No Brasil, os arts. 166[1116] e 167[1117] do Código Civil de 2002 consideram nulo o negócio jurídico quando: (i) celebrado por absolutamente incapaz; (ii) for ilícito, impossível ou indeterminável o seu objeto; (iii) o motivo determinante, comum a ambas as partes, for ilícito; (iv) não revestir a forma prescrita em lei; (v) for preterida alguma solenidade que a lei considere essencial para a sua validade; (vi) tiver por objetivo fraudar lei imperativa; (vii) a lei taxativamente o declarar nulo, ou proibir-lhe a prática, sem cominar sanção; (viii) houver simulação. São infinitas, à primeira vista, as possibilidades de ser considerado nulo o ato jurídico,

[1114] PLANIOL, Marcel. *Traité élémentaire de droit civil*: príncipes généraux, personnes, biens. 4. ed. Paris: Librairie Générale de Droit et de Jurisprudence, 1948, t. 1, p. 150.

[1115] COLIN, Ambroise; CAPITANT, H. *Cours élémentaire de droit civil français*. 6. ed. Paris: Librairie Dalloz, 1930, t. 1, p. 77-78.

[1116] "Art. 166. É nulo o negócio jurídico quando: I – celebrado por pessoa absolutamente incapaz; II – for ilícito, impossível ou indeterminável o seu objeto; III – o motivo determinante, comum a ambas as partes, for ilícito; IV – não revestir a forma prescrita em lei; V – for preterida alguma solenidade que a lei considere essencial para a sua validade; VI – tiver por objetivo fraudar lei imperativa; VII – a lei taxativamente o declarar nulo, ou proibir-lhe a prática, sem cominar sanção".

[1117] "Art. 167. É nulo o negócio jurídico simulado, mas subsistirá o que se dissimulou, se válido for na substância e na forma. § 1º Haverá simulação nos negócios jurídicos quando: I – aparentarem conferir ou transmitir direitos a pessoas diversas daquelas às quais realmente se conferem, ou transmitem; II – contiverem declaração, confissão, condição ou cláusula não verdadeira; III – os instrumentos particulares forem antedatados, ou pós-datados. § 2º Ressalvam-se os direitos de terceiros de boa-fé em face dos contraentes do negócio jurídico simulado".

especialmente diante da presença de alguns conceitos (ou termos) indeterminados, a exemplo de "fraudar lei imperativa".

Não bastasse ser amplíssimo o espectro de invalidades, revela-se sobremaneira dificultoso o reconhecimento, na prática, da nulidade de um ato. Muitas vezes, poderá parecer, por meio de análise superficial, que houve, p. ex., inobservância da forma prescrita em lei ou que se fraudou lei imperativa, situações em que se consideraria o negócio *nulo de pleno direito*; consequentemente, insuscetível de confirmação (v. art. 169 do Código Civil de 2002).

Não se deveria cogitar de *automática* nulidade de todo pacto contrário à norma, no entanto, consoante P. Perlingieri, haja vista a diversa gradação das consequências, em razão da natureza dos interesses violados. A seu ver, esse reconhecimento automático resultaria de uma concepção mecânica da norma inderrogável, o que não se coadunaria com a finalidade e o fundamento da norma no sistema dos valores.[1118]

Com efeito, para que houvesse a determinação da sanção (nulidade) e a diversa gradação de suas consequências, far-se-ia imprescindível a atenta consideração aos valores e interesses envolvidos. E os limites legais não seriam necessariamente explícitos, unívocos e taxativos; bem poderiam ser deduzidos, para Perlingieri, das circunstâncias as mais disparatadas, como a natureza do bem, a peculiaridade dos sujeitos etc.[1119]

Admite a doutrina, ainda, em alguns casos, a *conversão* do negócio jurídico nulo, à luz do que prescreve o art. 170[1120] do Código Civil de 2002, com o escopo de conservá-lo. Cuidar-se-ia, de acordo com Antonio Junqueira de Azevedo, de ato pelo qual a lei ou o juiz considerasse certo negócio nulo como de tipo diferente do efetivamente realizado, para ser tido como válido e produzir pelo menos alguns dos efeitos queridos pelas partes.[1121]

1118 PERLINGIERI, Pietro. *Perfis do direito civil*: introdução ao direito civil constitucional. Trad. Maria Cristina De Cicco. 3. ed. Rio de Janeiro: Renovar, 1997, p. 291-292.

1119 PERLINGIERI, Pietro. *Perfis do direito civil*: introdução ao direito civil constitucional. Trad. Maria Cristina De Cicco. 3. ed. Rio de Janeiro: Renovar, 1997, p. 292.

1120 "Art. 170. Se, porém, o negócio jurídico nulo contiver os requisitos de outro, subsistirá este quando o fim a que visavam as partes permitir supor que o teriam querido, se houvessem previsto a nulidade".

1121 AZEVEDO, Antonio Junqueira de. A conversão dos negócios jurídicos: seu interesse teórico e prático. In: *Estudos e pareceres de direito privado*. São Paulo: Saraiva, 2004, p. 126.

Esse tema pertinente às nulidades é áspero, complexo, merecedor de tratado exclusivo; não se pretendia, pois, expor todas as suas minúcias, mas tão somente apresentar alguns contornos genéricos, necessários à compreensão de sua influência sobre a relação obrigacional solidária. Pressupõe-se, para os fins do presente estudo, que se reconhecerá, em determinados casos concretos, a nulidade do ato ou negócio jurídico, seja qual for, para tanto, o fundamento adotado; e será necessário, sempre, nessas circunstâncias, verificar a extensão da mácula.

É preciso analisar se o vício de nulidade contamina completamente o ato, no sentido de fulminar a íntegra de seu conteúdo preceptivo (*nulidade total*), ou se lhe atinge apenas parte, como uma ou mais cláusulas, sem lhe afetar a substância (*nulidade parcial*).[1122] A possibilidade de invalidar uma parte do negócio, e deixar a outra parte intacta, depende de que essa parte seja separável; isto é, está condicionada a que a invalidação não afete a "economia do negócio". Não se trata, para Santos Cifuentes, de questão material ou mecânica, mas interna ou espiritual, para atender à verdadeira intenção dos criadores do negócio.[1123]

A dificuldade está em que, muitas vezes, as cláusulas formam um conjunto; e as partes contratantes não teriam querido apenas uma parte do ato, mas o seu todo; de modo que não seria aceitável, à primeira vista, isolar as cláusulas contratuais, porque isso importaria uma mudança profunda e essencial. A norma, porém, contempla a invalidade parcial (v. art. 184[1124] do Código Civil de 2002) e estabelece a regra da incomunicabilidade da nulidade (*utile per inutile non vitiatur*), assentada no princípio da conservação do negócio.[1125]

[1122] Nery, Rosa Maria de Andrade; Nery Junior, Nelson. *Instituições de direito civil*: parte geral. São Paulo: Editora Revista dos Tribunais, 2015, v. I, t. II, p. 235.

[1123] Cifuentes, Santos. *Negocio jurídico*: estructura: instrumentos: vicios: nulidades: sujetos: objeto: causa: formas: clasificación: interpretación: responsabilidad por las consecuencias: ignorancia y error: dolo: violencia: lesión: simulación: fraude: convalidación. 2. ed. Buenos Aires: Editorial Astrea, 2004, p. 745.

[1124] "Art. 184. Respeitada a intenção das partes, a invalidade parcial de um negócio jurídico não o prejudicará na parte válida, se esta for separável; a invalidade da obrigação principal implica a das obrigações acessórias, mas a destas não induz a da obrigação principal".

[1125] Cifuentes, Santos. *Negocio jurídico*: estructura: instrumentos: vicios: nulidades: sujetos: objeto: causa: formas: clasificación: interpretación: responsabilidad por las consecuencias: ignorancia y error: dolo: violencia: lesión: simulación: fraude: convalidación. 2. ed. Buenos Aires: Editorial Astrea, 2004, p. 746.

A nulidade, para ser parcial, está condicionada a que o negócio jurídico seja unitário e passível de divisão.[1126] Determinadas situações, ademais, não comportam a nulidade parcial, por expressa previsão legal, a exemplo da transação (v. art. 848[1127] do Código Civil de 2002), ou quando houver restrição contratual. Bastará, nessas circunstâncias, que uma das cláusulas seja nula para que se contamine integralmente o negócio.

Se não houver nenhum óbice legal ou contratual ao reconhecimento dessa nulidade parcial, tornar-se-á necessário, então, interpretar o negócio jurídico, para analisar a possibilidade de aplicar o *princípio da conservação*. Buscar-se-á, então, a vontade das partes, isto é, o sentido que, na visão do intérprete, elas teriam atribuído à declaração negocial, o que se obtém por meio do exame da literalidade da linguagem, do contexto verbal e de todas as circunstâncias negociais relevantes, considerada a boa-fé objetiva.[1128]

Afora todas essas particularidades, entendemos que, *mutatis mutandis*, as situações de nulidade parcial merecem as mesmas soluções já examinadas na seção anterior, à qual se faz remissão.[1129] A principal diferença está em que a nulidade (absoluta), em razão de sua maior gravidade, não depende de provocação dos interessados: o juiz dela poderá conhecer de ofício; e qualquer dos devedores estará autorizado a suscitá-la, ainda que a possível mácula não lhe proporcione vantagens diretas.

Se a nulidade é *total*, entretanto, parece não haver divergência doutrinária sobre o fato de que todos os devedores solidários estão autorizados a alegá-la, como meio de defesa (ou exceção) comum.[1130] Invalidades

[1126] Cifuentes, Santos. *Negocio jurídico*: estructura: instrumentos: vicios: nulidades: sujetos: objeto: causa: formas: clasificación: interpretación: responsabilidad por las consecuencias: ignorancia y error: dolo: violencia: lesión: simulación: fraude: convalidación. 2. ed. Buenos Aires: Editorial Astrea, 2004, p. 746.

[1127] "Art. 848. Sendo nula qualquer das cláusulas da transação, nula será esta. Parágrafo único. Quando a transação versar sobre diversos direitos contestados, independentes entre si, o fato de não prevalecer em relação a um não prejudicará os demais".

[1128] Marino, Francisco Paulo De Crescenzo. *Interpretação do negócio jurídico*. São Paulo: Saraiva, 2011, p. 173-175.

[1129] V. seção 2.4.5.1, sobre anulabilidades.

[1130] Costa, Mário Júlio de Almeida. *Direito das obrigações*. 12. ed. Coimbra: Almedina, 2009, p. 674; Dias, Regina Bottentuit Gondim. *Natureza jurídica da solidariedade*. Rio de Janeiro: Conquista, 1958, p. 109-110; Fulgêncio, Tito. *Do direito das obrigações*: das modalidades das obrigações: artigos 863-927. 2. ed. Atual. por José de Aguiar Dias. Rio de Janeiro: Forense, 1958, p. 345; Giorgi, Jorge. *Tratado de las obligaciones en el derecho moderno*: expuesta conforme

desse jaez costumam resultar da natureza da obrigação; prendem-se aos vícios primitivos de sua origem, ou às modalidades sob que originariamente foram contratadas por todos os devedores juntos, ou resultam de um fato originariamente comum a todo o feixe das obrigações constitutivas da solidariedade.[1131]

2.4.6. Agravamento e abrandamento da situação dos devedores

Prevê o art. 278[1132] do Código Civil de 2002, equivalente ao art. 907[1133] do Código Civil de 1916, que qualquer *cláusula*, *condição* ou *obrigação* a dicional, estipulada entre um dos devedores solidários e o credor, não poderá *agravar* a posição dos outros sem que o consintam. Em outras palavras, não só os devedores não responderiam por disposições adicionais, mas também não se sujeitariam a prejuízos resultantes de atos exclusivos de seus consortes. Cuidar-se-ia de corolário do *princípio da relatividade contratual*.[1134]

a la doctrina y la jurisprudência italiana, francesa, alemana, etc., etc.: definición de las obligaciones: obligaciones naturales, solidarias, indivisibles: forma y prueba de las obligaciones. Trad. Eduardo Dato Iradier. 2. ed. Madrid: Editora Reus, 1928, v. I, p. 148; Lôbo, Paulo. *Direito civil*: obrigações. 2. ed. São Paulo: Saraiva, 2011, p. 147; Lopes, Miguel Maria de Serpa. *Curso de direito civil*: obrigações em geral. 4. ed. Rio de Janeiro: Freitas Bastos, 1966, v. II, p. 161; Mendonça, Manuel Inácio Carvalho de. *Doutrina e prática das obrigações ou tratado geral dos direitos de crédito*. 4. ed. Rio de Janeiro: Forense, 1956, t. I, p. 340; Nonato, Orosimbo. *Curso de obrigações*: generalidades – espécies. Rio de Janeiro: Forense, 1959, v. II, p. 226; Pereira, Caio Mário da Silva. *Instituições de direito civil*: teoria geral das obrigações. 26. ed. Rio de Janeiro: Forense, 2014, v. II, p. 96; Santos, J. M. de Carvalho. *Código Civil brasileiro interpretado*: principalmente do ponto de vista prático: parte geral. 7. ed. Rio de Janeiro: Freitas Bastos, 1956, v. XI, p. 257; Varela, Antunes. *Direito das obrigações*: conceito, estrutura e função da relação obrigacional, fontes das obrigações, modalidades das obrigações. Rio de Janeiro: Forense, 1977, p. 304; Venosa, Sílvio de Salvo. *Direito civil*: teoria geral das obrigações e teoria geral dos contratos. 7. ed. São Paulo: Atlas, 2007, v. 2, p. 97.

1131 Fulgêncio, Tito. *Do direito das obrigações*: das modalidades das obrigações: artigos 863-927. 2. ed. Atual. por José de Aguiar Dias. Rio de Janeiro: Forense, 1958, p. 345.

1132 "Art. 278. Qualquer cláusula, condição ou obrigação adicional, estipulada entre um dos devedores solidários e o credor, não poderá agravar a posição dos outros sem consentimento destes".

1133 "Art. 907. Qualquer cláusula, condição, ou obrigação adicional, estipulada entre um dos devedores solidários e o credor, não poderá agravar a posição dos outros, sem consentimento destes".

1134 Bdine Jr., Hamid Charaf. In: Peluso, Cezar (Coord.). *Código Civil comentado*: doutrina e jurisprudência: Lei n. 10.406, de 10.01.2002: contém o Código Civil de 1916. 4. ed. Barueri: Manole, 2010, p. 228.

De fato, a cláusula, condição e obrigação adicionais, com as quais não consentissem todos os integrantes do grupo solidário, não lhes agravaria a posição, porque traduziriam *res inter alios acta*. Dada a relatividade dos efeitos do negócio jurídico (e de seus aditamentos), apenas os que nele interviessem se prejudicariam.[1135] Como se trata de questão principiológica, a disposição legal poderia até mesmo ser dispensável, tanto que, na legislação estrangeira consultada, não se vislumbra vedação análoga; não, ao menos, de maneira tão explícita.

O diploma que, à primeira vista, mais se assemelharia à codificação brasileira seria o Código Civil espanhol (v. art. 1.141, primeira parte);[1136] mas apenas quanto à solidariedade ativa, ao dispor que cada um dos credores solidários poderia fazer o que fosse útil aos demais, mas não o que lhes fosse prejudicial. No tocante à solidariedade passiva, porém, estabelece que as ações exercitadas contra qualquer dos devedores solidários prejudicarão a todos eles (v. art. 1.141, segunda parte).[1137]

Escritores franceses tradicionais costumavam extrair esse princípio da teoria da representação, hoje rechaçada pela doutrina majoritária.[1138] M. Planiol, p. ex., assevera que os devedores se representariam uns aos outros, ante a união de interesses que se instituiria entre eles; o que não lhes conferiria o poder de criar obrigações novas ou de agravar as já existentes: *le pouvoir de représentation est limité*. A doutrina "moderna", para Planiol, teria acolhido a fórmula imaginada por Dumoulin para conciliar leis romanas, reproduzida em R. J. Pothier: considerar-se-iam os codevedores como se se representassem reciprocamente *ad conservandam vel perpetuandam obligationem non autem ad augendam*.[1139]

Anota Pothier, realmente, que o fato, a culpa ou a mora de um dos devedores solidários prejudicaria seus consortes, porque não se dispensariam de sua obrigação pela perda da coisa, cujo preço se manteriam obrigados a pagar. Mas o fato, a culpa ou a mora de um desses devedo-

1135 Diniz, Maria Helena. *Tratado teórico e prático dos contratos*. 7. ed. São Paulo: Saraiva, 2013, v. 1, p. 151.

1136 "Art. 1141. Cada uno de los acreedores solidarios puede hacer lo que sea útil a los demás, pero no lo que les sea prejudicial".

1137 "Art. 1141. [...] Las acciones ejercitadas contra cualquiera de los deudores solidarios perjudicarán a todos éstos".

1138 V. seção 1.10.1.1, sobre as obrigações solidárias e o mandato.

1139 Planiol, Marcel. *Traité élémentaire de droit civil*: obligations, contrats, sûretés réelles. 3. ed. Paris: Librairie Générale de Droit et de Jurisprudence, 1949, t. 2, p. 609.

res não prejudicaria os demais *ad augendam ipsorum obligationem*; ou seja, apenas aquele que houvesse incorrido em culpa ou fosse constituído em mora seria responsável pelas perdas e danos resultantes da inexecução da obrigação, além do valor da coisa; e os devedores inocentes não se responsabilizariam por nada além do preço daquilo que houvesse perecido: *si duo rei promittendi sint, alterius mora alteri non nocet.*[1140]

No século XIX, já havia comentaristas do *Code*, como T. Huc, que refutavam a ideia de mandato, sob o argumento de que as derrogações resultantes dos arts. 1.205,[1141] 1.206[1142] e 1.207[1143] (de acordo com a redação original, anterior à da *Ordonnance* n. 2016-131, de 10 de fevereiro de 2016) se explicariam pelo princípio mesmo da unidade de obrigação, independentemente de qualquer ideia de mandato.[1144] No Brasil, aliás, Clovis Bevilaqua e Eduardo Espinola entendiam que o art. 907 do Código Civil de 1916 (v. art. 278 do Código Civil de 2002) fornecia justamente o argumento contrário à teoria do mandato recíproco entre os devedores solidários.[1145]

Segundo o italiano R. de Ruggiero, explicar-se-ia o princípio da não agravação pelo fato de que seria estranha ao credor a relação interna entre os codevedores; não faria sentido, pois, que ele dispusesse de seu crédito de maneira que influísse sobre aquela relação. Assim, estaria autorizado o credor apenas a dispor de seu crédito em sua totalidade; ou, se o fizesse quanto à parte de um dos devedores, não poderia agravar

1140 POTHIER, Robert Joseph. *Tratado de las obligaciones*. Buenos Aires: Editorial Atalaya, 1947, p. 151.

1141 "Art. 1205. Si la chose due a péri par la faute ou pendant la demeure de l'un ou de plusieurs des débiteurs solidaires, les autres codébiteurs ne sont point déchargés de l'obligation de payer le prix de la chose; mais ceux-ci ne sont point tenus des dommages et intérêts. Le créancier peut seulement répéter les dommages et intérêts tant contre les débiteurs par la faute desquels la chose a péri, que contre ceux qui étaient en demeure".

1142 "Art. 1206. Les poursuites faites contre l'un des débiteurs solidaires interrompent la prescription à l'égard de tous".

1143 "Art. 1207. La demande d'intérêts formée contre l'un des débiteurs solidaires fait courir les intérêts à l'égard de tous".

1144 HUC, Théophile. *Commentaire théorique & pratique du Code Civil*, t. 7: contrats et obligations: effets des obligations: condition: solidarité: indivisibilité: clause pénale: art. 1101 à 123. Paris: Librairie Cotillon, 1894, p. 434.

1145 BEVILAQUA, Clovis. *Codigo Civil dos Estados Unidos do Brasil commentado*. Rio de Janeiro: Livraria Francisco Alves, 1930, v. IV, p. 59; ESPINOLA, Eduardo. *Garantia e extinção das obrigações*: obrigações solidárias e indivisíveis. Rio de Janeiro: Freitas Bastos, 1951, p. 424.

a posição dos demais, no sentido de privá-los do direito de regresso ou de tornar vão o exercício da respectiva ação.[1146]

Embora o Código Civil italiano vigente não contenha disposição análoga à do art. 278 do Código Civil de 2002, enunciava a *Relazione al Codice Civile* que, na disciplina dos efeitos da solidariedade, se teria acolhido o princípio de que os atos praticados e os fatos verificados em confronto de um devedor solidário com o credor não prejudicaria os seus consortes; e uma série de disposições textuais seria inspirada nesse *princípio da não comunicabilidade dos atos prejudiciais e da extensão dos vantajosos*.[1147]

G. Amorth considera o princípio insculpido na lei atual diverso e mais favorável ao devedor, em comparação àquele em que se inspirava a doutrina medieval, acolhida por R. J. Pothier, e os códigos napoleônico e italiano de 1865. Se, antes, o fato de um só devedor agravava a situação dos demais *ad conservandam et perpetuandam obligationem*, mas não *ad augendam obligationem*, o atual princípio determinaria que, em regra, os efeitos prejudiciais da conservação e da perpetuação da obrigação não se comunicariam aos outros devedores solidários, mas apenas os efeitos benéficos.[1148]

Em face do diploma italiano em vigor, C. M. Bianca entende que os atos praticados por qualquer dos devedores para constituir, modificar ou esclarecer a forma de cumprimento não seriam, em geral, oponíveis aos demais codevedores; mas os outros consortes poderiam se aproveitar desses atos, como, p. ex., na dilação do prazo, no parcelamento da dívida, na alteração do local de pagamento, na previsão de faculdade de pagar em outro local etc. Dessumir-se-ia tal princípio da disciplina de outros atos modificativos da relação obrigacional (remissão, transação etc.); também se aplicaria aos atos concernentes a direitos acessórios: juros, cláusula penal, arras penitenciais e confirmatórias etc.[1149]

Não se vislumbram grandes divergências, na doutrina brasileira, sobre a existência do princípio em questão; princípio esse aplicável, inclu-

1146 RUGGIERO, Roberto de. *Instituições de direito civil*: direito das obrigações: direito hereditário. Trad. Ary dos Santos. 6. ed. São Paulo: Saraiva [s.d.], v. III, p. 77.

1147 ITALIA. Ministerio di Grazia e Giustizia. *Codice Civile*: testo e relazione ministeriale. Roma: Instituto Poligrafico dello Stato, 1943, p. 128.

1148 AMORTH, Giorgio. *L'obbligazione solidale*. Milano: Giuffrè, 1959, p. 212-213.

1149 BIANCA, C. Massimo. *Diritto civile*: l'obbligazione. Milano: Giuffrè, 1993, v. 4, p. 736. Nesse sentido, cf. MAJO, Adolfo Di. Obbligazioni solidali (e indivisibili). In: MORTATI, Costantino; SANTORO-PASSARELLI, Francesco (Dir.). *Enciclopedia del Diritto*. Milano: Giuffrè Editore, 1979, v. XXIX, p. 317.

sive, à solidariedade imposta em lei.[1150] Entendem os escritores, a partir da lei, que as cláusulas e estipulações adicionais, convencionadas com apenas um dos devedores, apenas aproveitariam (e jamais prejudicariam) os codevedores (p. ex., *datio pro solvendo* e *datio pro soluto*), a não ser que contassem com o assentimento de todos.[1151] Constituiria exceção a esse princípio a interrupção da prescrição,[1152] por atingir a todos os devedores solidários (v. art. 204, § 1º, do Código Civil de 2002).

Aceita-se a viabilidade de convivência entre obrigação pura, para uns, e condicional, para os outros,[1153] desde que esse laço exista ao ser celebrado o negócio; já as modificações supervenientes não se podem efetuar sem acordo com os prejudicados, a exemplo da pena convencional ou dos juros moratórios.[1154] Se fosse permitida a estipulação de cláusula, condição ou qualquer obrigação nova, por ato individual, sem a concordância dos consortes, isso alteraria a essência do vínculo, firmado pela vontade de todos; com isso, admitir-se-ia a criação da solidariedade sem a vontade das partes, algo que a lei exige como essencial.[1155]

Nas situações de *abrandamento* superveniente da situação de um dos devedores – por intermédio, p. ex., de nova condição ou de termo adicional, sem consentimento dos demais –, J. M. de Carvalho Santos entende que todos se aproveitariam desse favor, até a concorrência da parte daquele que obtivesse a vantagem. Se não fosse assim, argumenta, o devedor favorecido perderia o benefício, na fase interna, quando sofresse a ação de regresso proposta pelos seus consortes.[1156]

[1150] Lôbo, Paulo. *Direito civil*: obrigações. 2. ed. São Paulo: Saraiva, 2011, p. 144.

[1151] Varela, Antunes. *Direito das obrigações*: conceito, estrutura e função da relação obrigacional, fontes das obrigações, modalidades das obrigações. Rio de Janeiro: Forense, 1977, p. 305.

[1152] Monteiro, Washington de Barros. *Curso de direito civil*: direito das obrigações, 1ª parte: das modalidades das obrigações: dos efeitos das obrigações. 15. ed. São Paulo: Saraiva, 1979, p. 183.

[1153] V. seção 1.11, sobre os elementos acidentais na solidariedade.

[1154] Mendonça, Manuel Inácio Carvalho de. *Doutrina e prática das obrigações ou tratado geral dos direitos de crédito*. 4. ed. Rio de Janeiro: Forense, 1956, t. I, p. 333-337.

[1155] Santos, J. M. de Carvalho. *Código Civil brasileiro interpretado*: principalmente do ponto de vista prático: parte geral. 7. ed. Rio de Janeiro: Freitas Bastos, 1956, v. XI, p. 240.

[1156] Santos, J. M. de Carvalho. *Código Civil brasileiro interpretado*: principalmente do ponto de vista prático: parte geral. 7. ed. Rio de Janeiro: Freitas Bastos, 1956, v. XI, p. 260-261. Nesse sentido, cf. Fulgêncio, Tito. *Do direito das obrigações*: das modalidades das obrigações: artigos 863-927. 2. ed. Atual. por José de Aguiar Dias. Rio de Janeiro: Forense, 1958, p. 351-352.

Se é certo que o *agravamento* jamais prejudicaria os devedores solidários que não houvessem manifestado seu consentimento, entende-se, por outro lado, que nem todo o *abrandamento* seria idôneo a beneficiá-los. A ideia ínsita no art. 278 do Código Civil de 2002 é impedir a interferência maléfica do credor na fase interna, na qual ele figura apenas como terceiro; mas a lei não se refere – ao menos, não o faz de forma expressa – às possíveis vantagens obtidas pelos demais devedores, em razão de ato alheio.

Nada obstaria, p. ex., a que o credor concedesse a certo devedor a dilação do prazo para pagamento; isso não representaria, porém, necessário favorecimento aos demais, os quais permaneceriam sujeitos – tão logo se tornasse exigível a prestação – a ser demandados pelo credor; também não os prejudicaria, já que, nas ações de regresso, não se permitiria ao devedor beneficiado alegar, em proveito próprio, a existência dessa dilação, convencionada sem a participação de seus consortes. Conclui-se, pois, que o grupo solidário, como um todo, apenas se beneficiará quando assim o pretender o credor.

2.4.7. Morte de um dos devedores

Na hipótese de *morte* de um dos devedores solidários, seus herdeiros – se houver pluralidade de herdeiros – serão obrigados a pagar apenas a *quota que corresponder ao seu quinhão hereditário*, salvo se a prestação for indivisível; e todos esses herdeiros, *reunidos*, considerar-se-ão como se fossem um só, em relação aos demais devedores. É o que dispõe o art. 276[1157] do Código Civil de 2002.

Em comparação com o texto do art. 905[1158] do Código Civil de 1916, houve pequenas alterações redacionais, sem nenhuma consequência prática. Substituiu-se, por mera questão de estilo, o verbo "morrer" pelo verbo "falecer"; e isso apesar de o diploma atual adotar os termos "morte"

[1157] "Art. 276. Se um dos devedores solidários falecer deixando herdeiros, nenhum destes será obrigado a pagar senão a quota que corresponder ao seu quinhão hereditário, salvo se a obrigação for indivisível; mas todos reunidos serão considerados como um devedor solidário em relação aos demais devedores".

[1158] "Art. 905. Se morrer um dos devedores solidários, deixando herdeiros, cada um destes não será obrigado a pagar senão a quota que corresponder ao seu quinhão hereditário, salvo se a obrigação for indivisível; mas todos reunidos serão considerados como um devedor, solidário em relação aos demais devedores".

e "falecimento" de forma indistinta, como se fossem sinônimos. É o que demonstra, de maneira induvidosa, p. ex., o art. 7º, par. ún.,[1159] do Código Civil de 2002, ao se referir a "morte" e, logo depois, a "falecimento".

Na legislação estrangeira, o Código Civil espanhol não contém disposição análoga à brasileira; e a doutrina consultada[1160] não manifesta grandes preocupações, ao cuidar da obrigação solidária, no que se refere à situação de morte de um dos codevedores. De fato, à luz do que prescreve o art. 1.084[1161] daquele diploma, inserido no respectivo Livro Terceiro, Título III (*De las sucesiones*), não se vê repercussão da morte, em princípio, sobre a relação obrigacional dessa natureza; após a partilha, o credor estará autorizado a exigir integralmente a prestação de qualquer dos herdeiros que não houverem aceitado a herança em benefício do inventário; ou de forma limitada ao quinhão recebido pelo herdeiro que manifestara semelhante aceitação.

O Código Civil alemão, em seu § 2.058,[1162] prevê que os herdeiros respondem *solidariamente* pelas obrigações comuns da herança. Segundo K. Larenz, esses herdeiros responsabilizar-se-iam, em regra, pelas obri-

[1159] "Art. 7º [...] Parágrafo único. A declaração da morte presumida, nesses casos, somente poderá ser requerida depois de esgotadas as buscas e averiguações, devendo a sentença fixar a data provável do falecimento".

[1160] ALONSO, Jose Ricardo Leon. *La categoria de la obligación "in solidum"*. Sevilla: Publicaciones de la Universidad de Sevilla, 1978; BRUTAU, José Puig. *Fundamentos de derecho civil*: derecho geral de las obligaciones. Barcelona: Bosch Casa Editorial, 1959, t. I, v. II; CÁNOVAS, Diego Espín. *Manual de derecho civil español*: obligaciones y contratos. Madrid: Editorial Revista de Derecho Privado, 1954, v. III; LAPORTA, Jorge Caffarena; LÓPEZ, Joaquín Ataz (Coord.). *Las obligaciones solidarias*: jornadas de derecho civil em Murcia. Valencia: Tirant lo Blanch, 2002; MONTES, Ángel Cristóbal. *Estudios de derecho de obligaciones*. Zaragoza: Editorial Librería General, 1985; PEÑA, Federico Puig. *Tratado de derecho civl español*: teoria general de la obligación: obligaciones y contratos. Madrid: Editorial Revista de Derecho Privado, 1951, v. I, t. IV.

[1161] "Art. 1084. Hecha la partición, los acreedores podrán exigir el pago de sus deudas por entero de cualquiera de los herederos que no hubiere aceptado la herencia a beneficio de inventario, o hasta donde alcance su porción hereditaria, en el caso de haberla admitido con dicho beneficio. En uno y otro caso el demandado tendrá derecho a hacer citar y emplazar a sus coherederos, a menos que por disposición del testador, o a consecuencia de la partición, hubiere quedado él solo obligado al pago de la deuda".

[1162] "§ 2058. Los herederos responden solidariamente por las obligaciones comunes del caudal relicto".

gações solidárias deixadas pelo falecido, na forma do § 1.967, 2;[1163] com a possibilidade, contudo, por força do § 2.059,[1164] de limitar tal responsabilidade objetivamente.[1165] Na mesma direção, L. Enneccerus explica que, tal como o devedor solidário, seus vários herdeiros respondem solidariamente pelas dívidas da herança, mas com atenuações e, também, com a viabilidade, em determinadas circunstâncias, de dividir essa responsabilidade.[1166]

Adotam soluções mais próximas à brasileira os códigos: (i) italiano, ao prever a divisibilidade da obrigação solidária entre os herdeiros, na proporção da respectiva quota, salvo se houver pacto em sentido contrário (v. art. 1.295);[1167] (ii) português (v. art. 515, 1),[1168] ao estabelecer que os herdeiros do devedor solidário respondem coletivamente pela totalidade da dívida; efetuada a partilha, cada coerdeiro responderá nos termos do artigo 2.098;[1169] (iii) argentino (v. art. 843),[1170] quando dis-

1163 "§ 1967. [...] 2. A las obligaciones del caudal relicto pertenecen, además de las deudas procedentes del causante, las obligaciones que afectan al heredero, en especial las obligaciones derivadas de derechos de legítima, legados y modos"

1164 "§ 2059. [...] 1. Hasta la división del caudal relicto cada coheredero puede negar la satisfacción de las obligaciones del caudal relicto a costa del patrimonio que él tenga, además de su cuota, en dicho caudal. Si responde ilimitadamente por una obligación del caudal relicto no le corresponde este derecho en relación con la parte de la obligación correspondiente a su porción hereditaria. 2. Queda intacto el derecho de los acreedores del caudal relicto a exigir la satisfacción de todos los coherederos a costa del caudal relicto"

1165 Larenz, Karl. *Derecho de obligaciones.* Trad. Jaime Santos Briz. Madrid: Editorial Revista de Derecho Privado, 1958, p. 501.

1166 Enneccerus, Ludwig. *Derecho de obligaciones.* Trad. Blas Pérez González e José Alguer. 2. ed. Barcelona: Bosch, 1954, p. 435.

1167 "Art. 1295. [...] Salvo patto contrario, l'obbligazione si divide (1261, 1318) tra gli eredi di uno dei condebitori o di uno dei creditori in solido, in proporzione delle rispettive quote (752, 754)".

1168 "Art. 515º [...] 1. Os herdeiros do devedor solidário respondem colectivamente pela totalidade da dívida; efectuada a partilha, cada co-herdeiro responde nos termos do artigo 2098º".

1169 "Art. 2098º [...] 1. Efectuada a partilha, cada herdeiro só responde pelos encargos em proporção da quota que lhe tenha cabido na herança. 2. Podem, todavia, os herdeiros deliberar que o pagamento se faça à custa de dinheiro ou outros bens separados para esse efeito, ou que fique a cargo de algum ou alguns deles. 3. A deliberação obriga os credores e os legatários; mas, se uns ou outros não puderem ser pagos integralmente nos sobreditos termos, têm recurso contra os outros bens ou contra os outros herdeiros, nos termos gerais".

1170 "Art. 843. [...] Si muere uno de los deudores solidarios y deja varios herederos, la deuda ingresa en la masa indivisa y cualquiera de los acreedores puede oponerse a que los bienes

põe que, se morrer um dos devedores solidários e deixar vários herdeiros, a dívida ingressará na massa indivisa, e qualquer dos credores poderá se opor a que os bens sejam entregues aos herdeiros ou legatários antes da satisfação de seu crédito; depois da partilha, cada herdeiro se tornará obrigado a pagar de acordo com a quota recebida da herança; (iv) francês (v. art. 1.309),[1171] por força do qual a obrigação solidária se divide igualmente entre os sucessores do devedor, a menos que a prestação seja indivisível.

Tais dispositivos aparentam consagrar o princípio geral de que os débitos e os créditos do defunto se dividem *ipso iure*. Nas hipóteses de obrigação solidária, porém, é necessário considerar as suas peculiaridades, porque o débito não concerne exclusivamente ao *de cuius*: figuram, ainda, na relação obrigacional, outros sujeitos passivos, os quais não podem ser desprezados. A divisão resultante da morte, de acordo com D. Rubino, não significa que a solidariedade preexistente não teria mais efeito algum sobre os herdeiros; ela permaneceria eficaz para todos, na medida em que fosse compatível com a regra da divisão *ipso iure* das quotas abstratas dos herdeiros nas dívidas deixadas pelo defunto.[1172]

Cada herdeiro, nas relações externas, tornar-se-ia, assim, devedor *no limite de sua quota hereditária*, mas *em relação à dívida inteira*, enquanto os codevedores supérstites se manteriam solidários no tocante ao todo. A obrigação permaneceria solidária, nas relações externas, entre os devedores originários e os herdeiros do codevedor morto; a responsa-

se entreguen a los herederos o legatarios sin haber sido previamente pagado. Después de la partición, cada heredero está obligado a pagar según la cuota que le corresponde en el haber hereditário".

1171 "Art. 1309. L'obligation qui lie plusieurs créanciers ou débiteurs se divise de plein droit entre eux. La division a lieu également entre leurs successeurs, l'obligation fût-elle solidaire. Si elle n'est pas réglée autrement par la loi ou par le contrat, la division a lieu par parts égales. Chacun des créanciers n'a droit qu'à sa part de la créance commune; chacun des débiteurs n'est tenu que de sa part de la dette commune. Il n'en va autrement, dans les rapports entre les créanciers et les débiteurs, que si l'obligation est solidaire ou si la prestation due est indivisible".

1172 Rubino, Domenico. Delle obbligazioni: obbligazioni alternative, obbligazioni in solido, obbligazioni divisibili e indivisibili: art. 1285-1320. In: Scialoja, Antonio; Branca, Giuseppe (a cura di). *Commentario del Codice Civile*: libro quarto: delle obbligazioni. 2. ed. Bologna: Zanichelli; Roma: Soc. Ed. Del Foro Italiano, 1968, p. 199.

bilidade desses herdeiros, porém, se limitaria à fração relativa à quota hereditária.[1173]

Não fosse assim, a obrigação transformar-se-ia, com a morte de um devedor, em parciária, o que contradiria a vontade da lei, explica Rubino. Nas relações internas, entretanto, cada coerdeiro suportaria apenas a parte da quota do débito do falecido igual à sua própria quota hereditária: à originária divisão entre os codevedores originários, ajuntar-se-ia a subdivisão pertinente à quota hereditária dos coerdeiros.[1174]

Na doutrina brasileira, há divergências. Na visão de Caio Mario da Silva Pereira, *a solidariedade se extinguiria relativamente aos herdeiros*; sobreviveria apenas quanto aos devedores supérstites; os herdeiros não seriam responsáveis senão pelas respectivas quotas-partes na dívida (*concursu partes fiunt*); mas, no seu conjunto, seriam considerados como um devedor solidário, em relação ao credor e aos demais devedores. Enquanto a herança estivesse indivisa, o montante responderia por toda a dívida, em razão de os herdeiros formarem um grupo que, em conjunto, se sujeitaria a ser demandado por todo o débito; após a partilha, o credor poderia haver apenas a quota-parte de cada um dos herdeiros; e, se houvesse algum insolvente, não poderiam os coerdeiros ser compelidos a compor toda a *res debita*.[1175]

Já M. I. Carvalho de Mendonça parece entrar em contradição: em um primeiro momento, afirma que, além da renúncia do credor, a solidariedade "terminaria" com a morte de um dos devedores solidários. Linhas à frente, porém, assevera que, com a morte de um devedor solidário, a solidariedade "persistiria" tão somente antes de realizada a partilha. Argumenta, depois, que a morte de um dos devedores "modificaria", mas não "alteraria", nem "extinguiria" a solidariedade: os sobreviventes continuariam solidariamente obrigados juntamente com os herdeiros

[1173] RUBINO, Domenico. Delle obbligazioni: obbligazioni alternative, obbligazioni in solido, obbligazioni divisibili e indivisibili: art. 1285-1320. In: SCIALOJA, Antonio; BRANCA, Giuseppe (a cura di). *Commentario del Codice Civile*: libro quarto: delle obbligazioni. 2. ed. Bologna: Zanichelli; Roma: Soc. Ed. Del Foro Italiano, 1968, p. 199.

[1174] RUBINO, Domenico. Delle obbligazioni: obbligazioni alternative, obbligazioni in solido, obbligazioni divisibili e indivisibili: art. 1285-1320. In: SCIALOJA, Antonio; BRANCA, Giuseppe (a cura di). *Commentario del Codice Civile*: libro quarto: delle obbligazioni. 2. ed. Bologna: Zanichelli; Roma: Soc. Ed. Del Foro Italiano, 1968, p. 199.

[1175] PEREIRA, Caio Mário da Silva. *Instituições de direito civil*: teoria geral das obrigações. 26. ed. Rio de Janeiro: Forense, 2014, v. II, p. 99.

do morto, que, reunidos, o representariam, a não ser que se tratasse de prestação indivisível, caso em que os herdeiros continuariam, à semelhança do falecido, como *solidariamente responsáveis*.[1176]

Inexistiria individuação de direitos e de obrigações dos herdeiros enquanto não ocorresse a partilha (v. art. 1.791 e par. ún.),[1177] explica Renan Lotufo; de modo que, desde logo, esses herdeiros se tornariam obrigados pelo todo; após a partilha, cada um responderia na proporção de seu quinhão. Feita a partilha, se a dívida fosse divisível, cada qual seria responsável proporcionalmente à sua quota. Assim, a solidariedade persistiria, da mesma forma como prevista pelo(a) falecido(a); só deixaria de existir por ocasião da partilha.[1178]

Em geral, a civilística pátria acolhe uma ou outra dessas teses, sem apresentar maiores fundamentos.[1179] Pensa-se ser necessária, no entanto, uma análise mais aprofundada, especialmente diante dos vários pro-

[1176] Mendonça, Manuel Inácio Carvalho de. *Doutrina e prática das obrigações ou tratado geral dos direitos de crédito*. 4. ed. Rio de Janeiro: Forense, 1956, t. I, p. 330-331.

[1177] "Art. 1.791. A herança defere-se como um todo unitário, ainda que vários sejam os herdeiros. Parágrafo único. Até a partilha, o direito dos coerdeiros, quanto à propriedade e posse da herança, será indivisível, e regular-se-á pelas normas relativas ao condomínio".

[1178] Lotufo, Renan. *Código Civil comentado*: obrigações: parte geral (arts. 233 a 420). São Paulo: Saraiva, 2003, v. 2, p. 112.

[1179] Almeida, Francisco de Paula Lacerda de. *Obrigações*. 2. ed. Rio de Janeiro: Livraria Cruz Coutinho [s.d.], p. 52; Diniz, Maria Helena. *Curso de direito civil brasileiro*: teoria geral das obrigações. 33. ed. São Paulo: Saraiva, 2018, v. 2, p. 200-201; Espinola, Eduardo. *Garantia e extinção das obrigações*: obrigações solidárias e indivisíveis. Rio de Janeiro: Freitas Bastos, 1951, p. 430; Gomes, Orlando. *Obrigações*. 5. ed. Rio de Janeiro: Forense, 1978, p. 86-87; Fulgêncio, Tito. *Do direito das obrigações*: das modalidades das obrigações: artigos 863-927. 2. ed. Atual. por José de Aguiar Dias. Rio de Janeiro: Forense, 1958, p. 308-309; Gagliano, Pablo Stolze; Pamplona Filho, Rodolfo. *Novo curso de direito civil*: obrigações. 12. ed. São Paulo: Saraiva, 2011, v. II, p. 112; Lôbo, Paulo. *Direito civil*: obrigações. 2. ed. São Paulo: Saraiva, 2011, p. 150; Lopes, Miguel Maria de Serpa. *Curso de direito civil*: obrigações em geral. 4. ed. Rio de Janeiro: Freitas Bastos, 1966, v. II, p. 146; Miranda, Pontes de. *Tratado de direito privado*. 3. ed. Rio de Janeiro: Borsoi, 1971, v. X, p. 348; Monteiro, Washington de Barros. *Curso de direito civil*: direito das obrigações, 1ª parte: das modalidades das obrigações: dos efeitos das obrigações. 15. ed. São Paulo: Saraiva, 1979, p. 182; Nonato, Orosimbo. *Curso de obrigações*: generalidades – espécies. Rio de Janeiro: Forense, 1959, v. II, p. 278-281; Rodrigues, Silvio. *Direito civil*: parte geral das obrigações. 7. ed. São Paulo: Saraiva, 1977, v. II, p. 183; Venosa, Sílvio de Salvo. *Direito civil*: teoria geral das obrigações e teoria geral dos contratos. 7. ed. São Paulo: Atlas, 2007, v. 2, p. 111; Zangerolame, Flavia Maria. Obrigações divisíveis e indivisíveis e obrigações solidárias. In: Tepedino, Gustavo (Coord.). *Obrigações*: estudos na perspectiva civil-constitucional. Rio de Janeiro: Renovar, 2005, p. 209-210.

blemas não enfrentados pela literatura. Observe-se, antes de mais nada, que não há referências, no art. 276 do Código Civil de 2002, à possível extinção da solidariedade; extrai-se apenas que, com a morte de um dos devedores: (i) se houver herdeiros, eles não serão obrigados a pagar senão a *quota* que corresponder ao seu quinhão hereditário, *ressalvada a indivisibilidade da prestação*; (ii) todos os herdeiros, *se reunidos*, serão considerados como um devedor solidário em relação aos demais devedores.

Se a morte extinguisse a solidariedade, a solução seria contrária ao sistema. De fato, a *universalidade* das relações jurídicas patrimoniais do finado transmite-se aos herdeiros; substitui-se o sujeito (o sucessor assume os direitos e as obrigações do falecido), mas se mantém íntegra, em regra, a relação jurídica, mesmo após o desparecimento do seu titular primitivo; não se aplica a essas situações o preceito *mors omnia solvit*.[1180]

A indivisibilidade da herança (v. art. 1.791[1181] do Código Civil de 2002) faz com que ela permaneça como *universalidade indivisível* até a partilha, o que cria, entre herdeiros, um regime de condomínio forçado, do qual cada um é titular de uma parte ideal.[1182] Mantém-se a solidariedade, pois, mesmo após a morte de um dos devedores solidários; antes da partilha, o acervo hereditário (ou o espólio, sob o ângulo processual) estará obrigado, perante o credor, a realizar integralmente a prestação.

O princípio cardeal do instituto de benefício de inventário é do da separação entre os patrimônios do *de cuius* e do herdeiro.[1183] A sucessão hereditária estabelece confusão patrimonial, mas o herdeiro só responde pelos encargos da sucessão *intra vires hereditatis* (v. art. 1.792[1184] do Código

1180 Cahali, Francisco José. Introdução ao direito das sucessões. In: Cahali, Francisco José; Hironaka, Giselda Maria Fernandes Novaes. *Direito das sucessões*. 5. ed. São Paulo: Editora Revista dos Tribunais, 2014, p. 28.

1181 "Art. 1.791. A herança defere-se como um todo unitário, ainda que vários sejam os herdeiros. Parágrafo único. Até a partilha, o direito dos coerdeiros, quanto à propriedade e posse da herança, será indivisível, e regular-se-á pelas normas relativas ao condomínio".

1182 Cahali, Francisco José. Transmissão da herança. In: Cahali, Francisco José; Hironaka, Giselda Maria Fernandes Novaes. *Direito das sucessões*. 5. ed. São Paulo: Editora Revista dos Tribunais, 2014, p. 69-71.

1183 Oliveira, Arthur Vasco Itabaiana de. *Tratado de direito das sucessões*: da sucessão em geral e da sucessão legítima. 4. ed. São Paulo: Max Limonad, 1952, v. I, p. 96.

1184 "Art. 1.792. O herdeiro não responde por encargos superiores às forças da herança; incumbe-lhe, porém, a prova do excesso, salvo se houver inventário que a escuse, demostrando o valor dos bens herdados".

Civil de 2002), com o que assegura o seu patrimônio pessoal contra os credores da herança.[1185]

Antes da realização da partilha, não se mostra ainda viável apurar, de forma concreta, a quota a que fará jus cada um dos herdeiros, se os sucessores forem plurais. Explica Silvio Rodrigues que o patrimônio transmissível corresponde tão somente ao saldo entre o ativo e o passivo; para se apurar o montante da herança, faz-se imprescindível que, antes, se calcule o montante das dívidas, a fim de resgatá-las. Depois de se encontrar o ativo, então, será possível apontar o quinhão de cada herdeiro.[1186]

A regra do art. 276 do Código Civil de 2002, assim, aplica-se àquelas situações posteriores à partilha. Se não ocorreu ainda a partilha, caberá ao credor demandar o espólio (v. art. 1.997, *caput*,[1187] do Código Civil de 2002);[1188] se não houver inventário ajuizado, inclusive, ele próprio estará legitimado a tomar essa iniciativa (v. art. 616, VI,[1189] do Código de Processo Civil de 2015). Partilhado o acervo hereditário, facultar-se-á ao credor, aí: (i) exigir a prestação de qualquer um dos herdeiros, proporcionalmente ao respectivo quinhão hereditário; (ii) demandar a integralidade da dívida de todos os herdeiros reunidos, limitada a sua responsabilidade às forças da herança (v. art. 1.792 do Código Civil de 2002).

É ilustrativo o seguinte exemplo, inspirado na obra de D. Rubino:[1190] "D1" e "D2" devem, solidariamente, R$90.000,00; com a morte de "D1", sucedem-lhe "H1" e "H2", como herdeiros, respectivamente, de 2/3 e

[1185] Oliveira, Arthur Vasco Itabaiana de. *Tratado de direito das sucessões*: inventário e partilha: ações que nascem do direito hereditário: sucessão no direito internacional privado: sucessão no direito comparado. 4. ed. São Paulo: Max Limonad, 1952, v. III, p. 817.

[1186] Rodrigues, Silvio. *Direito civil*: direito das sucessões. 5. ed. São Paulo: Saraiva, 1976, v. VII, p. 305.

[1187] "Art. 1.997. A herança responde pelo pagamento das dívidas do falecido; mas, feita a partilha, só respondem os herdeiros, cada qual em proporção da parte que na herança lhe coube".

[1188] Cf. STJ, REsp 1.125.510/RS, rel. Min. Massami Uyeda, Terceira Turma, j. 6.10.2011; Santos, J. M. de Carvalho. *Código Civil brasileiro interpretado*: principalmente do ponto de vista prático: parte geral. 7. ed. Rio de Janeiro: Freitas Bastos, 1956, v. XI, p. 231.

[1189] "Art. 616. Têm, contudo, legitimidade concorrente: [...] VI – o credor do herdeiro, do legatário ou do autor da herança".

[1190] Rubino, Domenico. Delle obbligazioni: obbligazioni alternative, obbligazioni in solido, obbligazioni divisibili e indivisibili: art. 1285-1320. In: Scialoja, Antonio; Branca, Giuseppe (a cura di). *Commentario del Codice Civile*: libro quarto: delle obbligazioni. 2. ed. Bologna: Zanichelli; Roma: Soc. Ed. Del Foro Italiano, 1968, p. 199.

1/3 ao acervo hereditário. Nas *relações externas* com o credor, "H1" estará obrigado a pagar R$60.000,00 (2/3 da quota proporcional ao seu quinhão hereditário); a responsabilidade de "H2", por sua vez, limitar-se-á a R$30.000,00 (1/3 da quota). Se "H1", na partilha, recebeu apenas R$25.000,00, nada pagará além desse montante.

Acaso fossem adotadas as diretrizes de Gustavo Tepedino e Anderson Schreiber, contudo, o resultado seria o outro: nas *relações externas* com o credor, "H1" estaria obrigado a pagar R$30.000,00 (2/3 da metade correspondente à fração, na dívida, do autor da herança), em vez de R$60.000,00; a responsabilidade de "H2", por sua vez, limitar-se-ia a R$15.000,00 (1/3 da metade), em lugar de R$30.000,00. Exemplificam os aludidos civilistas: se Caio e Tício herdassem uma dívida solidária de Simprônio, compartilhada igualmente com mais três codevedores, responderia cada um deles isoladamente apenas por um oitavo da prestação.[1191]

Discordamos dessa solução, porém. Em vez de considerarem "a quota que corresponder ao seu quinhão hereditário", nos termos da lei, Tepedino e Schreiber *dividem* a prestação entre todos os codevedores; utilizam o resultado dessa divisão para apurar a fração de cada herdeiro; e antecipam a operação que ocorreria apenas na fase interna. Sustenta D. Rubino, com razão, que a obrigação *permanece solidária* entre o codevedor originário e os herdeiros do outro codevedor, situação em que essa solidariedade se limita a uma parte da prestação originária, ou seja, à fração da prestação igual à da própria quota hereditária.[1192]

De fato, divide-se entre os herdeiros a própria obrigação solidária *considerada em sua inteireza*; não a parte da prestação que seria devida, na fase interna, pelo defunto. Os herdeiros, portanto, assumirão a posição do *de cuius* e, como ele, poderão ser constrangidos ao adimplemento do total; com a particularidade de que, agora, cada um, singularmente, será

[1191] Tepedino, Gustavo; Schreiber, Anderson. *Código Civil comentado*: direito das obrigações: artigos 233 a 420. Coord. Álvaro Villaça Azevedo. São Paulo: Atlas, 2008, v. IV, p. 135. Nesse sentido, cf. Diniz, Maria Helena. *Curso de direito civil brasileiro*: teoria geral das obrigações. 33. ed. São Paulo: Saraiva, 2018, v. 2, p. 201.

[1192] Rubino, Domenico. Delle obbligazioni: obbligazioni alternative, obbligazioni in solido, obbligazioni divisibili e indivisibili: art. 1285-1320. In: Scialoja, Antonio; Branca, Giuseppe (a cura di). *Commentario del Codice Civile*: libro quarto: delle obbligazioni. 2. ed. Bologna: Zanichelli; Roma: Soc. Ed. Del Foro Italiano, 1968, p. 199. Nesse sentido, cf. Amorth, Giorgio. *L'obbligazione solidale*. Milano: Giuffrè, 1959, p. 111.

obrigado a realizar parcela da prestação (integralmente considerada) de forma proporcional à sua quota hereditária.[1193]

A sucessão universal na dívida do obrigado solidariamente com terceiros é evento da relação obrigacional que não repercute negativamente sobre a situação subjetiva existente entre o credor e o finado até o momento de sua morte: por isso, a quota do herdeiro deve observar o montante da dívida originária, e não da fração que competiria ao *de cuius* nas relações internas com os demais devedores.[1194] Assim, se cada devedor solidário se obrigou a pagar R$90.000,00, o espólio de um deles continuará obrigado, após a morte, solidariamente com os demais coobrigados, a pagar R$90.000,00; se "H1" faz jus a 2/3 do acervo hereditário, será responsável por R$60.000,00; se "H2" é herdeiro de 1/3, pagará R$30.000,00.

Há, ainda, outra questão sobremaneira relevante: se a morte não extingue a solidariedade, poderia o credor, de acordo com o exemplo antes mencionado, exigir de "H1" e "H2", reunidos em *litisconsórcio passivo*, a integralidade da dívida (R$90.000,00), como se eles próprios se tornassem devedores solidários? J. M. de Carvalho Santos criticaria a redação do art. 276, segunda parte, do Código Civil de 2002, como já o fazia quanto ao texto do art. 905 do Código Civil de 1916, por entender que não deveria ser assim.[1195]

Não deveria ser assim, deveras, na medida em que, realizada a partilha, os herdeiros deixam de responder por toda a herança: passam a se obrigar apenas pelo quinhão recebido; o acervo hereditário estava vinculado à totalidade da dívida, mas apenas antes da partilha. Assevera Carvalho Santos que a lei, excepcionalmente, teria seguido rumo e orientação diversos, ao admitir que os herdeiros pudessem responder solidariamente pelo total da dívida, com direito de regresso contra os demais codevedores.[1196]

[1193] Ticozzi, Marco. *Studio sulle obbligazioni solidali*. Padova: Cedam, 2012, p. 123.

[1194] Porta, Ubaldo La. Delle obbligazioni in solido: artt. 1292-1313. In: Schlesinger, Piero; Busnelli, Francesco Donato (diretto da). *Il Codice Civile*: commentario. Milano: Giuffrè Editore, 2014, p. 107-108.

[1195] Santos, J. M. de Carvalho. *Código Civil brasileiro interpretado*: principalmente do ponto de vista prático: parte geral. 7. ed. Rio de Janeiro: Freitas Bastos, 1956, v. XI, p. 233.

[1196] Santos, J. M. de Carvalho. *Código Civil brasileiro interpretado*: principalmente do ponto de vista prático: parte geral. 7. ed. Rio de Janeiro: Freitas Bastos, 1956, v. XI, p. 233.

A redação do art. 276 do Código Civil de 2002, ao mencionar os herdeiros *reunidos*, considerados como *um devedor solidário em relação aos demais devedores*, está longe de ser esclarecedora. Como se daria, afinal, essa "reunião" de herdeiros, após a partilha? Seria por meio de litisconsórcio passivo? Por que o dispositivo prevê que os herdeiros se considerariam *um* devedor solidário *em relação aos demais devedores*, em vez de mencionar que o seriam *em face do credor*? Como, afinal, se procederia à excussão dos bens desses herdeiros reunidos, para satisfazer o credor? Será que cada um desses herdeiros, depois de citado, se tornaria, isoladamente, devedor solidário? Formado o título executivo judicial, estaria o credor autorizado a pleitear o respectivo cumprimento em face de apenas um desses herdeiros? Ou, novamente, após a fase de conhecimento, a "reunião" seria mantida?

Se fosse possível reunir os herdeiros em litisconsórcio passivo, como se se cuidasse de um só, tais questões remanesceriam sem resposta; e seriam completamente díspares as soluções, nos casos concretos, a depender da integração de parte ou de todos os herdeiros no polo passivo da demanda, o que atentaria contra a lógica. Ao se interpretar o texto do art. 276, segunda parte, do Código Civil de 2002, não se pode ignorar o fato de que os herdeiros, reunidos, são considerados como um devedor solidário, *em relação aos demais devedores*.

Se essa reunião fosse idônea a criar uma entidade singular, "um devedor solidário", *em face do credor*, poder-se-ia, talvez, cogitar de litisconsórcio passivo. Mas, se os herdeiros reunidos são considerados unidade *em relação aos demais devedores*, não se vislumbra outra conclusão mais lógica: a segunda parte do dispositivo aplica-se tão somente à fase interna, para resolver questões ligadas ao exercício do direito de regresso.

Após a partilha, facultar-se-á ao credor exigir a prestação de um ou, simultaneamente, de todos os herdeiros; essa escolha será, no tocante a cada um eles, irrelevante, porque responderão proporcionalmente à fração que lhes tocou no acervo hereditário, considerada a integralidade da prestação (e limitadamente às forças da herança). A "reunião", na fase interna, não será uma reunião de fato: considerar-se-ão reunidos, em tese, e só para o cálculo da liquidação das quotas, quanto ao direito de regresso, em relação aos demais devedores.

Assim, ainda com inspiração no exemplo de D. Rubino,[1197] tem-se que, após a partilha dos bens de "D1", na fase externa, "D2" permanecerá devedor de R$90.000,00, dos quais: R$60.000,00, em solidariedade com "H1" (herdeiro de 2/3 dos bens de "D1"); R$30.000,00, em solidariedade com "H2" (herdeiro de 1/3 dos bens de "D1"). Na fase interna, subdividir-se-á a quota hereditária de "H1" e "H2", os quais se verão abstratamente reunidos, apenas para fins de cálculo das frações de cada um dos outrora consortes.

Nesse caso, se "D2" realizou integralmente a prestação na fase externa, poderá cobrar R$30.000,00 de "H1" (metade de 2/3), R$15.000,00 de "H2" (metade de 1/3); ambos ("H1" e "H2"), reunidos, representarão, perante o grupo de devedores solidários, *um devedor solidário* de R$45.000,00, valor equivalente à fração do finado "D1". Essa solução, é claro, aplica-se àquelas situações em que há presunção de igualdade das quotas dos devedores (v. art. 283 do Código Civil de 2002); se houver interesse exclusivo de um deles (v. art. 285 do Código Civil de 2002), o resultado dependerá de ser ele ou não o finado.[1198]

Discute-se, ainda, em sede doutrinária, se seria possível transferir aos herdeiros, por testamento, a solidariedade estabelecida em contrato celebrado pelo defunto; ou seja, se seria possível ao testador fixar regra de repartição interna do peso do débito hereditário, de forma não proporcional ao quinhão de cada um. Já se examinou esse assunto anteriormente, quando se analisaram as fontes da obrigação solidária.[1199] Em síntese, entende-se que, sim, a solidariedade entre os herdeiros pode estar prevista em testamento, ato esse que nasce unilateral, mas que se cumpre e se executa bilateralmente.

Sobre a possibilidade de a divisão entre os herdeiros se encontrar disposta de maneira diversa no próprio contrato celebrado entre o *de cuius* e o credor, Orosimbo Nonato pensa que, pelo fato de a cláusula envolver como objeto de controvérsia herança de pessoa viva, ela seria

[1197] Rubino, Domenico. Delle obbligazioni: obbligazioni alternative, obbligazioni in solido, obbligazioni divisibili e indivisibili: art. 1285-1320. In: Scialoja, Antonio; Branca, Giuseppe (a cura di). *Commentario del Codice Civile*: libro quarto: delle obbligazioni. 2. ed. Bologna: Zanichelli; Roma: Soc. Ed. Del Foro Italiano, 1968, p. 199-200.

[1198] V. seção 2.5.2.2, sobre a apuração das quotas internas.

[1199] V. seção 1.6.3.1, sobre o contrato e o ato unilateral.

"írrita, e nenhuma", haja vista o quanto estabelece o art. 1.089[1200] do Código Civil de 1916 (v. art. 426[1201] do Código Civil de 2002).[1202]

Entendemos, porém, que não se trataria de disposição sobre a "herança de pessoa viva" (ou pacto sucessório), mas de estabelecimento de forma de execução da obrigação. É certo que, diferentemente do Código Civil italiano (v. art. 1.295), a lei brasileira não ressalva, de maneira expressa, a existência de *patto contrario*; mas, como não se trata de regra cogente, se permite que, por convenção, se disponha que a obrigação permanecerá solidária, pela inteira prestação, em prejuízo de eventuais herdeiros dos devedores.[1203] Mesmo nessas circunstâncias, o herdeiro não estará obrigado, é claro, a cumprir a obrigação além das forças da herança. Aplica-se, no mais, o mesmo raciocínio pertinente ao testamento.

Em síntese, os herdeiros do devedor solidário podem ser solidariamente obrigados com os devedores supérstites (i) quer quando assim o devedor falecido houver pactuado com o credor, no momento da assunção da obrigação ou posteriormente (mas, de qualquer forma, *inter vivos*), (ii) quer quando, ausente tal pacto, o devedor solidário houver disposto por testamento, em favor do próprio credor ou de alguns herdeiros, acerca da dívida solidária porventura remanescente após a sua morte.[1204]

1200 "Art. 1.089. Não pode ser objeto de contrato a herança de pessoa viva".

1201 "Art. 426. Não pode ser objeto de contrato a herança de pessoa viva".

1202 Nonato, Orosimbo. *Curso de obrigações*: generalidades – espécies. Rio de Janeiro: Forense, 1959, v. II, p. 282.

1203 Rubino, Domenico. Delle obbligazioni: obbligazioni alternative, obbligazioni in solido, obbligazioni divisibili e indivisibili: art. 1285-1320. In: Scialoja, Antonio; Branca, Giuseppe (a cura di). *Commentario del Codice Civile*: libro quarto: delle obbligazioni. 2. ed. Bologna: Zanichelli; Roma: Soc. Ed. Del Foro Italiano, 1968, p. 202.

1204 Porta, Ubaldo La. Delle obbligazioni in solido: artt. 1292-1313. In: Schlesinger, Piero; Busnelli, Francesco Donato (diretto da). *Il Codice Civile*: commentario. Milano: Giuffrè Editore, 2014, p. 120.

2.4.8. Adimplemento

2.4.8.1. Pagamento parcial e remissão

Nos termos do art. 277[1205] do Código Civil de 2002, o *pagamento parcial*[1206] feito por um dos devedores e a *remissão* por ele obtida não aproveitam aos seus consortes, senão até à concorrência da quantia paga ou relevada. Cuida-se de reprodução *ipsis litteris* do texto do art. 906[1207] do Código Civil de 1916. Refere-se o legislador, aqui, ao pagamento parcial, por não haver dúvidas de que o adimplemento total – realizado por qualquer um dos codevedores, inclusive por terceiro – provoca a extinção da fase externa da relação obrigacional solidária, o que, em um primeiro momento, beneficia todo o grupo de devedores.

Noticia a doutrina, em síntese, a existência de duas espécies de pagamento: (i) *o pagamento direto* (em sentido restrito), ou execução voluntária e exata, pelo devedor, no tempo, forma e lugar convencionados; a depender da natureza da relação obrigacional, haverá entrega de certo bem, prática de uma ação ou abstenção de determinado ato; (ii) *pagamento indireto* (em sentido lato), mediante consignação, sub-rogação, imputação do pagamento, dação em pagamento, novação, compensação, transação, compromisso, confusão e remissão.[1208]

A análise do tema *pagamento*, de suas várias acepções e nuances, extrapolaria sobremaneira os limites do presente trabalho. Basta constatar, por ora, que o dispositivo em apreço parece aludir ao *pagamento em sentido estrito*; do contrário, seria desprovida de sentido a referência à remissão, por ser espécie de *pagamento em sentido lato*.[1209] Preocupa-se o legislador, no ponto, com os efeitos do pagamento parcial e da remissão sobre a relação obrigacional solidária; limita-os à concorrência da quantia paga ou relevada.

1205 "Art. 277. O pagamento parcial feito por um dos devedores e a remissão por ele obtida não aproveitam aos outros devedores, senão até à concorrência da quantia paga ou relevada".

1206 V. seção 2.2.1, sobre direito do credor e descabimento do benefício da divisão.

1207 "Art. 906. O pagamento parcial feito por um dos devedores e a remissão por ele obtida não aproveitam aos outros devedores, senão até à concorrência da quantia paga, ou relevada".

1208 Diniz, Maria Helena. *Curso de direito civil brasileiro*: teoria geral das obrigações. 33. ed. São Paulo: Saraiva, 2018, v. 2, p. 236-238.

1209 V. seções 2.4.8.2, sobre dação em pagamento, 2.4.8.3, sobre novação, 2.4.8.4, sobre compensação, e 2.4.8.4, sobre confusão.

O instituto da *remissão* está disciplinado nos arts. 385 a 388 do Código Civil de 2002. Traduziria, segundo M. I. Carvalho de Mendonça, uma das matérias mais difíceis no direito de crédito e, mesmo em geral, no direito civil, haja vista o modo especial por que opera seus efeitos extintivos da obrigação: na remissão, o devedor não realiza tal ou qual prestação; o credor simplesmente pratica uma liberalidade. É espécie de renúncia: *renúncia gratuita* do crédito, incondicionalmente manifestada pelo credor em benefício do devedor.[1210]

Discute-se, na doutrina, se a remissão se qualificaria como negócio unilateral ou, por exigir o concurso da vontade do credor e do devedor, como contrato. Sustenta C. M. Bianca que a remissão seria negócio unilateral, porque sua estrutura prescindiria da manifestação do devedor quanto à sua adesão; relevante seria exclusivamente a vontade do credor; ainda que o devedor exprimisse sua vontade de aceitar a remissão, essa vontade continuaria a ser um elemento não necessário da *fattispecie* normativa, e sua eventual invalidade não interferiria na validade da remissão.[1211]

Não se confundem a *remissão*, fundada na benevolência ou liberação graciosa *do credor*, com a *remição*, em que a obrigação se extingue por ato de caráter oneroso da pessoa que paga ou cumpre a obrigação. Ao *remitir, o credor* perdoa a dívida ou renuncia ao direito de exigi-la; pratica ato de liberalidade. É o *devedor*, entretanto, ao *remir*, quem se desonera ou resgata a coisa ou o bem que lhe pertence; também podem fazer *remição* o *proprietário* ou *anterior dono da coisa*, para readquiri-la ou para reavê-la, ou mesmo o *cônjuge*, *ascendente* e *descendente*, ou *qualquer outro interessado*, para liberar bens penhorados.[1212]

Também não se mistura o conceito de *remissão* com o daquela renúncia prevista no art. 282, *caput,*[1213] do Código Civil de 2002, isto é, a *renúncia à solidariedade* (e não à dívida); ou, mais precisamente, a *exoneração* de um ou mais devedores, de acordo com a redação do respectivo par. ún.

1210 Mendonça, Manuel Inácio Carvalho de. *Doutrina e prática das obrigações ou tratado geral dos direitos de crédito*. 4. ed. Rio de Janeiro: Forense, 1956, t. I, p. 691-692.

1211 Bianca, C. Massimo. *Diritto civile*: l'obbligazione. Milano: Giuffrè, 1993, v. 4, p. 463-464.

1212 Silva, De Plácido e. *Vocabulário jurídico*. 15. ed. Rio de Janeiro: Forense, 1999, p. 698.

1213 "Art. 282. O credor pode renunciar à solidariedade em favor de um, de alguns ou de todos os devedores".

(assunto que será analisado no momento oportuno).[1214] A remissão, na verdade, diferentemente da exoneração, não provoca o simples rompimento da solidariedade: ela libera o(s) devedor(es) da própria prestação, parcial ou totalmente.[1215]

No Código Civil espanhol, o art. 1.143[1216] equipara a remissão a outras formas de pagamento indireto, também idôneas a extinguir a obrigação: a novação, a compensação e a confusão; e o art. 1.146,[1217] aplicável à fase interna da relação obrigacional, dispõe que a quitação ou remissão, relativamente à parte que afetar um dos devedores solidários, não o livra de sua responsabilidade para com os codevedores, nas hipóteses em que a dívida houver sido totalmente paga por qualquer um deles. Entende a doutrina ser natural, no último caso, a fim de que a remissão não seja ilusória, que o devedor antes favorecido possa reclamar do credor a parte que teve de pagar ao seu consorte.[1218]

O Código Civil alemão prevê, no § 422, 1, primeira parte,[1219] que o cumprimento da obrigação, por um dos devedores solidários, aproveita a todos os outros. Logicamente, o *cumprimento parcial* da obrigação, desde que aceito pelo credor, surtirá o mesmo efeito: aproveitará a todos os obrigados, até a concorrência da quantia paga. Estabelece tal diploma (v. § 423)[1220] que a remissão também aproveita aos outros devedores, *se*

[1214] V. seção 2.4.12, sobre renúncia à solidariedade. Cf., ainda, o enunciado nº 350 da IV Jornada de Direito Civil: "A renúncia à solidariedade diferencia-se da remissão, em que o devedor fica inteiramente liberado do vínculo obrigacional, inclusive no que tange ao rateio da quota do eventual codevedor insolvente, nos termos do art. 284".

[1215] V. seção 2.5.2.6, sobre a insolvência de um dos devedores.

[1216] "Art. 1143. La novación, compensación, confusión o remisión de la deuda, hechas por cualquiera de los acreedores solidarios o con cualquiera de los deudores de la misma clase, extinguen la obligación, sin perjuicio de lo dispuesto en el artículo 1146. El acreedor que haya ejecutado cualquiera de estos actos, así como el que cobre la deuda, responderá a los demás de la parte que les corresponde en la obligación".

[1217] "Art. 1146. La quita o remisión hecha por el acreedor de la parte que afecte a uno de los deudores solidarios, no libra a éste de su responsabilidad para con los codeudores, en el caso de que la deuda haya sido totalmente pagada por cualquiera de ellos".

[1218] Peña, Federico Puig. *Tratado de derecho civl español*: teoria general de la obligación: obligaciones y contratos. Madrid: Editorial Revista de Derecho Privado, 1951, v. I, t. IV, p. 51.

[1219] "§ 422. [...] 1. El cumplimiento de la obligación por uno de los deudores solidarios aprovecha a los otros deudores".

[1220] "§ 423. [...] Una remisión acordada entre el acreedor y uno de los deudores solidarios aprovecha también a los otros deudores si las partes que llegam al acuerdo pretenden suprimir toda la relación obligatoria".

as partes que chegaram ao acordo pretendiam suprimir toda a relação obrigacional. Torna-se necessário, diante dessa disposição, interpretar as declarações das partes, caso a caso, a fim de verificar se elas pretendiam suprimir toda ou apenas parte da prestação.

Diferentemente, o Código Civil italiano, no art. 1.301, § 1º,[1221] dispõe que a remissão a favor de um dos devedores solidários liberará também os outros devedores, *salvo se* o credor houver reservado o seu direito quanto aos outros, caso em que não poderá exigir deles o crédito senão depois de deduzida a parte do devedor beneficiado pela remissão. Em princípio, pois, a remissão favoreceria a todo o grupo solidário, *a menos que* o credor houvesse feito uma ressalva quanto à manutenção da obrigação dos demais; presumir-se-á a remissão total nas hipóteses de ausência de reserva do direito do credor quanto aos demais.

No Código Civil português (v. art. 864, 1),[1222] a remissão concedida a um devedor solidário libera os outros *somente na parte do devedor exonerado*. É certo que, no parágrafo seguinte,[1223] esse mesmo dispositivo prevê a possibilidade de o credor reservar o seu direito, por inteiro, contra os demais devedores, mas, aí, não se cuida propriamente de remissão, senão de exoneração de um dos devedores da solidariedade; tanto que os consortes não favorecidos conservam, por inteiro também, o direito de regresso contra o devedor exonerado.

O Código Civil e Comercial argentino (v. arts. 835, *caput*, "a" e "b",[1224] e 951)[1225] estabelece, primeiramente, que os modos extintivos, em

1221 "Art. 1301. [...] La remissione (1236 e seguenti) a favore di uno dei debitori in solido libera anche gli altri debitori, salvo che il creditore abbia riservato il suo diritto verso gli altri, nel qual caso il creditore non può esigere il credito da questi, se non detratta la parte del debitore a favore del quale ha consentito la remissione".

1222 "Art. 864. [...] 1. A remissão concedida a um devedor solidário libera os outros somente na parte do devedor exonerado".

1223 "Art. 864. [...] 2. Se o credor, neste caso, reservar o seu direito, por inteiro, contra os outros devedores, conservam estes, por inteiro também, o direito de regresso contra o devedor exonerado"

1224 "Art. 835. [...] Con sujeción a disposiciones especiales, los modos extintivos inciden, según el caso, sobre la obligación, o sobre la cuota de algún deudor solidario, conforme a las siguientes reglas: a) la obligación se extingue en el todo cuando uno de los deudores solidarios paga la deuda; b) la obligación también se extingue en el todo si el acreedor renuncia a su crédito a favor de uno de los deudores solidarios, o si se produce novación, dación en pago o compensación entre el acreedor y uno de los deudores solidários".

geral, incidem, *conforme o caso*, sobre a obrigação, ou sobre a quota de algum devedor solidário; dispõe, depois, que a obrigação se extingue integralmente (em seu todo), tanto quando algum dos devedores solidários paga a dívida, quanto na hipótese de o credor renunciar seu crédito em favor de um dos devedores solidários. Faz-se necessário interpretar o texto das alíneas "a" e "b" em consonância com o do *caput*: em outras palavras, o pagamento e a renúncia apenas extinguirão a obrigação, *conforme o caso*, se incidirem *sobre a obrigação*, e não *sobre a quota de algum devedor solidário*.

Até a *Ordonnance* n. 2016-131, de 10 de fevereiro de 2016, o Código Civil francês prescrevia (v. art. 1.285)[1226] que a remissão (ou *décharge conventionnelle*), em favor de um dos codevedores solidários, liberava a todos os outros, *a menos que* o credor houvesse *expressamente* reservado seus direitos contra os últimos, oportunidade em que não podia exigir a dívida sem a dedução da parte daquele beneficiado pela remissão.

Hoje, o diploma francês dispõe que a remissão da dívida concedida a um dos codevedores solidários libera os demais proporcionalmente à parte perdoada (v. art. 1.350-1, § 1º);[1227] se favorecer ao devedor principal, liberados estarão os fiadores, ainda que solidários; se for concedida a um dos fiadores solidários, não se liberará o devedor principal, mas se beneficiarão os cofiadores, na proporção da parte perdoada; e o que credor receber de um fiador, em razão da fiança, deverá ser descontado do débito, para liberar proporcionalmente o devedor principal, caso em que os outros fiadores não permanecerão obrigados senão com a dedução da parte quitada pelo fiador liberado (v. art. 1.350-2).[1228]

1225 "Art. 951. [...] Las disposiciones sobre la renuncia se aplican a la remisión de la deuda hecha por el acreedor".

1226 "Art. 1.285. La remise ou décharge conventionnelle au profit de l'un des codébiteurs solidaires, libère tous les autres, à moins que le créancier n'ait expressément réservé ses droits contre ces derniers. Dans ce dernier cas, il ne peut plus répéter la dette que déduction faite de la part de celui auquel il a fait la remise".

1227 "Art. 1350-1. La remise de dette consentie à l'un des codébiteurs solidaires libère les autres à concurrence de sa part".

1228 "Art. 1350-2. La remise de dette accordée au débiteur principal libère les cautions, même solidaires. La remise consentie à l'une des cautions solidaires ne libère pas le débiteur principal, mais libère les autres à concurrence de sa part. Ce que le créancier a reçu d'une caution pour la décharge de son cautionnement doit être imputé sur la dette et décharger

Esses diferentes sistemas criam, como se vê, regimes diversos para as situações relativas ao pagamento parcial e à remissão. Identificam-se alguns pontos de contato entre eles, o que permite separá-los em três grupos: (i) o dos códigos que criam presunção em favor dos codevedores que não foram agraciados com a remissão (o italiano e, em sua redação original, o francês); (ii) o dos códigos que criam presunção contrária (brasileiro, espanhol, português e francês, em sua redação atual); (iii) o dos códigos que estabelecem a necessidade de verificar, caso a caso, a intenção das partes (alemão e argentino).

Com relação ao primeiro grupo, o Código Civil francês (v. art. 1.285, sua redação original) era o mais radical, porque estabelecia a imprescindibilidade de o credor fazer ressalva *expressa* quanto à manutenção de seu direito em relação aos demais devedores solidários, ao remitir a dívida de um deles. Essa reserva expressa dos direitos do credor contra os outros devedores, aliás, teria de ser simultânea à remissão; se realizada mais tarde, seria ineficaz, anota A. Rodière.[1229]

A necessidade de *ressalva expressa* recebia severas críticas de autores como, p. ex., G. Baudry-Lacantinerie e L. Barde, para quem o disposto no art. 1.285 não seria harmônico com a regra do art. 1.210,[1230] sobre divisão do débito; além disso, as renúncias teriam de ser sempre interpretadas restritivamente, e as convenções não surtiriam efeitos senão entre as partes, de modo que não haveria razão, sob sua ótica, para que a remissão beneficiasse os outros devedores solidários.[1231]

Também a doutrina francesa mais recente critica o dispositivo hoje revogado. M. Mignot explica que, se tal regra parecia lógica no direito romano, quando a obrigação solidária era considerada coletiva, os princípios individualistas do direito francês não permitiriam perpetuar esse raciocínio, desprovido de sentido em um cenário não coletivo. Sustenta Mignot que o credor deveria consentir em remitir a relação fundamen-

le débiteur principal à proportion. Les autres cautions ne restent tenues que déduction faite de la part de la caution libérée ou de la valeur fournie si elle excède cette part".

1229 Rodière, A. *De la solidarité et de l'indivisibilité*. Paris: Chez A. Durant, 1852, p. 60.

1230 "Art. 1210. [...] Le créancier qui consent à la division de la dette à l'égard de l'un des codébiteurs, conserve son action solidaire contre les autres, mais sous la déduction de la part du débiteur qu'il a déchargé de la solidarité".

1231 Baudry-Lacantinerie, G.; Barde, L. *Théorie et pratique de droit civil*: des obligations. Paris: Librairie de la Société du Recueil des Lois et des Arrêts, 1902, t. 2, p. 366.

tal, a fim de que todos os devedores fossem liberados do pagamento da integralidade da dívida. Defendia, por isso, o desaparecimento da necessidade de *reserva expressa*, prevista no art. 1.285, explicável apenas por razões históricas.[1232]

Apesar de se assemelhar à solução francesa, a italiana (v. art. 1.301) revela-se mais moderada. De acordo com D. Rubino, a fim de conservar o seu crédito em relação aos outros devedores, não haveria a necessidade de a reserva ser *expressa*, ainda que expressa fosse a remissão ao primeiro devedor. E, a seu ver, mesmo com a reserva (expressa ou tácita), a remissão também beneficiaria aos demais devedores, embora a dívida permanecesse, porque teria de ser deduzida a quota do devedor favorecido.[1233]

De fato, se os outros devedores continuassem a ser mantidos pela integralidade da dívida, eles poderiam, depois da quitação, agir em regresso contra o primeiro devedor pela sua quota; e, portanto, a remissão seria ilusória para o beneficiado; ou, se esse devedor não pudesse jamais ser cobrado em regresso, um ato estranho aos demais devedores lhes agravaria a situação, porque garantiria que a dívida permanecesse de acordo com o valor original, sem lhes permitir a busca pelo reembolso.[1234]

M. Ticozzi não enxerga dificuldades na disciplina da remissão *efetuada em favor de todos os devedores*. Em tais hipóteses, não surgiriam problemas derivados da pluralidade de sujeitos, porque se aplicariam as normas previstas para as obrigações em geral – com a consequência de que a obrigação solidária se extinguiria desde o momento em que a remissão fosse comunicada aos devedores. Considerando a presunção prevista na lei, a remissão, em regra, quando não houvesse ressalva, não apresentaria dificuldades adicionais para o estudo das obrigações solidárias.[1235]

1232 MIGNOT, Marc. *Les obligations solidaires et les obligations in solidum en droit privé français*. Paris: Dalloz, 2002, p. 562-563 e 720.

1233 RUBINO, Domenico. Delle obbligazioni: obbligazioni alternative, obbligazioni in solido, obbligazioni divisibili e indivisibili: art. 1285-1320. In: SCIALOJA, Antonio; BRANCA, Giuseppe (a cura di). *Commentario del Codice Civile*: libro quarto: delle obbligazioni. 2. ed. Bologna: Zanichelli; Roma: Soc. Ed. Del Foro Italiano, 1968, p. 263.

1234 RUBINO, Domenico. Delle obbligazioni: obbligazioni alternative, obbligazioni in solido, obbligazioni divisibili e indivisibili: art. 1285-1320. In: SCIALOJA, Antonio; BRANCA, Giuseppe (a cura di). *Commentario del Codice Civile*: libro quarto: delle obbligazioni. 2. ed. Bologna: Zanichelli; Roma: Soc. Ed. Del Foro Italiano, 1968, p. 263.

1235 TICOZZI, Marco. *Studio sulle obbligazioni solidali*. Padova: Cedam, 2012, p. 146-147.

A principal diferença entre a *remissão* e a *renúncia à solidariedade* em face de um dos devedores, para Ticozzi, diz respeito ao fato de que, na última, apenas se criaria o *beneficium divisionis* em favor do devedor beneficiado pela *renúncia*, o qual não se liberaria, porém, de sua própria quota; já o devedor agraciado com a *remissão* se liberaria contra o credor, enquanto os outros codevedores veriam diminuída a prestação, ao mesmo tempo em que perderiam o direito de regresso contra o devedor remitido.[1236]

No Brasil, a regra prevista nos art. 277 e 388[1237] do Código Civil de 2002 faz com que se presuma a *subjetividade* da remissão, no sentido de favorecer apenas àquele(s) devedor(es) solidário(s) a quem houver sido concedida. Inovou o art. 385[1238] do Código Civil de 2002, em relação ao de 1916, ao mencionar a *aceitação* pelo devedor. Explica Renan Lotufo que, por se tratar de um *vínculo ético*, se não houver aceitação pelo devedor, não se terá extinção da obrigação; não ocorrerá, nesse caso, o efeito de desligamento do crédito, porque o devedor não admite se desligar por outra forma que não o seu adimplemento.[1239]

Uma vez concedida (e aceita, expressa ou tacitamente), a remissão provoca a extinção, mesmo que parcial, da obrigação. Pontes de Miranda entende que, quando se fizesse pela entrega voluntária do único título da obrigação, ou pela dação da quitação, a remissão fulminaria toda a dívida, de modo que se liberariam todos os devedores solidários.[1240] De fato, prevê o art. 386[1241] que a devolução voluntária do título da obrigação, quando por escrito particular, prova a desoneração do devedor e seus obrigados. Mas, para Hamid Charaf Bdine Jr., entretanto, se cui-

1236 Ticozzi, Marco. *Studio sulle obbligazioni solidali*. Padova: Cedam, 2012, p. 148.

1237 "Art. 388. A remissão concedida a um dos codevedores extingue a dívida na parte a ele correspondente; de modo que, ainda reservando o credor a solidariedade contra os outros, já lhes não pode cobrar o débito sem dedução da parte remitida".

1238 "Art. 385. A remissão da dívida, aceita pelo devedor, extingue a obrigação, mas sem prejuízo de terceiro".

1239 Lotufo, Renan. *Código Civil comentado*: obrigações: parte geral (arts. 233 a 420). São Paulo: Saraiva, 2003, v. 2, p. 418-419.

1240 Miranda, Pontes de. *Tratado de direito privado*. 3. ed. Rio de Janeiro: Borsoi, 1971, v. X, p. 351.

1241 "Art. 386. A devolução voluntária do título da obrigação, quando por escrito particular, prova desoneração do devedor e seus coobrigados, se o credor for capaz de alienar, e o devedor capaz de adquirir".

daria de *presunção relativa*: nada impediria, assim, que o credor demonstrasse que a entrega do instrumento ao(s) devedor(es) não resultou de sua intenção de desonerá-lo(s).[1242]

A doutrina costuma mencionar duas espécies de remissão: (i) a com eficácia coletiva (real ou absoluta): em que o credor perdoa a dívida em sua totalidade, em favor da totalidade de devedores, e a obrigação se extingue completamente, de modo que qualquer dos devedores pode opor ao credor a liberação que deriva desse modo de extinção; (ii) a com efeitos limitados (pessoal ou relativa): situação em que a faculdade de demandar o pagamento aos demais coobrigados está subordinada à dedução da parte relevada; quanto ao remanescente, a solidariedade se mantém.[1243]

Problemas surgiriam quanto à interpretação da vontade negocial do credor – assevera L. Díez-Picazo –, quando a declaração fosse dirigida a apenas algum dos devedores ou recebida somente por parte deles, especialmente no que dissesse respeito às relações entre o credor remitente e o devedor (ou devedores) alheio à remissão. É que o Código Civil espanhol (v. art. 1.146) resolve apenas a questão do regresso entre os devedores, sem se referir ao direito do credor, o que provoca o surgimento de duas correntes na doutrina.[1244]

No Brasil, contudo, o Código Civil de 2002 (v. arts. 277 e 388) parece solucionar, ao menos em parte, essa divergência, ao estabelecer que o pagamento parcial e a remissão aproveitam aos outros devedores, até à *concorrência da quantia paga ou relevada* ou com a *dedução da parte remitida*. Em outras palavras, o perdão obtido por um dos consortes na dívida solidária, em regra, extingue-a na parte respectiva (ou seja, na quota correspondente ao devedor remitido); embora, nesse caso, reserve o credor a solidariedade quanto aos outros, não lhes poderá exigir a dívida sem dedução dessa parte remitida.[1245]

[1242] BDINE JR., Hamid Charaf. In: PELUSO, Cezar (Coord.). *Código Civil comentado*: doutrina e jurisprudência: Lei n. 10.406, de 10.01.2002: contém o Código Civil de 1916. 4. ed. Barueri: Manole, 2010, p. 400.

[1243] PEREIRA, Caio Mário da Silva. *Instituições de direito civil*: teoria geral das obrigações. 26. ed. Rio de Janeiro: Forense, 2014, v. II, p. 94.

[1244] Díez-Picazo, Luis. *Fundamentos del derecho civil patrimonial*: las relaciones obligatorias. 6. ed. Madrid: Civitas, 2008, v. II, p. 250-251.

[1245] NONATO, Orosimbo. *Curso de obrigações*: generalidades – espécies. Rio de Janeiro: Forense, 1959, v. II, p. 201.

É possível que venham a surgir discussões quando houver interesse exclusivo na obrigação por parte de apenas um dos devedores solidários (v. art. 285 do Código Civil de 2002).[1246] Questiona-se: na hipótese de o agraciado pela remissão ser justamente aquele devedor interessado, como se aplicaria a regra do art. 277? E se a remissão dissesse respeito a um dos devedores ditos não interessados? Haveria interferência da remissão na fase interna?

Explica G. Amorth que, se a obrigação houvesse sido contratada no interesse exclusivo de um ou de vários devedores solidários, a remissão de uma parte da dívida significaria perdoar o inteiro, desde que o favorecido fosse aquele devedor com interesse exclusivo; se a remissão concernisse a um devedor despido de interesse, remissão, na verdade, não haveria; e, se a parte remitida fosse determinada pela quantidade, o benefício acabaria por favorecer, ao final, tão só àquele devedor com interesse exclusivo.[1247]

Trata-se de entendimento lógico, explicável, no Brasil, pela cláusula geral da boa-fé objetiva (v. art. 422[1248] do Código Civil de 2002), haja vista a imbricação entre as fases externa e interna da relação obrigacional solidária. De fato, se o credor optar por conceder a remissão justamente àquele devedor interessado – desde que sabedor dessa condição –, não poderá, depois, exigir mais nada dos demais; ou, a depender das circunstâncias, essa remissão terá de ser interpretada como mera exoneração da solidariedade.

Se, p. ex., a vítima de certo acidente de trânsito remitir o motorista culpado, por sentimento de comiseração, mas, em um segundo momento, passar a exigir indenização do respectivo empregador (v. art. 932, III,[1249] do Código Civil de 2002), surgirá a necessidade de interpretar o ato à luz da boa-fé objetiva, a fim de apurar se essa remissão corresponderia, de fato, ao perdão – caso em que se extinguiria, para

1246 V. seção 2.5.2.2, sobre a apuração das quotas internas.

1247 Amorth, Giorgio. *L'obbligazione solidale*. Milano: Giuffrè, 1959, p. 171.

1248 "Art. 422. Os contratantes são obrigados a guardar, assim na conclusão do contrato, como em sua execução, os princípios de probidade e boa-fé".

1249 "Art. 932. São também responsáveis pela reparação civil: [...] III – o empregador ou comitente, por seus empregados, serviçais e prepostos, no exercício do trabalho que lhes competir, ou em razão dele".

todos os responsáveis, a obrigação de indenizar –, ou se se consideraria o culpado apenas exonerado da solidariedade.

Não fosse assim, agravar-se-ia a posição do empregador, por ato alheio, e se lhe retiraria a possibilidade de, em regresso, responsabilizar o causador do acidente; tal situação contrariaria a regra do art. 278 do Código Civil de 2002. A depender da interpretação, ademais, tornar-se-ia quimérica a remissão em face do motorista, na medida em que ele continuaria responsável, perante seu empregador, na fase interna, por toda a dívida. Cuida-se de questão bastante complexa e delicada, cuja solução dependerá mais das circunstâncias do caso concreto, analisadas em face do arcabouço normativo.

2.4.8.2. Dação em pagamento

A *dação em pagamento* está regulamentada nos arts. 356 a 359 do Código Civil de 2002, no Capítulo V, inserido no Título III ("Do Adimplemento e Extinção das Obrigações"). Nos termos do art. 356,[1250] o credor *pode consentir* em receber *prestação diversa* da que lhe é devida. Em comparação com o texto do art. 995[1251] do Código Civil de 1916, houve aperfeiçoamento na redação; em lugar de "consentir em receber coisa que não seja dinheiro", passou a lei atual a se referir, mais genericamente, à "prestação diversa da que lhe é devida". Com isso, observa Renan Lotufo, eliminou-se a restrição quanto a não se poder tratar de prestação em dinheiro; majorou-se-lhe o respectivo âmbito de incidência, por incluir, agora, as obrigações pecuniárias.[1252]

Figura antiga, remanescente da tradição romanística, a *datio in solutum* encontra-se prevista no Código Civil alemão (v. § 364, 1),[1253] intitulada "aceitação em lugar do cumprimento" (*Annahme an Erfüllungs statt* ou, de acordo com a versão oficial em língua inglesa, *acceptance in lieu of performance of contract*). Também não acolheu a tradicional deno-

[1250] "Art. 356. O credor pode consentir em receber prestação diversa da que lhe é devida".

[1251] "Art. 995. O credor pode consentir em receber coisa que não seja dinheiro, em substituição da prestação que lhe era devida".

[1252] LOTUFO, Renan. *Código Civil comentado*: obrigações: parte geral (arts. 233 a 420). São Paulo: Saraiva, 2003, v. 2, p. 331.

[1253] "§ 364. [...] 1. Una obligación queda extinguida si el acreedor acepta, en lugar del cumplimiento, una prestación distinta de la debida".

minação o Código Civil italiano (v. art. 1.197);[1254] em vez disso, optou pela rubrica "prestação em lugar do adimplemento" (*prestazione in luogo dell'adempimento*).

Já o Código Civil português refere-se à "dação em cumprimento", como a primeira das causas de extinção das obrigações, além do cumprimento. Admite-a, em seu art. 837º,[1255] nas hipóteses em que o credor der assentimento a que a *prestação de coisa diversa da devida*, embora de valor superior, exonere o devedor.

No Código Civil e Comercial argentino, acolheu-se a denominação tradicional: "dação em pagamento" (*dación en pago*), diferentemente do diploma revogado, que se referia ao *pago por entrega de bienes* (v. arts. 779 a 783). Na forma do art. 942[1256] do atual diploma platino, extingue-se a obrigação quando o credor voluntariamente aceita em pagamento uma prestação diversa da devida.

O Código Civil francês não utiliza a rubrica "dação em pagamento", mas cuida do instituto no art. 1.342-4,[1257] incluído pela *Ordonnance* n. 2016-131, de 10 de fevereiro de 2016, nas disposições gerais sobre o pagamento; permite que o credor aceite *coisa diversa da que lhe é devida*. Antes da reforma, o *Code* (v. art. 1.243)[1258] já dispunha que o credor não poderia ser constrangido a receber outra coisa senão aquela devida, ainda que o valor da coisa ofertada fosse igual ou até maior; e a doutrina entendia que a *dation en paiement* representava a própria aplicação dessa

[1254] "Art. 1197. [...] Il debitore non può liberarsi eseguendo una prestazione diversa da quella dovuta, anche se di valore uguale o maggiore, salvo che il creditore consenta (1320). In questo caso l'obbligazione si estingue quando la diversa prestazione è eseguita. Se la prestazione consiste nel trasferimento della proprietà o di un altro diritto, il debitore è tenuto alla garanzia per l'evizione e per i vizi della cosa secondo le norme della vendita (1483 e seguenti, 1490 e seguenti), salvo che il creditore preferisca esigere la prestazione originaria e il risarcimento del danno. In ogni caso non rivivono le garanzie prestate dai terzi".

[1255] "Art. 837º [...] A prestação de coisa diversa da que for devida, embora de valor superior, só exonera o devedor se o credor der o seu assentimento".

[1256] "Art. 942. [...] La obligación se extingue cuando el acreedor voluntariamente acepta en pago una prestación diversa de la adeudada".

[1257] "Art. 1342-4. Le créancier peut refuser un paiement partiel même si la prestation est divisible. Il peut accepter de recevoir en paiement autre chose que ce qui lui est dû".

[1258] "Art. 1243. Le créancier ne peut être contraint de recevoir une autre chose que celle qui lui est due, quoique la valeur de la chose offerte soit égale ou même plus grande".

regra, por depender de consentimento do credor: as partes revogavam a convenção primitiva para substitui-la por uma nova.[1259]

É pacífico que o devedor, para se liberar, não pode entregar prestação diversa daquela devida; mas também não há dúvidas de que se permite às partes, no curso da relação jurídica, convencionar que seja realizada uma prestação diversa. Faculta-se ao devedor e ao credor prever nova modalidade executiva, substituir a obrigação originária por uma nova obrigação com diferente objeto; modificar-lhe o conteúdo de várias formas, enfim.[1260]

A dação em pagamento pode significar tanto a própria prestação substitutiva (destinada a satisfazer o direito de crédito) quanto o contrato que tem por objeto tal prestação, isto é, o *contrato solutório* (ou *liberatório*), mediante o qual o credor consente em receber uma prestação diversa para satisfazer seu crédito.[1261]

C. M. Bianca expõe as divergências sobre a natureza jurídica do instituto: no passado, era visto como um contrato similar à compra e venda; outra tese o comparava à novação objetiva; mais recentemente, passou a ser tratado como contrato de prestações correspectivas e como contrato modificativo do conteúdo da relação obrigacional. Entende Bianca, porém, que se trataria de espécie de contrato solutório, por ter como objeto a extinção satisfativa do crédito, sem alterar o conteúdo da prestação devida.[1262]

Não há previsão expressa, no Código Civil de 2002, sobre os efeitos da dação em pagamento sobre a relação obrigacional solidária. O Código Civil português (v. art. 523º),[1263] diferentemente, dispõe que a satisfação do direito do credor, *inclusive por dação em pagamento*, produz a extinção, relativamente a ele, das obrigações de todos os devedores. Pensamos que a solução portuguesa se amolde ao sistema brasileiro,

[1259] Baudry-Lacantinerie, G.; Barde, L. *Théorie et pratique de droit civil*: des obligations. Paris: Librairie de la Société du Recueil des Lois et des Arrêts, 1902, t. 2, p. 520.

[1260] Gambino, Francesco. Le obbligazioni: il rapporto obbligatorio. In: Sacco, Rodolfo (diretto da). *Trattato di diritto civile*. Milano: Utet Giuridica, 2015, v. 1, p. 298.

[1261] Bianca, C. Massimo. *Diritto civile*: l'obbligazione. Milano: Giuffrè, 1993, v. 4, p. 432.

[1262] Bianca, C. Massimo. *Diritto civile*: l'obbligazione. Milano: Giuffrè, 1993, v. 4, p. 435-439.

[1263] "Art. 523º [...] A satisfação do direito do credor, por cumprimento, dação em cumprimento, novação, consignação em depósito ou compensação, produz a extinção, relativamente a ele, das obrigações de todos os devedores".

apesar da omissão do legislador de 2002; se, em vez de o devedor pagar a coisa devida, der outra *in solutum*, a dação em pagamento beneficiará todos, por extinguir a obrigação, como anota Caio Mario da Silva Pereira.[1264]

Qualificada como *meio de defesa comum* a todos os devedores, a dação em pagamento nem sempre provocará, contudo, a extinção da *obrigação*, mas, no mais das vezes, apenas a extinção da *fase externa* da relação obrigacional solidária;[1265] tão logo se liberem os devedores solidários do vínculo com o credor, inaugurar-se-á, se for o caso (ou seja, nas hipóteses em que a obrigação não interessar exclusivamente àquele devedor que promoveu a dação em pagamento),[1266] a fase interna entre antigos consortes.[1267]

Aquele que promoveu a dação em pagamento estará autorizado a exigir dos outros o reembolso da fração de cada um, proporcionalmente[1268] ao valor da coisa dada em pagamento, salvo se esse valor exceder ao da prestação originária; porque, em semelhante hipótese, os devedores alheios ao contrato solutório teriam suas posições agravadas por atos de terceiros,[1269] ao arrepio do que estabelece o art. 278 do Código Civil de 2002.

[1264] PEREIRA, Caio Mário da Silva. *Instituições de direito civil*: teoria geral das obrigações. 26. ed. Rio de Janeiro: Forense, 2014, v. II, p. 93. Nesse sentido, cf. COSTA, José Maria da. As obrigações solidárias. In: FRANCIULLI NETTO, Domingos; MENDES, Gilmar Ferreira; MARTINS FILHO, Ives Gandra da Silva (Coord.). *O novo Código Civil*: estudos em homenagem ao Professor Miguel Reale. São Paulo: LTr, 2003, p. 294; GOMES, Orlando. *Obrigações*. 5. ed. Rio de Janeiro: Forense, 1978, p. 87; LARENZ, Karl. *Derecho de obligaciones*. Trad. Jaime Santos Briz. Madrid: Editorial Revista de Derecho Privado, 1958, p. 502; LÔBO, Paulo. *Direito civil*: obrigações. 2. ed. São Paulo: Saraiva, 2011, p. 150; MENDONÇA, Manuel Inácio Carvalho de. *Doutrina e prática das obrigações ou tratado geral dos direitos de crédito*. 4. ed. Rio de Janeiro: Forense, 1956, t. I, p. 315; MIRANDA, Pontes de. *Tratado de direito privado*. 3. ed. Rio de Janeiro: Borsoi, 1971, v. X, p. 350; NONATO, Orosimbo. *Curso de obrigações*: generalidades – espécies. Rio de Janeiro: Forense, 1959, v. II, p. 230; SANTOS, J. M. de Carvalho. *Código Civil brasileiro interpretado*: principalmente do ponto de vista prático: parte geral. 7. ed. Rio de Janeiro: Freitas Bastos, 1956, v. XI, p. 196; SERRA, Adriano Paes da Silva Vaz. Pluralidade de devedores ou de credores. Lisboa: [s.n], v. 69, out. 1957. Separata do *Boletim do Ministério da Justiça*, p. 210.

[1265] V. seção 1.8.2, sobre as fases da relação obrigacional solidária.

[1266] MIGNOT, Marc. *Les obligations solidaires et les obligations in solidum en droit privé français*. Paris: Dalloz, 2002, p. 701.

[1267] V. seção 2.5, sobre a fase interna.

[1268] BIANCA, C. Massimo. *Diritto civile*: l'obbligazione. Milano: Giuffrè, 1993, v. 4, p. 727.

[1269] RUBINO, Domenico. Delle obbligazioni: obbligazioni alternative, obbligazioni in solido, obbligazioni divisibili e indivisibili: art. 1285-1320. In: SCIALOJA, Antonio; BRANCA, Giuseppe (a cura di). *Commentario del Codice Civile*: libro quarto: delle obbligazioni. 2. ed. Bologna:

Não se poderia conferir ao devedor, por outro lado, o direito de exigir dos outros o valor nominal das suas quotas, porque, com isso, haveria locupletamento, quando o credor, ao aceitar em pagamento uma coisa de valor inferior ao do crédito, não o quisesse beneficiar especialmente. Admitir-se-ia, entretanto, a possibilidade de o credor pretender favorecer o *solvens*, hipótese em que estaria facultado a exigir dos outros o valor nominal das suas quotas; nesse caso, o ato assemelhar-se-ia a uma doação, pelo credor, àquele devedor, da parte das quotas dos outros devedores que fosse além daquilo que resultasse da repartição proporcional do valor efetivamente gasto com a extinção da dívida.[1270]

2.4.8.3. Novação

No Código Civil de 2002, o Capítulo VI, do Título III ("Do Adimplemento e Extinção das Obrigações"), do Livro I, da Parte Especial, dedica-se a estabelecer o regime jurídico da *novação* (v. arts. 360 a 367). Em comparação com o conjunto de regras constante do Código Civil de 1916 (v. arts. 999 a 1.008), houve alterações de reduzida monta. Trata-se de meio liberatório considerado, há certo tempo, de pouca importância prática,[1271] especialmente, hoje, no Brasil, depois de o Código Civil de 2002 ter regulamentado a assunção de dívida.[1272]

Na legislação estrangeira, a novação encontra-se disciplinada no Código Civil espanhol (v. arts. 1.203 a 1.213), no Código Civil italiano (v. arts. 1.230 a 1.235), no Código Civil português (v. arts. 857º a 862º), no Código Civil e Comercial argentino (v. arts. 933 a 941) e no Código Civil francês (v. arts. 1.329 a 1335). Abandonou-a, todavia, o Código

Zanichelli; Roma: Soc. Ed. Del Foro Italiano, 1968, p. 176; Ticozzi, Marco. *Studio sulle obbligazioni solidali*. Padova: Cedam, 2012, p. 140.

1270 Serra, Adriano Paes da Silva Vaz. Pluralidade de devedores ou de credores. Lisboa: [s.n], v. 69, out. 1957. Separata do *Boletim do Ministério da Justiça*, p. 267-268.

1271 Bevilaqua, Clovis. *Codigo Civil dos Estados Unidos do Brasil commentado*. Rio de Janeiro: Livraria Francisco Alves, 1930, v. IV; Giorgi, Jorge. *Teoria de las obligaciones en el derecho moderno*: expuesta conforme a la doctrina y la jurisprudência italiana, francesa, alemana, etc., etc.: extinción de las obligaciones: pago: oferta real: "datio in solutum": remisión: novación. Trad. Eduardo Dato Iradier. 2. ed. Madrid: Editora Reus, 1930, v. VII, p. 421; Mendonça, Manuel Inácio Carvalho de. *Doutrina e prática das obrigações ou tratado geral dos direitos de crédito*. 4. ed. Rio de Janeiro: Forense, 1956, t. I, p. 389.

1272 Lotufo, Renan. *Código Civil comentado*: obrigações: parte geral (arts. 233 a 420). São Paulo: Saraiva, 2003, v. 2, p. 345.

Civil alemão, ao transportar todas as operações que lhe eram concernentes para o capítulo relativo à cessão de crédito e de débito e à *datio in solutum*.[1273]

A novação é instituto antigo, oriundo do direito romano, em que desempenhava um papel importantíssimo, na medida em que, à época, uma vez contraída a relação obrigacional, não se fazia possível sua alteração entre as partes, salvo por meio de nova obrigação que viesse a se colocar no lugar da antiga.[1274] Corresponde a novação, atualmente, a meio liberatório singular, modo especial de se extinguir a obrigação, comparado a "pagamento fictício" – é a substituição de uma dívida pela outra: cria-se nova obrigação, para substituir a primeira.[1275]

Nos termos do art. 360, I,[1276] do Código Civil de 2002, dá-se a novação, em primeiro lugar, quando o devedor contrai com o credor *nova dívida* para extinguir e substituir a anterior. É a chamada *novação objetiva*, isto é, o contrato solutório (ou fato substitutivo-extintivo da obrigação, diverso do adimplemento) mediante o qual as partes extinguem a obrigação originária, para substituí-la por nova obrigação, com objeto e/ou título diversos.[1277] Mantêm-se, nesse caso, as partes originárias, ligadas por nova relação obrigacional.

Há, ainda, a *novação subjetiva*, prevista no art. 360, II e III,[1278] do Código Civil de 2002, verificada quando novo *devedor* sucede ao antigo (novação subjetiva passiva) ou quando o *credor* é substituído por outro (novação

[1273] DINIZ, Maria Helena. Novação. In: TEPEDINO, Gustavo; FACHIN, Luiz Edson (Org.). *Doutrinas essenciais*: obrigações e contratos: funções e eficácia: obrigações, crédito e circulação jurídica: patologia obrigacional: programa obrigacional: inadimplemento obrigacional: culpa, danos e penas na inexecução das obrigações: socialidade, controle de bens e economicidade na segurança jurídica obrigacional. São Paulo: Editora Revista dos Tribunais, 2011, v. 2, p. 867.

[1274] MENDONÇA, Manuel Inácio Carvalho de. *Doutrina e prática das obrigações ou tratado geral dos direitos de crédito*. 4. ed. Rio de Janeiro: Forense, 1956, t. I, p. 589.

[1275] MONTEIRO, Washington de Barros. *Curso de direito civil*: direito das obrigações, 1ª parte: das modalidades das obrigações: dos efeitos das obrigações. 15. ed. São Paulo: Saraiva, 1979, p. 293-294.

[1276] "Art. 360. Dá-se a novação: I – quando o devedor contrai com o credor nova dívida para extinguir e substituir a anterior".

[1277] BIANCA, C. Massimo. *Diritto civile*: l'obbligazione. Milano: Giuffrè, 1993, v. 4, p. 443-444.

[1278] "Art. 360. Dá-se a novação: [...] II – quando novo devedor sucede ao antigo, ficando este quite com o credor; III – quando, em virtude de obrigação nova, outro credor é substituído ao antigo, ficando o devedor quite com este".

subjetiva ativa), *em virtude de obrigação nova*. Note-se que, se não houver *substituição* da antiga obrigação por outra, não se tratará de novação, mas, a depender do caso, de assunção de dívida ou de cessão de crédito.[1279]

Conquanto a novação se classifique como contrato solutório, não se confundiria com negócio jurídico independente, sustenta J. Giorgi, senão de efeito de vários negócios contratuais, por intermédio dos quais se substitui a obrigação antiga por uma nova. Ninguém celebra, assim, "contrato de novação", e sim de compra e venda, de locação, de mútuo etc., para substituir obrigação anterior. Estabelece a lei as condições necessárias para que, de qualquer contrato, possa resultar novação, além de regulamentar a extensão de seus efeitos.[1280]

São requisitos da novação, de acordo com a doutrina: (i) existência de obrigação anterior (*obligatio novanda*): além de existir, aliás, a obrigação anterior não pode ser nula ou estar extinta (v. art. 367[1281] do Código Civil de 2002); (ii) criação de obrigação nova, em substituição àquela que se extingue: sem essa nova obrigação, não haverá novação, mas, quando muito, remissão, ou seja, liberação graciosa da dívida; (iii) elemento novo (*aliquid novi*); (iv) intenção de novar (elemento psicológico da novação): é preciso que as partes interessadas no negócio queiram criar nova obrigação para extinguir a relação obrigacional anterior (v. art. 361[1282] do Código Civil de 2002); (v) capacidade e legitimação das partes interessadas.[1283]

1279 Bdine Jr., Hamid Charaf. In: Peluso, Cezar (Coord.). *Código Civil comentado*: doutrina e jurisprudência: Lei n. 10.406, de 10.01.2002: contém o Código Civil de 1916. 4. ed. Barueri: Manole, 2010, p. 366.

1280 Giorgi, Jorge. *Teoria de las obligaciones en el derecho moderno*: expuesta conforme a la doctrina y la jurisprudência italiana, francesa, alemana, etc., etc.: extinción de las obligaciones: pago: oferta real: "datio in solutum": remisión: novación. Trad. Eduardo Dato Iradier. 2. ed. Madrid: Editora Reus, 1930, v. VII, p. 422.

1281 "Art. 367. Salvo as obrigações simplesmente anuláveis, não podem ser objeto de novação obrigações nulas ou extintas".

1282 "Art. 361. Não havendo ânimo de novar, expresso ou tácito mas inequívoco, a segunda obrigação confirma simplesmente a primeira".

1283 Diniz, Maria Helena. Novação. In: Tepedino, Gustavo; Fachin, Luiz Edson (Org.). *Doutrinas essenciais*: obrigações e contratos: funções e eficácia: obrigações, crédito e circulação jurídica: patologia obrigacional: programa obrigacional: inadimplemento obrigacional: culpa, danos e penas na inexecução das obrigações: socialidade, controle de bens e economicidade na segurança jurídica obrigacional. São Paulo: Editora Revista dos Tribunais, 2011, v. 2, p. 869-874.

Se, na hipótese de solidariedade passiva, participarem da novação todos os devedores, a única questão particular que surgirá será a de tomar a nova obrigação como solidária ou como parciária.[1284] No Brasil, como a solidariedade não se presume (resulta da lei ou da vontade das partes),[1285] entende-se que, se não estiver convencionado o concurso de mais de um devedor à integralidade da prestação, a nova relação obrigacional, resultante da novação, será apenas parciária, *ex vi* do que dispõe o art. 265 do Código Civil de 2002.[1286]

As maiores dificuldades surgirão nas hipóteses em que apenas um dos devedores solidários (ou parte deles, mas não todos) celebrar a novação com o credor comum. Dispõe o Código Civil italiano (v. art. 1.300, 1)[1287] que a novação assim convencionada libera os demais devedores, alheios ao novo negócio jurídico; salvo se for parcial, limitada à quota daquele que a celebrou, situação em que seus consortes se desobrigam apenas parcialmente. Assemelham-se às italianas as regras previstas no Código Civil espanhol (v. arts. 1.143[1288] e 1.146)[1289] e no Código Civil e Comercial argentino (v. art. 835, *caput* e "b").[1290]

1284 RUBINO, Domenico. Delle obbligazioni: obbligazioni alternative, obbligazioni in solido, obbligazioni divisibili e indivisibili: art. 1285-1320. In: SCIALOJA, Antonio; BRANCA, Giuseppe (a cura di). *Commentario del Codice Civile*: libro quarto: delle obbligazioni. 2. ed. Bologna: Zanichelli; Roma: Soc. Ed. Del Foro Italiano, 1968, p. 255.

1285 V. seção 1.6.3.3, sobre a não presunção de solidariedade.

1286 GIORGI, Jorge. *Teoria de las obligaciones en el derecho moderno*: expuesta conforme a la doctrina y la jurisprudência italiana, francesa, alemana, etc., etc.: definición de las obligaciones: obligaciones naturales, solidarias, indivisibles: forma y prueba de las obligaciones. Trad. Eduardo Dato Iradier. 2. ed. Madrid: Editora Reus, 1928, v. I, p. 151-152; MAGALHÃES, J. M. Barbosa de. *Das obrigações solidárias em direito civil portuguez*. Coimbra: Livraria Central de J. Diogo Pires – Editor, 1882, p. 36-37; MENDONÇA, Manuel Inácio Carvalho de. *Doutrina e prática das obrigações ou tratado geral dos direitos de crédito*. 4. ed. Rio de Janeiro: Forense, 1956, t. I, p. 344; NONATO, Orosimbo. *Curso de obrigações*: generalidades – espécies. Rio de Janeiro: Forense, 1959, v. II, p. 234.

1287 "Art. 1300. [...] La novazione tra il creditore e uno dei debitori in solido libera gli altri debitori. Qualora però si sia voluto limitare la novazione a uno solo dei debitori, gli altri non sono liberati che per la parte di quest'ultimo".

1288 "Art. 1143. La novación, compensación, confusión o remisión de la deuda, hechas por cualquiera de los acreedores solidarios o con cualquiera de los deudores de la misma clase, extinguen la obligación, sin perjuicio de lo dispuesto en el artículo 1146. El acreedor que haya ejecutado cualquiera de estos actos, así como el que cobre la deuda, responderá a los demás de la parte que les corresponde en la obligación".

Prevê o Código Civil português (v. art. 523),[1291] sem se referir expressamente à possibilidade de novação parcial, que a satisfação do direito do credor, por novação, produz a extinção, relativamente a ele, das obrigações de todos os devedores solidários. Também sem mencionar a novação parcial, o Código Civil francês (v. art. 1.355)[1292] estabelece que: (i) a novação celebrada entre o credor e um dos devedores solidários libera os demais; (ii) a novação celebrada entre o credor e o garantidor não libera o devedor principal, embora libere os demais garantidores até a concorrência da fração daquele que a celebrou.

No Código Civil de 2002, o art. 365[1293] dispõe que, operada a novação entre o credor e um dos devedores solidários, somente sobre os bens do que contrair a nova obrigação subsistem as preferências e garantias do crédito novado, ao passo que os outros devedores solidários se *exoneram*. O legislador não utiliza esse verbo "exonerar" de maneira unívoca, tanto que, no art. 282, par. ún., p. ex., o ato de "exonerar da solidariedade" diz respeito à renúncia à solidariedade (e não à obrigação).[1294] Apesar disso, a doutrina costuma classificar a novação, em princípio, como causa de extinção da obrigação concernente a todos os devedores, ainda que celebrada por apenas um (ou parte) deles; seria, portanto, *meio de defesa comum*.[1295]

[1289] "Art. 1146. La quita o remisión hecha por el acreedor de la parte que afecte a uno de los deudores solidarios, no libra a éste de su responsabilidad para con los codeudores, en el caso de que la deuda haya sido totalmente pagada por cualquiera de ellos".

[1290] "Art. 835. [...] Con sujeción a disposiciones especiales, los modos extintivos inciden, según el caso, sobre la obligación, o sobre la cuota de algún deudor solidario, conforme a las siguientes reglas: [...] b) la obligación también se extingue en el todo si el acreedor renuncia a su crédito a favor de uno de los deudores solidarios, o si se produce novación, dación en pago o compensación entre el acreedor y uno de los deudores solidarios".

[1291] "Art. 523º [...] A satisfação do direito do credor, por cumprimento, dação em cumprimento, novação, consignação em depósito ou compensação, produz a extinção, relativamente a ele, das obrigações de todos os devedores".

[1292] "Art. 1335. La novation convenue entre le créancier et l'un des codébiteurs solidaires libère les autres. La novation convenue entre le créancier et une caution ne libère pas le débiteur principal. Elle libère les autres cautions à concurrence de la part contributive de celle dont l'obligation a fait l'objet de la novation".

[1293] "Art. 365. Operada a novação entre o credor e um dos devedores solidários, somente sobre os bens do que contrair a nova obrigação subsistem as preferências e garantias do crédito novado. Os outros devedores solidários ficam por esse fato exonerados".

[1294] V. seção 2.4.12, sobre renúncia à solidariedade.

[1295] Azevedo, Álvaro Villaça. *Curso de direito civil*: teoria geral das obrigações. 8. ed. São Paulo: Editora Revista dos Tribunais, 2000, p. 100; Espinola, Eduardo. *Garantia e extinção das obri-*

Com a novação, a antiga obrigação extingue-se, contra a constituição de uma nova; se decorrer da vontade de um só devedor solidário, somente ele permanecerá obrigado, em face do credor originário, pelo novo título (ou em relação ao novo objeto). Esse efeito inevitável pressupõe a normal cessação das garantias acessórias do crédito extinto; sujeitar-se-á a esse crédito tão só o patrimônio do devedor novante, salvo se os demais consentirem, por meio de acordo separado com o credor ou por adesão à novação já concluída.[1296]

A lei presume que a novação seja total, com a consequente liberação integral dos outros coobrigados. Tal consequência não decorre de exigência objetiva, de eficácia intrínseca da novação, mas sempre e exclusivamente da *vontade das partes*, vontade essa que é (simplesmente) presumida.[1297] É viável, entretanto, a *novação parcial*, proporcional à parte viril do devedor novante, caso em que a exoneração dos codevedores não será completa; só deixarão de ser obrigados para com o credor comum quanto à parte novada. Traduzirá a novação, assim, meio de defesa comum, mas parcial.[1298]

Com a *novação parcial*, o devedor novante sujeita-se por inteiro à nova obrigação, com o que se afasta da obrigação originária. Já os outros coo-

gações: obrigações solidárias e indivisíveis. Rio de Janeiro: Freitas Bastos, 1951, p. 433; FULGÊNCIO, Tito. *Do direito das obrigações*: das modalidades das obrigações: artigos 863-927. 2. ed. Atual. por José de Aguiar Dias. Rio de Janeiro: Forense, 1958, p. 348; GOMES, Orlando. *Obrigações*. 5. ed. Rio de Janeiro: Forense, 1978, p. 87; LÔBO, Paulo. *Direito civil*: obrigações. 2. ed. São Paulo: Saraiva, 2011, p. 147; MONTEIRO, Washington de Barros. *Curso de direito civil*: direito das obrigações, 1ª parte: das modalidades das obrigações: dos efeitos das obrigações. 15. ed. São Paulo: Saraiva, 1979, p. 193-194; NONATO, Orosimbo. *Curso de obrigações*: generalidades – espécies. Rio de Janeiro: Forense, 1959, v. II, p. 232.

1296 PORTA, Ubaldo La. Delle obbligazioni in solido: artt. 1292-1313. In: SCHLESINGER, Piero; BUSNELLI, Francesco Donato (diretto da). *Il Codice Civile*: commentario. Milano: Giuffrè Editore, 2014, p. 233.

1297 RUBINO, Domenico. Delle obbligazioni: obbligazioni alternative, obbligazioni in solido, obbligazioni divisibili e indivisibili: art. 1285-1320. In: SCIALOJA, Antonio; BRANCA, Giuseppe (a cura di). *Commentario del Codice Civile*: libro quarto: delle obbligazioni. 2. ed. Bologna: Zanichelli; Roma: Soc. Ed. Del Foro Italiano, 1968, p. 257.

1298 MAGALHÃES, J. M. Barbosa de. *Das obrigações solidárias em direito civil portuguez*. Coimbra: Livraria Central de J. Diogo Pires – Editor, 1882, p. 164. Nesse sentido, cf. FULGÊNCIO, Tito. *Do direito das obrigações*: das modalidades das obrigações: artigos 863-927. 2. ed. Atual. por José de Aguiar Dias. Rio de Janeiro: Forense, 1958, p. 348; SANTOS, J. M. de Carvalho. *Código Civil brasileiro interpretado*: principalmente do ponto de vista prático: parte geral. 7. ed. Rio de Janeiro: Freitas Bastos, 1956, v. XI, p. 261.

brigados permanecem vinculados pela obrigação originária, reduzida proporcionalmente à quota interna do novante. Em linha de princípio, desaparece a possibilidade de regresso (após o pagamento), porque o novante passa a ser devedor de própria e distinta obrigação.[1299]

Quando se tratar de *novação total*, no entanto, a simples liberação dos codevedores que não participaram da novação determinaria o seu enriquecimento, em prejuízo do devedor que houver promovido a extinção da inteira obrigação (com efeito para todos os consortes) e constituído, à própria custa, a nova obrigação. Como o fato extintivo equivale ao adimplemento indireto, por parte do devedor que convencionar a novação, U. La Porta entende que deverá ser reconhecido o direito de regresso para reequilibrar as relações internas.[1300]

Apesar disso, parece possível, com a novação, sejam codevedores liberados também nas relações internas, isto é, quanto ao direito de regresso, o que dependerá da vontade do devedor novante. Se ele, no momento da novação, renunciar ao direito de regresso, semelhante ato equivalerá a uma doação indireta aos próprios consortes. Tal liberalidade, na dúvida, não se presume, segundo D. Rubino, mesmo nas hipóteses de novação integral.[1301]

É delicada a questão de individualizar a quota do devedor novante, de modo que seja exercido, de maneira legítima, o direito de regresso. Aparenta ser mais lógico restringir esse exercício à quota-parte devida por cada devedor não novante sobre o valor da *prestação originária*; não fosse assim, a novação poderia agravar-lhes a posição, o que contrariaria o princípio previsto no art. 278 do Código Civil de 2002.

Limita-se o direito de regresso, ainda, ao valor da nova prestação, para não proporcionar enriquecimento injustificado do devedor novante.

[1299] Rubino, Domenico. Delle obbligazioni: obbligazioni alternative, obbligazioni in solido, obbligazioni divisibili e indivisibili: art. 1285-1320. In: Scialoja, Antonio; Branca, Giuseppe (a cura di). *Commentario del Codice Civile*: libro quarto: delle obbligazioni. 2. ed. Bologna: Zanichelli; Roma: Soc. Ed. Del Foro Italiano, 1968, p. 260-261.

[1300] Porta, Ubaldo La. Delle obbligazioni in solido: artt. 1292-1313. In: Schlesinger, Piero; Busnelli, Francesco Donato (diretto da). *Il Codice Civile*: commentario. Milano: Giuffrè Editore, 2014, p. 235.

[1301] Rubino, Domenico. Delle obbligazioni: obbligazioni alternative, obbligazioni in solido, obbligazioni divisibili e indivisibili: art. 1285-1320. In: Scialoja, Antonio; Branca, Giuseppe (a cura di). *Commentario del Codice Civile*: libro quarto: delle obbligazioni. 2. ed. Bologna: Zanichelli; Roma: Soc. Ed. Del Foro Italiano, 1968, p. 258.

E, pelo mesmo fundamento, não haverá direito de regresso antes de cumprida a nova obrigação, apesar de a novação ter provocado a extinção da obrigação originária.[1302]

Suponha-se, p. ex., que "D1", "D2" e "D3" devam a "C", solidariamente, 300 sacas de determinado café, no valor total de R$180.000,00. "D1", então, celebra com "C" *novação total*: em lugar das 300 sacas de café, obriga-se a lhe entregar 5.000 sacas de milho, avaliadas em R$150.000,00. Com isso, "D2" e "D3" liberam-se, em face de "C". Após "D1" realizar a nova prestação, poderá exercer o direito de regresso em face de "D2" e "D3", limitado, em princípio, ao valor equivalente a 100 sacas de café, de cada um, ou seja, R$60.000,00. Entretanto, como a nova prestação, em milho, ostenta valor reduzido, em comparação ao café (prestação originária), "D1" poderá exigir apenas R$50.000,00 de cada um de seus antes consortes ("D2" e "D3"), ou seja, um terço do valor das sacas de milho.

Se a novação provoca a extinção da obrigação anterior, o eventual inadimplemento e a resolução do contrato novativo, por lógica, não ressuscitarão a obrigação solidária; no máximo, as partes estarão autorizadas a pleitear o ressarcimento dos danos derivados do não cumprimento da prestação novada.[1303] "C", portanto, na hipótese do exemplo supracitado, nunca mais poderá exigir de "D2" e "D3" as sacas de café previstas originariamente, acaso "D1" não lhe entregue as sacas de milho. Possibilitar-se-á a "C" pleitear a resolução do novo negócio jurídico e a indenização por perdas e danos tão somente de "D1", sem que essa resolução provoque o restabelecimento da obrigação de entregar as sacas de café.

A novação da obrigação, entre o credor comum e o devedor principal (ou único interessado, no sentido do art. 285 do Código Civil de 2002), certamente liberará os devedores não interessados, inclusive quanto à fase interna. Pode ocorrer, entretanto, de os devedores não interessados celebrarem a novação. Segundo M. Mignot, negócios desse jaez não provocariam consequências, em relação ao devedor principal, porque a

[1302] PORTA, Ubaldo La. Delle obbligazioni in solido: artt. 1292-1313. In: SCHLESINGER, Piero; BUSNELLI, Francesco Donato (diretto da). *Il Codice Civile*: commentario. Milano: Giuffrè Editore, 2014, p. 235-236.

[1303] TICOZZI, Marco. *Studio sulle obbligazioni solidali*. Padova: Cedam, 2012, p. 145.

sorte do acessório não repercutiria no principal.[1304] Há infinitas possibilidades, contudo, e isso dependerá da interpretação das declarações das partes, livres para dispor de seus direitos nesse ou naquele sentido, por força da autonomia privada. O devedor não interessado, p. ex., a partir da novação, pode pretender ocupar a posição de único interessado, por liberalidade. Não se vislumbra, portanto, solução apriorística para todas as situações, o que dependerá das circunstâncias concretas.

2.4.8.4. Compensação

A *compensação* está disciplinada nos arts. 368 a 380 do Código Civil de 2002, no Capítulo VII, do Título III ("Do Adimplemento e Extinção das Obrigações"). Se duas pessoas forem, simultaneamente, credoras e devedoras, uma da outra, compensar-se-ão suas obrigações, com o que se extinguirão, proporcionalmente ao valor que tocar a cada uma. Essa é a ideia ínsita ao art. 368[1305], cópia idêntica do art. 1.009[1306] do Código Civil de 1916.

Na legislação estrangeira, o Código Civil espanhol (v. art. 1.156)[1307] arrola, dentre as hipóteses de *extinção das obrigações* (ao lado do pagamento ou cumprimento, da perda da coisa devida, da remissão, da confusão e da novação), a compensação, a qual se verificará quando duas pessoas, por direito próprio, forem reciprocamente credoras e devedoras uma da outra (v. art. 1.195),[1308] desde que preenchidos certos requisitos (v. art. 1.196).[1309]

[1304] Mignot, Marc. *Les obligations solidaires et les obligations in solidum en droit privé français.* Paris: Dalloz, 2002, p. 703.

[1305] "Art. 368. Se duas pessoas forem ao mesmo tempo credor e devedor uma da outra, as duas obrigações extinguem-se, até onde se compensarem".

[1306] "Art. 1.009. Se duas pessoas forem ao mesmo tempo credor e devedor uma da outra, as duas obrigações extinguem-se, até onde se compensarem".

[1307] "Art. 1156. Las obligaciones se extinguen: [...] Por la compensación".

[1308] "Art. 1195. Tendrá lugar la compensación cuando dos personas, por derecho propio, sean recíprocamente acreedoras y deudoras la una de la otra".

[1309] "Art. 1196. Para que proceda la compensación, es preciso: 1. Que cada uno de los obligados lo esté principalmente, y sea a la vez acreedor principal del otro. 2. Que ambas deudas consistan en una cantidad de dinero, o, siendo fungibles las cosas debidas, sean de la misma especie y también de la misma calidad, si ésta se hubiese designado. 3. Que las dos deudas estén vencidas. 4. Que sean líquidas y exigibles. 5. Que sobre ninguna de ellas haya retención o contienda promovida por terceras personas y notificada oportunamente al deudor".

Prevê o Código Civil alemão (v. § 387)[1310] que, se duas pessoas se deverem mutuamente prestações da mesma natureza, qualquer uma delas poderá compensar o seu crédito com o crédito da outra, assim como poderá exigir a prestação que lhe é devida e realizar a prestação que deve à parte contrária; dispõe tal diploma que se extinguirão os créditos no momento em que se tornarem aptos à compensação (§ 389).[1311]

O Código Civil italiano (v. arts. 1.241[1312] e 1.242, § 1º)[1313] estabelece que, quando duas pessoas forem obrigadas, uma para com a outra, os dois débitos se extinguirão pelas quantidades correspondentes, a partir do dia de sua coexistência, vedado ao juiz reconhecê-lo de ofício, observadas as regras dos arts. 1.242 a 1.252.

Dispõe o Código Civil português (v. art. 847º)[1314] que, quando duas pessoas forem, reciprocamente, credoras e devedoras, qualquer delas poderá se livrar da sua obrigação por meio de compensação com a obrigação do seu credor.

À luz do Código Civil e Comercial argentino (v. art. 921),[1315] dar-se-á a compensação quando duas pessoas, por direito próprio, reunirem as

[1310] "§ 387. [...] Si dos personas se deben mutuamente prestaciones que sean del mismo tipo, cualquiera de las partes puede compensar su crédito contra el crédito de la otra parte tan pronto como pueda exigir la prestación a él debida y efectuar la prestación por él debida".

[1311] "§ 389. [...] La compensación tiene el efecto de que los créditos, en tanto que se cubren, se consideraran que se extinguen en el momento en que, siendo aptos para la compensación, se saldan el uno al otro".

[1312] "Art. 1241. [...] Quando due persone sono obbligate l'una verso l'altra, i due debiti si estinguono per le quantità corrispondenti, secondo le norme degli articoli che seguono (2917)".

[1313] "Art. 1242. [...] La compensazione estingue i due debiti dal giorno della loro coesistenza. Il giudice non può rilevarla d'ufficio".

[1314] "Art. 847º [...] 1. Quando duas pessoas sejam reciprocamente credor e devedor, qualquer delas pode livrar-se da sua obrigação por meio de compensação com a obrigação do seu credor, verificados os seguintes requisitos: a) Ser o seu crédito exigível judicialmente e não proceder contra ele excepção, peremptória ou dilatória, de direito material; b) Terem as duas obrigações por objecto coisas fungíveis da mesma espécie e qualidade. 2. Se as duas dívidas não forem de igual montante, pode dar-se a compensação na parte correspondente. 3. A iliquidez da dívida não impede a compensação".

[1315] "Art. 921. Definición La compensación de las obligaciones tiene lugar cuando dos personas, por derecho propio, reúnen la calidad de acreedor y deudor recíprocamente, cualesquiera que sean las causas de una y otra deuda. Extingue con fuerza de pago las dos deudas, hasta el monto de la menor, desde el tiempo en que ambas obligaciones comenzaron a coexistir en condiciones de ser compensables".

qualidades de credor e de devedor, reciprocamente, sejam quais forem as causas de uma ou de outra dívida, e esse fato extinguirá, com força de pagamento, as duas dívidas, até o montante da menor delas, desde o momento em que ambas as obrigações passarem a coexistir em condições de serem compensáveis.

O Código Civil francês, após a reforma ocorrida em 2016 (*Ordonnance* n. 2016-131, de 10 de fevereiro de 2016), passou a dispor que a compensação provocará a extinção simultânea de obrigações recíprocas entre duas pessoas (contanto que fungíveis, certas, líquidas e exigíveis); operar-se-á, *desde que invocada*, naquela data em que suas condições se encontrarem reunidas (v. arts. 1.347[1316] e 1.347-1).[1317]

De fato, quando duas pessoas têm créditos análogos entre si, é natural que esses créditos, em vez de se saldarem por meio de entrega e recebimento de dinheiro, sejam extintos mutuamente, sem que nenhuma das partes tenha de desembolsar ou de receber a correspondente prestação. Estabelece-se a compensação, naturalmente, por acordo (contrato de compensação), mas também por imposição de uma das partes; o que, aliás, responde a um interesse geral, por evitar uma série de pagamentos inúteis.[1318]

Sob tal perspectiva, o § 388[1319] do Código Civil alemão permite que cada um dos dois devedores recíprocos imponha ao outro a compensação, sem que surja a necessidade de um processo judicial: basta a simples *declaração unilateral*, com efeito retroativo à data da coexistência desses dois débitos.[1320] Mais radical, à primeira vista, era o art.

[1316] "Art. 1347. La compensation est l'extinction simultanée d'obligations réciproques entre deux personnes. Elle s'opère, sous réserve d'être invoquée, à due concurrence, à la date où ses conditions se trouvent réunies".

[1317] "Art. 1347-1. Sous réserve des dispositions prévues à la sous-section suivante, la compensation n'a lieu qu'entre deux obligations fongibles, certaines, liquides et exigibles. Sont fongibles les obligations de somme d'argent, même en différentes devises, pourvu qu'elles soient convertibles, ou celles qui ont pour objet une quantité de choses de même genre".

[1318] TUHR, A. von. *Tratado de las obligaciones*. Trad. W. Roces. Madrid: Editorial Reus, 1934, t. II, p. 156-157.

[1319] "§ 388. [...] La compensación se hace mediante declaración a la otra parte. La declaratión es ineficaz si se hace sujeta a cualquier condición o determinación de tiempo".

[1320] BUFNOIR, C. et al. *Code civil allemand*: traduit et annoté. Paris: Imprimerie Nationale, 1904, t. 1, p. 542.

1.290[1321] do Código Civil francês, revogado por ocasião da reforma de 2016: a compensação operava-se *de plein droit par seule force de la loi*, ainda que inscientes os devedores.

Segundo T. Huc, quando um preceito de direito positivo fosse produzido sob uma fórmula tão clara e absoluta quanto a do mencionado art. 1.290, não haveria espaço para restrições ou limitações em sua aplicação; porém, não seria esse o caso, aqui, tanto que o legislador teria recuado, em diversas circunstâncias, quanto à incidência do princípio.[1322] L. Josserand, aliás, chega a afirmar que os redatores do *Code* teriam cometido um erro ao interpretarem a expressão *ipso iure*, utilizada no direito justinianeu; a seu ver, um contrassenso dos romanistas se tornara a verdade legislativa para o direito francês, e o sistema apresentaria vários inconvenientes, sem nenhuma vantagem correspondente.[1323]

No Brasil, Caio Mario da Silva Pereira assevera que, de suas origens, a *compensatio* herdara várias dúvidas, das quais o direito moderno não conseguira se desvencilhar; antes, agravara-as, a ponto de autores de larga experiência afirmarem que haveria três espécies de compensação: a legal, a convencional e a judicial. Pensa que o Código Civil de 2002 representaria a facilidade de fixar uma construção singela, no art. 368, cuja sistemática se filiaria à escola francesa, da compensação legal e *ipso iure*.[1324]

Há quem, no entanto, como Paulo Lôbo, entenda que a compensação nunca seria automática, porque corresponderia a *direito* do devedor de extinguir a dívida até o montante do crédito que tivesse contra a mesma pessoa; direito esse que necessitaria ser exercido. Em outras palavras, a compensação jamais se operaria de pleno direito, ao contrário do que sugeria o Código Civil francês, antes da reforma de 2016;

1321 "Art. 1290. La compensation s'opère de plein droit par la seule force de la loi, même à l'insu des débiteurs ; les deux dettes s'éteignent réciproquement, à l'instant où elles se trouvent exister à la fois, jusqu'à concurrence de leurs quotités respectives".

1322 Huc, Théophile. *Commentaire théorique & pratique du Code Civil*: contrats et obligations (suite): modes d'extinction: paiement: subrogation: compensation, etc.: modes de preuve: chose jugée, etc.: quasi-contrats: quasi-délits: arts. 1234 à 1386. Paris: Librairie Cotillon, 1895, t. 8, p. 184-185.

1323 Josserand, Louis. *Cours de droit civil positif français*: théorie générale des obligations: les principaux contrats du droit civil: les suretés. 3. ed. Paris: Librairie du Recueil Sirey, 1939, v. II, p. 562.

1324 Pereira, Caio Mário da Silva. *Instituições de direito civil*: teoria geral das obrigações. 26. ed. Rio de Janeiro: Forense, 2014, v. II, p. 244.

dependeria, sempre, de seu exercício por parte do devedor contra o credor beneficiário.[1325]

Não se tem o escopo aqui, naturalmente, de analisar cada aspecto da compensação, o que escaparia aos limites do tema. Ao discorrer sobre a solidariedade, entretanto, não há a menor possibilidade de desprezar semelhante instituto. Pergunta-se, p. ex.: se um dos devedores solidários também ostentar um crédito em face do credor comum, estariam os demais coobrigados facultados a pleitear, na fase externa, a extinção parcial da obrigação? Seria meio de defesa comum ou pessoal?

Dispunha o art. 1.020[1326] do Código Civil de 1916, *sem correspondente na lei atual*, que o devedor solidário só podia compensar com o credor o que este devesse ao seu coobrigado, até ao equivalente da parte deste na dívida comum. Essa disposição, para Regina B. Gondim Dias, era "justa", apesar de contrariar a natureza da solidariedade, em que cada credor ou devedor figuraria como se fosse único.[1327]

A solução contrária, na visão de M. I. Carvalho de Mendonça, seria "injusta" e "ilógica", quer porque o credor evitaria demandar o devedor que fosse seu credor (e que lhe pudesse opor a compensação), para exigir por inteiro de um dos outros devedores; quer porque, se o efeito da compensação equivalesse ao do pagamento e extinguisse a dívida, seria incompreensível a existência de uma dívida por inteiro quando, de fato e de direito, ela se achasse em parte extinta. Impor-se-ia, assim, que o codevedor pudesse compensar com o credor somente o que fosse devido pelo último ao seu coobrigado, até o equivalente da parte deste na dívida comum.[1328]

Por isso, segundo Tito Fulgêncio, a compensação traduziria *meio de defesa comum*: o codevedor acionado estaria autorizado a opor ao credor a compensação não só do que lhe devesse, mas também do que devesse

[1325] Lôbo, Paulo. *Direito civil*: obrigações. 2. ed. São Paulo: Saraiva, 2011, p. 213.

[1326] "Art. 1.020. O devedor solidário só pode compensar com o credor o que este deve ao seu co-obrigado, até ao equivalente da parte deste na dívida comum".

[1327] Dias, Regina Bottentuit Gondim. *Natureza jurídica da solidariedade*. Rio de Janeiro: Conquista, 1958, p. 24.

[1328] Mendonça, Manuel Inácio Carvalho de. *Doutrina e prática das obrigações ou tratado geral dos direitos de crédito*. 4. ed. Rio de Janeiro: Forense, 1956, t. I, p. 345-346.

o seu coobrigado; com limite, quanto ao último, do equivalente de sua parte na dívida comum.[1329]

No Código Civil italiano (v. art. 1.302, § 1º),[1330] há regra análoga à do art. 1.020 do Código Civil de 1916: cada um dos devedores pode opor, em compensação, o crédito de um codevedor, somente até a concorrência da parte deste último. Portanto, apesar de se tratar de fato pessoal de um só devedor, é possível, na Itália, que seja suscitado por seus consortes, limitadamente à quota interna do favorecido.[1331]

O Código Civil francês, hoje (v. arts. 1.315[1332] e 1.347-6, § 2º),[1333] à semelhança do diploma italiano, dispõe que o codevedor pode se valer da compensação para deduzir crédito de seu consorte do total da dívida. Explica a doutrina contemporânea que os redatores da reforma teriam pretendido consagrar a figura intermediária das exceções "mistas". A partir de 2016, portanto, os codevedores solidários passaram a poder invocar a compensação relativa a seu consorte, em seu lugar; ao fazê-lo, não se liberam pelo todo, mas apenas pela fração daquele diretamente implicado com a compensação.[1334]

Essas soluções, no entanto, estão longe de ser pacíficas. Pontes de Miranda, p. ex., tece críticas severas à redação do art. 1.020 do Código Civil de 1916, sob o argumento de que a compensação suporia *ato de disposição*; e o codevedor solidário, nesse caso, "dispõe do que não é seu"; tal dispositivo – acrescenta – resultaria de influência da doutrina fran-

1329 FULGÊNCIO, Tito. *Do direito das obrigações*: das modalidades das obrigações: artigos 863-927. 2. ed. Atual. por José de Aguiar Dias. Rio de Janeiro: Forense, 1958, p. 349.

1330 "Art. 1302 [...] Ciascuno dei debitori in solido può opporre in compensazione (1241 e seguenti) il credito di un condebitore solo fino alla concorrenza della parte di quest'ultimo".

1331 TICOZZI, Marco. *Studio sulle obbligazioni solidali*. Padova: Cedam, 2012, p. 157.

1332 "Art. 1315. Le débiteur solidaire poursuivi par le créancier peut opposer les exceptions qui sont communes à tous les codébiteurs, telles que la nullité ou la résolution, et celles qui lui sont personnelles. Il ne peut opposer les exceptions qui sont personnelles à d'autres codébiteurs, telle que l'octroi d'un terme. Toutefois, lorsqu'une exception personnelle à un autre codébiteur éteint la part divise de celui-ci, notamment en cas de compensation ou de remise de dette, il peut s'en prévaloir pour la faire déduire du total de la dette".

1333 "Art. 1347-6. [...] Le codébiteur solidaire peut se prévaloir de la compensation de ce que le créancier doit à l'un de ses coobligés pour faire déduire la part divise de celui-ci du total de la dette".

1334 DESHAYES, Olivier; GENICON, Thomas; LAITHIER, Yves-Marie. *Réforme du droit des contrats, du régime general et de la preuve des obligations*: commentaire article per article. Paris: LexisNexis, 2016, p. 620-621.

cesa, contrária a texto expresso do *Code* (v. art. 1.294, § 3º,[1335] revogado em 2016).[1336] A. P. S. Vaz Serra também considera que seria melhor facultar a utilização, por um dos devedores solidários, do crédito próprio contra o credor, para efeitos de compensação, sem que se estendesse essa faculdade aos consortes.[1337]

Tanto essas fórmulas não se mostram unânimes que: (i) para o Código Civil alemão (v. § 422, 2),[1338] um crédito que pertença a um dos devedores solidários não pode ser compensado pelos outros devedores; (ii) para o Código Civil português, embora a compensação possa aproveitar a seus consortes, quando provocada pelo *credor do credor* (v. art. 523º),[1339] o devedor só tem a faculdade de utilizar para a compensação créditos que sejam seus, e não créditos alheios, ainda que o titular respectivo dê o seu consentimento; e só procedem para esse efeito créditos seus contra o seu credor (v. art. 851º, 2).[1340]

Sustenta J. M. Barbosa de Magalhães que não poderia o devedor solidário, demandado pelo credor, fazer compensação com o que este devesse a outro codevedor; afinal, seria necessário que o crédito e o débito que se pretendessem compensar pertencessem à mesma pessoa. Na solidariedade, a obrigação de pagar a dívida residiria em todos e em cada um dos codevedores; mas o direito de ser pago da dívida do credor comum a algum deles só diria respeito ao *credor do credor*. Assim, a compensação, antes de ser oposta, traduziria meio de defesa pessoal ao devedor em quem se operaria; e só por ele poderia ser invocada.[1341]

[1335] "Art. 1294. [...] Le débiteur solidaire ne peut pareillement opposer la compensation de ce que le créancier doit à son codébiteur".

[1336] Miranda, Pontes de. *Tratado de direito privado*. 3. ed. Rio de Janeiro: Borsoi, 1971, v. X, p. 340.

[1337] Serra, Adriano Paes da Silva Vaz. Pluralidade de devedores ou de credores. Lisboa: [s.n], v. 69, out. 1957. Separata do *Boletim do Ministério da Justiça*, p. 211.

[1338] "§ 422. [...] 2. Un crédito que pertenezca a uno de los deudores solidarios no puede ser compensado por los otros deudores".

[1339] "Art. 523º [...] A satisfação do direito do credor, por cumprimento, dação em cumprimento, novação, consignação em depósito ou compensação, produz a extinção, relativamente a ele, das obrigações de todos os devedores".

[1340] "Art. 851º [...] 2. O declarante só pode utilizar para a compensação créditos que sejam seus, e não créditos alheios, ainda que o titular respectivo dê o seu consentimento; e só procedem para o efeito créditos seus contra o seu credor".

[1341] Magalhães, J. M. Barbosa de. *Das obrigações solidárias em direito civil portuguez*. Coimbra: Livraria Central de J. Diogo Pires – Editor, 1882, p. 125.

A questão, hoje, no Brasil, é que o Código Civil de 2002 não contém dispositivo semelhante ao art. 1.020 do Código Civil de 1916; e os artigos do Capítulo VI, do Título I, do Livro I, da Parte Especial, não fazem menção alguma aos efeitos da compensação na relação obrigacional solidária. De acordo com Arnaldo Rizzardo, nada se alterou, embora omisso o diploma atual quanto à matéria, regida pelas regras que disciplinam a solidariedade: revelar-se-ia "razoável" a inteligência que admitisse a faculdade de qualquer devedor buscar, por esse meio, a satisfação da dívida, porquanto lhe seria assegurado efetuar o pagamento.[1342]

Se, na vigência do Código Civil de 1916, a divergência parecia resolvida, apesar de se sujeitar a críticas por parcela da doutrina, a situação, hoje, se afigura nebulosa. De fato, a compensação é meio de extinguir a obrigação, mas não equivale exatamente ao adimplemento. Melhor seria, sem dúvida, sob a perspectiva da segurança jurídica, se o legislador houvesse dirimido a controvérsia; afinal, a simples supressão da regra prevista no art. 1.020 é suficiente para provocar acaloradas discussões.

Nos termos do art. 371, primeira parte, do Código Civil de 2002, o devedor somente pode compensar com o credor o que este lhe dever. Como *regra geral*, portanto, não se compensam dívidas de terceiros, mas apenas as próprias.[1343] O mencionado artigo, em sua segunda parte, dispõe, *em caráter de exceção*, que o fiador pode compensar sua dívida com a de seu credor ao afiançado. Ainda que, em algumas circunstâncias, o fiador se submeta ao regime da solidariedade (v. art. 828, II, do Código Civil de 2002), isso não se mostra suficiente para equiparar, para todos os fins, a fiança e a obrigação solidária.[1344]

A compensação, ademais, dá-se no *interesse particular das partes*,[1345] tanto que o Código Civil de 2002 admite a sua exclusão, por mútuo acordo,

1342 Rizzardo, Arnaldo. *Direito das obrigações*. 7. ed. Rio de Janeiro: Forense, 2013, p. 410. Nesse sentido, cf. Costa, José Maria da. As obrigações solidárias. In: Franciulli Netto, Domingos; Mendes, Gilmar Ferreira; Martins Filho, Ives Gandra da Silva (Coord.). *O novo Código Civil*: estudos em homenagem ao Professor Miguel Reale. São Paulo: LTr, 2003, p. 294; Diniz, Maria Helena. *Curso de direito civil brasileiro*: teoria geral das obrigações. 33. ed. São Paulo: Saraiva, 2018, v. 2, p. 248.

1343 Tepedino, Gustavo; Schreiber, Anderson. *Código Civil comentado*: direito das obrigações: artigos 233 a 420. Coord. Álvaro Villaça Azevedo. São Paulo: Atlas, 2008, v. IV, p. 311.

1344 V. seção 1.10.1.3, sobre obrigações solidárias e garantias pessoais.

1345 Tepedino, Gustavo; Barboza, Heloisa Helena; Moraes, Maria Celina Bodin de. *Código Civil interpretado*: conforme a Constituição da República: parte geral e obrigações. 2. ed. Rio de Janeiro: Renovar, 2007, v. 1, p. 384.

ou por renúncia prévia (v. art. 375). Ora, se nem mesmo é conferido ao juiz o poder de operá-la *ex officio*, por não se tratar de matéria de ordem pública, por que um dos devedores solidários teria o direito de, contra o credor comum, opor certo crédito de titularidade de terceiro? Entendemos que, para tanto, se faria imprescindível a existência de previsão legal; não se permite ao intérprete criar regras excepcionais por questão de "justiça" ou de "razoabilidade".

A razão estaria, ao que tudo indica, com J. M. Barbosa de Magalhães, apesar da antiguidade de seus escritos: se fosse aceito o princípio de que a compensação se realizaria *pleno iure*, por não carecer de invocação pelos próprios devedores, seria pouco coerente negar ao codevedor solidário essa faculdade, concedida a qualquer terceiro. Mas, se a compensação depende de alegação para surtir efeitos, só depois disso é que o codevedor solidário dela poderá dispor como meio de defesa. Confundir-se-ia a compensação com o pagamento abreviado; de modo que, assim como o pagamento, enquanto não for alegada e provada, não se extinguirá a obrigação.[1346]

Atualmente, no Brasil, à luz do Código Civil de 2002, tornou-se a compensação, portanto, meio de defesa pessoal do *credor do credor*, isto é, o único legitimado, por ser titular do direito (disponível) de crédito, a suscitá-la. Se, na vigência do diploma anterior, era considerada exceção comum a todos os codevedores (v. art. 1.020), hoje, com a supressão dessa *regra excepcional*, não se vislumbra mais a possibilidade de, *antes de invocada e reconhecida* por aquele que ostentar legitimidade, equipará-la ao adimplemento.

2.4.8.5. Confusão

Ante o que dispõe o art. 381[1347] do Código Civil de 2002, a *confusão* corresponde a fato que extingue a obrigação, ao provocar a reunião, na mesma pessoa, das qualidades de credor e devedor. Insere-a o codificador no Título III ("Do Adimplemento e Extinção das Obrigações"), do Livro I, da Parte Especial. Adotou-se, em sua disciplina (v. arts. 381

[1346] MAGALHÃES, J. M. Barbosa de. *Das obrigações solidárias em direito civil portuguez*. Coimbra: Livraria Central de J. Diogo Pires – Editor, 1882, p. 131-132.

[1347] "Art. 381. Extingue-se a obrigação, desde que na mesma pessoa se confundam as qualidades de credor e devedor".

a 384 do Código Civil de 2002), o texto já consagrado nos arts. 1.049 a 1.052 do Código Civil de 1916, sem nenhuma modificação de relevo.

Na legislação estrangeira, a *confusão* encontra-se disciplinada: (i) nos arts. 1.192 a 1.194 do Código Civil espanhol; (ii) nos arts. 1.253 a 1.255 do Código Civil italiano; (iii) nos arts. 868º a 873º do Código Civil português; (iv) nos arts. 931 e 932 do Código Civil e Comercial argentino; (v) nos arts. 1.349 e 1.349-1 do Código Civil francês. Apesar de não haver previsão no Código Civil alemão, L. Enneccerus entende que se aplicaria, ainda assim, a norma da "união" ou "confusão", por ser evidente por si mesma.[1348]

Desde que as qualidades de credor e de devedor concorram na mesma pessoa, não se faz mais possível o exercício do direito de crédito, porque não se concebe que a pessoa possa cobrar a dívida de si mesma, nem que a si mesma se pague.[1349] Anota A. von Tuhr, no entanto, que seria possível haver vínculo jurídico obrigacional entre *massas patrimoniais* pertencentes à mesma pessoa, caso em que não se verificaria confusão, quando, dentro do patrimônio do sujeito, existisse um conjunto de bens com existência autônoma (p. ex., o patrimônio hereditário, antes da partilha) do qual fizesse parte o crédito ou a dívida.[1350]

Sustenta J. Giorgi que, na teoria das obrigações, a palavra *confusão* teria um significado tão determinado e preciso que qualquer esclarecimento pareceria supérfluo: equivaleria à reunião, na mesma pessoa, das qualidades de credor e de devedor. Esse mesmo autor, porém, admite a existência de outra espécie de confusão, lembrada por alguns escritores (curiosamente, não mencionados), concernente à reunião de vários créditos e de várias dívidas em uma só pessoa; reunião essa que não figuraria entre as causas de extinção, por representar, na verdade, o acúmulo de obrigações (*confusão acumulativa*).[1351]

[1348] ENNECCERUS, Ludwig. *Derecho de obligaciones*. Trad. Blas Pérez González e José Alguer. 2. ed. Barcelona: Bosch, 1954, v. 1, p. 376.

[1349] BEVILAQUA, Clovis. *Codigo Civil dos Estados Unidos do Brasil commentado*. Rio de Janeiro: Livraria Francisco Alves, 1930, v. IV, p. 211.

[1350] TUHR, A. von. *Tratado de las obligaciones*. Trad. W. Roces. Madrid: Editorial Reus, 1934, t. II, p. 153.

[1351] GIORGI, Jorge. *Teoria de las obligaciones en el derecho moderno*: expuesta conforme a la doctrina y la jurisprudência italiana, francesa, alemana, etc., etc.: extinción de las obligaciones (continuación y fin): compensación: confusión: pérdida de la cosa debida: acciones resci-

Apesar de a lei prever, textualmente, a *extinção* do crédito e da dívida (porque o credor, ao se tornar devedor de si mesmo, não poderia exigir, de si próprio, a dívida), entende L. da Cunha Gonçalves que a confusão só *paralisaria* a ação do credor, diferentemente do que se verificaria com o pagamento, a compensação e a novação. Com a confusão, pois, a seu ver, a obrigação subsistiria *dormente*, até que se desse alguma circunstância que determinasse o *renascimento* ou *reativação* do crédito.[1352]

É o que, à primeira vista, aparentaria decorrer do art. 384[1353] do Código Civil de 2002. Mas, segundo Caio Mário da Silva Pereira, tal entendimento estaria preso à noção romana, pela qual não se admitia, nessas hipóteses, a extinção da obrigação, mas simplesmente se aceitava a liberação do devedor como consequência da paralisação da ação; correta seria, assim, a posição da lei brasileira, por ser expresso o efeito liberatório, com a extinção da obrigação.[1354]

Há quem sustente que, se a confusão *cessasse*, se restabeleceria a obrigação primitiva, com todos os seus acessórios. Tratar-se-ia de uma hipótese de "pós-eficacização" da relação obrigacional, pela separação das qualidades de credor e devedor, com efeitos retroativos, no sentido de restaurar a relação crédito-débito, como se não houvesse ocorrido a confusão.[1355] Não se pretende, aqui, contudo, por ser inoportuno, ingressar nessa polêmica, senão apresentar as características gerais do instituto.

As hipóteses mais frequentes de confusão correspondem, em síntese: (i) à sucessão *causa mortis*, em que o herdeiro recebe de seu antecessor o título de crédito contra si mesmo, ou vice-versa; (ii) à sucessão a título singular, seja *inter vivos* (p. ex., por cessão de crédito), seja *mortis causa* (instituição de legatário); (iii) ao casamento, no regime de comunhão universal, quando marido e mulher, antes credor e devedor, comunicam seus patrimônios. No campo dos direitos reais, também se menciona a

sorias: prescriptión. Trad. Eduardo Dato Iradier. 2. ed. Madrid: Editora Reus, 1930, v. VIII, p. 159-160.

1352 GONÇALVES, Luiz da Cunha. *Princípios de direito civil luso-brasileiro*: direito das obrigações. São Paulo: Max Limonad, 1951, v. II, p. 670-671.

1353 "Art. 384. Cessando a confusão, para logo se restabelece, com todos os seus acessórios, a obrigação anterior".

1354 PEREIRA, Caio Mário da Silva. *Instituições de direito civil*: teoria geral das obrigações. 26. ed. Rio de Janeiro: Forense, 2014, v. II, p. 258.

1355 FARIAS, Cristiano Chaves; ROSENVALD, Nelson. *Direito das obrigações*. Rio de Janeiro: Editora Lumen Juris, 2006, p. 322.

confusão (ou *consolidação*), quando se reúnem, em um mesmo titular, a propriedade e o *ius in re aliena* (p. ex., se o dono do prédio dominante adquire o prédio serviente).[1356]

Na solidariedade passiva, com a superveniência de confusão, aplica-se a regra prevista no art. 383[1357] do Código Civil de 2002: extingue-se a obrigação até a concorrência da parte do envolvido na dívida; subsiste, quanto ao mais, a solidariedade. Trata-se de regra análoga à prevista no art. 1.303[1358] do Código Civil italiano, art. 869º, 1,[1359] do Código Civil português, art. 835, "c",[1360] do Código Civil e Comercial argentino e art. 1.349-1[1361] do Código Civil francês (introduzido pela *Ordonnance* n. 2016-131, de 10 de fevereiro de 2016).

A razão da norma, para G. Amorth, seria muito simples: a obrigação solidária não se exauriria nas relações externas, mas compreenderia, ainda, as relações internas. Se a definitividade das situações também dependeria da solução das relações internas, o legislador, com base em visão unitária, teria estabelecido laços bastante estreitos entre as relações externas e internas. Acaso o credor pudesse exigir dos outros devedores (com exclusão, é claro, daquele em cujo confronto se operasse a confusão) a integralidade da prestação, surgiria, então, depois, com o pagamento, o direito de regresso; e esse mesmo credor teria de reem-

1356 Pereira, Caio Mário da Silva. *Instituições de direito civil*: teoria geral das obrigações. 26. ed. Rio de Janeiro: Forense, 2014, v. II, p. 258-259.

1357 "Art. 383. A confusão operada na pessoa do credor ou devedor solidário só extingue a obrigação até a concorrência da respectiva parte no crédito, ou na dívida, subsistindo quanto ao mais a solidariedade".

1358 "Art. 1303. [...] Se nella medesima persona si riuniscono (1253) le qualità di creditore e di debitore in solido, l'obbligazione degli altri debitori si estingue per la parte di quel condebitore".

1359 "Art. 869º [...] 1. A reunião na mesma pessoa das qualidades de devedor solidário e credor exonera os demais obrigados, mas só na parte da dívida relativa a esse devedor".

1360 "Art. 835. [...] c) la confusión entre el acreedor y uno de los deudores solidarios sólo extingue la cuota de la deuda que corresponde a éste. La obligación subsistente conserva el carácter solidário".

1361 "Art. 1349-1. Lorsqu'il y a solidarité entre plusieurs débiteurs ou entre plusieurs créanciers, et que la confusion ne concerne que l'un d'eux, l'extinction n'a lieu, à l'égard des autres, que pour sa part. Lorsque la confusion concerne une obligation cautionnée, la caution, même solidaire, est libérée. Lorsque la confusion concerne l'obligation d'une des cautions, le débiteur principal n'est pas libéré. Les autres cautions solidaires sont libérées à concurrence de la part de cette caution".

bolsar aos demais a parte relativa ao quinhão do devedor em que se operou a confusão, o que seria ilógico.[1362]

No Código Civil espanhol, no entanto, porque o art. 1.143[1363] equipara a confusão à novação, à compensação e à remissão, convivem dois entendimentos, conforme noticia L. Díez-Picazo: (i) a tese da *eficácia coletiva da confusão*, majoritária, segundo a qual a confusão produziria as mesmas consequências do pagamento: a obrigação extinguir-se-ia em sua totalidade para todos os devedores; (ii) a tese de *eficácia pessoal da confusão*, por aplicação do art. 1.194,[1364] sob o argumento de que a expressão "deuda mancomunada" se entenderia como se se referisse também à dívida solidária.[1365]

No Brasil, assim como na Itália, em Portugal, na Argentina e na França, a confusão só extingue a obrigação *na proporção do crédito adquirido*; quanto à dívida remanescente, em princípio, subsiste a solidariedade.[1366] Se a confusão, porém, ocorrer com todos os devedores solidários, extinguir-se-á a obrigação solidária integralmente; nesse caso, a depender das circunstâncias, poderá subsistir pretensão de "nivelação" interna (direito de regresso).[1367]

Observar-se-á a *extinção total* da relação obrigacional quando houver *interesse exclusivo* (v. art. 285 do Código Civil de 2002)[1368] de quem passou a reunir a qualidade de credor e de devedor principal.[1369] É que

[1362] Amorth, Giorgio. *L'obbligazione solidale*. Milano: Giuffrè, 1959, p. 182-183.

[1363] "Art. 1143. La novación, compensación, confusión o remisión de la deuda, hechas por cualquiera de los acreedores solidarios o con cualquiera de los deudores de la misma clase, extinguen la obligación, sin perjuicio de lo dispuesto en el artículo 1146. El acreedor que haya ejecutado cualquiera de estos actos, así como el que cobre la deuda, responderá a los demás de la parte que les corresponde en la obligación".

[1364] "Art. 1194. La confusión no extingue la deuda mancomunada sino en la porción correspondiente al acreedor o deudor en quien concurran los dos conceptos".

[1365] Díez-Picazo, Luis. *Fundamentos del derecho civil patrimonial*: las relaciones obligatorias. 6. ed. Madrid: Civitas, 2008, v. II, p. 255.

[1366] Lopes, Miguel Maria de Serpa. *Curso de direito civil*: obrigações em geral. 4. ed. Rio de Janeiro: Freitas Bastos, 1966, v. II, p. 150.

[1367] Miranda, Pontes de. *Tratado de direito privado*. 3. ed. Rio de Janeiro: Borsoi, 1971, v. X, p. 353.

[1368] V. seção 2.5.2.2, sobre a apuração das quotas internas.

[1369] Amorth, Giorgio. *L'obbligazione solidale*. Milano: Giuffrè, 1959, p. 184-185; Bianca, C. Massimo. *Diritto civile*: l'obbligazione. Milano: Giuffrè, 1993, v. 4, p. 732; Ticozzi, Marco. *Studio sulle obbligazioni solidali*. Padova: Cedam, 2012, p. 159; Santos, J. M. de Carvalho.

a "parte na dívida", a que se refere a lei (v. art. 383 do Código Civil de 2002), sempre diz respeito ao quinhão interno do devedor. Na hipótese de *interesse exclusivo*, o quinhão interno equivalerá à dívida inteira: os codevedores figurarão como meros garantidores.

A confusão, por questão de lógica, não provocará a extinção da fase externa da relação obrigação (nem sequer parcialmente), se verificada entre o *devedor não interessado* (ou garantidor) e o credor:[1370] subsistirá, nesse caso, a obrigação por inteiro, com redução numérica de devedores. Afinal, se ao devedor em quem se operar a confusão não ostentar quinhão interno algum, não haverá "parte na dívida", e a confusão será incapaz de provocar extinção.

Considera Tito Fulgêncio que a confusão seria *exceção simplesmente pessoal*, porque, por extinguir a obrigação até a concorrência da parte na dívida do devedor a cujo respeito se operasse, os outros aproveitariam tão só da dedução dessa parte, embora, quanto ao remanescente, subsistisse a solidariedade.[1371] J. M. de Carvalho Santos, apesar de manifestar entendimento análogo, qualifica a confusão como *exceção comum*, por se verificar, ainda que parcialmente, em face de todos os devedores.[1372] Já Caio Mário da Silva Pereira pensa que a confusão traduziria *exceção pessoal a outro devedor*, porque não interessaria ao devedor demandado, por não atingir o seu dever de prestar.[1373]

Ora, se a confusão, nos termos do art. 381 do Código Civil de 2002, corresponde a *fato extintivo da obrigação*, seria mais lógico equipará-la ao pagamento parcial, o que atrairia a aplicação do disposto no art. 277.

Código Civil brasileiro interpretado: principalmente do ponto de vista prático: parte geral. 7. ed. Rio de Janeiro: Freitas Bastos, 1956, v. XI, p. 296.

1370 AMORTH, Giorgio. *L'obbligazione solidale*. Milano: Giuffrè, 1959, p. 185-186.

1371 FULGÊNCIO, Tito. *Do direito das obrigações*: das modalidades das obrigações: artigos 863-927. 2. ed. Atual. por José de Aguiar Dias. Rio de Janeiro: Forense, 1958, p. 349. Nesse sentido, cf. MENDONÇA, Manuel Inácio Carvalho de. *Doutrina e prática das obrigações ou tratado geral dos direitos de crédito*. 4. ed. Rio de Janeiro: Forense, 1956, t. I, p. 341-343.

1372 SANTOS, J. M. de Carvalho. *Código Civil brasileiro interpretado*: principalmente do ponto de vista prático: parte geral. 7. ed. Rio de Janeiro: Freitas Bastos, 1956, v. XI, p. 260. Nesse sentido, cf. COSTA, Mário Júlio de Almeida. *Direito das obrigações*. 12. ed. Coimbra: Almedina, 2009, p. 674; NONATO, Orosimbo. *Curso de obrigações*: generalidades – espécies. Rio de Janeiro: Forense, 1959, v. II, p. 238; MAGALHÃES, J. M. Barbosa de. *Das obrigações solidárias em direito civil portuguez*. Coimbra: Livraria Central de J. Diogo Pires – Editor, 1882, p. 160.

1373 PEREIRA, Caio Mário da Silva. *Instituições de direito civil*: teoria geral das obrigações. 26. ed. Rio de Janeiro: Forense, 2014, v. II, p. 96.

O fato de existir regra específica (v. art. 383), quanto ao aproveitamento (apenas parcial) pelos codevedores, não transmuda a sua natureza como modalidade extintiva, isto é, como evento da relação obrigacional em sua complexidade. Entendemos que se cuida, assim, de *meio de defesa comum* a todos os devedores.[1374]

Na fase interna, surgirá controvérsia, na hipótese de um dos devedores se tornar insolvente, quer antes, quer depois de concretizada a confusão. Sustenta D. Rubino que a perda será suportada, *pro quota*, por todos os consortes originários, inclusive por aquele em quem se operar a confusão. Não fosse assim, ou seja, acaso as consequências fossem suportadas apenas pelos outros codevedores, a confusão prejudicá-los-ia, o que seria inadmissível.[1375]

Em face de todas essas considerações, são ilustrativos os seguintes exemplos: (i) se "C", credor solidário, pelo valor de R$30.000,00, de "D1", "D2" e "D3", se tornar herdeiro de um deles ("D1"); ao exigir o cumprimento da obrigação de "D2" e "D3", não poderá demandar senão R$20.000,00, porque deverá descontar a parte do finado ("D1") na dívida (R$10.000,00), haja vista a confusão decorrente da sucessão *causa mortis*; (ii) se, em vez disso, "D1" se tornar herdeiro de "C", não poderá reclamar de "D2" e "D3", outrora seus consortes, nada além de R$20.000,00, dada a confusão; (iii) na hipótese de "D1" figurar como único devedor interessado, a relação obrigacional, com a morte de "C", de quem é herdeiro, se extinguirá por inteiro, porque não haverá espaço para o exercício do direito de regresso; (iv) se todos os devedores ("D1", "D2" e "D3") forem igualmente interessados; se "D1" vier a falecer; se "D2" for insolvente; "C" (na qualidade de herdeiro de "D1") poderá exigir de "D3" apenas R$15.000,00: a parte do insolvente ("D2") repartir-se-á igualmente entre os consortes originários ("D1", falecido, e "D3"), na forma do art. 283 do Código Civil de 2002.[1376]

[1374] V. seção 2.3.1, sobre meios de defesa comuns.

[1375] Rubino, Domenico. Delle obbligazioni: obbligazioni alternative, obbligazioni in solido, obbligazioni divisibili e indivisibili: art. 1285-1320. In: Scialoja, Antonio; Branca, Giuseppe (a cura di). *Commentario del Codice Civile*: libro quarto: delle obbligazioni. 2. ed. Bologna: Zanichelli; Roma: Soc. Ed. Del Foro Italiano, 1968, p. 269.

[1376] V. seção 2.5.2.6., sobre a insolvência de um dos devedores.

2.4.9. Transmissão das obrigações

É evidente o interesse social e econômico na *transmissão de obrigações*, a título universal ou singular, em razão de morte ou de ato negocial. Apesar de a doutrina também tratar de outros institutos afins (cessão imprópria ou legal da posição contratual, subcontrato, contrato com pessoa a declarar, novação e sub-rogação),[1377] são três, em síntese, as principais espécies de transmissão *inter vivos*: a cessão de crédito, de débito e de posição contratual. Por meio de título próprio, dedicado ao tema, o Código Civil disciplina a *cessão de crédito* (v. arts. 286 a 298) e a *assunção de dívida* (v. arts. 299 a 303).

Trata-se, do ponto de vista subjetivo passivo, de modificações consistentes na *adição* ou na *substituição* de outro devedor pelo sujeito originário (por meio de negócio jurídico), sem que a obrigação se altere em sua substância objetiva ou se extinga; sob a perspectiva subjetiva ativa, dá-se a *sucessão* de um credor por outro, igualmente sem modificar a relação obrigacional em sua substância objetiva: há aquisição de crédito a título derivativo.[1378]

Admite-se a substituição do sujeito sempre que sua posição não seja unida, inseparavelmente, a condições subjetivas próprias de certa pessoa; mostra-se inviável essa substituição, portanto, quando na determinação da prestação se houver contado com a presença de uma ou mais pessoas. A substituição do credor e do devedor apresentam matizes distintos e, sobretudo, diversos graus de dificuldade. Em regra, costuma ser indiferente para o devedor a pessoa do credor; em contrapartida, raramente o é para o credor a do devedor.[1379]

A *cessão de crédito* já se encontrava disciplinada no Código Civil de 1916 (v. arts. 1.065 a 1.078); traduz, em linhas gerais, a transferência dos direitos do credor a outrem, a título oneroso ou gratuito – é a alienação desses direitos de crédito. Nela, apenas intervêm: o *cedente* (o credor),

[1377] Bdine Jr., Hamid Charaf. *Cessão da posição contratual*. 2. ed. São Paulo: Saraiva, 2008, p. 72-96.

[1378] Messineo, Francesco. *Manual de derecho civil y comercial*: derecho de las obligaciones: parte general. Trad. Santiago Sentis Melendo. Buenos Aires: Ediciones Juridicas Europa-America, 1955, t. VI, p. 173 e 188.

[1379] Barassi, Lodovico. *Instituciones de derecho civil*. Trad. Ramon Garcia de Haro de Goytisolo. Barcelona: José M. Bosch Editor, 1955, v. II, p. 132-133.

que transfere o seu direito; e o *cessionário*, adquirente desse direito. Já o *devedor*, a quem se *comunica* o ato de transferência, para que solva a dívida nas mãos do novo credor, não figura como parte na cessão.[1380]

A possibilidade de ceder o crédito, independentemente do consenso do devedor, exprime o *princípio da livre cessão dos créditos*, fundado na exigência geral de circulação de bens. Em uma economia baseada principalmente na produção industrial e no comércio, o crédito é fator primordial de impulso econômico; os empreendedores tendem a diferir o pagamento de seus bens e serviços, para ampliar o volume de negócio: adquirem créditos, em lugar de pagamentos contextuais. Certos créditos, entretanto, não são passíveis de cessão, quando: (i) seus caracteres forem essencialmente pessoais; (ii) a cessão for proibida por lei; e (iii) a transmissão for excluída por vontade das partes.[1381]

Diferentemente da cessão de crédito, a *assunção de dívida* é figura nova na codificação brasileira; com ela, transmite-se a obrigação do primitivo devedor para o assuntor, com a exoneração do transmitente (*assunção privativa* ou *liberatória*). A depender das circunstâncias, todavia, ingressa o assuntor ao lado do devedor, sem extinção da obrigação do devedor originário ou transmissão ao assuntor (*assunção cumulativa* ou *de reforço*), hipótese essa não prevista, mas também não proscrita pelo Código Civil de 2002. Em ambas as situações, o terceiro passa a integrar o polo passivo da obrigação, seja como novo devedor, seja como codevedor; e mantém-se a prestação devida, tal como originariamente prevista.[1382]

Além das modalidades liberatória e cumulativa, há outras duas classificações da assunção (ou cessão) da dívida: (i) a *expromissão*, celebrada entre o credor e o assuntor, sem intervenção do devedor originário: quem assume a dívida se constitui imediatamente devedor, e o devedor anterior também se libera imediatamente; (ii) a *delegação*, quando realizada entre quem assume a dívida (delegado) e o devedor originário (delegante), caso em que será imprescindível a adesão do credor (delegatário) ao negócio: o silêncio não será interpretado como anuência,

[1380] Bevilaqua, Clovis. *Codigo Civil dos Estados Unidos do Brasil commentado*. Rio de Janeiro: Livraria Francisco Alves, 1930, v. IV, p. 231.

[1381] Bianca, C. Massimo. *Diritto civile*: l'obbligazione. Milano: Giuffrè, 1993, v. 4, p. 571-573.

[1382] Lotufo, Renan. *Código Civil comentado*: obrigações: parte geral (arts. 233 a 420). São Paulo: Saraiva, 2003, v. 2, p. 166-168.

mas a manifestação poderá ser tácita, quando o credor passar a tratar o delegado como devedor efetivo.[1383]

Com efeito, prevê o Código Civil de 2002 (v. art. 299) que a assunção de dívida depende de *consentimento expresso* do credor, cujo silêncio é interpretado como recusa (par. ún.). O consentimento do credor é sempre necessário, porque ele conta com o patrimônio do devedor para garantir seu crédito; se o devedor pudesse transferir para terceiro sua obrigação, poderia suportar prejuízo.[1384] Distancia-se, assim, da cessão de crédito, na qual, em princípio, o devedor não terá interesse em se opor. Acolheu o legislador brasileiro, no ponto, as diretrizes do Código Civil alemão, o primeiro a regulamentar a sucessão na dívida,[1385] cujos §§ 414[1386] e 415[1387] preveem a necessidade de *acordo* ou de *ratificação* pelo credor.

Alude a doutrina, ainda, a uma terceira categoria de meio de transmissão de obrigações: a *cessão da posição contratual* (ou do contrato), não prevista no Código Civil de 2002. Cuida-se do negócio jurídico que tem por objeto a transferência por uma das partes (cedente) a um terceiro (cessionário), com a anuência da outra parte (cedido), da posição contratual; ou, nas palavras de C. A. da Mota Pinto, de meio jurídico cuja finali-

1383 Beneti, Sidnei Agostinho. Da cessão de débito. In: Tepedino, Gustavo; Fachin, Luiz Edson (Org.). *Doutrinas essenciais*: obrigações e contratos: obrigações: estrutura e dogmática: relação jurídica e o trânsito de bens e interesses: direito das obrigações: relações obrigacionais: fatos, atos e negócios jurídicos. São Paulo: Editora Revista dos Tribunais, 2011, v. 1, p. 537-538.

1384 Bdine Jr., Hamid Charaf. *Cessão da posição contratual*. 2. ed. São Paulo: Saraiva, 2008, p. 88.

1385 Bufnoir, C. et al. *Code civil allemand*: traduit et annoté. Paris: Imprimerie Nationale, 1904, t. 1, p. 598.

1386 "§ 414. [...] Una deuda puede ser asumida por un tercero mediante acuerdo con el acreedor de tal manera que el tercero ocupe el puesto del antiguo deudor"

1387 "§ 415. [...] 1. Si se acuerda la asunción de la deuda entre el tercero y el deudor la validez de la asunción depende de la ratificación del acreedor. La ratificación sólo puede producirse una vez que el deudor o el tercero hayan informado al acreedor de la asunción de la deuda. Antes de la ratificación las partes pueden modificar o rescindir el contrato. 2. Si la ratificación es denegada, la asunción de la deuda se considera que no se ha producido. Si el deudor o el tercero exigem al acreedor su ratificación dentro de un período establecido de tiempo, la ratificación sólo puede declararse antes de la expiración del período de tiempo; si no se declara, se considerará que ha sido denegada. 3. En tanto que el acreedor no haya ratificado, la persona que asume la deuda está, en caso de duda, obligada frente al deudor a satisfacer al acreedor en el tiempo establecido. Lo mismo si el acrreedor se niega a ratificar".

dade é a circulação da relação contratual, isto é a transferência *ex negotio* do conjunto de posições ativas e passivas criadas por um contrato.[1388]

Sobre tal figura, o Código Civil italiano (v. art. 1.406)[1389] apresenta a seguinte noção: cada parte pode se fazer substituir por um terceiro nas relações provenientes de um contrato com prestações recíprocas, desde que essas prestações não tenham sido ainda exigidas e que a outra parte manifeste seu consentimento; e, nos termos do Código Civil português (v. art. 424º),[1390] qualquer das partes tem a faculdade de transmitir a terceiro a sua posição contratual, desde que o outro contraente, antes ou depois da celebração do contrato, consinta na transmissão.

Segundo Antônio da Silva Cabral, seriam requisitos da cessão da posição contratual: (i) o contrato deve ser bilateral, isto é, com prestações recíprocas, em que cada parte seja detentora, ao mesmo tempo, de direitos e deveres; (ii) qualquer das partes poderá proceder à cessão; (iii) é imprescindível a anuência da outra parte; (iv) o contrato não pode estar extinto, nem com suas prestações completamente realizadas.[1391] Quanto ao último requisito, C. A. da Mota Pinto entende, porém, que a cessão pode ocorrer mesmo nos contratos de execução instantânea em que as prestações já foram trocadas, mas em que uma obrigação de garantia contra a evicção ou por vícios ocultos pode subsistir sempre.[1392]

1388 Pinto, Carlos Alberto da Mota. *Cessão de contrato*: contendo parte tratando a matéria conforme o direito brasileiro. São Paulo: Saraiva, 1985, p. 432.

1389 "Art. 1406. [...] Ciascuna parte può sostituire a se un terzo nei rapporti derivanti da un contratto con prestazioni corrispettive, se queste non sono state ancora eseguite, purché l'altra parte vi consenta".

1390 "Art. 424º [...] 1. No contrato com prestações recíprocas, qualquer das partes tem a faculdade de transmitir a terceiro a sua posição contratual, desde que o outro contraente, antes ou depois da celebração do contrato, consinta na transmissão. 2. Se o consentimento do outro contraente for anterior à cessão, esta só produz efeitos a partir da sua notificação ou reconhecimento".

1391 Cabral, Antônio da Silva. Cessão de contratos. In: Tepedino, Gustavo; Fachin, Luiz Edson (Org.). *Doutrinas essenciais*: obrigações e contratos: obrigações: função e eficácia: obrigações, crédito e circulação jurídica: patologia obrigacional: programa obrigacional: inadimplemento obrigacional: culpa, danos e penas na inexecução das obrigações: socialidade, controle de bens e economicidade na segurança jurídica obrigacional. São Paulo: Editora Revista dos Tribunais, 2011, v. 2, p. 51.

1392 Pinto, Carlos Alberto da Mota. *Cessão de contrato*: contendo parte tratando a matéria conforme o direito brasileiro. São Paulo: Saraiva, 1985, p. 438.

A transmissão de obrigações é tema complexo, e não se pretendia aqui, é claro, apresentar senão um panorama geral das três figuras acima citadas, para compreendê-las em face da solidariedade. É que a cessão de crédito, a assunção de dívida e a cessão de posição contratual modificam, no plano subjetivo, a relação obrigacional solidária. Várias são as questões que podem despontar a partir dessas modificações, a depender da configuração do negócio jurídico, dados os efeitos da transmissão na fase externa e, às vezes, na interna.

Dentre os meios de transmissão da obrigação, aquele com o qual a doutrina revela suas maiores preocupações, ao menos quanto à solidariedade passiva, é a cessão de crédito. Note-se que a prática de tal ato não está condicionada à aceitação dos devedores e não produz nenhuma modificação, a princípio, na fase interna. A questão é que, para ser eficaz contra todos os devedores, *todos* deverão ser notificados (v. art. 290[1393] do Código Civil de 2002); se um deles, por desconhecer a cessão, realizar a prestação ao credor primitivo, todos se liberarão (v. art. 292[1394] do Código Civil de 2002).[1395]

Sustenta A. P. S. Vaz Serra que seria possível ao credor ceder o seu crédito em relação a um dos devedores solidários, sem o fazer quanto aos demais. Apesar de ser discutível a possibilidade de separação dos créditos singulares do credor contra os vários devedores solidários, entende que não haveria obstáculo decisivo a tal separação. Conquanto, em regra, a vontade fosse a de ceder todos os créditos singulares contra os vários devedores, essa regra não seria, a seu ver, absoluta; poderia a vontade ser diversa, a fim de se ceder unicamente o crédito ou os créditos contra certo ou certos devedores.[1396]

1393 "Art. 290. A cessão do crédito não tem eficácia em relação ao devedor, senão quando a este notificada; mas por notificado se tem o devedor que, em escrito público ou particular, se declarou ciente da cessão feita".

1394 "Art. 292. Fica desobrigado o devedor que, antes de ter conhecimento da cessão, paga ao credor primitivo, ou que, no caso de mais de uma cessão notificada, paga ao cessionário que lhe apresenta, com o título de cessão, o da obrigação cedida; quando o crédito constar de escritura pública, prevalecerá a prioridade da notificação".

1395 Miranda, Pontes de. *Tratado de direito privado.* 3. ed. Rio de Janeiro: Borsoi, 1971, v. X, p. 321.

1396 Serra, Adriano Paes da Silva Vaz. Pluralidade de devedores ou de credores. Lisboa: [s.n], v. 69, out. 1957. Separata do *Boletim do Ministério da Justiça*, p. 200-201.

Com efeito, se o credor tem a faculdade de exigir apenas parte da prestação;[1397] se pode remitir um dos devedores ou uma fração da dívida;[1398] se está autorizado a exonerar da solidariedade parte ou mesmo todos os devedores;[1399] nada parece obstar a que ele ceda parcialmente o crédito, desde que, com isso, não provoque o agravamento da situação de nenhum dos devedores.

Ainda sobre a cessão de crédito, a doutrina costuma fazer referência à hipótese em que o credor cede seu crédito a um dos codevedores. Assevera M. I. Carvalho de Mendonça que não haveria proibições a que o credor transmitisse o crédito a um dos devedores solidários; nessa situação, o cessionário operaria sua parte na dívida nos mesmos termos que a *confusão*, de modo que somente poderia acionar os codevedores com a dedução de sua parte.[1400]

Observa J. M. de Carvalho Santos que, em tal caso, não se romperia a solidariedade entre os devedores remanescentes, salvo se se tratasse de cessão fraudulenta ou simulada. Em outras palavras, o devedor cessionário não exerceria o *direito de regresso* contra seus consortes, mas sim aquela ação própria que lhe coubesse na qualidade de cessionário, deduzida apenas a sua quota.[1401]

Realmente, a cessão de crédito, mesmo em situações desse jaez, não costuma provocar a extinção da fase externa da relação obrigacional solidária, mas tão só *a substituição do credor originário pelo cessionário*. Não extinta a fase externa, descaberá cogitar, portanto, de direito de regresso; o cessionário estará autorizado a exigir e receber de um ou de alguns de seus antigos consortes, parcial ou totalmente, a dívida comum, na forma do art. 275 do Código Civil de 2002, no lugar do credor originário.

A diferença, em semelhantes hipóteses, é que o cessionário terá de descontar o valor de sua quota; e não o fará, a despeito do que pensa Tito Fulgêncio, porque teria de "volver contra si próprio",[1402] mas por-

[1397] V. seção 2.2.1, sobre o direito do credor e o descabimento do benefício da divisão.

[1398] V. seção 2.4.8.1, sobre pagamento parcial e remissão.

[1399] V. seção 2.4.12, sobre renúncia à solidariedade.

[1400] MENDONÇA, Manuel Inácio Carvalho de. *Doutrina e prática das obrigações ou tratado geral dos direitos de crédito*. 4. ed. Rio de Janeiro: Forense, 1956, t. I, p. 352.

[1401] SANTOS, J. M. de Carvalho. *Código Civil brasileiro interpretado*: principalmente do ponto de vista prático: parte geral. 7. ed. Rio de Janeiro: Freitas Bastos, 1956, v. XI, p. 284.

[1402] FULGÊNCIO, Tito. *Do direito das obrigações*: das modalidades das obrigações: artigos 863--927. 2. ed. Atual. por José de Aguiar Dias. Rio de Janeiro: Forense, 1958, p. 376.

que ocorrerá a *confusão* (v. arts. 383[1403] do Código Civil de 2002): ele se tornará, com a cessão, credor e devedor de si próprio.

Se a obrigação *interessar* a apenas um dos devedores (v. art. 285 do Código Civil de 2002), descortinar-se-ão duas possibilidades: (i) ou o cessionário nenhuma quota terá na dívida, por não ser o *interessado* na obrigação, de modo que nada lhe será descontado; (ii) ou, se for ele o único *interessado* na dívida, ocorrerá a confusão total, o que extinguirá toda a relação obrigacional; nesse caso, não haverá sequer espaço para a fase interna.[1404]

Em caso de insolvência de quaisquer dos devedores supérstites, o cessionário permanecerá obrigado a suportar a respectiva parte na dívida (v. art. 283[1405] do Código Civil de 2002). Sustenta M. Ticozzi, com razão, que a solução não se altera diante da cessão de crédito, em virtude da qualidade originária, como codevedor, do favorecido: prevalecerá a necessidade de repartir igualmente entre todos os consortes a situação negativa verificada; sem isso, o ato praticado pelo antigo devedor agravaria a posição de todo o grupo solidário.[1406]

No tocante à *assunção cumulativa* de dívida solidária, não se vislumbram grandes dificuldades, na medida em que, com ela, não se transmite a obrigação, mas se ajuntam mais devedores ao polo passivo da relação obrigacional. Além de o credor passar a ostentar maior garantia, os próprios devedores solidários – desde que os termos da assunção e as circunstâncias concretas o permitam – poderão exercer o direito de regresso em face do consorte que se agregou; reduzir-se-ão, assim, a depender da avença, as responsabilidades de cada um dos coobrigados originários, relativamente à fase interna.

Surgirão divergências, no exercício do direito de regresso, se esse novo devedor for (ou se tornar, após a assunção) insolvente. A solução, então, será a seguinte: acaso os devedores originários tenham *consentido*

1403 "Art. 383. A confusão operada na pessoa do credor ou devedor solidário só extingue a obrigação até a concorrência da respectiva parte no crédito, ou na dívida, subsistindo quanto ao mais a solidariedade".

1404 V. seção 2.4.8.5, sobre confusão.

1405 "Art. 283. O devedor que satisfez a dívida por inteiro tem direito a exigir de cada um dos codevedores a sua quota, dividindo-se igualmente por todos a do insolvente, se o houver, presumindo-se iguais, no débito, as partes de todos os co-devedores".

1406 Ticozzi, Marco. *Studio sulle obbligazioni solidali*. Padova: Cedam, 2012, p. 163-164.

expressamente com a assunção, incidirá a regra prevista no art. 283 do Código Civil de 2002, desde que, por ocasião do assentimento, estivessem cientes da situação de insolvência ou que se tratasse de insolvência superveniente; caso contrário, aplicar-se-á, de forma analógica, a regra prevista no art. 299, *caput*,[1407] do Código Civil de 2002.

Se, em vez de cumulativa, a assunção for *liberatória* (e parcial), seja na forma de expromissão, seja na de delegação, não bastará o assentimento expresso do credor: os demais devedores também terão de anuir com a transferência da dívida; se assim não for, sujeitar-se-ão ao agravamento de suas posições, pela substituição de um de seus consortes por alguém que, talvez, não ostente patrimônio suficiente para satisfazer a própria quota, depois, na fase interna. Se não houver concordância, a assunção será ineficaz em relação aos demais coobrigados, os quais poderão demandar, depois, em regresso, o devedor substituído.

Há, finalmente, com repercussão sobre a relação obrigacional solidária, a *cessão da posição contratual*, seja quanto ao credor, seja quanto a um ou mais devedores: parece não haver dúvidas de que, nessa hipótese, todos terão de anuir com a transferência, sob pena de ineficácia. Com a cessão, o cedente perde seus créditos e se exonera de duas obrigações em face do cedido, assim como ocorre quanto aos outros vínculos inseridos na relação contratual. Todas as situações subjetivas, ativas e passivas, estarão, doravante, na titularidade do cessionário.[1408]

O cedente assume, para com o cessionário, uma obrigação de garantia, quanto à existência, a validade e a legitimidade para dispor da relação contratual, mas não tem assegurada a solvabilidade do cedido, nem o adimplemento, de modo que o cessionário não terá direito, sob tal fundamento, de lhe exigir indenização por perdas e danos ou de resolver o contrato de cessão, salvo se houver previsão expressa.[1409] Se, por força da cessão, o cessionário se tornar devedor solidário, também não

[1407] "Art. 299. É facultado a terceiro assumir a obrigação do devedor, com o consentimento expresso do credor, ficando exonerado o devedor primitivo, salvo se aquele, ao tempo da assunção, era insolvente e o credor o ignorava".

[1408] PINTO, Carlos Alberto da Mota. *Cessão de contrato*: contendo parte tratando a matéria conforme o direito brasileiro. São Paulo: Saraiva, 1985, p. 442.

[1409] PINTO, Carlos Alberto da Mota. *Cessão de contrato*: contendo parte tratando a matéria conforme o direito brasileiro. São Paulo: Saraiva, 1985, p. 443-444.

poderá se voltar contra o cedente, na hipótese de insolvência de um de seus consortes, quando do exercício do direito de regresso.

Já o cedido, apenas se não houver aceitado a exoneração do cedente, poderá dele exigir o cumprimento do contrato, depois de o cessionário se recusar a cumpri-lo.[1410] Nessa hipótese, a cessão ser-lhe-á ineficaz. Se, no entanto, houver manifestado aceitação, caberá procurar apenas o cessionário; a não ser que as partes estipulem em sentido contrário à exoneração, caso em que o cedido poderá exigir – ainda que tenha consentido com a cessão – que o cedente cumpra o contrato, se o cessionário não o fizer.[1411]

Consideram-se cedidos, na solidariedade, todos aqueles que se mantiveram na relação obrigacional, após a cessão, na mesma posição em que já se encontravam, quer como credores, quer como devedores. No mais, aplica-se à cessão de posição contratual o mesmo raciocínio desenvolvido quanto à cessão de crédito e a assunção de dívida.

2.4.10. Transação

O termo *transação* costuma ser utilizado indiscriminadamente, na prática, mesmo entre juristas, para exprimir os negócios mais variados; em geral, com características tipicamente patrimoniais. Na linguagem vulgar, adota-se esse vocábulo para alusões à compra e venda, à permuta, à cessão de direitos, ao penhor, à hipoteca, às operações bancárias etc.[1412] Sob o ponto de vista técnico, porém, o conceito de transação é muito mais específico.

No Código Civil de 1916, enquadrava-se a transação como um dos *efeitos das obrigações*, no Título II, do Livro III, da Parte Especial (v. arts. 1.025 a 1.036). Clovis Bevilaqua, aliás, define o instituto como *ato jurídico* pelo qual as partes, mediante concessões recíprocas, *extinguem* obriga-

[1410] PINTO, Carlos Alberto da Mota. *Cessão de contrato*: contendo parte tratando a matéria conforme o direito brasileiro. São Paulo: Saraiva, 1985, p. 444.

[1411] BDINE JR., Hamid Charaf. *Cessão da posição contratual*. 2. ed. São Paulo: Saraiva, 2008, p. 102-103.

[1412] NAZO, Georgette Nacarato. Contrato judicial. In: TEPEDINO, Gustavo; FACHIN, Luiz Edson (Org.). *Doutrinas essenciais*: obrigações e contratos: contratos: formação e regime: formação contratual, negociações preliminares, pré-contrato: vicissitudes da relação contratual e seu perecimento: contratos, autonomia existencial e direitos da personalidade: regimes contratuais especiais. São Paulo: Editora Revista dos Tribunais, 2011, v. 4, p. 95-108.

ções litigiosas ou duvidosas; não se cuidaria de contrato, a seu ver, porque o momento preponderante da transação seria o extintivo das obrigações.[1413] Análogo é o entendimento de M. I. Carvalho de Mendonça: apesar de reconhecer que seria "assunto de longa disputa", considera a transação mero meio de extinção das obrigações.[1414]

Diferentemente do diploma revogado, o Código Civil de 2002 insere a transação no Título VI, do Livro I, da Parte Especial, pertinente às *várias espécies de contrato* (v. arts. 840 a 850). Tem-se, então, como assevera Claudio Luiz Bueno de Godoy, que teria restado superada a divergência outrora existente sobre a natureza contratual da transação, hoje textualmente reconhecida. Trata-se de *negócio jurídico bilateral*, cuja finalidade é prevenir ou extinguir incerteza obrigacional, decorrente de controvérsia, mediante concessões recíprocas.[1415]

Na legislação estrangeira consultada, a transação encontra-se sempre prevista como *contrato*: (i) no Código Civil espanhol (v. art. 1.809),[1416] com o escopo de evitar a provocação de um pleito ou pôr termo ao que havia começado; (ii) no Código Civil alemão (v. § 779),[1417] para suprimir o litígio ou a incerteza das partes sobre uma relação jurídica, por meio de concessões mútuas; (iii) no Código Civil italiano (v. art. 1.965),[1418] a

[1413] Bevilaqua, Clovis. *Codigo Civil dos Estados Unidos do Brasil commentado.* Rio de Janeiro: Livraria Francisco Alves, 1930, v. IV, p. 184.

[1414] Mendonça, Manuel Inácio Carvalho de. *Doutrina e prática das obrigações ou tratado geral dos direitos de crédito.* 4. ed. Rio de Janeiro: Forense, 1956, t. I, p. 647-649.

[1415] Godoy, Claudio Luiz Bueno de. In: Peluso, Cezar (Coord.). *Código Civil comentado*: doutrina e jurisprudência: Lei n. 10.406, de 10.01.2002: contém o Código Civil de 1916. 4. ed. Barueri: Manole, 2010, p. 855-856.

[1416] "Art. 1809. La transacción es un contrato por el cual las partes, dando, prometiendo o reteniendo cada una alguna cosa, evitan la provocación de un pleito o ponen término al que había comenzado".

[1417] "§ 779. [...] 1. Un contrato por el que se suprime el litigio o la incertidumbre de las partes sobre una relación jurídica por vía de concesiones mutuas (transacción) es inválido si la situación considerada esencial, de acuerdo con los términos del contrato, no se corresponde con los hechos reales y el litigio o la incertidumbre no hubiesen aparecido si se hubiese conocido la situación. 2. Es equivalente a la incertidumbre relativa a una relación jurídica el que la efectividad de una pretensión sea insegura".

[1418] "Art. 1965. [...] La transazione è il contratto col quale le parti, facendosi reciproche concessioni, pongono fine a una lite già incominciata o prevengono una lite che può sorgere tra loro. Con le reciproche concessioni si possono creare, modificare o estinguere anche rapporti diversi da quello che ha formato oggetto della pretesa e della contestazione delle parti".

fim de, mediante concessões recíprocas, pôr fim a uma disputa já iniciada ou prevenir uma disputa que puder surgir entre as partes; (iv) no Código Civil português (v. art. 1.248º),[1419] para prevenir ou terminar um litígio por recíprocas concessões; (v) no Código Civil e Comercial argentino (v. art. 1.641),[1420] para evitar o litígio, ou terminá-lo, por meio de concessões recíprocas, com a extinção de obrigações duvidosas ou litigiosas; (vi) no Código Civil francês (v. art. 2.044),[1421] sempre na forma escrita, para terminar ou prevenir uma disputa, mediante concessões recíprocas.

Referido contrato veicula, assim, a *composição amigável* entre os interessados, em que cada um deles abre mão de parte de suas pretensões, para cessar as discórdias (v. art. 840[1422] do Código Civil de 2002). As partes optam por resolver a questão independentemente da interferência de órgão jurisdicional, com o objetivo de evitar os riscos ou as delongas da demanda; ao mesmo tempo, desistem, reciprocamente, de alguns benefícios ou vantagens.[1423] Como se vê, a transação contém características da remissão[1424] e da novação.[1425]

Muitas vezes, no curso de uma relação obrigacional solidária, ocorre de as partes celebrarem transação. Se todos os devedores solidários dela participarem, não haverá grandes discussões: é óbvio que, se da transação houver participado todo o grupo solidário, tal negócio produzirá seus efeitos para todos e pela inteira prestação.[1426] Surgirão problemas,

1419 "Art. 1248º [...] 1. Transacção é o contrato pelo qual as partes previnem ou terminam um litígio mediante recíprocas concessões. 2. As concessões podem envolver a constituição, modificação ou extinção de direitos diversos do direito controvertido".

1420 "Art. 1641. [...] La transacción es un contrato por el cual las partes, para evitar un litigio, o ponerle fin, haciéndose concesiones recíprocas, extinguen obligaciones dudosas o litigiosas".

1421 "Art. 2044. La transaction est un contrat par lequel les parties, par des concessions réciproques, terminent une contestation née, ou préviennent une contestation à naître. Ce contrat doit être rédigé par écrit".

1422 "Art. 840. É lícito aos interessados prevenirem ou terminarem o litígio mediante concessões mútuas".

1423 Diniz, Maria Helena. *Tratado teórico e prático dos contratos*. 7. ed. São Paulo: Saraiva, 2013, v. 5, p. 307.

1424 V. seção 2.4.8.1, sobre pagamento parcial e remissão.

1425 V. seção 2.4.8.3, sobre novação.

1426 Rubino, Domenico. Delle obbligazioni: obbligazioni alternative, obbligazioni in solido, obbligazioni divisibili e indivisibili: art. 1285-1320. In: Scialoja, Antonio; Branca, Giuseppe

contudo, quando os transatores forem apenas um ou vários dos coobrigados, em vez de todos.

Conquanto se trate de negócio jurídico que, em regra, não aproveita, nem prejudica terceiros, ainda que diga respeito a prestação indivisível (v. art. 844, *caput*,[1427] do Código Civil de 2002), a lei cria exceção a essa regra: na hipótese de solidariedade passiva, a transação passa a acarretar *a extinção da obrigação no que diz respeito a todos os devedores* (v. art. 844, § 3º,[1428] do Código Civil de 2002, tal como já previa o art. 1.031, *caput* e § 3º,[1429] do Código Civil de 1916). A abrangência dessa *extinção*, em muitos casos, será controvertida.

No que se refere àqueles que dela não participaram, a transação seria, em linha de princípio, *res inter alios*, pelo que *nec prodest nec nocet*. Assim, p. ex., a transação concluída por um dos herdeiros não obrigaria o outro, ainda que versasse sobre coisa indivisível. Mas, conforme se observou acima, é excepcional a hipótese de solidariedade passiva:[1430] se a transação se fizesse entre um devedor solidário e o credor, os demais devedores liberar-se-iam do vínculo; com relação a eles, extinguir-se-ia a própria obrigação.[1431]

O Código Civil e Comercial argentino parece ser o que, no ponto, conteria a solução mais próxima à brasileira, ao prescrever que a transação feita com um dos codevedores solidários, para extinguir total ou parcialmente a obrigação, aproveitará aos outros, sem lhes poder ser oposta (v. art. 835, *caput* e "d").[1432]

(a cura di). *Commentario del Codice Civile*: libro quarto: delle obbligazioni. 2. ed. Bologna: Zanichelli; Roma: Soc. Ed. Del Foro Italiano, 1968, p. 271.

1427 "Art. 844. A transação não aproveita, nem prejudica senão aos que nela intervierem, ainda que diga respeito a coisa indivisível".

1428 "Art. 844. [...] § 3º Se entre um dos devedores solidários e seu credor, extingue a dívida em relação aos codevedores".

1429 "Art. 1.031. A transação não aproveita, nem prejudica senão aos que nela intervieram, ainda que diga respeito a coisa indivisível. [...] § 3º Se entre um dos devedores solidários e seu credor, extingue a dívida em relação aos codevedores".

1430 BEVILAQUA, Clovis. *Codigo Civil dos Estados Unidos do Brasil commentado*. Rio de Janeiro: Livraria Francisco Alves, 1930, v. IV, p. 191.

1431 GODOY, Claudio Luiz Bueno de. In: PELUSO, Cezar (Coord.). *Código Civil comentado*: doutrina e jurisprudência: Lei n. 10.406, de 10.01.2002: contém o Código Civil de 1916. 4. ed. Barueri: Manole, 2010, p. 860.

1432 "Art. 835. [...] Con sujeción a disposiciones especiales, los modos extintivos inciden, según el caso, sobre la obligación, o sobre la cuota de algún deudor solidario, conforme a las

À primeira vista, o Código Civil francês (v. art. 2.051)[1433] conteria fórmula diametralmente oposta. A doutrina tradicional, porém, entende que o mencionado dispositivo não se aplicaria à solidariedade, cujos devedores, no que concernisse ao débito comum, se reputariam mandatários uns dos outros, para tudo o que tendesse a *melhorar* sua condição em face do credor; todos eles, assim, teriam o direito de invocar a transação concluída por um deles, desde que, evidentemente, esse ato se reportasse à obrigação comum – e não apenas ao vínculo de um dos devedores.[1434]

Contudo, tanto os tribunais quanto os escritores franceses mais recentes passaram a rechaçar a teoria da representação. Nesse sentido, A. Hontebeyrie noticia que a jurisprudência, agora, aplicaria à solidariedade passiva a regra especial prevista no art. 2.051, para decidir, em consequência, que a transação celebrada entre o credor e um dos devedores solidários não poderia ser oposta pelos outros.[1435] Já M. Mignot defende um "sistema racional", em que as soluções seriam radicalmente distintas e variariam de acordo com as circunstâncias, a depender de se tratar de garantia simples ou de garantia mútua.[1436]

Na realidade brasileira, no entanto, a redação do art. 844, § 3º, do Código Civil de 2002, conteria mensagem muito clara e de fácil compreensão: a transação celebrada entre um dos devedores solidários e o credor comum provocará, sempre, a *extinção da dívida* em relação aos codevedores. Apesar da aparente simplicidade, todavia, semelhante regra suscita inúmeras dúvidas, inclusive pela possibilidade de as partes transigirem parcialmente, o que poderá não ser suficiente para extinguir a relação obrigacional.

siguientes reglas: [...] d) la transacción hecha con uno de los codeudores solidarios, aprovecha a los otros, pero no puede serles opuesta".

1433 "Art. 2051. La transaction faite par l'un des intéressés ne lie point les autres intéressés et ne peut être opposée par eux".

1434 Aubry, Charles; Rau, Charles-Frédéric. *Cours de droit civil français*: d'après la méthode de Zacharie. 4. ed. Paris: Librairie de la Cour de Cassation, 1871, t. 4, p. 31. Nesse sentido, cf. Larombière, M. L. *Théorie & pratique des obligations*: ou commentaire des titres III & IV, livre III, du Code Napoléon: art. 1101 à 1386. Paris: A. Durand, 1857, t. 2, p. 647.

1435 Hontebeyrie, Antoine. *Le fondement de l'obligation solidaire en droit privé français*. Paris: Economica, 2004, p. 156.

1436 Mignot, Marc. *Les obligations solidaires et les obligations in solidum en droit privé français*. Paris: Dalloz, 2002, p. 757-758.

Não se vislumbra, realmente, nenhum óbice a que a transação se restrinja ao quinhão do devedor solidário que a celebrar com o credor. Nessa hipótese, tal negócio jurídico somente poderá ser invocado pelos codevedores pela parte da dívida daquele que transigiu; e o credor deverá, ao se dirigir aos demais, deduzir a parte do devedor transigente;[1437] caso contrário, nenhum efeito teria a transação no momento em que, na fase interna, o direito de regresso fosse exercitado pelos demais. Essa transação parcial não extinguiria a relação obrigacional solidária; apenas desconstituiria parte da dívida.[1438]

O princípio em que se inspira o legislador, aqui, não seria outro senão aquele que se aplica a toda a disciplina da solidariedade, no que se refere à extensão dos efeitos das atividades exercidas por um sujeito solidário em relação aos seus consortes. Respeita-se a esfera de interesses exclusivos de cada integrante do grupo solidário, para mantê-los como *arbiter suae quisque fortunae*, no sentido de administrar os negócios como melhor entenderem. Por isso, somente as consequências favoráveis da transação se estenderiam aos codevedores.[1439]

É possível que, ao celebrarem a transação, ainda que parcial, o credor e o codevedor solidário substituam as prestações originárias por outras, de natureza diversa, ou adicionem prestação nova. Contanto que, para caracterizar a transação, haja *concessões mútuas* (v. art. 840 do Código Civil de 2002), a autonomia privada concede ao transatores essa liberdade. Sem o consentimento dos demais devedores solidários, todavia, eles não poderão ser prejudicados pelo negócio jurídico alheio (v. art. 278 do Código Civil de 2002).

Quando se tratar de *transação novativa*, em que se estabelecer substituição da obrigação originária por uma nova, com objeto ou título diverso (novação objetiva) ou mesmo um novo devedor (novação subje-

[1437] Giorgi, Jorge. *Tratado de las obligaciones en el derecho moderno*: expuesta conforme a la doctrina y la jurisprudência italiana, francesa, alemana, etc., etc.: definición de las obligaciones: obligaciones naturales, solidarias, indivisibles: forma y prueba de las obligaciones. Trad. Eduardo Dato Iradier. 2. ed. Madrid: Editora Reus, 1928, v. I, p. 155; Mendonça, Manuel Inácio Carvalho de. *Doutrina e prática das obrigações ou tratado geral dos direitos de crédito*. 4. ed. Rio de Janeiro: Forense, 1956, t. I, p. 341; Nonato, Orosimbo. *Curso de obrigações*: generalidades – espécies. Rio de Janeiro: Forense, 1959, v. II, p. 242.

[1438] Miranda, Pontes de. *Tratado de direito privado*. 3. ed. Rio de Janeiro: Borsoi, 1971, v. X, p. 352; Lôbo, Paulo. *Direito civil*: obrigações. 2. ed. São Paulo: Saraiva, 2011, p. 150.

[1439] Amorth, Giorgio. *L'obbligazione solidale*. Milano: Giuffrè, 1959, p. 195.

tiva), os devedores que dela não houverem participado serão liberados, na fase externa, em relação ao credor; na fase interna, entretanto, de acordo com M. Ticozzi, o devedor-transator manterá o direito de regresso pela menor prestação entre a originária e a nova.[1440] Aplicar-se-ão, aí, *mutatis mutandis*, as regras pertinentes à novação.[1441]

A transação, no entanto, costuma conter, ao menos em parte, remissão de dívidas,[1442] pelo que se impõem as soluções já ventiladas em seção própria; em especial, se a dívida interessar exclusivamente a um dos devedores, tal como prevê o art. 285 do Código Civil de 2002. A transação, p. ex., por parte do *devedor principal* (ou único interessado), ainda que limitada à própria quota, sempre provocará a extinção das obrigações dos demais devedores solidários, porque, nas relações internas, não haverá direito de regresso.[1443] Cumpre reportar, aqui, para evitar tautologia, às conclusões obtidas na seção 2.4.8.1, sobre pagamento parcial e remissão.

Não há, apesar de tudo, soluções apriorísticas e cartesianas. O legislador desincumbe-se de seu papel de forma superficial: põe a questão como se, sempre, houvesse simples credor, de um lado, e simples devedores solidários, de outro; como se todas as relações fossem estáticas; como se obrigação ainda mantivesse a concepção do direito justinianeu. Ocorre que contratos com prestações recíprocas provocam situações de dificultosa interpretação, porque o *devedor solidário*, nesses casos, além de ser *devedor*, também figurará como *credor* de contraprestações; não seria simples nem razoável conferir à transação celebrada por um dos codevedores, em todas as hipóteses, o efeito extintivo da relação contratual, porque isso representaria prejuízos potenciais a terceiros.

Impõe-se compreender os efeitos da transação na solidariedade passiva, portanto, de acordo com o dinamismo da relação obrigacional. Essa perspectiva da totalidade dinâmica, explica Judith Martins-Costa, leva a considerar que, em qualquer situação, os elementos presentes no vínculo se interligam; o todo é concretizado por vários elementos que se

1440 Ticozzi, Marco. *Studio sulle obbligazioni solidali*. Padova: Cedam, 2012, p. 229-230.

1441 V. seção 2.4.8.3, sobre novação.

1442 Malaurie, Philippe; Aynès, Laurent; Stoffel-Munck, Philippe. *Droit civil*: droit des obligations. 8. ed. Paris: LGDJ, 2016, p. 762.

1443 Pellegatta, Stefano. *Unità e pluralità nella obbligazione solidale passiva*. Torino: G. Giappichelli Editore, 2016, p. 210; Ticozzi, Marco. *Studio sulle obbligazioni solidali*. Padova: Cedam, 2012, p. 223.

encadeiam processualmente em atenção a uma finalidade, e as situações jurídicas singulares inserem-se em uma *relação total*.[1444]

Aparenta ser mais adequada, assim, a fórmula prevista no Código Civil italiano (v. art. 1.304, § 1º);[1445] similar, de certa maneira, à prevista no Código Civil de 2002, mas com a peculiaridade de que, para produzir efeitos quanto aos codevedores alheios à transação, eles terão de *declarar* a pretensão de se aproveitar (*profittare*) dela.

A transação levanta problemas *sui generis*, assevera S. Pellegatta: não é possível estabelecer, *a priori*, se ela produz efeito positivo ou negativo em relação aos consortes alheios à sua celebração, porque seu conteúdo é variável; e a natureza mais ou menos vantajosa dependerá de inúmeros fatores, relacionados à eficácia, à natureza e à medida das concessões recíprocas ajustadas entre os transatores. A posição subjetiva das partes deverá ser considerada para avaliar a conveniência ou não da definição imediata e consensual de uma disputa.[1446]

2.4.11. Compromisso, convenção de arbitragem e solidariedade

No Capítulo XX, subsequente àquele dedicado à transação, também inserido no Título VI, do Livro I, da Parte Especial, relativo às *várias espécies de contrato* (v. arts. 851 a 853), o Código Civil de 2002 cuida do *compromisso*. Diferentemente do regime estabelecido no Código Civil de 1916 (v. arts. 1.038 a 1.048), o atual diploma apresenta apenas os contornos gerais de semelhante negócio jurídico, com o que prestigia o conjunto das regras dispostas na Lei n. 9.307/1996, conhecida como Lei de Arbitragem.

Admite-se o *compromisso*, celebrado judicial ou extrajudicialmente, para resolver litígios entre pessoas que podem contratar, nos termos do art. 851[1447] do Código Civil de 2002. Em lugar da *fuga para o juiz*, a

[1444] Martins-Costa, Judith. *A boa-fé no direito privado*: critérios para sua aplicação. 2. ed. São Paulo: Saraiva, 2018, p. 232.

[1445] "Art. 1304. [...] La transazione (1965 e seguenti) fatta dal creditore con uno dei debitori in solido non produce effetto nei confronti degli altri, se questi non dichiarano di volerne profittare".

[1446] Pellegatta, Stefano. *Unità e pluralità nella obbligazione solidale passiva*. Torino: G. Giappichelli Editore, 2016, p. 205.

[1447] "Art. 851. É admitido compromisso, judicial ou extrajudicial, para resolver litígios entre pessoas que podem contratar".

arbitragem proporcionaria, como bem-sucedido meio de solução de controvérsias, a *fuga do juiz*: diante da admissão de um árbitro para dirimir conflitos, o juiz estaria relegado aos casos extremos, limitado a agir nas hipóteses em que, de fato, fosse necessário o seu papel de julgador.[1448]

Na forma do art. 3º[1449] da Lei n. 9.307/1996, as partes interessadas podem submeter a solução de seus litígios ao juízo arbitral, por meio de *convenção de arbitragem* – gênero, do qual são espécies: (i) a *cláusula compromissória* (v. art. 4º):[1450] também chamada de *pactum de compromittendo*, é a convenção pela qual as partes optam por resolver, por meio de arbitragem, as possíveis divergências que possam surgir entre elas, geralmente quanto à execução e à interpretação de um contrato; (ii) o *compromisso arbitral* (v. art. 9º):[1451] destina-se à solução de uma divergência ou controvérsia já existente, por meio de arbitragem.[1452]

O Código Civil de 1916, no art. 1.048,[1453] prescrevia que se aplicava ao compromisso (então enquadrado como um dos *efeitos das obrigações*), o quanto possível, o disposto acerca da transação. A literatura brasileira, diante desse dispositivo, não costumava (e, até hoje, não costuma)

1448 Azevedo, Antonio Junqueira. O direito pós-moderno e a codificação. *Revista de Direito do Consumidor*. São Paulo: Editora Revista dos Tribunais, v. 33, jan.-mar. 2010, p. 126.

1449 "Art. 3º As partes interessadas podem submeter a solução de seus litígios ao juízo arbitral mediante convenção de arbitragem, assim entendida a cláusula compromissória e o compromisso arbitral".

1450 "Art. 4º A cláusula compromissória é a convenção através da qual as partes em um contrato comprometem-se a submeter à arbitragem os litígios que possam vir a surgir, relativamente a tal contrato. § 1º A cláusula compromissória deve ser estipulada por escrito, podendo estar inserta no próprio contrato ou em documento apartado que a ele se refira. § 2º Nos contratos de adesão, a cláusula compromissória só terá eficácia se o aderente tomar a iniciativa de instituir a arbitragem ou concordar, expressamente, com a sua instituição, desde que por escrito em documento anexo ou em negrito, com a assinatura ou visto especialmente para essa cláusula".

1451 "Art. 9º O compromisso arbitral é a convenção através da qual as partes submetem um litígio à arbitragem de uma ou mais pessoas, podendo ser judicial ou extrajudicial. § 1º O compromisso arbitral judicial celebrar-se-á por termo nos autos, perante o juízo ou tribunal, onde tem curso a demanda. § 2º O compromisso arbitral extrajudicial será celebrado por escrito particular, assinado por duas testemunhas, ou por instrumento público".

1452 Baptista, Luiz Olavo. *Arbitragem comercial e internacional*. São Paulo: Lex Editora, 2011, p. 94-95.

1453 "Art. 1.048. Ao compromisso se aplicará, quanto possível, o disposto acerca da transação (arts. 1.025 a 1.036)".

dedicar muitas linhas aos efeitos da convenção de arbitragem sobre as obrigações solidárias; em geral, quando vislumbram a possibilidade de instauração de juízo arbitral, os civilistas equiparam o compromisso à transação *tout court*.

Nesse sentido, M. I. Carvalho de Mendonça sustenta que o conceito geral do compromisso seria *idêntico* ao da transação: ambos se regeriam pelos mesmos princípios e se classificariam como *causas extintivas da obrigação*.[1454] Washington de Barros Monteiro também considera que, se a transação extingue a obrigação – não só a dos transigentes, como a dos outros interessados , o mesmo sucederia quando ao *compromisso*, por força do estatuído no aludido art. 1.048 do Código Civil de 1916,[1455] sem paralelo na lei atual.

Mesmo após a entrada em vigor do Código Civil de 2002, há quem, como José Maria da Costa, em artigo sobre obrigações solidárias, defenda que ainda se apliquem ao compromisso as regras da transação, tal como ocorria durante a vigência do diploma anterior. Manteria o compromisso, assim, sob sua ótica, o *efeito liberatório da obrigação*, de modo que, celebrado entre o credor e um dos devedores solidários, extinguiria a dívida em relação aos demais devedores, por aplicação do disposto no art. 844, § 3º.[1456]

Alguns anos antes de promulgado o Código Civil de 2002, porém, a Lei n. 9.307/1996 já revogara o art. 1.048 do Código Civil de 1916; e o fizera porque, com a melhor regulamentação da arbitragem, se mostrara ilógica a simples equiparação entre a transação e o compromisso: tornaram-se institutos sobremaneira distintos. De fato, em vez de representar, em si, a solução do conflito, o compromisso – ou melhor, a *convenção*

1454 Mendonça, Manuel Inácio Carvalho de. *Doutrina e prática das obrigações ou tratado geral dos direitos de crédito*. 4. ed. Rio de Janeiro: Forense, 1956, t. I, p. 347 e 669.

1455 Monteiro, Washington de Barros. *Curso de direito civil*: direito das obrigações, 1ª parte: das modalidades das obrigações: dos efeitos das obrigações. 15. ed. São Paulo: Saraiva, 1979, p. 194. Nesse sentido, cf. Giorgi, Jorge. *Tratado de las obligaciones en el derecho moderno*: expuesta conforme a la doctrina y la jurisprudência italiana, francesa, alemana, etc., etc.: definición de las obligaciones: obligaciones naturales, solidarias, indivisibles: forma y prueba de las obligaciones. Trad. Eduardo Dato Iradier. 2. ed. Madrid: Editora Reus, 1928, v. I, p. 155-156.

1456 Costa, José Maria da. As obrigações solidárias. In: Franciulli Netto, Domingos; Mendes, Gilmar Ferreira; Martins Filho, Ives Gandra da Silva (Coord.). *O novo Código Civil*: estudos em homenagem ao Professor Miguel Reale. São Paulo: LTr, 2003, p. 298.

de arbitragem, como gênero, do qual o *compromisso arbitral* é espécie – traduz o caminho escolhido pelas partes para a heterocomposição, como alternativa à jurisdição estatal.

Mostra-se anacrônica a simples transposição, para os dias atuais, do entendimento baseado no Código Civil de 1916. Afinal, nos termos do art. 31[1457] da Lei n. 9.307/1996, a sentença arbitral produz, entre as partes e seus sucessores, *os mesmos efeitos da sentença proferida pelos órgãos do Poder Judiciário* e, sendo condenatória, constitui título executivo – *título executivo judicial*, aliás, ante o que dispõe o art. 515, VII,[1458] do Código de Processo Civil de 2015. A sentença arbitral em tudo se assemelha à sentença judicial; não ostenta nem mais nem menos força jurídica do que a última; equiparam-se para todos os fins e efeitos de direito. A distinção geralmente apontada concerne aos poderes jurisdicionais do árbitro, que não detém dois dos elementos que completam a jurisdição: a *coertio* e a *executio*.[1459]

Deveras, o conceito de jurisdição, em crise há muitos anos, deve receber novo enfoque, para adequar-se a técnica à realidade: embora tenha origem contratual, a arbitragem desenvolve-se com a garantia do devido processo e termina com ato que tende a assumir a mesma função da sentença judicial.[1460] Não se pode olvidar um dos elementos mais relevantes da arbitragem: a facultatividade da escolha do procedimento, cuja declaração de vontade o torna mandatório entre as partes. Não há, no Brasil, arbitragem obrigatória, visto que ela depende direta ou indiretamente da escolha das partes em se submeter a essa forma de composição de diferenças.[1461]

Depois de mencionar a existência de quatro teorias sobre a natureza jurídica da arbitragem (privatista, jurisdicionalista, intermediária ou

1457 "Art. 31. A sentença arbitral produz, entre as partes e seus sucessores, os mesmos efeitos da sentença proferida pelos órgãos do Poder Judiciário e, sendo condenatória, constitui título executivo".

1458 "Art. 515. São títulos executivos judiciais, cujo cumprimento dar-se-á de acordo com os artigos previstos neste Título: [...] VII – a sentença arbitral".

1459 Martins, Pedro A. Batista. *Apontamentos sobre a Lei de Arbitragem.* Rio de Janeiro: Forense, 2008, p. 307.

1460 Carmona, Carlos Alberto. *Arbitragem e processo*: um comentário à Lei n. 9.307/96. 2. ed. São Paulo: Atlas, 2004, p. 46.

1461 Baptista, Luiz Olavo. *Arbitragem comercial e internacional.* São Paulo: Lex Editora, 2011, p. 27.

mista e autônoma), Francisco José Cahali assegura que seria inegável a sua natureza jurisdicional, apesar de diferirem jurisdição estatal e arbitral: na primeira, oferecida pelo Estado, exige-se a submissão daquele em face de quem é apresentada; na segunda, as partes, livremente, escolhem submeter o litígio ao árbitro. Pedro A. Batista Martins, no mesmo sentido, assegura que a lei conferiu poderes jurisdicionais ao árbitro: enquanto árbitro, é ele juiz de fato e de direito, nos termos do art. 18 da Lei de Arbitragem.[1462]

Não se pretende, agora, é claro, ingressar nessa discussão com maior aprofundamento, o que seria impertinente aos fins do presente estudo; na realidade, interessa demonstrar que, com a supressão da regra contida no art. 1.048 do Código Civil de 1916, se tornou *inconcebível* a afirmação de que a convenção de arbitragem, em qualquer uma de suas espécies (cláusula compromissória e compromisso arbitral), celebrada entre o credor comum e um (ou parte) dos devedores solidários, extinguiria a obrigação quanto aos demais; a menos, é claro, que essa convenção contivesse elementos da remissão, transação, novação etc.

É imprescindível interpretar o negócio jurídico em face das declarações das partes; se elas desejarem, p. ex., realizar concessões mútuas, para terminar parte do litígio, ao mesmo tempo em que conferem a um árbitro a jurisdição, para solucionar o conflito remanescente (quando não existir cláusula compromissória), não haverá simples *compromisso arbitral*, mas um contrato complexo: um misto de transação e convenção de arbitragem.

Suponha-se que "D1", "D2" e "D3" sejam *devedores solidários* da quantia de R$100.000.000,00. No curso da relação obrigacional, após surgir controvérsia entre as partes, "D1" convenciona com "C" (credor), sem a participação dos codevedores, o seguinte: (i) com relação à importância de R$50.000.000,00 (metade da dívida), o pagamento reduz-se a R$25.000.000,00, mediante concessões recíprocas; (ii) no que se refere à outra metade (R$50.000.000,00), o conflito submeter-se-á a juízo arbitral. Em tal hipótese, haverá concomitância de *transação* e *compromisso arbitral*; assim, quanto à parcela da prestação atingida pelas concessões recíprocas, aplicam-se as regras pertinentes à transação; liberam-se,

[1462] Martins, Pedro A. Batista. A arbitragem no Brasil. *Revista Síntese*, n. 68, nov.-dez. 2010, p. 25.

pois, no tocante à metade da dívida, "D2" e "D3", embora alheios à transação (v. art. 844, § 3º, do Código Civil);[1463] quanto ao conflito remanescente, a solução resultará das regras que regem a arbitragem.

Em geral, os contratos na arbitragem são muito complexos, oriundos de operações que não se fundam em um único negócio, mas em uma cadeia, com multiplicidade de partes.[1464] Contudo, a pura e simples convenção de arbitragem, por si só, será sempre insuficiente para extinguir obrigações: destinar-se-á, na realidade, a traçar as diretrizes e a conferir jurisdição privada a um árbitro, a fim de que se obtenha a heterocomposição.

Se a convenção de arbitragem for celebrada entre o credor comum e um (ou parte) dos devedores solidários, os demais não se sujeitarão, contra a sua vontade, ao juízo arbitral. No exemplo supracitado, portanto, "D2" e "D3" (terceiros, no que se refere ao compromisso arbitral) não poderão ser forçados a participar da arbitragem; e a sentença arbitral, se não houver adesão voluntária, será ineficaz em relação a esses codevedores. Mantém-se o credor ("C"), contudo, autorizado a propor ação de cobrança em face de "D2" e "D3", descontado o montante fulminado pela transação (R$50.000.000,00).

Caberá ao árbitro, em primeiro lugar – considerando que, na arbitragem, é essencial o consentimento –, impedir que se incluam indevidamente terceiros não signatários da convenção; se não o fizer, se os sujeitar aos efeitos da sentença, disporão esses terceiros, contra a extensão indevida, das vias judiciárias mais variadas: desde a ação anulatória, a impugnação ao cumprimento da sentença arbitral, até o mandado de segurança, em casos extremos.[1465]

A arbitragem jamais *prejudicará* os devedores solidários alheios à convenção; trata-se, aliás, de mais uma aplicação do princípio extraído do art. 278 do Código Civil de 2002, tantas vezes já mencionado ao longo do presente estudo. É possível, todavia, que o julgamento favorável a um dos devedores solidários *beneficie* seus consortes, já que – frise-se –, na forma do art. 31 da Lei n. 9.307/1996, a sentença arbitral produzirá os mesmos

1463 V. seção 2.4.10, sobre transação.

1464 NANNI, Giovanni Ettore. O direito civil da arbitragem e na arbitragem. In: *Direito civil e arbitragem*. São Paulo: Atlas, 2014, p. 3.

1465 DINAMARCO, Cândido Rangel. *A arbitragem na teoria geral do processo*. São Paulo: Malheiros, 2013, p. 103-104.

efeitos da sentença judicial. Por identidade de fundamentos, faz-se remissão às seções em que se discorre acerca de questões processuais.[1466]

2.4.12. Renúncia à solidariedade

O art. 282,[1467] *caput*, do Código Civil de 2002 prevê a possibilidade de o credor *renunciar à solidariedade* em favor de um, de alguns ou de todos os devedores; seu par. ún. dispõe que, se o credor *exonerar da solidariedade* um ou mais devedores, subsistirá a dos demais. Note-se que, no mesmo dispositivo, se utilizam dois verbos diferentes, mas com igual sentido: "renunciar" e "exonerar". Além desses dois verbos, o art. 912[1468] do Código de 1916 acrescentava, ao final de seu par. ún., a necessidade de ser *abatida a parte correspondente aos devedores*, cuja obrigação o credor *remitiu*. Esse trecho foi abolido pelo legislador de 2002.

Na legislação estrangeira: (i) o Código Civil italiano (v. art. 1.311)[1469] prevê que o credor, ao renunciar à solidariedade em favor de um dos devedores, *conserva a ação solidária contra os outros*; e estabelece duas hipóteses de presunção de renúncia (v. ns. 1 e 2); (ii) o Código Civil português (v. art. 527º)[1470] dispõe que a renúncia, em favor de um ou alguns dos devedores, não prejudica o direito do credor relativamente aos restantes, contra os quais *conserva o direito à prestação por inteiro*; (iii) o Código Civil e Comercial argentino admite tanto a *extinção absoluta da solidarie-*

[1466] V. seções 4.2, sobre litisconsórcio (facultativo, necessário, simples e unitário), e 4.4, sobre coisa julgada e eficácia da sentença.

[1467] "Art. 282. O credor pode renunciar à solidariedade em favor de um, de alguns ou de todos os devedores. Parágrafo único. Se o credor exonerar da solidariedade um ou mais devedores, subsistirá a dos demais".

[1468] "Art. 912. O credor pode renunciar a solidariedade em favor de um, alguns, ou todos os devedores. Parágrafo único. Se o credor exonerar da solidariedade um ou mais devedores, aos outros só lhe ficará o direito de acionar, abatendo no débito a parte correspondente aos devedores, cuja obrigação remitiu (art. 914)".

[1469] "Art. 1311. [...] Il creditore che rinunzia alla solidarietà a favore di uno dei debitori conserva l'azione in solido contro gli altri. Rinunzia alla solidarietà: 1) il creditore che rilascia a uno dei debitori quietanza per la parte di lui senza alcuna riserva; 2) il creditore che ha agito giudizialmente contro uno dei debitori per la parte di lui se questi ha aderito alla domanda, o se è stata pronunciata una sentenza di condanna (Cod. Proc. Civ. 324)".

[1470] "Art. 527º [...] A renúncia à solidariedade a favor de um ou alguns dos devedores não prejudica o direito do credor relativamente aos restantes, contra os quais conserva o direito à prestação por inteiro".

dade (v. art. 836),[1471] quando o credor dela renunciar *expressamente*, em benefício de *todos* os devedores solidários (o que transforma a dívida em simplesmente mancomunada), quanto a *extinção relativa* (v. art. 837),[1472] quando o credor dela renunciar, *expressa* ou *tacitamente*, em benefício de *um só* dos devedores solidários (hipótese em que a dívida se mantém solidária em relação aos demais, deduzida a quota correspondente ao credor beneficiário); (iv) o Código Civil francês, com o advento da *Ordonnance* n. 2016-131, de 10 de fevereiro de 2016, substituiu o regime previsto nos antigos arts. 1.210,[1473] 1.211[1474] e 1.212,[1475] revogados, e passou a dispor (v. art. 1.316)[1476] que o credor, ao receber o pagamento de um dos codevedores solidários e lhe conceder a *remissão da solidariedade*, conserva o crédito contra os outros, com a *dedução da parte do liberado*.

Não há, no Código Civil espanhol, disposição expressa acerca da renúncia à solidariedade. Isso não impede a doutrina de admiti-la, sob o argumento de que, como se cuidaria de direito estabelecido em favor do credor, a solidariedade seria perfeitamente renunciável. Entende-se, na

1471 "Art. 836. [...] Si el acreedor, sin renunciar al crédito, renuncia expresamente a la solidaridad en beneficio de todos los deudores solidarios, consintiendo la división de la deuda, ésta se transforma en simplemente mancomunada".

1472 "Art. 837. [...] Si el acreedor, sin renunciar al crédito, renuncia expresa o tácitamente a la solidaridad en beneficio de uno solo de los deudores solidarios, la deuda continúa siendo solidaria respecto de los demás, con deducción de la cuota correspondiente al deudor beneficiário".

1473 "Art. 1210. Le créancier qui consent à la division de la dette à l'égard de l'un des codébiteurs, conserve son action solidaire contre les autres, mais sous la déduction de la part du débiteur qu'il a déchargé de la solidarité".

1474 "Art. 1211. Le créancier qui reçoit divisément la part de l'un des débiteurs, sans réserver dans la quittance la solidarité ou ses droits en général, ne renonce à la solidarité qu'à l'égard de ce débiteur. Le créancier n'est pas censé remettre la solidarité au débiteur lorsqu'il reçoit de lui une somme égale à la portion dont il est tenu, si la quittance ne porte pas que c'est pour sa part. Il en est de même de la simple demande formée contre l'un des codébiteurs pour sa part, si celui-ci n'a pas acquiescé à la demande, ou s'il n'est pas intervenu un jugement de condamnation".

1475 "Art. 1212. Le créancier qui reçoit divisément et sans réserve la portion de l'un des codébiteurs dans les arrérages ou intérêts de la dette, ne perd la solidarité que pour les arrérages ou intérêts échus, et non pour ceux à échoir, ni pour le capital, à moins que le paiement divisé n'ait été continué pendant dix ans consécutifs".

1476 "Art. 1316. Le créancier qui reçoit paiement de l'un des codébiteurs solidaires et lui consent une remise de solidarité conserve sa créance contre les autres, déduction faite de la part du débiteur qu'il a déchargé".

Espanha, ainda, que o negócio jurídico de renúncia não seria necessariamente bilateral ou consensual, entre o credor e os devedores solidários, por se mostrar suficiente a simples vontade do credor.[1477]

Também se omite, quanto ao tema, o Código Civil alemão: aplica-se, então, a regra geral prevista no respectivo § 425, 1,[1478] por força da qual, em caso de dúvida, o fato produzirá tão somente o *efeito individual*. É que os processos do credor contra o devedor solidário podem perseguir fins variados: isso explicaria o porquê, para a doutrina alemã, de as pretensões, no mais das vezes, ostentarem efeitos particulares.[1479]

Autoriza-se o beneficiário, em regra, a renunciar a qualquer favor que lhe houver sido concedido. A norma contida no art. 282 do Código Civil de 2002, portanto, seria intuitiva,[1480] ao permitir que o credor exonerasse o devedor da responsabilidade solidária quando lhe conviesse, com o que abriria mão da segurança e das vantagens que a solidariedade lhe proporcionaria,[1481] salvo quando não se cuidasse de direito disponível, se prevista a solidariedade na lei ou por motivo de ordem pública.[1482]

Cessa a solidariedade, com a renúncia, em relação a um dos devedores, a alguns, ou a todos, sem que se extinga a própria obrigação.[1483] Porque se trata de um favor do credor, os devedores não podem, em princípio, se opor à renúncia:[1484] basta a simples vontade unilateral do credor,

[1477] Díez-Picazo, Luis. *Fundamentos del derecho civil patrimonial*: las relaciones obligatorias. 6. ed. Madrid: Civitas, 2008, v. II, p. 265.

[1478] "§ 425. [...] 1. Los supuestos distintos de los especificados en los §§ 422 a 424 son efectivos, a menos que la naturaleza de la obligación lo indique de otra manera, a favor e y en contra sólo del deudor solidario a quien se refieran de forma particular".

[1479] Medicus, Dieter. *Tratado de las relaciones obligacionales*. Trad. Ángel Martínez Sarrión. Barcelona: Bosch Casa Editorial, 1995, v. 1, p. 370.

[1480] Gomes, Orlando. *Obrigações*. 5. ed. Rio de Janeiro: Forense, 1978, p. 87.

[1481] Fulgêncio, Tito. *Do direito das obrigações*: das modalidades das obrigações: artigos 863-927. 2. ed. Atual. por José de Aguiar Dias. Rio de Janeiro: Forense, 1958, p. 356; Mendonça, Manuel Inácio Carvalho de. *Doutrina e prática das obrigações ou tratado geral dos direitos de crédito*. 4. ed. Rio de Janeiro: Forense, 1956, t. I, p. 329; Santos, J. M. de Carvalho. *Código Civil brasileiro interpretado*: principalmente do ponto de vista prático: parte geral. 7. ed. Rio de Janeiro: Freitas Bastos, 1956, v. XI, p. 264.

[1482] Amorth, Giorgio. *L'obbligazione solidale*. Milano: Giuffrè, 1959, p. 100; Ticozzi, Marco. *Studio sulle obbligazioni solidali*. Padova: Cedam, 2012, p. 117.

[1483] Serra, Adriano Paes da Silva Vaz. Pluralidade de devedores ou de credores. Lisboa: [s.n], v. 69, out. 1957. Separata do *Boletim do Ministério da Justiça*, p. 318.

[1484] Larombière, M. L. *Théorie & pratique des obligations*: ou commentaire des titres III & IV, livre III, du Code Napoléon: art. 1101 à 1386. Paris: A. Durand, 1857, t. 2, p. 665.

seja qual for a fonte da obrigação, ainda quando decorrer de ilícito extracontratual,[1485] porque os devedores não terão a posição agravada.

Diverge a doutrina sobre se renúncia (i) causaria a cessação absoluta da solidariedade em face do(s) devedor(es) beneficiado(s) ou se (ii) acarretaria, tão somente, em seu favor, o *beneficium divisionis*. J. Giorgi, ao adotar a primeira posição, entende que, com a renúncia, a interrupção da prescrição não estenderia seus efeitos de devedor a devedor; os juros moratórios seriam de responsabilidade unicamente do devedor constituído em mora; a perda da coisa, por culpa de um só dos devedores, prejudicaria apenas ao culpado etc.[1486]

A doutrina majoritária, contudo, considera que a renúncia à solidariedade não converte a obrigação em parciária, mas atribui ao(s) beneficiário(s) uma simples faculdade de divisão, sem prejuízo da aplicação, no mais, da disciplina da solidariedade.[1487] Ao que tudo indica, o legislador brasileiro filiou-se a esse entendimento; não fosse assim, o risco de insolvência de um dos devedores não se repartiria entre todos, inclusive entre os exonerados da solidariedade (v. art. 284 do Código Civil de 2002).[1488] Ou seja, a renúncia parece ser eficaz apenas na fase externa da relação obrigacional.

Se a renúncia é *total* (ou *absoluta*),[1489] a obrigação divide-se em frações: aos devedores remanescerá a responsabilidade restrita à sua quota

[1485] RUBINO, Domenico. Delle obbligazioni: obbligazioni alternative, obbligazioni in solido, obbligazioni divisibili e indivisibili: art. 1285-1320. In: SCIALOJA, Antonio; BRANCA, Giuseppe (a cura di). *Commentario del Codice Civile*: libro quarto: delle obbligazioni. 2. ed. Bologna: Zanichelli; Roma: Soc. Ed. Del Foro Italiano, 1968, p. 316; TICOZZI, Marco. *Studio sulle obbligazioni solidali*. Padova: Cedam, 2012, p. 116-117.

[1486] GIORGI, Jorge. *Teoria de las obligaciones en el derecho moderno*: expuesta conforme a la doctrina y la jurisprudência italiana, francesa, alemana, etc., etc.: definición de las obligaciones: obligaciones naturales, solidarias, indivisibles: forma y prueba de las obligaciones. Trad. Eduardo Dato Iradier. 2. ed. Madrid: Editora Reus, 1928, v. I, p. 188-189.

[1487] BIANCA, C. Massimo. *Diritto civile*: l'obbligazione. Milano: Giuffrè, 1993, v. 4, p. 778-749; RUBINO, Domenico. Delle obbligazioni: obbligazioni alternative, obbligazioni in solido, obbligazioni divisibili e indivisibili: art. 1285-1320. In: SCIALOJA, Antonio; BRANCA, Giuseppe (a cura di). *Commentario del Codice Civile*: libro quarto: delle obbligazioni. 2. ed. Bologna: Zanichelli; Roma: Soc. Ed. Del Foro Italiano, 1968, p. 118-120; TICOZZI, Marco. *Studio sulle obbligazioni solidali*. Padova: Cedam, 2012, p. 117-119.

[1488] V. seção 2.5.2.6, sobre a insolvência de um dos devedores.

[1489] FULGÊNCIO, Tito. *Do direito das obrigações*: das modalidades das obrigações: artigos 863-927. 2. ed. Atual. por José de Aguiar Dias. Rio de Janeiro: Forense, 1958, p. 361; MENDONÇA,

interna, de forma análoga à situação descrita no art. 257 do Código Civil de 2002. Desaparecida a solidariedade (na fase externa), surgirão tantas dívidas distintas quantos forem os devedores; e o credor não poderá demandar os devedores senão pelo quinhão correspondente a cada um. Exige-se apenas a manifestação inequívoca dessa vontade de renunciar, pois não se presume o abandono de um direito (*nemo facile donare praesumitur*).[1490]

Quando a renúncia é *parcial* (ou *relativa*),[1491] deve-se investigar, de início, se a exoneração da solidariedade visa beneficiar apenas um ou alguns dos devedores. Diferentemente da renúncia total, em que se verifica um movimento para nivelar todos os devedores, em plano de igualdade, a renúncia parcial confere favor ao(s) beneficiado(s), e só a ele(s) aproveita; embora continue(m) obrigado(s) pelo débito, não responde(m) por sua *totalidade*: a solidariedade só remanesce quanto aos não atingidos pela renúncia.[1492]

Na vigência do art. 912, par. ún., do Código Civil de 1916, o credor estava autorizado a acionar os devedores não beneficiados pela renúncia parcial, desde que *abatesse a parte correspondente ao exonerado*.[1493] Sujeitava-se a críticas a redação desse dispositivo, por se referir, no mesmo parágrafo, a institutos distintos: *exoneração* e *remissão*. Na visão de M. M. de Serpa Lopes, era possível, apesar dessa regra, que o credor demandasse

Manuel Inácio Carvalho de. *Doutrina e prática das obrigações ou tratado geral dos direitos de crédito*. 4. ed. Rio de Janeiro: Forense, 1956, t. I, p. 348; MONTEIRO, Washington de Barros. *Curso de direito civil*: direito das obrigações, 1ª parte: das modalidades das obrigações: dos efeitos das obrigações. 15. ed. São Paulo: Saraiva, 1979, p. 188.

1490 LOPES, Miguel Maria de Serpa. *Curso de direito civil*: obrigações em geral. 4. ed. Rio de Janeiro: Freitas Bastos, 1966, v. II, p. 148-149; SANTOS, J. M. de Carvalho. *Código Civil brasileiro interpretado*: principalmente do ponto de vista prático: parte geral. 7. ed. Rio de Janeiro: Freitas Bastos, 1956, v. XI, p. 266.

1491 FULGÊNCIO, Tito. *Do direito das obrigações*: das modalidades das obrigações: artigos 863-927. 2. ed. Atual. por José de Aguiar Dias. Rio de Janeiro: Forense, 1958, p. 361; MENDONÇA, Manuel Inácio Carvalho de. *Doutrina e prática das obrigações ou tratado geral dos direitos de crédito*. 4. ed. Rio de Janeiro: Forense, 1956, t. I, p. 348; MONTEIRO, Washington de Barros. *Curso de direito civil*: direito das obrigações, 1ª parte: das modalidades das obrigações: dos efeitos das obrigações. 15. ed. São Paulo: Saraiva, 1979, p. 188.

1492 LOPES, Miguel Maria de Serpa. *Curso de direito civil*: obrigações em geral. 4. ed. Rio de Janeiro: Freitas Bastos, 1966, v. II, p. 149.

1493 SANTOS, J. M. de Carvalho. *Código Civil brasileiro interpretado*: principalmente do ponto de vista prático: parte geral. 7. ed. Rio de Janeiro: Freitas Bastos, 1956, v. XI, p. 269.

contra os demais em relação à *totalidade*, após a renúncia parcial, na medida em que a remissão se circunscreveria à pessoa do remido, com efeito *in personam*, e não *in rem*.[1494]

Explica M. Mignot, diante de regramento análogo, previsto no Código Civil francês, que a lei se referiria tão somente à situação em que, concomitantemente à renúncia, o devedor exonerado realizasse o pagamento de sua quota, o que explicaria a liberação dos outros codevedores pelo montante quitado. Considera equivocada, assim, a opinião de que a só renúncia à solidariedade, em favor de um (ou parte) dos devedores solidários, operaria a liberação, proporcional à quota dos favorecidos, dos outros codevedores.[1495]

Com o advento do Código Civil de 2002, aboliu-se o período "aos outros só lhe ficará o direito de acionar, abatendo no débito a parte correspondente aos devedores, cuja obrigação remitiu (art. 914)", substituído simplesmente por "subsistirá a [solidariedade] dos demais". Surge, então, controvérsia sobre o ânimo do legislador: pretendia apenas corrigir falha redacional ou, em vez disso, alterar a disciplina da renúncia à solidariedade, para aproximá-la dos sistemas italiano e português?

Segundo Caio Mário da Silva Pereira, a renúncia parcial altera a situação de todos os coobrigados, em situação análoga à do credor que recebe pagamento parcial de um dos devedores, ou lhe remite parte da dívida. Critica o civilista, por isso, a redação do art. 282, par. ún., sob o argumento de que, se fosse lícito ao credor, depois de renunciar, reclamar a dívida toda dos devedores não beneficiados, tal renúncia seria "apenas nominal", sem efeito prático, além de agravar a posição do grupo solidário.[1496]

Trata-se de interpretação defendida por vários autores.[1497] Em 2006, inclusive, durante a IV Jornada de Direito Civil, promovida pelo Centro

1494 Lopes, Miguel Maria de Serpa. *Curso de direito civil*: obrigações em geral. 4. ed. Rio de Janeiro: Freitas Bastos, 1966, v. II, p. 150.

1495 Mignot, Marc. *Les obligations solidaires et les obligations in solidum en droit privé français*. Paris: Dalloz, 2002, p. 568.

1496 Pereira, Caio Mário da Silva. *Instituições de direito civil*: teoria geral das obrigações. 26. ed. Rio de Janeiro: Forense, 2014, v. II, p. 100.

1497 Costa, José Maria da. As obrigações solidárias. In: Franciulli Netto, Domingos; Mendes, Gilmar Ferreira; Martins Filho, Ives Gandra da Silva (Coord.). *O novo Código Civil*: estudos em homenagem ao Professor Miguel Reale. São Paulo: LTr, 2003, p. 284; Diniz, Maria Helena. *Curso de direito civil brasileiro*: teoria geral das obrigações. 33. ed. São

de Estudos Judiciários (CEJ), do Conselho da Justiça Federal, aprovou-se o enunciado n. 349,[1498] do qual consta que se manteria, no diploma atual, a necessidade de abater do débito a parte correspondente aos beneficiados pela renúncia, à semelhança do que previa o revogado art. 912, par. ún., do Código Civil de 1916.

Tal entendimento, no entanto, não é pacífico. Antonio Carlos Morato, p. ex., sustenta que seria imprescindível a inserção de ressalva, pelo legislador, para que ainda fosse indispensável o desconto do valor proporcional ao devedor exonerado da solidariedade. Como não há ressalva alguma, o texto atual não mais admitiria a equiparação da renúncia ao perdão, diversamente do que previa o texto anterior; hoje, portanto, a seu ver, após a exoneração parcial, subsistiria a solidariedade quanto à inteira prestação.[1499]

Apesar de ser opinião minoritária, têm razão os seus defensores. Ao exonerar da solidariedade um dos devedores, o credor não agrava a posição dos demais; apenas abre mão de vantagem própria: a de poder exigir de todos a integralidade da prestação. Se a renúncia parcial não prejudica nenhum dos devedores (e o único favorecido é o exonerado), não subsiste o fundamento para adotar a solução baseada na redação

Paulo: Saraiva, 2018, v. 2, p. 202; Gonçalves, Carlos Roberto. In: Cambler, Everaldo Augusto; Gonçalves, Carlos Roberto; Maia, Mairan. *Comentários ao Código Civil brasileiro*: do direito das obrigações. Coord. Arruda Alvim e Thereza Alvim. Rio de Janeiro: Forense, 2003, v. 3, p. 191; Lotufo, Renan. *Código Civil comentado*: obrigações: parte geral (arts. 233 a 420). São Paulo: Saraiva, 2003, v. 2, p. 123; Nery, Rosa Maria de Andrade; Nery Junior, Nelson. *Instituições de direito civil*: direito das obrigações. São Paulo: Editora Revista dos Tribunais, 2015, v. II, p. 199; Régis, Mário Luiz Delgado. In: Fiuza, Ricardo (Coord.). *Novo Código civil comentado*. São Paulo: Saraiva, 2002, p. 266; Tepedino, Gustavo; Schreiber, Anderson. *Código Civil comentado*: direito das obrigações: artigos 233 a 420. Coord. Álvaro Villaça Azevedo. São Paulo: Atlas, 2008, v. IV, p. 148.

[1498] "Com a renúncia à solidariedade quanto a apenas um dos devedores solidários, o credor só poderá cobrar do beneficiado a sua quota na dívida, permanecendo a solidariedade quanto aos demais devedores, abatida do débito a parte correspondente aos beneficiados pela renúncia".

[1499] Morato, Antonio Carlos. Obrigações solidárias. In: Lotufo, Renan; Nanni, Giovanni Ettore (Coord). *Obrigações*. São Paulo: Atlas, 2011, p. 203-205. Nesse sentido, cf. Bdine Jr., Hamid Charaf. In: Peluso, Cezar (Coord.). *Código Civil comentado*: doutrina e jurisprudência: Lei n. 10.406, de 10.01.2002: contém o Código Civil de 1916. 4. ed. Barueri: Manole, 2010, p. 230; Gagliano, Pablo Stolze; Pamplona Filho, Rodolfo. *Novo curso de direito civil*: obrigações. 12. ed. São Paulo: Saraiva, 2011, v. II, p. 114; Lôbo, Paulo. *Direito civil*: obrigações. 2. ed. São Paulo: Saraiva, 2011, p. 144.

do art. 912, par. ún., do Código Civil de 1916, alterada substancialmente pelo art. 282, par. ún., do Código Civil de 2002.

Assim, após exonerar um (ou parte) dos devedores da solidariedade, permite o Código Civil de 2002 que o credor exija toda a prestação daqueles alheios à renúncia, sem a necessidade de nenhum abatimento. Será diferente, é claro, se o exonerado também quitar a sua parte na dívida:[1500] nesse caso, porém, mais propriamente, a amortização resultará da incidência da regra prevista no art. 277, relativa ao pagamento parcial.[1501]

Essa solução, de resto, adotada pelo art. 1.311 do Código Civil italiano e pelo art. 527º do Código Civil português, é a preferida de A. P. S. Vaz Serra: ao renunciar à solidariedade em benefício de um dos devedores, o credor não necessariamente almeja beneficiar os outros, com a redução da prestação devida, mas apenas libertar aquele devedor da obrigação de efetuar a prestação integral. Mereceria o credor, portanto, conservar o direito de exigir de qualquer dos outros a prestação integral, a não ser que se extraísse da renúncia interpretação diversa.[1502]

Quanto à forma, será *expressa* a renúncia se o devedor declarar, de maneira verbal ou escrita,[1503] por meios diretos,[1504] que exonera da solidariedade os devedores ou tal devedor. Não se exige, para reconhecê-la, nenhuma fórmula sacramental, mas palavras inequívocas, claras, induvidosas, a exemplo de: “consente na divisão da dívida”, “renuncia à ação solidária”, “desiste da ação solidária”, “perdoa a solidariedade” etc.[1505]

[1500] Giorgi, Jorge. *Teoria de las obligaciones en el derecho moderno*: expuesta conforme a la doctrina y la jurisprudência italiana, francesa, alemana, etc., etc.: definición de las obligaciones: obligaciones naturales, solidarias, indivisibles: forma y prueba de las obligaciones. Trad. Eduardo Dato Iradier. 2. ed. Madrid: Editora Reus, 1928, v. I, p. 190.

[1501] V. seção 2.4.8.1, sobre pagamento parcial e remissão.

[1502] Serra, Adriano Paes da Silva Vaz. Pluralidade de devedores ou de credores. Lisboa: [s.n], v. 69, out. 1957. Separata do *Boletim do Ministério da Justiça*, p. 321.

[1503] Monteiro, Washington de Barros. *Curso de direito civil*: direito das obrigações, 1ª parte: das modalidades das obrigações: dos efeitos das obrigações. 15. ed. São Paulo: Saraiva, 1979, p. 188.

[1504] Lopes, Miguel Maria de Serpa. *Curso de direito civil*: obrigações em geral. 4. ed. Rio de Janeiro: Freitas Bastos, 1966, v. II, p. 149.

[1505] Fulgêncio, Tito. *Do direito das obrigações*: das modalidades das obrigações: artigos 863-927. 2. ed. Atual. por José de Aguiar Dias. Rio de Janeiro: Forense, 1958, p. 357; Santos, J. M. de Carvalho. *Código Civil brasileiro interpretado*: principalmente do ponto de vista prático: parte geral. 7. ed. Rio de Janeiro: Freitas Bastos, 1956, v. XI, p. 266.

Já a renúncia *tácita* resulta de fatos incompatíveis com a intenção do credor de conservar intacta a solidariedade;[1506] deduz-se de circunstâncias,[1507] desde que explícitas e claras,[1508] a partir da interpretação das declarações de vontade.[1509] É necessário que o credor pratique algum ato que, por sua natureza, torne evidente a sua intenção de renunciar à solidariedade. A lei brasileira, diferentemente da italiana, não estabelece presunções: cabe ao julgador apurar, em cada caso concreto, se houve, ou não, exoneração.[1510]

No Brasil, a doutrina costuma arrolar os seguintes exemplos de condutas que implicariam renúncia tácita à solidariedade: (i) quando o credor dá quitação da parte que a esse devedor toca na dívida comum, com declaração de que fica quite e desobrigado dessa parte; (ii) se intentada ação contra um dos devedores pela respectiva quota, se ele paga, compromete-se a pagar ou é condenado por sentença; (iii) se o credor recebe consecutivamente de um dos devedores a respectiva quota parte nos juros ou rendimentos da dívida por tanto tempo quanto baste para prescrever;[1511] (iv) a ausência, na quitação, de reserva de solidariedade;[1512] (v) a propositura de ação coletivamente contra todos os devedores.[1513]

[1506] Fulgêncio, Tito. *Do direito das obrigações*: das modalidades das obrigações: artigos 863-927. 2. ed. Atual. por José de Aguiar Dias. Rio de Janeiro: Forense, 1958, p. 357.

[1507] Gomes, Orlando. *Obrigações*. 5. ed. Rio de Janeiro: Forense, 1978, p. 87; Espinola, Eduardo. *Garantia e extinção das obrigações*: obrigações solidárias e indivisíveis. Rio de Janeiro: Freitas Bastos, 1951, p. 427-428.

[1508] Monteiro, Washington de Barros. *Curso de direito civil*: direito das obrigações, 1ª parte: das modalidades das obrigações: dos efeitos das obrigações. 15. ed. São Paulo: Saraiva, 1979, p. 189.

[1509] Mendonça, Manuel Inácio Carvalho de. *Doutrina e prática das obrigações ou tratado geral dos direitos de crédito*. 4. ed. Rio de Janeiro: Forense, 1956, t. I, p. 349.

[1510] Santos, J. M. de Carvalho. *Código Civil brasileiro interpretado*: principalmente do ponto de vista prático: parte geral. 7. ed. Rio de Janeiro: Freitas Bastos, 1956, v. XI, p. 267.

[1511] Almeida, Francisco de Paula Lacerda de. *Obrigações*. 2. ed. Rio de Janeiro: Livraria Cruz Coutinho [s.d.], p. 51. Nesse sentido, cf. Coelho, Fábio Ulhoa. *Curso de direito civil*: obrigações: responsabilidade civil. 4. ed. São Paulo: Saraiva, 2010, v. 2, p. 103.

[1512] Lopes, Miguel Maria de Serpa. *Curso de direito civil*: obrigações em geral. 4. ed. Rio de Janeiro: Freitas Bastos, 1966, v. II, p. 150.

[1513] Almeida, Francisco de Paula Lacerda de. *Obrigações*. 2. ed. Rio de Janeiro: Livraria Cruz Coutinho [s.d.], p. 50; Costa, Mário Júlio de Almeida. *Direito das obrigações*. 12. ed. Coimbra: Almedina, 2009, p. 671; Mendonça, Manuel Inácio Carvalho de. *Doutrina e prática das obrigações ou tratado geral dos direitos de crédito*. 4. ed. Rio de Janeiro: Forense, 1956, t. I, p. 349;

J. M. de Carvalho Santos critica esses *standards*: sustenta que, quando o credor recebe o valor da quota do devedor e lhe dá quitação, mediante o emprego de expressões como "pela sua parte" (ou equivalentes), opera-se verdadeira renúncia *expressa* (e não tácita). Quanto ao recebimento, durante anos sucessivos, separadamente, de parte dos frutos e juros do débito, relativamente a um devedor solidário, isso não poderia ser havido como renúncia; cumpriria ao devedor provar que, nas circunstâncias em que realizado, o pagamento significou, realmente, extinção da solidariedade. Tratar-se-ia sempre de questão de fato.[1514]

No tocante à presunção de renúncia tácita pela propositura de ação apenas em face de um dos devedores por sua parte na dívida, esse ato não induziria renúncia à solidariedade, ainda de acordo com J. M. de Carvalho Santos: o credor, ao praticá-lo, usaria apenas do direito seu de cobrar de um dos codevedores a sua parte na dívida, sem que ficasse inibido de executar os outros. Também não resultaria da ação intentada contra um dos codevedores, pela sua parte, renúncia da solidariedade quanto ao codevedor executado: apesar de executado, permaneceria o devedor solidário pelo resto da dívida.[1515]

No mesmo sentido das críticas de J. M. de Carvalho Santos, Tito Fulgêncio acrescenta que, sempre que houvesse *dúvida* sobre a intenção, essa *dúvida* excluiria a ideia de renúncia à solidariedade.[1516]

Entendemos, não obstante, que se mostram úteis os exemplos fornecidos pela literatura, conquanto não traduzam fórmulas mágicas que permitam deduzir, de sua simples concretização, a renúncia tácita à solidariedade. Como modelos doutrinários, prestam-se a ilustrar possibilidades contextuais, cuja qualificação jurídica, no caso concreto, porém, está condicionada à atividade interpretativa da declaração tácita, extraída

Monteiro, Washington de Barros. *Curso de direito civil*: direito das obrigações, 1ª parte: das modalidades das obrigações: dos efeitos das obrigações. 15. ed. São Paulo: Saraiva, 1979, p. 189. Em sentido contrário, cf. Coelho, Fábio Ulhoa. *Curso de direito civil*: obrigações: responsabilidade civil. 4. ed. São Paulo: Saraiva, 2010, v. 2, p. 103.

1514 Santos, J. M. de Carvalho. *Código Civil brasileiro interpretado*: principalmente do ponto de vista prático: parte geral. 7. ed. Rio de Janeiro: Freitas Bastos, 1956, v. XI, p. 267-268.

1515 Santos, J. M. de Carvalho. *Código Civil brasileiro interpretado*: principalmente do ponto de vista prático: parte geral. 7. ed. Rio de Janeiro: Freitas Bastos, 1956, v. XI, p. 268-269.

1516 Fulgêncio, Tito. *Do direito das obrigações*: das modalidades das obrigações: artigos 863-927. 2. ed. Atual. por José de Aguiar Dias. Rio de Janeiro: Forense, 1958, p. 360.

do comportamento concludente das partes, à luz das cláusulas gerais previstas no Código Civil de 2002.

Com relação a uma das críticas de J. M. de Carvalho Santos (a propositura de demanda, em relação à parte da dívida, em face de um dos devedores), deve-se buscar, antes de mais nada, o motivo de semelhante comportamento. Indaga-se, diante do caso concreto: por que, em vez de exigir a integralidade da prestação, o credor o fez parcialmente? Apenas depois de respondida essa questão, ou seja, depois de revelado o motivo de semelhante conduta, será possível concluir se houve ou não renúncia à solidariedade.

É possível que se infira da própria petição inicial, em determinados casos, a renúncia, observada a necessidade de conferência de poderes especiais (para renunciar a direitos) ao advogado que a subscrever (v. art. 105[1517] do Código de Processo Civil de 2015). Não se deduz a renúncia do simples fato de o credor ter proposto a demanda em face de um (ou parte) dos devedores solidários, proporcionalmente ao seu quinhão na dívida, ou em face de todos os devedores, em litisconsórcio passivo.

Ter-se-ão por exonerados da solidariedade os réus, p. ex., se o autor pleitear a condenação de cada um (em litisconsórcio passivo) tão só ao pagamento de seu quinhão. Se "C" ajuizar ação de cobrança em face de "D1", "D2" e "D3", devedores solidários de R$300.000,00, mas pedir seja cada um deles condenado a lhe pagar R$100.000,00, como se se cuidasse de obrigação parciária, esse comportamento indicará a renúncia tácita, por ser incompatível a manutenção das vantagens da solidariedade com a formulação de pedidos parciais. Não se descarta, entretanto, a possibilidade de existir outro motivo para o credor agir dessa forma; caberá ao julgador, diante do contexto, decidir se houve ou não a renúncia.

Independentemente da forma e da extensão da renúncia, subsistirá intacto o direito de regresso daquele que quitar a integralidade da dívida ou cumprir prestação mais valiosa do que seu quinhão. Afinal, os devedores alheios a esse ato não se sujeitarão ao agravamento não con-

[1517] "Art. 105. A procuração geral para o foro, outorgada por instrumento público ou particular assinado pela parte, habilita o advogado a praticar todos os atos do processo, exceto receber citação, confessar, reconhecer a procedência do pedido, transigir, desistir, renunciar ao direito sobre o qual se funda a ação, receber, dar quitação, firmar compromisso e assinar declaração de hipossuficiência econômica, que devem constar de cláusula específica".

sentido de sua posição (v. art. 278 do Código Civil de 2002). Explica Orosimbo Nonato que a obrigação *entre os devedores* é estranha, às completas, ao credor, e remanesce e perdura enquanto restar qualquer débito para ser liquidado. E um dos pontos essenciais dessa obrigação é ser partível entre todos a quota do insolvente.[1518]

Com efeito, faculta-se ao credor renunciar à solidariedade em favor de um, de parte ou de todos os devedores. Mas, na fase interna, para fins de reembolso daquele que solveu a obrigação, todos contribuirão, mesmo aqueles exonerados (ou remitidos)[1519] durante a fase externa. Se é permitido ao credor abrir mão de seu direito, isso não interfere no relacionamento entre os vários devedores; caso contrário, haveria agravamento da situação do grupo solidário em benefício de um (ou mais de um) deles.[1520] Se, portanto, um outro devedor solidário pagar o total, ele terá regresso mesmo contra aquele exonerado; e o montante de reembolso será igual ao que seria acaso não houvesse ocorrido a renúncia à solidariedade.[1521]

2.5. Fase interna

Sob a perspectiva da obrigação como processo, discorreu-se, anteriormente,[1522] acerca da estrutura bifronte da solidariedade, cujo desenvolvimento natural se desdobra em duas fases distintas, mas imbricadas entre si: (i) a *fase externa*, correspondente às relações entre o credor comum e os devedores solidários; (ii) a *fase interna*, inaugurada a partir da liberação dos devedores solidários do vínculo primário.

De fato, a obrigação solidária, em sua complexidade, não costuma se exaurir no cumprimento da prestação originária, ou seja, na satisfação do credor comum. É certo que, do pagamento integral, resulta a *liberação* de todos os devedores solidários; essa liberação não implica,

[1518] NONATO, Orosimbo. *Curso de obrigações*: generalidades – espécies. Rio de Janeiro: Forense, 1959, v. II, p. 272.

[1519] V. seção 2.4.8.1, sobre pagamento parcial e remissão.

[1520] GIORGIANNI, Michele. Obbligazione solidale e parziaria. In: AZARA, Antonio; EULA, Ernesto (Dir.). *Novissimo Digesto Italiano*. Torino: UTET, 1965, v. 11, p. 683; VENOSA, Sílvio de Salvo. *Direito civil*: teoria geral das obrigações e teoria geral dos contratos. 7. ed. São Paulo: Atlas, 2007, v. 2, p. 111-112.

[1521] BAUDRY-LACANTINERIE, G.; BARDE, L. *Théorie et pratique de droit civil*: des obligations. Paris: Librairie de la Société du Recueil des Lois et des Arrêts, 1902, t. 2, p. 367.

[1522] V. seção 1.8.2, sobre as fases da relação obrigacional solidária.

no entanto, em regra, a extinção da relação obrigacional: em vez disso, o esgotamento da primeira fase (externa) acarreta a abertura de outra (interna).[1523] Liberam-se os devedores diante do credor, mas permanecem vinculados entre si.

Ao pagar, o devedor não age como mandatário, representante ou gestor dos negócios de seus consortes; não paga no interesse ou por conta de outrem, mas em seu próprio e exclusivo interesse: realiza o ato solutório, com o escopo de se desprender do credor, por estar sujeito à totalidade da prestação devida. Essa atuação (adimplemento) desencadeia determinados efeitos em relação aos codevedores que não pagaram:[1524] nasce, assim, a fase interna da relação obrigacional solidária, tão relevante quanto a externa.

A pluralidade de devedores (integrantes de *grupo solidário*) compõe-se de um conjunto de relações internas, mantidas entre uns e outros. Cuida-se de importante característica da solidariedade: uma vez eliminado o sujeito externo (credor), por meio do adimplemento efetuado por um dos sujeitos solidários, cessam os efeitos externos da relação obrigacional;[1525] em seu lugar, surge, pendente de solução, outro conjunto de obrigações. Afinal, a obrigação solidária é unidade e pluralidade, simultaneamente.[1526]

A abertura (ou não) da fase interna dependerá da conformação concreta do negócio subjacente: se houver, p. ex., um único devedor interessado,[1527] no sentido do art. 285 do Código Civil de 2002, e se for justamente ele o *solvens*, a relação extinguir-se-á já na primeira fase. Não haverá, nessa circunstância, nenhuma necessidade de acertamento entre os outrora consortes, porque os demais ostentavam posição análoga à de meros garantidores. E a eventual ausência de direito de regresso não descaracteriza a solidariedade: para o efeito da posição dos devedores para com o credor, tal fato é irrelevante.[1528]

1523 Amorth, Giorgio. *L'obbligazione solidale*. Milano: Giuffrè, 1959, p. 217-218.

1524 Montes, Angel Cristobal. *La estructura y los sujetos de la obligacion*. Madrid: Editorial Civitas, 1990, p. 313.

1525 Amorth, Giorgio. *L'obbligazione solidale*. Milano: Giuffrè, 1959, p. 218.

1526 V. seção 1.8.3, sobre unidade ou pluralidade.

1527 V. seção 2.5.2.2, sobre a apuração das quotas internas.

1528 Serra, Adriano Paes da Silva Vaz. Pluralidade de devedores ou de credores. Lisboa: [s.n], v. 69, out. 1957. Separata do *Boletim do Ministério da Justiça*, p. 253.

A distinção entre fases não significa a insensibilidade absoluta de uma diante da outra, daí por que se consideram imbricadas: os mesmos sujeitos solidários que mantêm relação com o sujeito externo também se relacionam entre si; e esse conjunto de relações surge de *unidade obrigacional*, representada nas duas fases. Isso explica o porquê de, ainda na fase externa, já se mostrarem relevantes as relações internas: é unitária a visão com a qual o legislador disciplina a obrigação solidária; merece ser respeitado o resultado final teleologicamente prometido com a conclusão das duas fases.[1529]

No Código Civil de 2002, a disciplina da fase interna inicia-se no art. 283,[1530] do qual se extraem as seguintes regras, em síntese: (i) o devedor que satisfez a dívida por inteiro tem direito de exigir de cada um de seus consortes a respectiva quota; (ii) divide(m)-se entre todos a(s) quota(s) de eventual(is) devedor(es) insolvente(s); (iii) presumem-se iguais (*iuris tantum*) as partes de cada um dos codevedores. Repetiu-se, com pequenos melhoramentos redacionais, o texto do art. 913[1531] do Código Civil de 1916.

2.5.1. A natureza do direito de regresso

A primeira das regras previstas no art. 283 do Código Civil concerne ao *direito de regresso* entre os devedores (também denominado *direito de recurso, de repetição* ou *de reembolso*), consagrado a partir do direito justinianeu, aperfeiçoado ao longo dos séculos.[1532] Na legislação estrangeira consultada, há regulamentação análoga no Código Civil espanhol (v. art. 1.145, § 1º, segunda parte),[1533] no Código Civil alemão (v. § 426, 2),[1534]

1529 AMORTH, Giorgio. *L'obbligazione solidale*. Milano: Giuffrè, 1959, p. 219.

1530 "Art. 283. O devedor que satisfez a dívida por inteiro tem direito a exigir de cada um dos codevedores a sua quota, dividindo-se igualmente por todos a do insolvente, se o houver, presumindo-se iguais, no débito, as partes de todos os codevedores".

1531 "Art. 913. O devedor que satisfez a dívida por inteiro, tem direito a exigir de cada um dos co-devedores a sua quota, dividindo-se igualmente por todos a do insolvente, se o houver. Presumem-se iguais, no débito da solidariedade pelo credor (art. 912)".

1532 V. seção 1.2, com breves notas sobre as origens históricas da solidariedade.

1533 "Art. 1145. [...] El que hizo el pago sólo puede reclamar de sus codeudores la parte que a cada uno corresponda, con los intereses del antecipo".

1534 "§ 426. [...] 2. Siempre que uno de los deudores solidarios satisfaga al acreedor y pueda exigir de los otros deudores la nivelación, el crédito del acreedor contra los otros deudores le es a él transmitido. La transmisión no puede hacerse valer en detrimento del acreedor".

no Código Civil italiano (v. art. 1.299, § 1º),[1535] no Código Civil português (v. art. 524º),[1536] no Código Civil e Comercial argentino (v. art. 840, § 1º)[1537] e no Código Civil francês (v. art. 1.317, § 2º).[1538]

Na fase interna da relação obrigacional solidária, apresentar-se-ia como *princípio geral* o de que cada um dos devedores solidários respondesse apenas por sua parte viril: não mais do que isso, de acordo com A. Rodière, a não ser como *garantidor* (ou *fiador*) de seus coobrigados.[1539] A. P. S. Vaz Serra considera dispensável, e até inconveniente, porém, a menção de que tais devedores se considerariam, em relação a seu consorte, como *fiadores*, porque tudo dependeria da natureza das relações estabelecidas entre eles.[1540]

Aqueles que, em face do credor, figuravam como devedores solidários se tornam, uns diante dos outros, como que devedores conjuntos:[1541] divide-se, por todos,[1542] proporcionalmente, a perda definitiva que resultar para cada um da execução da obrigação. É nessa divisão que se fundaria o regresso, definido por J. M. Barbosa de Magalhães como o direito que competiria ao devedor solvente de ser indenizado pelos outros quanto às partes que a cada um cabia definitivamente pagar.[1543] Há quem enxergue, como fundamento do direito de regresso, o enriquecimento injustificado à custa de outro ou de outros.[1544]

1535 "Art. 1299. [...] Il debitore in solido che ha pagato l'intero debito può ripetere dai condebitori soltanto la parte di ciascuno di essi (2871)".

1536 "Art. 524º [...] O devedor que satisfizer o direito do credor além da parte que lhe competir tem direito de regresso contra cada um dos condevedores, na parte que a estes compete".

1537 "Art. 840. [...] El deudor que efectúa el pago puede repetirlo de los demás codeudores según la participación que cada uno tiene en la deuda".

1538 "Art. 1317. [...] Celui qui a payé au-delà de sa part dispose d'un recours contre les autres à proportion de leur propre part".

1539 Rodière, A. *De la solidarité et de l'indivisibilité*. Paris: Chez A. Durant, 1852, p. 96.

1540 Serra, Adriano Paes da Silva Vaz. Pluralidade de devedores ou de credores. Lisboa: [s.n], v. 69, out. 1957. Separata do *Boletim do Ministério da Justiça*, p. 254.

1541 Costa, Mário Júlio de Almeida. *Direito das obrigações*. 12. ed. Coimbra: Almedina, 2009, p. 677; Mendonça, Manuel Inácio Carvalho de. *Doutrina e prática das obrigações ou tratado geral dos direitos de crédito*. 4. ed. Rio de Janeiro: Forense, 1956, t. I, p. 351.

1542 Amaral Neto, Francisco dos Santos. Solidariedade (direito das obrigações). In: França, R. Limongi (Coord.). *Enciclopédia Saraiva do Direito*. São Paulo: Saraiva, 1977, v. 70, p. 422.

1543 Magalhães, J. M. Barbosa de. *Das obrigações solidárias em direito civil portuguez*. Coimbra: Livraria Central de J. Diogo Pires – Editor, 1882, p. 258.

1544 Serra, Adriano Paes da Silva Vaz. Pluralidade de devedores ou de credores. Lisboa: [s.n], v. 69, out. 1957. Separata do *Boletim do Ministério da Justiça*, p. 256.

Busca-se, na fase interna, em outras palavras, restabelecer o *equilíbrio patrimonial*: cada um dos devedores torna-se obrigado, diante de seus consortes, quando do vencimento da dívida, a cooperar para a amortização da quota que lhe disser respeito, no tocante ao total. Se um dos devedores solidários quitar a dívida em sua integralidade (ou, ao menos, em uma porção superior à que lhe couber na dívida), poderá exigir dos demais, em regresso, que lhe prestem o devido ressarcimento.[1545]

Explicaria o direito de regresso, assegura F. Messineo, o conceito de *comunidade de interesses*,[1546] em virtude do qual cada devedor estaria obrigado a abonar ao *solvens* a parte da dívida que lhe fosse própria e lhe interessasse ver extinta. Quando, porém, a dívida estivesse estipulada no *interesse exclusivo* de algum dos codevedores (v. art. 285 do Código Civil de 2002), apenas o interessado deveria suportar a carga do cumprimento, sem que houvesse espaço para a repetição entre os consortes.[1547]

Na *obrigação divisível com atuação parciária*, assim como na *indivisível com atuação conjunta*, a eventual repartição interna do peso do débito (ou da utilidade derivada do pagamento) produz novas e específicas relações entre os sujeitos da obrigação, estranhas à fonte da obrigação originária. Assevera U. La Porta que, na *solidariedade*, diferentemente, a referência ao interesse substancial na atuação do vínculo solidário a todos ou apenas a alguns dos vários devedores decorreria do mesmo fato jurídico de que se originou a obrigação, sob o perfil *estritamente funcional* (a seu ver, não *estrutural*).[1548]

Mesmo depois de extinta a fase externa, contudo, não se deve abandonar a ideia de solidariedade. Isso se comprovaria, de maneira definitiva, segundo A. Cristobal Montes, pela circunstância de que a insolvência de um dos devedores estaria coberta pelos restantes solventes. Ora, somente a permanência do vínculo solidário entre os devedores

1545 ENNECCERUS, Ludwig. *Derecho de obligaciones*. Trad. Blas Pérez González e José Alguer. 2. ed. Barcelona: Bosch, 1954, v. 1, p. 464-465.

1546 V. seção 1.7.3, sobre o fundamento da solidariedade.

1547 MESSINEO, Francesco. *Manual de derecho civil y comercial*: derecho de las obligaciones: parte general. Trad. Santiago Sentis Melendo. Buenos Aires: Ediciones Juridicas Europa-America, 1955, t. VI, p. 414.

1548 PORTA, Ubaldo La. Delle obbligazioni in solido: artt. 1292-1313. In: SCHLESINGER, Piero; BUSNELLI, Francesco Donato (diretto da). *Il Codice Civile*: commentario. Milano: Giuffrè Editore, 2014, p. 156.

permitiria justificar que a responsabilidade de cada um deles se estendesse para além de sua parte, até englobar, de maneira proporcional, a que correspondesse ao insolvente.[1549]

No Brasil, Orosimbo Nonato flertaria, à primeira vista, com essa concepção, ao sustentar que, à *fase externa* das relações derivadas da solidariedade, se seguiria a *fase interna*, no grupo dos devedores, as quais se achariam em "ligação inséctil", em suas palavras, porquanto o "germe" (ou "larva") da segunda já existiria na primeira. Abandona, depois, essa ideia, quando defende a *extinção da solidariedade* com o pagamento ao credor, com o que cada um dos consortes se tornaria devedor do *solvens* pela própria parte.[1550]

Não aparenta ser compatível com a tese da obrigação como processo[1551] a abordagem tradicional,[1552] segundo a qual: (i) as relações internas estariam fora da estrutura da obrigação solidária, extinta com o pagamento realizado por um codevedor; (ii) o direito de regresso traduziria "apêndice autônomo" da relação originária, isto é, "novo" direito de crédito, exercitável pelo *solvens* contra os outros coobrigados.

À luz de consideração unitária e complessiva da obrigação solidária, constrói-se a fase das relações internas como *parte integrante de sua estrutura*; consequentemente, o regresso passa a assumir, de acordo com essa opção interpretativa, o valor de um dos efeitos produzidos pela solida-

1549 Montes, Angel Cristobal. *La estructura y los sujetos de la obligacion*. Madrid: Editorial Civitas, 1990, p. 316.

1550 Nonato, Orosimbo. *Curso de obrigações*: generalidades – espécies. Rio de Janeiro: Forense, 1959, v. II, p. 253 e 266-267.

1551 V. seção 1.8.1, sobre a relação obrigacional.

1552 Costa, José Maria da. As obrigações solidárias. In: Franciulli Netto, Domingos; Mendes, Gilmar Ferreira; Martins Filho, Ives Gandra da Silva (Coord.). *O novo Código Civil*: estudos em homenagem ao Professor Miguel Reale. São Paulo: LTr, 2003, p. 285; Fulgêncio, Tito. *Do direito das obrigações*: das modalidades das obrigações: artigos 863-927. 2. ed. Atual. por José de Aguiar Dias. Rio de Janeiro: Forense, 1958, p. 367-368; Lopes, Miguel Maria de Serpa. *Curso de direito civil*: obrigações em geral. 4. ed. Rio de Janeiro: Freitas Bastos, 1966, v. II, p. 158; Pereira, Caio Mário da Silva. *Instituições de direito civil*: teoria geral das obrigações. 26. ed. Rio de Janeiro: Forense, 2014, v. II, p. 97; Santos, J. M. de Carvalho. *Código Civil brasileiro interpretado*: principalmente do ponto de vista prático: parte geral. 7. ed. Rio de Janeiro: Freitas Bastos, 1956, v. XI, p. 280; Varela, Antunes. *Direito das obrigações*: conceito, estrutura e função da relação obrigacional, fontes das obrigações, modalidades das obrigações. Rio de Janeiro: Forense, 1977, p. 310.

riedade, vista em seu lado interno. Cogita-se, nesse sentido, de "refração do *idem debitum* nas relações internas entre os consortes."[1553]

K. Larenz assevera que a relação obrigacional *entre os devedores solidários* já nasceria no momento em que se criasse a obrigação *entre eles e o credor*. Em princípio, cada um dos partícipes se obrigaria a contribuir na proporção do que definitivamente lhe correspondesse, a fim de preservar os outros, diante de possível exigência ampla pelo credor. Mas, se o devedor solidário satisfizesse mais do que o correspondente à sua parte, nasceria a pretensão de compensação ou de reembolso, em face dos demais, baseada na mesma relação obrigacional originária, de natureza contratual ou legal.[1554]

Questiona-se, na doutrina, a viabilidade de equiparar o regresso à sub-rogação. Embora com reservas, pareceria ser positiva a resposta, se considerado o *antigo* texto do art. 1.251, § 3º,[1555] do Código Civil francês (alterado pela *Ordonnance* n. 2016-131, de 10 de fevereiro de 2016). Explicam G. Baudry-Lacantinerie e L. Barde que se conferiria ao devedor solidário, ao pagar, um *recurso* contra seus colegas, para obter o reembolso da parte de cada um deles; como *garantia* desse recurso, o *solvens* contaria com o benefício da sub-rogação legal, na forma do mencionado dispositivo.[1556] Outros escritores franceses defendem a convivência entre duas espécies de ações, à escolha do credor de regresso, inclusive quanto à chamada responsabilidade *in solidum*: a ação pessoal e a sub-rogação.[1557]

1553 Majo, Adolfo Di. Obbligazioni solidali (e indivisibili). In: Mortati, Costantino; Santoro-Passarelli, Francesco (Dir.). *Enciclopedia del Diritto*. Milano: Giuffrè Editore, 1979, v. XXIX, p. 317-319; Rossetti, Giulietta. *Le obbligazioni in solido*: modelli romani e disciplina attuale. Napoli: Jovene Editore, 2013, p. 138; Pellegatta, Stefano. *Unità e pluralità nella obbligazione solidale passiva*. Torino: G. Giappichelli Editore, 2016, p. 191.

1554 Larenz, Karl. *Derecho de obligaciones*. Trad. Jaime Santos Briz. Madrid: Editorial Revista de Derecho Privado, 1958, p. 511.

1555 "Art. 1251. La subrogation a lieu de plein droit: [...] 3º Au profit de celui qui, étant tenu avec d'autres ou pour d'autres au paiement de la dette, avait intérêt de l'acquitter".

1556 Baudry-Lacantinerie, G.; Barde, L. *Théorie et pratique de droit civil*: des obligations. Paris: Librairie de la Société du Recueil des Lois et des Arrêts, 1902, t. 2, p. 342.

1557 Aubry, Charles; Rau, Charles-Frédéric. *Cours de droit civil français*: d'après l'ouvrage allemand de C. S. Zacharie. 3. ed. Paris: Librairie de la Cour de Cassation, 1856, t. III, p. 23; Malaurie, Philippe; Aynès, Laurent; Stoffel-Munck, Philippe. *Droit civil*: droit des obligations. 8. ed. Paris: LGDJ, 2016, p. 758-759, 766-767; Mazeaud, Henri y Léon; Mazeaud, Jean. *Lecciones de derecho civil*: parte segunda: cumplimiento, extinción y transmisión de las

Já o § 426, 2, do Código Civil alemão dispõe que o crédito do credor contra os outros devedores se *transmite* ao *solvens*, o que permitiria equiparar o regresso à sub-rogação.[1558] Essa *cessão* ou *transmissão legal*,[1559] tal como na França, não se operaria senão pelo montante de regresso ao qual teria direito o devedor que pagasse; nessa medida, conferiria a ele a vantagem de poder invocar todas as garantias acessórias do credor.[1560]

Além dos diplomas francês e alemão, a combinação do disposto nos arts. 1.203, 3,[1561] e 1.299, ambos do Código Civil italiano, também conduziria a semelhante conclusão. A doutrina majoritária, na Itália, porém, entende que caberia ao devedor adimplente *optar* entre exercer o direito de regresso *ou* se sub-rogar nos direitos do credor, na medida em que tais remédios coexistiriam, *de forma alternativa*.[1562] De acordo com C. M. Bianca, acaso fizesse uso da sub-rogação, o *solvens* assumiria a posição do credor, no direito de crédito e nos direitos assessórios; beneficiar-se-ia,

obligaciones. Trad. Luis Alcalá-Zamora y Castillo. Buenos Aires: Ediciones Jurídicas Europa--América, 1960, p. 324; Mignot, Marc. *Les obligations solidaires et les obligations in solidum en droit privé français*. Paris: Dalloz, 2002, p. 613-615.

1558 Miranda, Pontes de. *Tratado de direito privado*. 3. ed. Rio de Janeiro: Borsoi, 1971, v. X, p. 354-356.

1559 Cohn, E. J. *Manual of german law*: general introduction, civil law. 2. ed. London: The British Institute of International and Comparative Law; Dobbs Ferry, N.Y: Oceana Publications Inc., 1968, v. 1, p. 129; Medicus, Dieter. *Tratado de las relaciones obligacionales*. Trad. Ángel Martínez Sarrión. Barcelona: Bosch Casa Editorial, 1995, v. 1, p. 371; Westermann, Harm Peter. *Código civil alemão*: direito das obrigações: parte geral. Trad. Armindo Edgar Laux. Porto Alegre: Sergio Antonio Fabris, 1983, p. 192.

1560 Bufnoir, C. et al. *Code civil allemand*: traduit et annoté. Paris: Imprimerie Nationale, 1904, t. 1, p. 639; Enneccerus, Ludwig. *Derecho de obligaciones*. Trad. Blas Pérez González e José Alguer. 2. ed. Barcelona: Bosch, 1954, v. 1, p. 465; Larenz, Karl. *Derecho de obligaciones*. Trad. Jaime Santos Briz. Madrid: Editorial Revista de Derecho Privado, 1958, p. 512.

1561 "Art. 1203. [...] La surrogazione ha luogo di diritto nei seguenti casi: [...] 3) a vantaggio di colui che, essendo tenuto con altri o per altri al pagamento del debito (754 e seguenti), aveva interesse di soddisfarlo (1299, 2871)".

1562 Bianca, C. Massimo. *Diritto civile*: l'obbligazione. Milano: Giuffrè, 1993, v. 4, p. 722-724; Giorgianni, Michele. Obbligazione solidale e parziaria. In: Azara, Antonio; Eula, Ernesto (Dir.). *Novissimo Digesto Italiano*. Torino: UTET, 1965, v. 11, p. 684; Pellegatta, Stefano. *Unità e pluralità nella obbligazione solidale passiva*. Torino: G. Giappichelli Editore, 2016, p. 192; Rubino, Domenico. Delle obbligazioni: obbligazioni alternative, obbligazioni in solido, obbligazioni divisibili e indivisibili: art. 1285-1320. In: Scialoja, Antonio; Branca, Giuseppe (a cura di). *Commentario del Codice Civile*: libro quarto: delle obbligazioni. 2. ed. Bologna: Zanichelli; Roma: Soc. Ed. Del Foro Italiano, 1968, p. 233-243.

desse modo, das garantias reais e pessoais constituídas em favor do credor originário, assim como de seus privilégios.[1563]

Não obstante reconheça a dominância dessa opinião na literatura italiana (alternatividade entre sub-rogação e regresso), G. Amorth considera que não haveria justificativas satisfatórias para admitir semelhante duplicidade de ações – fenômeno esse que qualifica como "absurdo" e "incongruente". Inexistiria, a seu ver, distinção entre o regresso e a sub-rogação: na verdade, a sub-rogação sujeitar-se-ia, na solidariedade passiva, à disciplina própria do regresso, prevista no art. 1.299 do Código Civil italiano.[1564]

Outra parte da doutrina entende que o *solvens* contaria somente com o direito de regresso. Nessa direção, afirma U. La Porta que, mesmo na obrigação solidária contratada no interesse exclusivo de um ou mais coobrigados (à exceção da fiança), o adimplemento do todo – por parte daquele devedor não destinado a suportar, nem mesmo parcialmente, o peso do débito nas relações internas – liberaria também o devedor principal, como única e (funcionalmente) unitária *solutio*, sem nenhum efeito sub-rogatório.[1565]

No Brasil, apesar de o artigo 283 do Código Civil de 2002 (equivalente ao art. 913 do Código Civil de 1916) não fazer menção à transmissão ou à sub-rogação, mas apenas ao direito de o *solvens* exigir de cada um dos codevedores a sua quota, Clovis Bevilaqua pensa que o pagamento feito por um dos coobrigados, na solidariedade passiva, corresponderia à hipótese de sub-rogação legal,[1566] com o que concordam

[1563] Bianca, C. Massimo. *Diritto civile*: l'obbligazione. Milano: Giuffrè, 1993, v. 4, p. 723.

[1564] Amorth, Giorgio. *L'obbligazione solidale*. Milano: Giuffrè, 1959, p. 234-243.

[1565] Porta, Ubaldo La. Delle obbligazioni in solido: artt. 1292-1313. In: Schlesinger, Piero; Busnelli, Francesco Donato (diretto da). *Il Codice Civile*: commentario. Milano: Giuffrè Editore, 2014, p. 201. Nesse sentido, cf. Barassi, Lodovico. *La teoria generale delle obbligazioni*: la struttura. 2. ed. Milano: Dott. A. Giuffrè Editore, 1963, v. 1, p. 231-232; Cerchia, Rossella Esther. *Uno per tutti, tutti per uno*: itinerari dela responsabilità solidale nel diritto comparato. Milano: Giuffrè Editore, 2009, p. 241-242; Orlandi, Mauro. *La responsabilità solidale*: profili dele obbligazioni solidali risarcitorie. Milano: Dott. A. Giuffrè Editore, 1993, p. 291-299.

[1566] Bevilaqua, Clovis. *Codigo Civil dos Estados Unidos do Brasil commentado*. Rio de Janeiro: Livraria Francisco Alves, 1930, v. IV, p. 66.

Caio Mario da Silva Pereira,[1567] Eduardo Espinola,[1568] J. M. de Carvalho Santos,[1569] Maria Helena Diniz,[1570] Orlando Gomes,[1571] Orosimbo Nonato[1572] e Tito Fulgêncio.[1573]

Enquadrado como modalidade de adimplemento e extinção de obrigações, o *pagamento com sub-rogação* encontra-se disciplinado nos arts. 346 a 351 do Código Civil de 2002: ocorre quando o credor se satisfaz com a quitação realizada por *terceiro* (adquirente do crédito). Provoca-se, com isso, a extinção da obrigação originária; mas, em vez de se liberar, o devedor se torna obrigado perante aquele terceiro que promoveu a extinção da dívida, à semelhança do que se verifica com a cessão de crédito.[1574]

Embora, pela lei, o direito de regresso se limite, em relação aos consortes, à quota que a cada um tocar na dívida, entende J. M. de Carvalho Santos que, em rigor, *não deveria ser assim*, já que, por força do pagamento com sub-rogação, se facultaria ao *solvens* exigir dos outros e de cada um a integralidade da prestação, porque a isso ostentava direito aquele credor supostamente substituído. Apenas se decotaria do crédito a porção que, antes, cabia ao adimplente, o que se justificaria pela *confusão*.[1575]

Já Orosimbo Nonato vislumbra sub-rogação *no crédito*, e não *na solidariedade*: assim, o *solvens* não estaria autorizado a exigir de seus consortes a dívida inteira, mas somente a sua porção individual, a sua parte viril. Contudo, reconhece que, tecnicamente, haveria *desvio das consequências*

1567 Pereira, Caio Mário da Silva. *Instituições de direito civil*: teoria geral das obrigações. 26. ed. Rio de Janeiro: Forense, 2014, v. II, p. 97.

1568 Espinola, Eduardo. *Garantia e extinção das obrigações*: obrigações solidárias e indivisíveis. Rio de Janeiro: Freitas Bastos, 1951, p. 428.

1569 Santos, J. M. de Carvalho. *Código Civil brasileiro interpretado*: principalmente do ponto de vista prático: parte geral. 7. ed. Rio de Janeiro: Freitas Bastos, 1956, v. XI, p. 281-284.

1570 Diniz, Maria Helena. *Curso de direito civil brasileiro*: teoria geral das obrigações. 33. ed. São Paulo: Saraiva, 2018, v. 2, p. 207.

1571 Gomes, Orlando. *Obrigações*. 5. ed. Rio de Janeiro: Forense, 1978, p. 86.

1572 Nonato, Orosimbo. *Curso de obrigações*: generalidades – espécies. Rio de Janeiro: Forense, 1959, v. II, p. 250-266.

1573 Fulgêncio, Tito. *Do direito das obrigações*: das modalidades das obrigações: artigos 863-927. 2. ed. Atual. por José de Aguiar Dias. Rio de Janeiro: Forense, 1958, p. 368.

1574 Gomes, Orlando. *Obrigações*. 5. ed. Rio de Janeiro: Forense, 1978, p. 143.

1575 Santos, J. M. de Carvalho. *Código Civil brasileiro interpretado*: principalmente do ponto de vista prático: parte geral. 7. ed. Rio de Janeiro: Freitas Bastos, 1956, v. XI, p. 281.

naturais da sub-rogação, por lhe parecer ilógica essa distribuição proporcional. Entende que tamanho "rigor", porém, não seria exigível, sob pena de suscitar, em suas "consequências extremosas", um *circuito*, "fecundo em pleitos e processos".[1576]

Aparentemente, os adeptos da tese da equiparação do regresso aos direitos resultantes do pagamento com sub-rogação tentam forçar a interpretação do texto legal, para, talvez, adaptar a literatura estrangeira à realidade brasileira. Alguns escritores pátrios, no entanto, manifestam discordância de semelhante tese, a exemplo de J. X. Carvalho de Mendonça,[1577] Nelson Nery Junior e Rosa Maria de Andrade Nery,[1578] Paulo Lôbo,[1579] Pontes de Miranda[1580] e Renan Lotufo.[1581]

A solução brasileira, diferentemente da alemã – afirma Pontes de Miranda – seria a da *ação de reembolso* (*Rückgriffsanspruch*), não a da transferência do crédito (*sub-rogação pessoal*); o que não significa que o credor não poderia ceder a um dos devedores o crédito ou que um terceiro não poderia assumir a dívida de um dos coobrigados. A concepção da sub-rogação pessoal, assim, seria "forçada": ter-se-ia de interpretar o art. 913 do Código Civil de 1916 sem lançar mão dessa figura, porque, mesmo onde admitida, soaria "artificial".[1582]

De fato, a redação do art. 283 do Código Civil de 2002 (equivalente ao art. 913 do Código Civil de 1916) provoca divergência sobre a natureza jurídica do direito do devedor solvente. Considera Renan Lotufo que seria necessário buscar posição em face do ordenamento brasileiro, diante da diferente disciplina dada pela legislação estrangeira. Como a

1576 NONATO, Orosimbo. *Curso de obrigações*: generalidades – espécies. Rio de Janeiro: Forense, 1959, v. II, p. 251-266.

1577 MENDONÇA, José Xavier Carvalho de. *Tratado de direito commercial brasileiro*: das obrigações, dos contractos e da prescripção em materia commercial: parte I: das obrigações em materia commercial. 3. ed. Rio de Janeiro: Livraria Editora Freitas Bastos, 1939, p. 258.

1578 NERY, Rosa Maria de Andrade; NERY JUNIOR, Nelson. *Instituições de direito civil*: direito das obrigações. São Paulo: Editora Revista dos Tribunais, 2015, v. II, p. 197-198.

1579 LÔBO, Paulo. *Direito civil*: obrigações. 2. ed. São Paulo: Saraiva, 2011, p. 148.

1580 MIRANDA, Pontes de. *Tratado de direito privado*. 3. ed. Rio de Janeiro: Borsoi, 1971, v. X, p. 354-356.

1581 LOTUFO, Renan. *Código Civil comentado*: obrigações: parte geral (arts. 233 a 420). São Paulo: Saraiva, 2003, v. 2, p. 131-133.

1582 MIRANDA, Pontes de. *Tratado de direito privado*. 3. ed. Rio de Janeiro: Borsoi, 1971, v. X, p. 354-356.

sub-rogação, aqui, por força do que dispõe o art. 349,[1583] transferiria ao novo credor todos os direitos, ações, privilégios e garantias do primitivo, não se poderia pretender que o devedor se sub-rogasse na dívida solidária, extinta pelo pagamento.[1584]

Seria inaplicável à solidariedade, ainda conforme Renan Lotufo, a regra prevista no art. 346, III,[1585] do Código Civil de 2002, por se referir ao *terceiro interessado* que paga a dívida. Conquanto o devedor solidário tenha, sim, interesse no cumprimento da obrigação, não se lhe confeririam todos os direitos do credor originário, já que, com o pagamento, se afastaria a possibilidade de exigir o todo de qualquer dos outros codevedores. Ou seja, o *solvens* contaria com *direito próprio* de reclamar de seus consortes a quota de cada um.[1586]

É essa a posição mais compatível com o Código Civil de 2002. Não obstante o pagamento ao credor originário não se mostre idôneo, tecnicamente, a provocar a extinção da *relação obrigacional solidária* (não há solução de continuidade, mas desdobramento em uma segunda fase), silencia o legislador, no art. 283, quanto a uma possível aplicação da disciplina do pagamento com sub-rogação, diferentemente do que faz quando estabelece o regime da obrigação de prestação indivisível (v. art. 259,[1587] par. ún.).

O silêncio da lei, ao regulamentar o direito de regresso, indica a pretensão de afastar da solidariedade as regras do pagamento com sub-rogação, inclusive por sua incompatibilidade. Acaso houvesse, no Brasil, *transmissão* do crédito ao *solvens*, à semelhança do que prevê o Código Civil alemão (v. § 426, 2), seria aceitável a equiparação; mas o art. 283

[1583] "Art. 349. A sub-rogação transfere ao novo credor todos os direitos, ações, privilégios e garantias do primitivo, em relação à dívida, contra o devedor principal e os fiadores".

[1584] Lotufo, Renan. *Código Civil comentado*: obrigações: parte geral (arts. 233 a 420). São Paulo: Saraiva, 2003, v. 2, p. 132.

[1585] "Art. 346. A sub-rogação opera-se, de pleno direito, em favor: [...] III – do terceiro interessado, que paga a dívida pela qual era ou podia ser obrigado, no todo ou em parte".

[1586] Lotufo, Renan. *Código Civil comentado*: obrigações: parte geral (arts. 233 a 420). São Paulo: Saraiva, 2003, v. 2, p. 132. Nesse sentido, cf. Magalhães, J. M. Barbosa de. *Das obrigações solidárias em direito civil portuguez*. Coimbra: Livraria Central de J. Diogo Pires – Editor, 1882, p. 264.

[1587] "Art. 259. Se, havendo dois ou mais devedores, a prestação não for divisível, cada um será obrigado pela dívida toda. Parágrafo único. O devedor, que paga a dívida, sub-roga-se no direito do credor em relação aos outros coobrigados".

do Código Civil de 2002 prevê o direito de exigir de cada um dos codevedores a sua quota, sem nenhuma referência à sub-rogação ou à transmissão do crédito.

Não se presta a solucionar essa controvérsia o texto do art. 346, III,[1588] do Código Civil de 2002, porque nenhum dos devedores solidários figura, de fato, como *terceiro*:[1589] todos integram a relação jurídica obrigacional; e, na fase externa, estão sujeitos à inteira prestação. Diversa é a situação do fiador, ao pagar integral ou parcialmente[1590] a dívida (v. art. 831),[1591] já que, nesse caso, há previsão expressa de sub-rogação. Na solidariedade passiva, contudo, escapa à lógica a assertiva de que o *solvens* assumiria o lugar do credor originário, notadamente se considerada a extinção da fase externa.

Se houvesse transferência do crédito, subsistiria a própria fase externa da solidariedade: o devedor adimplente passaria do polo passivo ao ativo. Mas não é isso que ocorre: a prestação, depois de realizada ao credor originário, transforma-se em tantas quotas quantos forem os devedores (salvo se houver um único interessado). Aquele que pagou passará a dispor do direito de se acertar com os seus antigos colegas: para Antunes Varela, surgirão novas obrigações,[1592] em lugar do crédito originário.

[1588] "Art. 346. A sub-rogação opera-se, de pleno direito, em favor: [...] III – do terceiro interessado, que paga a dívida pela qual era ou podia ser obrigado, no todo ou em parte".

[1589] Magalhães, J. M. Barbosa de. *Das obrigações solidárias em direito civil portuguez*. Coimbra: Livraria Central de J. Diogo Pires – Editor, 1882, p. 264.

[1590] Godoy, Claudio Luiz Bueno de. In: Peluso, Cezar (Coord.). *Código Civil comentado*: doutrina e jurisprudência: Lei n. 10.406, de 10.01.2002: contém o Código Civil de 1916. 4. ed. Barueri: Manole, 2010, p. 846.

[1591] "Art. 831. O fiador que pagar integralmente a dívida fica sub-rogado nos direitos do credor; mas só poderá demandar a cada um dos outros fiadores pela respectiva quota. Parágrafo único. A parte do fiador insolvente distribuir-se-á pelos outros".

[1592] Varela, Antunes. *Direito das obrigações*: conceito, estrutura e função da relação obrigacional, fontes das obrigações, modalidades das obrigações. Rio de Janeiro: Forense, 1977, p. 310. Nesse sentido, cf. Cerchia, Rossella Esther. *Uno per tutti, tutti per uno*: itinerari dela responsabilità solidale nel diritto comparato. Milano: Giuffrè Editore, 2009, p. 240; Rubino, Domenico. Delle obbligazioni: obbligazioni alternative, obbligazioni in solido, obbligazioni divisibili e indivisibili: art. 1285-1320. In: Scialoja, Antonio; Branca, Giuseppe (a cura di). *Commentario del Codice Civile*: libro quarto: delle obbligazioni. 2. ed. Bologna: Zanichelli; Roma: Soc. Ed. Del Foro Italiano, 1968, p. 233.

Acaso se admitisse a sub-rogação nos direitos do credor, os outros devedores permaneceriam obrigados à integralidade da prestação (descontada apenas a quota do *solvens*, por confusão). Mas o art. 283 do Código Civil de 2002 faz referência ao direito de exigir a *quota de cada um*. Não se afasta a possibilidade de sucessão convencional na dívida solidária (por cessão, celebrada entre o credor comum e um dos devedores);[1593] admite-se, inclusive, que as partes prevejam a incidência do regime da solidariedade nas relações internas, para facultar àquele que satisfizer o débito comum o exercício do direito de regresso por inteiro, diante de qualquer dos restantes.[1594] No entanto, a simples razão de existir remédio próprio faz com que, no mais das vezes, careça de sentido e justificação a referência à sub-rogação.[1595] É autônomo, no Brasil, pois, o direito de regresso.

2.5.2. O exercício do direito de regresso

2.5.2.1. Pressupostos do acertamento

É essencial, na solidariedade passiva, conforme já se indicou, que o *credor originário* possa exigir de um, de parte ou de todos os devedores solidários, a seu critério, o cumprimento da prestação. Essa faculdade, entretanto, não significa que ele estaria autorizado a estabelecer que aquele(s) devedor(es) demandado(s) suportasse(m), sempre, em caráter definitivo, o sacrifício da prestação realizada, em benefício de seus colegas. A distribuição definitiva, então, ocorre na fase interna da relação obrigacional solidária.

Com o pagamento ao credor originário, costuma nascer, nas palavras de Pontes de Miranda, a pretensão de *nivelamento* (*Ausglei-*

[1593] Mendonça, Manuel Inácio Carvalho de. *Doutrina e prática das obrigações ou tratado geral dos direitos de crédito*. 4. ed. Rio de Janeiro: Forense, 1956, t. I, p. 352; Nery, Rosa Maria de Andrade; Nery Junior, Nelson. *Instituições de direito civil*: direito das obrigações. São Paulo: Editora Revista dos Tribunais, 2015, v. II, p. 198; Nonato, Orosimbo. *Curso de obrigações*: generalidades – espécies. Rio de Janeiro: Forense, 1959, v. II, p. 267.

[1594] Costa, Mário Júlio de Almeida. *Direito das obrigações*. 12. ed. Coimbra: Almedina, 2009, p. 677.

[1595] Montes, Angel Cristobal. *La estructura y los sujetos de la obligacion*. Madrid: Editorial Civitas, 1990, p. 321.

chungsanspruch), precedente ao exercício da pretensão de *reembolso (Rückgriffsanspruch)*.[1596] Talvez fosse mais preciso, embora com o mesmo sentido, aludir ao *acertamento*[1597] entre os codevedores: a adoção do verbo "nivelar" poderia induzir à falsa conclusão de que todos seriam colocados no mesmo plano, o que nem sempre se verifica. O escopo é o de determinar as quotas internas, por meio da liquidação do montante que cada um deles deverá entregar ao *solvens*, em lugar da prestação originária. Sim, porque se substituirá essa prestação originária, já recebida pelo credor primitivo, em geral, pelo seu equivalente em dinheiro (salvo, é claro, convenção em outro sentido).

À partida, segundo G. Amorth, a regulamentação das relações internas representaria a fase *subsequente* ao exaurimento das relações externas, quando a obrigação estivesse *necessariamente extinta* em relação ao sujeito externo. Somente, portanto, depois de que um dos devedores houvesse quitado *l'intero debito* (ou provocado a *extinção total por outro modo*), as relações internas entrariam em sua *fase de atuação*. Em outras palavras, a ação de regresso teria por pressuposto a *extinção da obrigação quanto ao credor*, com sua consequente eliminação, eis que, antes disso, haveria estado de incerteza.[1598]

Clovis Bevilaqua, no mesmo sentido, considera que a lei se referiria ao *pagamento por inteiro*; a quitação parcial, portanto, se o credor não houvesse dividido a obrigação em benefício do solvente, não o exoneraria: ele permaneceria, com os outros, sujeito ao restante da dívida. Apenas quando a obrigação se achasse, *de todo*, solvida, é que se poderiam

1596 MIRANDA, Pontes de. *Tratado de direito privado*. 3. ed. Rio de Janeiro: Borsoi, 1971, v. X, p. 353.

1597 O *acertamento* de que ora se cuida não se confunde com o *negócio de acertamento*, oriundo do direito alemão e admitido na doutrina italiana. Nem sempre as partes, na fase interna, celebram outro negócio jurídico: o acertamento pode ser objeto de decisão judicial. Mas os escopos entre os institutos parecem se aproximar, visto que se pretende, no exercício do direito de regresso, extinguir ambiguidades ou incertezas concretas contida em algum aspecto, fato, obrigação ou objeto do negócio jurídico primitivo. Há, muitas vezes, situação jurídica incerta entre os antes devedores, o que exige o acertamento. Cf., sobre o negócio de acertamento, NANNI, Giovanni Ettore. O negócio de acertamento como espécie de negócio jurídico. *Letrado*: Informativo Instituto dos Advogados de São Paulo. São Paulo, v. 100, maio-jun. 2012, p. 78-79.

1598 AMORTH, Giorgio. *L'obbligazione solidale*. Milano: Giuffrè, 1959, p. 257-258.

apurar as relações entre os devedores. Antes disso, a seu ver, manter-se-ia o vínculo, não obstante a prestação se diminuísse.[1599]

Com efeito, o art. 283 do Código Civil de 2002 faz referência à satisfação da "dívida por inteiro" (à semelhança do que prevê art. 1.299 do Código Civil italiano), algo suficiente para provocar problemas hermenêuticos (João Luiz Alves, há muitos anos, já criticava a adoção dessa cláusula "por inteiro", também prevista no Código Civil de 1916).[1600] A maioria dos autores[1601] (inclusive, G. Amorth)[1602] considera *dispensável*, porém, como pressuposto para o exercício do direito de regresso, a extinção total da fase externa; essencial é que, ainda que em parte, o pagamento seja válido e eficaz, útil aos demais devedores, isto é, com a virtude de liberá-los para com o credor.[1603] Se o pagamento não for válido e eficaz, aliás, não disporá o *solvens* de ação de regresso, mas de pretensão de restituição em face do *accipiens*.[1604]

[1599] BEVILAQUA, Clovis. *Codigo Civil dos Estados Unidos do Brasil commentado*. Rio de Janeiro: Livraria Francisco Alves, 1930, v. IV, p. 66. Nesse sentido, cf. MENDONÇA, José Xavier Carvalho de. *Tratado de direito commercial brasileiro*: das obrigações, dos contractos e da prescripção em materia commercial: parte I: das obrigações em materia commercial. 3. ed. Rio de Janeiro: Livraria Editora Freitas Bastos, 1939, p. 258.

[1600] ALVES, João Luiz. *Código Civil da República dos Estados Unidos do Brasil*: parte especial: do direito das obrigações. 3. ed. Rio de Janeiro: Editor Borsoi, 1958, v. 4, p. 43.

[1601] ALVES, João Luiz. *Código Civil da República dos Estados Unidos do Brasil*: parte especial: do direito das obrigações. 3. ed. Rio de Janeiro: Editor Borsoi, 1958, v. 4, p. 43; BIANCA, C. Massimo. *Diritto civile*: l'obbligazione. Milano: Giuffrè, 1993, v. 4, p. 721; DESHAYES, Olivier; GENICON, Thomas; LAITHIER, Yves-Marie. *Réforme du droit des contrats, du régime general et de la preuve des obligations*: commentaire article per article. Paris: LexisNexis, 2016, p. 624; ENNECCERUS, Ludwig. *Derecho de obligaciones*. Trad. Blas Pérez González e José Alguer. 2. ed. Barcelona: Bosch, 1954, v. 1, p. 464-465; FULGÊNCIO, Tito. *Do direito das obrigações*: das modalidades das obrigações: artigos 863-927. 2. ed. Atual. por José de Aguiar Dias. Rio de Janeiro: Forense, 1958, p. 371; RUBINO, Domenico. Delle obbligazioni: obbligazioni alternative, obbligazioni in solido, obbligazioni divisibili e indivisibili: art. 1285-1320. In: SCIALOJA, Antonio; BRANCA, Giuseppe (a cura di). *Commentario del Codice Civile*: libro quarto: delle obbligazioni. 2. ed. Bologna: Zanichelli; Roma: Soc. Ed. Del Foro Italiano, 1968, p. 243-244; SANTOS, J. M. de Carvalho. *Código Civil brasileiro interpretado*: principalmente do ponto de vista prático: parte geral. 7. ed. Rio de Janeiro: Freitas Bastos, 1956, v. XI, p. 272; TICOZZI, Marco. *Studio sulle obbligazioni solidali*. Padova: Cedam, 2012, p. 183.

[1602] AMORTH, Giorgio. *L'obbligazione solidale*. Milano: Giuffrè, 1959, p. 266-267.

[1603] SANTOS, J. M. de Carvalho. *Código Civil brasileiro interpretado*: principalmente do ponto de vista prático: parte geral. 7. ed. Rio de Janeiro: Freitas Bastos, 1956, v. XI, p. 272.

[1604] Díez-Picazo, Luis. *Fundamentos del derecho civil patrimonial*: las relaciones obligatorias. 6. ed. Madrid: Civitas, 2008, v. II, p. 247.

Diverge-se sobre a possibilidade de um dos devedores solidários, em certas ocasiões, propor a demanda de regresso *antes mesmo de qualquer desembolso*, caso em que o acolhimento de seu pedido (ou a possibilidade de executar o título judicial) se subordinaria ao efetivo pagamento ao credor.[1605] Embora, nessas hipóteses, pudesse parecer questionável o interesse processual do demandante (ainda não solvente), vislumbrar-se-ia, em alguns casos de intervenção de terceiros, a antecipação legítima do exercício do direito de regresso.[1606]

Mas há, ainda, a possibilidade de algum dos devedores piorar de situação econômica ou, por outra causa, colocar em perigo a efetivação do dever de regresso, tal como menciona A. P. S. Vaz Serra. Estariam os demais devedores, nessas circunstâncias, autorizados a se garantir, por meio de defesa análoga à atribuída ao fiador? Ora, se um dos devedores, por hipótese, decair de fortuna, os outros suportarão o risco de perda do regresso;[1607] seria conveniente, por isso, que pudessem se precaver; facultar-lhes-ia exigir, assim, que o devedor, em via de se tornar insolvente, buscasse a exoneração dos demais ou que lhes prestasse garantias idôneas para assegurar a efetivação do eventual direito de regresso.[1608]

É certo que, na visão de Orosimbo Nonato, a faculdade outorgada ao fiador pelo art. 1.499[1609] do Código Civil de 1916 (sem correspondente no Código Civil de 2002), não se estenderia aos codevedores solidá-

1605 Fulgêncio, Tito. *Do direito das obrigações*: das modalidades das obrigações: artigos 863-927. 2. ed. Atual. por José de Aguiar Dias. Rio de Janeiro: Forense, 1958, p. 371; Giorgi, Jorge. *Teoria de las obligaciones en el derecho moderno*: expuesta conforme a la doctrina y la jurisprudência italiana, francesa, alemana, etc., etc.: definición de las obligaciones: obligaciones naturales, solidarias, indivisibles: forma y prueba de las obligaciones. Trad. Eduardo Dato Iradier. 2. ed. Madrid: Editora Reus, 1928, v. I, p. 180; Nonato, Orosimbo. *Curso de obrigações*: generalidades – espécies. Rio de Janeiro: Forense, 1959, v. II, p. 256-257; Ticozzi, Marco. *Studio sulle obbligazioni solidali*. Padova: Cedam, 2012, p. 184; Rodière, A. *De la solidarité et de l'indivisibilité*. Paris: Chez A. Durant, 1852, p. 97-98; Rossetti, Giulietta. *Le obbligazioni in solido*: modelli romani e disciplina attuale. Napoli: Jovene Editore, 2013, p. 150.

1606 V. seção 4.3.2, sobre denunciação da lide e chamamento ao processo.

1607 V. seção 2.5.2.6, sobre a insolvência de um dos devedores.

1608 Serra, Adriano Paes da Silva Vaz. Pluralidade de devedores ou de credores. Lisboa: [s.n], v. 69, out. 1957. Separata do *Boletim do Ministério da Justiça*, p. 274-275.

1609 "Art. 1.499. O fiador, ainda antes de haver pago, pode exigir que o devedor satisfaça a obrigação, ou o exonere da fiança desde que a dívida se torne exigível, ou tenha decorrido o prazo dentro no qual o devedor se obrigou a desonerá-lo".

rios.[1610] Seja como for, dispõe o art. 5º, XXXV, da Constituição da República, que a lei não excluirá da apreciação jurisdicional *ameaça a direito*. Ainda que não haja previsão legal expressa, e apesar de não se confundir essa proteção com o direito de regresso, entende-se que, em situações concretas de ameaça, como aquelas cogitadas por A. P. S. Vaz Serra, não estariam os devedores ameaçados desguarnecidos de tutela. Estará presente, em semelhantes hipóteses, o interesse processual, haja vista a necessidade e a utilidade, em tese, da providência almejada.

Na Alemanha, no entanto, defende-se a possibilidade de se ajuizar uma demanda antes mesmo de qualquer desembolso, com fundamento no mero *dever de cooperação* (ou de colaboração) entre os codevedores. Assim, todo devedor poderia reclamar também a colaboração proporcional de seus codevedores na satisfação do credor, o que originaria uma ação para liberação proporcional da dívida.[1611]

Quanto ao *pagamento parcial*, sem liberação da solidariedade, considera J. Giorgi que, sempre que pagar, ainda que *parte inferior* à sua quota interna, o devedor solidário praticará ato favorável aos seus consortes, por livrá-los do perigo de ter de antecipar ao credor essa mesma parte, pelo que faria jus, desde logo, ao direito de regresso.[1612] Afastar-se-ia esse direito, a seu ver, tão somente se o credor pagasse sua parte e obtivesse, ao mesmo tempo, a renúncia da solidariedade, já que, desse modo, se romperia o vínculo que unia os coobrigados.[1613]

Sob diferente perspectiva, porém, D. Rubino cogita de soluções diversas: (i) se o pagamento for de *valor exato* ou *inferior* à quota interna do

[1610] NONATO, Orosimbo. *Curso de obrigações*: generalidades – espécies. Rio de Janeiro: Forense, 1959, v. II, p. 263.

[1611] MEDICUS, Dieter. *Tratado de las relaciones obligacionales*. Trad. Ángel Martínez Sarrión. Barcelona: Bosch Casa Editorial, 1995, v. 1, p. 371.

[1612] Nesse sentido, cf. FULGÊNCIO, Tito. *Do direito das obrigações*: das modalidades das obrigações: artigos 863-927. 2. ed. Atual. por José de Aguiar Dias. Rio de Janeiro: Forense, 1958, p. 372; MENDONÇA, Manuel Inácio Carvalho de. *Doutrina e prática das obrigações ou tratado geral dos direitos de crédito*. 4. ed. Rio de Janeiro: Forense, 1956, t. I, p. 351; NONATO, Orosimbo. *Curso de obrigações*: generalidades – espécies. Rio de Janeiro: Forense, 1959, v. II, p. 259; SANTOS, J. M. de Carvalho. *Código Civil brasileiro interpretado*: principalmente do ponto de vista prático: parte geral. 7. ed. Rio de Janeiro: Freitas Bastos, 1956, v. XI, p. 274-275.

[1613] GIORGI, Jorge. *Teoria de las obligaciones en el derecho moderno*: expuesta conforme a la doctrina y la jurisprudência italiana, francesa, alemana, etc., etc.: definición de las obligaciones: obligaciones naturales, solidarias, indivisibles: forma y prueba de las obligaciones. Trad. Eduardo Dato Iradier. 2. ed. Madrid: Editora Reus, 1928, v. I, p. 186.

solvens, não nascerá o regresso, por lhe faltar fundamento, dada a ausência de vantagem aos demais devedores (vantagem haverá nas relações externas, ante a liberação parcial, mas o regresso concerne às relações internas); (ii) se esse pagamento parcial for *em maior medida* do que a quota interna do *solvens*, terá ele regresso pelo excedente a essa quota, na proporção da quota interna de cada consorte.[1614]

Na maioria das circunstâncias, as duas soluções vislumbradas por D. Rubino serão, de fato, as mais sensatas. Na prática, porém, diante das inúmeras possibilidades de configuração do negócio jurídico, é possível seja necessário seguir por outra trilha.[1615] Avente-se a hipótese em que esteja previsto o cumprimento da prestação de forma parcelada, com termos diversos, distribuídos ao longo de vários anos. P. ex.: "D1" e "D2", devedores solidários de "C", pela vultosa quantia de R$100.000.000,00, obrigam-se a pagamentos fracionados em vinte parcelas *anuais* de R$5.000.000,00 cada. Seria justo, nessa situação, se "D1", depois de quitar três prestações (R$15.000.000,00), fosse constrangido a aguardar a liquidação de sua quota interna (R$50.000.000,00), antes de exercer o direito de regresso em face de "D2"?

Nessas hipóteses excepcionais, revela-se mais oportuno empregar a orientação de J. M. de Carvalho Santos e de Orosimbo Nonato, a fim de que se repute a obrigação *como se* estivesse dividida, para efeito de considerar cada parte vencida *como se* fosse uma dívida distinta.[1616] Na maioria dos casos, no entanto, se o *solvens* pagar apenas a quota que lhe couber

1614 RUBINO, Domenico. Delle obbligazioni: obbligazioni alternative, obbligazioni in solido, obbligazioni divisibili e indivisibili: art. 1285-1320. In: SCIALOJA, Antonio; BRANCA, Giuseppe (a cura di). *Commentario del Codice Civile*: libro quarto: delle obbligazioni. 2. ed. Bologna: Zanichelli; Roma: Soc. Ed. Del Foro Italiano, 1968, p. 243-244. Nesse sentido, cf. AMORTH, Giorgio. *L'obbligazione solidale*. Milano: Giuffrè, 1959, p. 267; BIANCA, C. Massimo. *Diritto civile*: l'obbligazione. Milano: Giuffrè, 1993, v. 4, p. 721; MALAURIE, Philippe; AYNÈS, Laurent; STOFFEL-MUNCK, Philippe. *Droit civil*: droit des obligations. 8. ed. Paris: LGDJ, 2016, p. 758; RODIÈRE, A. *De la solidarité et de l'indivisibilité*. Paris: Chez A. Durant, 1852, p. 104; SERRA, Adriano Paes da Silva Vaz. Pluralidade de devedores ou de credores. Lisboa: [s.n], v. 69, out. 1957. Separata do *Boletim do Ministério da Justiça*, p. 264-266.

1615 Nesse sentido, cf. SERRA, Adriano Paes da Silva Vaz. Pluralidade de devedores ou de credores. Lisboa: [s.n], v. 69, out. 1957. Separata do *Boletim do Ministério da Justiça*, p. 266.

1616 NONATO, Orosimbo. *Curso de obrigações*: generalidades – espécies. Rio de Janeiro: Forense, 1959, v. II, p. 258; SANTOS, J. M. de Carvalho. *Código Civil brasileiro interpretado*: principalmente do ponto de vista prático: parte geral. 7. ed. Rio de Janeiro: Freitas Bastos, 1956, v. XI, p. 275.

(ou mesmo um montante inferior), não fará sentido que se lhe venha a conceder o direito de regresso em face de seus consortes, na medida em que ele nada terá cumprido além da própria obrigação, sem experimentar decréscimo patrimonial algum.

Suponha-se, assim, que "D1", "D2" e "D3" devam, solidariamente, R$60.000,00 a "C", nas seguintes proporções: metade (1/2), dois sextos (2/6) e um sexto (1/6). Se "D1" pagar R$40.000,00, haverá extrapolamento de R$10.000,00, em relação à própria quota interna (1/2); poderá cobrar, então, pelo excesso: R$6.666,66 de "D2" e R$3.333,33 de "D3". Se, em lugar dessas proporções, as quotas fossem iguais (1/3 para cada), "D1", depois de pagar R$40.000,00, poderia cobrar R$10.000,00 de "D2" e a mesma importância de "D3", porque o excesso, na quota interna do *solvens*, será de R$20.000,00. Com relação ao credor ("C"), a fase externa não estará, ainda, extinta: ele poderá cobrar de qualquer um dos devedores o remanescente (R$20.000,00).

Além do pagamento em sentido estrito, é possível que o direito de regresso decorra, também, de *outros modos de extinção da obrigação*.[1617] Com efeito, o *solvens* terá direito ao regresso, ainda que em menor grau (a depender das circunstâncias), entre o valor devido e o desembolsado,[1618] quando houver *dação em pagamento*,[1619] *compensação*,[1620] *transação*,[1621] *novação*[1622] e *confusão*.[1623] Nunca é ocioso lembrar que esses atos jamais se prestarão a agravar a posição dos devedores que lhes forem alheios; em outras palavras, o limite do regresso será sempre o montante original da quota de cada um (v. art. 278 do Código Civil de 2002).[1624]

[1617] FULGÊNCIO, Tito. *Do direito das obrigações*: das modalidades das obrigações: artigos 863-927. 2. ed. Atual. por José de Aguiar Dias. Rio de Janeiro: Forense, 1958, p. 369; SANTOS, J. M. de Carvalho. *Código Civil brasileiro interpretado*: principalmente do ponto de vista prático: parte geral. 7. ed. Rio de Janeiro: Freitas Bastos, 1956, v. XI, p. 271; SERRA, Adriano Paes da Silva Vaz. Pluralidade de devedores ou de credores. Lisboa: [s.n], v. 69, out. 1957. Separata do *Boletim do Ministério da Justiça*, p. 266-269.

[1618] MIRANDA, Pontes de. *Tratado de direito privado*. 3. ed. Rio de Janeiro: Borsoi, 1971, v. X, p. 358; ROSSETTI, Giulietta. *Le obbligazioni in solido*: modelli romani e disciplina attuale. Napoli: Jovene Editore, 2013, p. 151.

[1619] V. seção 2.4.8.2, sobre dação em pagamento.

[1620] V. seção 2.4.8.4, sobre compensação.

[1621] V. seção 2.4.10, sobre transação.

[1622] V. seção 2.4.8.3, sobre novação.

[1623] V. seção 2.4.8.5, sobre confusão.

[1624] V. seção 2.4.6, sobre agravamento e abrandamento da situação dos devedores.

No tocante, particularmente, à *remissão*, entretanto, afirma G. Amorth que o devedor beneficiado não poderia, em princípio, exercer o regresso contra seus consortes, porque, ainda que o perdão se desse em seu favor, ele não teria sofrido nenhuma diminuição patrimonial; não lhe caberia, assim, se locupletar da remissão, salvo se a liberalidade do credor ostentasse o escopo de ceder o próprio crédito.[1625]

Semelhante é o entendimento de A. P. S. Vaz Serra, para quem, mesmo na hipótese de remissão com eficácia objetiva a título gratuito, o devedor favorecido teria direito de regresso, *desde que provasse* que o credor lhe quis "doar" o seu direito contra os codevedores solidários, tal como se houvesse ocorrido o pagamento.[1626] O Código Civil e Comercial argentino (v. art. 840, § 2º),[1627] aliás, afasta o direito de regresso, expressamente, em caso de remissão gratuita. O problema resultará, nos casos concretos, da interpretação da vontade negocial do credor, quando sua declaração for dirigida apenas a algum dos devedores ou recebida somente por parte deles.[1628]

No que diz respeito à *assunção de dívida* por terceiro, não seria nada lógico que o devedor beneficiado simplesmente se exonerasse de seu dever de regresso, porquanto, se fosse assim, os demais consortes se prejudicariam sobremodo. É que, muitas vezes, por meio de tal ato, se poderia promover a substituição de um devedor por alguém insolvente ou que não reunisse condições de prestar as mesmas garantias.[1629]

2.5.2.2. A apuração das quotas internas

Superada (total ou parcialmente, a depender do montante pago)[1630] a fase externa, surge a necessidade de adotar as providências destinadas a revelar o valor cabível ao *solvens*. Busca-se, em síntese, apurar o montante das quotas internas, ou seja, a quantidade de unidades devidas

1625 Amorth, Giorgio. *L'obbligazione solidale*. Milano: Giuffrè, 1959, p. 260.

1626 Serra, Adriano Paes da Silva Vaz. Pluralidade de devedores ou de credores. Lisboa: [s.n], v. 69, out. 1957. Separata do *Boletim do Ministério da Justiça*, p. 268-269.

1627 "Art. 840. [...] La acción de regreso no procede en caso de haberse remitido gratuitamente la deuda".

1628 Díez-Picazo, Luis. *Fundamentos del derecho civil patrimonial*: las relaciones obligatorias. 6. ed. Madrid: Civitas, 2008, v. II, p. 249.

1629 Serra, Adriano Paes da Silva Vaz. Pluralidade de devedores ou de credores. Lisboa: [s.n], v. 69, out. 1957. Separata do *Boletim do Ministério da Justiça*, p. 270.

1630 V. seção 2.5.2.1, sobre pressupostos do acertamento.

por cada um dos consortes, quer em dinheiro, quer em bens de outra natureza, a depender das circunstâncias, como, p. ex., toneladas de certo cereal, sacas de café de determinada espécie, quilos de ouro, número de cabeças de gado etc.

A exemplo do que fazia o art. 913 do Código de 1916, o art. 283 do Código Civil de 2002 cria *presunção relativa* de igualdade das partes (quotas ou frações internas) de cada codevedor. Dispõem, de forma análoga, o Código Civil espanhol (v. art. 1.138),[1631] o Código Civil alemão (v. § 426, 1, primeira parte),[1632] o Código Civil italiano (v. art. 1.298, § 2º),[1633] o Código Civil português (v. art. 516º),[1634] o Código Civil e Comercial argentino (v. art. 841)[1635] e o Código Civil francês (v. art. 1.309, § 1º, *in fine*).[1636]

À partida, portanto, distribui-se igualitariamente a responsabilidade dos codevedores: fraciona-se a dívida simplesmente pelo número de sujeitos (*pro rata*), pela parte viril de cada um:[1637] se os forem dois, cada um suportará a metade; se três, um terço.[1638] Suponha-se, p. ex.,

[1631] "Art. 1138. Si del texto de las obligaciones a que se refiere el artículo anterior no resulta otra cosa, el crédito o la deuda se presumirán divididos en tantas partes iguales como acreedores o deudores haya, reputándose créditos o deudas distintos unos de otros".

[1632] "§ 426. [...] 1. Entre ellos, los deudores solidarios son responsables a partes iguales, a menos que se establezca de otro modo".

[1633] "Art. 1298. [...] Le parti di ciascuno si presumono uguali, se non risulta diversamente".

[1634] "Art. 516º [...] Nas relações entre si, presume-se que os devedores ou credores solidários comparticipam em partes iguais na dívida ou no crédito, sempre que da relação jurídica entre eles existente não resulte que são diferentes as suas partes, ou que um só deles deve suportar o encargo da dívida ou obter o benefício do crédito".

[1635] "Art. 841. [...] Las cuotas de contribución se determinan sucesivamente de acuerdo con: a) lo pactado; b) la fuente y la finalidad de la obligación o, en su caso, la causa de la responsabilidad; c) las relaciones de los interesados entre sí; d) las demás circunstancias. Si por aplicación de estos criterios no es posible determinar las cuotas de contribución, se entiende que participan en partes iguales".

[1636] "Art. 1309. [...] Si elle n'est pas réglée autrement par la loi ou par le contrat, la division a lieu par parts égales".

[1637] Mendonça, Manuel Inácio Carvalho de. *Doutrina e prática das obrigações ou tratado geral dos direitos de crédito*. 4. ed. Rio de Janeiro: Forense, 1956, t. I, p. 351; Nonato, Orosimbo. *Curso de obrigações*: generalidades – espécies. Rio de Janeiro: Forense, 1959, v. II, P. 265-267.

[1638] Giorgi, Jorge. *Teoria de las obligaciones en el derecho moderno*: expuesta conforme a la doctrina y la jurisprudência italiana, francesa, alemana, etc., etc.: definición de las obligaciones: obligaciones naturales, solidarias, indivisibles: forma y prueba de las obligaciones. Trad. Eduardo Dato Iradier. 2. ed. Madrid: Editora Reus, 1928, v. I, p. 176.

que "D1", "D2" e "D3" sejam devedores solidários de "C", no valor total de R$300.000,00; se "D1 entregar essa importância a "C", provocará, com isso, a liberação de todos os codevedores solidários; tornar-se-á credor de *cada um* de seus consortes, automaticamente,[1639] assim, por R$100.000,00 (divide-se o total por três).

Com efeito, para que a presunção *iuris tantum* criada no art. 283 do Código Civil não se aplique, é preciso que tenha sido pré-excluída. Geralmente, o meio para se afastar a incidência dessa regra é o *negócio jurídico*, inclusive nas hipóteses em que celebrado à parte do negócio jurídico de que proviera o crédito ou em pacto adjeto. A manifestação de vontade pode ser expressa ou tácita.[1640] Não há nenhuma razão, ainda, para impedir que a vocação interna dos codevedores solidários seja modificada posteriormente, de comum acordo entre eles.[1641]

A desigualdade pode decorrer da relação jurídica existente entre os devedores, tal como seria uma sociedade com repartição desigual das partes, ou de outra relação análoga, ou de uma convenção expressa ou tácita, ou da natureza da obrigação, ou da interpretação das disposições de lei sobre a qual ela repousa, quando se tratar de obrigação legal,[1642] ou ainda de preceito que estabeleça expressamente uma repartição diferente.[1643]

Caberá ao demandado, de qualquer forma, comprovar que lhe interessa uma porção inferior à dos demais ou que, na verdade, não lhe cabe porção alguma, por dizer respeito exclusivamente a outro (ou aos outros): a presunção favorece a divisão *in partes viriles*.[1644] Conquanto

1639 MONTEIRO, Washington de Barros. *Curso de direito civil*: direito das obrigações, 1ª parte: das modalidades das obrigações: dos efeitos das obrigações. 15. ed. São Paulo: Saraiva, 1979, p. 191.

1640 ENNECCERUS, Ludwig. *Derecho de obligaciones*. Trad. Blas Pérez González e José Alguer. 2. ed. Barcelona: Bosch, 1954, v. 1,p . 462; MALAURIE, Philippe; AYNÈS, Laurent; STOFFEL-MUNCK, Philippe. *Droit civil*: droit des obligations. 8. ed. Paris: LGDJ, 2016, p. 758; MIRANDA, Pontes de. *Tratado de direito privado*. 3. ed. Rio de Janeiro: Borsoi, 1971, v. X, p. 355.

1641 HONTEBEYRIE, Antoine. *Le fondement de l'obligation solidaire en droit privé français*. Paris: Economica, 2004, p. 128.

1642 V. seção 2.5.2.3, sobre as quotas internas na obrigação de indenizar.

1643 FULGÊNCIO, Tito. *Do direito das obrigações*: das modalidades das obrigações: artigos 863--927. 2. ed. Atual. por José de Aguiar Dias. Rio de Janeiro: Forense, 1958, p. 379.

1644 DINIZ, Maria Helena. *Curso de direito civil brasileiro*: teoria geral das obrigações. 33. ed. São Paulo: Saraiva, 2018, v. 2, p. 209; GIORGI, Jorge. *Teoria de las obligaciones en el derecho moderno*: expuesta conforme a la doctrina y la jurisprudência italiana, francesa, alemana, etc.,

entenda A. Rodière que tal presunção não poderia ser combatida por simples prova testemunhal (no mínimo, com começo de prova por escrito),[1645] essa posição, hoje, encontra-se superada,[1646] especialmente diante do que prevê o art. 369[1647] do Código de Processo Civil de 2015. Trata-se, de qualquer forma, aqui, de discussão inoportuna, pertinente a direito adjetivo.

A presunção de igualdade será inaplicável, por vezes, pelo fato de a *dívida interessar exclusivamente* a um (ou a uma parte) dos devedores (v. art. 285[1648] do Código Civil, equivalente ao art. 915 do Código Civil de 1916), tema de que se já tratou antes, embora em termos mais genéricos.[1649] Cuida-se, na verdade, do interesse relacionado à obrigação, em si, e não ao vínculo solidário; concerne apenas à fase interna – *em regra*, pouco importará ao credor a existência ou não de interesse exclusivo de um ou de outro devedor, porque todos eles, no plano externo, estarão sujeitos ao cumprimento da integralidade da prestação.

Há dispositivos afins no Código Civil italiano (v. art. 1.298, § 1º),[1650] no Código Civil português (v. art. 516º)[1651] e no Código Civil francês (v. art. 1.318).[1652] Apesar da ausência de previsão semelhante nos códigos espanhol e alemão, a literatura admite, em ambos os sistemas, a exclusão

etc.: definición de las obligaciones: obligaciones naturales, solidarias, indivisibles: forma y prueba de las obligaciones. Trad. Eduardo Dato Iradier. 2. ed. Madrid: Editora Reus, 1928, v. I, p. 176-177; Miranda, Pontes de. *Tratado de direito privado*. 3. ed. Rio de Janeiro: Borsoi, 1971, v. X, p. 354.

1645 Rodière, A. *De la solidarité et de l'indivisibilité*. Paris: Chez A. Durant, 1852, p. 97.

1646 Santos, J. M. de Carvalho. *Código Civil brasileiro interpretado*: principalmente do ponto de vista prático: parte geral. 7. ed. Rio de Janeiro: Freitas Bastos, 1956, v. XI, p. 289.

1647 "Art. 369. As partes têm o direito de empregar todos os meios legais, bem como os moralmente legítimos, ainda que não especificados neste Código, para provar a verdade dos fatos em que se funda o pedido ou a defesa e influir eficazmente na convicção do juiz".

1648 "Art. 285. Se a dívida solidária interessar exclusivamente a um dos devedores, responderá este por toda ela para com aquele que pagar".

1649 V. seção 1.7.3, sobre o fundamento da solidariedade.

1650 "Art. 1298 [...] Nei rapporti interni l'obbligazione in solido si divide tra i diversi debitori o tra i diversi creditori, salvo che sia stata contratta nell'interesse esclusivo di alcuno di essi".

1651 "Art. 516º [...] Nas relações entre si, presume-se que os devedores ou credores solidários comparticipam em partes iguais na dívida ou no crédito, sempre que da relação jurídica entre eles existente não resulte que são diferentes as suas partes, ou que um só deles deve suportar o encargo da dívida ou obter o benefício do crédito".

1652 "Art. 1318. Si la dette procède d'une affaire qui ne concerne que l'un des codébiteurs solidaires, celui-ci est seul tenu de la dette à l'égard des autres. S'il l'a payée, il ne dispose

do dever de compensação, nas relações internas, bem com a sua extensão ao todo ou a referência a partes que não sejam iguais, em virtude de negócio jurídico, por convenção expressa ou tácita.[1653]

Se a dívida interessar exclusivamente a um dos devedores, pelo título ou pelas circunstâncias, não se procederá ao rateio proporcional, na fase interna. Haverá, segundo J. X., Carvalho de Mendonça, duas classes de coobrigados: interessados e desinteressados.[1654] Assim, aquele(s) exclusivamente interessado(s) responderá(ão) pela integralidade de seu valor. Os demais, ditos não interessados, não intervirão para obter toda ou parte da obrigação, mas figurarão exclusivamente para o efeito de garantir seu codevedor.[1655]

A doutrina, em geral, afirma que essa seria a situação do aval e da fiança, casos em que, solvida a obrigação pelo fiador ou avalista, terá ele o direito de ser reembolsado, na sua totalidade, em face do afiançado ou do avalizado.[1656] Fábio Ulhoa Coelho menciona, como exemplo, a hipótese de fiança nos contratos de locação: o fiador, depois de pagar ao locador, exercerá o direito de regresso contra o afiançado pelo total dos aluguéis, e não apenas pela quota-parte proporcional; já o afiançado não poderá reclamar do fiador, em regresso, nem mesmo a metade do que houver pago ao locador: suportará, sozinho, a obrigação inteira.[1657]

Ainda que haja semelhança entre os institutos, nem sempre se cogitará de solidariedade (*modo de ser de certas obrigações*) na fiança (*tipo de negócio jurídico*), mas apenas quando existir convenção entre as partes

d'aucun recours contre ses codébiteurs. Si ceux-ci l'ont payée, ils disposent d'un recours contre lui".

1653 Cánovas, Diego Espín. *Manual de derecho civil español*: obligaciones y contratos. Madrid: Editorial Revista de Derecho Privado, 1954, v. III, p. 112; Enneccerus, Ludwig. *Derecho de obligaciones*. Trad. Blas Pérez González e José Alguer. 2. ed. Barcelona: Bosch, 1954, v. 1, p. 462.

1654 Mendonça, José Xavier Carvalho de. *Tratado de direito commercial brasileiro*: das obrigações, dos contractos e da prescripção em materia commercial: parte I: das obrigações em materia commercial. 3. ed. Rio de Janeiro: Livraria Editora Freitas Bastos, 1939, p. 259.

1655 Hontebeyrie, Antoine. *Le fondement de l'obligation solidaire en droit privé français*. Paris: Economica, 2004, p. 129; Malaurie, Philippe; Aynès, Laurent; Stoffel-Munck, Philippe. *Droit civil*: droit des obligations. 8. ed. Paris: LGDJ, 2016, p. 758.

1656 Pereira, Caio Mário da Silva. *Instituições de direito civil*: teoria geral das obrigações. 26. ed. Rio de Janeiro: Forense, 2014, v. II, p. 98.

1657 Coelho, Fábio Ulhoa. *Curso de direito civil*: obrigações: responsabilidade civil. 4. ed. São Paulo: Saraiva, 2010, v. 2, p. 105.

(v. art. 828, II,[1658] do Código Civil de 2002). Mais adequado, para ilustrar a situação, é o exemplo do empregador que quitar dívida decorrente de dano provocado pelo empregado.[1659] Renan Lotufo adverte que as observações da doutrina relativas aos fiadores estão feitas para hipóteses em que inexistirem as ressalvas, quer da divisão (v. art. 829), quer da limitação da responsabilidade (v. art. 830).[1660]

Asseverou-se, anteriormente, que pouco importará ao credor, *em regra*, a existência ou não de interesse exclusivo de um ou de outro devedor. Na maioria dos casos, aliás, ele nem sequer terá conhecimento dos termos em que se operará, em definitivo, a repartição interna do débito.[1661] Se for comprovada a sua ciência, contudo, sobre a situação jurídica de exclusividade, o credor perderá o direito de cobrar os demais devedores solidários se, p. ex., conceder remissão ao único interessado. Nas hipóteses de confusão com o único interessado, ademais, o credor sempre perderá o direito de cobrar o remanescente, por questão de lógica.[1662]

Na fase interna, entre os devedores não interessados e o interessado, aplicar-se-iam, segundo J. M. de Carvalho Santos e Tito Fulgêncio, as mesmas regras da fiança. Impõem-se, assim, à solidariedade passiva, as seguintes diretrizes, *mutatis mutandis*: (i) se o único interessado na dívida pagá-la ao credor, não terá nenhuma ação regressiva contra os demais, não interessados; (ii) se o não interessado pagar, terá direito a ação regressiva, pelo total, contra o devedor único interessado; (iii) o não interessado que pagar poderá também exercer o direito de regresso contra os demais não interessados, pelas suas respectivas quotas (v. art. 831[1663]

[1658] "Art. 828. Não aproveita este benefício ao fiador: [...] II – se se obrigou como principal pagador, ou devedor solidário".

[1659] Lôbo, Paulo. *Direito civil*: obrigações. 2. ed. São Paulo: Saraiva, 2011, p. 148.

[1660] Lotufo, Renan. *Código Civil comentado*: obrigações: parte geral (arts. 233 a 420). São Paulo: Saraiva, 2003, v. 2, p. 37. Nesse sentido, cf. Espinola, Eduardo. *Garantia e extinção das obrigações*: obrigações solidárias e indivisíveis. Rio de Janeiro: Freitas Bastos, 1951, p. 54.

[1661] Hontebeyrie, Antoine. *Le fondement de l'obligation solidaire en droit privé français*. Paris: Economica, 2004, p. 130.

[1662] Fulgêncio, Tito. *Do direito das obrigações*: das modalidades das obrigações: artigos 863-927. 2. ed. Atual. por José de Aguiar Dias. Rio de Janeiro: Forense, 1958, p. 390; Santos, J. M. de Carvalho. *Código Civil brasileiro interpretado*: principalmente do ponto de vista prático: parte geral. 7. ed. Rio de Janeiro: Freitas Bastos, 1956, v. XI, p. 296.

[1663] "Art. 831. O fiador que pagar integralmente a dívida fica sub-rogado nos direitos do credor; mas só poderá demandar a cada um dos outros fiadores pela respectiva quota".

do Código Civil de 2002); (iv) se o credor iniciar a execução contra o único interessado e não promover o andamento do processo, poderão os não interessados fazê-lo (v. art. 834[1664] do Código Civil de 2002); (v) mesmo antes do pagamento, os não interessados poderão exigir que o devedor interessado satisfaça a obrigação (v. art. 1.499 do Código Civil de 1916, sem correspondente no diploma atual).[1665]

Na hipótese de conversão da prestação, durante a fase externa, no equivalente em dinheiro, como resultado da culpa de um (ou parte) dos devedores, a literatura, em geral, costuma analisar as consequências desse fato com foco nos direito do credor: por força do que dispõe o art. 279 do Código Civil de 2002, todos os devedores, ainda aqueles inocentes, permanecem vinculados solidariamente (excluídas as perdas e danos, no que extrapolar o equivalente).[1666] Na fase interna, entretanto, não seria justo igualar as quotas dos culpados às dos inocentes. Por questão de lógica, aplica-se a regra prevista no art. 285: tornar-se-ão os culpados os interessados exclusivos na dívida solidária.

Suponha-se, p. ex., que "D1", "D2" e "D3" se tenham obrigado, *solidariamente*, a montar e a entregar a "C" uma sofisticada máquina industrial, produzida com peças importadas, pelo preço de R$10.000.000,00. "D1" realizaria a importação e a entrega das peças a "D2"; a este caberia, por sua vez, a montagem; já o transporte e entrega do bem seriam incumbências de "D3". Imagine-se que, durante o processo de montagem, por negligência dos empregados de "D2", tenha havido infiltração de água no local, provocando o total perecimento das peças. Nesse caso, por força da lei, todos os devedores ("D1", "D2" e "D3") permanecerão obrigados solidariamente, na fase externa, a entregar o equivalente a "C", enquanto apenas "D2" será responsável por eventuais perdas e danos. Na hipótese de "C" receber de "D1" a totalidade do valor equivalente à prestação que se inviabilizou (R$10.000.000,00), será mais

[1664] "Art. 834. Quando o credor, sem justa causa, demorar a execução iniciada contra o devedor, poderá o fiador promover-lhe o andamento".

[1665] FULGÊNCIO, Tito. *Do direito das obrigações*: das modalidades das obrigações: artigos 863--927. 2. ed. Atual. por José de Aguiar Dias. Rio de Janeiro: Forense, 1958, p. 390-391; SANTOS, J. M. de Carvalho. *Código Civil brasileiro interpretado*: principalmente do ponto de vista prático: parte geral. 7. ed. Rio de Janeiro: Freitas Bastos, 1956, v. XI, p. 296-297.

[1666] V. seção 2.4.2, sobre impossibilidade da prestação.

razoável que, na fase interna, o *solvens* possa, em regresso, exigir do culpado ("D2") a integralidade do que desembolsara.

2.5.2.3. As quotas internas na obrigação de indenizar

Diverge a doutrina, notadamente na Espanha e na França, sobre a divisão de *certas* obrigações com pluralidades de sujeitos em duas categorias afins, mas distintas: a obrigação solidária (perfeita ou negocial) e a obrigação *in solidum* (imperfeita). A principal diferença estaria em que a última exigiria o enfrentamento de noções próprias do domínio da responsabilidade civil. Tentou-se demonstrar, aqui,[1667] contudo, que a solidariedade não se decomporia em duas categorias estanques, independentemente da fonte de que proviesse: submeter-se-ia, assim, a regime jurídico único, disciplinado nos arts. 264 e 285 do Código Civil de 2002, com algumas variações.

A *unidade sistemática*, inclusive, contribui para afastar teses minoritárias, como a de E. Colmet de Santerre, para quem seria descabido o direito de regresso nos casos de obrigação decorrente da prática de delito (v. art. 55[1668] do *Code Pénal* de 1810),[1669] sob o argumento de que não inexistiria relação de mandato entre os delinquentes.[1670] J. Giorgi também acolhe essa tese minoritária, com fundamento em máxima romana (*duo dolo malo fecerint invicem de dolo non agent*): no caso de várias pessoas responsáveis solidariamente por fato ilícito, não seria possível ação de indenização entre elas, se todas cooperaram com igual intenção, assim como não seria possível regresso entre elas, quanto à indenização paga à vítima do delito; afinal, não se deveria admitir proteção jurídica

[1667] V. seções 1.9.1, sobre obrigações solidárias simples e obrigações correais; 1.9.2, sobre solidariedade negocial (perfeita) e legal (imperfeita, espúria ou *in solidum*); e 1.9.3, sobre a solidariedade como instituto único.

[1668] "Art. 55. Tous les individus condamnés pour un même crime, ou pour un même délit, sont tenus solidairement des amendes, des restitutions, des dommages et intérêts et des frais".

[1669] V. seção 1.9.2, sobre solidariedade negocial (perfeita) e legal (imperfeita, espúria ou *in solidum*).

[1670] DEMANTE, A. M.; SANTERRE, E. Colmet de. *Cours Analytique de Code Napoléon*: art. 1101--1386. Paris: Henri Plon, Impremeur-Éditeur, 1865, p. 247. Nesse sentido, cf. HUC, Théophile. *Commentaire théorique & pratique du Code Civil*: contrats et obligations: effets des obligations: condition: solidarité: indivisibilité: clause pénale: art. 1101 à 1233. Paris: Librairie Cotillon, 1894, t. 7, p. 420-422.

alguma em favor de ladrões e de suas relações criminosas.[1671] Semelhante entendimento (compartilhado, sem maiores fundamentos, por M. I. Carvalho de Mendonça)[1672] tornou-se, hoje, inaceitável.

Ainda no séc. XVIII, R. J. Pothier já afirmava que, quando vários fossem condenados, solidariamente, ao pagamento de certa soma pela reparação civil de um delito que juntos houvessem cometido, aquele que solveu o total não poderia ter contra seus devedores nem a ação *pro socio*, tampouco a ação *mandati*; não ficaria desguarnecido, porém, porque disporia de uma espécie de ação *utilis negotiorum gestorum*, fundada na equidade. Buscar-se-ia evitar, com isso, que os codevedores se aproveitassem, à custa do *solvens*, da extinção de uma dívida pela qual todos foram responsáveis.[1673]

No Brasil, argumenta Tito Fulgêncio: (i) a lei estabeleceria uma regra geral, aplicável, portanto, a todos os casos; (ii) culpados todos, justo seria que sofressem a mesma pena; (iii) não seria de equidade que os que não pagaram se enriquecessem à custa do solvente.[1674] Se a lei estatui a *solidariedade* entre os responsáveis pelo ato ilícito, sem estabelecer regime jurídico autônomo, aplicam-se todas as regras estabelecidas para as obrigações solidárias, das quais não seria exceção aquela que diz respeito ao direito regressivo.[1675]

Apesar da unidade do sistema, o tratamento da vocação interna da solidariedade, na obrigação de reparar o dano, apresenta peculiaridades. Na fase externa, o credor é a pessoa lesada, a vítima (ou seus herdeiros); a preocupação, aí, centra-se na busca do(s) responsável(is) pela indeni-

1671 GIORGI, Jorge. *Teoria de las obligaciones en el derecho moderno*: expuesta conforme a la doctrina y la jurisprudência italiana, francesa, alemana, etc., etc.: definición de las obligaciones: obligaciones naturales, solidarias, indivisibles: forma y prueba de las obligaciones. Trad. Eduardo Dato Iradier. 2. ed. Madrid: Editora Reus, 1928, v. I, p. 185-186.

1672 MENDONÇA, Manuel Inácio Carvalho de. *Doutrina e prática das obrigações ou tratado geral dos direitos de crédito*. 4. ed. Rio de Janeiro: Forense, 1956, t. I, p. 352.

1673 POTHIER, Robert Joseph. *Tratado de las obligaciones*. Buenos Aires: Editorial Atalaya, 1947, p. 165-166.

1674 FULGÊNCIO, Tito. *Do direito das obrigações*: das modalidades das obrigações: artigos 863-927. 2. ed. Atual. por José de Aguiar Dias. Rio de Janeiro: Forense, 1958, p. 377.

1675 NONATO, Orosimbo. *Curso de obrigações*: generalidades – espécies. Rio de Janeiro: Forense, 1959, v. II, p. 265; SANTOS, J. M. de Carvalho. *Código Civil brasileiro interpretado*: principalmente do ponto de vista prático: parte geral. 7. ed. Rio de Janeiro: Freitas Bastos, 1956, v. XI, p. 278-279.

zação, aquele(s) que se verá(ão) constrangido(s) a ressarcir o prejuízo suportado por outrem, não apenas por ser(em) o(s) culpado(s) ou por praticar(em) algum ato ilícito, mas também quando exercer(em) *atividade de risco* (o risco como nexo de imputação).[1676] Se o prejudicado tem direito a ser integralmente ressarcido por *qualquer um* dos responsáveis, caberá discutir, depois, na fase interna, a repartição das quotas entre os últimos.

Há dois dispositivos específicos, no Código Civil de 2002, sobre o direito de regresso, na obrigação de indenizar: os arts. 930[1677] e 934.[1678] Cogita-se, na primeira hipótese, do dano causado em *estado de necessidade*; obrigado a indenizá-lo, o agente terá recurso contra o terceiro, cuja culpa ou cujo interesse determinou o ato danoso; na segunda, está-se diante de *dano causado por outrem*, por quem se responda civilmente (não haverá regresso, em regra, se o causador for descendente do responsável, absoluta ou relativamente incapaz).[1679]

Em ambos esses casos, o *solvens*, como responsável indireto, exercerá o direito regresso de *forma integral*, porque a dívida solidária interessará exclusivamente ao terceiro (v. art. 285 do Código Civil de 2002), quer por ter provocado a situação de perigo, quer por se beneficiar da remoção desse perigo, quer por ser o causador do dano. Observar-se-ão, por questão de lógica, as mesmas diretrizes aplicáveis às hipóteses de interesse exclusivo na obrigação convencional,[1680] salvo se o responsável, de alguma forma, houver concorrido para o dano, ou se for interessado na remoção do perigo.

Se o direito de regresso é integral, não se vislumbram maiores dificuldades. Em outras situações, entretanto, será necessário o fraciona-

[1676] Godoy, Claudio Luiz Bueno de. *Responsabilidade civil pelo risco da atividade*: uma cláusula geral no Código Civil de 2002. 2. ed. São Paulo: Saraiva, 2010, p. 32-33.

[1677] "Art. 930. No caso do inciso II do art. 188, se o perigo ocorrer por culpa de terceiro, contra este terá o autor do dano ação regressiva para haver a importância que tiver ressarcido ao lesado. Parágrafo único. A mesma ação competirá contra aquele em defesa de quem se causou o dano (art. 188, inciso I)".

[1678] "Art. 934. Aquele que ressarcir o dano causado por outrem pode reaver o que houver pago daquele por quem pagou, salvo se o causador do dano for descendente seu, absoluta ou relativamente incapaz".

[1679] Dias, José de Aguiar. *Da responsabilidade civil*. 6. ed. Rio de Janeiro: Forense, 1979, v. II, p. 516-517.

[1680] V. seção 2.5.2.2, sobre a apuração das quotas internas.

mento, entre os vários responsáveis solidários (v. art. 283 do Código Civil de 2002), do valor da indenização quitada na fase externa. Na prática de ato ilícito (v. arts. 186[1681] e 927, *caput*),[1682] p. ex., se houver concorrência entre condutas humanas culposas, os agentes responderão, em caráter solidário, perante a vítima, pela totalidade da indenização (v. art. 942);[1683] caberá ao *solvens*, depois, reclamar dos corresponsáveis a porção que tocar a cada um. Como se dará essa divisão?

A doutrina francesa atual considera que, na responsabilidade extracontratual, a determinação da parte contributiva de cada um dos coautores dependeria do respectivo *papel causal* na realização do ato lesivo; mas os tribunais se filiariam, primeiramente, à *gravidade do ilícito*. As duas perspectivas, moral e causal, pois, misturar-se-iam e, sob o pretexto de haver margem de apreciação, se permitiria a combinação dos critérios pelo juiz.[1684]

No Código Civil italiano (v. art. 2.055),[1685] existe disciplina específica para o exercício do direito de regresso na obrigação de indenizar, conforme a *gravidade da culpa* (ou o grau de conformidade ao modelo ideal de comportamento) e a *extensão de suas consequências* (o dano derivado da lesão do interesse juridicamente protegido).[1686] Cria o legislador italiano, ainda, *presunção relativa de igualdade* das frações de culpa de cada

[1681] "Art. 186. Aquele que, por ação ou omissão voluntária, negligência ou imprudência, violar direito e causar dano a outrem, ainda que exclusivamente moral, comete ato ilícito".

[1682] "Art. 927. Aquele que, por ato ilícito (arts. 186 e 187), causar dano a outrem, fica obrigado a repará-lo".

[1683] "Art. 942. Os bens do responsável pela ofensa ou violação do direito de outrem ficam sujeitos à reparação do dano causado; e, se a ofensa tiver mais de um autor, todos responderão solidariamente pela reparação. Parágrafo único. São solidariamente responsáveis com os autores os co-autores e as pessoas designadas no art. 932".

[1684] MALAURIE, Philippe; AYNÈS, Laurent; STOFFEL-MUNCK, Philippe. *Droit civil*: droit des obligations. 8. ed. Paris: LGDJ, 2016, p. 766.

[1685] "Art. 2055. [...] Se il fatto dannoso è imputabile a più persone, tutte sono obbligate in solido (1292) al risarcimento del danno. Colui che ha risarcito il danno ha regresso contro ciascuno degli altri, nella misura determinata dalla gravità della rispettiva colpa e dall'entità delle conseguenze che ne sono derivate (1299). Nel dubbio, le singole colpe si presumono uguali".

[1686] ORLANDI, Mauro. *La responsabilità solidale*: profili dele obbligazioni solidali risarcitorie. Milano: Dott. A. Giuffrè Editore, 1993, p. 283-284.

um dos responsáveis solidários, aplicável à situação de dúvida. Nesse modelo, inspirou-se o Código Civil português (v. art. 497º).[1687]

A. P. S. Vaz Serra tece elogios a essa solução, por ser melhor do que a de procurar a causa de responsabilidade preponderante e impor o peso total e definitivo da obrigação àquele a quem essa causa respeitasse. Como as situações se mostram muito diferentes umas das outras, seria preferível que o juiz apreciasse a gravidade respectiva das culpas, embora isso pudesse fazer recair o peso da obrigação exclusivamente (ou quase exclusivamente) sobre algum ou alguns dos responsáveis.[1688] É o que defende a doutrina italiana majoritária.[1689]

Assim, se um agente causou dolosamente o dano, enquanto o outro apenas deixou de cumprir seu dever de vigilância, seria razoável que ao primeiro se impusesse o *dever de regresso pleno* para com o segundo. Na hipótese de *responsabilidade por culpa* de um e de *responsabilidade objetiva* de outro, reconhecer-se-ia, de forma semelhante, o direito de regresso pleno contra aquele que *culposamente* contribuísse para o dano.[1690]

Anota A. P. S. Vaz Serra, entretanto, que a responsabilidade objetiva não teria por fim somente fornecer uma garantia ao credor: representaria, igualmente, uma consequência do aumento de perigo provocado pela utilização de certas coisas ou atividades, e, portanto, poderia ser mais adequado que se apreciasse a culpa daquele que contribuiu para o dano (às vezes, o próprio prejudicado), em face do perigo que a coisa ou atividade ocasionava e que serviu de base à responsabilização do outro.[1691]

[1687] "Art. 497º [...] 1. Se forem várias as pessoas responsáveis pelos danos, é solidária a sua responsabilidade. 2. O direito de regresso entre os responsáveis existe na medida das respectivas culpas e das consequências que delas advieram, presumindo-se iguais as culpas das pessoas responsáveis".

[1688] Serra, Adriano Paes da Silva Vaz. Pluralidade de devedores ou de credores. Lisboa: [s.n], v. 69, out. 1957. Separata do *Boletim do Ministério da Justiça*, p. 259.

[1689] Cerchia, Rossella Esther. *Uno per tutti, tutti per uno*: itinerari dela responsabilità solidale nel diritto comparato. Milano: Giuffrè Editore, 2009, p. 244.

[1690] Serra, Adriano Paes da Silva Vaz. Pluralidade de devedores ou de credores. Lisboa: [s.n], v. 69, out. 1957. Separata do *Boletim do Ministério da Justiça*, p. 260-261. Nesse sentido, cf. Enneccerus, Ludwig. *Derecho de obligaciones*. Trad. Blas Pérez González e José Alguer. 2. ed. Barcelona: Bosch, 1954, v. 1, p. 463.

[1691] Serra, Adriano Paes da Silva Vaz. Pluralidade de devedores ou de credores. Lisboa: [s.n], v. 69, out. 1957. Separata do *Boletim do Ministério da Justiça*, p. 261-262.

Se o dano é causado, ao mesmo tempo, por várias coisas ou atividades, as quais dão lugar à responsabilidade objetiva, caberia ao juiz a repartição, em harmonia com o grau de importância das várias causas de responsabilidade e das consequências que delas derivaram, tal como quando há vários responsáveis por fato culposo.[1692] L. Enneccerus defende, para esses casos, a aplicação analógica do disposto no § 254[1693] do Código Civil alemão, quando, entre várias causas de responsabilidade, houver uma que se manifeste como preponderante.[1694]

Não se vislumbra, no Código Civil de 2002, previsão análoga às dos códigos italiano e português. Isso não obsta, porém, a adoção de semelhante fórmula para resolver questões de regresso na *responsabilidade subjetiva*. Portanto: (i) na *fase externa*, se mais de um agente, em concurso de culpas, causar dano a terceiro (v. art. 186), todos responderão, solidariamente, pela reparação (v. art. 942), na extensão do dano (v. art. 944, *caput*);[1695] (ii) na *fase interna*: acaso se mostre viável a apuração (inclusive, por meio de perícia), o juiz fixará o valor do reembolso *proporcionalmente à gravidade da culpa de cada um dos agentes* (v. art. 944, par. ún.);[1696] se não, *presumir-se-ão iguais* as quotas internas (v. art. 283, *in fine*).

Contudo, nem sempre é possível cogitar de culpa. Em 2002, no Brasil, concebeu-se um sistema de responsabilidade civil em que o nexo de imputação da obrigação de indenizar se deslocou do conceito e demonstração de culpa para o risco, que assumiu, mesmo que não de forma exclusiva, o papel de critério de atribuição da responsabilidade –

1692 Serra, Adriano Paes da Silva Vaz. Pluralidade de devedores ou de credores. Lisboa: [s.n], v. 69, out. 1957. Separata do *Boletim do Ministério da Justiça*, p. 259.

1693 "§ 254. [...] 1. Si cualquier tipo de culpa por parte de la persona dañada ha contribuído a causar el daño, la obligación de indemnizar a la parte perjudicada y el alcance de la indemnización a realizar depende de las circunstancias; sobre todo de hasta qué punto el daño ha sido causado predominantemente por una u otra parte. 2. Esto se aplica también incluso si la culpa del perjudicado consistió sólo en una omisión a la hora de llamar la atención del deudor acerca del peligro de un daño anormalmente alto que el deudor ni conocía ni debiera haber conocido, o en una omissión a la hora de evitar o mitigar el daño. La disposición del § 278 se aplica *mutatis mutandis*".

1694 Enneccerus, Ludwig. *Derecho de obligaciones*. Trad. Blas Pérez González e José Alguer. 2. ed. Barcelona: Bosch, 1954, v. 1, p. 463. Nesse sentido, cf. Larenz, Karl. *Derecho de obligaciones*. Trad. Jaime Santos Briz. Madrid: Editorial Revista de Derecho Privado, 1958, p. 511.

1695 "Art. 944. A indenização mede-se pela extensão do dano".

1696 "Art. 944. [...] Parágrafo único. Se houver excessiva desproporção entre a gravidade da culpa e o dano, poderá o juiz reduzir, equitativamente, a indenização".

não raro, ademais, coletivizada, socializada, porque, justamente, diluído aquele risco pela ocorrência lesiva à vítima.[1697] Enquanto o Código Civil de 1916 era essencialmente subjetivista, pois todo seu sistema estava fundado na cláusula geral do art. 159[1698] (culpa provada), o diploma atual optou, primordialmente, pela *responsabilidade objetiva.*

Sob esse aspecto, mostrar-se-á anacrônica, em variadas situações, a solução do direito de regresso baseada na gravidade da culpa e na extensão de suas consequências; e simplesmente porque, em determinadas circunstâncias, poderá não existir nenhuma conduta culposa, tal como, aliás, reconhece a doutrina italiana.[1699] Nas hipóteses de dano ambiental, p. ex., em que se chega ao extremo de afastar a possibilidade de invocar o caso fortuito ou a força maior como causas excludentes da responsabilidade civil,[1700] grandes divergências surgirão.

Suponha-se, p. ex., que as sociedades "R1" e "R2", em *joint venture*, mantenham um depósito de material tóxico, construído às margens de um curso d'água. Se, em determinada ocasião, após forte tempestade, houvesse vazamento da substância ali armazenada, com a consequente poluição das águas, como se repartiria a indenização a que ambas fossem condenadas, solidariamente, em ação civil pública?

É provável, diante da complexidade de negócios jurídicos de grande monta, que haja seguro de responsabilidade civil ou, eventualmente, que se encontre convencionada a forma de partilhar os prejuízos. Se não houver previsão nenhuma, e se "R1", no caso, por ter mais liquidez, vier a quitar o total da indenização (R$100.000.000,00), parece adequado fracionar a quota interna de cada uma – diante da inviabilidade da

[1697] Godoy, Claudio Luiz Bueno de. *Responsabilidade civil pelo risco da atividade*: uma cláusula geral no Código Civil de 2002. 2. ed. São Paulo: Saraiva, 2010, p. 30.

[1698] "Art. 159. Aquele que, por ação ou omissão voluntária, negligência, ou imprudência, violar direito, ou causar prejuízo a outrem, fica obrigado a reparar o dano. A verificação da culpa e a avaliação da responsabilidade regulam-se pelo disposto neste Código, arts. 1.521 a 1.532 e 1.542 a 1.553".

[1699] Cerchia, Rossella Esther. *Uno per tutti, tutti per uno*: itinerari dela responsabilità solidale nel diritto comparato. Milano: Giuffrè Editore, 2009, p. 244; Orlandi, Mauro. *La responsabilità solidale*: profili dele obbligazioni solidali risarcitorie. Milano: Dott. A. Giuffrè Editore, 1993, p. 289.

[1700] Cavalieri Filho, Sergio. *Programa de responsabilidade civil.* 7. ed. São Paulo: Atlas, 2007, p. 136.

apuração das culpas – de acordo com o respectivo grau de participação no empreendimento comum.

2.5.2.4. A base de cálculo do acertamento

Apuradas as quotas de cada um dos coobrigados, torna-se necessário determinar a *base de cálculo* do direito de regresso. Não se considerará apenas o valor nominal do crédito: importará o que efetivamente foi pago pelo *solvens*, com os acréscimos convencionais ou legais. Se foi dada em pagamento ao credor uma coisa, impor-se-á sua avaliação (por perícia judicial, inclusive, se for o caso), durante a qual deverá ser considerada a estimativa apresentada ao credor.[1701] No caso de pagamento em pecúnia, aplicar-se-á a atualização monetária, desde o desembolso, segundo os índices oficiais regulamente estabelecidos.

Na eventualidade de vários pagamentos parciais, realizados por diversos, ou por todos os devedores, afigurar-se-á imprescindível, de acordo com Orosimbo Nonato, a aplicação das regras disciplinadoras da compensação, com o que se reduzirão as somas:[1702] ou seja, as quotas internas extinguir-se-ão proporcionalmente ao valor que respeitar a cada uma, de acordo com o encontro de contas, essencial ao acertamento. P. ex.: "D1", "D2" e "D3" devem solidariamente a "C" a importância de R$30.000,00; durante a fase externa, apesar da equivalência das quotas (1/3 para cada um), cada um realiza pagamento em montante distinto: "D1", R$15.000,00; "D2", R$5.000,00; "D3", R$10.000,00. Nessa hipótese, atribuir-se-á a "D", durante o acertamento, o crédito de R$5.000,00, cujo pagamento deverá ser realizado integralmente por "D2" (porque "D3" já estará quite quanto à sua quota interna).

Normalmente, o cumprimento da prestação gerará *despesas* aos *solvens*, se houver necessidade, p. ex., de ajuizar ação de consignação em pagamento ou se ele for demandado pelo credor. Em princípio, o valor dessas despesas será computado no rateio.[1703] Mas, segundo D. Rubino, se o pagamento houver ocorrido apenas depois de um julgamento, sem a participação dos codevedores, não poderia exercer regresso pelas

[1701] Lôbo, Paulo. *Direito civil*: obrigações. 2. ed. São Paulo: Saraiva, 2011, p. 148.

[1702] Nonato, Orosimbo. *Curso de obrigações*: generalidades – espécies. Rio de Janeiro: Forense, 1959, v. II, p. 262.

[1703] Bianca, C. Massimo. *Diritto civile*: l'obbligazione. Milano: Giuffrè, 1993, v. 4, p. 717; Lôbo, Paulo. *Direito civil*: obrigações. 2. ed. São Paulo: Saraiva, 2011, p. 148.

despesas judiciais, porque o processo se teria tornado necessário por culpa do demandado, ao não aderir tempestivamente ao pedido de pagamento; e não se faria necessário nem mesmo que a resistência em juízo tivesse sido temerária, assim como ele não poderia invocar a sua boa-fé: decisiva seria, nas relações internas, o fato objetivo da sucumbência.[1704]

J. M. de Carvalho Santos, porém, após afirmar que a questão tem proporcionado as mais díspares soluções, aponta a solução majoritária: se a defesa não produziu resultado, a despesa foi inútil; logo, não seria justo que o devedor exigisse dos outros o reembolso por essas despesas desprovidas de utilidade; mas se, ao litigar, foi bem sucedido, proporcionando vantagem comum, se tornaria incontestável o direito de reaver as despesas feitas em proveito de todos.[1705]

Entendemos, na verdade, que tudo dependerá das circunstâncias, até porque, como regra, o *vencido* será responsável por reembolsar o vencedor pelas despesas (v. art. 82, § 2º,[1706] do Código de Processo Civil de 2015). Em outras palavras: se o devedor demandado for *vencedor*, não exigirá o reembolso das despesas de seus consortes, senão do próprio credor sucumbente, à luz da legislação processual; se *vencido*, tornar-se-á necessária a apuração, em cada caso concreto, da culpa pelo inadimplemento e pela propositura da ação.

Com relação aos honorários dos advogados *contratados* por um dos devedores solidários, J. M. de Carvalho Santos considera inviável o exercício do regresso, porque, afora a ineficácia do negócio jurídico contra terceiros, seria injusto que um pudesse convencionar a remuneração do causídico à revelia dos outros. Admite, contudo, a possibilidade de constranger os consortes ao reembolso, desde que os honorários sejam

[1704] RUBINO, Domenico. Delle obbligazioni: obbligazioni alternative, obbligazioni in solido, obbligazioni divisibili e indivisibili: art. 1285-1320. In: SCIALOJA, Antonio; BRANCA, Giuseppe (a cura di). *Commentario del Codice Civile*: libro quarto: delle obbligazioni. 2. ed. Bologna: Zanichelli; Roma: Soc. Ed. Del Foro Italiano, 1968, p. 244-245.

[1705] SANTOS, J. M. de Carvalho. *Código Civil brasileiro interpretado*: principalmente do ponto de vista prático: parte geral. 7. ed. Rio de Janeiro: Freitas Bastos, 1956, v. XI, p. 276. Nesse sentido, cf. SERRA, Adriano Paes da Silva Vaz. Pluralidade de devedores ou de credores. Lisboa: [s.n], v. 69, out. 1957. Separata do *Boletim do Ministério da Justiça*, p. 276.

[1706] "Art. 82. [...] § 2º A sentença condenará o vencido a pagar ao vencedor as despesas que antecipou".

apurados por arbitramento: fixada quantia inferior à efetivamente desembolsada, o devedor que pagou perderia o valor da diferença.[1707]

Esse entendimento, de fato, se afigura lógico. Se não participaram da contratação dos advogados, não foi dada aos codevedores a oportunidade de negociar o preço dos serviços. Mas, se se inviabilizasse por completo o regresso, haveria enriquecimento injustificado desses consortes, na medida em que se beneficiariam dos serviços prestados pelos causídicos, à custa do contratante. Não se vislumbra solução melhor, além do arbitramento, quando houver divergência entre as partes.

Com relação a possíveis honorários *sucumbenciais*, entretanto, será descabido o arbitramento, na medida em que a própria lei estabelece os critérios para a sua fixação (v. art. 85 a 92 do Código de Processo Civil de 2015). É possível que se discutam, nesse caso, a eficácia da coisa julgada e a eventual má condução do processo,[1708] mas, em princípio, o valor desses honorários também poderá ser incluído na base de cálculo do acertamento, assim como a remuneração do perito e as outras despesas processuais.

Integrará a base de cálculo, ainda, a importância correspondente aos juros de mora desembolsados pelo *solvens*, desde que não tenha sido ele o único culpado pelo acréscimo (v. art. 280,[1709] segunda parte, do Código Civil de 2002) e desde que, também, os outros não hajam sido beneficiados por termo ou condição, porque, nesse caso, a obrigação lhes era inexigível.[1710]

Se, na fase externa, todos os coobrigados respondiam por esses juros perante o credor (acessórios da obrigação principal), isso não se dará na fase interna, ante o princípio da responsabilidade pessoal pelos atos culposos. Logo, deverá o culpado, pela via regressiva, pagar aos demais o *quantum* relativo aos juros moratórios a que deu causa (ou, no caso do *solvens*, suportar exclusivamente o montante acrescido). Se todos deram

[1707] Santos, J. M. de Carvalho. *Código Civil brasileiro interpretado*: principalmente do ponto de vista prático: parte geral. 7. ed. Rio de Janeiro: Freitas Bastos, 1956, v. XI, p. 277-278.

[1708] V. seção 4.4, sobre coisa julgada e eficácia da sentença.

[1709] "Art. 280. Todos os devedores respondem pelos juros da mora, ainda que a ação tenha sido proposta somente contra um; mas o culpado responde aos outros pela obrigação acrescida".

[1710] Santos, J. M. de Carvalho. *Código Civil brasileiro interpretado*: principalmente do ponto de vista prático: parte geral. 7. ed. Rio de Janeiro: Freitas Bastos, 1956, v. XI, p. 248.

causa, todos estavam em mora, de modo que o pagamento será fracionado entre todos.[1711]

2.5.2.5. Os meios de defesa do codevedor demandado

Discorreu-se, anteriormente, sobre os *meios de defesa* (exceções e objeções) de que disporiam os devedores solidários em relação ao credor comum.[1712] Nas ações de regresso, semelhantemente, caberão àqueles codevedores que não houverem participado do processo originário, em princípio, os mesmos meios de defesa que não puderam deduzir ao longo da fase externa, aos quais serão acrescentados aqueles pertinentes às próprias relações internas.[1713] Nada terão os demandados, contudo, com as objeções ou exceções puramente subjetivas que possa o devedor solvente ter apresentado.[1714]

Se o codevedor solidário, ao cumprir a prestação originária, deixou, p. ex., de suscitar a nulidade do negócio (meio de defesa comum), seus consortes estarão autorizados a, contra ele, invocar esse argumento, para lhe obstar o direito de regresso. Nesse caso (e, desde que não se houver produzido, é claro, coisa julgada favorável ao credor), restará ao *solvens* tão somente a faculdade de reclamar desse credor a repetição do indevido, por ter quitado o que, dada a nulidade, não estava obrigado;[1715] se não, arcará sozinho com o prejuízo.

Não se confere ao codevedor demandado em regresso, contudo, a faculdade de suscitar a anulabilidade do título, porque esse argumento, ainda que acolhido, não seria suficiente para a afastar a existência e a exigibilidade do crédito. Com efeito, se o título padece de um vício de

[1711] Coelho, Fábio Ulhoa. *Curso de direito civil*: obrigações: responsabilidade civil. 4. ed. São Paulo: Saraiva, 2010, v. 2, p. 104-105; DINIZ, Maria Helena. *Curso de direito civil brasileiro*: teoria geral das obrigações. 33. ed. São Paulo: Saraiva, 2018, v. 2, p. 209; Santos, J. M. de Carvalho. *Código Civil brasileiro interpretado*: principalmente do ponto de vista prático: parte geral. 7. ed. Rio de Janeiro: Freitas Bastos, 1956, v. XI, p. 247.

[1712] V. seção 2.3, sobre os meios de defesa do devedor solidário.

[1713] Varela, Antunes. *Direito das obrigações*: conceito, estrutura e função da relação obrigacional, fontes das obrigações, modalidades das obrigações. Rio de Janeiro: Forense, 1977, p. 311-312.

[1714] Miranda, Pontes de. *Tratado de direito privado*. 3. ed. Rio de Janeiro: Borsoi, 1971, v. X, p. 358.

[1715] Serra, Adriano Paes da Silva Vaz. Pluralidade de devedores ou de credores. Lisboa: [s.n], v. 69, out. 1957. Separata do *Boletim do Ministério da Justiça*, p. 280.

menor gravidade, esse codevedor deverá pleitear a anulação, por via judicial, contra o credor, de quem poderá reclamar a repetição.[1716]

A subsistência de termo poderá inviabilizar o regresso, quando o *solvens* houver cumprido a prestação antecipadamente. Se a esse adimplemento antecipado, realizado por escolha autônoma e indevida de um devedor, se seguisse o seu imediato regresso, isso acarretaria um prejuízo aos seus consortes, os quais contavam, de forma legítima, com um prazo para realizar a prestação.[1717] Será necessário, em semelhante hipótese, aguardar o decurso do prazo;[1718] antes disso, mostrar-se-á inexigível o direito de regresso.

Não fará jus ao regresso, ainda, aquele devedor solvente que não houver oposto exceção de contrato não cumprido, comum a todo o grupo solidário; ao menos, enquanto não se receber a contraprestação devida pelo credor.[1719] Mas se revela possível que a exceção de contrato não cumprido aproveite apenas a um (ou uma parte) dos devedores, em virtude da diferença das contraprestações que assumiram.[1720] *Quid iuris*?

Sustenta a doutrina que, em sede de regresso, os codevedores poderiam opor ao *solvens* todos os meios de defesa de que dispunham contra o credor, quer comuns, quer pessoais.[1721] É, aliás, o que prevê o art. 525[1722] do Código Civil português. Contudo, se o devedor demandado pelo credor não se aproveitava das exceções pessoais aos seus consortes

1716 BIANCA, C. Massimo. *Diritto civile*: l'obbligazione. Milano: Giuffrè, 1993, v. 4, p. 719.

1717 TICOZZI, Marco. *Studio sulle obbligazioni solidali*. Padova: Cedam, 2012, p. 182.

1718 SERRA, Adriano Paes da Silva Vaz. Pluralidade de devedores ou de credores. Lisboa: [s.n], v. 69, out. 1957. Separata do *Boletim do Ministério da Justiça*, p. 279.

1719 MIRANDA, Pontes de. *Tratado de direito privado*. 3. ed. Rio de Janeiro: Borsoi, 1971, v. X, p. 358; SERRA, Adriano Paes da Silva Vaz. Pluralidade de devedores ou de credores. Lisboa: [s.n], v. 69, out. 1957. Separata do *Boletim do Ministério da Justiça*, p. 278.

1720 LÔBO, Paulo. *Direito civil*: obrigações. 2. ed. São Paulo: Saraiva, 2011, p. 147.

1721 COSTA, Mário Júlio de Almeida. *Direito das obrigações*. 12. ed. Coimbra: Almedina, 2009, p. 678; VARELA, Antunes. *Direito das obrigações*: conceito, estrutura e função da relação obrigacional, fontes das obrigações, modalidades das obrigações. Rio de Janeiro: Forense, 1977, p. 311-312.

1722 "Art. 525º [...] 1. Os condevedores podem opor ao que satisfez o direito do credor a falta de decurso do prazo que lhes tenha sido concedido para o cumprimento da obrigação, bem como qualquer outro meio de defesa, quer este seja comum, quer respeite pessoalmente ao demandado. 2. A faculdade concedida no número anterior tem lugar, ainda que o condevedor tenha deixado, sem culpa sua, de opor ao credor o meio comum de defesa, salvo se a falta de oposição for imputável ao devedor que pretende valer-se do mesmo meio".

(v. art. 281, *in fine*, do Código Civil de 2002), não faria sentido que, agora, na fase interna, viesse a ser prejudicado, pelo acolhimento, contra si próprio, da exceção de contrato não cumprido, no tocante à contraprestação a que fazia jus exclusivamente um de seus consortes.

Trata-se de situação, muitas vezes, iníqua: em um primeiro momento, tolhe-se ao devedor demandado o aproveitamento dos meios de defesa pessoais aos seus consortes; satisfeito o credor, porém, o *solvens* amarga o prejuízo por algo que não lhe concernia. Imagine-se, p. ex., que "C" tenha prometido entregar uma coisa a "D1", em certa data e local, e outra coisa a "D2", em data e local diversos. Por particularidades do negócio, "D1" e "D2" obrigaram-se, *solidariamente*, a pagar R$1.000.000,00. Se "C" entregar o bem a "D1" e, em seguida, ajuizar contra ele ação de cobrança, "D1" não disporia da exceção de contrato não cumprido, porque nada teria com o inadimplemento da prestação devida a "D2"; "D1" seria condenado, assim, sozinho, a pagar a integralidade da prestação (R$1.000.000,00) a "C", haja vista a sua qualidade de devedor solidário. Faria sentido que, depois, em regresso, "D2" pudesse oferecer a exceção de contrato não cumprido como meio de defesa?

Muito embora não se possa beneficiar de exceção pessoal a seus codevedores solidários, o devedor demandado estará facultado a promover o *chamamento ao processo* dos demais devedores solidários (v. arts. 130, III,[1723] e 132, [1724] ambos do Código de Processo Civil de 2015),[1725] os quais, se integrados à relação processual, poderão apresentar os meios de defesa pessoais que tiverem contra o demandante. Essa, talvez, seja a melhor alternativa, para evitar discussões e prejuízos futuros.

No mínimo, caberia ao devedor demandado, por força da boa-fé, adotar a cautela de advertir aos seus consortes, tão logo tomasse conhecimento da cobrança, para ativar um fluxo recíproco de informações destinadas a fazer emergir as defesas e exceções comuns.[1726] Evita-se,

[1723] "Art. 130. É admissível o chamamento ao processo, requerido pelo réu: [...] III – dos demais devedores solidários, quando o credor exigir de um ou de alguns o pagamento da dívida comum".

[1724] "Art. 132. A sentença de procedência valerá como título executivo em favor do réu que satisfizer a dívida, a fim de que possa exigi-la, por inteiro, do devedor principal, ou, de cada um dos codevedores, a sua quota, na proporção que lhes tocar".

[1725] V. seção 4.3.2, sobre denunciação da lide e chamamento ao processo.

[1726] Gnani, Alessandro. In: Breccia, Umberto; Busnelli, Francesco Donato (a cura di). Le "nuove" obbligazioni solidali: principi europei, orientamenti giurisprudenziali, interventi

com isso, que os demais procedam a um pagamento em duplicidade, em momento posterior. Se houver inércia, responsabilizar-se-á o omisso por eventuais danos que todos vierem a sofrer;[1727] sujeita-se, inclusive, a depender das circunstâncias, a ter negado o direito de regresso.[1728]

Adverte Pontes de Miranda, entretanto, que essa solução nem sempre se revela viável, porque supõe que todos os devedores solidários se conheçam, o que pode não acontecer. Entende, por isso, que o dever de aviso existe se, segundo o tráfico, seria de se esperar que o devedor solvente avisasse. Em outras palavras: o devedor que paga deve avisar quando as circunstâncias o impuserem, sob pena de responsabilidade.[1729]

Na hipótese de pagamento em duplicidade, Tito Fulgêncio, Pontes de Miranda, Orosimbo Nonato e J. M. de Carvalho Santos consideram que, ao *primeiro solvente*, se não houver avisado aos seus consortes, caberá exercer o regresso contra o credor, além de ser obrigado a pagar a sua quota ao *segundo solvente*. Se o pagamento não beneficiou os demais devedores, por culpa exclusiva do que pagou e não fez a comunicação, não poderia ele exigir dos outros o pagamento de suas quotas na dívida.[1730]

Ainda que possa ser inegável o descumprimento, por parte do primeiro solvente, de semelhante dever de proteção,[1731] a verdade é que a quitação provocou a liberação de todos os devedores, extinta a fase

legislativi. In: *I quaderni della Rivista di Diritto Civile*. Padova: Cedam, 2015, p. 24; NONATO, Orosimbo. *Curso de obrigações*: generalidades – espécies. Rio de Janeiro: Forense, 1959, v. II, p. 261.

1727 PELLEGATTA, Stefano. *Unità e pluralità nella obbligazione solidale passiva*. Torino: G. Giappichelli Editore, 2016, p. 191.

1728 SANTOS, J. M. de Carvalho. *Código Civil brasileiro interpretado*: principalmente do ponto de vista prático: parte geral. 7. ed. Rio de Janeiro: Freitas Bastos, 1956, v. XI, p. 273; SERRA, Adriano Paes da Silva Vaz. Pluralidade de devedores ou de credores. Lisboa: [s.n], v. 69, out. 1957. Separata do *Boletim do Ministério da Justiça*, p. 280.

1729 MIRANDA, Pontes de. *Tratado de direito privado*. 3. ed. Rio de Janeiro: Borsoi, 1971, v. X, p. 340.

1730 FULGÊNCIO, Tito. *Do direito das obrigações*: das modalidades das obrigações: artigos 863-927. 2. ed. Atual. por José de Aguiar Dias. Rio de Janeiro: Forense, 1958, p. 369-370; MIRANDA, Pontes de. *Tratado de direito privado*. 3. ed. Rio de Janeiro: Borsoi, 1971, v. X, p. 358; NONATO, Orosimbo. *Curso de obrigações*: generalidades – espécies. Rio de Janeiro: Forense, 1959, v. II, p. 260; SANTOS, J. M. de Carvalho. *Código Civil brasileiro interpretado*: principalmente do ponto de vista prático: parte geral. 7. ed. Rio de Janeiro: Freitas Bastos, 1956, v. XI, p. 273.

1731 MARTINS-COSTA, Judith. *A boa-fé no direito privado*: critérios para sua aplicação. 2. ed. São Paulo: Saraiva Educação, 2018, p. 243-248.

externa da solidariedade. Restará ao segundo solvente exigir do credor originário o ressarcimento pelo enriquecimento sem causa, sem direito de regresso em face dos demais devedores. Se o credor agiu de forma desleal, responsabilizar-se-á por isso; aplicar-se-á, inclusive, se houver cobrança judicial, a sanção prevista no art. 940[1732] do Código Civil, desde que demonstrada a má-fé[1733] ou, no mínimo, a adoção de todas as medidas razoáveis para evitar a ocorrência.[1734]

Cogita-se, ainda, da utilização da prescrição como meio de defesa entre os codevedores, na fase interna, notadamente pela possibilidade de cada um deles se sujeitar a termos e condições distintos (v. art. 266 do Código Civil de 2002).[1735] Ocorre que a prescrição não traduz fato extintivo da obrigação, por provocar mero *encobrimento da eficácia da pretensão*.[1736] Mostra-se correta, pois, a observação de A. P. S. Vaz Serra: a prescrição da pretensão de um não produz efeito no montante dos outros. O devedor favorecido pela prescrição não se exonerará, só por isso, do dever de regresso para com os seus consortes, embora possa recusar a prestação ao credor.[1737]

Apesar de manifestar entendimento análogo, M. J. de Almeida Costa acrescenta, com fundamento no art. 521º[1738] do Código Civil português, que não haverá direito de regresso se o devedor que pagou não houver

1732 "Art. 940. Aquele que demandar por dívida já paga, no todo ou em parte, sem ressalvar as quantias recebidas ou pedir mais do que for devido, ficará obrigado a pagar ao devedor, no primeiro caso, o dobro do que houver cobrado e, no segundo, o equivalente do que dele exigir, salvo se houver prescrição".

1733 Cf. súmula da jurisprudência predominante do Supremo Tribunal Federal (nº 159): "Cobrança excessiva, mas de boa-fé, não dá lugar às sanções do art. 1.531 do Código Civil".

1734 Godoy, Claudio Luiz Bueno de. In: Peluso, Cezar (Coord.). *Código Civil comentado*: doutrina e jurisprudência: Lei n. 10.406, de 10.01.2002: contém o Código Civil de 1916. 4. ed. Barueri: Manole, 2010, p. 939.

1735 V. seção 1.11, sobre os elementos acidentais na solidariedade.

1736 V. seção 2.4.4, sobre prescrição.

1737 Serra, Adriano Paes da Silva Vaz. Pluralidade de devedores ou de credores. Lisboa: [s.n], v. 69, out. 1957. Separata do *Boletim do Ministério da Justiça*, p. 271.

1738 "Art. 521º [...] 1. Se, por efeito da suspensão ou interrupção da prescrição, ou de outra causa, a obrigação de um dos devedores se mantiver, apesar de prescritas as obrigações dos outros, e aquele for obrigado a cumprir, cabe-lhe o direito de regresso contra os seus condevedores. 2. O devedor que não haja invocado a prescrição não goza do direito de regresso contra os condevedores cujas obrigações tenham prescrito, desde que estes aleguem a prescrição".

invocado a prescrição, desde que o pudesse fazer, e seus codevedores a alegarem.[1739] Apesar de não haver, no Brasil, semelhante disposição, entende-se que essa conclusão, aqui, seria aplicável, na hipótese de prescrição total da pretensão do credor. Afinal, ainda que tenha a prerrogativa de renunciar à prescrição já consumada, o codevedor, se o fizer, provocará o agravamento da posição dos demais, o que é vedado pelo art. 278 do Código Civil de 2002.

Impõem-se, diante desse raciocínio, as seguintes conclusões: (i) se a prescrição atingir a pretensão apenas em face de um (ou de parte) dos devedores, nada obstará que o credor exija o cumprimento da prestação integral daqueles não favorecidos, os quais, quando solventes, manterão o direito de regresso contra todos os consortes, sem nenhum desconto; (ii) se a eficácia da pretensão estiver totalmente encoberta, em benefício de todos os devedores, aquele que pagar não terá direito de regresso contra os demais, porque a satisfação representará agravamento da situação de seus consortes.

2.5.2.6. A insolvência de um dos devedores

Na terminologia jurídica, o vocábulo *insolvência* exprime, em uma primeira aproximação, o sentido de impossibilidade de pagamento, como resultado da circunstância de não possuir o devedor bens suficientes para satisfazer todos os seus credores. Revela-se pela insuficiência patrimonial, ou seja, pela inferioridade do ativo em relação ao passivo.[1740] É a situação ruinosa do patrimônio do devedor, sem condições de solver suas obrigações, o que pertence ao domínio dos *fatos* econômicos. Já a falência, à qual estão sujeitos os empresários, é estado de *direito*, declarado por sentença.[1741]

A insolvência, como estado de fato, pode provocar, a depender do enquadramento jurídico do próprio insolvente, a falência (v. Lei n. 11.101/2005),[1742] a instauração de concurso universal entre credores

1739 Costa, Mário Júlio de Almeida. *Direito das obrigações*. 12. ed. Coimbra: Almedina, 2009, p. 677.

1740 Silva, De Plácido e. *Vocabulário jurídico*. 15. ed. Rio de Janeiro: Forense, 1999, p. 436.

1741 Requião, Rubens. *Curso de direito falimentar*: falência. 2. ed. São Paulo: Saraiva, 1976, v. 1, p. 35.

1742 Cf., sobre as complexas questões decorrentes da falência de um dos devedores solidários, Serra, Adriano Paes da Silva Vaz. Pluralidade de devedores ou de credores. Lisboa: [s.n], v. 69, out. 1957. Separata do *Boletim do Ministério da Justiça*, p. 284-309.

(v. arts. 748 a 786-A do Código de Processo Civil de 1973) ou mesmo a liquidação extrajudicial, no caso, p. ex., das operadoras de planos privados de assistência à saúde (v. arts. 23 a 24-D da Lei n. 9.656/1998), das instituições financeiras (v. Lei n. 6.024/1974) e das cooperativas (v. art. 75 da Lei n. 5.764/1971).

Embora o termo insolvência também seja adotado para caracterizar a mera impontualidade do pagamento da obrigação líquida,[1743] o Código Civil de 2002 (v. arts. 283[1744] e 284),[1745] semelhantemente ao Código Civil de 1916 (v. arts. 913 e 914), preocupa-se com a sorte do *solvens*, na hipótese de um de seus codevedores solidários não reunir condições de suportar o respectivo quinhão interno. Bastaria, para A. P. S. Vaz Serra, que não se pudesse obter do codevedor, por qualquer motivo (p. ex., pela circunstância de ter sido anulada a sua obrigação), o valor correspondente à respectiva quota.[1746]

O fato de algum dos obrigados solidários se encontrar arruinado, durante a fase interna, provocará a divisão de sua quota pelos outros codevedores. Solidariza-se, entre todos, com isso, o prejuízo que viria a ser suportado pelo *solvens*. Não julgou o legislador conveniente agravar a condição daquele contra o qual o credor procedeu; desse modo, para manter a igualdade de condições, põe-se a cargo dos outros membros do grupo solidário a parte do insolvente.[1747]

Nos termos do art. 283 do Código Civil de 2002, dá-se a divisão *igualmente* por todos. Pontes de Miranda interpreta literalmente o texto, ao sustentar que a repartição da quota do insolvente seria "em partes iguais", assim como a contribuição do exonerado também não

[1743] SILVA, De Plácido e. *Vocabulário jurídico*. 15. ed. Rio de Janeiro: Forense, 1999, p. 436.

[1744] "Art. 283. O devedor que satisfez a dívida por inteiro tem direito a exigir de cada um dos codevedores a sua quota, dividindo-se igualmente por todos a do insolvente, se o houver, presumindo-se iguais, no débito, as partes de todos os codevedores".

[1745] "Art. 284. No caso de rateio entre os codevedores, contribuirão também os exonerados da solidariedade pelo credor, pela parte que na obrigação incumbia ao insolvente".

[1746] SERRA, Adriano Paes da Silva Vaz. Pluralidade de devedores ou de credores. Lisboa: [s.n], v. 69, out. 1957. Separata do *Boletim do Ministério da Justiça*, p. 281-282. Nesse sentido, cf. MESA, Marcelo J. López. *Derecho de las obligaciones*: análisis exegético del nuevo Código Civil y Comercial. Buenos Aires: Euros Editores S.R.L., 2015, p. 1.013.

[1747] AMORTH, Giorgio. *L'obbligazione solidale*. Milano: Giuffrè, 1959, p. 292; FULGÊNCIO, Tito. *Do direito das obrigações*: das modalidades das obrigações: artigos 863-927. 2. ed. Atual. por José de Aguiar Dias. Rio de Janeiro: Forense, 1958, p. 381.

observaria a sua quota, mas o princípio da igualdade.[1748] Afigura-se mais lógico, entretanto, o entendimento de que a repartição da perda resultante da insolvência teria lugar da mesma maneira que a repartição do recurso pela parte ou porção dos coobrigados: *pro rata* ou na proporção do interesse de cada um na dívida.[1749]

Se, eventualmente, os codevedores figurassem na relação obrigacional solidária em *estado de desigualdade*, seria iníquo atribuir um sentido literal ao advérbio "igualmente": a lei tem de ser interpretada à luz do *princípio da isonomia*. Mais precisos, sob essa perspectiva, são os códigos espanhol (v. art. 1.145),[1750] italiano (v. art. 1.299, § 2º),[1751] português (v. art. 526º, 1)[1752] e francês (v. art. 1.317, § 3º),[1753] por força dos quais a quota do insolvente deve ser *repartida proporcionalmente* entre os seus consortes;[1754] se o fosse em partes iguais, poderia um devedor com

1748 Miranda, Pontes de. *Tratado de direito privado*. 3. ed. Rio de Janeiro: Borsoi, 1971, v. X, p. 357.

1749 Enneccerus, Ludwig. *Derecho de obligaciones*. Trad. Blas Pérez González e José Alguer. 2. ed. Barcelona: Bosch, 1954, v. 1, p. 465; Fulgêncio, Tito. *Do direito das obrigações*: das modalidades das obrigações: artigos 863-927. 2. ed. Atual. por José de Aguiar Dias. Rio de Janeiro: Forense, 1958, p. 381; Mendonça, José Xavier Carvalho de. *Tratado de direito commercial brasileiro*: das obrigações, dos contractos e da prescripção em materia commercial: parte I: das obrigações em materia commercial. 3. ed. Rio de Janeiro: Livraria Editora Freitas Bastos, 1939, p. 259; Mendonça, Manuel Inácio Carvalho de. *Doutrina e prática das obrigações ou tratado geral dos direitos de crédito*. 4. ed. Rio de Janeiro: Forense, 1956, t. I, p. 352-353; Nonato, Orosimbo. *Curso de obrigações*: generalidades – espécies. Rio de Janeiro: Forense, 1959, v. II, p. 269; Santos, J. M. de Carvalho. *Código Civil brasileiro interpretado*: principalmente do ponto de vista prático: parte geral. 7. ed. Rio de Janeiro: Freitas Bastos, 1956, v. XI, p. 286.

1750 "Art. 1145. [...] La falta de cumplimiento de la obligación por insolvencia del deudor solidario será suplida por sus codeudores, a prorrata de la deuda de cada uno".

1751 "Art. 1299. [...] Se uno di questi è insolvente, la perdita si ripartisce per contributo tra gli altri condebitori, compreso quello che ha fatto il pagamento (754, 755)".

1752 "Art. 526º [...] 1. Se um dos devedores estiver insolvente ou não puder por outro motivo cumprir a prestação a que está adstrito, é a sua quota-parte repartida proporcionalmente entre todos os demais, incluindo o credor de regresso e os devedores que pelo credor hajam sido exonerados da obrigação ou apenas do vínculo da solidariedade".

1753 "Art. 1317. [...] Si l'un d'eux est insolvable, sa part se répartit, par contribution, entre les codébiteurs solvables, y compris celui qui a fait le paiement et celui qui a bénéficié d'une remise de solidarité".

1754 Bianca, C. Massimo. *Diritto civile*: l'obbligazione. Milano: Giuffrè, 1993, v. 4, p. 720; Rossetti, Giulietta. *Le obbligazioni in solido*: modelli romani e disciplina attuale. Napoli: Jovene Editore, 2013, p. 152; Rubino, Domenico. Delle obbligazioni: obbligazioni alternative, obbligazioni in solido, obbligazioni divisibili e indivisibili: art. 1285-1320. In: Scialoja, Antonio; Branca, Giuseppe (a cura di). *Commentario del Codice Civile*: libro quarto: delle obbligazioni. 2. ed. Bologna: Zanichelli; Roma: Soc. Ed. Del Foro Italiano, 1968, p. 253.

uma parte mínima na dívida ver a sua responsabilidade extraordinariamente acrescida.[1755]

Imagine-se, p. ex., que "D1", "D2" e "D3" sejam devedores solidários de R$100.000,00, nas proporções de 80%, 15% e 5%, respectivamente. Após satisfazer o credor integralmente, "D3" ajuíza ação de regresso apenas em face de "D2", ciente do estado de insolvência de "D1". Se fosse interpretado literalmente o texto do art. 283 do Código Civil de 2002, a quota interna de "D1" (R$80.000,00) repartir-se-ia *igualmente* entre "D2" e "D3": 50% para cada um. Nesse caso, o *solvens* ("D3"), embora tivesse participação ínfima da relação obrigacional (apenas 5%), desembolsaria, ao final, R$45.000,00, equivalente a 45% do total. Se for adotada, entretanto, a interpretação isonômica, repartir-se-á a quota interna de "D1" (R$80.000,00) proporcionalmente à responsabilidade de cada um de seus consortes. Caberá a "D2", assim, além de sua própria porção (R$15.000,00), arcar com 75% da quota de "D1", o que corresponde a R$60.000,00. Do total desembolsado (R$100.000,00), portanto, "D3" poderá exigir de "D2" o montante de R$75.000,00.

Discute-se, em sede doutrinária, ainda, a eventual repercussão do *momento* da insolvência no exercício do direito de regresso. Segundo Pontes de Miranda, se o devedor solvente não propusesse, desde logo, ação contra todos os seus consortes, e algum deles, que não era insolvente, caísse em insolvência, não contaria com direito de regresso pela quota interna desse insolvente; só se teria como a cargo de todos a parte de quem já estivesse arruinado no momento da prestação.[1756] É o que também pensam, p. ex., Caio Mário da Silva Pereira,[1757] J. X. Carvalho de Mendonça[1758] e M. I. Carvalho de Mendonça[1759] e M. L. Larombière.[1760]

[1755] SERRA, Adriano Paes da Silva Vaz. Pluralidade de devedores ou de credores. Lisboa: [s.n], v. 69, out. 1957. Separata do *Boletim do Ministério da Justiça*, p. 282.

[1756] MIRANDA, Pontes de. *Tratado de direito privado*. 3. ed. Rio de Janeiro: Borsoi, 1971, v. X, p. 359.

[1757] PEREIRA, Caio Mário da Silva. *Instituições de direito civil*: teoria geral das obrigações. 26. ed. Rio de Janeiro: Forense, 2014, v. II, p. 97.

[1758] MENDONÇA, José Xavier Carvalho de. *Tratado de direito commercial brasileiro*: das obrigações, dos contractos e da prescripção em materia commercial: parte I: das obrigações em materia commercial. 3. ed. Rio de Janeiro: Livraria Editora Freitas Bastos, 1939, p. 260.

[1759] MENDONÇA, Manuel Inácio Carvalho de. *Doutrina e prática das obrigações ou tratado geral dos direitos de crédito*. 4. ed. Rio de Janeiro: Forense, 1956, t. I, p. 353.

[1760] LAROMBIÈRE, M. L. *Théorie & pratique des obligations*: ou commentaire des titres III & IV, livre III, du Code Napoléon: art. 1101 à 1386. Paris: A. Durand, 1857, t. 2, p. 689.

Outros escritores, porém, consideram que a insolvência pode ser anterior, contemporânea ou posterior ao pagamento, porquanto subsistiria, nessa fase de liquidação, a "sociedade" (ou, melhor, a "comunhão de interesses") entre os codevedores. Logo, nos termos da lei, dividir-se-ia a quota do possível insolvente no momento em que a ação regressiva fosse ajuizada. Ressalvar-se-ia tão somente a situação de negligência do *solvens* que retardasse o exercício do regresso, fato que ocasionaria a impossibilidade de responsabilizar os outros pela quota do insolvente, por merecer as consequências de sua culpa.[1761]

De fato, sob a ótica do Código Civil de 2002, mostra-se irrelevante o momento em que se verifica a insolvência de um dos codevedores: limita-se o art. 283 a determinar a divisão de sua quota interna por todos *tout court*. É possível que o retardamento no exercício do direito de regresso decorra de sem número de razões; em princípio, enquanto não consumado o prazo prescricional, o *solvens* poderá deduzir sua pretensão contra os demais.

Isso não significa que devedor solvente ostentaria uma espécie de *carta branca* para, de forma desleal, por mero capricho (quiçá, para prejudicar seus consortes), procrastinar. Na prática, à luz da boa-fé objetiva, é viável impor a perda do direito, pela inatividade (*suppressio*). Seria preciso, de acordo com Judith Martins-Costa, conjugar essa inatividade com os elementos justificadores, no caso concreto, do investimento de confiança pela contraparte. As circunstâncias que influenciariam sobre a duração do período de tempo exigível para a configuração da *suppressio* seriam as mais diversas (e indescritíveis, *a priori*); em qualquer caso, contudo, teria de estar presente a *omissão circunstancialmente*

[1761] Fulgêncio, Tito. *Do direito das obrigações*: das modalidades das obrigações: artigos 863-927. 2. ed. Atual. por José de Aguiar Dias. Rio de Janeiro: Forense, 1958, p. 282-283; Nonato, Orosimbo. *Curso de obrigações*: generalidades – espécies. Rio de Janeiro: Forense, 1959, v. II, p. 275-276; Rossetti, Giulietta. *Le obbligazioni in solido*: modelli romani e disciplina attuale. Napoli: Jovene Editore, 2013, p. 152-153; Rubino, Domenico. Delle obbligazioni: obbligazioni alternative, obbligazioni in solido, obbligazioni divisibili e indivisibili: art. 1285-1320. In: Scialoja, Antonio; Branca, Giuseppe (a cura di). *Commentario del Codice Civile*: libro quarto: delle obbligazioni. 2. ed. Bologna: Zanichelli; Roma: Soc. Ed. Del Foro Italiano, 1968, p. 253-254; Santos, J. M. de Carvalho. *Código Civil brasileiro interpretado*: principalmente do ponto de vista prático: parte geral. 7. ed. Rio de Janeiro: Freitas Bastos, 1956, v. XI, p. 286-288; Serra, Adriano Paes da Silva Vaz. Pluralidade de devedores ou de credores. Lisboa: [s.n], v. 69, out. 1957. Separata do *Boletim do Ministério da Justiça*, p. 283.

significativa, para que se concluísse que o exercício retardado do direito traduziu forma de deslealdade.[1762]

Suponha-se, p. ex., que "D1", "D2" e "D3" sejam devedores solidários da importância de R$100.000,00, nas proporções de 80%, 15% e 5%, respectivamente; e que, logo após satisfazer o credor integralmente, "D3" propõe ação de regresso apenas em face de "D2", por sua quota interna (R$15.000,00). Imagine-se que, passado algum tempo, "D1" se torna pródigo: passa a se desvencilhar, de forma irresponsável, de todo o seu patrimônio. Mesmo ciente desse comportamento, "D3" mantém-se inerte, até que, certo dia, antes do decurso do prazo prescricional, "D1" cai em insolvência. Seria razoável, nessas circunstâncias, que "D3" pudesse dirigir contra "D2" nova pretensão, fundada no direito de dividir entre todos a quota do insolvente? A resposta é negativa: esse parece ser um exemplo de *suppressio*.

Incumbe ao *solvens*, como demandante (v. art. 373, I,[1763] do Código de Processo Civil de 2015), produzir *prova* da insolvência de seu consorte.[1764] Tal estado de fato, normalmente, se manifesta durante o processo de execução, promovido ou pelo credor originário ou pelo credor de regresso. Mas também é possível demonstrar semelhante situação por qualquer meio de prova admissível no direito processual, a fim de convencer o juiz da inferioridade do ativo sobre o passivo, para que seja ordenada a repartição da quota interna pelos demais.[1765]

Dispensa-se a prévia decretação de falência, a declaração judicial de insolvência civil ou a liquidação extrajudicial. Basta que se verifique, no caso concreto, uma das situações previstas no art. 750[1766] do Código de

[1762] Martins-Costa, Judith. *A boa-fé no direito privado*: critérios para sua aplicação. 2. ed. São Paulo: Saraiva Educação, 2018, p. 714.

[1763] "Art. 373. O ônus da prova incumbe: I – ao autor, quanto ao fato constitutivo de seu direito".

[1764] Bianca, C. Massimo. *Diritto civile*: l'obbligazione. Milano: Giuffrè, 1993, v. 4, p. 720; Nonato, Orosimbo. *Curso de obrigações*: generalidades – espécies. Rio de Janeiro: Forense, 1959, v. II, p. 277.

[1765] Fulgêncio, Tito. *Do direito das obrigações*: das modalidades das obrigações: artigos 863-927. 2. ed. Atual. por José de Aguiar Dias. Rio de Janeiro: Forense, 1958, p. 384; Santos, J. M. de Carvalho. *Código Civil brasileiro interpretado*: principalmente do ponto de vista prático: parte geral. 7. ed. Rio de Janeiro: Freitas Bastos, 1956, v. XI, p. 288.

[1766] "Art. 750. Presume-se a insolvência quando: I – o devedor não possuir outros bens livres e desembaraçados para nomear à penhora; Ii – forem arrestados bens do devedor, com fundamento no art. 813, I, II e III".

Processo Civil de 1973 (v. art. 1.052[1767] do atual diploma processual), suficientes para criar *presunção relativa de insolvência*: (i) se o devedor não possuir outros bens livres e desembaraçados para nomear à penhora; (ii) se o devedor, sem domicílio certo, intentar se ausentar ou alienar os próprios bens que possui, ou deixar de pagar a obrigação no prazo estipulado; (iii) se o devedor que tem domicílio se ausentar ou tentar se ausentar furtivamente; (iv) se alienar ou tentar alienar bens imóveis, sem manter algum ou alguns, livres e desembargados, de valor suficiente para solver as dívidas; (v) se contrair ou tentar contrair dívidas extraordinárias; (vi) se puser ou tentar pôr os seus bens em nome de terceiros; (vii) se cometer outro qualquer artifício fraudulento, a fim de frustrar a execução ou lesar credores etc.

Por força do que dispõe o art. 284[1768] do Código Civil de 2002, contribuirão, pela parte do insolvente, no caso de rateio, também os codevedores *exonerados* da solidariedade.[1769] Afinal, o credor não pode dispor de direito alheio;[1770] não lhe é dado interferir nas relações entre os coobrigados, para agravar a posição de uns e de outros.[1771] Mesmo exonerado da solidariedade, pois, o beneficiado não se desobrigará para com seus consortes;[1772] não fosse assim, a renúncia causaria prejuízo aos outros, porque teriam de suportar a perda da insolvência, repartida por número menor de indivíduos.[1773]

1767 "Art. 1.052. Até a edição de lei específica, as execuções contra devedor insolvente, em curso ou que venham a ser propostas, permanecem reguladas pelo Livro II, Título IV, da Lei n. 5.869, de 11 de janeiro de 1973."

1768 "Art. 284. No caso de rateio entre os co-devedores, contribuirão também os exonerados da solidariedade pelo credor, pela parte que na obrigação incumbia ao insolvente".

1769 V. seção 2.4.12, sobre renúncia à solidariedade.

1770 Monteiro, Washington de Barros. *Curso de direito civil*: direito das obrigações, 1ª parte: das modalidades das obrigações: dos efeitos das obrigações. 15. ed. São Paulo: Saraiva, 1979, p. 192.

1771 Mendonça, José Xavier Carvalho de. *Tratado de direito commercial brasileiro*: das obrigações, dos contractos e da prescripção em materia commercial: parte I: das obrigações em materia commercial. 3. ed. Rio de Janeiro: Livraria Editora Freitas Bastos, 1939, p. 260.

1772 Espinola, Eduardo. *Garantia e extinção das obrigações*: obrigações solidárias e indivisíveis. Rio de Janeiro: Freitas Bastos, 1951, p. 429.

1773 Fulgêncio, Tito. *Do direito das obrigações*: das modalidades das obrigações: artigos 863-927. 2. ed. Atual. por José de Aguiar Dias. Rio de Janeiro: Forense, 1958, p. 386; Mendonça, Manuel Inácio Carvalho de. *Doutrina e prática das obrigações ou tratado geral dos direitos de crédito*. 4. ed. Rio de Janeiro: Forense, 1956, t. I, p. 353; Santos, J. M. de Carvalho. *Código Civil brasi-*

Nessa hipótese – explica Paulo Lôbo –, a participação do exonerado ater-se-á exclusivamente à quota do insolvente, uma vez que sua própria quota fora excluída pela renúncia do credor à solidariedade em seu favor.[1774] Essa assertiva, no entanto, não se mostra a mais precisa: a participação do exonerado apenas se aterá à quota do insolvente *se o credor houver recebido a parte daquele na prestação* (com a consequente liberação parcial dos demais devedores), conforme já se concluiu em momento anterior;[1775] do contrário, a exoneração de um provocaria agravamento da situação dos demais.

É possível que, *após a exoneração*, os devedores solidários remanescentes caiam em insolvência. Consideram Tito Fulgêncio e J. M. de Carvalho Santos que, em tal circunstância, o credor poderia exigir a prestação total do exonerado, que permaneceria obrigado a suportar a perda, proporcionalmente, no caso de insolvência de um ou de alguns dos seus consortes, e a exoneração seria apenas para dispensá-lo de fazer o adiantamento a seus coobrigados.[1776] Tal raciocínio, porém, a nosso ver, colidiria com a estrutura da solidariedade: ora, se o credor renunciou à solidariedade em face de determinado devedor, sujeitou-se *voluntariamente* ao risco de insolvência dos remanescentes. Seria ilógico autorizá-lo a invadir a fase interna da solidariedade para exercer, em lugar desses devedores insolventes, o direito de regresso que jamais chegara a nascer.

Se, em vez de renúncia à solidariedade (ou exoneração), houver remissão (perdão),[1777] a solução é diversa. Na forma do art. 277 do Código Civil de 2002, deverá ser decotado da dívida, na fase externa, o valor da quantia relevada. Ou seja, se o insolvente for o remitido, sua ruína não alterará a situação dos demais consortes, porque não terá mais nenhuma quota interna a ser repartida. Se, no entanto, outro devedor for o insolvente, a respectiva quota interna será repartida, inclusive, entre o bene-

leiro interpretado: principalmente do ponto de vista prático: parte geral. 7. ed. Rio de Janeiro: Freitas Bastos, 1956, v. XI, p. 292.

1774 Lôbo, Paulo. *Direito civil*: obrigações. 2. ed. São Paulo: Saraiva, 2011, p. 141.

1775 V. seção 2.4.12, sobre renúncia à solidariedade.

1776 Fulgêncio, Tito. *Do direito das obrigações*: das modalidades das obrigações: artigos 863--927. 2. ed. Atual. por José de Aguiar Dias. Rio de Janeiro: Forense, 1958, p. 388; Santos, J. M. de Carvalho. *Código Civil brasileiro interpretado*: principalmente do ponto de vista prático: parte geral. 7. ed. Rio de Janeiro: Freitas Bastos, 1956, v. XI, p. 293.

1777 V. seção 2.4.8.1, sobre pagamento parcial e remissão.

ficiário do perdão. Aplica-se, por analogia, logicamente, a regra prevista no art. 284, na medida em que a remissão obtida por um não prejudicará os demais devedores.

Se a dívida interessar a apenas um dos devedores, no sentido do art. 285 do Código Civil de 2002, ele responderá pela integralidade para com aquele que pagar, inclusive pela quota do eventual codevedor insolvente. Na verdade, será irrelevante, sob a perspectiva desse único interessado, a possível ruína de algum de seus garantidores, contra quem não terá nenhum direito de regresso.[1778] Se, contudo, o insolvente for esse único interessado, a solução viável, neste caso, é a de que todos os demais dividam entre si a prestação inteira.[1779] Não faria sentido que, se fosse apenas um dos garantidores, o *solvens* suportasse integralmente o prejuízo, em benefício de seus colegas.[1780] Naturalmente, permanecerá a salvo o direito de regresso, uma vez cessada a insolvência.[1781]

[1778] PORTA, Ubaldo La. Delle obbligazioni in solido: artt. 1292-1313. In: SCHLESINGER, Piero; BUSNELLI, Francesco Donato (diretto da). *Il Codice Civile*: commentario. Milano: Giuffrè Editore, 2014, p. 212.

[1779] AMORTH, Giorgio. *L'obbligazione solidale*. Milano: Giuffrè, 1959, p. 295; BIANCA, C. Massimo. *Diritto civile*: l'obbligazione. Milano: Giuffrè, 1993, v. 4, p. 721.

[1780] SERRA, Adriano Paes da Silva Vaz. Pluralidade de devedores ou de credores. Lisboa: [s.n], v. 69, out. 1957. Separata do *Boletim do Ministério da Justiça*, p. 284.

[1781] AMORTH, Giorgio. *L'obbligazione solidale*. Milano: Giuffrè, 1959, p. 295.

3. SOLIDARIEDADE ATIVA

3.1. Conceito, conteúdo e importância

A *obrigação solidária ativa* é a aquela em que, nos termos do art. 267[1782] do Código Civil de 2002, *cada um* dos *credores* tem direito de exigir do devedor comum o cumprimento da prestação *por inteiro*. O legislador de 2002 reproduziu, sem nenhuma modificação de relevo, o texto do art. 898[1783] do Código Civil de 1916 – excluiu apenas uma vírgula mal colocada. Trata-se de uma das hipóteses de pluralidade de sujeitos no polo ativo.

Na legislação estrangeira: (i) o Código Civil espanhol não apresenta semelhante conceito; disciplina as obrigações mancomunadas, solidárias ativas e passivas em uma única seção (v. arts. 1.137 a 1.148); (ii) o Código Civil português dedica uma subseção exclusiva à solidariedade entre credores (v. arts. 528º a 533º); permite que o devedor escolha o credor solidário a quem satisfazer a prestação, salvo se já houver recebido citação para a demanda promovida por outro credor (v. art. 528º, 1);[1784]

[1782] "Art. 267. Cada um dos credores solidários tem direito a exigir do devedor o cumprimento da prestação por inteiro".

[1783] "Art. 898. Cada um dos credores solidários tem direito a exigir do devedor o cumprimento da prestação, por inteiro".

[1784] "Art. 528º [...] 1. É permitido ao devedor escolher o credor solidário a quem satisfaça a prestação, enquanto não tiver sido judicialmente citado para a respectiva acção por outro credor cujo crédito se ache vencido".

(iii) o Código Civil italiano contém, em um único dispositivo, as noções de solidariedade ativa e passiva (v. art. 1.292);[1785] prevê a possibilidade de o devedor optar entre pagar a um ou a outro dos credores solidários, quando não houver prevenção judicial (v. art. 1.296);[1786] (iv) o Código Civil alemão dispõe que há solidariedade ativa (v. § 428)[1787] quando várias pessoas têm o direito de exigir uma prestação em sua integralidade, enquanto o devedor comum está obrigado a cumprir somente uma vez, em favor de qualquer dos credores solidários, inclusive se um deles já houver proposto uma demanda; fixa-lhe o regime jurídico nos §§ 429 e 430; (v) o Código Civil e Comercial argentino dedica um parágrafo exclusivo à solidariedade ativa (v. arts. 844 a 849); define-a como a situação em que o credor, ou cada credor, ou todos eles conjuntamente, podem reclamar do devedor a totalidade da obrigação (v. art. 844);[1788] (vi) o Código Civil francês, em sua redação atual, trata de ambas as figuras (solidariedade ativa e passiva) em um único *paragraphe* (v. arts. 1.310 a 1.319); define a solidariedade ativa como aquela que permite a cada um dos credores exigir e receber o pagamento de todo o crédito; prevê que o pagamento feito a um deles libera o devedor em relação a todos, bem como que o devedor pode pagar a um ou a outro dos credores solidários até que seja demandado por um deles (v. art. 1.311).[1789]

[1785] "Art. 1292. [...] L'obbligazione e in solido quando più debitori sono obbligati tutti per la medesima prestazione, in modo che ciascuno può essere costretto all'adempimento per la totalità e l'adempimento da parte di uno libera gli altri; oppure quando tra più creditori ciascuno ha diritto di chiedere l'adempimento dell'intera obbligazione e l'adempimento conseguito da uno di essi libera il debitore verso tutti i creditori".

[1786] "Art. 1296. [...] Il debitore ha la scelta di pagare all'uno o all'altro dei creditori in solido, quando non è stato prevenuto da uno di essi con domanda giudiziale (Cod. Proc. Civ. 163)".

[1787] "§ 428. [...] Si varias personas están facultadas para exigir una prestación de manera tal que cada uno puede exigir toda la prestación, aunque el deudor está obligado a cumplir sólo una vez (acreedores solidarios), el deudor puede cumplir a su voluntad a favor de cualquiera de los acreedores. Esto se aplica incluso si uno de los acreedores ya ha interpuesto una acción en reclamación de la prestación".

[1788] "Art. 844. [...] El acreedor, o cada acreedor, o todos ellos conjuntamente, pueden reclamar al deudor la totalidad de la obligación".

[1789] "Art. 1311. [...] La solidarité entre créanciers permet à chacun d'eux d'exiger et de recevoir le paiement de toute la créance. Le paiement fait à l'un d'eux, qui en doit compte aux autres, libère le débiteur à l'égard de tous. Le débiteur peut payer l'un ou l'autre des créanciers solidaires tant qu'il n'est pas poursuivi par l'un d'eux".

Regularmente – segundo R. J. Pothier –, quando alguém se obriga quanto a uma só e mesma coisa para com várias pessoas, cada uma destas não é credora dessa coisa senão por sua parte; mas o sujeito se pode obrigar pelo total para com cada uma dessas pessoas, quando for essa a intenção das partes, de modo que cada credor o seja pelo total, embora o pagamento feito a um deles exonere o devedor para com todos.[1790]

Sofre críticas, por J. M. Barbosa de Magalhães, o uso da expressão "obrigação solidária ativa": melhor seria, a seu ver, chamá-la de "direito solidário", na medida em que, muito embora direito e obrigação sejam "duas cousas correlativas", não faria sentido considerar a obrigação de um só como solidária, pelo simples fato de haver mais de um credor; não é no devedor que existe solidariedade, mas nos credores.[1791]

Alguns civilistas brasileiros, como, p. ex., M. I. Carvalho de Mendonça e Orosimbo Nonato, inspirados na literatura francesa, consideram que cada credor solidário teria direito de *representar* seus cocredores em virtude de um *mandato tácito* estabelecido entre eles.[1792] Consoante já se expôs, contudo, a equiparação entre a solidariedade e a representação (ou mandato) é majoritariamente repelida.[1793]

Não há, apesar da predileção por uma ou por outra das teorias explicativas da natureza jurídica da solidariedade, grandes variações nos conceitos formulados pela doutrina. Cuidar-se-ia, assim, em síntese, de obrigação: (i) única, em favor de duas ou mais pessoas, com a particularidade de que, em virtude do título, o pagamento do total do crédito pudesse ser demandado e recebido por cada um dos credores e que, feito a um deles, fosse liberatório em relação a todos;[1794] (ii) com vários credores e um devedor, na qual cada um dos primeiros tivesse a faculdade de exigir, por si só, a totalidade da prestação; e a prestação integral, feita a

[1790] Pothier, Robert Joseph. *Tratado de las obligaciones*. Buenos Aires: Editorial Atalaya, 1947, p. 143-144.

[1791] Magalhães, J. M. Barbosa de. *Das obrigações solidárias em direito civil portuguez*. Coimbra: Livraria Central de J. Diogo Pires – Editor, 1882, p. 15-16.

[1792] Mendonça, Manuel Inácio Carvalho de. *Doutrina e prática das obrigações ou tratado geral dos direitos de crédito*. 4. ed. Rio de Janeiro: Forense, 1956, t. I, p. 318; Nonato, Orosimbo. *Curso de obrigações*: generalidades – espécies. Rio de Janeiro: Forense, 1959, v. II, p. 108.

[1793] V. seção 1.10.1.1, sobre as obrigações solidárias e o mandato.

[1794] Baudry-Lacantinerie, G.; Barde, L. *Théorie et pratique de droit civil*: des obligations. Paris: Librairie de la Société du Recueil des Lois et des Arrêts, 1902, t. 2, p. 240.

ele, liberasse o devedor perante os demais credores;[1795] (iii) revestida de atributo externo que possibilitasse a qualquer dos credores a faculdade de receber o crédito em sua totalidade;[1796] (iv) em que cada um dos credores, segundo o título, fosse credor do total, de modo que o pagamento feito a um deles liberasse o devedor diante de todos;[1797] (v) em que cada credor solidário gozasse de completa autonomia em face do devedor comum, como se fosse credor único, de modo que pudesse livremente exigir o cumprimento integral da prestação, e o pagamento que lhe fosse feito liberasse o devedor em face de todos os demais;[1798] (vi) em que cada um dos credores, individualmente, se encontrasse facultado a exigir e a receber do devedor a totalidade da prestação devida, e o devedor, se pagasse a um só credor, se liberasse inteiramente da obrigação;[1799] (vii) em que cada credor tivesse o direito de exigir do devedor a realização da prestação por inteiro, e o devedor se exonerasse do vínculo obrigacional, se pagasse o débito a qualquer um dos cocredores;[1800] (viii) em que cada um dos credores pudesse exigir e demandar a prestação em sua totalidade (a seu critério, também parcialmente);[1801] (ix) com unidade jurídica, nas relações externas, em que se apresentasse cada credor, em relação ao devedor, como se fosse o credor único;[1802] (x) com concurso de credores, todos com o mesmo direito à dívida por inteiro;[1803] (xi) em que, pelos termos do contrato ou do testamento,

1795 CORDEIRO, António Menezes. *Tratado de direito civil português*. Coimbra: Almedina, direito das obrigações, 2009, v. II, t. I, p. 729.

1796 COSTA, José Maria da. As obrigações solidárias. In: FRANCIULLI NETTO, Domingos; MENDES, Gilmar Ferreira; MARTINS FILHO, Ives Gandra da Silva (Coord.). *O novo Código Civil*: estudos em homenagem ao Professor Miguel Reale. São Paulo: LTr, 2003, p. 264.

1797 DELVINCOURT, M. *Cours de Code Napoléon*. Paris: Chez P. Gueffier, Imprimeur-Libraire, 1813, t. 2, p. 23.

1798 DIAS, Regina Bottentuit Gondim. *Natureza jurídica da solidariedade*. Rio de Janeiro: Conquista, 1958, p. 17-18.

1799 DÍEZ-PICAZO, Luis. *Fundamentos del derecho civil patrimonial*: las relaciones obligatorias. 6. ed. Madrid: Civitas, 2008, v. II, p. 215.

1800 DINIZ, Maria Helena. *Curso de direito civil brasileiro*: teoria geral das obrigações. 33. ed. São Paulo: Saraiva, 2018, v. 2, p. 191.

1801 ENNECCERUS, Ludwig. *Derecho de obligaciones*. Trad. Blas Pérez González e José Alguer. 2. ed. Barcelona: Bosch, 1954, v. 1, p. 447.

1802 ESPINOLA, Eduardo. *Garantia e extinção das obrigações*: obrigações solidárias e indivisíveis. Rio de Janeiro: Freitas Bastos, 1951, p. 404-405.

1803 GOMES, Orlando. *Obrigações*. 5. ed. Rio de Janeiro: Forense, 1978, p. 83.

uma obrigação única existisse em favor de várias pessoas, de tal modo que cada uma delas fosse capaz de exigir e de receber um pagamento integral liberatório *erga omnes*;[1804] (xii) em que houvesse relação de direito entre muitos credores de uma só obrigação perante o devedor comum;[1805] (xiii) em que cada credor solidário pudesse exigir, sozinho, a totalidade da prestação, de modo que, ao receber a prestação que lhe entregasse o devedor, a obrigação se extinguisse; o devedor, portanto, poderia pagar a qualquer deles;[1806] (xiv) revestida de predicado externo, que oferecesse a qualquer dos *correi credendi* a faculdade de fazer valer o crédito, até a sua completa satisfação pelo devedor;[1807] (xv) em que existissem vários titulares de um direito, unidos intrinsecamente por um liame que lhes assegurasse receber por inteiro o crédito;[1808] (xvi) em que a relação de direito entre muitos credores de uma só obrigação e em virtude da qual um credor – se em face dos cocredores, e apenas de sua parte – representasse todos os demais, perante o devedor comum, para haver o crédito, ou assegurar sua solução;[1809] (xvii) em que qualquer dos vários credores pudesse exigir toda a prestação, enquanto o devedor se eximisse das dívidas, em relação aos demais credores, pelo fato de fazer efetiva a prestação a um deles;[1810] (xviii) que, tão logo se vencesse, o devedor comum pudesse pagar a qualquer um dos credores, sem que o credor pudesse recusar o recebimento, e essa liberdade de escolha cessasse quando houvesse demanda proposta por um dos credores;[1811]

[1804] Josserand, Louis. *Cours de droit civil positif français*: théorie générale des obligations: les principaux contrats du droit civil: les suretés. 3. ed. Paris: Librairie du Recueil Sirey, 1939, v. II, p. 473.

[1805] Mendonça, Manuel Inácio Carvalho de. *Doutrina e prática das obrigações ou tratado geral dos direitos de crédito*. 4. ed. Rio de Janeiro: Forense, 1956, t. I, p. 308-309.

[1806] Miranda, Pontes de. *Tratado de direito privado*. 3. ed. Rio de Janeiro: Borsoi, 1971, v. X, p. 322.

[1807] Monteiro, Washington de Barros. *Curso de direito civil*: direito das obrigações, 1ª parte: das modalidades das obrigações: dos efeitos das obrigações. 15. ed. São Paulo: Saraiva, 1979, p. 167.

[1808] Rizzardo, Arnaldo. *Direito das obrigações*. 7. ed. Rio de Janeiro: Forense, 2013, p. 221.

[1809] Santos, J. M. de Carvalho. *Código Civil brasileiro interpretado*: principalmente do ponto de vista prático: parte geral. 7. ed. Rio de Janeiro: Freitas Bastos, 1956, v. XI, p. 188.

[1810] Tuhr, A. von. *Tratado de las obligaciones*. Trad. W. Roces. Madrid: Editorial Reus, 1934, t. II, p. 276.

[1811] Varela, Antunes. *Direito das obrigações*: conceito, estrutura e função da relação obrigacional, fontes das obrigações, modalidades das obrigações. Rio de Janeiro: Forense, 1977, p. 315.

(xix) com pluralidade de credores, os quais pudessem exigir a prestação *in solidum*, todos com o direito ao recebimento da dívida por inteiro,[1812] etc.

À semelhança do que se observou quanto à obrigação solidária passiva, esses conceitos doutrinários também pecam por desprezar a estrutura da solidariedade, porque conferem destaque apenas à fase externa da relação obrigacional, aquela formada entre os cocredores e o devedor comum,[1813] sem considerar o vínculo interno entre os próprios cocredores, no tocante à quota de cada um.

Pode-se conceituar a obrigação solidária ativa, assim, como um *modo de ser* de determinadas relações obrigacionais subjetivamente complexas, com pluralidade de credores e pluralidade de obrigações singulares de ordem inferior, em que os atos de adimplemento se desenvolvem em duas fases distintas, mas correlacionadas: (i) a externa, com prestação igual, equivalente ou de conteúdo diverso, a depender da conformação concreta, mas sempre com os mesmos efeitos liberatórios, em relação a todos os cocredores, cada um deles como se fosse o único, em face do devedor comum; (ii) a interna, subsequente à externa, destinada ao acertamento das eventuais quotas de cada um dos cocredores, entre si, em regresso.

Quanto ao conteúdo, as obrigações solidárias ativas (assim como as passivas) não oferecem especialidade alguma: não apenas os créditos pecuniários, mas também os créditos de qualquer outro conteúdo podem se constituir com o caráter de créditos solidários.[1814] Independentemente de sua natureza (de dar, de fazer ou de não fazer), qualquer prestação, inclusive aquelas personalíssimas, poderá corresponder ao conteúdo de uma obrigação solidária ativa. É possível que a prestação seja indivisível ou divisível, alternativa, facultativa, genérica, fungível ou infungível etc.

São ilimitadas as possibilidades de variação do elemento objetivo, sem que isso possa descaracterizar a solidariedade. Se o cumprimento da prestação depender de um fato pessoal relativo a um dos credores,

1812 Zangerolame, Flavia Maria. Obrigações divisíveis e indivisíveis e obrigações solidárias. In: Tepedino, Gustavo (coord.). *Obrigações*: estudos na perspectiva civil-constitucional. Rio de Janeiro: Renovar, 2005, p. 200.

1813 V. seção 1.8.2, sobre as fases da relação obrigacional solidária.

1814 Enneccerus, Ludwig. *Derecho de obligaciones*. Trad. Blas Pérez González e José Alguer. 2. ed. Barcelona: Bosch, 1954, p. 446.

esse aspecto influenciará apenas a execução da obrigação, sem desnaturar o seu caráter solidário.

Assim como na solidariedade passiva, também se permite que um dos créditos solidários seja condicional ou dependa de condições diferentes dos demais; é viável a variação do lugar de cumprimento, o prazo de vencimento ou outras modalidades, de credor para credor; o crédito de um dos credores pode render juros ou estar garantido especialmente por fiança, penhor etc. ou ser acompanhado de uma pena convencional, diversamente dos créditos de seus consortes.[1815]

De modo diferente do que faz com a solidariedade passiva, a literatura tem o hábito de mencionar a *raridade*, a *inconveniência* e os *perigos* da obrigação solidária ativa, notadamente pelo fato de que o *accipiens* pode se apropriar da prestação ou mesmo cair em insolvência, em prejuízo aos seus consortes. Chega-se a afirmar que o instituto estaria em decadência, sem vantagem peculiar alguma, ou seria até mesmo instituição morta, subsistente por injustificável aferro às instituições romanas, perfeitamente substituível, na prática, pelo mandato.[1816]

[1815] SERRA, Adriano Paes da Silva Vaz. Pluralidade de devedores ou de credores. Lisboa: [s.n], v. 70, nov. 1957. Separata do *Boletim do Ministério da Justiça*, p. 11-12.

[1816] AMARAL NETO, Francisco dos Santos. Solidariedade (direito das obrigações). In: FRANÇA, R. Limongi (Coord.). *Enciclopédia Saraiva do Direito*. São Paulo: Saraiva, 1977, v. 70, p. 422; AZEVEDO, Álvaro Villaça. *Curso de direito civil*: teoria geral das obrigações. 8. ed. São Paulo: Editora Revista dos Tribunais, 2000, p. 99-100; BAUDRY-LACANTINERIE, G.; BARDE, L. *Théorie et pratique de droit civil*: des obligations. Paris: Librairie de la Société du Recueil des Lois et des Arrêts, 1902, t. 2, p. 242-245; COLMO, Alfredo. *De las obligaciones en general*. 3. ed. Buenos Aires: Editorial Guillermo Kraft Ltda., 1944, p. 340; COSTA, Mário Júlio de Almeida. *Direito das obrigações*. 12. ed. Coimbra: Almedina, 2009, p. 668-669; DIAS, Regina Bottentuit Gondim. *Natureza jurídica da solidariedade*. Rio de Janeiro: Conquista, 1958, P. 14-15; DINIZ, Maria Helena. *Curso de direito civil brasileiro*: teoria geral das obrigações. 33. ed. São Paulo: Saraiva, 2018, v. 2, p. 191; ESPINOLA, Eduardo. *Garantia e extinção das obrigações*: obrigações solidárias e indivisíveis. Rio de Janeiro: Freitas Bastos, 1951, p. 406; FULGÊNCIO, Tito. *Do direito das obrigações*: das modalidades das obrigações: artigos 863-927. 2. ed. Atual. por José de Aguiar Dias. Rio de Janeiro: Forense, 1958, p. 256; GAGLIANO, Pablo Stolze; PAMPLONA FILHO, Rodolfo. *Novo curso de direito civil*: obrigações. 12. ed. São Paulo: Saraiva, 2011, v. II, p. 107; GÁSPERI, Luis de. *Tratado de las obligaciones en el derecho civil paraguayo y argentino*: parte especial: de las obligaciones en particular y sus fontes. Buenos Aires: Editorial DePalma, 1946, v. II, p. 67; GIORGI, Jorge. *Teoria de las obligaciones en el derecho moderno*: expuesta conforme a la doctrina y la jurisprudência italiana, francesa, alemana, etc., etc.: definición de las obligaciones: obligaciones naturales, solidarias, indivisibles: forma y prueba de las obligaciones. Trad. Eduardo Dato Iradier. 2. ed. Madrid: Editora Reus, 1928, v. I, p. 93; GOMES, Orlando.

Pareceria desanimador discorrer sobre um instituto considerado pela doutrina majoritária como extinto ou de tão reduzida utilidade. Há, no entanto, escritores, como L. da Cunha Gonçalves, que entendem que a raridade não significaria a desvantagem de tal solidariedade; pelo contrário, ela poderia até ser necessária e exigida pelo devedor quando os

Obrigações. 5. ed. Rio de Janeiro: Forense, 1978, p. 83; GONÇALVES, Carlos Roberto. In: CAMBLER, Everaldo Augusto; GONÇALVES, Carlos Roberto; MAIA, Mairan. *Comentários ao Código Civil brasileiro*: do direito das obrigações. Coord. Arruda Alvim e Thereza Alvim. Rio de Janeiro: Forense, 2003, v. 3, p. 155; LOPES, Miguel Maria de Serpa. *Curso de direito civil*: obrigações em geral. 4. ed. Rio de Janeiro: Freitas Bastos, 1966, v. II, p. 140; JOSSERAND, Louis. *Cours de droit civil positif français*: théorie générale des obligations: les principaux contrats du droit civil: les suretés. 3. ed. Paris: Librairie du Recueil Sirey, 1939, v. II, p. 473-474; MALAURIE, Philippe; AYNÈS, Laurent; STOFFEL-MUNCK, Philippe. *Droit civil*: droit des obligations. 8. ed. Paris: LGDJ, 2016, p. 751; MAZEAUD, Henri y Léon; MAZEAUD, Jean. *Lecciones de derecho civil*: parte segunda: cumplimiento, extinción y transmisión de las obligaciones. Trad. Luis Alcalá-Zamora y Castillo. Buenos Aires: Ediciones Jurídicas Europa-América, 1960, p. 311-312; MENDONÇA, José Xavier Carvalho de. *Tratado de direito commercial brasileiro*: das obrigações, dos contractos e da prescripção em materia commercial: parte I: das obrigações em materia commercial. 3. ed. Rio de Janeiro: Livraria Editora Freitas Bastos, 1939, p. 246; MENDONÇA, Manuel Inácio Carvalho de. *Doutrina e prática das obrigações ou tratado geral dos direitos de crédito*. 4. ed. Rio de Janeiro: Forense, 1956, t. I, p. 309; MIRANDA, Pontes de. *Tratado de direito privado*. 3. ed. Rio de Janeiro: Borsoi, 1971, v. X, p. 320; MONTEIRO, Washington de Barros. *Curso de direito civil*: direito das obrigações, 1ª parte: das modalidades das obrigações: dos efeitos das obrigações. 15. ed. São Paulo: Saraiva, 1979, p. 164; MORATO, Antonio Carlos. Obrigações solidárias. In: LOTUFO, Renan; NANNI, Giovanni Ettore (Coord). *Obrigações*. São Paulo: Atlas, 2011, p. 191; NERY, Rosa Maria de Andrade; NERY JUNIOR, Nelson. *Instituições de direito civil*: direito das obrigações. São Paulo: Editora Revista dos Tribunais, 2015, v. II, p. 195; NONATO, Orosimbo. *Curso de obrigações*: generalidades – espécies. Rio de Janeiro: Forense, 1959, v. II, p. 164; RODRIGUES, Silvio. *Direito civil*: parte geral das obrigações. 7. ed. São Paulo: Saraiva, 1977, v. II, p. 74-75; SALVAT, Raymundo M. *Tratado de derecho civil argentino*: obligaciones en general. 6. ed. Buenos Aires: Tipografica Editora Argentina, 1953, v. II, p. 132-133; SANTOS, J. M. de Carvalho. *Código Civil brasileiro interpretado*: principalmente do ponto de vista prático: parte geral. 7. ed. Rio de Janeiro: Freitas Bastos, 1956, v. XI, p. 189; TEPEDINO, Gustavo; BARBOZA, Heloisa Helena; MORAES, Maria Celina Bodin de. *Código Civil interpretado*: conforme a Constituição da República: parte geral e obrigações. 2. ed. Rio de Janeiro: Renovar, 2007, v. 1, p. 551; TEPEDINO, Gustavo; SCHREIBER, Anderson. *Código Civil comentado*: direito das obrigações: artigos 233 a 420. Coord. Álvaro Villaça Azevedo. São Paulo: Atlas, 2008, v. IV, p. 116-117; VENOSA, Sílvio de Salvo. *Direito civil*: teoria geral das obrigações e teoria geral dos contratos. 7. ed. São Paulo: Atlas, 2007, v. 2, p. 303-304, WALD, Arnoldo. *Direito civil*: direito das obrigações e teoria geral dos contratos. 20. ed. São Paulo: Saraiva, 2011, v. 2, p. 82.

credores fossem numerosos e dispersos, sem a possibilidade de se congregarem no mesmo local do vencimento da obrigação.[1817]

A. Cristobal Montes justifica a existência da solidariedade ativa como faculdade de eleição do devedor: a circunstância de que, diante dele, haveria uma pluralidade de credores poderia determinar que, chegado o momento de realização do débito, não resultasse fácil ou cômoda a coordenação de todos para reclamação conjunta ou o acordo para que um deles procedesse sozinho. Não teria o devedor por que suportar essas contingências, nem seria justo que se atrasasse o momento de pagar, quando isso já fosse possível ou ele estivesse disposto a fazê-lo.[1818]

Apesar de criticarem a manutenção do instituto na lei, G. Baudry-Lacantinerie e L. Barde veem sua utilidade nas hipóteses em que for imposta pelo devedor, como, p. ex., no caso de um indivíduo se apresentar para adquirir, por preço único, pagável em momento posterior, um imóvel de propriedade de várias pessoas; o comprador não quer dividir o pagamento entre os vendedores, mas sim ser capaz de se liberar em relação a todos, por meio do pagamento do preço nas mãos de um só. Se, em vez disso, os vendedores fossem *mandatários*, uns dos outros, a situação não seria a mesma, sob a ótica do comprador, pois o mandato poderia ser revogado; não passaria para os herdeiros; o comprador não teria a certeza de poder se liberar do todo nas mãos de apenas um dos vendedores, a não ser que fossem solidários.[1819]

Sustenta L. Díez-Picazo que, na prática dos negócios, a solidariedade se apresenta com alguma frequência, como, p. ex., no caso das contas bancárias ou nos depósitos de valores, estabelecidos para que cada um dos titulares possa dispor da totalidade do saldo ou do depósito. Menciona, ainda, a hipótese de concorrência de um conjunto de credores que participem no financiamento de um projeto, em que se estabeleça

[1817] GONÇALVES, Luiz da Cunha. *Princípios de direito civil luso-brasileiro*: direito das obrigações. São Paulo: Max Limonad, 1951, v. II, p. 546. Nesse sentido, cf. NADER, Paulo. *Curso de direito civil*: obrigações. 8. ed. Rio de Janeiro: Forense, 2016, v. 2, p. 153.

[1818] Montes, Angel Cristobal. *La estructura y los sujetos de la obligacion*. Madrid: Editorial Civitas, 1990, p. 268.

[1819] BAUDRY-LACANTINERIE, G.; BARDE, L. *Théorie et pratique de droit civil*: des obligations. Paris: Librairie de la Société du Recueil des Lois et des Arrêts, 1902, t. 2, p. 213. Nesse sentido, cf. JOSSERAND, Louis. *Cours de droit civil positif français*: théorie générale des obligations: les principaux contrats du droit civil: les suretés. 3. ed. Paris: Librairie du Recueil Sirey, 1939, v. II, p. 473-474.

a solidariedade entre eles para reclamar a restituição, ou no conjunto de credores de um devedor moroso que concertam uma ação comum, prevista a solidariedade entre seus créditos.[1820]

Em geral, se não houver solidariedade – afirma D. Medicus –, a pluralidade de credores é desvantajosa para o devedor, tanto porque ele deverá cumprir a prestação em parte – o que frequentemente é mais trabalhoso –, quanto porque o fato de a obrigação ser parciária lhe provoca também uma distribuição do risco: a divisão em quotas equivalentes só se aplica na dúvida, de modo que caberia ao devedor conhecer as relações internas entre os credores, a não ser que realizasse um depósito em consignação. A solidariedade ativa, assim, seria cômoda para o devedor e perigosa para o credor.[1821]

Diversamente da passiva, o vínculo da solidariedade ativa, segundo C. M. Bianca, não teria uma função abstratamente identificável em razão do interesse de uma ou de outra parte: traduziria benefício *ao devedor*, por permitir que ele se liberasse, ao cumprir a inteira prestação a um dos cocredores, seja qual fosse a quota interna de cada um destes; mas também favoreceria *aos cocredores* (apesar de, sob certo aspecto, lhes ser desvantajosa, ante a majoração dos riscos), por lhes autorizar a exercer os direitos direta e inteiramente, sem a intervenção dos outros.[1822]

Com efeito, a solidariedade ativa ostenta uma importância prática mais reduzida do que a passiva; foi por isso que se optou, aqui, aliás, por analisá-la posteriormente, a despeito da ordem no Código Civil de 2002. Isso não quer dizer que ela não desempenharia uma relevante função simplificadora das relações obrigacionais, tal como já se apontou;[1823] mostra-se útil, também, para tornar menos complexa a atividade jurisdicional, ao diferir o acertamento das quotas internas para momento posterior.

1820 DÍEZ-PICAZO, Luis. *Fundamentos del derecho civil patrimonial*: las relaciones obligatorias. 6. ed. Madrid: Civitas, 2008, v. II, p. 215-216.

1821 MEDICUS, Dieter. *Tratado de las relaciones obligacionales*. Trad. Ángel Martínez Sarrión. Barcelona: Bosch Casa Editorial, 1995, v. 1, p. 362-363.

1822 BIANCA, C. Massimo. *Diritto civile*: l'obbligazione. Milano: Giuffrè, 1993, v. 4, p. 696. Nesse sentido, cf. GIORGIANNI, Michele. Obbligazione solidale e parziaria. In: AZARA, Antonio; EULA, Ernesto (Dir.). *Novissimo Digesto Italiano*. Torino: UTET, 1965, v. 11, p. 678.

1823 V. seção 1.7.2, sobre a função da solidariedade.

Embora, de fato, possa não proporcionar maior *segurança* do crédito, cuida-se de inegável instrumento de *comodidade* para as partes – tanto que o legislador brasileiro estabelece a presunção de solidariedade ativa nos contratos de locação (v. art. 2º, *caput*,[1824] da Lei n. 8.245/1991), com o escopo de facilitar, p. ex., a cobrança dos aluguéis. No Código Civil italiano, aliás, há semelhante presunção (v. arts. 1.840, § 1º,[1825] e 1.854),[1826] quanto ao cofre de segurança (*cassette di sicurezza*) e à conta conjunta.

A jurisprudência brasileira, não obstante a ausência de previsão legal, entende que haveria solidariedade ativa entre os titulares de conta conjunta, no que concerne aos valores nela depositados, em face da instituição financeira,[1827] assim como entre os advogados, para fins de cobrança de honorários profissionais, contratuais ou sucumbenciais.[1828]

Sob o ponto de vista teórico, são questionáveis os fundamentos adotados pelos julgados analisados, especialmente porque, por força do que prescreve o art. 265 do Código Civil de 2002, a solidariedade (ativa ou passiva) não se presume; resulta da lei ou da vontade das partes.[1829] É imprescindível a *convenção*, expressa ou tácita,[1830] nos contratos de

[1824] "Art. 2º Havendo mais de um locador ou mais de um locatário, entende-se que são solidários se o contrário não se estipulou".

[1825] "Art. 1840. [...] Se la cassetta è intestata a più persone, l'apertura di essa e consentita singolarmente a ciascuno degli intestatari, salvo diversa pattuizione".

[1826] "Art. 1854. [...] Nel caso in cui il conto sia intestato a più persone, con facoltà per le medesime di compiere operazioni anche separatamente, gli intestatari sono considerati creditori o debitori in solido dei saldi del conto (1292 e seguenti)".

[1827] Cf. STJ, REsp 3.507/ES, rel. Min. Waldemar Zveiter, Terceira Turma, j. 14.8.1990; STJ, REsp 13.680/SP, rel. Min. Athos Carneiro, Quarta Turma, j. 15.9.1992; STJ, REsp 669.914/DF, rel. Min. Raul Araújo, Quarta Turma, j. 25.3.2014; STJ, REsp 1.510.310/RS, rel. Min. Nancy Andrighi, Terceira Turma, j. 3.10.2017; STJ, AgInt no AREsp 1.311.957/MG, rel. Min. Lázaro Guimarães, Quarta Turma, j. 4.9.2018 etc.

[1828] Cf. STJ, REsp 1.370.152/RJ, rel. Min. Ricardo Villas Bôas Cueva, Terceira Turma, j. 10.11.2015; STJ, REsp 1.149.574/ES, rel. Min. Antonio Carlos Ferreira, Quarta Turma, j. 17.11.2016; TJSP, AI 0125596-77.2012.8.26.0000, rel Melo Bueno, 35ª Câmara de Direito Privado, j. 6.8.2012; TJSP, AI 2052008-27.2017.8.26.0000, rel. Alberto Gosson, 22ª Câmara de Direito Privado, j. 6.7.2017; AI 2109738-59.2018.8.26.0000, rel. Antonio Rigolin, 31ª Câmara de Direito Privado, j. 31.7.2018; TJSP, Ap. 1043614-10.2015.8.26.0100, rel. Soares Levada, 34ª Câmara de Direito Privado, j. 19.7.2017; TJSP, AI 2149334-84.2017.8.26.0000, rel. Mario de Oliveira, 19ª Câmara de Direito Privado, j. 2.10.2017 etc.

[1829] V. seção 1.6.3.3, sobre a não presunção de solidariedade.

[1830] Miranda, Pontes de. *Tratado de direito privado*. 3. ed. Rio de Janeiro: Borsoi, 1971, v. X, p. 320.

abertura de conta-corrente[1831] e nos de prestação de serviços advocatícios, para que os correntistas e os advogados se tornem credores solidários. Como a ausência dessa previsão torna extremamente árdua a solução de inúmeros problemas práticos, os julgadores encontram na solidariedade ativa uma ferramenta bastante eficaz.

Suponha-se, p. ex., que as partes tenham celebrado *verbalmente* um contrato de prestação de serviços advocatícios, algo bastante comum no dia a dia, apesar de a prática ser desautorizada pelo art. 35, *caput*,[1832] do Código de Ética e Disciplina da OAB. Muitas vezes, vários profissionais figuram no instrumento de mandato; todos, em geral, com poderes para atuar em nome do mandante, "em conjunto ou separadamente". Revela-se muito dificultoso, nessas circunstâncias, arbitrar a remuneração proporcional de cada advogado, com base nos serviços prestados por cada um, notadamente quando houver dezenas deles. A solução, então, seria a de interpretar os termos da procuração, como se as partes houvessem convencionado, de forma tácita, a solidariedade ativa.

Apesar de, tecnicamente, ser questionável essa interpretação, inclusive por sua capacidade de conduzir a resultados indesejados pelas partes, essa inclinação da jurisprudência serviria para evidenciar a grande importância, na prática, da solidariedade ativa. É inegável a sua utilidade, sob o ponto de vista econômico. Ainda que, tal como aponta Arnoldo Wald, possa ser utilizada, às vezes, com a finalidade de permitir o não pagamento do tributo de transmissão *mortis causa*, por ocasião do falecimento de um dos credores,[1833] o uso abusivo do instituto não lhe diminui a importância.

1831 COSTA, José Maria da. As obrigações solidárias. In: FRANCIULLI NETTO, Domingos; MENDES, Gilmar Ferreira; MARTINS FILHO, Ives Gandra da Silva (Coord.). *O novo Código Civil*: estudos em homenagem ao Professor Miguel Reale. São Paulo: LTr, 2003, p. 267; MIRANDA, Pontes de. *Tratado de direito privado*. 3. ed. Rio de Janeiro: Borsoi, 1971, v. X, p. 323; VENOSA, Sílvio de Salvo. *Direito civil*: teoria geral das obrigações e teoria geral dos contratos. 7. ed. São Paulo: Atlas, 2007, v. 2, p. 103.

1832 "Art. 35. Os honorários advocatícios e sua eventual correção, bem como sua majoração decorrente do aumento dos atos judiciais que advierem como necessários, devem ser previstos em contrato escrito, qualquer que seja o objeto e o meio da prestação do serviço profissional, contendo todas as especificações e forma de pagamento, inclusive no caso de acordo".

1833 WALD, Arnoldo. *Direito civil*: direito das obrigações e teoria geral dos contratos. 20. ed. São Paulo: Saraiva, 2011, v. 2, p. 81.

Os créditos pertinentes aos vários credores solidários são créditos diferentes, mas *conexos*; isso explica o porquê de certos fatos relativos a um dos credores produzirem efeitos em relação aos outros. A situação é, portanto, análoga à da solidariedade entre devedores, em que também há pluralidade de obrigações conexas. Assim, as várias soluções propostas para uma conciliam-se com a outra, diante da similaridade de situações.[1834] Optar-se-á, por isso, quando necessário, por fazer remissão às seções relativas à solidariedade passiva, para evitar tautologias.

3.2. Efeitos fundamentais

3.2.1. Direito dos credores e faculdade de o devedor se liberar

O primeiro, dentre os *efeitos fundamentais* da solidariedade ativa, é o de permitir que cada um dos cocredores exija do devedor comum o *cumprimento integral* da prestação (v. arts. 267[1835] do Código Civil de 2002) e que lhe dê quitação.[1836] M. L. Larombière, inclusive, chega a afirmar que os outros efeitos não são, na verdade, nada além de consequências desse princípio.[1837] Individualmente, portanto, cada credor tem o *direito*[1838] de demandar a execução do total da obrigação,[1839] assim como também se lhe facultam a promoção de medidas assecuratórias do direito de crédito, a constituição em mora o devedor, sem o concurso dos outros, e a interrupção da prescrição.[1840]

[1834] Serra, Adriano Paes da Silva Vaz. Pluralidade de devedores ou de credores. Lisboa: [s.n], v. 70, nov. 1957. Separata do *Boletim do Ministério da Justiça*, p. 10.

[1835] "Art. 267. Cada um dos credores solidários tem direito a exigir do devedor o cumprimento da prestação por inteiro".

[1836] Rodière, A. *De la solidarité et de l'indivisibilité*. Paris: Chez A. Durant, 1852, p. 24.

[1837] Larombière, M. L. *Théorie & pratique des obligations*: ou commentaire des titres III & IV, livre III, du Code Napoléon: art. 1101 à 1386. Paris: A. Durand, 1857, t. 2, p. 565.

[1838] Fulgêncio, Tito. *Do direito das obrigações*: das modalidades das obrigações: artigos 863-927. 2. ed. Atual. por José de Aguiar Dias. Rio de Janeiro: Forense, 1958, p. 261.

[1839] Espinola, Eduardo. *Garantia e extinção das obrigações*: obrigações solidárias e indivisíveis. Rio de Janeiro: Freitas Bastos, 1951, p. 406; Dias, Regina Bottentuit Gondim. *Natureza jurídica da solidariedade*. Rio de Janeiro: Conquista, 1958, p. 17-18.

[1840] Gomes, Orlando. *Obrigações*. 5. ed. Rio de Janeiro: Forense, 1978, p. 84; Josserand, Louis. *Cours de droit civil positif français*: théorie générale des obligations: les principaux contrats du droit civil: les suretés. 3. ed. Paris: Librairie du Recueil Sirey, 1939, v. II, p. 474; Monteiro, Washington de Barros. *Curso de direito civil*: direito das obrigações, 1ª parte: das modalidades das obrigações: dos efeitos das obrigações. 15. ed. São Paulo: Saraiva, 1979, p. 168.

Não cabe ao *solvens* o direito de reclamar caução de ratificação, com o escopo de não ser demandado pelos outros credores, diferentemente do que ocorre com a chamada obrigação indivisível,[1841] na medida em que, com o pagamento do total, a dívida (ou, de forma mais precisa, a fase externa da relação obrigacional) se extingue completamente diante de todo o grupo solidário;[1842] é descabida, assim, na solidariedade ativa, a aplicação por analogia da regra prevista no art. 260[1843] do Código Civil de 2002, ainda que, eventualmente, a prestação também possa ser indivisível.

De fato, todos são credores do total,[1844] isto é, mesmo pela fração do crédito que exceder a sua vocação interna,[1845] em paridade de posições com os demais.[1846] Por isso, não poderá o devedor pretender pagar parcialmente a prestação, sob a alegação de que teria de ser rateada entre todos (*beneficium divisionis*),[1847] algo que inutilizaria a solidariedade ativa.[1848] Como se trata, em princípio, de faculdade dos credores, questiona-se se seria *renunciável*; há divergência, o que será analisado em seção oportuna.[1849]

1841 V. seção 1.10.1.2, sobre obrigações solidárias e obrigações indivisíveis.

1842 Lôbo, Paulo. *Direito civil*: obrigações. 2. ed. São Paulo: Saraiva, 2011, p. 134; Miranda, Pontes de. *Tratado de direito privado*. 3. ed. Rio de Janeiro: Borsoi, 1971, v. X, p. 322-323; Nonato, Orosimbo. *Curso de obrigações*: generalidades – espécies. Rio de Janeiro: Forense, 1959, v. II, p. 116-117.

1843 "Art. 260. Se a pluralidade for dos credores, poderá cada um destes exigir a dívida inteira; mas o devedor ou devedores se desobrigarão, pagando: I – a todos conjuntamente; II – a um, dando este caução de ratificação dos outros credores".

1844 Mignot, Marc. *Les obligations solidaires et les obligations in solidum en droit privé français*. Paris: Dalloz, 2002, p. 637.

1845 Hontebeyrie, Antoine. *Le fondement de l'obligation solidaire en droit privé français*. Paris: Economica, 2004, p. 100.

1846 Rubino, Domenico. Delle obbligazioni: obbligazioni alternative, obbligazioni in solido, obbligazioni divisibili e indivisibili: art. 1285-1320. In: Scialoja, Antonio; Branca, Giuseppe (a cura di). *Commentario del Codice Civile*: libro quarto: delle obbligazioni. 2. ed. Bologna: Zanichelli; Roma: Soc. Ed. Del Foro Italiano, 1968, p. 202.

1847 Diniz, Maria Helena. *Curso de direito civil brasileiro*: teoria geral das obrigações. 33. ed. São Paulo: Saraiva, 2018, v. 2, p. 192; Rodière, A. *De la solidarité et de l'indivisibilité*. Paris: Chez A. Durant, 1852, p. 25.

1848 Nonato, Orosimbo. *Curso de obrigações*: generalidades – espécies. Rio de Janeiro: Forense, 1959, v. II, p. 115.

1849 V. seção 3.4.10, sobre renúncia à solidariedade.

Paralelamente a essa faculdade, tem o *devedor* comum, a partir do vencimento, o *direito de escolher*[1850] qualquer dos credores para cumprir a obrigação, sem que o credor se possa recusar a receber; será descabido, em regra, o argumento de que a prestação não lhe pertence por inteiro. Essa liberdade de escolha do devedor cessará, porém, quando houver demanda proposta por algum dos credores,[1851] caso em que terá de satisfazer a prestação por inteiro ao demandante.[1852] É o que preveem o Código Civil de 2002 (v. art. 268),[1853] o Código Civil espanhol (v. art. 1.142),[1854] o Código Civil italiano (v. art. 1.296),[1855] o Código Civil português (v. art. 528º, 1),[1856] o Código Civil e Comercial argentino (v. art. 845)[1857] e o Código civil francês (v. art. 1.311, § 2º).[1858]

Antes da propositura da ação de cobrança, convivem os direitos dos credores e os do devedor, salvo se estiver prevista a solidariedade *em favor do devedor*,[1859] para, p. ex., lhe facilitar o cumprimento, tal como estabelece o Código Civil português (v. art. 528º, 2).[1860] Caberá ao

[1850] Deshayes, Olivier; Genicon, Thomas; Laithier, Yves-Marie. *Réforme du droit des contrats, du régime general et de la preuve des obligations*: commentaire article per article. Paris: LexisNexis, 2016, p. 613; Lotufo, Renan. *Código Civil comentado*: obrigações: parte geral (arts. 233 a 420). São Paulo: Saraiva, 2003, v. 2, p. 96.

[1851] V. seção 3.2.2, sobre prevenção judicial.

[1852] Diniz, Maria Helena. *Curso de direito civil brasileiro*: teoria geral das obrigações. 33. ed. São Paulo: Saraiva, 2018, v. 2, p. 195; Varela, Antunes. *Direito das obrigações*: conceito, estrutura e função da relação obrigacional, fontes das obrigações, modalidades das obrigações. Rio de Janeiro: Forense, 1977, p. 315.

[1853] "Art. 268. Enquanto alguns dos credores solidários não demandarem o devedor comum, a qualquer daqueles poderá este pagar".

[1854] "Art. 1142. El deudor puede pagar la deuda a cualquiera de los acreedores solidarios; pero, si hubiere sido judicialmente demandado por alguno, a éste deberá hacer el pago".

[1855] "Art. 1296. [...] Il debitore ha la scelta di pagare all'uno o all'altro dei creditori in solido, quando non è stato prevenuto da uno di essi con domanda giudiziale (Cod. Proc. Civ. 163)".

[1856] "Art. 528º [...] 1. É permitido ao devedor escolher o credor solidário a quem satisfaça a prestação, enquanto não tiver sido judicialmente citado para a respectiva acção por outro credor cujo crédito se ache vencido".

[1857] "Art. 845. [...] Si uno de los acreedores solidarios ha demandado judicialmente el cobro al deudor, el pago sólo puede ser hecho por éste al acreedor demandante".

[1858] "Art. 1311. [...] Le débiteur peut payer l'un ou l'autre des créanciers solidaires tant qu'il n'est pas poursuivi par l'un d'eux".

[1859] Serra, Adriano Paes da Silva Vaz. Pluralidade de devedores ou de credores. Lisboa: [s.n], v. 70, nov. 1957. Separata do *Boletim do Ministério da Justiça*, p. 13.

[1860] "Art. 528º [...] 2. Se o devedor cumprir perante credor diferente daquele que judicialmente exigiu a prestação, não fica dispensado de realizar a favor deste a prestação integral;

devedor, nesse caso, provar que a solidariedade foi estabelecida em seu interesse e que a repartição de valores é possível, sem prejudicar os credores ou algum deles.[1861] Ainda que não haja previsão análoga no ordenamento brasileiro, a autonomia privada viabiliza que as partes convencionem fórmula similar.

Também é possível que, contratualmente, para além da solidariedade entre os vários credores, se disponha que o adimplemento deva ser feito a um credor determinado ou que, de outra forma, seja limitada a faculdade de escolha do devedor, como, p. ex., no contrato de locação em que os dois proprietários indiquem que o pagamento deva ser efetuado na conta-corrente de titularidade de um deles.[1862] Isso não desnatura a solidariedade ativa, porque os credores não deixam de ostentar a qualidade de solidários.

Em geral, na falta de limitações, a eventualidade de o credor escolhido recusar ou retardar o recebimento, o devedor poderá, alternativamente, à sua própria escolha, pagar a um outro credor ou constituir o primeiro em mora, a fim de se liberar da obrigação[1863] (v. art. 268 do Código Civil de 2002). Esse mesmo entendimento se aplica à circunstância de o credor exigir apenas *parte do pagamento*: embora seja *direito do credor* agir assim, pode perfeitamente o devedor obrigá-lo a receber a totalidade da dívida;[1864] disporá, em todos esses casos, da *ação de con-*

mas, quando a solidariedade entre os credores tiver sido estabelecida em favor do devedor, este pode, renunciando total ou parcialmente ao benefício, prestar a cada um dos credores a parte que lhe cabe no crédito comum ou satisfazer a algum dos outros a prestação com dedução da parte do demandante".

1861 CORDEIRO, António Menezes. *Tratado de direito civil português*. Coimbra: Almedina, direito das obrigações, 2009, v. II, t. I, p. 730.

1862 TICOZZI, Marco. *Studio sulle obbligazioni solidali*. Padova: Cedam, 2012, p. 93.

1863 PORTA, Ubaldo La. Delle obbligazioni in solido: artt. 1292-1313. In: SCHLESINGER, Piero; BUSNELLI, Francesco Donato (diretto da). *Il Codice Civile*: commentario. Milano: Giuffrè Editore, 2014, p. 125; RUBINO, Domenico. Delle obbligazioni: obbligazioni alternative, obbligazioni in solido, obbligazioni divisibili e indivisibili: art. 1285-1320. In: SCIALOJA, Antonio; BRANCA, Giuseppe (a cura di). *Commentario del Codice Civile*: libro quarto: delle obbligazioni. 2. ed. Bologna: Zanichelli; Roma: Soc. Ed. Del Foro Italiano, 1968, p. 202-203; SANTOS, J. M. de Carvalho. *Código Civil brasileiro interpretado*: principalmente do ponto de vista prático: parte geral. 7. ed. Rio de Janeiro: Freitas Bastos, 1956, v. XI, p. 200; TICOZZI, Marco. *Studio sulle obbligazioni solidali*. Padova: Cedam, 2012, p. 93.

1864 LOPES, Miguel Maria de Serpa. *Curso de direito civil*: obrigações em geral. 4. ed. Rio de Janeiro: Freitas Bastos, 1966, v. II, p. 140-141.

signação em pagamento (v. arts. 539 a 549 do Código de Processo Civil de 2015); ao final, liberar-se-á em relação a todos os credores, e não apenas em face do demandado.[1865]

3.2.2. Prevenção judicial

A chamada *prevenção judicial*, aplicável tão somente à *solidariedade ativa*, está prevista no art. 268[1866] do Código Civil de 2002, de texto idêntico ao do art. 899[1867] do Código Civil de 1916. Trata-se de restrição ao exercício, pelo devedor demandado, do direito de escolher o credor a quem pagar. Referido dispositivo utiliza o verbo *demandar*, o que, no uso vulgar, significa pedir, reclamar, requerer, exigir, disputar etc.[1868] São mais explícitos, no sentido de impor a propositura de *demanda judicial*, o Código Civil espanhol (v. art. 1.142),[1869] o Código Civil italiano (v. art. 1.296),[1870] o Código Civil português (v. art. 528º, 1)[1871] e o Código Civil e Comercial argentino (v. art. 845).[1872]

[1865] Fulgêncio, Tito. *Do direito das obrigações*: das modalidades das obrigações: artigos 863-927. 2. ed. Atual. por José de Aguiar Dias. Rio de Janeiro: Forense, 1958, p. 262; Santos, J. M. de Carvalho. *Código Civil brasileiro interpretado*: principalmente do ponto de vista prático: parte geral. 7. ed. Rio de Janeiro: Freitas Bastos, 1956, v. XI, p. 194; Serra, Adriano Paes da Silva Vaz. Pluralidade de devedores ou de credores. Lisboa: [s.n], v. 70, nov. 1957. Separata do *Boletim do Ministério da Justiça*, p. 27.

[1866] "Art. 268. Enquanto alguns dos credores solidários não demandarem o devedor comum, a qualquer daqueles poderá este pagar".

[1867] "Art. 899. Enquanto algum dos credores solidários não demandar o devedor comum, a qualquer daqueles poderá este pagar".

[1868] Aulete, Francisco Júlio de Caldas. *Dicionário contemporâneo da língua portuguesa*. 2. ed. Rio de Janeiro: Delta, 1964, p. 1.081.

[1869] "Art. 1142. El deudor puede pagar la deuda a cualquiera de los acreedores solidarios; pero, si hubiere sido judicialmente demandado por alguno, a éste deberá hacer el pago".

[1870] "Art. 1296. [...] Il debitore ha la scelta di pagare all'uno o all'altro dei creditori in solido, quando non è stato prevenuto da uno di essi con domanda giudiziale (Cod. Proc. Civ. 163)".

[1871] "Art. 528º [...] 1. É permitido ao devedor escolher o credor solidário a quem satisfaça a prestação, enquanto não tiver sido judicialmente citado para a respectiva acção por outro credor cujo crédito se ache vencido".

[1872] "Art. 845. [...] Si uno de los acreedores solidarios ha demandado judicialmente el cobro al deudor, el pago sólo puede ser hecho por éste al acreedor demandante".

Já o Código Civil francês manteve, em seu art. 1.311,[1873] à semelhança do disposto no antigo art. 1.198[1874] (anterior à *Ordonnance* n. 2016-131, de 10 de fevereiro de 2016), o verbo *poursuivre*, de múltiplos significados, suficiente para atrair divergências.[1875] A doutrina majoritária entende que tal expressão designaria todo ato *judicial* e *extrajudicial* pelo qual um dos credores cientificasse o devedor de sua pretensão de receber o pagamento do total; pouco importaria, portanto, a existência ou não de medida de execução forçada: haveria prevenção não somente pela prática de atos judiciais, mas também por simples convocação de pagamento.[1876]

No Brasil, consoante a processualística, *demandar* designa o ato inicial de *comparecimento a juízo* com uma *pretensão*; demandar é pedir, é postular; propõe-se uma demanda, diante do juiz, à espera de satisfação.[1877] Assim, cada credor teria o direito de exigir a solução do débito, enquanto se facultaria ao devedor pagar a qualquer deles, à sua escolha, *até a propositura de demanda judicial*, ato suficiente para provocar a *concentração* do débito no demandante.[1878] Como se vê, apesar de não ser tão explícito, o diploma brasileiro estabelece uma fórmula similar, em princípio, às das codificações espanhola, italiana, portuguesa e argentina.

[1873] "Art. 1311. La solidarité entre créanciers permet à chacun d'eux d'exiger et de recevoir le paiement de toute la créance. Le paiement fait à l'un d'eux, qui en doit compte aux autres, libère le débiteur à l'égard de tous. Le débiteur peut payer l'un ou l'autre des créanciers solidaires tant qu'il n'est pas poursuivi par l'un d'eux".

[1874] "Art. 1198. Il est au choix du débiteur de payer à l'un ou l'autre des créanciers solidaires, tant qu'il n'a pas été prévenu par les poursuites de l'un d'eux. Néanmoins, la remise qui n'est faite que par l'un des créanciers solidaires ne libère le débiteur que pour la part de ce créancier".

[1875] SERRA, Adriano Paes da Silva Vaz. Pluralidade de devedores ou de credores. Lisboa: [s.n], v. 70, nov. 1957. Separata do *Boletim do Ministério da Justiça*, p. 18.

[1876] BAUDRY-LACANTINERIE, G.; BARDE, L. *Théorie et pratique de droit civil*: des obligations. Paris: Librairie de la Société du Recueil des Lois et des Arrêts, 1902, t. 2, p. 252-253; HUC, Théophile. *Commentaire théorique & pratique du Code Civil*: contrats et obligations: effets des obligations: condition: solidarité: indivisibilité: clause pénale: art. 1101 à 1233. Paris: Librairie Cotillon, 1894, t. 7, p. 403; LAROMBIÈRE, M. L. *Théorie & pratique des obligations*: ou commentaire des titres III & IV, livre III, du Code Napoléon: art. 1101 à 1386. Paris: A. Durand, 1857, t. 2, p. 566.

[1877] DINAMARCO, Cândido Rangel. *Instituições de direito processual civil*. 6. ed. São Paulo: Malheiros, 2009, v. I, p. 307.

[1878] BEVILAQUA, Clovis. *Codigo Civil dos Estados Unidos do Brasil commentado*. Rio de Janeiro: Livraria Francisco Alves, 1930, v. IV, p. 49.

Segundo Tito Fulgêncio, essa concentração do débito no demandante traduziria "corolário lógico" da solidariedade ativa, além de facilitar, a um só tempo, a situação dos credores e a do devedor comum. Entende o aludido autor que, embora não fosse suficiente, para tanto, a mera "demanda extrajudicial", o mesmo fim poderia ser alcançado por meio dos atos judiciais de protesto, de notificação ou de interpelação, todos modos legais, a seu ver, de manifestar a intenção de produzir os efeitos que as leis lhes atribuíssem.[1879]

Não se trata, no entanto, de "corolário lógico", mas de mera opção do legislador, tanto que o Código Civil alemão, em seu § 428, *in fine*, em sentido oposto, dispõe que o direito de exigir toda a prestação e a faculdade de cumprir em favor de qualquer dos credores se mantêm, mesmo após a propositura de demanda por um deles. A pendência de ação judicial, na Alemanha, como se nota, não retira o direito dos outros credores, nem suprime o direito do devedor de pagar a quem quiser.[1880]

Também não se consideram verdadeiras *demandas* os atos judiciais de protesto, de notificação ou de interpelação,[1881] a despeito do que pensa

[1879] Fulgêncio, Tito. *Do direito das obrigações*: das modalidades das obrigações: artigos 863-927. 2. ed. Atual. por José de Aguiar Dias. Rio de Janeiro: Forense, 1958, p. 268-269.

[1880] Bufnoir, C. et al. *Code civil allemand*: traduit et annoté. Paris: Imprimerie Nationale, 1904, t. I, p. 641; Cambler, Everaldo Augusto; Gonçalves, Carlos Roberto; Maia, Mairan. *Comentários ao Código Civil brasileiro*: do direito das obrigações. Coord. Arruda Alvim e Thereza Alvim. Rio de Janeiro: Forense, 2003, v. 3, p. 158; Dias, Regina Bottentuit Gondim. *Natureza jurídica da solidariedade*. Rio de Janeiro: Conquista, 1958, p. 18; Fulgêncio, Tito. *Do direito das obrigações*: das modalidades das obrigações: artigos 863-927. 2. ed. Atual. por José de Aguiar Dias. Rio de Janeiro: Forense, 1958, p. 266; Lopes, Miguel Maria de Serpa. *Curso de direito civil*: obrigações em geral. 4. ed. Rio de Janeiro: Freitas Bastos, 1966, v. II, p. 141; Mendonça, Manuel Inácio Carvalho de. *Doutrina e prática das obrigações ou tratado geral dos direitos de crédito*. 4. ed. Rio de Janeiro: Forense, 1956, t. I, p. 312; Monteiro, Washington de Barros. *Curso de direito civil*: direito das obrigações, 1ª parte: das modalidades das obrigações: dos efeitos das obrigações. 15. ed. São Paulo: Saraiva, 1979, p. 169; Serra, Adriano Paes da Silva Vaz. Pluralidade de devedores ou de credores. Lisboa: [s.n], v. 70, nov. 1957. Separata do *Boletim do Ministério da Justiça*, p. 18.

[1881] Bianca, C. Massimo. *Diritto civile*: l'obbligazione. Milano: Giuffrè, 1993, v. 4, p. 714; Díez-Picazo, Luis. *Fundamentos del derecho civil patrimonial*: las relaciones obligatorias. 6. ed. Madrid: Civitas, 2008, v. II, p. 222; Mendonça, Manuel Inácio Carvalho de. *Doutrina e prática das obrigações ou tratado geral dos direitos de crédito*. 4. ed. Rio de Janeiro: Forense, 1956, t. I, p. 312; Miranda, Pontes de. *Tratado de direito privado*. 3. ed. Rio de Janeiro: Borsoi, 1971, v. X, p. 327; Salvat, Raymundo M. *Tratado de derecho civil argentino*: obligaciones en general. 6. ed. Buenos Aires: Tipografica Editora Argentina, 1953, v. II, p. 138.

Tito Fulgêncio, porque não veiculam pretensão nenhuma; por meio de semelhantes atos, não se exige o cumprimento da prestação; cuida-se, nas palavras de Pontes de Miranda, de *medidas conservativas*, acessórias à pretensão ou à obrigação de direito material, formas de exteriorização de vontade ou de representação ou ideia (emissão perante autoridade), porém não negócios judiciais – se bem que se subordinem às normas de direito material relativas às declarações de vontade em geral e às de capacidade processual.[1882]

Faz-se imprescindível, pois, para que se produza o efeito da prevenção judicial, a efetiva propositura de *ação condenatória* ou de *execução de título extrajudicial*, em que se exija o cumprimento forçado da obrigação;[1883] a mera comunicação da vontade ao devedor, para esse fim, se mostra inócua, ainda que realizada por intermédio de órgão jurisdicional.[1884] Portanto, o pagamento efetuado a qualquer credor, mesmo após a cobrança extrajudicial, a notificação em juízo ou a tirada do protesto, ostenta eficácia liberatória diante de todo o grupo solidário.[1885]

A demanda judicial pode ser proposta por um ou, em litisconsórcio ativo, por uma parte ou por todos os credores solidários. Se proposta por *todos*, simultaneamente, predomina o entendimento de que persis-

[1882] MIRANDA, Pontes de. *Comentários ao Código de Processo Civil*: arts. 677-807. Rio de Janeiro: Revista Forense, 1949, v. IV, p. 264.

[1883] BIANCA, C. Massimo. *Diritto civile*: l'obbligazione. Milano: Giuffrè, 1993, v. 4, p. 714; GIORGI, Jorge. *Teoria de las obligaciones en el derecho moderno*: expuesta conforme a la doctrina y la jurisprudência italiana, francesa, alemana, etc., etc.: definición de las obligaciones: obligaciones naturales, solidarias, indivisibles: forma y prueba de las obligaciones. Trad. Eduardo Dato Iradier. 2. ed. Madrid: Editora Reus, 1928, v. I, p. 100; RUBINO, Domenico. Delle obbligazioni: obbligazioni alternative, obbligazioni in solido, obbligazioni divisibili e indivisibili: art. 1285-1320. In: SCIALOJA, Antonio; BRANCA, Giuseppe (a cura di). *Commentario del Codice Civile*: libro quarto: delle obbligazioni. 2. ed. Bologna: Zanichelli; Roma: Soc. Ed. Del Foro Italiano, 1968, p. 204-205; TICOZZI, Marco. *Studio sulle obbligazioni solidali*. Padova: Cedam, 2012, p. 93.

[1884] GOMES, Orlando. *Obrigações*. 5. ed. Rio de Janeiro: Forense, 1978, p. 84; MONTES, Angel Cristobal. *La estructura y los sujetos de la obligacion*. Madrid: Editorial Civitas, 1990, p. 271-272; MONTEIRO, Washington de Barros. *Curso de direito civil*: direito das obrigações, 1ª parte: das modalidades das obrigações: dos efeitos das obrigações. 15. ed. São Paulo: Saraiva, 1979, p. 169; NONATO, Orosimbo. *Curso de obrigações*: generalidades – espécies. Rio de Janeiro: Forense, 1959, v. II, p. 126.

[1885] PEREIRA, Caio Mário da Silva. *Instituições de direito civil*: teoria geral das obrigações. 26. ed. Rio de Janeiro: Forense, 2014, v. II, p. 88.

tirá o direito de escolha pelo devedor[1886] – G. Borda, porém, pensa que, nesse caso, o pagamento deverá ser feito conjuntamente a todos os credores, nem que seja por meio da consignação da quantia em juízo.[1887] Se figurarem no polo ativo apenas alguns dos credores, dar-se-á a concentração, mas recairá naquele grupo que tomou a iniciativa da demanda;[1888] ou seja, o devedor poderá escolher, dentre os integrantes da relação jurídica processual, a quem pagar.[1889] Trata-se de solução lógica.

A doutrina, em geral, afirma que seria imprescindível a *citação* do réu,[1890] para que se suspenda o direito de escolha; é, aliás, o que prevê textualmente o art. 528º, 1, do Código Civil português. Essa formalidade, entretanto, em alguns casos, para fins de *prevenção substancial*, afigura-se dispensável. É que se revela suficiente, hoje, para prefixação de competência do juízo[1891] (*prevenção processual*), quanto aos processos relacionados a determinada obrigação, o *registro* ou a *distribuição* da

[1886] FULGÊNCIO, Tito. *Do direito das obrigações*: das modalidades das obrigações: artigos 863--927. 2. ed. Atual. por José de Aguiar Dias. Rio de Janeiro: Forense, 1958, p. 271; MENDONÇA, Manuel Inácio Carvalho de. *Doutrina e prática das obrigações ou tratado geral dos direitos de crédito*. 4. ed. Rio de Janeiro: Forense, 1956, t. I, p. 313; RUBINO, Domenico. Delle obbligazioni: obbligazioni alternative, obbligazioni in solido, obbligazioni divisibili e indivisibili: art. 1285-1320. In: SCIALOJA, Antonio; BRANCA, Giuseppe (a cura di). *Commentario del Codice Civile*: libro quarto: delle obbligazioni. 2. ed. Bologna: Zanichelli; Roma: Soc. Ed. Del Foro Italiano, 1968, p. 208.

[1887] BORDA, Guillermo A. *Tratado de derecho civil*: obligaciones. 5. ed. Buenos Aires: Editorial Perrot, 1983, t. I, p. 484.

[1888] NONATO, Orosimbo. *Curso de obrigações*: generalidades – espécies. Rio de Janeiro: Forense, 1959, v. II, p. 126-127.

[1889] SANTOS, J. M. de Carvalho. *Código Civil brasileiro interpretado*: principalmente do ponto de vista prático: parte geral. 7. ed. Rio de Janeiro: Freitas Bastos, 1956, v. XI, p. 203.

[1890] AMORTH, Giorgio. *L'obbligazione solidale*. Milano: Giuffrè, 1959, p. 114-115; BEVILAQUA, Clovis. *Codigo Civil dos Estados Unidos do Brasil commentado*. Rio de Janeiro: Livraria Francisco Alves, 1930, v. IV, p. 49; SALVAT, Raymundo M. *Tratado de derecho civil argentino*: obligaciones en general. 6. ed. Buenos Aires: Tipografica Editora Argentina, 1953, v. II, p. 138; SANTOS, J. M. de Carvalho. *Código Civil brasileiro interpretado*: principalmente do ponto de vista prático: parte geral. 7. ed. Rio de Janeiro: Freitas Bastos, 1956, v. XI, p. 201; SERRA, Adriano Paes da Silva Vaz. Pluralidade de devedores ou de credores. Lisboa: [s.n], v. 70, nov. 1957. Separata do *Boletim do Ministério da Justiça*, p. 18; TEPEDINO, Gustavo; SCHREIBER, Anderson. *Código Civil comentado*: direito das obrigações: artigos 233 a 420. Coord. Álvaro Villaça Azevedo. São Paulo: Atlas, 2008, v. IV, p. 19; TICOZZI, Marco. *Studio sulle obbligazioni solidali*. Padova: Cedam, 2012, p. 94.

[1891] THEODORO JÚNIOR, Humberto. *Curso de direito processual civil*: teoria geral do direito processual civil e processo de conhecimento. 39. ed. Rio de Janeiro: Forense, 2003, p. 166.

petição inicial, por força do que prevê o art. 59[1892] do Código de Processo Civil de 2015.

Esse mesmo critério merece ser adotado para determinar a "concentração" do crédito: tão logo haja o registro ou a distribuição da petição inicial, considera-se proposta a demanda, no sentido do art. 268 do Código Civil de 2002. Competirá ao credor demandante, assim, para tornar eficaz a prevenção, comunicar ao devedor acerca da pendência da ação; enquanto não houver *ciência inequívoca*, seja pela comunicação extrajudicial, seja pela citação, a eficácia liberatória do pagamento realizado a credor alheio à demanda se estenderá a todo o grupo solidário. Exige-se, pois, para a *prevenção substancial*, que o devedor esteja ciente da litispendência.

Alguns autores asseveram que a propositura da demanda judicial, por um ou por uma parte dos credores solidários, acarretaria a *extinção* do direito de escolha do devedor.[1893] Todavia, não há propriamente extinção do direito, mas *suspensão de sua eficácia*. Depois do julgamento, *com ou sem resolução de mérito*[1894] (v. arts. 485 e 487 do Código de Processo Civil de 2015),[1895] torna-se novamente viável o exercício desse direito;[1896] acaso estivesse *extinto*, tal não ocorreria.

1892 "Art. 59. O registro ou a distribuição da petição inicial torna prevento o juízo".

1893 BEVILAQUA, Clovis. *Codigo Civil dos Estados Unidos do Brasil commentado*. Rio de Janeiro: Livraria Francisco Alves, 1930, v. IV, p. 49; SANTOS, J. M. de Carvalho. *Código Civil brasileiro interpretado*: principalmente do ponto de vista prático: parte geral. 7. ed. Rio de Janeiro: Freitas Bastos, 1956, v. XI, p. 200-201; TEPEDINO, Gustavo; SCHREIBER, Anderson. *Código Civil comentado*: direito das obrigações: artigos 233 a 420. Coord. Álvaro Villaça Azevedo. São Paulo: Atlas, 2008, v. IV, p. 119.

1894 COSTA, José Maria da. As obrigações solidárias. In: FRANCIULLI NETTO, Domingos; MENDES, Gilmar Ferreira; MARTINS FILHO, Ives Gandra da Silva (Coord.). *O novo Código Civil*: estudos em homenagem ao Professor Miguel Reale. São Paulo: LTr, 2003, p. 270; PEREIRA, Caio Mário da Silva. *Instituições de direito civil*: teoria geral das obrigações. 26. ed. Rio de Janeiro: Forense, 2014, v. II, p. 88; RUBINO, Domenico. Delle obbligazioni: obbligazioni alternative, obbligazioni in solido, obbligazioni divisibili e indivisibili: art. 1285-1320. In: SCIALOJA, Antonio; BRANCA, Giuseppe (a cura di). *Commentario del Codice Civile*: libro quarto: delle obbligazioni. 2. ed. Bologna: Zanichelli; Roma: Soc. Ed. Del Foro Italiano, 1968, p. 206-207; SERRA, Adriano Paes da Silva Vaz. Pluralidade de devedores ou de credores. Lisboa: [s.n], v. 70, nov. 1957. Separata do *Boletim do Ministério da Justiça*, p. 21.

1895 V. seção 4.4, sobre coisa julgada e eficácia da sentença.

1896 ZANGEROLAME, Flavia Maria. Obrigações divisíveis e indivisíveis e obrigações solidárias. In: TEPEDINO, Gustavo (Coord.). *Obrigações*: estudos na perspectiva civil-constitucional. Rio de Janeiro: Renovar, 2005, p. 181-210, p. 202.

Quanto aos efeitos do ajuizamento da demanda em relação aos *demais credores*, Álvaro Villaça Azevedo afirma que, com a prevenção do juízo, os demais devedores teriam de aguardar a "terminação" do processo.[1897] Mais radical era a opinião de B. Windscheid, para quem um credor excluiria o outro mediante a propositura da ação (ou com uma promessa de adimplemento).[1898] G. Amorth, à sua maneira, sustenta que a *obrigação solidária* se transformaria em uma *obrigação simples*; em lugar da pluralidade originária das partes (dos credores, precisamente), assumiria a unicidade do credor: a demanda judicial, quanto aos demais credores, produziria efeitos análogos aos do pagamento.[1899]

Pontes de Miranda pensa que se conferiria à litispendência apenas o efeito de retirar do devedor a escolha; mas, se houvesse pluralidade de ações condenatórias, o pagamento teria de ser feito ao autor da primeira; se a sentença fosse desfavorável, a prioridade passaria ao que propôs ação em segundo lugar (e assim por diante).[1900] Compartilha dessa opinião Paulo Lôbo, para quem *a norma se dirigiria explicitamente ao devedor* (e não ao credor), para impedi-lo de se liberar, por meio de pagamento a quem não fosse o demandante.[1901]

Já C. M. Bianca sustenta que a privação de uma faculdade do devedor por iniciativa de um credor incidiria sobre a posição solidária dos outros credores, mas sem lhes tolher o exercício de sua parte do crédito: nem o interesse do credor que primeiro tomou a iniciativa tampouco o interesse do devedor justificariam esse prejuízo excepcional para os cocredores. Conclui esse autor, assim, que esses outros credores conservariam a titularidade de sua quota de crédito; seriam legitimados,

1897 AZEVEDO, Álvaro Villaça. *Curso de direito civil*: teoria geral das obrigações. 8. ed. São Paulo: Editora Revista dos Tribunais, 2000, p. 100. Nesse sentido, cf. ESPANÉS, Luis Mosset de; MÁRQUEZ, José Fernando. *Curso de derecho civil*: obligaciones. Buenos Aires: Zavalía, 2018, v. 2, p. 52; FARIAS, Cristiano Chaves de; ROSENVALD, Nelson. *Direito das obrigações*. Rio de Janeiro: Lumen Juris, 2006, p. 147; MESA, Marcelo J. López. *Derecho de las obligaciones*: análisis exegético del nuevo Código Civil y Comercial. Buenos Aires: Euros Editores S.R.L., 2015, po. 1.015-1.017.

1898 WINDSCHEID, Bernardo. *Diritto delle pandette*. Trad. Carlo Fadda e Paolo Emilio Bensa. Torino: Unione Tipografico, 1904, v. 2, p. 157.

1899 AMORTH, Giorgio. *L'obbligazione solidale*. Milano: Giuffrè, 1959, p. 113.

1900 MIRANDA, Pontes de. *Tratado de direito privado*. 3. ed. Rio de Janeiro: Borsoi, 1971, v. X, p. 327-328.

1901 LÔBO, Paulo. *Direito civil*: obrigações. 2. ed. São Paulo: Saraiva, 2011, p. 139.

portanto, para receber a parcela que lhes tocasse, pelo menos, e a exercer a correspondente pretensão.[1902]

Entendemos, porém, que outra interpretação se mostra mais adequada, diante do atual ordenamento brasileiro. De fato, nos termos do art. 268 do Código Civil de 2002, enquanto *alguns dos credores solidários não demandarem*, haverá direito de escolha. Opta o legislador por utilizar o *plural – alguns dos credores solidários* –, sem excluir a possibilidade de se formar litisconsórcio ativo ou a faculdade de os outros credores ajuizarem novas demandas; a melhor solução, então, aparenta decorrer da legislação processual.

Com efeito, nas hipóteses de ajuizamento sequencial de várias ações conexas, distribuir-se-ão os processos por dependência; e os autos serão reunidos para *julgamento conjunto* (v. arts. 55, § 1º,[1903] e 286, I,[1904] do Código de Processo Civil de 2015). É possível que se constitua, com isso, um único título executivo judicial, caso em que o devedor comum poderá pagar, em juízo, a qualquer um daqueles que figurarem no polo ativo, ainda que as ações tenham sido ajuizadas em datas diversas.[1905]

Viabiliza a legislação processual, ainda, a intervenção dos demais credores como assistentes (simples ou litisconsorciais) do demandante (v. arts. 119 a 124 do Código de Processo Civil de 2015), tal como admitem J. M. de Carvalho Santos e D. Rubino.[1906] Afora isso, o art. 274 do Código Civil de 2002, alterado pela Lei n. 13.105/2015, prevê que o *julgamento favorável* aproveitará aos credores não demandantes; ou seja, todos estariam legitimados a promover o cumprimento do título judicial.

1902 BIANCA, C. Massimo. *Diritto civile*: l'obbligazione. Milano: Giuffrè, 1993, v. 4, p. 714.

1903 "Art. 55. [..] § 1º Os processos de ações conexas serão reunidos para decisão conjunta, salvo se um deles já houver sido sentenciado".

1904 "Art. 286. Serão distribuídas por dependência as causas de qualquer natureza: I – quando se relacionarem, por conexão ou continência, com outra já ajuizada".

1905 MONTES, Angel Cristobal. *La estructura y los sujetos de la obligacion*. Madrid: Editorial Civitas, 1990, p. 273.

1906 SANTOS, J. M. de Carvalho. *Código Civil brasileiro interpretado*: principalmente do ponto de vista prático: parte geral. 7. ed. Rio de Janeiro: Freitas Bastos, 1956, v. XI, p. 203; RUBINO, Domenico. Delle obbligazioni: obbligazioni alternative, obbligazioni in solido, obbligazioni divisibili e indivisibili: art. 1285-1320. In: SCIALOJA, Antonio; BRANCA, Giuseppe (a cura di). *Commentario del Codice Civile*: libro quarto: delle obbligazioni. 2. ed. Bologna: Zanichelli; Roma: Soc. Ed. Del Foro Italiano, 1968, p. 205.

Relega-se a análise de tais questões processuais, contudo, ao momento mais oportuno.[1907]

Nas hipóteses de ajuizamento prematuro da demanda, quando pendentes *condição* ou *termo*, não haverá prevenção judicial: o devedor permanecerá com o direito de escolha, mesmo se ocorrer o termo ou se se implementar a condição durante o trâmite processual. Não fosse assim, conferir-se-ia ao arbítrio dos credores a possibilidade de prejudicar o direito do devedor, antes de se tornar exigível a dívida.[1908] E decerto não mereceria prestígio a conduta desleal de se distribuir a petição inicial precipitadamente; não fosse essa a solução, estimular-se-ia um indevido açodamento dos credores em adotar medidas judiciais intempestivas, enquanto a obrigação ainda fosse inexigível.

Além da ação condenatória e da execução de título extrajudicial, a *instituição da arbitragem*, quando convencionada essa forma de resolução do conflito, também provocará semelhante efeito, haja vista a equiparação entre as sentenças arbitral e judicial (v. arts. 19, *caput*,[1909] e 31[1910] da Lei n. 9.307/1996). P. ex.: "C1" e "C2" são credores solidários de "D"; certo dia, "D" celebra compromisso arbitral apenas com "C1"; com a instituição da arbitragem, a partir da aceitação pelos árbitros, haverá a concentração do crédito em "C1"; nesse caso, se "D" pagar a "C2", o pagamento será ineficaz em relação a "C1".

A Lei de Arbitragem prevê, ainda, uma ação própria para a hipótese de resistência quanto à instituição da arbitragem, quando houver cláusula compromissória (v. art. 7º[1911] da Lei n. 9.307/1996). Nesse caso,

[1907] V. seções 4.3.1, sobre assistência (simples e litisconsorcial), e 4.4, sobre coisa julgada e eficácia da sentença.

[1908] Santos, J. M. de Carvalho. *Código Civil brasileiro interpretado*: principalmente do ponto de vista prático: parte geral. 7. ed. Rio de Janeiro: Freitas Bastos, 1956, v. XI, p. 202.

[1909] "Art. 19. Considera-se instituída a arbitragem quando aceita a nomeação pelo árbitro, se for único, ou por todos, se forem vários".

[1910] "Art. 31. A sentença arbitral produz, entre as partes e seus sucessores, os mesmos efeitos da sentença proferida pelos órgãos do Poder Judiciário e, sendo condenatória, constitui título executivo".

[1911] "Art. 7º Existindo cláusula compromissória e havendo resistência quanto à instituição da arbitragem, poderá a parte interessada requerer a citação da outra parte para comparecer em juízo a fim de lavrar-se o compromisso, designando o juiz audiência especial para tal fim. § 1º O autor indicará, com precisão, o objeto da arbitragem, instruindo o pedido com o documento que contiver a cláusula compromissória. § 2º Comparecendo as partes à audiência,

contudo, não se produzirá o efeito de prevenção judicial, na medida em que, por intermédio de tal ação, não se exige (diretamente, ao menos) o cumprimento da obrigação solidária, mas o de obrigação acessória de celebrar o compromisso arbitral. Antes de proposta a demanda ou de instituída a arbitragem, subsistirá o direito de escolha.

No tocante ao adimplemento ocorrido após a prevenção judicial, discute-se a possibilidade de a demanda judicial (ou, se for o caso, conforme se apontou acima, o procedimento arbitral) prosseguir pela integralidade da prestação. Considera M. I. Carvalho de Mendonça que o pagamento não seria liberatório senão na parte relativa ao credor que o recebesse, porque a equidade não se compadeceria com o duplo pagamento a tal credor; quanto ao restante da dívida, o pagamento seria "inválido" e, portanto, o devedor estaria adstrito a um segundo pagamento.[1912] Análogo é o pensamento de M. M. de Serpa Lopes e de J. M. Carvalho Santos.[1913] Segundo A. Rodière, caberia ao credor demandante, em tal situação, comprovar que o crédito lhe pertence integralmente.[1914]

Semelhante entendimento, contudo, parece atentar contra a *estrutura bifronte* da relação obrigacional solidária, por permitir que o devedor se imiscua nas relações internas entre o credor demandante e seus con-

o juiz tentará, previamente, a conciliação acerca do litígio. Não obtendo sucesso, tentará o juiz conduzir as partes à celebração, de comum acordo, do compromisso arbitral. § 3º Não concordando as partes sobre os termos do compromisso, decidirá o juiz, após ouvir o réu, sobre seu conteúdo, na própria audiência ou no prazo de dez dias, respeitadas as disposições da cláusula compromissória e atendendo ao disposto nos arts. 10 e 21, § 2º, desta Lei. § 4º Se a cláusula compromissória nada dispuser sobre a nomeação de árbitros, caberá ao juiz, ouvidas as partes, estatuir a respeito, podendo nomear árbitro único para a solução do litígio. § 5º A ausência do autor, sem justo motivo, à audiência designada para a lavratura do compromisso arbitral, importará a extinção do processo sem julgamento de mérito. § 6º Não comparecendo o réu à audiência, caberá ao juiz, ouvido o autor, estatuir a respeito do conteúdo do compromisso, nomeando árbitro único. § 7º A sentença que julgar procedente o pedido valerá como compromisso arbitral".

1912 MENDONÇA, Manuel Inácio Carvalho de. *Doutrina e prática das obrigações ou tratado geral dos direitos de crédito*. 4. ed. Rio de Janeiro: Forense, 1956, t. I, p. 313.

1913 LOPES, Miguel Maria de Serpa. *Curso de direito civil*: obrigações em geral. 4. ed. Rio de Janeiro: Freitas Bastos, 1966, v. II, p. 141; SANTOS, J. M. de Carvalho. *Código Civil brasileiro interpretado*: principalmente do ponto de vista prático: parte geral. 7. ed. Rio de Janeiro: Freitas Bastos, 1956, v. XI, p. 302. Nesse sentido, cf. TEPEDINO, Gustavo; BARBOZA, Heloisa Helena; MORAES, Maria Celina Bodin de. *Código Civil interpretado*: conforme a Constituição da República: parte geral e obrigações. 2. ed. Rio de Janeiro: Renovar, 2007, v. 1, p. 552.

1914 RODIÈRE, A. *De la solidarité et de l'indivisibilité*. Paris: Chez A. Durant, 1852, p. 26.

sortes.[1915] Mostra-se viável, assim, o prosseguimento da demanda quanto à integralidade da prestação, por ser totalmente ineficaz, em relação ao demandante,[1916] o pagamento realizado ao arrepio da regra prevista no art. 268 do Código Civil de 2002.

Restará ao devedor, aí, reclamar a repetição daquele que recebeu indevidamente, a fim de que não haja enriquecimento sem causa;[1917] e não o fará propriamente por pagamento indevido (nem objetiva, nem subjetivamente), senão por defeito de legitimação do destinatário do pagamento.[1918] De fato, a prestação feita ao credor que não demandou judicialmente traduz risco assumido pelo devedor:[1919] se eventualmente o *solvens* considerar infundado ou, por outra causa, não vingável o pedido judicial do credor, poderá efetuar a prestação a outro credor,

1915 V. seção 1.8.2, sobre as fases da relação obrigacional solidária.

1916 Díez-Picazo, Luis. *Fundamentos del derecho civil patrimonial*: las relaciones obligatorias. 6. ed. Madrid: Civitas, 2008, v. II, p. 222; Diniz, Maria Helena. *Curso de direito civil brasileiro*: teoria geral das obrigações. 33. ed. São Paulo: Saraiva, 2018, v. 2, p. 195; Lôbo, Paulo. *Direito civil*: obrigações. 2. ed. São Paulo: Saraiva, 2011, p. 139; Giorgi, Jorge. *Teoria de las obligaciones en el derecho moderno*: expuesta conforme a la doctrina y la jurisprudência italiana, francesa, alemana, etc., etc.: definición de las obligaciones: obligaciones naturales, solidarias, indivisibles: forma y prueba de las obligaciones. Trad. Eduardo Dato Iradier. 2. ed. Madrid: Editora Reus, 1928, v. I, p. 101; Montes, Angel Cristobal. *La estructura y los sujetos de la obligacion*. Madrid: Editorial Civitas, 1990, p. 274-275; Morato, Antonio Carlos. Obrigações solidárias. In: Lotufo, Renan; Nanni, Giovanni Ettore (Coord). *Obrigações*. São Paulo: Atlas, 2011, p. 191; Nonato, Orosimbo. *Curso de obrigações*: generalidades – espécies. Rio de Janeiro: Forense, 1959, v. II, p. 129; Rubino, Domenico. Delle obbligazioni: obbligazioni alternative, obbligazioni in solido, obbligazioni divisibili e indivisibili: art. 1285-1320. In: Scialoja, Antonio; Branca, Giuseppe (a cura di). *Commentario del Codice Civile*: libro quarto: delle obbligazioni. 2. ed. Bologna: Zanichelli; Roma: Soc. Ed. Del Foro Italiano, 1968, p. 203; Salvat, Raymundo M. *Tratado de derecho civil argentino*: obligaciones en general. 6. ed. Buenos Aires: Tipografica Editora Argentina, 1953, v. II, p. 140-141; Serra, Adriano Paes da Silva Vaz. Pluralidade de devedores ou de credores. Lisboa: [s.n], v. 70, nov. 1957. Separata do *Boletim do Ministério da Justiça*, p. 19.

1917 Lôbo, Paulo. *Direito civil*: obrigações. 2. ed. São Paulo: Saraiva, 2011, p. 140; Serra, Adriano Paes da Silva Vaz. Pluralidade de devedores ou de credores. Lisboa: [s.n], v. 70, nov. 1957. Separata do *Boletim do Ministério da Justiça*, p. 21.

1918 Rubino, Domenico. Delle obbligazioni: obbligazioni alternative, obbligazioni in solido, obbligazioni divisibili e indivisibili: art. 1285-1320. In: Scialoja, Antonio; Branca, Giuseppe (a cura di). *Commentario del Codice Civile*: libro quarto: delle obbligazioni. 2. ed. Bologna: Zanichelli; Roma: Soc. Ed. Del Foro Italiano, 1968, p. 203.

1919 Miranda, Pontes de. *Tratado de direito privado*. 3. ed. Rio de Janeiro: Borsoi, 1971, v. X, p. 32.

sem aguardar a decisão final do pleito, mas se sujeitará, desse modo, ao risco inerente.[1920]

Não se descarta a possibilidade de o credor demandante e os demais credores optarem pela *ratificação* do pagamento, para que exerçam, desde logo, o direito de regresso em face do consorte que recebera a prestação,[1921] caso em que os danos e as despesas decorrentes do processo deverão ser satisfeitos pelo devedor.[1922] Essa será a opção mais recomendável, logicamente, sempre que o receptor for mais abastado do que o *solvens*.

Nenhuma das diretrizes acima expostas se aplicará, contudo, se a solidariedade ativa houver sido estabelecida *em favor do devedor* – na verdade, apenas e exclusivamente em favor do devedor, porque, em regra, a solidariedade ativa já se destina a, de alguma forma, beneficiá-lo. Dispõe o art. 528º, 2,[1923] do Código Civil português, que, em tal hipótese, o devedor poderia renunciar total ou parcialmente ao benefício, a fim de prestar a cada um dos credores a parte que lhe coubesse no crédito comum ou de satisfazer a algum dos outros a prestação com dedução da parte do demandante.

Caberá, então, ao devedor – explica A. Menezes Cordeiro – comprovar tanto que a solidariedade foi estabelecida no seu interesse quanto que a repartição de valores se mostra possível, sem prejudicar os cre-

1920 Serra, Adriano Paes da Silva Vaz. Pluralidade de devedores ou de credores. Lisboa: [s.n], v. 70, nov. 1957. Separata do *Boletim do Ministério da Justiça*, p. 21.

1921 Montes, Angel Cristobal. *La estructura y los sujetos de la obligacion*. Madrid: Editorial Civitas, 1990, p. 275-276; Rubino, Domenico. Delle obbligazioni: obbligazioni alternative, obbligazioni in solido, obbligazioni divisibili e indivisibili: art. 1285-1320. In: Scialoja, Antonio; Branca, Giuseppe (a cura di). *Commentario del Codice Civile*: libro quarto: delle obbligazioni. 2. ed. Bologna: Zanichelli; Roma: Soc. Ed. Del Foro Italiano, 1968, p. 203; Ticozzi, Marco. *Studio sulle obbligazioni solidali*. Padova: Cedam, 2012, p. 97.

1922 Díez-Picazo, Luis. *Fundamentos del derecho civil patrimonial*: las relaciones obligatorias. 6. ed. Madrid: Civitas, 2008, v. II, p. 222.

1923 "Art. 528º [...] 2. Se o devedor cumprir perante credor diferente daquele que judicialmente exigiu a prestação, não fica dispensado de realizar a favor deste a prestação integral; mas, quando a solidariedade entre os credores tiver sido estabelecida em favor do devedor, este pode, renunciando total ou parcialmente ao benefício, prestar a cada um dos credores a parte que lhe cabe no crédito comum ou satisfazer a algum dos outros a prestação com dedução da parte do demandante".

dores ou algum deles.[1924] Apesar da inexistência de regra semelhante no ordenamento brasileiro, a autonomia privada parece permitir que se convencione o interesse exclusivo do devedor na solidariedade, com a faculdade de renúncia ao benefício.[1925]

3.3. Meios de defesa na solidariedade ativa

Nos termos do art. 273[1926] do Código Civil de 2002, sem correspondente no Código Civil de 1916, o devedor não pode opor a um dos credores solidários as *exceções pessoais* oponíveis aos outros; *a contrario sensu*, estaria sempre autorizado a deduzir, em face de todos, as chamadas *exceções comuns*. Seria preferível se o legislador brasileiro houvesse adotado, tal como o português, a expressão *meios de defesa*, na medida em que o vocábulo *exceções* não comporta sentido unívoco. Entende-se, de qualquer forma, que o dispositivo alude a toda espécie de defesa hábil a obstar a pretensão do credor. Há dispositivos afins no Código Civil italiano (v. art. 1.297, § 2º),[1927] no Código Civil português (v. art. 514, 2)[1928] e no Código Civil e Comercial argentino (v. art. 831, § 2º).[1929]

Aplicam-se à solidariedade ativa, *mutatis mutandis*, as observações feitas acerca dos meios de defesa disponíveis ao devedor solidário.[1930] Em síntese, subdividem-se em: (i) *comuns*: utilizáveis, em regra, pelo devedor contra todos os credores solidários; dizem respeito à validade do título, à exigibilidade ou à extinção da obrigação, no tocante à totalidade da relação obrigacional; independem da esfera pessoal de um

[1924] Cordeiro, António Menezes. *Tratado de direito civil português*. Coimbra: Almedina, direito das obrigações, 2009, v. II, t. I, p. 730.

[1925] V. seção 3.4.10, sobre a renúncia à solidariedade.

[1926] "Art. 273. A um dos credores solidários não pode o devedor opor as exceções pessoais oponíveis aos outros".

[1927] "Art. 1297. [...] A uno dei creditori in solido il debitore non può opporre le eccezioni personali agli altri creditori".

[1928] "Art. 514. [...] 2. Ao credor solidário são oponíveis igualmente não só os meios de defesa comum, como os que pessoalmente lhe respeitem".

[1929] "Art. 831. [...] Las defensas personales pueden oponerse exclusivamente por el deudor o acreedor a quien correspondan, y sólo tienen valor frente al coacreedor a quien se refieran. Sin embargo, pueden expandir limitadamente sus efectos hacia los demás codeudores, y posibilitar una reducción del monto total de la deuda que se les reclama, hasta la concurrencia de la parte perteneciente en la deuda al codeudor que las puede invocar".

[1930] V. seção 2.3, sobre meios de defesa do devedor solidário.

ou de outro credor singularmente considerado; pela própria natureza, concernem igualmente a todo o grupo solidário;[1931] (ii) *pessoais*: caracterizados pela ligação individualizada entre o devedor e um (ou parte) dos credores solidários; apenas podem ser invocados em face desse(s) credor(es) solidário(s) específico(s).[1932]

De fato, os *meios de defesa* (ou, como prefere o legislador, as *exceções*) qualificados de pessoais são somente aqueles que têm na pessoalidade da relação a sua característica para a oponibilidade. As questões situadas no campo do relacionamento pessoal entre o devedor comum e um dos credores não alcançam os cocredores solidários.[1933] Logo, não se poderia admitir a sua oposição àquele que não estivesse diretamente ligado nessa relação originária.[1934]

Cuida-se de *norma paralela* (ou *simétrica*)[1935] à que se aplica à solidariedade passiva. A principal diferença, observa M. J. de Almeida Costa, residiria no fato de que o devedor, ao se prevalecer, contra um dos credores solidários, de um meio de defesa que tão só a este se referisse (p. ex., o dolo), poderia também, depois, opô-lo aos outros, na medida da respectiva quota; os restantes cocredores, assim, teriam de deduzir a parte daquele afetado pelo meio pessoal de defesa. Buscar-se-ia, com isso, evitar o locupletamento injustificado.[1936] É o que também pensa Antunes Varela, para quem os meios de defesa pessoais, *desde que suscitados e acolhidos*, estenderiam seus efeitos a todos os demais credores, que não mais poderiam exigir para si a parte que competia ao credor perante o qual a obrigação carecia de validade ou de eficácia.[1937]

1931 V. seção 2.3.1, sobre meios de defesa comuns.

1932 V. seção 2.3.2, sobre meios de defesa pessoais.

1933 Rizzardo, Arnaldo. *Direito das obrigações*. 7. ed. Rio de Janeiro: Forense, 2013, p. 228.

1934 Lotufo, Renan. *Código Civil comentado*: obrigações: parte geral (arts. 233 a 420). São Paulo: Saraiva, 2003, v. 2, p. 105.

1935 Tepedino, Gustavo; Barboza, Heloisa Helena; Moraes, Maria Celina Bodin de. *Código Civil interpretado*: conforme a Constituição da República: parte geral e obrigações. 2. ed. Rio de Janeiro: Renovar, 2007, v. 1, p. 555.

1936 Costa, Mário Júlio de Almeida. *Direito das obrigações*. 12. ed. Coimbra: Almedina, 2009, p. 681-682.

1937 Varela, Antunes. *Direito das obrigações*: conceito, estrutura e função da relação obrigacional, fontes das obrigações, modalidades das obrigações. Rio de Janeiro: Forense, 1977, p. 316-317.

Se não fosse assim – acrescenta A. P. S. Vaz Serra –, os resultados seriam "inaceitáveis": afinal, a solidariedade ativa poderia significar apenas que, em vez de ter cada um dos credores que exigir a sua quota, qualquer deles estaria autorizado a reclamar a totalidade da prestação, em termos tais que o sacrifício patrimonial do devedor fosse o mesmo que teria acaso não houvesse solidariedade. Em outras palavras: se não fosse possível o decote da quota atingida pela exceção pessoal, os outros credores locupletar-se-iam à custa do devedor.[1938]

Essa tese, no entanto, conquanto lógica, não se presta a solucionar todas as divergências. Se, p. ex., a *obrigação interessasse exclusivamente a um* dos cocredores solidários,[1939] a pendência de *condição suspensiva* que fulminasse, em relação a outro (v. art. 266[1940] do Código Civil de 2002), a exigibilidade do crédito não poderia jamais favorecer o devedor, mesmo se já houvesse sido reconhecida anteriormente. Nessa hipótese, os cocredores solidários não atingidos pela condição suspensiva permaneceriam no direito de exigir o cumprimento integral da prestação; não fosse assim, as consequências seriam iníquas, sob a ótica do credor interessado.

É inaplicável a norma prevista no art. 273 do Código Civil de 2002, por incompatibilidade, quando houver *interesse exclusivo*[1941] de um (ou parte) dos credores solidários. Nessa hipótese, o devedor estará autorizado a opor a todos, inclusive aos não interessados, os *meios de defesa pessoais* concernentes ao(s) único(s) interessado(s). Ora, acaso não se adotasse semelhante interpretação, o resultado poderia ser estapafúrdio: se o devedor, p. ex., sofresse a cobrança por parte de um credor solidário não interessado, teria de solver, diante dele, a integralidade da obrigação, sem que lhe pudesse opor o meio de defesa pessoal pertinente a outrem. Esse receptor, então, já na fase interna, transferiria toda a prestação àquele único interessado, contra o qual o devedor, aí, com fundamento no mesmo meio de defesa pessoal que antes lhe fora tolhido, poderia pleitear a repetição do que pagara ao primeiro credor.

1938 SERRA, Adriano Paes da Silva Vaz. Pluralidade de devedores ou de credores. Lisboa: [s.n], v. 70, nov. 1957. Separata do *Boletim do Ministério da Justiça*, p. 30-31.

1939 V. seção 3.5, sobre a fase interna.

1940 "Art. 266. A obrigação solidária pode ser pura e simples para um dos cocredores ou codevedores, e condicional, ou a prazo, ou pagável em lugar diferente, para o outro"

1941 CIAN, Giorgio; TRABUCCHI, Alberto. *Commentario breve al codice civile*. 4. ed. Padova: Cedam, 1992, p. 1.024.

Afigura-se oportuna, mais uma vez, a seguinte observação, igualmente aplicável à solidariedade ativa: não é possível reconstruir, de modo uniforme, a categoria dos meios de defesa pessoais, uma vez que o legislador não segue critério unitário para disciplinar a eficácia externa de todos os atos modificativos, extintivos e impeditivos da relação obrigacional solidária.[1942] Cinge-se a análise, aqui, por isso, a uma descrição geral da categoria, com o necessário reenvio a cada tipo de fato previsto em lei, com a advertência de que sempre terão de ser consideradas as particularidades do caso concreto.

3.4. Fatos modificativos, extintivos e impeditivos

Os efeitos da solidariedade ativa estão diretamente vinculados aos da passiva, como se fossem, nas palavras de G. Borda, *anverso y el reverso de uma misma medalla*.[1943] Concentrar-se-á, então, a seguir, nas particularidades da obrigação solidária ativa, também sujeita à incidência, ao longo de todo o seu desenvolvimento, de vários direitos potestativos ou formativos, dos quais ambas as partes podem figurar como titulares, suficientes para modificar, extinguir ou impedir que a relação obrigacional produza efeitos – o que ocorrerá, p. ex., quando for anulado ou for declarada a nulidade do negócio.[1944]

3.4.1. Impossibilidade da prestação

Dispõe o art. 271[1945] do Código Civil de 2002 que, se a prestação se converter em perdas e danos, subsistirá, para todos os efeitos, a solidariedade. Suprimiu-se parte do texto do art. 902[1946] do Código Civil de 1916, concernente aos juros de mora, mas, tal como explica Renan Lotufo, a alteração não afetou em nada a interpretação do dispositivo, mesmo

1942 Ticozzi, Marco. *Studio sulle obbligazioni solidali*. Padova: Cedam, 2012, p. 111-112.

1943 Borda, Guillermo A. *Tratado de derecho civil*: obligaciones. 5. ed. Buenos Aires: Editorial Perrot, 1983, t. I, p. 482.

1944 V. seção 2.4.1, sobre a incidência de certos direitos potestativos ou formativos.

1945 "Art. 271. Convertendo-se a prestação em perdas e danos, subsiste, para todos os efeitos, a solidariedade".

1946 "Art. 902. Convertendo-se a prestação em perdas e danos, subsiste a solidariedade, e em proveito de todos os credores correm os juros da mora".

porque os juros são acessórios, que têm de seguir o regime jurídico do principal; no caso, o da obrigação solidária ativa.[1947]

Com efeito, o modo de ser da relação obrigacional não se altera com o transformar da prestação em perdas e danos, porque a solidariedade reside nos próprios credores: é subjetiva; não está no objeto (ou conteúdo),[1948] como na obrigação indivisível.[1949] A manutenção da solidariedade na conversão da prestação em perdas e danos visa impedir o devedor de usar de subterfúgio para deixar de a ela se submeter. Em certo sentido evita a adoção de expedientes violadores do princípio da boa-fé.[1950]

Cuida-se, simetricamente ao que ocorre com a solidariedade passiva,[1951] de disciplina aplicável ao inadimplemento culposo[1952] da obrigação solidária (assim como ao do devedor objetivamente responsável), disciplina essa que tem de se compatibilizar com as demais regras pertinentes à inexecução das obrigações em geral. A prestação converter-se-á em perdas e danos apenas quando se verificar impossibilidade *imputável* ao devedor; se isso não ocorrer, a impossibilidade acarretará a extinção para todos os credores solidários.[1953]

Refere-se, aqui, ao *inadimplemento absoluto*, total (se a prestação deixar, em sua integralidade, de ser cumprida) ou parcial (se um ou mais objetos, dentre os vários integrantes de um conjunto, perecer). Nessas circunstâncias, a prestação (ou parte dela) não se realizou nem

1947 LOTUFO, Renan. *Código Civil comentado*: obrigações: parte geral (arts. 233 a 420). São Paulo: Saraiva, 2003, v. 2, p. 101. Nesse sentido, cf. MORATO, Antonio Carlos. Obrigações solidárias. In: LOTUFO, Renan; NANNI, Giovanni Ettore (Coord). *Obrigações*. São Paulo: Atlas, 2011, p. 194.

1948 V. seção 1.5.2, sobre identidade de prestação.

1949 BEVILAQUA, Clovis. *Codigo Civil dos Estados Unidos do Brasil commentado*. Rio de Janeiro: Livraria Francisco Alves, 1930, v. IV, p. 52; NONATO, Orosimbo. *Curso de obrigações*: generalidades – espécies. Rio de Janeiro: Forense, 1959, v. II, p. 154.

1950 LOTUFO, Renan. *Código Civil comentado*: obrigações: parte geral (arts. 233 a 420). São Paulo: Saraiva, 2003, v. 2, p. 101.

1951 V. seção 2.4.2, sobre impossibilidade da prestação.

1952 COLMO, Alfredo. *De las obligaciones en general*. 3. ed. Buenos Aires: Editorial Guillermo Kraft Ltda., 1944, p. 343.

1953 ESPINOLA, Eduardo. *Garantia e extinção das obrigações*: obrigações solidárias e indivisíveis. Rio de Janeiro: Freitas Bastos, 1951, p. 413.

se realizará;[1954] subsistirá, contudo, a solidariedade. Seria diferente se a obrigação fosse apenas indivisível, caso em que perderia essa qualidade e se transformaria em divisível – quando convertida em perdas e danos –, pela alteração da natureza do objeto da prestação.[1955]

Não se vislumbra a possibilidade de adotar, em razão de sua incompatibilidade com o ordenamento brasileiro, o entendimento de A. von Tuhr, compartilhado por Pontes de Miranda,[1956] segundo quem, na solidariedade ativa, na hipótese de impossibilidade culposa da prestação, cada credor adquiriria um direito ao ressarcimento, cuja quantia se determinaria de conformidade com o interesse que tivesse na prestação.[1957]

Suponha-se, portanto, à luz do que dispõe o Código Civil de 2002, que "C1" e "C2" hajam depositado um valioso bem em um cofre de segurança da instituição financeira "D", com o que se tornaram credores solidários. Se ocorrer o furto desse bem, a prestação original converter-se-á em perdas e danos. Nem por isso a solidariedade sofrerá alteração: "C1" e "C2" permanecerão credores solidários quanto à indenização, de modo que "D" se eximirá da obrigação se pagar a apenas um deles o valor integral das perdas e danos,[1958] dos juros moratórios e da eventual cláusula penal.[1959]

3.4.2. Mora e juros

Já se analisou, quando se discorreu acerca da solidariedade passiva, a questão da mora do devedor e do credor, disciplinada, de forma genérica, no art. 394 do Código Civil de 2002.[1960] Em síntese, incorre em

[1954] ALVIM, Agostinho. *Da inexecução das obrigações e suas consequências*. São Paulo: Saraiva, 1949, p. 11-15.

[1955] GONÇALVES, Carlos Roberto. In: CAMBLER, Everaldo Augusto; GONÇALVES, Carlos Roberto; MAIA, Mairan. *Comentários ao Código Civil brasileiro*: do direito das obrigações. Coord. Arruda Alvim e Thereza Alvim. Rio de Janeiro: Forense, 2003, v. 3, p. 165.

[1956] MIRANDA, Pontes de. *Tratado de direito privado*. 3. ed. Rio de Janeiro: Borsoi, 1971, v. X, p. 324.

[1957] TUHR, A. von. *Tratado de las obligaciones*. Trad. W. Roces. Madrid: Editorial Reus, 1934, t. II, p. 278.

[1958] TEPEDINO, Gustavo; SCHREIBER, Anderson. *Código Civil comentado*: direito das obrigações: artigos 233 a 420. Coord. Álvaro Villaça Azevedo. São Paulo: Atlas, 2008, v. IV, p. 124-125.

[1959] PEREIRA, Caio Mário da Silva. *Instituições de direito civil*: teoria geral das obrigações. 26. ed. Rio de Janeiro: Forense, 2014, v. II, p. 91.

[1960] V. seção 2.4.3, sobre mora e juros.

mora o *devedor* (ou o *credor*), quer no retardamento culposo, quer na inobservância do lugar e da forma convencionados. Não há, no diploma brasileiro, dispositivos semelhantes aos: (i) do Código Civil alemão (§ 429, 1):[1961] a mora de um *credor solidário* prejudica também os outros credores; (ii) do Código Civil italiano (v. art. 1.308, § 2º):[1962] a constituição em mora do *devedor*, por parte de um dos credores solidários, beneficia todos os outros.

Na Alemanha, a *mora do credor solidário* provoca efeitos absolutos. Não é necessário, lá, pois, que o devedor seja obrigado a renovar a oferta diante dos demais credores, se ele já constituiu um deles em mora.[1963] Se há direito de escolher aquele a quem irá pagar, a oferta de pagamento já corresponderá à escolha; acaso o credor a recuse, será dispensável a nova oferta a um dos outros credores solidários, porque isso equivaleria a remover o benefício de escolha.[1964] Trata-se de *regra excepcional*, na medida em que, no sistema germânico, as circunstâncias jurídicas modificativas que se produzem entre o devedor e um dos credores não influem, em regra, nas situações jurídicas dos demais integrantes do polo ativo (ou seja, essas circunstâncias costumam produzir eficácia meramente individual).[1965]

No Brasil, em princípio, aplica-se a regra geral prevista no art. 400[1966] do Código Civil de 2002: a mora do credor subtrai o devedor isento de dolo à responsabilidade pela conservação da coisa, obriga o credor a ressarcir as despesas empregadas em conservá-la e o sujeita a recebê-la pela estimação mais favorável ao devedor, se o seu valor oscilar entre o dia estabelecido para o pagamento e o da sua efetivação.

1961 "§ 429. [...] 1. La mora de un acreedor solidario perjudica también a los otros acreedores".

1962 "Art. 1.308. [...] La costituzione in mora del debitore da parte di uno dei creditori in solido giova agli altri".

1963 Larenz, Karl. *Derecho de obligaciones*. Trad. Jaime Santos Briz. Madrid: Editorial Revista de Derecho Privado, 1958, p. 497.

1964 Bufnoir, C. et al. *Code civil allemand*: traduit et annoté. Paris: Imprimerie Nationale, 1904, t. 1, p. 642.

1965 Medicus, Dieter. *Tratado de las relaciones obligacionales*. Trad. Ángel Martínez Sarrión. Barcelona: Bosch Casa Editorial, 1995, v. 1, P. 363.

1966 "Art. 400. A mora do credor subtrai o devedor isento de dolo à responsabilidade pela conservação da coisa, obriga o credor a ressarcir as despesas empregadas em conservá-la, e sujeita-o a recebê-la pela estimação mais favorável ao devedor, se o seu valor oscilar entre o dia estabelecido para o pagamento e o da sua efetivação".

Na solidariedade ativa, se o devedor tem a liberdade de escolher a quem pagar, ao menos até ser demandado (v. art. 268 do Código Civil), não se poderia exigir senão que ele constituísse em mora um único credor, para que se estendessem seus efeitos aos demais. Embora haja opiniões em sentido contrário,[1967] é o que pensam Paulo Lôbo, Pontes de Miranda e Washington de Barros Monteiro.[1968] Assim, a discussão concernente à possível culpa do credor constituído em mora e aos prejuízos decorrentes desse fato deverá ser solucionada durante a fase interna da relação obrigacional; na fase externa, predomina o interesse do devedor.

Quanto à mora do *devedor comum*, não existe, no Código Civil de 2002, dispositivo análogo ao do Código Civil italiano (v. art. 1.308, § 2º). Considera Pontes de Miranda que, quando se tratasse de *mora ex persona*, o devedor se constituiria em mora apenas diante de quem o *interpelasse*; e só a favor desse credor correriam os juros; se fosse *mora ex re*, o devedor nela incorreria em face de todos os credores, porque sua inércia atingiria a todos. A seu ver, se um dos credores optasse por ajuizar ação de cobrança, a interpelação contida na citação teria eficácia *contra* os seus consortes.[1969] A. P. S. Vaz Serra, além de expor opinião similar, argumenta que, dadas as circunstâncias, a colocação em mora poderá não corresponder à vontade de alguns dos credores, acaso prefiram deixar ao devedor algum tempo mais para cumprir.[1970]

Predomina, entretanto, o entendimento de que, quando o devedor é constituído em mora (mora *ex persona*), todos os credores se

[1967] RUBINO, Domenico. Delle obbligazioni: obbligazioni alternative, obbligazioni in solido, obbligazioni divisibili e indivisibili: art. 1285-1320. In: SCIALOJA, Antonio; BRANCA, Giuseppe (a cura di). *Commentario del Codice Civile*: libro quarto: delle obbligazioni. 2. ed. Bologna: Zanichelli; Roma: Soc. Ed. Del Foro Italiano, 1968, p. 305; SERRA, Adriano Paes da Silva Vaz. Pluralidade de devedores ou de credores. Lisboa: [s.n], v. 70, nov. 1957. Separata do *Boletim do Ministério da Justiça*, p. 64.

[1968] LÔBO, Paulo. *Direito civil*: obrigações. 2. ed. São Paulo: Saraiva, 2011, p. 142; MONTEIRO, Washington de Barros. *Curso de direito civil*: direito das obrigações, 1ª parte: das modalidades das obrigações: dos efeitos das obrigações. 15. ed. São Paulo: Saraiva, 1979, p. 170; MIRANDA, Pontes de. *Tratado de direito privado*. 3. ed. Rio de Janeiro: Borsoi, 1971, v. X, p. 325.

[1969] MIRANDA, Pontes de. *Tratado de direito privado*. 3. ed. Rio de Janeiro: Borsoi, 1971, v. X, p. 324-325. Nesse sentido, cf. LÔBO, Paulo. *Direito civil*: obrigações. 2. ed. São Paulo: Saraiva, 2011, p. 142.

[1970] SERRA, Adriano Paes da Silva Vaz. Pluralidade de devedores ou de credores. Lisboa: [s.n], v. 70, nov. 1957. Separata do *Boletim do Ministério da Justiça*, p. 39.

beneficiam,[1971] quer tenha a estipulação primitiva a obrigação de juros para um só, ou para todos os credores, quer não.[1972] Afinal – asseguram F. P. Lacerda de Almeida e Orlando Gomes –, qualquer credor, por si, independentemente dos demais credores, e com efeito extensivo a todos, é apto a exercer quaisquer atos conservatórios ou assecuratórios da dívida.[1973]

Explica A. Cristobal Montes que a situação de benefício geral dos credores solidários, como decorrência da interpelação, seria lógica e natural; careceria de sentido que, em uma mesma relação obrigacional, o devedor se encontrasse incurso em mora diante de um dos credores, e não o estivesse quanto aos demais.[1974] Essa aparenta ser a tese mais lógica, até mesmo porque, se a interrupção da prescrição, promovida por um dos credores solidários, aproveita aos outros (v. art. 204, § 1º, do Código Civil de 2002), não faria sentido, para a constituição em mora, adotar entendimento completamente disparatado.

[1971] Dias, Regina Bottentuit Gondim. *Natureza jurídica da solidariedade*. Rio de Janeiro: Conquista, 1958, p. 18; Diniz, Maria Helena. *Curso de direito civil brasileiro*: teoria geral das obrigações. 33. ed. São Paulo: Saraiva, 2018, v. 2, p. 192; Espinola, Eduardo. *Garantia e extinção das obrigações*: obrigações solidárias e indivisíveis. Rio de Janeiro: Freitas Bastos, 1951, p. 414; Fulgêncio, Tito. *Do direito das obrigações*: das modalidades das obrigações: artigos 863-927. 2. ed. Atual. por José de Aguiar Dias. Rio de Janeiro: Forense, 1958, p. 287; Lopes, Miguel Maria de Serpa. *Curso de direito civil*: obrigações em geral. 4. ed. Rio de Janeiro: Freitas Bastos, 1966, v. II, p. 143; Nonato, Orosimbo. *Curso de obrigações*: generalidades – espécies. Rio de Janeiro: Forense, 1959, v. II, p. 154; Pereira, Caio Mário da Silva. *Instituições de direito civil*: teoria geral das obrigações. 26. ed. Rio de Janeiro: Forense, 2014, v. II, p. 91; Santos, J. M. de Carvalho. *Código Civil brasileiro interpretado*: principalmente do ponto de vista prático: parte geral. 7. ed. Rio de Janeiro: Freitas Bastos, 1956, v. XI, p. 194; Varela, Antunes. *Direito das obrigações*: conceito, estrutura e função da relação obrigacional, fontes das obrigações, modalidades das obrigações. Rio de Janeiro: Forense, 1977, p. 315; Venosa, Sílvio de Salvo. *Direito civil*: teoria geral das obrigações e teoria geral dos contratos. 7. ed. São Paulo: Atlas, 2007, v. 2, p. 104-105.

[1972] Mendonça, Manuel Inácio Carvalho de. *Doutrina e prática das obrigações ou tratado geral dos direitos de crédito*. 4. ed. Rio de Janeiro: Forense, 1956, t. I, p. 324.

[1973] Almeida, Francisco de Paula Lacerda de. *Obrigações*. 2. ed. Rio de Janeiro: Livraria Cruz Coutinho [s.d.], p. 41; Gomes, Orlando. *Obrigações*. 5. ed. Rio de Janeiro: Forense, 1978, p. 84.

[1974] Montes, Angel Cristobal. *La estructura y los sujetos de la obligacion*. Madrid: Editorial Civitas, 1990, p. 278. 8.

3.4.3. Prescrição

Tratou-se, anteriormente, sob a perspectiva da obrigação solidária passiva, das consequências da *prescrição da pretensão* do credor (ou, para alguns, do encobrimento da eficácia da pretensão), além da *interrupção*, *suspensão* e *renúncia* ao prazo prescricional.[1975] Cumpre analisar, agora, com maior brevidade, seus efeitos particulares na solidariedade ativa.

Nos termos do art. 204, § 1º, primeira parte,[1976] do Código Civil de 2002, análogo ao art. 176, § 1º, primeira parte,[1977] do Código Civil de 1916, a *interrupção* da prescrição[1978] por um dos credores solidários *aproveita aos outros*. Trata-se de modelo similar aos dos códigos espanhol (v. art. 1.974, § 1º),[1979] italiano (v. art. 1.310, § 1º),[1980] argentino (v. arts. 839[1981] e 2.549)[1982] e francês (v. art. 1.312),[1983] mas *oposto* aos dos códigos alemão (v. §§ 425[1984] e 429, 3, primeira parte)[1985] e português (v. art. 530º, 1),[1986] para os quais os efeitos da interrupção são meramente

1975 V. seção 2.4.4, sobre prescrição.

1976 "Art. 204. [...] § 1º A intaerrupção por um dos credores solidários aproveita aos outros".

1977 "Art. 176. [...] § 1º A interrupção, porém, aberta por um dos credores solidários aproveita aos outros".

1978 V. seção 2.4.4.1, sobre interrupção da prescrição.

1979 "Art. 1974. La interrupción de la prescripción de acciones en las obligaciones solidarias aprovecha o perjudica por igual a todos los acreedores y deudores".

1980 "Art. 1.310. [...] Gli atti con i quali il creditore interrompe la prescrizione contro uno dei debitori in solido, oppure uno dei creditori in solido interrompe la prescrizione (2943 e seguenti) contro il comune debitore, hanno effetto riguardo agli altri debitori o agli altri creditori".

1981 "Art. 839. [...] La interrupción y la suspensión del curso de la prescripción extintiva están regidas por lo dispuesto en el Título I del Libro Sexto".

1982 "Art. 2549. [...] La interrupción de la prescripción no se extiende a favor ni en contra de los interesados, excepto que se trate de obligaciones solidarias o indivisibles".

1983 "Art. 1312. [...] Tout acte qui interrompt ou suspend la prescription à l'égard de l'un des créanciers solidaires, profite aux autres créanciers".

1984 "§ 425. [...] 1. Los supuestos distintos de los especificados en los §§ 422 a 424 son efectivos, a menos que la naturaleza de la obligación lo indique de otra manera, a favor e y en contra sólo del deudor solidario a quien se refieran de forma particular. 2. Esto se aplica en particular a la denuncia, a la mora, a la culpa de la imposibilidad de cumplimiento por parte de un deudor solidario, de la perscripción, de su interrupción y suspensíon, de la confusíon del crédito con la deuda de la sentencia firme".

1985 "§ 429. [...] 3. En lo demás se aplican las disposiciones de los §§ 422, 423, 425 *mutatis mutandis*".

1986 "Art. 530º [...] 1. Se o direito de um dos credores se mantiver devido a suspensão ou interrupção da prescrição ou a outra causa, apesar de haverem prescrito os direitos dos res-

pessoais (isto é, os prazos correm independentemente em relação a cada um dos credores).[1987]

Sustentam M. I. Carvalho de Mendonça e Orosimbo Nonato que a interrupção da prescrição aproveitaria aos outros credores solidários como consequência do "mandato tácito" conferido reciprocamente entre eles,[1988] derrogatório do princípio geral das prescrições;[1989] ou, segundo Tito Fulgêncio, do fato de que os credores solidários seriam "sócios *ad utilibus*".[1990] Outros autores pensam que esse efeito resultaria da aptidão de cada um dos credores para exercer quaisquer atos conservatórios e assecuratórios da dívida.[1991] Nos termos da *Relazione al Codice Civile*, vigoraria o *princípio da não comunicabilidade dos atos prejudiciais e da extensão dos vantajosos.*[1992]

Há, ainda, quem afirme que a norma se justificaria no fato de que a interrupção da prescrição, ainda que promovida por apenas um dos credores solidários, incidiria objetivamente sobre o direito afirmado por ele. Essa sua atividade, porém, seria inidônea para alterar a esfera jurídica de seus consortes, na medida em que eles estariam livres para dispensar ou não exercitar aquele direito não extinto.[1993]

tantes credores, pode o devedor opor àquele credor a prescrição do crédito na parte relativa a estes últimos".

1987 Costa, Mário Júlio de Almeida. *Direito das obrigações.* 12. ed. Coimbra: Almedina, 2009, p. 682; Medicus, Dieter. *Tratado de las relaciones obligacionales.* Trad. Ángel Martínez Sarrión. Barcelona: Bosch Casa Editorial, 1995, v. 1, p. 363; Serra, Adriano Paes da Silva Vaz. Pluralidade de devedores ou de credores. Lisboa: [s.n], v. 70, nov. 1957. Separata do *Boletim do Ministério da Justiça*, p. 44-45.

1988 V. seção 1.10.1.1, sobre as obrigações solidárias e o mandato.

1989 Mendonça, Manuel Inácio Carvalho de. *Doutrina e prática das obrigações ou tratado geral dos direitos de crédito.* 4. ed. Rio de Janeiro: Forense, 1956, t. I, p. 320; Nonato, Orosimbo. *Curso de obrigações*: generalidades – espécies. Rio de Janeiro: Forense, 1959, v. II, p. 146.

1990 Fulgêncio, Tito. *Do direito das obrigações*: das modalidades das obrigações: artigos 863-927. 2. ed. Atual. por José de Aguiar Dias. Rio de Janeiro: Forense, 1958, p. 263.

1991 Almeida, Francisco de Paula Lacerda de. *Obrigações.* 2. ed. Rio de Janeiro: Livraria Cruz Coutinho [s.d.], p. 41; Gomes, Orlando. *Obrigações.* 5. ed. Rio de Janeiro: Forense, 1978, p. 84.

1992 ITALIA. Ministerio di Grazia e Giustizia. *Codice Civile*: testo e relazione ministeriale. Roma: Instituto Poligrafico dello Stato, 1943, p. 128.

1993 Porta, Ubaldo La. Delle obbligazioni in solido: artt. 1292-1313. In: Schlesinger, Piero; Busnelli, Francesco Donato (diretto da). *Il Codice Civile*: commentario. Milano: Giuffrè Editore, 2014, p. 324.

Apesar dessas construções teóricas, trata-se de simples opção do legislador. Poderia o Código Civil de 2002 ter acolhido fórmula equivalente às dos diplomas português e alemão, considerada por A. P. S. Vaz Serra a mais adequada: como os créditos dos diferentes credores se distinguiriam, uns dos outros, com a possibilidade de se sujeitarem a modalidades diversas, a prescrição deveria correr em relação a cada um dos credores, independentemente da prescrição em relação aos outros.[1994]

Optou-se, no Brasil, por questão de conveniência, por modelo distinto; e não porque haveria "mandato tácito", "sociedade *ad utilibus*", "aptidão para exercer atos conservatórios e assecuratórios" ou algo desse jaez. Embora cada credor solidário disponha de pretensão própria, ou seja, um poder individual de exigir o cumprimento da prestação, o legislador de 2002, a exemplo do de 1916, determinou que a interrupção da prescrição por um dos credores solidários aproveitasse aos outros, tal como se faz na Espanha, na Itália, na Argentina e na França.

Na hipótese de morte de um dos credores solidários, contudo, e porque cada herdeiro só terá direito a exigir e receber a quota do crédito que corresponder ao seu quinhão hereditário (v. art. 270 do Código Civil de 2002),[1995] a interrupção da prescrição, promovida por apenas um dos herdeiros, não abrangerá senão a sua parte no crédito;[1996] ou seja, não aproveitará aos coerdeiros nem aos demais credores, à exceção da quota daquele que promoveu a interrupção.[1997]

No tocante, porém, à *suspensão* do prazo prescricional,[1998] o legislador brasileiro acolheu fórmula contrária, tal como o italiano: em regra, suspenso o prazo prescricional, não se beneficiam os demais credores solidários, salvo se a obrigação (*rectius*: a prestação) for *indivisível* (v. arts.

1994 SERRA, Adriano Paes da Silva Vaz. Pluralidade de devedores ou de credores. Lisboa: [s.n], v. 70, nov. 1957. Separata do *Boletim do Ministério da Justiça*, p. 45-46.

1995 V. seção 3.4.6, sobre a morte de um dos credores.

1996 GIORGI, Jorge. *Teoria de las obligaciones en el derecho moderno*: expuesta conforme a la doctrina y la jurisprudência italiana, francesa, alemana, etc., etc.: definición de las obligaciones: obligaciones naturales, solidarias, indivisibles: forma y prueba de las obligaciones. Trad. Eduardo Dato Iradier. 2. ed. Madrid: Editora Reus, 1928, v. I, p. 102.

1997 MENDONÇA, Manuel Inácio Carvalho de. *Doutrina e prática das obrigações ou tratado geral dos direitos de crédito*. 4. ed. Rio de Janeiro: Forense, 1956, t. I, p. 320; SANTOS, J. M. de Carvalho. *Código Civil brasileiro interpretado*: principalmente do ponto de vista prático: parte geral. 7. ed. Rio de Janeiro: Freitas Bastos, 1956, v. XI, p. 194.

1998 V. seção 2.4.4.2, sobre impedimento ou suspensão da prescrição.

201[1999] do Código Civil de 2002 e 171[2000] do Código Civil de 1916). Aqui, como se vê, os efeitos da suspensão são *pessoais*, por causa subjetiva,[2001] diferentemente do que ocorre com a interrupção, ligada ao conteúdo objetivo da obrigação.[2002]

Justifica-se a diferença de tratamento entre os fatos interruptivos e suspensivos, segundo A. Colmo, porque a suspensão estaria mais relacionada ao vínculo do que à obrigação.[2003] A suspensão, ademais, traduziria favor, que não se estenderia de pessoa a pessoa, salvo no caso da indivisibilidade da prestação, por obstáculo imposto pela própria natureza das coisas[2004] ou, ainda, pela vontade das partes.[2005]

O fundamento da suspensão, assim como o do impedimento ao início da fluência do prazo, é a ocorrência de uma condição ou uma situação *pessoal* que impossibilite a cobrança do crédito. Como se cuida de benefício pessoal, a regra geral estabelecida no comando do art. 201 do Código Civil de 2002 permite que invoquem a suspensão ou o impedimento tão somente aquelas pessoas que se encontrem nas situações descritas nos arts. 197 a 200. Assim, p. ex., se um dos credores solidários se casar com a devedora, o prazo prescricional da pretensão de cobrança suspender-se-á, a partir do enlace, em relação a ele, sem se estender a seus consortes.[2006]

1999 "Art. 201. Suspensa a prescrição em favor de um dos credores solidários, só aproveitam os outros se a obrigação for indivisível".

2000 "Art. 171. Suspensa a prescrição em favor de um dos credores solidários, só aproveitam os outros, se o objeto da obrigação for indivisível".

2001 Bdine Jr., Hamid Charaf. In: Peluso, Cezar (Coord.). *Código Civil comentado*: doutrina e jurisprudência: Lei n. 10.406, de 10.01.2002: contém o Código Civil de 1916. 4. ed. Barueri: Manole, 2010, p. 155.

2002 Lopes, Miguel Maria de Serpa. *Curso de direito civil*: obrigações em geral. 4. ed. Rio de Janeiro: Freitas Bastos, 1966, v. II, p. 142.

2003 Colmo, Alfredo. *De las obligaciones en general*. 3. ed. Buenos Aires: Editorial Guillermo Kraft Ltda., 1944, p. 344.

2004 Fulgêncio, Tito. *Do direito das obrigações*: das modalidades das obrigações: artigos 863-927. 2. ed. Atual. por José de Aguiar Dias. Rio de Janeiro: Forense, 1958, p. 263.

2005 V. seção 1.10.1.2, sobre obrigações solidárias e obrigações indivisíveis.

2006 Tepedino, Gustavo; Barboza, Heloisa Helena; Moraes, Maria Celina Bodin de. *Código Civil interpretado*: conforme a Constituição da República: parte geral e obrigações. 2. ed. Rio de Janeiro: Renovar, 2007, v. 1, p. 381.

O Código Civil português (v. art. 530º, 1)[2007] permite que o devedor oponha ao credor beneficiado pela suspensão a prescrição quanto à quota de seus consortes, como prefere A. P. S. Vaz Serra.[2008] Sustenta Orosimbo Nonato, semelhantemente, que o favorecido pela suspensão, "claro", não poderia pedir senão a parte salva da prescrição por motivos pessoais, especiais e "inampliáveis".[2009] É o que também pensa C. M. Bianca: ao credor que se aproveitasse da causa de suspensão, o devedor poderia opor a extinção, por prescrição, das quotas das demais relações solidárias.[2010]

Como não há, nem no Brasil, tampouco na Itália, disposição similar à portuguesa, parece mais adequada a interpretação de D. Rubino (no mesmo sentido da de M. Giorgianni),[2011] consoante a qual, nas relações externas, a não suspensão da prescrição aplicar-se-ia à *inteira dívida*; portanto, depois de se completar o prazo prescricional para os outros credores solidários, o devedor comum estaria completamente liberado diante deles. Se, porém, o credor beneficiado pela suspensão obtivesse o pagamento do total, vincular-se-ia, nas relações internas, ao regresso *pro quota*, em favor de seus consortes; do contrário, lucraria injustificadamente com a quota dos últimos.[2012]

Com efeito, se o credor solidário tem o direito de exigir a totalidade da prestação – o que é, por sinal, um dos efeitos fundamentais da solidariedade ativa –, mostrar-se-ia ilógica a imposição do desconto da quota interna de seus consortes, cujas pretensões estivessem encobertas pela prescrição, inclusive porque esse fato não extingue a obrigação. A tese

2007 "Art. 530º [...] 1. Se o direito de um dos credores se mantiver devido a suspensão ou interrupção da prescrição ou a outra causa, apesar de haverem prescrito os direitos dos restantes credores, pode o devedor opor àquele credor a prescrição do crédito na parte relativa a estes últimos".

2008 SERRA, Adriano Paes da Silva Vaz. Pluralidade de devedores ou de credores. Lisboa: [s.n], v. 70, nov. 1957. Separata do *Boletim do Ministério da Justiça*, p. 93.

2009 NONATO, Orosimbo. *Curso de obrigações*: generalidades – espécies. Rio de Janeiro: Forense, 1959, v. II, p. 151.

2010 BIANCA, C. Massimo. *Diritto civile*: l'obbligazione. Milano: Giuffrè, 1993, v. 4, p. 735.

2011 GIORGIANNI, Michele. Obbligazione solidale e parziaria. In: AZARA, Antonio; EULA, Ernesto (Dir.). *Novissimo Digesto Italiano*. Torino: UTET, 1965, v. 11, p. 680.

2012 RUBINO, Domenico. Delle obbligazioni: obbligazioni alternative, obbligazioni in solido, obbligazioni divisibili e indivisibili: art. 1285-1320. In: SCIALOJA, Antonio; BRANCA, Giuseppe (a cura di). *Commentario del Codice Civile*: libro quarto: delle obbligazioni. 2. ed. Bologna: Zanichelli; Roma: Soc. Ed. Del Foro Italiano, 1968, p. 313-315.

de A. P. S. Vaz Serra e de Orosimbo Nonato, para que fosse acolhida no Brasil, dependeria de modificação da lei; e traduziria regra excepcional, por desfigurar a relação obrigacional solidária. É irrelevante, pois, *de lege lata*, que um (ou parte) dos credores solidários esteja desprovido de pretensão; o importante é a eficácia da pretensão daquele que exercer a cobrança.

Afora a interrupção e a suspensão do prazo prescricional, discute-se, ainda, sobre a faculdade de *renúncia* à prescrição já consumada (v. art. 191 do Código Civil de 2002), exercida depois de esgotada a fluência do prazo previsto em lei,[2013] e seus efeitos sobre a solidariedade ativa. Em princípio, extrai-se da literatura que a renúncia beneficiaria a todos os credores solidários.[2014] Questiona-se se seria viável a renúncia em favor de apenas um (ou parte) desses credores. Se o devedor renunciante, p. ex., pagasse a quota interna do credor favorecido, poderiam os outros exigir, em regresso, a divisão desse pagamento?

Segundo Orosimbo Nonato e J. M. de Carvalho Santos, depois de *prescrita a dívida*, não restaria mais obrigação solidária; o pagamento, nesse caso, então, fizera-se por liberalidade, por um favor todo pessoal, de modo que os outros credores não poderiam exigir contas daquele que recebeu. Afinal, não seria invocável a solidariedade, desaparecida com a prescrição; também não se poderia argumentar que se cumprira "obrigação natural", equivalente ao pagamento, porque o cumprimento de obrigação natural não se sujeitaria à repetição.[2015]

2013 V. seção 2.4.4.3, sobre renúncia à prescrição.

2014 Diniz, Maria Helena. *Curso de direito civil brasileiro*: teoria geral das obrigações. 33. ed. São Paulo: Saraiva, 2018, v. 2, p. 193; Fulgêncio, Tito. *Do direito das obrigações*: das modalidades das obrigações: artigos 863-927. 2. ed. Atual. por José de Aguiar Dias. Rio de Janeiro: Forense, 1958, p. 264; Lopes, Miguel Maria de Serpa. *Curso de direito civil*: obrigações em geral. 4. ed. Rio de Janeiro: Freitas Bastos, 1966, v. II, p. 142; Nonato, Orosimbo. *Curso de obrigações*: generalidades – espécies. Rio de Janeiro: Forense, 1959, v. II, p. 147; Santos, J. M. de Carvalho. *Código Civil brasileiro interpretado*: principalmente do ponto de vista prático: parte geral. 7. ed. Rio de Janeiro: Freitas Bastos, 1956, v. XI, p. 195; Venosa, Sílvio de Salvo. *Direito civil*: teoria geral das obrigações e teoria geral dos contratos. 7. ed. São Paulo: Atlas, 2007, v. 2, p. 104-105.

2015 Nonato, Orosimbo. *Curso de obrigações*: generalidades – espécies. Rio de Janeiro: Forense, 1959, v. II, p. 147; Santos, J. M. de Carvalho. *Código Civil brasileiro interpretado*: principalmente do ponto de vista prático: parte geral. 7. ed. Rio de Janeiro: Freitas Bastos, 1956, v. XI, p. 195.

Semelhante tese foi acolhida pelo Código Civil português, ao dispor que a renúncia à prescrição, em benefício de um dos credores, *não produz efeito relativamente aos restantes* (v. art. 530º, 2).[2016] Explica A. P. S. Vaz Serra que a renúncia, feita pelo devedor em relação a um dos credores apenas, não deveria ser eficaz em relação aos outros, a não ser que tal tivesse sido a intenção, pois o seu efeito não deveria ir além daquilo que o devedor, ao renunciar, tivesse em vista.[2017]

No Brasil, não há dispositivo análogo ao português; e prevalece, hoje, o entendimento de que a prescrição não extingue a obrigação, mas *encobre a eficácia da pretensão*, ou seja, o *direito de exigir* o cumprimento da prestação. Assim, se o devedor, espontaneamente, pagar ao credor solidário, após o decurso do prazo prescricional, ter-se-á por satisfeita a obrigação (ainda que de forma parcial), com o que passará esse credor a ter o dever de regresso para com seus consortes. Solução diversa importaria enriquecimento injustificado daquele que recebeu.[2018]

Considera J. Giorgi que o devedor poderia renunciar com o fim de não pagar mais do que aquela parte do débito pertinente ao credor favorecido por esse ato, mas não certamente com o objetivo bem distinto de impedir que os outros credores participassem desse pagamento; e a razão seria muito simples, a seu ver: o devedor teria indiscutível interesse em se livrar do pagamento total; mas não lhe caberia impedir que todos os credores partilhassem o montante do pagamento parcial.[2019]

De fato, a renúncia não beneficiaria aos demais credores solidários tão somente se não se caracterizasse como verdadeira renúncia, mas como *doação*. Nessa hipótese, não caberia discutir solidariedade ou prescrição, porque nasceria obrigação inteiramente nova, oriunda de novo

2016 "Art. 530º [...] 2. A renúncia à prescrição, feita pelo devedor em benefício de um dos credores, não produz efeito relativamente aos restantes".

2017 Serra, Adriano Paes da Silva Vaz. Pluralidade de devedores ou de credores. Lisboa: [s.n], v. 70, nov. 1957. Separata do *Boletim do Ministério da Justiça*, p. 46.

2018 Rubino, Domenico. Delle obbligazioni: obbligazioni alternative, obbligazioni in solido, obbligazioni divisibili e indivisibili: art. 1285-1320. In: Scialoja, Antonio; Branca, Giuseppe (a cura di). *Commentario del Codice Civile*: libro quarto: delle obbligazioni. 2. ed. Bologna: Zanichelli; Roma: Soc. Ed. Del Foro Italiano, 1968, p. 311.

2019 Giorgi, Jorge. *Teoria de las obligaciones en el derecho moderno*: expuesta conforme a la doctrina y la jurisprudência italiana, francesa, alemana, etc., etc.: definición de las obligaciones: obligaciones naturales, solidarias, indivisibles: forma y prueba de las obligaciones. Trad. Eduardo Dato Iradier. 2. ed. Madrid: Editora Reus, 1928, v. I, p. 102.

título (contrato de doação), sem o necessário vínculo com os outros credores. A dificuldade, aí, residiria exclusivamente na interpretação das declarações de vontade das partes: muitas vezes, afigura-se difícil apurar se houve renúncia ou doação. De acordo com D. Rubino, até que se produzisse prova em sentido contrário, presumir-se-ia a renúncia ao prazo prescricional.[2020]

G. Amorth, porém, entende que, se houver pagamento parcial a determinado credor, desacompanhado de renúncia formal à prescrição já consumada, se tratará de mero pagamento de débito prescrito, tal como possibilita a lei, e não de renúncia resultante de fato incompatível com a vontade de se valer da prescrição. Seria imprescindível, a seu ver, a vontade claramente declarada de renunciar.[2021]

Diverge a doutrina, ainda, sobre a possibilidade de haver renúncia parcial. Há quem, como D. Rubino e M. Ticozzi, pense que a norma seria inderrogável: o devedor não poderia, mesmo que quisesse, limitar a renúncia, nas relações externas, objetiva ou subjetivamente, ou seja, somente à quota interna ou em favor do credor a quem a fizesse.[2022] Aparenta prevalecer, entretanto, conforme noticia Mirna Cianci, o entendimento de que a renúncia poderia ser parcial e, com isso, somente quanto ao que restou admitido.[2023] Essa controvérsia, entretanto, diz respeito ao estudo da prescrição, de modo que não se aprofundará em sua análise.

3.4.4. Invalidades

No capítulo dedicado à solidariedade passiva, discorreu-se sobre complexas questões pertinentes às invalidades da fonte obrigacional (anu-

[2020] Rubino, Domenico. Delle obbligazioni: obbligazioni alternative, obbligazioni in solido, obbligazioni divisibili e indivisibili: art. 1285-1320. In: Scialoja, Antonio; Branca, Giuseppe (a cura di). *Commentario del Codice Civile*: libro quarto: delle obbligazioni. 2. ed. Bologna: Zanichelli; Roma: Soc. Ed. Del Foro Italiano, 1968, p. 311.

[2021] Amorth, Giorgio. *L'obbligazione solidale*. Milano: Giuffrè, 1959, p. 122-123.

[2022] Rubino, Domenico. Delle obbligazioni: obbligazioni alternative, obbligazioni in solido, obbligazioni divisibili e indivisibili: art. 1285-1320. In: Scialoja, Antonio; Branca, Giuseppe (a cura di). *Commentario del Codice Civile*: libro quarto: delle obbligazioni. 2. ed. Bologna: Zanichelli; Roma: Soc. Ed. Del Foro Italiano, 1968, p. 312; Ticozzi, Marco. *Studio sulle obbligazioni solidali*. Padova: Cedam, 2012, p. 173-174.

[2023] Cianci, Mirna. Renúncia da exceção de prescrição – abrangência do tema. In: Cianci, Mirna (Coord.). *Prescrição no Código Civil*: uma análise interdisciplinar. 2. ed. São Paulo: Saraiva, 2006, p. 359.

labilidade e nulidade). Buscou-se, então, analisar a intrincada redação do art. 177[2024] do Código Civil de 2002, no tocante ao poder conferido aos interessados de suscitar a *anulabilidade* (ou nulidade relativa), a qual "aproveita exclusivamente aos que a alegarem, salvo o caso de solidariedade e invisibilidade". Também se apurou que a *nulidade* (ou nulidade absoluta), parcial ou total, provoca efeitos análogos aos da anulação, quanto aos devedores solidários. O foco do debate, na obrigação com pluralidade de credores, torna-se ligeiramente diverso, embora se apliquem, *mutatis mutandis*, as soluções interpretativas alcançadas naquele capítulo, a cujos termos ora se faz remissão.[2025]

Na solidariedade ativa, com efeito, se um dos credores reclamar a integralidade da prestação, não se mostraria lógico, em princípio, que lhe pudesse ser oposta, pelo devedor comum, como meio de defesa, a *anulabilidade parcial*, relativa a outro cocredor. Note-se que o mencionado art. 177 do Código Civil de 2002, ao utilizar o verbo "aproveitar", preocupa-se com os indivíduos que serão *beneficiados* pela anulação do negócio jurídico; não com os *prejudicados*. Diante de pluralidade de credores, acaso a anulabilidade traduzisse meio de defesa comum, aqueles que fossem alheios à sua causa se prejudicariam por defeito para o qual não contribuíram. Dificuldades na aplicação prática haveria, ainda, na hipótese de nulidade absoluta, mas parcial, embora seja certa, nesse caso, diante da gravidade do defeito, a possibilidade de ser suscitada como meio de defesa comum a todos os credores.

De acordo com A. P. S. Vaz Serra, o problema da validade dos créditos solidários, à semelhança do que ocorre com a solidariedade passiva, deveria ser apreciado *separadamente para cada credor*, no que dependesse de circunstâncias pessoais dele. A seu ver, se o negócio de que resultasse um dos créditos fosse *anulável* (p. ex., por incapacidade ou vício da vontade), e *viesse a ser anulado*, não poderiam os outros credores reclamar a prestação senão depois de *deduzirem a parte do credor atingido*. Quando recebessem a prestação integral antes da anulação, haveria duas possibilidades: (i) esses credores se tornariam obrigados, com a anulação, a restituir ao devedor a parte daquele credor, se ainda não houvessem

[2024] "Art. 177. A anulabilidade não tem efeito antes de julgada por sentença, nem se pronuncia de ofício; só os interessados a podem alegar, e aproveita exclusivamente aos que a alegarem, salvo o caso de solidariedade ou indivisibilidade".

[2025] V. seção 2.4.5, sobre invalidades.

partilhado as quotas internas; (ii) encerrado o acerto entre os membros do grupo solidário, caberia ao credor prejudicado pela anulação, mas beneficiado por seu quinhão interno, restituir a sua parte ao devedor.[2026]

Analogamente, J. M. de Carvalho Santos sustenta que os demais credores não teriam o *direito de acrescer* o valor da quota daquele atingido pela invalidade, na medida em que: (i) isso equivaleria a proporcionar o enriquecimento ilícito dos outros credores, porque receberiam mais do que, na realidade, lhes era devido, sem motivo que explicasse tal favor; (ii) haveria inversão do princípio geral de que a nulidade do ato aproveitaria a quem a alegasse; e não se conceberia que beneficiados viessem a ser os outros credores, ao invés de o devedor.[2027]

Discorda dessa solução Tito Fulgêncio, para quem os cocredores passariam a ter o *direito de acrescer* aos seus quinhões a quota daquele prejudicado pela invalidade, na medida em que, na solidariedade ativa, todos fariam jus à totalidade da prestação. Ressalva o autor, entretanto, a circunstância em que a anulação parcial acarretasse diminuição correspondente ao benefício da obrigação.[2028] Idêntica é a explicação de M. L. Larombière, em cuja obra parece se ter baseado o civilista brasileiro.[2029]

Nenhuma dessas explicações, todavia, se afigura suficiente para solucionar todas as controvérsias: o equacionamento dos casos concretos estará condicionado ao alcance da invalidade e ao interesse dos credores na obrigação. De fato, se a anulação ou a nulidade forem *totais*, todos os credores prejudicar-se-ão, desde que, evidentemente, se observe o devido processo legal. Em tais hipóteses, o litisconsórcio será unitário: não há como anular ou declarar a nulidade total de um negócio sem que

[2026] SERRA, Adriano Paes da Silva Vaz. Pluralidade de devedores ou de credores. Lisboa: [s.n], v. 70, nov. 1957. Separata do *Boletim do Ministério da Justiça*, p. 12 e 31.

[2027] SANTOS, J. M. de Carvalho. *Código Civil brasileiro interpretado*: principalmente do ponto de vista prático: parte geral. 7. ed. Rio de Janeiro: Freitas Bastos, 1956, v. XI, p. 219-220. Nesse sentido, cf. GIORGI, Jorge. *Teoria de las obligaciones en el derecho moderno*: expuesta conforme a la doctrina y la jurisprudência italiana, francesa, alemana, etc., etc.: definición de las obligaciones: obligaciones naturales, solidarias, indivisibles: forma y prueba de las obligaciones. Trad. Eduardo Dato Iradier. 2. ed. Madrid: Editora Reus, 1928, v. I, p. 112; NONATO, Orosimbo. *Curso de obrigações*: generalidades – espécies. Rio de Janeiro: Forense, 1959, v. II, p. 164.

[2028] FULGÊNCIO, Tito. *Do direito das obrigações*: das modalidades das obrigações: artigos 863-927. 2. ed. Atual. por José de Aguiar Dias. Rio de Janeiro: Forense, 1958, p. 294.

[2029] LAROMBIÈRE, M. L. *Théorie & pratique des obligations*: ou commentaire des titres III & IV, livre III, du Code Napoléon: art. 1101 à 1386. Paris: A. Durand, 1857, t. 2, p. 563-564.

todos os interessados integrem a relação processual.[2030] Caso contrário, haveria sério risco de decisões conflitantes; e se revelaria insólito o negócio que, ao mesmo tempo, fosse totalmente válido para uns e totalmente inválido para outros.

Se for apenas parcial, no tocante a um (ou parte) dos credores solidários, a anulabilidade também não provocará nenhum efeito senão depois de julgada por sentença, na forma do art. 177 do Código Civil de 2002. Em regra, para que os demais credores sejam prejudicados, ou seja, para que se tornem obrigados a desconsiderar, diante do devedor, a quota daquele atingido pela anulação, será imprescindível que se lhes viabilize o exercício da ampla defesa. Na solidariedade ativa, em princípio, todos são credores do todo; de modo que, se lhes fosse imposto o desconto da quota daquele que deu causa à anulação, sem que fossem citados para a demanda, haveria violação do disposto no art. 506[2031] do Código de Processo Civil de 2015.

Disporá o devedor comum, então, de duas alternativas: (i) pedir a citação, como réus, de todos os cocredores, na ação de anulação do negócio jurídico, para que a sentença seja eficaz contra todos; ou (ii) permanecer obrigado a cumprir, depois, diante dos cocredores estranhos à relação processual, a integralidade da prestação. Nessa última hipótese, será possível, no futuro, que ele venha a reclamar a repetição daquele credor cujo vínculo foi anulado, consoante A. P. S. Vaz Serra,[2032] mas haverá, aí, enorme risco de sucumbência, porque se tornará necessária a comprovação do recebimento, pelo demandado, da respectiva quota interna.

Essa mesma conclusão aplica-se à nulidade (absoluta) parcial, embora não dependa de provocação dos interessados: o juiz dela poderá conhecer de ofício, e ao devedor se facultará, diante de qualquer dos credores, suscitá-la. Porém, para que evitar decisões conflitantes, recomendar-se-ia a formação de litisconsórcio.

Suponha-se, p. ex., que "C1", "C2" e "C3" sejam credores solidários de "D". Se a ação de cobrança proposta por "C1" contra "D" tiver o

[2030] V. seções 4.2, sobre litisconsórcio (facultativo, necessário, simples e unitário), e 4.4, sobre coisa julgada e eficácia da sentença.

[2031] "Art. 506. A sentença faz coisa julgada às partes entre as quais é dada, não prejudicando terceiros".

[2032] Serra, Adriano Paes da Silva Vaz. Pluralidade de devedores ou de credores. Lisboa: [s.n], v. 70, nov. 1957. Separata do *Boletim do Ministério da Justiça*, p. 31.

pedido julgado improcedente, em razão de nulidade relacionada apenas ao demandante, "C2" e "C3" permanecerão com o direito à integralidade da prestação. Será possível que, em outra demanda, proposta por "C2", p. ex., se não reconheça essa mesma nulidade, hipótese em que "D" permanecerá obrigado pela inteira prestação. Melhor seria se "D", ao ser demandado por "C1", propusesse reconvenção em face de todos, com ampliação subjetiva da relação processual, tal como permite, hoje, o art. 343, § 3º,[2033] do Código de Processo Civil de 2015.

Essas soluções aplicam-se apenas às obrigações solidárias em que todos os credores sejam interessados, ainda que suas quotas internas não sejam iguais. Quando houver *interesse exclusivo*[2034] de um deles, no entanto, o desfecho dependerá do alcance da invalidade: (i) se a invalidade disser respeito ao único interessado, extinguir-se-á totalmente a obrigação; (ii) se concernir a um cocredor não interessado, subsistirá integralmente a obrigação quanto aos demais.

3.4.5. Agravamento e abrandamento da situação dos credores

Não incluiu o legislador, dentre as regras regulamentadoras da solidariedade ativa, disposição simétrica à do art. 278 do Código Civil de 2002, por força do qual a *cláusula*, *condição* ou *obrigação* adicional, estipulada entre um dos devedores solidários e o credor, *não poderá agravar a posição dos outros* sem seu consentimento.[2035] Entende a doutrina, apesar disso, que as convenções entre um dos credores solidários e o devedor, de modo geral, seriam incapazes de prejudicar os cocredores.[2036]

[2033] "Art. 343. Na contestação, é lícito ao réu propor reconvenção para manifestar pretensão própria, conexa com a ação principal ou com o fundamento da defesa. [...] § 3º A reconvenção pode ser proposta contra o autor e terceiro".

[2034] V. seção 3.5, sobre a fase interna.

[2035] V. seção 2.4.6, sobre agravamento e abrandamento da situação dos devedores.

[2036] FULGÊNCIO, Tito. *Do direito das obrigações*: das modalidades das obrigações: artigos 863-927. 2. ed. Atual. por José de Aguiar Dias. Rio de Janeiro: Forense, 1958, p. 262; MENDONÇA, José Xavier Carvalho de. *Tratado de direito commercial brasileiro*: das obrigações, dos contractos e da prescripção em materia commercial: parte I: das obrigações em materia commercial. 3. ed. Rio de Janeiro: Livraria Editora Freitas Bastos, 1939, p. 249; NONATO, Orosimbo. *Curso de obrigações*: generalidades – espécies. Rio de Janeiro: Forense, 1959, v. II, p. 138; SERRA, Adriano Paes da Silva Vaz. Pluralidade de devedores ou de credores. Lisboa: [s.n], v. 70, nov. 1957. Separata do *Boletim do Ministério da Justiça*, p. 61.

Sob esse aspecto, também nada dispõe o Código Civil italiano, mas a *Relazione al Codice Civile* menciona, na disciplina da solidariedade, que seria aplicável esse princípio da não comunicabilidade dos atos prejudiciais e da extensão dos vantajosos.[2037] A doutrina italiana, já na vigência do diploma anterior, sempre entendeu que, como critério geral, qualquer credor poderia, isoladamente, agir para a tutela do crédito; ou seja, qualquer ato que tendesse a reforçar ou a manter a vida do crédito comum aproveitaria aos consortes, os quais, por outro lado, não poderiam ser prejudicados por ato que implicasse disposição do crédito ou agravamento da sua condição.[2038]

Já o Código Civil espanhol (v. art. 1.141, primeira parte)[2039] prevê, de forma expressa, que cada um dos credores poderia fazer o que fosse útil aos demais, mas não o que lhes fosse prejudicial. Apesar da aparente clareza da previsão legal, L. Díez-Picazo ressalta as dificuldades quanto à delimitação desse poder, já que, no art. 1.143,[2040] se facultaria a cada credor solidário, individualmente, realizar os mais importantes atos modificativos do direito de crédito: a novação, a compensação e a remissão da obrigação. A seu ver, nas relações credor-devedor, semelhantes atos poderiam ser realizados por qualquer dos credores com plena eficácia tanto diante do devedor quanto em relação aos seus consortes, com repercussão (responsabilidade) apenas na relação interna.[2041]

2037 ITALIA. Ministerio di Grazia e Giustizia. *Codice Civile*: testo e relazione ministeriale. Roma: Instituto Poligrafico dello Stato, 1943, p. 128.

2038 RUGGIERO, Roberto de. *Instituições de direito civil*: direito das obrigações: direito hereditário. Trad. Ary dos Santos. 6. ed. São Paulo: Saraiva [s.d.], v. III, p. 75-76. Cf., ainda: AMORTH, Giorgio. *L'obbligazione solidale*. Milano: Giuffrè, 1959, p. 208-214; BIANCA, C. Massimo. *Diritto civile*: l'obbligazione. Milano: Giuffrè, 1993, v. 4, p. 736; BRECCIA, Umberto. Le obbligazioni. In: IUDICA, Giovanni; ZATTI, Paolo (a cura di). *Trattato di diritto privato*. Milano: Giuffrè, 1991, p. 193; GAMBINO, Francesco. Le obbligazioni: il rapporto obbligatorio. In: SACCO, Rodolfo (diretto da). *Trattato di diritto civile*. Milano: Utet Giuridica, 2015, v. 1, p. 588; TICOZZI, Marco. *Studio sulle obbligazioni solidali*. Padova: Cedam, 2012, p. 103-106.

2039 "Art. 1141. Cada uno de los acreedores solidarios puede hacer lo que sea útil a los demás, pero no lo que les sea prejudicial".

2040 "Art. 1143. La novación, compensación, confusión o remisión de la deuda, hechas por cualquiera de los acreedores solidarios o con cualquiera de los deudores de la misma clase, extinguen la obligación, sin perjuicio de lo dispuesto en el artículo 1146. El acreedor que haya ejecutado cualquiera de estos actos, así como el que cobre la deuda, responderá a los demás de la parte que les corresponde en la obligación".

2041 DÍEZ-PICAZO, Luis. *Fundamentos del derecho civil patrimonial*: las relaciones obligatorias. 6. ed. Madrid: Civitas, 2008, v. II, p. 217-219.

Após discorrer longamente sobre a aparente antinomia entre os arts. 1.141 e 1.143 do Código Civil espanhol, A. Cristobal Montes conclui que a disposição individual do crédito solidário seria a de que cada credor solidário pudesse realizar quaisquer atos dispositivos e extintivos do crédito *independentemente de seu caráter benéfico ou prejudicial*; mas, ao realizar um ato prejudicial, não se isentaria, como lhe parece natural, da responsabilidade diante dos demais credores, em relação aos quais teria de arcar com a parte que lhes correspondesse no crédito comum.[2042]

No ordenamento brasileiro, apesar de não existir dispositivo semelhante ao espanhol, mostra-se viável a adoção do entendimento de que, *em regra*, os atos de um dos credores não poderiam prejudicar seus consortes, mas apenas abrandar a sua posição; não exatamente porque se adotaria a tese do mandato recíproco ou da representação,[2043] como quer Orosimbo Nonato,[2044] por influência da literatura francesa, mas com fundamento no *princípio da relatividade contratual*, já mencionado anteriormente.[2045]

Muitas vezes, na prática, torna-se sobremaneira árdua a análise do que seria prejudicial e do que seria favorável, porquanto a qualificação do ato em uma ou outra dessas categorias decorre de apreciação subjetiva daquele que se sujeitará às suas consequências. Realmente, algo que, sob o ponto de vista de um indivíduo, seria considerado benéfico, poderia se revelar bastante nocivo a outros. Não há, de fato, como construir uma teoria que despreze a consideração das circunstâncias concretas.

Seja como for, o princípio em apreço, aplicável na ausência de regras específicas, condicionado, ainda, à interpretação das declarações de vontade das partes, aparenta ter sido contemplado na elaboração da regra prevista no art. 274[2046] do Código Civil de 2002, concernente à coisa julgada.[2047]

[2042] MONTES, Angel Cristobal. *La estructura y los sujetos de la obligacion*. Madrid: Editorial Civitas, 1990, p. 290-291.

[2043] V. seção 1.10.1.1, sobre as obrigações solidárias e o mandato.

[2044] NONATO, Orosimbo. *Curso de obrigações*: generalidades – espécies. Rio de Janeiro: Forense, 1959, v. II, p. 138.

[2045] V. seção 2.4.6, sobre agravamento e abrandamento da situação dos devedores.

[2046] "Art. 274. O julgamento contrário a um dos credores solidários não atinge os demais, mas o julgamento favorável aproveita-lhes, sem prejuízo de exceção pessoal que o devedor tenha direito de invocar em relação a qualquer deles".

[2047] V. seção 4.4, sobre coisa julgada e eficácia da sentença.

3.4.6. Morte de um dos credores

Na hipótese de *morte* de um dos credores solidários, cada um dos seus herdeiros – se houver pluralidade de herdeiros – terá direito de exigir e de receber *a quota do crédito que corresponder ao seu quinhão hereditário,* salvo se a prestação for indivisível. É o que estabelece o art. 270[2048] do Código Civil de 2002, correspondente ao art. 901[2049] do Código Civil de 1916, cujo texto adotou, com alterações redacionais inócuas.

Trata-se de norma simétrica à do art. 276 do Código Civil de 2002, pertinente à solidariedade passiva, examinada antes.[2050] A diferença é que, do art. 270, *não* consta expressamente que todos os *herdeiros reunidos* se considerariam como um único credor em relação aos demais credores; mas isso não impede a doutrina de reconhecer que esse grupo de sucessores formaria uma unidade (espólio), subsistente até a partilha, quando então se aplicaria a regra do art. 2.023,[2051] e o direito de cada um passaria a se circunscrever aos bens de seu próprio quinhão.[2052]

Com efeito, a morte de um credor não provoca a extinção da solidariedade ativa, mas o vínculo solidário, transmitido aos herdeiros, perde em eficácia e extensão: todo o crédito solidário passa aos herdeiros em conjunto (ou ao herdeiro único), mas não quando separadamente considerados. A *herança* é credora solidária, como o era o defunto; quanto

2048 "Art. 270. Se um dos credores solidários falecer deixando herdeiros, cada um destes só terá direito a exigir e receber a quota do crédito que corresponder ao seu quinhão hereditário, salvo se a obrigação for indivisível".

2049 "Art. 901. Se falecer um dos credores solidários, deixando herdeiros, cada um destes só terá direito a exigir e receber a quota do crédito que corresponder ao seu quinhão hereditário, salvo se a obrigação for indivisível".

2050 V. seção 2.4.7, sobre a morte de um dos devedores.

2051 "Art. 2.023. Julgada a partilha, fica o direito de cada um dos herdeiros circunscrito aos bens do seu quinhão".

2052 Azevedo, Álvaro Villaça. *Curso de direito civil*: teoria geral das obrigações. 8. ed. São Paulo: Editora Revista dos Tribunais, 2000, p. 100; Lotufo, Renan. *Código Civil comentado*: obrigações: parte geral (arts. 233 a 420). São Paulo: Saraiva, 2003, v. 2, p. 99; Nonato, Orosimbo. *Curso de obrigações*: generalidades – espécies. Rio de Janeiro: Forense, 1959, v. II, p. 152-153; Santos, J. M. de Carvalho. *Código Civil brasileiro interpretado*: principalmente do ponto de vista prático: parte geral. 7. ed. Rio de Janeiro: Freitas Bastos, 1956, v. XI, p. 211; Serra, Adriano Paes da Silva Vaz. Pluralidade de devedores ou de credores. Lisboa: [s.n], v. 70, nov. 1957. Separata do *Boletim do Ministério da Justiça*, p. 100-101; Venosa, Sílvio de Salvo. *Direito civil*: teoria geral das obrigações e teoria geral dos contratos. 7. ed. São Paulo: Atlas, 2007, v. 2, p. 111.

aos herdeiros singulares, não há solidariedade, salvo se se tratar de prestação indivisível, situação em que subsistirá essa qualidade mesmo em relação aos herdeiros,[2053] os quais, segundo M. I. Carvalho de Mendonça, terão de prestar caução de ratificação ao devedor.[2054] A morte não interfere, contudo, na situação dos credores sobreviventes: com o óbito do cocredor, a solidariedade será mantida e qualquer deles poderá reclamar do devedor a dívida toda,[2055] tal como se seu consorte ainda estivesse vivo.

As conclusões alcançadas quando da análise dos efeitos da morte de um dos devedores solidários aplicam-se, *mutatis mutandis*, àquelas situações em que um dos credores solidários expira. Caberá ao devedor comum, pois, para se resguardar, realizar a prestação integral a um dos credores supérstites ou, de igual forma, se for caso, ao inventariante do espólio, a quem caberá representá-lo ativa e passivamente, em juízo ou fora dele (v. art. 618, I,[2056] do Código de Processo Civil de 2015).

Se optar, no entanto, por realizar a quitação aos herdeiros de um dos credores, exigir-se-á cautela adicional, para evitar que, no futuro, esse devedor possa ser obrigado a pagar novamente aos outros credores solidários. E isso notadamente porque, conforme se demonstrou quando do exame da solidariedade passiva, há duas interpretações possíveis acerca da expressão "quota do crédito que corresponder ao seu quinhão hereditário", prevista no art. 270 do Código Civil de 2002.

Maria Helena Diniz, p. ex., sustenta que os herdeiros do credor falecido só poderão exigir o respectivo quinhão hereditário, isto é, a parte no crédito solidário cabível ao *de cuius*, e não a totalidade do débito. A solução, inspirada em exemplo elaborado pela autora, seria a seguinte: "C1", "C2" e "C3" são credores solidários de "D", que lhes deve R$60.000,00. Com o óbito de "C1", seus herdeiros "H1" e "H2" apenas poderiam reclamar, da quota do crédito do *de cuius* (R$20.000,00), a

[2053] Fulgêncio, Tito. *Do direito das obrigações*: das modalidades das obrigações: artigos 863--927. 2. ed. Atual. por José de Aguiar Dias. Rio de Janeiro: Forense, 1958, p. 283-284.

[2054] Mendonça, Manuel Inácio Carvalho de. *Doutrina e prática das obrigações ou tratado geral dos direitos de crédito*. 4. ed. Rio de Janeiro: Forense, 1956, t. I, p. 322-323.

[2055] Diniz, Maria Helena. *Curso de direito civil brasileiro*: teoria geral das obrigações. 33. ed. São Paulo: Saraiva, 2018, v. 2, p. 196.

[2056] "Art. 618. Incumbe ao inventariante: I – representar o espólio ativa e passivamente, em juízo ou fora dele, observando-se, quanto ao dativo, o disposto no art. 75, § 1º".

metade relativa ao quinhão hereditário de cada um; ou seja, R$10.000,00 para "H1" e igual importância para "H2".[2057]

Sustenta M. Ticozzi, entretanto, que a divisão da obrigação entre os herdeiros permitiria a cada um agir singularmente, em relação ao devedor comum, pela parte da prestação que resultar proporcional à sua quota hereditária, enquanto nas relações internas cada um terá uma parte (em proporção à quota hereditária) da quota interna do *de cuius*.[2058] O resultado, diante dessa concepção, alterar-se-ia radicalmente, se utilizado o mesmo exemplo: "C1", "C2" e "C3" são credores solidários de "D", que lhes deve R$60.000,00. Com o óbito de "C1", seus herdeiros "H1" e "H2" poderão reclamar, individualmente, a metade da dívida, ou seja, R$30.000,00 cada um, porquanto o total poderia ser exigido pelo finado, a quem sucederam.[2059]

Essa última interpretação parece ser a mais adequada à estrutura bifronte da solidariedade, por não antecipar a operação que ocorreria tão somente na fase interna. Se, com a morte, a obrigação permanece solidária, divide-se entre os herdeiros o crédito solidário *considerado em sua inteireza*, e não a parte da prestação que tocaria, no final, ao defunto. Os herdeiros, portanto, assumirão a posição do *de cuius*, com a particularidade de que, agora, cada um, singularmente, poderá exigir parcela da prestação (integralmente considerada), de forma proporcional à sua quota hereditária.

3.4.7. Pagamento direto e indireto, total e parcial

Nos termos do art. 269[2060] do Código Civil de 2002, o *pagamento* feito a um dos credores solidários extingue a dívida *até o montante do que foi pago*. Corrigiu-se o texto do art. 900, *caput*,[2061] do Código Civil de 1916,

2057 Diniz, Maria Helena. *Curso de direito civil brasileiro*: teoria geral das obrigações. 33. ed. São Paulo: Saraiva, 2018, v. 2, p. 196. Nesse sentido, cf. Fulgêncio, Tito. *Do direito das obrigações*: das modalidades das obrigações: artigos 863-927. 2. ed. Atual. por José de Aguiar Dias. Rio de Janeiro: Forense, 1958, p. 282-283.

2058 Ticozzi, Marco. *Studio sulle obbligazioni solidali*. Padova: Cedam, 2012, p. 125.

2059 Nesse sentido, cf. Bianca, C. Massimo. *Diritto civile*: l'obbligazione. Milano: Giuffrè, 1993, v. 4, p. 751; Serra, Adriano Paes da Silva Vaz. Pluralidade de devedores ou de credores. Lisboa: [s.n], v. 70, nov. 1957. Separata do *Boletim do Ministério da Justiça*, p. 100-101.

2060 "Art. 269. O pagamento feito a um dos credores solidários extingue a dívida até o montante do que foi pago".

2061 "Art. 900. O pagamento feito a um dos credores solidários extingue inteiramente a dívida".

do qual constava que o pagamento feito a um dos credores solidários extinguia *inteiramente* a dívida. Apesar de se tratar de solução lógica, procurou deixar mais claro o legislador que, se pagar menos do que deve, permanecerá o devedor obrigado a cumprir o restante da prestação, descontada a parte já quitada, mantida a solidariedade quanto ao saldo remanescente.[2062]

A alteração, na prática, embora tenha tornado o texto mais coerente,[2063] não causou grande impacto: a doutrina, à luz do diploma revogado, já reconhecia a validade e a eficácia do *recebimento parcial*, quando houvesse autorização ou as circunstâncias indicassem; mencionava-se, também, a diminuição da dívida, em relação a todo o grupo solidário, como consectário desse fato.[2064] Ora, se cumprida a prestação por parte, não se permitiria que o credor que a houvesse recebido dela se apropriasse (caso contrário, haveria enriquecimento injustificado): esse pagamento parcial já beneficiava a todos os consortes, mesmo antes de 2002.[2065]

Optou-se, no Código Civil de 2002, pela referência ao *pagamento parcial* porque nunca houve dúvidas de que o *pagamento total*, realizado

[2062] Costa, José Maria da. As obrigações solidárias. In: Franciulli Netto, Domingos; Mendes, Gilmar Ferreira; Martins Filho, Ives Gandra da Silva (Coord.). *O novo Código Civil*: estudos em homenagem ao Professor Miguel Reale. São Paulo: LTr, 2003, p. 271; Gagliano, Pablo Stolze; Pamplona Filho, Rodolfo. *Novo curso de direito civil*: obrigações. 12. ed. São Paulo: Saraiva, 2011, v. II, p. 108; Gonçalves, Carlos Roberto. In: Cambler, Everaldo Augusto; Gonçalves, Carlos Roberto; Maia, Mairan. *Comentários ao Código Civil brasileiro*: do direito das obrigações. Coord. Arruda Alvim e Thereza Alvim. Rio de Janeiro: Forense, 2003, v. 3, p. 160; Lotufo, Renan. *Código Civil comentado*: obrigações: parte geral (arts. 233 a 420). São Paulo: Saraiva, 2003, v. 2, p. 97-98; Morato, Antonio Carlos. Obrigações solidárias. In: Lotufo, Renan; Nanni, Giovanni Ettore (Coord). *Obrigações*. São Paulo: Atlas, 2011, p. 193; Lôbo, Paulo. *Direito civil*: obrigações. 2. ed. São Paulo: Saraiva, 2011, p. 139.

[2063] Lotufo, Renan. *Código Civil comentado*: obrigações: parte geral (arts. 233 a 420). São Paulo: Saraiva, 2003, v. 2, p. 98.

[2064] Mendonça, Manuel Inácio Carvalho de. *Doutrina e prática das obrigações ou tratado geral dos direitos de crédito*. 4. ed. Rio de Janeiro: Forense, 1956, t. I, 315; Nonato, Orosimbo. *Curso de obrigações*: generalidades – espécies. Rio de Janeiro: Forense, 1959, v. II, p. 117; Santos, J. M. de Carvalho. *Código Civil brasileiro interpretado*: principalmente do ponto de vista prático: parte geral. 7. ed. Rio de Janeiro: Freitas Bastos, 1956, v. XI, p. 193.

[2065] Giorgi, Jorge. *Teoria de las obligaciones en el derecho moderno*: expuesta conforme a la doctrina y la jurisprudência italiana, francesa, alemana, etc., etc.: definición de las obligaciones: obligaciones naturales, solidarias, indivisibles: forma y prueba de las obligaciones. Trad. Eduardo Dato Iradier. 2. ed. Madrid: Editora Reus, 1928, v. I; Lopes, Miguel Maria de Serpa. *Curso de direito civil*: obrigações em geral. 4. ed. Rio de Janeiro: Freitas Bastos, 1966, v. II, p. 141.

pelo devedor ou por terceiro, desde que regular,[2066] fosse suficiente para provocar a extinção da fase externa da relação obrigacional solidária, em face de todos os credores.[2067] Se são efeitos fundamentais da solidariedade ativa (i) o direito de qualquer desses credores exigir do devedor comum o cumprimento integral da prestação, com o poder de conferir quitação, e (ii) a faculdade de o devedor se liberar, não se vislumbra razão para problematizar o efeito extintivo decorrente do adimplemento integral, ao menos quando se cuidar de pagamento direto (em sentido estrito).[2068] De acordo com Clovis Bevilaqua, todos concordam que o pagamento direto e efetivo tem esse efeito.[2069]

No que se refere ao *pagamento em sentido lato* (ou *indireto*), todavia, não se promoveu mera correção do texto: o legislador de 2002 simplesmente eliminou o par. ún.,[2070] do art. 900, do Código Civil de 1916, em que se previa efeito extintivo para a *novação*, a *compensação* e a *remissão*. Sustenta a doutrina atual que o desaparecimento desse dispositivo teria decorrido, "ao que tudo indica", de sua desnecessidade, e não para restringir os expedientes liberatórios do devedor.[2071] Afinal, tudo o que se dissesse a respeito do pagamento direto procederia com relação a qualquer outro ato que, de alguma forma, fulminasse o elemento objetivo da obrigação, até o montante desse aniquilamento.[2072]

2066 NONATO, Orosimbo. *Curso de obrigações*: generalidades – espécies. Rio de Janeiro: Forense, 1959, v. II, p. 119.

2067 COELHO, Fábio Ulhoa. *Curso de direito civil*: obrigações: responsabilidade civil. 4. ed. São Paulo: Saraiva, 2010, v. 2, p. 105-106; FULGÊNCIO, Tito. *Do direito das obrigações*: das modalidades das obrigações: artigos 863-927. 2. ed. Atual. por José de Aguiar Dias. Rio de Janeiro: Forense, 1958, p. 272.

2068 V. seção 2.4.8.1, sobre pagamento parcial e remissão.

2069 BEVILAQUA, Clovis. *Codigo Civil dos Estados Unidos do Brasil commentado*. Rio de Janeiro: Livraria Francisco Alves, 1930, v. IV, p. 51.

2070 "Art. 900. [...] Parágrafo único. O mesmo efeito resulta da novação, da compensação e da remissão".

2071 TEPEDINO, Gustavo; BARBOZA, Heloisa Helena; MORAES, Maria Celina Bodin de. *Código Civil interpretado*: conforme a Constituição da República: parte geral e obrigações. 2. ed. Rio de Janeiro: Renovar, 2007, v. 1, p. 553. Nesse sentido, cf. RIZZARDO, Arnaldo. *Direito das obrigações*. 7. ed. Rio de Janeiro: Forense, 2013, p. 225.

2072 GONÇALVES, Carlos Roberto. In: CAMBLER, Everaldo Augusto; GONÇALVES, Carlos Roberto; MAIA, Mairan. *Comentários ao Código Civil brasileiro*: do direito das obrigações. Coord. Arruda Alvim e Thereza Alvim. Rio de Janeiro: Forense, 2003, v. 3, p. 161; PEREIRA, Caio Mário da Silva. *Instituições de direito civil*: teoria geral das obrigações. 26. ed. Rio de Janeiro:

Conquanto essa conclusão pareça elementar, a legislação estrangeira não contempla soluções uniformes: (i) o Código Civil espanhol (v. art. 1.143, primeira parte)[2073] prevê que a *novação*, a *compensação*, a *confusão* ou a *remissão* da dívida, celebradas por qualquer dos credores solidários, extinguem a obrigação; (ii) o Código Civil alemão, de forma obscura (v. § 429, 2 e 3,[2074] combinado com os §§ 422,[2075] 423[2076] e 425),[2077] estabelece que, em regra, as circunstâncias jurídicas modificativas que se produzem entre o devedor e um dos credores solidários normalmente não atingem seus consortes, mas, em caráter excepcional, se reconhece o efeito extintivo total da *dação em pagamento*, da *consignação*, da *confusão* e da *remissão*;[2078] (iii) o Código Civil italiano, por meio de dispositivos autônomos, dispõe que a *novação* (v. art. 1.300, § 2º),[2079] a *remissão*

Forense, 2014, v. II, p. 89-90; Tepedino, Gustavo; Schreiber, Anderson. *Código Civil comentado*: direito das obrigações: artigos 233 a 420. Coord. Álvaro Villaça Azevedo. São Paulo: Atlas, 2008, v. IV, p. 122.

2073 "Art. 1143. La novación, compensación, confusión o remisión de la deuda, hechas por cualquiera de los acreedores solidarios o con cualquiera de los deudores de la misma clase, extinguen la obligación, sin perjuicio de lo dispuesto en el artículo 1146".

2074 "§ 429. [...] 2. Si un crédito y una deuda se funden en un acreedor solidario, se extinguen los derechos de los otros acreedores contra el deudor. 3. En lo demás se aplican las disposiciones de los §§ 422, 423, 425 *mutatis mutandis*".

2075 "§ 422. [...] 1. El cumprimento de la obligación por uno de los deudores solidarios aprovecha a los otros deudores. Lo mismo se aplica a la dación en pago, a la consignación y a la compensación. 2. Un crédito que pertenezca a uno de los deudores solidarios no puede ser compensado por los otros deudores".

2076 "§ 423. [...] Una remisión acordada entre el acreedor y uno de los deudores solidarios aprovecha también a los otros deudores si las partes que llegam al acuerdo pretenden suprimir toda la relación obligatoria".

2077 "§ 425 [...] 1. Los supuestos distintos de los especificados en los §§ 422 a 424 son efectivos, a menos que la naturaleza de la obligación lo indique de otra manera, a favor e y en contra sólo del deudor solidario a quien se refieran de forma particular. 2. Esto se aplica en particular a la denuncia, a la mora, a la culpa de la imposibilidad de cumplimiento por parte de un deudor solidario, de la perscripción, de su interrupción y suspensión, de la confusión del crédito con la deuda de la sentencia firme".

2078 Medicus, Dieter. *Tratado de las relaciones obligacionales*. Trad. Ángel Martínez Sarrión. Barcelona: Bosch Casa Editorial, 1995, v. 1, p. 363.

2079 "Art. 1300. [...] Se convenuta tra uno dei creditori in solido e il debitore, la novazione ha effetto verso gli altri creditori solo per la parte del primo (1230 e seguenti, 1268 e seguenti)".

(v. art. 1.301, § 2º),[2080] a *compensação* (v. art. 1.302, § 2º)[2081] e a *confusão* (v. art. 1.303, § 2º)[2082] produzem efeitos extintivos particulares, no que se refere à quota interna do cocredor que as houver celebrado; (iv) o art. 532º[2083] do Código Civil português prescreve que a satisfação do direito de um dos credores, ainda que por *dação em cumprimento, novação, consignação* ou *compensação*, extingue a obrigação diante de todo o grupo solidário; a *confusão*, diferentemente, produz efeitos pessoais (v. art. 869º, 2);[2084] (v) o Código Civil e Comercial argentino (v. art. 846, *caput*, "b")[2085] prevê que, se não houver previsão em sentido diverso, a obrigação se extingue totalmente com a *renúncia ao crédito* (ou *remissão*), a *novação*, a *dação em pagamento* ou a *compensação*; para o legislador platino, porém, a *confusão* somente extingue a quota do crédito correspondente ao cocredor envolvido (v. art. 846, "c");[2086] (vi) o Código Civil francês prevê efeitos meramente pessoais para a *confusão* (v. art. 1.349-1)[2087] e para a *remissão* (v. art. 1.350-1).[2088]

2080 "Art. 1301. [...] Se la remissione è fatta da uno dei creditori in solido, essa libera il debitore verso gli altri creditori solo per la parte spettante al primo".

2081 "Art. 1302. [...] A uno dei creditori in solido il debitore può opporre in compensazione ciò che gli è dovuto da un altro dei creditori, ma solo per la parte di questo".

2082 "Art. 1303. [...] Se nella medesima persona si riuniscono le qualità di debitore e di creditore in solido, l'obbligazione si estingue per la parte di questo".

2083 "Art. 532º [...] A satisfação do direito de um dos credores, por cumprimento, dação em cumprimento, novação, consignação em depósito ou compensação, produz a extinção, relativamente a todos os credores, da obrigação do devedor".

2084 "Art. 869º [...] 2. A reunião na mesma pessoa das qualidades de credor solidário e devedor exonera este na parte daquele".

2085 "Art. 846. [...] Sujeto a disposiciones especiales, los modos extintivos inciden, según el caso, sobre la obligación, o sobre la cuota de algún acreedor solidario, conforme a las siguientes reglas: [...] b) en tanto alguno de los acreedores solidarios no haya demandado el pago al deudor, la obligación también se extingue en el todo si uno de ellos renuncia a su crédito a favor del deudor, o si se produce novación, dación en pago o compensación entre uno de ellos y el deudor".

2086 "Art. 846. [..] c) la confusión entre el deudor y uno de los acreedores solidarios sólo extingue la cuota del crédito que corresponde a éste".

2087 "Art. 1349-1. Lorsqu'il y a solidarité entre plusieurs débiteurs ou entre plusieurs créanciers, et que la confusion ne concerne que l'un d'eux, l'extinction n'a lieu, à l'égard des autres, que pour sa part. Lorsque la confusion concerne une obligation cautionnée, la caution, même solidaire, est libérée. Lorsque la confusion concerne l'obligation d'une des cautions, le débiteur principal n'est pas libéré. Les autres cautions solidaires sont libérées à concurrence de la part de cette caution".

De fato, o exame dessas soluções tão contraditórias entre si induz à conclusão de que não seria assim tão lógica a aplicação, ao pagamento indireto, de todas as regras pertinentes ao pagamento direto, no sentido de fulminar o elemento objetivo da obrigação solidária ativa. Questiona-se, então, se a supressão da par. ún., do art. 900, do Código Civil de 1916, não representaria mesmo nenhuma mudança.

Em princípio, diante do disposto no art. 272[2089] do Código Civil de 2002, aplicável à fase interna da relação obrigacional, concluir-se-ia que não houve alteração no regime jurídico, eis que tal dispositivo faz expressa referência à *remissão* da dívida, hipótese em que o credor responderá aos outros pela parte que lhes couber.

Examinou-se, quanto à solidariedade passiva, o instituto da *remissão*, forma extintiva da obrigação, por meio de liberalidade: trata-se de renúncia gratuita ao crédito, suficiente para liberar o devedor da prestação, parcial ou totalmente.[2090] A. P. S. Vaz Serra sustenta que seria *preferível* quc a um dos credores não fosse reconhecida a faculdade de remitir a dívida com efeito coletivo, ainda que, depois, devesse ele entregar a cada um dos outros as suas quotas. É que essa faculdade pode ser prejudicial aos demais credores: o credor, que nada recebera do devedor, não representará a mesma garantia aos seus consortes do que aquele que efetivamente recebeu a prestação.[2091]

Com efeito, são mais adequados, à primeira vista, os ordenamentos italiano e francês, por restringirem a liberação do devedor à quota interna do cocredor que remitir. Conforme ressalta D. Rubino, um credor não poderia, "obviamente", prejudicar a posição dos próprios consortes com a extinção pela renúncia do inteiro crédito; limitam-se, por isso, na Itália (assim como na França), os efeitos à quota do renunciante, como consequência necessária, insuperável por sua vontade.[2092]

2088 "Art. 1350-1. [...] La remise de dette faite par l'un seulement des créanciers solidaires ne libère le débiteur que pour la part de ce créancier".

2089 "Art. 272. O credor que tiver remitido a dívida ou recebido o pagamento responderá aos outros pela parte que lhes caiba".

2090 V. seção 2.4.8.1, sobre pagamento parcial e remissão.

2091 SERRA, Adriano Paes da Silva Vaz. Pluralidade de devedores ou de credores. Lisboa: [s.n], v. 70, nov. 1957. Separata do *Boletim do Ministério da Justiça*, p. 74.

2092 RUBINO, Domenico. Delle obbligazioni: obbligazioni alternative, obbligazioni in solido, obbligazioni divisibili e indivisibili: art. 1285-1320. In: SCIALOJA, Antonio; BRANCA, Giuseppe

Se a fórmula contrária se mostra ou não a mais conveniente, a verdade é que o legislador de 2002 optou por conferir à remissão *efeito extintivo* quanto à fase externa; é o que resulta claro do art. 272, dispositivo esse que a equipara ao pagamento. É certo que a *remissão* não acarreta benefício direto aos credores; na verdade, contraria os seus interesses, por desguarnecê-los dos meios de compelir o devedor, ou devedores, ao pagamento.[2093] Se for, porém, *fraudulenta* ou *simulada*, e o remitente cair em insolvência,[2094] qualquer dos outros credores poderá pleitear o reconhecimento de sua nulidade ou promover a sua anulação (v. arts. 158 a 165 e 167, todos do Código Civil de 2002). A depender das circunstâncias concretas, ademais, pode-se reconhecer que o credor praticou abuso de direito – isso, se a remissão exceder os limites impostos pelo seu fim econômico ou social, pela boa-fé ou pelos bons costumes (v. art. 187 do Código Civil de 2002).

Mesmo que a remissão seja desvantajosa aos demais cocredores, o próprio sistema cria mecanismos eficientes para coibir atos de deslealdade. E, se representa inegável perigo aos outros membros do grupo solidário, semelhante temor também se verifica quanto ao *pagamento direto*: é possível que haja conluio entre o credor solidário e o devedor comum, no sentido de simular o cumprimento da prestação; e em todas essas hipóteses haverá, em princípio, igual quitação.[2095] A eventual adoção da posição contrária (tal como se faz na Itália e na França) desfiguraria, segundo Clovis Bevilaqua, a solidariedade: equivaleria a "anarquizar" todos os princípios reguladores desta matéria.[2096] Explica-

(a cura di). *Commentario del Codice Civile*: libro quarto: delle obbligazioni. 2. ed. Bologna: Zanichelli; Roma: Soc. Ed. Del Foro Italiano, 1968, p. 265.

2093 Lotufo, Renan. *Código Civil comentado*: obrigações: parte geral (arts. 233 a 420). São Paulo: Saraiva, 2003, v. 2, p. 102.

2094 Espinola, Eduardo. *Garantia e extinção das obrigações*: obrigações solidárias e indivisíveis. Rio de Janeiro: Freitas Bastos, 1951, p. 411; Fulgêncio, Tito. *Do direito das obrigações*: das modalidades das obrigações: artigos 863-927. 2. ed. Atual. por José de Aguiar Dias. Rio de Janeiro: Forense, 1958, p. 277; Santos, J. M. de Carvalho. *Código Civil brasileiro interpretado*: principalmente do ponto de vista prático: parte geral. 7. ed. Rio de Janeiro: Freitas Bastos, 1956, v. XI, p. 207.

2095 Pereira, Caio Mário da Silva. *Instituições de direito civil*: teoria geral das obrigações. 26. ed. Rio de Janeiro: Forense, 2014, v. II, p. 90.

2096 Bevilaqua, Clovis. *Direito das obrigações*. Ed. histórica. Rio de Janeiro: Editora Rio, 1977, p. 85.

-se o efeito extintivo da remissão pelo princípio da unidade da relação obrigacional.[2097]

Como a remissão – considerada, sob a perspectiva dos demais credores solidários, o meio mais perigoso de pagamento indireto, por traduzir liberalidade – provoca a liberação do devedor, decorre da lógica a conclusão de que as outras formas (*a fortiori*) também extinguiriam a fase interna da relação obrigacional, não obstante se omita o Código Civil de 2002. Produziriam o mesmo efeito liberatório, assim, no Brasil: (i) a *dação em pagamento*:[2098] quando um dos credores aceita em pagamento prestação diversa da devida;[2099] (ii) a *novação*:[2100] quando o deve-

[2097] Espinola, Eduardo. *Garantia e extinção das obrigações*: obrigações solidárias e indivisíveis. Rio de Janeiro: Freitas Bastos, 1951, p. 411.

[2098] Fulgêncio, Tito. *Do direito das obrigações*: das modalidades das obrigações: artigos 863-927. 2. ed. Atual. por José de Aguiar Dias. Rio de Janeiro: Forense, 1958, p. 280; Miranda, Pontes de. *Tratado de direito privado*. 3. ed. Rio de Janeiro: Borsoi, 1971, v. X, p. 326; Nonato, Orosimbo. *Curso de obrigações*: generalidades – espécies. Rio de Janeiro: Forense, 1959, v. II, p. 143-145; Pereira, Caio Mário da Silva. *Instituições de direito civil*: teoria geral das obrigações. 26. ed. Rio de Janeiro: Forense, 2014, v. II, p. 86; Santos, J. M. de Carvalho. *Código Civil brasileiro interpretado*: principalmente do ponto de vista prático: parte geral. 7. ed. Rio de Janeiro: Freitas Bastos, 1956, v. XI, p. 196. Em sentido contrário, cf. Lopes, Miguel Maria de Serpa. *Curso de direito civil*: obrigações em geral. 4. ed. Rio de Janeiro: Freitas Bastos, 1966, v. II, p. 141.

[2099] V. seção 2.4.8.2, sobre dação em pagamento.

[2100] Almeida, Francisco de Paula Lacerda de. *Obrigações*. 2. ed. Rio de Janeiro: Livraria Cruz Coutinho [s.d.], p. 41-42; Alves, João Luiz. *Código Civil da República dos Estados Unidos do Brasil*: parte especial: do direito das obrigações. 3. ed. Rio de Janeiro: Editor Borsoi, 1958, v. 4, p. 35; Azevedo, Álvaro Villaça. *Curso de direito civil*: teoria geral das obrigações. 8. ed. São Paulo: Editora Revista dos Tribunais, 2000, p. 100; Bevilaqua, Clovis. *Direito das obrigações*. Ed. histórica. Rio de Janeiro: Editora Rio, 1977, p. 84-85; Dias, Regina Bottentuit Gondim. *Natureza jurídica da solidariedade*. Rio de Janeiro: Conquista, 1958, p. 17-18; Espinola, Eduardo. *Garantia e extinção das obrigações*: obrigações solidárias e indivisíveis. Rio de Janeiro: Freitas Bastos, 1951, p. 408; Fulgêncio, Tito. *Do direito das obrigações*: das modalidades das obrigações: artigos 863-927. 2. ed. Atual. por José de Aguiar Dias. Rio de Janeiro: Forense, 1958, p. 275-276; Gomes, Orlando. *Obrigações*. 5. ed. Rio de Janeiro: Forense, 1978, p. 84; Lôbo, Paulo. *Direito civil*: obrigações. 2. ed. São Paulo: Saraiva, 2011, p. 139; Lopes, Miguel Maria de Serpa. *Curso de direito civil*: obrigações em geral. 4. ed. Rio de Janeiro: Freitas Bastos, 1966, v. II, p. 141; Mendonça, José Xavier Carvalho de. *Tratado de direito commercial brasileiro*: das obrigações, dos contractos e da prescripção em materia commercial: parte I: das obrigações em materia commercial. 3. ed. Rio de Janeiro: Livraria Editora Freitas Bastos, 1939, p. 249; Mendonça, Manuel Inácio Carvalho de. *Doutrina e prática das obrigações ou tratado geral dos direitos de crédito*. 4. ed. Rio de Janeiro: Forense, 1956, t. I, p. 316; Miranda, Pontes de. *Tratado de direito privado*. 3. ed. Rio de Janeiro: Borsoi, 1971, v. X, p. 326-327; Nader, Paulo. *Curso de*

dor comum contrai com um dos credores nova dívida para extinguir e substituir a anterior;[2101] e (iii) a *compensação*:[2102] quando o devedor comum é, ao mesmo tempo, credor de um dos credores solidários.[2103]

direito civil: obrigações. 8. ed. Rio de Janeiro: Forense, 2016, v. 2, p. 170; NONATO, Orosimbo. *Curso de obrigações*: generalidades – espécies. Rio de Janeiro: Forense, 1959, v. II, p. 132; PEREIRA, Caio Mário da Silva. *Instituições de direito civil*: teoria geral das obrigações. 26. ed. Rio de Janeiro: Forense, 2014, v. II, p. 89-90; SANTOS, J. M. de Carvalho. *Código Civil brasileiro interpretado*: principalmente do ponto de vista prático: parte geral. 7. ed. Rio de Janeiro: Freitas Bastos, 1956, v. XI, p. 206; VARELA, Antunes. *Direito das obrigações*: conceito, estrutura e função da relação obrigacional, fontes das obrigações, modalidades das obrigações. Rio de Janeiro: Forense, 1977, p. 345; VENOSA, Sílvio de Salvo. *Direito civil*: teoria geral das obrigações e teoria geral dos contratos. 7. ed. São Paulo: Atlas, 2007, v. 2, p. 104-105. Em sentido contrário, cf. NERY, Rosa Maria de Andrade; NERY JUNIOR, Nelson. *Instituições de direito civil*: direito das obrigações. São Paulo: Editora Revista dos Tribunais, 2015, v. II, p. 196.

2101 V. seção 2.4.8.3, sobre novação.

2102 ALMEIDA, Francisco de Paula Lacerda de. *Obrigações*. 2. ed. Rio de Janeiro: Livraria Cruz Coutinho [s.d.], p. 41; ALVES, João Luiz. *Código Civil da República dos Estados Unidos do Brasil*: parte especial: do direito das obrigações. 3. ed. Rio de Janeiro: Editor Borsoi, 1958, v. 4, p. 35; AZEVEDO, Álvaro Villaça. *Curso de direito civil*: teoria geral das obrigações. 8. ed. São Paulo: Editora Revista dos Tribunais, 2000, p. 100; BEVILAQUA, Clovis. *Direito das obrigações*. Ed. histórica. Rio de Janeiro: Editora Rio, 1977, p. 84-85; DIAS, Regina Bottentuit Gondim. *Natureza jurídica da solidariedade*. Rio de Janeiro: Conquista, 1958, p. 17-18; DINIZ, Maria Helena. *Curso de direito civil brasileiro*: teoria geral das obrigações. 33. ed. São Paulo: Saraiva, 2018, v. 2, p. 195; ESPINOLA, Eduardo. *Garantia e extinção das obrigações*: obrigações solidárias e indivisíveis. Rio de Janeiro: Freitas Bastos, 1951, p. 410; LÔBO, Paulo. *Direito civil*: obrigações. 2. ed. São Paulo: Saraiva, 2011, p. 140; LOPES, Miguel Maria de Serpa. *Curso de direito civil*: obrigações em geral. 4. ed. Rio de Janeiro: Freitas Bastos, 1966, v. II, p. 141-142; MENDONÇA, José Xavier Carvalho de. *Tratado de direito commercial brasileiro*: das obrigações, dos contractos e da prescripção em materia commercial: parte I: das obrigações em materia commercial. 3. ed. Rio de Janeiro: Livraria Editora Freitas Bastos, 1939, p. 249; MENDONÇA, Manuel Inácio Carvalho de. *Doutrina e prática das obrigações ou tratado geral dos direitos de crédito*. 4. ed. Rio de Janeiro: Forense, 1956, t. I, p. 316; MIRANDA, Pontes de. *Tratado de direito privado*. 3. ed. Rio de Janeiro: Borsoi, 1971, v. X, p. 326; NADER, Paulo. *Curso de direito civil*: obrigações. 8. ed. Rio de Janeiro: Forense, 2016, v. 2, p. 170; NONATO, Orosimbo. *Curso de obrigações*: generalidades – espécies. Rio de Janeiro: Forense, 1959, v. II, p. 133-136; PEREIRA, Caio Mário da Silva. *Instituições de direito civil*: teoria geral das obrigações. 26. ed. Rio de Janeiro: Forense, 2014, v. II, p. 89-90; SANTOS, J. M. de Carvalho. *Código Civil brasileiro interpretado*: principalmente do ponto de vista prático: parte geral. 7. ed. Rio de Janeiro: Freitas Bastos, 1956, v. XI, p. 207-208; VARELA, Antunes. *Direito das obrigações*: conceito, estrutura e função da relação obrigacional, fontes das obrigações, modalidades das obrigações. Rio de Janeiro: Forense, 1977, p. 345; VENOSA, Sílvio de Salvo. *Direito civil*: teoria geral das obrigações e teoria geral dos contratos. 7. ed. São Paulo: Atlas, 2007, v. 2, p. 104-105. Em sentido contrário, cf. NERY,

No tocante à *compensação*, porém, existe certa controvérsia na doutrina: Tito Fulgêncio afirma que não se poderia compensar dívida alheia, de modo que não se poderia qualificar tal fenômeno como meio de defesa comum;[2104] M. I Carvalho de Mendonça, Orosimbo Nonato e J. M. Carvalho Santos asseveram que, para ser oposta aos demais credores (em outras palavras, para que seja meio de defesa comum), a compensação teria de ocorrer antes de o devedor ser demandado por outro credor, isto é, antes de se verificar a prevenção judicial;[2105] Arnaldo Rizzardo admite a compensação em face de todos os credores, desde sejam exigíveis os débitos e os créditos.[2106]

Simetricamente ao que se expôs quando do exame da solidariedade passiva, entende-se que, hoje, no Brasil, se faz imprescindível seja *promovida* a compensação, para surtir seus efeitos, por não se realizar *pleno iure*. Assim, ainda que o devedor comum já seja, ao mesmo tempo, *credor de um dos credores solidários*, a compensação desse seu crédito com a dívida – para ser oponível ao restante do grupo solidário como meio de defesa comum – terá de ser *invocada e reconhecida*, em momento anterior à propositura de demanda por outro cocredor. Acaso isso não se concretize oportunamente, a compensação será, então, inoponível ao demandante, por equivaler ao pagamento realizado após a prevenção judicial.[2107]

Essa tese, inclusive, também se aplica, por identidade de fundamentos, à novação e à dação em pagamento (assim como a qualquer outro fato que vier a modificar ou extinguir a relação obrigacional, na solidariedade ativa): para que sejam eficazes em relação a todo o grupo de credores solidários, têm de ocorrer antes do ajuizamento da ação por um

Rosa Maria de Andrade; Nery Junior, Nelson. *Instituições de direito civil*: direito das obrigações. São Paulo: Editora Revista dos Tribunais, 2015, v. II, p. 196.

2103 V. seção 2.4.8.4, sobre compensação.

2104 Fulgêncio, Tito. *Do direito das obrigações*: das modalidades das obrigações: artigos 863-927. 2. ed. Atual. por José de Aguiar Dias. Rio de Janeiro: Forense, 1958, p. 278.

2105 Mendonça, Manuel Inácio Carvalho de. *Doutrina e prática das obrigações ou tratado geral dos direitos de crédito*. 4. ed. Rio de Janeiro: Forense, 1956, t. I, p. 316; Nonato, Orosimbo. *Curso de obrigações*: generalidades – espécies. Rio de Janeiro: Forense, 1959, v. II, p. 135; Santos, J. M. de Carvalho. *Código Civil brasileiro interpretado*: principalmente do ponto de vista prático: parte geral. 7. ed. Rio de Janeiro: Freitas Bastos, 1956, v. XI, p. 208.

2106 Rizzardo, Arnaldo. *Direito das obrigações*. 7. ed. Rio de Janeiro: Forense, 2013, p. 225.

2107 V. seção 3.2.2, sobre prevenção judicial.

deles; qualquer forma de pagamento está sujeita à regra prevista no art. 268 do Código Civil de 2002.

Merece diferente tratamento, entretanto, a *confusão*, correspondente à reunião, na mesma pessoa, das qualidades de credor e devedor: à semelhança do que se passa com a solidariedade passiva,[2108] opera-se até a concorrente quantia do respectivo quinhão do crédito, mas a solidariedade subsiste quanto ao mais.[2109] Nesse caso, há regra excepcional prevista no art. 383[2110] do Código Civil de 2002, cujo texto é idêntico ao do art. 1.051[2111] do Código Civil de 1916. Tem a confusão, portanto, eficácia meramente pessoal[2112] ou subjetiva.[2113] Baseado em fontes romanas, explica B. Windscheid que, mediante a confusão, apenas uma pessoa é colocada para fora da obrigação, que perdura para todos os outros credores e devedores.[2114]

2108 V. seção 2.4.8.5, sobre confusão.

2109 Bdine Jr., Hamid Charaf. In: Peluso, Cezar (Coord.). *Código Civil comentado*: doutrina e jurisprudência: Lei n. 10.406, de 10.01.2002: contém o Código Civil de 1916. 4. ed. Barueri: Manole, 2010, p. 399; Diniz, Maria Helena. *Curso de direito civil brasileiro*: teoria geral das obrigações. 33. ed. São Paulo: Saraiva, 2018, v. 2, p. 195; Espinola, Eduardo. *Garantia e extinção das obrigações*: obrigações solidárias e indivisíveis. Rio de Janeiro: Freitas Bastos, 1951, p. 410-411; Fulgêncio, Tito. *Do direito das obrigações*: das modalidades das obrigações: artigos 863-927. 2. ed. Atual. por José de Aguiar Dias. Rio de Janeiro: Forense, 1958, p. 278-279; Lôbo, Paulo. *Direito civil*: obrigações. 2. ed. São Paulo: Saraiva, 2011, p. 139; Mendonça, Manuel Inácio Carvalho de. *Doutrina e prática das obrigações ou tratado geral dos direitos de crédito*. 4. ed. Rio de Janeiro: Forense, 1956, t. I, p. 318; Nonato, Orosimbo. *Curso de obrigações*: generalidades – espécies. Rio de Janeiro: Forense, 1959, v. II, p. 140-142; Tepedino, Gustavo; Schreiber, Anderson. *Código Civil comentado*: direito das obrigações: artigos 233 a 420. Coord. Álvaro Villaça Azevedo. São Paulo: Atlas, 2008, v. IV, p. 330; Wald, Arnoldo. *Direito civil*: direito das obrigações e teoria geral dos contratos. 20. ed. São Paulo: Saraiva, 2011, v. 2, p. 82.

2110 "Art. 383. A confusão operada na pessoa do credor ou devedor solidário só extingue a obrigação até a concorrência da respectiva parte no crédito, ou na dívida, subsistindo quanto ao mais a solidariedade".

2111 "Art. 1.051. A confusão operada na pessoa do credor ou devedor solidário só extingue a obrigação até à concorrência da respectiva parte do crédito, ou na dívida, subsistindo quanto ao mais a solidariedade".

2112 Lopes, Miguel Maria de Serpa. *Curso de direito civil*: obrigações em geral. 4. ed. Rio de Janeiro: Freitas Bastos, 1966, v. II, p. 142-143.

2113 Bevilaqua, Clovis. *Codigo Civil dos Estados Unidos do Brasil commentado*. Rio de Janeiro: Livraria Francisco Alves, 1930, v. IV, p. 212.

2114 Windscheid, Bernardo. *Diritto delle pandette*. Trad. Carlo Fadda e Paolo Emilio Bensa. Torino: Unione Tipografico, 1904, v. 2, p. 154-155.

Estranhamente, *apesar da previsão em lei*, J. M. de Carvalho Santos sustenta que semelhante solução colidiria com o "bom senso" e se divorciaria do verdadeiro conceito da solidariedade. Considera o autor que a união na mesma pessoa da qualidade de devedor e de credor solidário deveria extinguir a solidariedade por uma impossibilidade orgânica: não se conceberia que um devedor pudesse dever a si mesmo. Pouco importaria, a seu ver, que a confusão não abrangesse todo o crédito: extinguiria sempre toda a solidariedade.[2115]

Muito embora esse entendimento possa encontrar amparo no Código Civil alemão (v. § 429, 2) e no Código Civil espanhol (v. art. 1143), não foi essa a opção do Código Civil de 2002 (v. art. 383), assim como também não foi a do Código Civil italiano (v. art. 1.303, § 2º), a do Código Civil português (v. art. 869º, 2), a do Código Civil e Comercial argentino (v. art. 846, "c") e a do Código Civil francês (v. art. 1.349-1, § 1º). Aparentemente, não atentou J. M. de Carvalho Santos, no ponto, para a existência da exceção prevista no art. 1.051 do Código Civil de 1916, reproduzida no diploma atual, tanto que chega a escrever: "Quid, no caso de confusão? O Código é omisso, devendo, portanto, recorrer-se à doutrina para resolver a dúvida".[2116]

3.4.8. Transmissão das obrigações e solidariedade ativa

Examinou-se, no capítulo pertinente à solidariedade passiva, as três principais espécies de transmissão *inter vivos* – a *cessão de crédito*, de *débito* e de *posição contratual* – e seus efeitos sobre a relação obrigacional. Trata-se, em síntese: (i) *no polo passivo*: de modificações consistentes na adição ou substituição do devedor originário por outro, sem que a obrigação se altere em sua substância objetiva ou se extinga; (ii) *no polo ativo*: de sucessão de um credor por outro, igualmente sem modificar a relação obrigacional em sua substância objetiva. Remete-se o leitor, para evitar fastidiosa repetição, à análise realizada anteriormente, aplicável, em grande medida, à solidariedade ativa.[2117]

[2115] SANTOS, J. M. de Carvalho. *Código Civil brasileiro interpretado*: principalmente do ponto de vista prático: parte geral. 7. ed. Rio de Janeiro: Freitas Bastos, 1956, v. XI, p. 208-209.
[2116] SANTOS, J. M. de Carvalho. *Código Civil brasileiro interpretado*: principalmente do ponto de vista prático: parte geral. 7. ed. Rio de Janeiro: Freitas Bastos, 1956, v. XI, p. 208.
[2117] V. seção 2.4.9, sobre transmissão das obrigações.

Embora não se mostre fecunda – haja vista o desinteresse[2118] que se nutre, em geral, pela solidariedade ativa –, a doutrina costuma concentrar suas preocupações, dentre essas espécies de transmissão, na cessão de crédito. Na legislação estrangeira consultada, apenas o Código Civil alemão (v. § 429, 3, segunda parte)[2119] estabelece os efeitos da cessão de crédito, de forma específica, na solidariedade ativa. Entende-se, em geral, que a cessão realizada por um dos credores é possível, mas deixa incólumes os créditos dos demais.[2120] Se figurar como cessionário o devedor comum, as regras aplicáveis serão as da *confusão*, já examinadas antes.[2121]

Basicamente, na hipótese de um dos credores solidários ceder o seu crédito, o cessionário passará a ocupar o lugar do cedente, enquanto os seus consortes conservarão a posição que já ocupavam, com o direito de exigir do devedor a prestação integral. Ocorre que a substituição de um dos credores por terceiro pode representar – se ao cessionário for conferido o direito de reclamar a totalidade da prestação – um grande perigo aos demais credores solidários. Por isso, segundo A. P. S. Vaz Serra, o cessionário não deveria ter o direito de exigir a prestação integral, a não ser que houvesse anuência de todo o grupo solidário ou que o cedente por ele se responsabilizasse. A solução, a seu ver, seria a de considerar que o cessionário adquiriria apenas o crédito da quota que pertencesse ao cedente, sem nada mais poder exigir.[2122]

Esse mesmo autor, contudo, reconhece que o direito de o cessionário exigir apenas a sua quota interna estaria em conflito com a razão de ser da solidariedade, se com ela se houver pretendido dar ao devedor a faculdade de pagar, de uma só vez, a um só credor.[2123] Com efeito, acaso

2118 V. seção 3.1, sobre conceito, conteúdo e importância.

2119 "§ 429. [...] 3. [...] En particular, si un acreedor solidario transmite su crédito a otra persona los derechos de los otros acreedores no se ven afectados".

2120 Díez-Picazo, Luis. *Fundamentos del derecho civil patrimonial*: las relaciones obligatorias. 6. ed. Madrid: Civitas, 2008, v. II, p. 220; Lôbo, Paulo. *Direito civil*: obrigações. 2. ed. São Paulo: Saraiva, 2011, p. 140; Miranda, Pontes de. *Tratado de direito privado*. 3. ed. Rio de Janeiro: Borsoi, 1971, v. X, p. 236; Serra, Adriano Paes da Silva Vaz. Pluralidade de devedores ou de credores. Lisboa: [s.n], v. 70, nov. 1957. Separata do *Boletim do Ministério da Justiça*, p. 59.

2121 V. seção 3.4.7, sobre pagamento direto e indireto, total e parcial.

2122 Serra, Adriano Paes da Silva Vaz. Pluralidade de devedores ou de credores. Lisboa: [s.n], v. 70, nov. 1957. Separata do *Boletim do Ministério da Justiça*, p. 59-60.

2123 Serra, Adriano Paes da Silva Vaz. Pluralidade de devedores ou de credores. Lisboa: [s.n], v. 70, nov. 1957. Separata do *Boletim do Ministério da Justiça*, p. 61.

pudesse ser acolhida semelhante tese, verificar-se-ia a total desfiguração da solidariedade ativa, porque se arrefeceria tanto o direito de cada um dos credores solidários de exigir o devedor o cumprimento da prestação por inteiro quanto o de o devedor comum de pagar a qualquer um dos credores (v. arts. 267 e 268 do Código Civil de 2002).

Revela-se mais coerente, assim, reconhecer-se ao cessionário o direito de exigir a prestação integral, com a mesma qualidade de credor solidário, enquanto o cedente permanece responsável – juntamente com o cessionário, tal como se fosse um mandato para cobrança –, para com seus cocredores (se porventura não houverem anuído para com a cessão), pelo destino das quotas internas que tocar a cada um.[2124]

Tito Fulgêncio, Orosimbo Nonato e J. M. de Carvalho Santos sustentam que se aplicaria a regra disposta no art. 1.067[2125] do Código Civil de 1916 (correspondente ao art. 288[2126] do Código Civil de 2002), de maneira que, se a cessão *valer* contra os cocredores – considerados terceiros, no que se refere a esse ato –, caberá ao cessionário, e não ao cedente, o dever de prestar contas aos demais membros do grupo solidário.[2127]

Todavia, além de não se cuidar, propriamente, de *validade*, mas de *eficácia* da cessão de crédito, os credores solidários também não se consideram meros terceiros, porque integram a relação obrigacional; e aquela cessão, à qual não anuíram, pode ser capaz de lhes causar sérios prejuízos: basta supor a situação de insolvência do cessionário que houver recebido a prestação, circunstância em que, ante a liberação do devedor e a desvinculação do cedente, não restaria aos outros membros do grupo solidário outra alternativa, já na fase interna, senão o ingresso

2124 SERRA, Adriano Paes da Silva Vaz. Pluralidade de devedores ou de credores. Lisboa: [s.n], v. 70, nov. 1957. Separata do *Boletim do Ministério da Justiça*, p. 61.

2125 "Art. 1.067. Não vale, em relação a terceiros, a transmissão de um crédito, se não celebrar mediante instrumento público, ou o instrumento particular não revestir as solenidades do art. 135 (art. 1.068)".

2126 "Art. 288. É ineficaz, em relação a terceiros, a transmissão de um crédito, se não celebrar-se mediante instrumento público, ou instrumento particular revestido das solenidades do § 1º do art. 654".

2127 FULGÊNCIO, Tito. *Do direito das obrigações*: das modalidades das obrigações: artigos 863-927. 2. ed. Atual. por José de Aguiar Dias. Rio de Janeiro: Forense, 1958, P. 293-294; NONATO, Orosimbo. *Curso de obrigações*: generalidades – espécies. Rio de Janeiro: Forense, 1959, v. II, p. 162; SANTOS, J. M. de Carvalho. *Código Civil brasileiro interpretado*: principalmente do ponto de vista prático: parte geral. 7. ed. Rio de Janeiro: Freitas Bastos, 1956, v. XI, p. 217.

em um amargo (e pouco efetivo) concurso de credores, na tentativa de receber ao menos uma parte de suas quotas.

É mais lógica, diante dessas conclusões, a tese de A. P. S. Vaz Serra, inclusive por se afigurar mais consentânea com o princípio de que não se faculta aos credores solidários agravar a posição de seus consortes, sem a anuência dos prejudicados.[2128] Conclui-se, assim, que é perfeitamente viável a cessão total do crédito, mas o cedente apenas se desvinculará de suas obrigações para com seus consortes se eles manifestarem seu assentimento; nessa hipótese, o cessionário ocupará a posição do cedente para todos os fins. Apenas não se exigirá a anuência dos cocredores, é claro, se o cedente for o único interessado no crédito, porque a transmissão do crédito, em tal circunstância, não causará nenhum prejuízo aos outros membros do grupo solidário.

Ainda sobre a cessão de crédito, Regina B. Gondim Dias vislumbra a possibilidade de cessão parcial, o que decorreria da própria natureza da solidariedade ativa: a seu ver, um benefício em favor do credor que, assim, a ele pode renunciar (*cuique licet iuri in favorem suum renunciare*).[2129] A aceitação dessa tese, contudo, está condicionada à viabilidade da renúncia à solidariedade ativa (pelos credores e pelo devedor comum), tema que será analisado em momento oportuno.[2130]

Se, em vez da cessão de crédito, houver *assunção de dívida* (v. arts. 299 a 303), sua eficácia contra os credores dependerá de sua qualificação como: (i) *cumulativa*: não haverá propriamente transmissão da obrigação, mas ajuntamento de outros devedores no polo passivo da relação obrigacional; traduzirá inegável vantagem aos credores, porquanto lhes aumentará a garantia de recebimento da prestação, com o acúmulo de mais um patrimônio; (ii) *liberatória*: exigirá o consentimento *expresso* (v. art. 299, *caput*, do Código Civil de 2002) de *todos* os credores: será ineficaz contra aqueles que não manifestarem anuência expressa; logo, se faltar o acordo, a exoneração do devedor primitivo estará condicionada à efetiva quitação.

2128 V. seção 3.4.5, sobre agravamento e abrandamento da situação dos credores.

2129 Dias, Regina Bottentuit Gondim. *Natureza jurídica da solidariedade*. Rio de Janeiro: Conquista, 1958, p. 19.

2130 V. seção 3.4.10, sobre renúncia à solidariedade.

No tocante, enfim, à *cessão de posição contratual* (isto é, a transferência *ex negotio* do conjunto de posições ativas e passivas criadas por um contrato, nas palavras de C. A. da Mota Pinto),[2131] nenhuma particularidade aparenta resultar do fato de que se trata de solidariedade ativa: aplicam-se, pois, todas as observações feitas quando se discorreu acerca da solidariedade passiva.[2132]

3.4.9. Transação e compromisso

A *transação*, consoante já se expôs, com maior minúcia, no capítulo concernente à solidariedade passiva,[2133] é um contrato que veicula a composição amigável ente os interessados, em que cada um abre mão de parte de suas pretensões, para cessar as discórdias (v. art. 840[2134] do Código Civil de 2002). Optam as partes por resolver a questão litigiosa independentemente da intervenção de órgão jurisdicional; ao mesmo tempo, desistem, reciprocamente, de alguns benefícios ou vantagens.

Quando, no curso da relação obrigacional solidária com pluralidade de credores, celebrar-se transação, com o assentimento expresso de todos os membros do grupo solidário, não haverá grandes discussões: tal negócio produzirá efeitos para todos e pela inteira prestação, logicamente. Em algumas circunstâncias, porém, apenas um (ou parte) dos credores solidários figurará como transator; discutir-se-á, então, se os demais serão atingidos; se positivo, em que extensão.

Em princípio, nos termos do art. 844, *caput*,[2135] do Código Civil de 2002, a transação não aproveita, nem prejudica senão àqueles que nela intervierem, ainda que diga respeito a coisa indivisível. A solidariedade ativa, assim como a passiva, comporta exceção: se concluída entre um dos credores solidários e o devedor, a transação *extingue a obrigação deste*

[2131] Pinto, Carlos Alberto da Mota. *Cessão de contrato*: contendo parte tratando a matéria conforme o direito brasileiro. São Paulo: Saraiva, 1985, p. 432.

[2132] V. seção 2.4.9, sobre transmissão das obrigações.

[2133] V. seção 2.4.10, sobre transação.

[2134] "Art. 840. É lícito aos interessados prevenirem ou terminarem o litígio mediante concessões mútuas".

[2135] "Art. 844. A transação não aproveita, nem prejudica senão aos que nela intervierem, ainda que diga respeito a coisa indivisível".

para com os outros credores (v. art. 844, § 2º,[2136] do Código Civil de 2002, equivalente ao art. 1.031, § 2º,[2137] do Código Civil de 1916).

Optou o legislador de 2002, neste caso, por fórmula sobremaneira distinta da dos códigos italiano (v. art. 1.304, § 4º)[2138] e argentino (v. art. 846, *caput* e "d"),[2139] os quais afastam, como regra, a oponibilidade da transação aos outros credores solidários, a menos que eles tenham manifestado a vontade de se aproveitar.

Quanto aos demais diplomas consultados, não se vislumbram disposições semelhantes. Mas, como a transação ostenta características da novação e da remissão,[2140] parece que, nos sistemas que estabelecem efeitos meramente pessoais para esses atos (como o francês), a transação não seria eficaz senão quanto à parte daqueles que a celebraram; nos sistemas que admitem solução oposta (como o espanhol ou, em parte, o alemão), a transação estenderia seus efeitos aos cocredores, de conformidade com a combinação das regras pertinentes à novação e à remissão.

Com efeito, G. Baudry-Lacantinerie e L. Barde entendem que se aplicariam à transação as mesmas conclusões alcançadas quanto à novação: se feita por um dos credores solidários, somente por sua parte tal ato seria oponível aos demais. É que cada um dos credores solidários não poderia dispor de seu crédito senão quanto à sua quota interna; ele apenas estaria autorizado, portanto, a transigir dentro desse mesmo limite.[2141] Essa conclusão, aliás, aparenta ser corolário do que prevê o

2136 "Art. 844. [...] § 2º Se entre um dos credores solidários e o devedor, extingue a obrigação deste para com os outros credores".

2137 "Art. 1.031. [...] § 2º Se entre um dos credores solidários e o devedor, extingue a obrigação deste para com os outros credores".

2138 "Art. 1304 [...] Parimenti, se è intervenuta tra uno dei creditori in solido e il debitore, la transazione non ha effetto nei confronti degli altri creditori, se questi non dichiarano di volerne profittare".

2139 "Art. 846. [...] Sujeto a disposiciones especiales, los modos extintivos inciden, según el caso, sobre la obligación, o sobre la cuota de algún acreedor solidario, conforme a las siguientes reglas: [...] d) la transacción hecha por uno de los coacreedores solidarios con el deudor no es oponible a los otros acreedores, excepto que éstos quieran aprovecharse de ésta".

2140 V. seção 3.4.7, sobre pagamento direto e indireto, total e parcial.

2141 Baudry-Lacantinerie, G.; Barde, L. *Théorie et pratique de droit civil*: des obligations. Paris: Librairie de la Société du Recueil des Lois et des Arrêts, 1902, t. 2, p. 262. Nesse sentido, cf. Larombière, M. L. *Théorie & pratique des obligations*: ou commentaire des titres III & IV, livre III, du Code Napoléon: art. 1101 à 1386. Paris: A. Durand, 1857, t. 2, p. 572.

art. 2.051[2142] do Código Civil francês, apesar de tal dispositivo não conter referência explícita à solidariedade.

Sustenta A. P. S. Vaz Serra que os efeitos da transação, no que concerne ao que não é forçosamente favorável aos outros credores solidários, não deveria, sem mais nada, se estender a eles. Vislumbra-se, afinal, a seu ver, a possibilidade de, em troca da remissão, se convencionarem outras prestações ou outras concessões inconvenientes aos demais membros do grupo solidário, de modo que, por isso, a eficácia da transação em relação a eles dependeria do seu assentimento.[2143]

Considerando a clara previsão do art. 844, § 2º, do Código Civil de 2002, porém, a doutrina brasileira não costuma divergir: a transação provoca a extinção da dívida em relação a todos os credores.[2144] Talvez fosse melhor – tal como se expôs, em várias oportunidades, ao longo do presente estudo – sustentar que a transação, salvo se parcial, acarreta a *extinção da fase externa* da relação obrigacional. Isso nem sempre ocorrerá, diante do dinamismo da relação obrigacional. Seja como for, aplicam-se também à solidariedade ativa as conclusões antes alcançadas por ocasião do exame dos efeitos da transação na solidariedade passiva, a cujos termos remetemos o leitor.[2145]

[2142] "Art. 2051. La transaction faite par l'un des intéressés ne lie point les autres intéressés et ne peut être opposée par eux".

[2143] Serra, Adriano Paes da Silva Vaz. Pluralidade de devedores ou de credores. Lisboa: [s.n], v. 70, nov. 1957. Separata do *Boletim do Ministério da Justiça*, p. 76.

[2144] Diniz, Maria Helena. *Curso de direito civil brasileiro*: teoria geral das obrigações. 33. ed. São Paulo: Saraiva, 2018, v. 2, p. 195; Espinola, Eduardo. *Garantia e extinção das obrigações*: obrigações solidárias e indivisíveis. Rio de Janeiro: Freitas Bastos, 1951, p. 411, Fulgêncio, Tito. *Do direito das obrigações*: das modalidades das obrigações: artigos 863-927. 2. ed. Atual. por José de Aguiar Dias. Rio de Janeiro: Forense, 1958, p. 280; Godoy, Claudio Luiz Bueno de. In: Peluso, Cezar (Coord.). *Código Civil comentado*: doutrina e jurisprudência: Lei n. 10.406, de 10.01.2002: contém o Código Civil de 1916. 4. ed. Barueri: Manole, 2010, p. 860; Mendonça, Manuel Inácio Carvalho de. *Doutrina e prática das obrigações ou tratado geral dos direitos de crédito*. 4. ed. Rio de Janeiro: Forense, 1956, t. I, p. 319; Nader, Paulo. *Curso de direito civil*: obrigações. 8. ed. Rio de Janeiro: Forense, 2016, v. 2, p. 170; Nonato, Orosimbo. *Curso de obrigações*: generalidades – espécies. Rio de Janeiro: Forense, 1959, v. II, p. 146; Santos, J. M. de Carvalho. *Código Civil brasileiro interpretado*: principalmente do ponto de vista prático: parte geral. 7. ed. Rio de Janeiro: Freitas Bastos, 1956, v. XI, p. 196; Venosa, Sílvio de Salvo. *Direito civil*: teoria geral das obrigações e teoria geral dos contratos. 7. ed. São Paulo: Atlas, 2007, v. 2, p. 110-111.

[2145] V. seção 2.4.10, sobre transação.

Quanto ao *compromisso* (*rectius*: convenção de arbitragem, como gênero, do qual são espécies a cláusula compromissória e o compromisso arbitral), a doutrina tradicional costuma equipará-lo à transação,[2146] mas semelhante interpretação, hoje, se revela anacrônica. É que, com o advento da Lei n. 9.307/1996 (Lei de Arbitragem), a sentença arbitral passou a produzir os mesmos efeitos da sentença judicial (v. art. 31).[2147] Seja como for, reportamos, mais uma vez, às considerações tecidas quando da análise da solidariedade passiva, para que não haja tautologia.[2148]

3.4.10. Renúncia à solidariedade

Ao se analisar a obrigação solidária *passiva*, discorreu-se acerca da faculdade de o credor *renunciar à solidariedade*, em favor de um, de alguns ou de todos os devedores, tal como lhe permite o art. 282, *caput*, do Código Civil de 2002. Com a renúncia – ou exoneração, termo que a lei utiliza, com igual sentido, para designar o mesmo ato –, mantém-se íntegra a obrigação: modifica-se tão somente o seu *modo de ser*,[2149] diferentemente do que ocorre com a remissão (ou perdão).[2150]

Discute-se, quanto à solidariedade *ativa*, sobre o cabimento da renúncia, total ou parcial, expressa ou tácita,[2151] e sobre a viabilidade de seu exercício tanto pelos credores quanto pelo devedor comum. A despeito do que ocorre com outros fatos modificativos, extintivos e impeditivos, não estabelece o Código Civil de 2002, à semelhança de seu antecessor, disposição simétrica à da solidariedade passiva. Assegurar-se-ia, de qual-

2146 BAUDRY-LACANTINERIE, G.; BARDE, L. *Théorie et pratique de droit civil*: des obligations. Paris: Librairie de la Société du Recueil des Lois et des Arrêts, 1902, t. 2, p. 262; LAROMBIÈRE, M. L. *Théorie & pratique des obligations*: ou commentaire des titres III & IV, livre III, du Code Napoléon: art. 1101 à 1386. Paris: A. Durand, 1857, t. 2, p. 572; MENDONÇA, Manuel Inácio Carvalho de. *Doutrina e prática das obrigações ou tratado geral dos direitos de crédito*. 4. ed. Rio de Janeiro: Forense, 1956, t. I, p. 319.

2147 "Art. 31. A sentença arbitral produz, entre as partes e seus sucessores, os mesmos efeitos da sentença proferida pelos órgãos do Poder Judiciário e, sendo condenatória, constitui título executivo".

2148 V. seção 2.4.11, sobre compromisso, convenção de arbitragem e solidariedade.

2149 V. seção 2.4.12, sobre renúncia à solidariedade.

2150 V. seções 2.4.8.1, sobre pagamento parcial e remissão na solidariedade passiva, e 3.4.7, sobre pagamento direto e indireto, total e parcial, na solidariedade ativa.

2151 SERRA, Adriano Paes da Silva Vaz. Pluralidade de devedores ou de credores. Lisboa: [s.n], v. 70, nov. 1957. Separata do *Boletim do Ministério da Justiça*, p. 99-100.

quer forma, em princípio, a faculdade de livre renúncia a direitos que fossem concedidos às pessoas, sob a perspectiva de seu interesse privado.

A questão é que, conforme observa M. Planiol, se o direito deriva de uma convenção, a renúncia destruiria os efeitos dessa convenção, e uma das partes não poderia, por si só, aniquilar ou modificar o contrato celebrado com outrem.[2152] É precisamente o que ocorre na solidariedade ativa, em linhas gerais: embora confira direito a cada um dos credores solidários de exigir do devedor o cumprimento da prestação por inteiro, também faculta ao devedor, em contrapartida, o exercício do *ius variandi*, até, pelo menos, se verificar a prevenção judicial.[2153]

Enquanto, na solidariedade *passiva*, ao exonerar da solidariedade um dos devedores, o credor não agrava a posição dos coobrigados (apenas abre mão de vantagem própria, isto é, a de exigir de todos a integralidade da prestação), a renúncia à solidariedade *ativa* é capaz, a um só tempo, muitas vezes, de prejudicar os outros membros do grupo solidário e o devedor – este, em razão de seu interesse de se liberar, com maior simplicidade, do vínculo.

Após reconhecer que se cuida de fato raro, D. Rubino admite a juridicidade da renúncia à solidariedade ativa, tanto na forma expressa quanto tácita, e seus efeitos seriam análogos aos da renúncia à solidariedade passiva. A seu ver, se fosse realizada por apenas um dos credores, ele poderia pretender tão só o pagamento de sua quota, e os outros conservariam a ação por inteiro, incluindo a parte do renunciante; se fosse manifestada por todos os credores, cada um poderia exigir unicamente a respectiva quota interna. Em qualquer caso, porém, pensa que o crédito se manteria solidário, para todos os outros efeitos.[2154]

Analogamente, Regina B. Gondim Dias sustenta que a solidariedade ativa traduziria um "benefício em favor do credor", a ponto de lhe

2152 Planiol, Marcel. *Traité élémentaire de droit civil*: príncipes généraux, personnes, biens. 4. ed. Paris: Librairie Générale de Droit et de Jurisprudence, 1948, t. 1, p. 168.

2153 V. seção 3.2.1, sobre direito dos credores e faculdade de o devedor se liberar.

2154 Rubino, Domenico. Delle obbligazioni: obbligazioni alternative, obbligazioni in solido, obbligazioni divisibili e indivisibili: art. 1285-1320. In: Scialoja, Antonio; Branca, Giuseppe (a cura di). *Commentario del Codice Civile*: libro quarto: delle obbligazioni. 2. ed. Bologna: Zanichelli; Roma: Soc. Ed. Del Foro Italiano, 1968, p. 328. Nesse sentido, cf. Ticozzi, Marco. *Studio sulle obbligazioni solidali*. Padova: Cedam, 2012, p. 120.

ser lícito, sempre, manifestar a renúncia (*cuique licet iuri in favorem suum renunciare*).[2155]

Ocorre que nunca há *apenas um* credor: é da essência da solidariedade ativa a *pluralidade de sujeitos ativos*. É pertinente, sob esse aspecto, a observação de Caio Mario da Silva Pereira, no sentido de que *todos os credores* teriam o direto ao recebimento da prestação por inteiro, de modo que não prosperaria o *beneficium divisionis*; em outras palavras, não seria lícito a um deles exigir apenas parte da coisa devida, ainda que a título de sua quota interna – a qual, na verdade, inexistiria enquanto perdurasse o vínculo solidário.[2156]

A. Cristobal Montes considera a solidariedade ativa, no fundo, mais um mecanismo de defesa contra o devedor do que de garantia dos credores. A renúncia, a seu ver, suporia o abandono, em relação ao renunciante, de todas as gestões destinadas a transferir aos seus consortes a participação de cada um na cobrança realizada, o que acarretaria a ruptura unilateral do aludido mecanismo de defesa. Não reconhece, por isso, a faculdade de renúncia na solidariedade ativa, até porque o credor solidário não disporia, se assim agisse, de um benefício que lhe correspondesse a título particular, mas de um dever – e o dever se excluiria do campo da renúncia.[2157]

De fato, os credores solidários nutrem, uns em relação aos outros, a confiança na atuação alheia direcionada a um benefício comum. Se um dos credores, p. ex., propõe em face do devedor uma ação de cobrança, os demais, em princípio, suporão que as vantagens porventura obtidas pelo demandante serão, posteriormente, partilhadas entre todos os membros do grupo solidário. Acaso isso não venha a ocorrer, pelo fato da renúncia superveniente, a quebra da *confiança* incorporada a essa situação poderá

2155 Dias, Regina Bottentuit Gondim. *Natureza jurídica da solidariedade*. Rio de Janeiro: Conquista, 1958, p. 19. Nesse sentido, cf. Costa, Mário Júlio de Almeida. *Direito das obrigações*. 12. ed. Coimbra: Almedina, 2009, p. 669; Varela, Antunes. *Direito das obrigações*: conceito, estrutura e função da relação obrigacional, fontes das obrigações, modalidades das obrigações. Rio de Janeiro: Forense, 1977, p. 315; Venosa, Sílvio de Salvo. *Direito civil*: teoria geral das obrigações e teoria geral dos contratos. 7. ed. São Paulo: Atlas, 2007, v. 2, p. 110-111.

2156 Pereira, Caio Mário da Silva. *Instituições de direito civil*: teoria geral das obrigações. 26. ed. Rio de Janeiro: Forense, 2014, v. II, p. 87.

2157 Montes, Angel Cristobal. *La estructura y los sujetos de la obligacion*. Madrid: Editorial Civitas, 1990, p. 280.

conduzir à indenização[2158] (em especial, se o devedor comum se tornar, depois, insolvente).

Referida tese, no entanto, embora se aplique à maioria das situações, não merece ser adotada com notas de absolutismo. É possível que, em certas circunstâncias, surja alguma razão legitimadora para que um (ou parte) dos credores renuncie, inclusive porque, em geral, o só recebimento da prestação lhe provocará despesas. Notadamente quando seus consortes não respeitarem certos deveres anexos, secundários ou instrumentais, tornar-se-á viável que o *accipiens* receba, justificadamente, apenas em parte a prestação, porque estará livre, em nome da boa-fé objetiva, do dever de exigir o total. As respostas definitivas, porém, deverão considerar as particularidades do caso concreto, e a boa-fé atuará como o *topos* viabilizador da solução do problema.[2159]

Além disso, quem mais se favorece pela solidariedade ativa, no mais das vezes, é justamente o devedor, por ter o *direito de escolher*[2160] qualquer dos credores para cumprir a obrigação. Afora as questões pertinentes à relação entre os cocredores, portanto, essa possível faculdade de renúncia tornar-se-ia inviável quando houvesse sido estabelecida a solidariedade ativa no *interesse do devedor*, hipótese admitida expressamente pelo art. 528º, 2,[2161] do Código Civil português.[2162] Não obstante o Código Civil de 2002 não regulamente tal situação, nada obstaria a que as partes convencionassem a aplicação de fórmula assemelhada.

Sustenta A. P. S. Vaz Serra, no ponto, que se estiver estabelecida em benefício do devedor – com o escopo de livrá-lo do incômodo de cum-

2158 CORDEIRO, António Menezes. *Da boa fé no direito civil*. Coimbra: Almedina, 2017, p. 1250.

2159 MARTINS-COSTA, Judith. *A boa-fé no direito privado*: critérios para sua aplicação. 2. ed. São Paulo: Saraiva, 2018, p. 207.

2160 DESHAYES, Olivier; GENICON, Thomas; LAITHIER, Yves-Marie. *Réforme du droit des contrats, du régime general et de la preuve des obligations*: commentaire article per article. Paris: LexisNexis, 2016, p. 613; LOTUFO, Renan. *Código Civil comentado*: obrigações: parte geral (arts. 233 a 420). São Paulo: Saraiva, 2003, v. 2, p. 96.

2161 "Art. 528º [...] 2. Se o devedor cumprir perante credor diferente daquele que judicialmente exigiu a prestação, não fica dispensado de realizar a favor deste a prestação integral; mas, quando a solidariedade entre os credores tiver sido estabelecida em favor do devedor, este pode, renunciando total ou parcialmente ao benefício, prestar a cada um dos credores a parte que lhe cabe no crédito comum ou satisfazer a algum dos outros a prestação com dedução da parte do demandante".

2162 COSTA, Mário Júlio de Almeida. *Direito das obrigações*. 12. ed. Coimbra: Almedina, 2009, p. 669.

prir a prestação em frações – estaria ele próprio autorizado a renunciar à solidariedade, com o que poderia pagar a cada um dos credores a quota respectiva. Se fosse demandado judicialmente por um dos credores, então, poderia: (i) entregar aos outros as suas quotas, o que reduziria a prestação devida ao demandante; (ii) fazer a algum dos outros a prestação com dedução apenas da quota do demandante; ou (iii) satisfazer a um dos outros a prestação integral.[2163]

Apesar de semelhante posição ser logicamente sustentável, à luz da autonomia privada, não se afigura recomendável, na prática. É que teria de se revelar muitíssimo clara, a partir da interpretação das declarações das partes, a questão de a solidariedade ter sido estabelecida em favor do devedor. Mesmo que estivesse prevista em favor do devedor, essa característica não excluiria, em princípio, o direito de cada um dos credores solidários de exigir a satisfação da prestação como um todo, já que, não fosse assim, se desfiguraria a solidariedade ativa, em um de seus efeitos fundamentais.

Seja como for, contanto que se admita a renúncia na relação obrigacional solidária ativa, viabiliza-se que um só (ou parte) dos credores renuncie, ou que o devedor renuncie em relação a um ou a alguns dos credores. Se disser respeito apenas a um ou a alguns dos credores, este ou estes poderão exigir do devedor a sua quota, ao passo que os outros continuarão autorizados a reclamar a totalidade da prestação. Não se exclui, ainda, a faculdade de convencionar que a dívida, em relação aos outros credores, se reduza mediante a dedução das quotas dos credores que deixam de ser solidários. Dada a diversidade de situações, porém, não se estabelecem presunções.[2164]

3.5. Fase interna

Cada credor solidário, individual e indistintamente, conforme já se apurou,[2165] tem a faculdade de exigir totalmente o crédito e de receber do devedor comum a integralidade da prestação, ou de promover, à sua escolha, os atos modificativos ou extintivos da relação obrigacional

2163 Serra, Adriano Paes da Silva Vaz. Pluralidade de devedores ou de credores. Lisboa: [s.n], v. 70, nov. 1957. Separata do *Boletim do Ministério da Justiça*, p. 20.

2164 Serra, Adriano Paes da Silva Vaz. Pluralidade de devedores ou de credores. Lisboa: [s.n], v. 70, nov. 1957. Separata do *Boletim do Ministério da Justiça*, p. 98-99.

2165 V. seção 3.2, sobre efeitos fundamentais.

(remissão, dação em pagamento, novação, compensação, cessão de crédito, de posição contratual e transação).[2166]

A cobrança e o recebimento da dívida, a prática desses outros atos similares e a ocorrência de fatos, de uma forma geral, que impeçam, modifiquem ou acarretem a extinção da *fase externa*, por um (ou parte) dos credores, repercute na *fase interna* entre os membros do grupo solidário. Outorga-se aos restantes credores, assim, se não houverem intervindo na cobrança ou na extinção do crédito, um direito específico em face daquele que agiu ou se envolveu na situação extintiva.[2167]

É comum que se adotem, indiscriminadamente, para denominar esse direito, os termos "recurso", "regresso", "reembolso", "repetição", "participação", "indenização" etc. A doutrina italiana, aliás, discute o problema da aplicabilidade da noção do *regresso*, extraída da solidariedade passiva, à ação que incumbe a cada um dos credores solidários para recuperar a própria quota em face do *accipiens* – notadamente porque o art. 1.299[2168] do *Codice* se refere tão somente ao *regresso tra condebitori*.

M. Giorgianni suscita dúvidas quanto à adequação do *status* de ação de "regresso", geralmente atribuído – à imagem da que compete ao devedor que pagou o todo – àquela disponibilizada aos cocredores individualmente. A ação de regresso, em seu entendimento, apresentaria um significado preciso: caberia àquele que, depois de adimplir uma obrigação própria, passasse a ter o poder de exigir (no todo ou em parte) o reembolso do indivíduo que, nas relações internas, seria o verdadeiro interessado. Na solidariedade ativa, porém, a situação se revelaria perfeitamente oposta: cada credor teria o direito de exigir do *accipiens* a sua própria "parte" da prestação recebida. Aproximar-se-ia, assim, a seu ver, mais da ação que competisse ao mandante em face do mandatário.[2169]

2166 V. seções 3.4.7, sobre pagamento direto e indireto, 3.4.8, sobre transmissão das obrigações e solidariedade ativa, 3.4.9, sobre transação e compromisso.

2167 Díez-Picazo, Luis. *Fundamentos del derecho civil patrimonial*: las relaciones obligatorias. 6. ed. Madrid: Civitas, 2008, v. II, p. 224.

2168 "Art. 1299. [...] Il debitore in solido che ha pagato l'intero debito può ripetere dai condebitori soltanto la parte di ciascuno di essi (2871). Se uno di questi è insolvente, la perdita si ripartisce per contributo tra gli altri condebitori, compreso quello che ha fatto il pagamento (754, 755). La stessa norma si applica qualora sia insolvente il condebitore nel cui esclusivo interesse l'obbligazione era stata assunta (1203 n. 3)".

2169 Giorgianni, Michele. Obbligazione solidale e parziaria. In: Azara, Antonio; Eula, Ernesto (Dir.). *Novissimo Digesto Italiano*. Torino: UTET, 1965, v. 11, p. 681.

Sustenta G. Rossetti, entretanto, que o escopo dessa problemática seria meramente teórico, visto que a utilização do conceito de regresso, na solidariedade ativa, se justificaria – embora com as adaptações impostas pelos aspectos distintivos inerentes à pluralidade de credores, observadas as necessidades opostas de equilíbrio interno – por ostentar esse direito a *mesma natureza* e desempenhar a *mesma função*; por analogia, portanto, submeter-se-iam ambos à mesma disciplina.[2170]

Haveria *perfeita analogia* entre as duas situações (da solidariedade ativa e da passiva), assegura G. Amorth: conceder-se-ia ao credor insatisfeito, portanto, em confronto com o *accipiens*, um direito (de regresso pelo todo) análogo àquele atribuído ao codevedor solidário solvente.[2171]

Na solidariedade ativa, com efeito, a *fase interna* também é subsequente à *externa*; inaugura-se com a solução (total ou parcial) das relações entre os credores solidários, de um lado, e o credor comum, de outro; guarda verdadeira simetria com a fase interna da solidariedade passiva:[2172] tudo o que se asseverou, antes, quanto a esta, aplica-se, *mutatis mutandis*, àquela.[2173] Cumprida a prestação originária, pois, libera-se o devedor comum diante dos credores solidários, mas estes permanecem vinculados entre si, *em regra*, para apuração e acertamento da quota interna de cada um.

Nos termos do Código Civil de 2002 (v. art. 272),[2174] o credor que tiver remitido a dívida ou recebido o pagamento responderá aos outros

2170 ROSSETTI, Giulietta. *Le obbligazioni in solido*: modelli romani e disciplina attuale. Napoli: Jovene Editore, 2013, p. 153-154.

2171 AMORTH, Giorgio. *L'obbligazione solidale*. Milano: Giuffrè, 1959, p. 254-257. Nesse sentido, cf. PEZZELLA, Federico. *L'obbligazione in solido nei riguardi dei creditori*. Milano: Società Editrice Libraria, 1934, p. 271; TICOZZI, Marco. *Studio sulle obbligazioni solidali*. Padova: Cedam, 2012, p. 211.

2172 V. seção 2.5, sobre fase interna na solidariedade passiva.

2173 HONTEBEYRIE, Antoine. *Le fondement de l'obligation solidaire en droit privé français*. Paris: Economica, 2004, p. 91; ROSSETTI, Giulietta. *Le obbligazioni in solido*: modelli romani e disciplina attuale. Napoli: Jovene Editore, 2013, p. 153; RUBINO, Domenico. Delle obbligazioni: obbligazioni alternative, obbligazioni in solido, obbligazioni divisibili e indivisibili: art. 1285-1320. In: SCIALOJA, Antonio; BRANCA, Giuseppe (a cura di). *Commentario del Codice Civile*: libro quarto: delle obbligazioni. 2. ed. Bologna: Zanichelli; Roma: Soc. Ed. Del Foro Italiano, 1968, p. 233.

2174 "Art. 272. O credor que tiver remitido a dívida ou recebido o pagamento responderá aos outros pela parte que lhes caiba".

pela parte que lhes couber. Copiou-se o texto do art. 903,[2175] com uma pequena (e inócua, embora correta) correção gramatical: excluiu-se uma vírgula mal colocada.

Na legislação estrangeira: (i) o Código Civil espanhol (v. art. 1.143)[2176] prevê que o credor solidário, depois de cobrar a dívida (ou executar a novação, a compensação, a confusão ou a remissão), responde aos seus consortes pela parte que lhes tocar na obrigação; (ii) o Código Civil alemão (§ 430)[2177] dispõe que os credores solidários têm direito em partes iguais, salvo disposição em contrário; (iii) o Código Civil italiano (v. art. 1.298)[2178] estabelece que, nas relações internas, a obrigação se divide entre os diversos credores solidários, em partes presumivelmente iguais, salvo se estiver convencionado diversamente ou se for contratada a obrigação no interesse exclusivo de algum deles; (iv) o Código Civil português (v. arts. 516º[2179] e 533º)[2180] prescreve que o credor, satisfeito além da parte que lhe competia na relação interna entre os credores, tem de satisfazer aos outros a parte que lhes cabe no crédito comum, presumidas iguais, em princípio, as quotas de cada um; (v) o Código Civil e Comer-

[2175] "Art. 903. O credor que tiver remitido a dívida ou recebido o pagamento, responderá aos outros pela parte, que lhes caiba".

[2176] "Art. 1143. La novación, compensación, confusión o remisión de la deuda, hechas por cualquiera de los acreedores solidarios o con cualquiera de los deudores de la misma clase, extinguen la obligación, sin perjuicio de lo dispuesto en el artículo 1146. El acreedor que haya ejecutado cualquiera de estos actos, así como el que cobre la deuda, responderá a los demás de la parte que les corresponde en la obligación".

[2177] "§ 430. [...] Los acreedores solidarios están facultados, entre ellos, a partes iguales, a menos que se establezca de otro modo".

[2178] "Art. 1298. [...] Nei rapporti interni l'obbligazione in solido si divide tra i diversi debitori o tra i diversi creditori, salvo che sia stata contratta nell'interesse esclusivo di alcuno di essi. Le parti di ciascuno si presumono uguali, se non risulta diversamente".

[2179] "Art. 516º [...] Nas relações entre si, presume-se que os devedores ou credores solidários comparticipam em partes iguais na dívida ou no crédito, sempre que da relação jurídica entre eles existente não resulte que são diferentes as suas partes, ou que um só deles deve suportar o encargo da dívida ou obter o benefício do crédito".

[2180] "Art. 533º [...] O credor cujo direito foi satisfeito além da parte que lhe competia na relação interna entre os credores tem de satisfazer aos outros a parte que lhes cabe no crédito comum".

cial argentino (v. arts. 847,[2181] 848[2182] e 841)[2183] é minucioso: regulamenta o *derecho a la participación* do credor solidário nas hipóteses de pagamento da totalidade ou de porção superior à quota do *solvens*, de renúncia ao crédito, compensação (convencional ou facultativa), novação, dação em pagamento ou transação; cria a opção (*a su elección*) de exigir a quota no crédito original *ou* a quota que corresponde a cada um como resultado dos atos extintivos diversos do pagamento; confere ao credor solidário que realizar *gastos razonables en interés común* o direito de reclamar dos demais a participação no reembolso de seu valor; disciplina a forma de apuração das *cuotas de contribución*, de acordo, sucessivamente, com o pactuado, a fonte e a finalidade da obrigação, as relações dos interessados entre si, as demais circunstâncias; presume a igualdade das quotas, se houver impossibilidade de determiná-las, com os citados critérios; (vi) o Código Civil francês, hoje (v. art. 1.311, § 1º, segunda parte),[2184] estabelece que o *accipiens*, solvida a prestação, *doit compte aux autres*, o que, para a doutrina, se mostra lógico, desde que ele receba mais do que a sua parte.[2185]

[2181] "Art. 847. [...] Los acreedores solidarios tienen derecho a la participación con los siguientes alcances: a) si uno de los acreedores solidarios recibe la totalidad del crédito o de la reparación del daño, o más que su cuota, los demás tienen derecho a que les pague el valor de lo que les corresponde conforme a la cuota de participación de cada uno; b) en los casos del inciso b) del artículo 846, los demás acreedores solidarios tienen derecho a la participación, si hubo renuncia al crédito o compensación legal por la cuota de cada uno en el crédito original; y si hubo compensación convencional o facultativa, novación, dación en pago o transacción, por la cuota de cada uno en el crédito original, o por la que correspondería a cada uno conforme lo resultante de los actos extintivos, a su elección; c) el acreedor solidario que realiza gastos razonables en interés común tiene derecho a reclamar a los demás la participación en el reembolso de su valor".

[2182] "Art. 848. [...] Las cuotas de participación de los acreedores solidarios se determinan conforme lo dispuesto en el artículo 841".

[2183] "Art. 841. [...] Las cuotas de contribución se determinan sucesivamente de acuerdo con: a) lo pactado; b) la fuente y la finalidad de la obligación o, en su caso, la causa de la responsabilidad; c) las relaciones de los interesados entre sí; d) las demás circunstancias. Si por aplicación de estos criterios no es posible determinar las cuotas de contribución, se entiende que participan en partes iguales".

[2184] "Art. 1311. [...] Le paiement fait à l'un d'eux, qui en doit compte aux autres, libère le débiteur à l'égard de tous".

[2185] DESHAYES, Olivier; GENICON, Thomas; LAITHIER, Yves-Marie. *Réforme du droit des contrats, du régime general et de la preuve des obligations*: commentaire article per article. Paris: LexisNexis, 2016, p. 613.

É claro que as situações de pagamento (ou fatos similares) têm de contar com o corretivo jurídico preciso, para que não sejam prejudiciais àqueles credores que não cobraram ou não participaram na disposição ou extinção do crédito; não se pode ignorar que, por mais que a solidariedade ativa permita a cada um dos titulares do direito atuar *in totum*, a prestação caberá em comum, de modo que, pela essência mesma das coisas, se realizará a repartição interna. Não há dúvidas de que, em razão da unidade da relação obrigacional e da pluralidade de credores, estes, em suas relações recíprocas, apenas fazem jus a uma quota do todo, em regra.[2186]

A determinação do alcance do direito de regresso, à partida, deverá atender à natureza das relações internas e dos negócios jurídicos subjacentes estabelecidos entre os credores,[2187] até porque a lei apenas regulamenta as relações externas.[2188] Não prevê o Código Civil de 2002 (assim como os diplomas espanhol e francês) nem mesmo a presunção de igualdade das quotas dos credores solidários, diversamente do que se tem quanto à disciplina da solidariedade passiva (v. art. 283, *in fine*). Supõe-se – afirma Pontes de Miranda – que haja entre os credores o regramento da partilha do crédito; logo, a parte tem de ser conhecida conforme os dados do negócio jurídico.[2189]

Acaso as declarações negociais não prevejam a forma de partilha, considera a doutrina, em geral, que se presumiria (*iuris tantum*) a igualdade de quotas;[2190] inclusive, para alguns, em razão da incidência das

[2186] MONTES, Angel Cristobal. *La estructura y los sujetos de la obligacion*. Madrid: Editorial Civitas, 1990, p. 291.

[2187] DÍEZ-PICAZO, Luis. *Fundamentos del derecho civil patrimonial*: las relaciones obligatorias. 6. ed. Madrid: Civitas, 2008, v. II, p. 224.

[2188] MENDONÇA, Manuel Inácio Carvalho de. *Doutrina e prática das obrigações ou tratado geral dos direitos de crédito*. 4. ed. Rio de Janeiro: Forense, 1956, t. I, p. 324.

[2189] MIRANDA, Pontes de. *Tratado de direito privado*. 3. ed. Rio de Janeiro: Borsoi, 1971, v. X, p. 328. Nesse sentido, cf. MENDONÇA, Manuel Inácio Carvalho de. *Doutrina e prática das obrigações ou tratado geral dos direitos de crédito*. 4. ed. Rio de Janeiro: Forense, 1956, t. I, p. 326.

[2190] BAUDRY-LACANTINERIE, G.; BARDE, L. *Théorie et pratique de droit civil*: des obligations. Paris: Librairie de la Société du Recueil des Lois et des Arrêts, 1902, t. 2, p. 271; DÍEZ-PICAZO, Luis. *Fundamentos del derecho civil patrimonial*: las relaciones obligatorias. 6. ed. Madrid: Civitas, 2008, v. II, p. 224; ESPINOLA, Eduardo. *Garantia e extinção das obrigações*: obrigações solidárias e indivisíveis. Rio de Janeiro: Freitas Bastos, 1951, p. 416-417; GONÇALVES, Carlos Roberto. In: CAMBLER, Everaldo Augusto; GONÇALVES, Carlos Roberto; MAIA, Mairan. *Comentários ao Código Civil brasileiro*: do direito das obrigações. Coord. Arruda Alvim e

regras pertinentes ao condomínio.[2191] A justificativa da distribuição igualitária das quotas não decorreria de proclamações enfáticas ("justiça", "equidade natural" etc.): o direito se limitaria a receber o dado real, quando não se conhecessem as quotas de distribuição de algo entre várias pessoas, e o normal e apropriado seria que todas participassem por igual (v. art. 257[2192] do Código Civil de 2002). Afinal, ensina a sabedoria popular que "o que é igual não prejudica" (conversão do normal em normativo; a força normativa do fático).[2193]

Se, em princípio, a quota de cada devedor é a viril, isso não significa que se afastaria a exceção: é possível seja convencionada, inclusive em separado,[2194] outra forma de divisão. Ocorre, portanto, de: (i) o crédito ser fracionado *em partes não iguais*, porque cada cocredor pode ter direito a uma porção maior ou menor; (ii) os cocredores não terem direito de perceber quota alguma (interesse exclusivo de um deles). Com efeito, as relações internas entre os cocredores – como as entre os codevedores

Thereza Alvim. Rio de Janeiro: Forense, 2003, v. 3, p. 166; HONTEBEYRIE, Antoine. *Le fondement de l'obligation solidaire en droit privé français*. Paris: Economica, 2004, p. 90-91; LÔBO, Paulo. *Direito civil*: obrigações. 2. ed. São Paulo: Saraiva, 2011, p. 142; LOPES, Miguel Maria de Serpa. *Curso de direito civil*: obrigações em geral. 4. ed. Rio de Janeiro: Freitas Bastos, 1966, v. II, p. 144; MIGNOT, Marc. *Les obligations solidaires et les obligations in solidum en droit privé français*. Paris: Dalloz, 2002, p. 639; MONTEIRO, Washington de Barros. *Curso de direito civil*: direito das obrigações, 1ª parte: das modalidades das obrigações: dos efeitos das obrigações. 15. ed. São Paulo: Saraiva, 1979, p. 172; TEPEDINO, Gustavo; BARBOZA, Heloisa Helena; MORAES, Maria Celina Bodin de. *Código Civil interpretado*: conforme a Constituição da República: parte geral e obrigações. 2. ed. Rio de Janeiro: Renovar, 2007, v. 1, p. 555; VARELA, Antunes. *Direito das obrigações*: conceito, estrutura e função da relação obrigacional, fontes das obrigações, modalidades das obrigações. Rio de Janeiro: Forense, 1977, p. 318.

2191 FULGÊNCIO, Tito. *Do direito das obrigações*: das modalidades das obrigações: artigos 863-927. 2. ed. Atual. por José de Aguiar Dias. Rio de Janeiro: Forense, 1958, p. 292; NONATO, Orosimbo. *Curso de obrigações*: generalidades – espécies. Rio de Janeiro: Forense, 1959, v. II, p. 160; SANTOS, J. M. de Carvalho. *Código Civil brasileiro interpretado*: principalmente do ponto de vista prático: parte geral. 7. ed. Rio de Janeiro: Freitas Bastos, 1956, v. XI, p. 216-217.

2192 "Art. 257. Havendo mais de um devedor ou mais de um credor em obrigação divisível, esta presume-se dividida em tantas obrigações, iguais e distintas, quantos os credores ou devedores".

2193 MONTES, Angel Cristobal. *La estructura y los sujetos de la obligacion*. Madrid: Editorial Civitas, 1990, P. 295.

2194 MONTEIRO, Washington de Barros. *Curso de direito civil*: direito das obrigações, 1ª parte: das modalidades das obrigações: dos efeitos das obrigações. 15. ed. São Paulo: Saraiva, 1979, p. 171.

– não modificam a essência do instituto; o legislador não interfere nessas relações; consequentemente, as partes têm ampla liberdade.[2195]

Enquanto a hipótese de uma maior ou menor participação no crédito comum é facilmente representada, não se mostra igualmente compreensível o caso da obrigação solidária ativa em que cabe a somente um dos credores a totalidade do crédito (interesse exclusivo); mais ainda quando aqueles que agem são diversos do aludido credor. Seria mais fácil conceber um *mandato*, até porque seus efeitos se aproximam, na prática, aos da solidariedade ativa; mas se admite, apesar da excentricidade, a viabilidade de se beneficiar o único credor, ao se unir aos outros, para facilitar, p. ex., a cobrança.[2196]

Entende M. I. Carvalho de Mendonça que, na solidariedade ativa de interesse exclusivo de um dos credores, se aquele que recebeu era credor da totalidade, poderá guardar a prestação para si; mas pensa que ainda lhe restaria o *recurso* pelas custas judiciárias pagas, se existissem.[2197] Essa opinião, entretanto, não parece ser a mais adequada: se apenas um dos credores é o interessado na obrigação – ao passo que os demais figuram exclusivamente para facilitar o cumprimento da prestação –, seria ilógico (e sobremaneira injusto) que aquele pudesse exigir destes algo que, em princípio, seria de sua exclusiva responsabilidade. Tudo dependerá, contudo, evidentemente, da interpretação das declarações negociais: se o intuito das partes foi o de, não obstante o interesse exclusivo de um dos credores na prestação, partilhar as custas...

Basta o recebimento de qualquer importância (isto é, pouco importa se se cumpriu a prestação por inteiro ou em parte, ainda que, neste caso, em valor equivalente à quota interna do *accipiens*), para que os cocredores possam exercer o direito de regresso:[2198] do contrário, prejudicar-

[2195] Pezzella, Federico. *L'obbligazione in solido nei riguardi dei creditori.* Milano: Società Editrice Libraria, 1934, p. 271-272.

[2196] Pezzella, Federico. *L'obbligazione in solido nei riguardi dei creditori.* Milano: Società Editrice Libraria, 1934, p. 272. Nesse sentido, cf. Almeida, Francisco de Paula Lacerda de. *Obrigações.* 2. ed. Rio de Janeiro: Livraria Cruz Coutinho [s.d.], p. 42-43.

[2197] Mendonça, Manuel Inácio Carvalho de. *Doutrina e prática das obrigações ou tratado geral dos direitos de crédito.* 4. ed. Rio de Janeiro: Forense, 1956, t. I, p. 326.

[2198] Gonçalves, Carlos Roberto. In: Cambler, Everaldo Augusto; Gonçalves, Carlos Roberto; Maia, Mairan. *Comentários ao Código Civil brasileiro*: do direito das obrigações. Coord. Arruda Alvim e Thereza Alvim. Rio de Janeiro: Forense, 2003, v. 3, p. 167; Lopes, Miguel Maria de Serpa. *Curso de direito civil*: obrigações em geral. 4. ed. Rio de Janeiro:

-se-ia a convenção da solidariedade, incompatível com o egoísmo de cada credor.[2199] Caberá, ainda, o regresso mesmo na hipótese de remissão, porquanto se cuida de ato estranho ao interesse comum dos cocredores: é benefício ao devedor, mas emanado de um dos credores; não afeta os que dela não tomaram parte.[2200]

Acrescenta a doutrina que o regresso também se aplicaria à novação, à compensação e à dação em pagamento e em todos aqueles casos similares ao pagamento.[2201] Porém, de acordo com A. P. S. Vaz Serra, se houvesse dação em pagamento, remissão, novação, assunção de dívida ou confusão, o efeito seria a redução dos créditos dos outros credores, mediante dedução da parte do seu cocredor. Este, portanto, não receberia ou não disporia de mais do que a sua quota (ou, na hipótese de confusão, não veria extinta senão a sua quota), pelo que não haveria lugar para o regresso. No caso de transação, a sua eficácia em relação aos outros credores dependeria de assentimento deles; e o dever de regresso

Freitas Bastos, 1966, v. II, p. 141; MONTEIRO, Washington de Barros. *Curso de direito civil*: direito das obrigações, 1ª parte: das modalidades das obrigações: dos efeitos das obrigações. 15. ed. São Paulo: Saraiva, 1979, p. 171. Em sentido diverso, cf. SERRA, Adriano Paes da Silva Vaz. Pluralidade de devedores ou de credores. Lisboa: [s.n], v. 70, nov. 1957. Separata do *Boletim do Ministério da Justiça*, p. 90-91.

2199 V. seção 3.4.10, sobre renúncia à solidariedade ativa.

2200 MENDONÇA, Manuel Inácio Carvalho de. *Doutrina e prática das obrigações ou tratado geral dos direitos de crédito*. 4. ed. Rio de Janeiro: Forense, 1956, t. I, p. 326; SANTOS, J. M. de Carvalho. *Código Civil brasileiro interpretado*: principalmente do ponto de vista prático: parte geral. 7. ed. Rio de Janeiro: Freitas Bastos, 1956, v. XI, p. 215-216.

2201 BEVILAQUA, Clovis. *Codigo Civil dos Estados Unidos do Brasil commentado*. Rio de Janeiro: Livraria Francisco Alves, 1930, v. IV, p. 54; DINIZ, Maria Helena. *Curso de direito civil brasileiro*: teoria geral das obrigações. 33. ed. São Paulo: Saraiva, 2018, v. 2, p. 197; ESPINOLA, Eduardo. *Garantia e extinção das obrigações*: obrigações solidárias e indivisíveis. Rio de Janeiro: Freitas Bastos, 1951, p. 416; GONÇALVES, Carlos Roberto. In: CAMBLER, Everaldo Augusto; GONÇALVES, Carlos Roberto; MAIA, Mairan. *Comentários ao Código Civil brasileiro*: do direito das obrigações. Coord. Arruda Alvim e Thereza Alvim. Rio de Janeiro: Forense, 2003, v. 3, p. 166-167; NONATO, Orosimbo. *Curso de obrigações*: generalidades – espécies. Rio de Janeiro: Forense, 1959, v. II, p. 157-158; PEREIRA, Caio Mário da Silva. *Instituições de direito civil*: teoria geral das obrigações. 26. ed. Rio de Janeiro: Forense, 2014, v. II, p. 91; SERRA, Adriano Paes da Silva Vaz. Pluralidade de devedores ou de credores. Lisboa: [s.n], v. 70, nov. 1957. Separata do *Boletim do Ministério da Justiça*, p. 91-92; TEPEDINO, Gustavo; BARBOZA, Heloisa Helena; MORAES, Maria Celina Bodin de. *Código Civil interpretado*: conforme a Constituição da República: parte geral e obrigações. 2. ed. Rio de Janeiro: Renovar, 2007, v. 1, p. 555; TEPEDINO, Gustavo; SCHREIBER, Anderson. *Código Civil comentado*: direito das obrigações: artigos 233 a 420. Coord. Álvaro Villaça Azevedo. São Paulo: Atlas, 2008, v. IV, p. 126.

poderia ou não existir, conforme se deduzisse da transação e dessa declaração ou das regras gerais relativas ao referido dever de regresso.[2202]

Por fim, na hipótese de insolvência do *accipiens*, embora haja certa divergência,[2203] entende a doutrina majoritária que a solução dependeria de o pagamento ocorrer: (i) quando ele já era insolvente: se houver fraude, o pagamento poderá ser anulado, e o devedor não se considerará liberado; (ii) quando ainda não era insolvente: os outros credores terão regresso contra o insolvente; o que conseguirem receber, no concurso creditório, será rateado entre todos. Se a insolvência foi do devedor – após o pagamento parcial aos credores –, admite-se que o credor que não recebeu reclame dos outros a sua quota, tal como se verifica na hipótese de pagamento parcial.[2204]

[2202] Serra, Adriano Paes da Silva Vaz. Pluralidade de devedores ou de credores. Lisboa: [s.n], v. 70, nov. 1957. Separata do *Boletim do Ministério da Justiça*, p. 5-240, p. 92.

[2203] Tepedino, Gustavo; Schreiber, Anderson. *Código Civil comentado*: direito das obrigações: artigos 233 a 420. Coord. Álvaro Villaça Azevedo. São Paulo: Atlas, 2008, v. IV, p. 127.

[2204] Santos, J. M. de Carvalho. *Código Civil brasileiro interpretado*: principalmente do ponto de vista prático: parte geral. 7. ed. Rio de Janeiro: Freitas Bastos, 1956, v. XI, p. 219. Nesse sentido, cf. Ticozzi, Marco. *Studio sulle obbligazioni solidali*. Padova: Cedam, 2012, p. 211-212.

4.
QUESTÕES PROCESSUAIS INERENTES À SOLIDARIEDADE

4.1. Direito processual civil e obrigações solidárias

As normas dispostas pela ordem jurídica para disciplinar a convivência social costumam ser obedecidas e aplicadas de maneira espontânea. Porém, na esfera das relações intersubjetivas, surgem, às vezes, conflitos de interesses em que se torna incerto ou em que se descumpre o direito objetivo. Intervém, então, o Estado, para compor o conflito, dar a cada um o que é seu e aplicar coativamente a norma adequada à situação litigiosa que se criou. A aplicação em concreto do direito objetivo, para solucionar o conflito litigioso de interesses, realiza-se por meio do processo, correspondente ao exercício de uma das funções estatais básicas: a *jurisdição*.[2205]

A regulamentação do método de trabalho destinado à eliminação das controvérsias dá-se pelo *direito processual*, ordenador da jurisdição. A *natureza instrumental* desse campo do conhecimento jurídico – observa José Roberto dos Santos Bedaque – impõe que seus institutos sejam concebidos em conformidade com as necessidades do direito substancial. Se o processo é *meio*, a eficácia do sistema processual mede-se em função de sua utilidade para o ordenamento jurídico material e para a pacificação social. Busca-se a efetividade do processo, representada pela

[2205] Marques, José Frederico. *Manual de direito processual civil*: teoria geral do processo civil. 5. ed. São Paulo: Saraiva, 1977, v. I, p. 1.

maior proximidade possível entre aquilo que deveria ocorrer no plano substancial e a eficácia da tutela jurisdicional.[2206]

A distinção entre normas materiais e instrumentais surge a partir do ponto de vista das diversas finalidades a que servem: as primeiras compõem *imediatamente* um conflito de interesses (criam a obrigação e atribuem, eventualmente, o direito); as últimas solucionam *mediatamente* esse conflito (atribuem o poder de composição e impõem, correlativamente, a sujeição).[2207] Essa distinção, todavia, não exclui as múltiplas interferências entre as duas categorias.

A autonomia do direito processual civil não significa que se trataria de algo neutro ou indiferente às variadas situações de direito substancial: jamais se poderia isolar o direito adjetivo, ante a sua nítida interdependência para com o direito substantivo.[2208] Se a técnica processual constrói-se a partir de características da crise de direito material, o método de trabalho destinado à solução das controvérsias sentirá, consequentemente, influências da natureza dessa relação.[2209]

Reciprocamente, o direito material também sofre variações em função de situações processuais. Basta constatar as profundas modificações suportadas pela relação obrigacional solidária, à medida que certos atos processuais são praticados. É o que ocorre, p. ex., na hipótese da chamada *prevenção judicial* – a circunstância de algum (ou parte) dos credores solidários ter demandado o devedor comum provoca, por assim dizer, uma concentração do crédito, ainda que temporária, no(s) demandante(s).[2210]

Além de dispor sobre os meios de defesa oponíveis aos credores solidários (v. art. 273) ou ao credor comum (v. art. 281),[2211] ademais, o

2206 Bedaque, José Roberto dos Santos. *Direito e processo*: influência do direito material sobre o processo. 6. ed. São Paulo: Malheiros Editores, 2011, p. 23-24.

2207 Carnelutti, Francisco. *Sistema de derecho procesal civil*: introducción y función del proceso civil. Trad. Niceto Alcalá-Zamora y Castillo e Santiago Sentís Melendo. Buenos Aires: Uteha Argentina, 1944, v. I, p. 57-58.

2208 Marinoni, Luiz Guilherme; Arenhart, Sérgio Cruz; Mitidiero, Daniel. *O novo processo civil*. São Paulo: Editora Revista dos Tribunais, 2015, p. 37.

2209 Bedaque, José Roberto dos Santos. *Direito e processo*: influência do direito material sobre o processo. 6. ed. São Paulo: Malheiros Editores, 2011, p. 25.

2210 V. seção 3.2.2, sobre prevenção judicial.

2211 V. seções 2.3, sobre os meios de defesa do devedor solidário, e 3.3, sobre os meios de defesa na solidariedade ativa.

Código Civil de 2002 chega a cuidar da eficácia da sentença (ou, sob outra perspectiva, dos limites subjetivos da coisa julgada)[2212] em relação aos demais integrantes da relação obrigacional, matéria tipicamente processual (v. art. 274). É de tal monta a imbricação entre os dois ramos da ciência jurídica, no campo das obrigações solidárias, que a civilística – geralmente refratária à análise dos institutos processuais – costuma dedicar algumas linhas, ao cuidar da obrigação solidária, a vários temas de direito adjetivo.

Longe, é claro, de pretender esgotar a análise desses complexos temas, almeja-se estudar alguns institutos oriundos do direito processual – sob o prisma da relação obrigacional –, a fim de melhor compreender a dinâmica da solidariedade, em sintonia com a disciplina da solução dos conflitos de interesses – quando o direito, nas palavras de Arruda Alvim, passa de sua vida *fisiológica* para a atuação *patológica*.[2213]

4.2. Litisconsórcio: facultativo, necessário, simples e unitário

Ao salientar a estrutura tríplice da relação jurídica processual, refere-se a doutrina, à partida, a um *esquema mínimo* que, por meio dessas formulações, pretende apresentar. Nesse esquema, figurariam: (i) o *Estado* (juiz), no exercício da jurisdição; (ii) o *autor*, no exercício da demanda, porque a autotutela lhe seria (em regra) vedada; e (iii) o *réu*, a quem se franquearia a defesa. Há circunstâncias, contudo, em que a complexidade das relações possibilita (ou, em alguns casos, impõe) a participação de dois ou mais sujeitos, em um ou em ambos os polos da relação jurídica processual (pluralidade de partes).[2214]

Nos termos do art. 113,[2215] *caput*, do Código de Processo Civil de 2015, duas ou mais pessoas *podem* litigar, no mesmo processo, em conjunto,

2212 V. seção 4.4, sobre coisa julgada e eficácia da sentença.

2213 Alvim Netto, José Manoel de Arruda. *Direito processual civil*: teoria geral do processo de conhecimento. São Paulo: Editora Revista dos Tribunais, 1972, v. 1, p. 10.

2214 Dinamarco, Cândido Rangel. *Litisconsórcio*. 4. ed. São Paulo: Malheiros, 1996, p. 17-19.

2215 "Art. 113. Duas ou mais pessoas podem litigar, no mesmo processo, em conjunto, ativa ou passivamente, quando: I – entre elas houver comunhão de direitos ou de obrigações relativamente à lide; II – entre as causas houver conexão pelo pedido ou pela causa de pedir; III – ocorrer afinidade de questões por ponto comum de fato ou de direito. § 1º O juiz poderá limitar o litisconsórcio facultativo quanto ao número de litigantes na fase de conhecimento, na liquidação de sentença ou na execução, quando este comprometer a rápida solução do litígio ou dificultar a defesa ou o cumprimento da sentença. § 2º O requerimento de

ativa ou passivamente. Cuida-se de litisconsórcio: (i) *ativo*, quando a pluralidade é de autores; (ii) *passivo*, se de réus; e (iii) *recíproco* (*misto* ou *bilateral*), se de autores e de réus.[2216] É a situação processual em que dois ou mais indivíduos (litisconsortes) atuam em juízo, *lado a lado*, não apenas em uma demanda principal – mediante a qual o autor deduz sua pretensão processual contra o réu –, mas também em demandas incidentais (p. ex., uma demanda recursal incidental ao processo).[2217] Verifica-se, no litisconsórcio, *cumulação subjetiva de ações*.[2218]

Como resultado da complexidade da própria vida e do fato de o ser humano viver em sociedade – na companhia de pessoas com os quais coopera em atividades de interesse comum e com os quais, também, às vezes, entra em conflito –, tem-se que o mesmo fato pode provocar o surgimento de direitos e obrigações para uma pluralidade de pessoas: ocorre de o mesmo direito ou a mesma obrigação ter mais de um titular ou de direitos e obrigações de uma só pessoa projetarem efeitos ou influências sobre a situação jurídica de terceiros. Esses fenômenos viabilizam a participação de outras pessoas no processo, aglutinadas em um dos polos da relação processual (ou em ambos os polos), como sujeitos interessados na solução do conflito, dada a interligação entre situações jurídico-materiais.[2219]

As hipóteses em que se concretiza o fenômeno da pluralidade de partes refletem a variedade de situações de direito material e de nexos existentes entre elas. São fundamentais os elementos do litígio – para a configuração, a admissibilidade e, até mesmo, a obrigatoriedade da pluralidade, nas suas várias espécies. É no plano da relação substancial que

limitação interrompe o prazo para manifestação ou resposta, que recomeçará da intimação da decisão que o solucionar".

2216 Barbi, Celso Agrícola. *Comentários ao Código de Processo Civil*: arts. 1º a 55. Rio de Janeiro: Forense, 1977, v. I, t. I, p. 262.

2217 Beneduzi, Renato. *Comentários ao Código de Processo Civil*: artigos 70 ao 187. 2. ed. São Paulo: Editora Revista dos Tribunais, 2018, v. II, p. 201-202.

2218 Nery Junior, Nelson; Nery, Rosa Maria de Andrade. *Comentários ao Código de Processo Civil*. São Paulo: Editora Revista dos Tribunais, 2015, p. 511; Wambier, Teresa Arruda Alvim et al. *Comentários ao novo Código de Processo Civil*: artigo por artigo. São Paulo: Editora Revista dos Tribunais, 2015, p. 205. Em sentido diverso, cf. Silva, Ovídio A. Baptista da. Litisconsórcio. In: Silva, Ovídio A. Baptista da; Gomes, Fábio Luiz. *Teoria geral do processo civil*. 6. ed. São Paulo: Editora Revista dos Tribunais, 2011, p. 140-141.

2219 Dinamarco, Cândido Rangel. *Litisconsórcio*. 4. ed. São Paulo: Malheiros, 1996, p. 29.

se verifica *se* o fenômeno do litisconsórcio (assim como, simetricamente, o da intervenção de terceiros)[2220] poderá ou deverá ocorrer.[2221]

As *relações obrigacionais solidárias*, consoante já se salientou, pressupõem não apenas dualidade de titulares: é imprescindível que haja *pluralidade de sujeitos* em um de seus polos (ativo ou passivo), ou em ambos (solidariedade mista ou recíproca), visto que se trata de obrigação subjetivamente complexa.[2222] Essa pluralidade de sujeitos (na relação substancial) remete à figura do litisconsórcio: são fenômenos, *ictu oculi*, paralelos. Antevê-se, pois, na solidariedade, sem maiores digressões, a possível formação de litisconsórcio (ativo ou passivo), nos processos destinados a solucionar conflitos de interesses entre credor (ou credores) e devedor (ou devedores).

A primeira, a mais comum e mais elementar espécie de conflito, resultará da mora ou do inadimplemento[2223] por parte do devedor (ou dos devedores solidários), hipótese em que o credor (ou os credores solidários) poderá exigir o cumprimento da obrigação. Buscar-se-á, com isso, inicialmente, o reconhecimento da existência do direito à prestação, o que, depois, permitirá a realização de atividade executiva, no intuito de efetivar materialmente essa mesma prestação (fazer, não fazer, dar coisa ou pagar quantia). O êxito do(s) demandante(s), no exercício dessa pretensão, dará origem a uma decisão classificada como *condenatória*.[2224]

Sob o plano processual, a regra mais adequada ao mecanismo substancial da solidariedade, nessas circunstâncias de mora e de inadimplemento (ou na obrigação de indenizar), corresponde à do *litisconsórcio facultativo* – isto é, aquele em que a presença dos vários autores ou dos vários réus não constitui requisito imprescindível para que se tenha

[2220] V. seção 4.3, sobre intervenção de terceiros.

[2221] Bedaque, José Roberto dos Santos. *Direito e processo*: influência do direito material sobre o processo. 6. ed. São Paulo: Malheiros Editores, 2011, p. 127.

[2222] V. seção 1.5.1, sobre pluralidade de sujeitos.

[2223] V. seções 2.4.2, sobre impossibilidade da prestação (na solidariedade passiva), 2.4.3, sobre mora e juros (na solidariedade passiva), 3.4.1, sobre impossibilidade da prestação (na solidariedade ativa), e 3.4.2, sobre mora e juros (na solidariedade ativa).

[2224] Didier Jr., Fredie; Braga, Paula Sarno; Oliveira, Rafael. *Curso de direito processual civil*: teoria da prova, direito probatório, teoria do precedente, decisão judicial, coisa julgada e antecipação dos efeitos da tutela. 7. ed. Salvador: Editora JusPodivm, 2012, v. 2, p. 362-365.

como regularmente instaurado o contraditório.[2225] É que o núcleo essencial ou próprio da obrigação solidária passiva consiste precisamente na faculdade atribuída ao credor de agir contra um único devedor para obter o adimplemento da inteira prestação;[2226] na obrigação solidária ativa, correlativamente, autoriza-se cada um dos cocredores a exigir do devedor comum o cumprimento integral da prestação.[2227]

Se o credor pode constranger cada devedor solidário ao adimplemento da totalidade; se todos os devedores são obrigados à mesma prestação (na solidariedade passiva); e se, dentre os vários credores solidários, cada um tem o direito de exigir, sozinho, o adimplemento da inteira obrigação (na solidariedade ativa); as eventuais demandas instauradas entre eles serão conexas (pelo objeto e pelo título); exclui-se, em linha de princípio, o *litisconsórcio necessário*, mesmo quando houver interesse exclusivo de um dos devedores ou de um dos credores.[2228]

Com efeito, o *litisconsórcio necessário* é aquele em que a integração de todos os interessados na relação jurídica processual não poderia ser dispensada, mesmo que, nesse sentido, houvesse acordo entre eles, porque seria injurídico que a causa fosse decidida sem a participação de cada um.[2229] Na solidariedade, entretanto, o credor pode demandar apenas um devedor solidário; ou, em litisconsórcio passivo, mais de um, ou todos;[2230] e o credor solidário, sozinho, ou em litisconsórcio ativo com um, uma parte ou todos os seus consortes, poderá exigir o cumprimento

2225 BUENO, Cassio Scarpinella. *Partes e terceiros no processo civil brasileiro*. 2. ed. São Paulo: Saraiva, 2006, p. 121-125; MOREIRA, José Carlos Barbosa. *Litisconsórcio unitário*. Rio de Janeiro: Forense, 1972, p. 11.

2226 PELLEGATTA, Stefano. *Unità e pluralità nella obbligazione solidale passiva*. Torino: G. Giappichelli Editore, 2016, p. 266-267.

2227 V. seções 2.2, sobre efeitos fundamentais da solidariedade passiva, e 3.2, sobre efeitos fundamentais da solidariedade ativa.

2228 AMORTH, Giorgio. *L'obbligazione solidale*. Milano: Giuffrè, 1959, p. 315-317.

2229 BARBI, Celso Agrícola. *Comentários ao Código de Processo Civil*: arts. 1º a 55. Rio de Janeiro: Forense, 1977, v. I, t. I, p. 274.

2230 FULGÊNCIO, Tito. *Do direito das obrigações*: das modalidades das obrigações: artigos 863-927. 2. ed. Atual. por José de Aguiar Dias. Rio de Janeiro: Forense, 1958, p. 340; LÔBO, Paulo. *Direito civil*: obrigações. 2. ed. São Paulo: Saraiva, 2011, p. 143; MONTEIRO, Washington de Barros. *Curso de direito civil*: direito das obrigações, 1ª parte: das modalidades das obrigações: dos efeitos das obrigações. 15. ed. São Paulo: Saraiva, 1979, p. 178.

de toda a prestação.[2231] Forma-se (ou não) o litisconsórcio, no polo ativo ou passivo da relação jurídica processual, à escolha dos interessados (facultativo), à luz do que prescreve o art. 113,[2232] I, do Código de Processo Civil de 2015.[2233]

Admite-se o litisconsórcio facultativo com fundamento na utilidade prática da reunião das demandas. Até por isso, quando sua formação, ou mesmo sua continuação, puder comprometer a rápida solução do litígio, dificultar a defesa ou o cumprimento da sentença, caberá ao juiz, de ofício ou a requerimento, em qualquer fase do processo, limitar a pluralidade de sujeitos, por meio da determinação de desmembramento do processo (v. art. 113, § 1º, do Código de Processo Civil de 2015).[2234]

A facultatividade aplica-se tanto no que diz respeito às relações externas (*fase externa*) quanto às internas (*fase interna*).[2235] Assim, após a satisfação do credor primitivo, também poderá o *credor de regresso* (antigo codevedor solidário) demandar contra um ou, em litisconsórcio passivo, contra alguns ou contra todos os seus antigos colegas – a menos que se trate de obrigação de interesse de um deles.

Se houver mais de um *credor de regresso*, será possível, ainda, que eles se reúnam, em litisconsórcio ativo (facultativo), para exigir o reembolso dos demais, em eventual litisconsórcio passivo (facultativo). Esse mesmo entendimento aplica-se à solidariedade ativa: os credores solidários

2231 Miranda, Pontes de. *Tratado de direito privado*. 3. ed. Rio de Janeiro: Borsoi, 1971, v. X, p. 324.

2232 "Art. 113. Duas ou mais pessoas podem litigar, no mesmo processo, em conjunto, ativa ou passivamente, quando: I – entre elas houver comunhão de direitos ou de obrigações relativamente à lide; II – entre as causas houver conexão pelo pedido ou pela causa de pedir; III – ocorrer afinidade de questões por ponto comum de fato ou de direito. § 1º O juiz poderá limitar o litisconsórcio facultativo quanto ao número de litigantes na fase de conhecimento, na liquidação de sentença ou na execução, quando este comprometer a rápida solução do litígio ou dificultar a defesa ou o cumprimento da sentença. § 2º O requerimento de limitação interrompe o prazo para manifestação ou resposta, que recomeçará da intimação da decisão que o solucionar".

2233 Costa, José Maria da. As obrigações solidárias. In: Franciulli Netto, Domingos; Mendes, Gilmar Ferreira; Martins Filho, Ives Gandra da Silva (Coord.). *O novo Código Civil*: estudos em homenagem ao Professor Miguel Reale. São Paulo: LTr, 2003, p. 300.

2234 Beneduzi, Renato. *Comentários ao Código de Processo Civil*: artigos 70 ao 187. 2. ed. São Paulo: Editora Revista dos Tribunais, 2018, v. II, p. 205.

2235 Pellegatta, Stefano. *Unità e pluralità nella obbligazione solidale passiva*. Torino: G. Giappichelli Editore, 2016, p. 269.

poderão (ou não) coligar-se para exigir do *accipiens* (se for mais de um *accipiens*, também em litisconsórcio passivo), em um mesmo processo, a quota interna de cada um. É ampla, em princípio, a liberdade de provocar ou não a formação de litisconsórcio.

Nem sempre, contudo, o escopo do processo instaurado entre credor (ou credores solidários) e devedores solidários (ou devedor comum) será o de se obter *decisão condenatória* ou de *executar* o título da obrigação.[2236] Discutir-se-á, em variadas situações, a validade (anulabilidade ou nulidade) do negócio jurídico subjacente;[2237] em outras, buscar-se-á a sua resolução por inadimplemento ou por onerosidade excessiva (v. arts. 475 e 478 do Código Civil de 2002). Formulam-se, em tais hipóteses, pedidos constitutivos (negativos): o bem jurídico almejado pelo demandante não é mais a prestação, mas a situação jurídica nova, decorrente do reconhecimento do direito potestativo de que se afirma titular.[2238]

Quando se questiona a validade ou a subsistência do negócio jurídico, não aparenta ser possível aplicar, sem maiores reflexões, o entendimento de que se trataria de mero litisconsórcio facultativo entre os integrantes da relação obrigacional solidária. Dispõe o art. 116[2239] do Código de Processo Civil de 2015 que o litisconsórcio será *unitário* quando, pela natureza da relação jurídica, o juiz tiver de decidir o mérito de *modo uniforme* para todos os litisconsortes. Seria ilógico se um negócio jurídico fosse, ao mesmo tempo, válido e inválido; logo, o juiz teria, diante de pedidos constitutivos (ou mesmo declaratórios, em algumas circunstâncias), decidir o mérito uniformemente para todos os integrantes da relação substancial.

Decidir uniformemente significa decidir concorde e simultaneamente em relação a todos os litisconsortes (no litisconsórcio simples, o mérito da demanda poderá ser resolvido de maneira diversa para cada um dos litisconsortes). Por lógica, não se concebe a possibilidade de o

2236 Pellegatta, Stefano. *Unità e pluralità nella obbligazione solidale passiva*. Torino: G. Giappichelli Editore, 2016, p. 275.

2237 V. seções 2.4.5, sobre invalidades na solidariedade passiva, e 3.4.4, sobre invalidades na solidariedade ativa.

2238 Didier Jr., Fredie; Braga, Paula Sarno; Oliveira, Rafael. *Curso de direito processual civil*: teoria da prova, direito probatório, teoria do precedente, decisão judicial, coisa julgada e antecipação dos efeitos da tutela. 7. ed. Salvador: Editora JusPodivm, v. 2, 2012, p. 366.

2239 "Art. 116. O litisconsórcio será unitário quando, pela natureza da relação jurídica, o juiz tiver de decidir o mérito de modo uniforme para todos os litisconsortes".

juiz decretar, p. ex., a nulidade de determinado negócio (ainda que em parte) para um dos contratantes e não para o outro: ou o negócio é nulo – e nulo para todos – ou não é nulo.[2240] Conquanto haja quem defenda que a facultatividade do litisconsórcio não se limitaria, na solidariedade, à ação condenatória,[2241] prevalece a posição contrária, de que o litisconsórcio, em alguns casos, pode ser necessário, em razão da unitariedade.[2242]

Dá-se o *litisconsórcio unitário* em ambos os polos (ativo e passivo), a depender da posição dos colegitimados diante do interesse em exercer o direito potestativo. Adverte J. C. Barbosa Moreira, porém, que o conceito de unitariedade não coincidiria com o de necessariedade, nem na compreensão, nem na extensão. Assim, a unitariedade ativa, em regra, não acarretaria o litisconsórcio necessário: ninguém negaria a qualquer integrante da relação substancial a possibilidade de pleitear, sozinho, a invalidação do contrato.[2243] Em sentido contrário, afirma-se que, quando a relação jurídica for incindível e não houver uma regra que imponha legitimidade isolada de cada um dos seus partícipes, o litisconsórcio será, além de unitário, também necessário.[2244]

De fato, o *litisconsórcio unitário* (contraposto ao simples) é categoria que não se identifica nem se opõe à do *litisconsórcio necessário* (contraposto ao facultativo): essa classificação parece ter sido acolhida pelo Código de Processo Civil de 2015 (v. arts. 114 a 116). Na maioria dos casos, o

[2240] Beneduzi, Renato. *Comentários ao Código de Processo Civil*: artigos 70 ao 187. 2. ed. São Paulo: Editora Revista dos Tribunais, 2018, v. II, p. 213.

[2241] Corea, Ulisse. *Obbligazioni solidali e giusto processo*. Napoli: Edizioni Scientifiche Italiane, 2012, p. 60-61.

[2242] Amorth, Giorgio. *L'obbligazione solidale*. Milano: Giuffrè, 1959, p. 319; López, Joaquín Ataz. Las obligaciones solidarias en la nueva ley de enjuiciamiento civil (aspectos sustantivos). In: Laporta, Jorge Caffarena; López, Joaquín Ataz (Coord.). *Las obligaciones solidarias*: jornadas de derecho civil em Murcia. Valencia: Tirant lo Blanch, 2002, p. 127-144; Rubino, Domenico. Delle obbligazioni: obbligazioni alternative, obbligazioni in solido, obbligazioni divisibili e indivisibili: art. 1285-1320. In: Scialoja, Antonio; Branca, Giuseppe (a cura di). *Commentario del Codice Civile*: libro quarto: delle obbligazioni. 2. ed. Bologna: Zanichelli; Roma: Soc. Ed. Del Foro Italiano, 1968, p. 211-212; Ticozzi, Marco. *Studio sulle obbligazioni solidali*. Padova: Cedam, 2012, p. 237-238.

[2243] Moreira, José Carlos Barbosa. *Litisconsórcio unitário*. Rio de Janeiro: Forense, 1972, p. 129-133.

[2244] Sica, Heitor Vitor Mendonça. Três velhos problemas do processo litisconsorcial à luz do CPC/2015. *Revista de Processo*. São Paulo: Editora Revista dos Tribunais, v. 256, jun.-2016, p. 79.

litisconsórcio facultativo é simples, enquanto o necessário é unitário; mas é possível que o litisconsórcio necessário seja simples (se, apesar da obrigatoriedade da sua formação, a decisão não tiver de ser uniforme para todas as partes) ou que haja litisconsórcio unitário facultativo (se o direito material outorgar legitimidade a apenas um dos partícipes da relação jurídica incindível, para postular em juízo, sozinho).[2245]

Cândido Rangel Dinamarco enxerga no litisconsórcio unitário ativo grave obstáculo ao exercício da ação, o que justificaria as ressalvas feitas por processualistas como J. C. Barbosa Moreira – a tendência seria no sentido de alargar a facultatividade, para que a ação pudesse ser exercida livre desse óbice, e cada legitimado não tivesse de contar com a adesão da vontade dos demais. Observa Dinamarco, todavia, que a *manutenção* da situação jurídica poderia interessar ao colegitimado ativo que, por isso mesmo, optasse por se omitir, isto é, por não demandar – como, p. ex., nos casos de ação redibitória ou de anulação do contrato, se a desconstituição postulada na inicial não lhe fosse conveniente.[2246] Questiona-se se o litisconsórcio unitário, nessas hipóteses, não seria também necessário, no sentido exigir a citação daquele que pudesse ser prejudicado pelo provimento jurisdicional.

Serviria de paradigma de litisconsórcio ativo *realmente necessário*, ainda de acordo com Dinamarco, a ação em que se pretendesse anulação do contrato (p. ex., por vício do consentimento), porque a invalidação de ato jurídico dependeria sempre da vontade do sujeito possivelmente lesado pela causa da anulabilidade, tanto que ele poderia ratificar o ato ou cumprir a obrigação dele emergente; e isso teria sua razão de ser na possibilidade de que, apesar do vício, o ato lhe seria conveniente. Essa mesma tese aplicar-se-ia às ações declaratórias, porque a certeza quanto à existência, inexistência ou modo de ser de uma relação jurídica constituiria bem de inegável valor perante o direito.[2247]

2245 SICA, Heitor Vitor Mendonça. Três velhos problemas do processo litisconsorcial à luz do CPC/2015. *Revista de Processo*. São Paulo: Editora Revista dos Tribunais, v. 256, jun.-2016, p. 67.

2246 DINAMARCO, Cândido Rangel. *Litisconsórcio*. 4. ed. São Paulo: Malheiros, 1996, p. 189-190 e 229-231.

2247 DINAMARCO, Cândido Rangel. *Litisconsórcio*. 4. ed. São Paulo: Malheiros, 1996, p. 234 e 237.

Contrapor-se-iam, segundo Dinamarco, dois comandos vetoriais antagônicos, os quais confinariam a necessariedade do litisconsórcio ativo em área bastante exígua: (i) a garantia constitucional da ação (v. art. 5º, XXXV,[2248] da Constituição da República) impediria que a necessariedade ativa tivesse a mesma amplitude da passiva, por repugnar ao senso comum tolher a cada um do interessados o acesso individual ao serviço jurisdicional e, ao mesmo tempo, negar-lhe os meios para compelir os demais a participar de sua demanda; (ii) o caráter instrumental do processo não permitiria que um dos cointeressados, sem o consenso dos demais, promovesse em juízo algum resultado que, no plano do direito substancial, lhe seria vedado produzir individualmente.[2249]

Não oferece o autor, entretanto, nenhuma solução para esse verdadeiro paradoxo. Reafirma que o tema é "extremamente delicado", além de "inçado de incertezas e perplexidades", mas assevera que ora se aconselharia, ora se desaconselharia a exigência de litisconsortes no polo ativo da relação processual; e os casos não disciplinados especificadamente em lei haveriam "de ser dissecados e examinados pelo juiz, com sua experiência e cultura, mas sobretudo com fina sensibilidade aos valores a preservar mediante o processo".[2250] Remanesce, pois, a dúvida acerca dos parâmetros que servirão de norte ao julgador para "dissecar", sem recurso ao voluntarismo, as controvérsias do dia a dia.

Cuida-se, como se mostra evidente, de tema sobremaneira complexo, cujo enfrentamento, aqui, se não fosse superficial, extrapolaria o escopo de analisar a solidariedade no direito das obrigações – isto é, no plano substancial. Sem ingressar, pois, com maior profundidade, nessa espinhosa controvérsia, filiamo-nos, aqui, à interpretação que melhor solucionaria a maior parte das situações concretas: a de que, em todos os casos, basta citar o litisconsorte necessário, como interessado, a fim de que ele possa integrar a relação processual no polo que lhe convier; se assumir o polo ativo, o litisconsórcio será necessário ativo; se se omitir, será réu (portanto, litisconsorte necessário passivo).[2251]

[2248] "Art. 5º [...] XXXV – a lei não excluirá da apreciação do Poder Judiciário lesão ou ameaça a direito".

[2249] DINAMARCO, Cândido Rangel. *Litisconsórcio*. 4. ed. São Paulo: Malheiros, 1996, p. 238.

[2250] DINAMARCO, Cândido Rangel. *Litisconsórcio*. 4. ed. São Paulo: Malheiros, 1996, p. 239.

[2251] NERY JUNIOR, Nelson; NERY, Rosa Maria de Andrade. *Comentários ao Código de Processo Civil*. São Paulo: Editora Revista dos Tribunais, 2015, p. 517. No mesmo sentido, cf. BEDAQUE,

Referida formulação tem o mérito de compatibilizar as regras previstas nos arts. 114,[2252] 115[2253] e 116[2254] do Código de Processo Civil de 2015 com as garantias do contraditório e da ampla defesa, impostas pela Constituição da República (v. art. 5º, LV).[2255] Seria iníquo a um dos credores solidários ver a desconstituição de certo negócio jurídico, cuja manutenção lhe interessasse, sem que, no mínimo, lhe houvesse sido permitido cooperar, com provas e argumentos, para a formação do convencimento do julgador. Soluciona-se esse problema com sua citação (na qualidade inicial de *interessado*, inclusive, tal como permite o art. 238[2256] do Código de Processo Civil de 2015), para que passe a integrar a relação processual, no polo que melhor lhe aprouver, sempre que a questão tiver de ser apreciada *principaliter tantum*.

4.3. Intervenção de terceiros

4.3.1. Assistência: simples e litisconsorcial

Conforme já se examinou, o conflito mais comum entre os integrantes da relação obrigacional solidária decorre da mora ou do inadimple-

José Roberto dos Santos. Breves notas sobre o litisconsórcio no novo Código de Processo Civil. *Revista Brasileira da Advocacia*. São Paulo: Editora Revista dos Tribunais, v. 3, out.-dez. 2016, p. 199; Didier Jr., Fredie. Litisconsórcio unitário e litisconsórcio necessário. *Revista de Processo*. São Paulo: Editora Revista dos Tribunais, v. 208, jun. 2012, p. 419; Sica, Heitor Vitor Mendonça. Três velhos problemas do processo litisconsorcial à luz do CPC/2015. *Revista de Processo*. São Paulo: Editora Revista dos Tribunais, v. 256, jun. 2016, p. 80.

2252 "Art. 114. O litisconsórcio será necessário por disposição de lei ou quando, pela natureza da relação jurídica controvertida, a eficácia da sentença depender da citação de todos que devam ser litisconsortes".

2253 "Art. 115. A sentença de mérito, quando proferida sem a integração do contraditório, será: I – nula, se a decisão deveria ser uniforme em relação a todos que deveriam ter integrado o processo; II – ineficaz, nos outros casos, apenas para os que não foram citados. Parágrafo único. Nos casos de litisconsórcio passivo necessário, o juiz determinará ao autor que requeira a citação de todos que devam ser litisconsortes, dentro do prazo que assinar, sob pena de extinção do processo".

2254 "Art. 116. O litisconsórcio será unitário quando, pela natureza da relação jurídica, o juiz tiver de decidir o mérito de modo uniforme para todos os litisconsortes".

2255 "Art. 5º [...] LV – aos litigantes, em processo judicial ou administrativo, e aos acusados em geral são assegurados o contraditório e ampla defesa, com os meios e recursos a ela inerentes".

2256 "Art. 238. Citação é o ato pelo qual são convocados o réu, o executado ou o interessado para integrar a relação processual".

mento.[2257] Também é corriqueiro, na obrigação de indenizar, o pedido condenatório deduzido em face de corresponsáveis solidários. Nesses casos, impera a *facultatividade* do litisconsórcio: o credor (ou a vítima do dano) está autorizado, à sua escolha, a constranger um, uma parte ou todos os devedores solidários ao adimplemento da totalidade, assim como o credor solidário tem o direito de – sozinho ou aglutinado com seus consortes – exigir do devedor comum o cumprimento da inteira prestação. Ajuíza-se a demanda, pois, com ou sem a pluralidade de sujeitos, de acordo com a conveniência do autor.

Enquanto alheios à relação processual, os demais devedores solidários (ou credores solidários), consideram-se *terceiros* – ou seja, aqueles que não são sujeitos (ou partes) do processo. As *partes*, tecnicamente, sob a ótica do direito processual civil, são apenas aquelas que pedem a tutela jurisdicional (demandante ou autor, ao deduzir a pretensão processual) e, após a citação, aquelas contra quem essa tutela é pedida (demandado ou réu, contra quem é deduzida a pretensão processual), independentemente de quem sejam os sujeitos da relação substancial[2258] (*in casu*, da relação obrigacional solidária).

Mesmo depois de integrada a relação processual segundo o esquema subjetivo mínimo (juiz-autor-réu), entretanto, a lei permite (ou reclama) o ingresso de terceiro no processo, seja em substituição a uma das partes, seja em acréscimo a elas, para ampliar subjetivamente aquela relação. A primeira dessas hipóteses é a de *assistência* (intervenção *ad coajuvandum*),[2259] correspondente à adesão voluntária do terceiro, com o objetivo de ajudar (ou assistir) uma das partes,[2260] de melhorar o

[2257] V. seções 2.4.2, sobre impossibilidade da prestação (na solidariedade passiva), 2.4.3, sobre mora e juros (na solidariedade passiva), 3.4.1, sobre impossibilidade da prestação (na solidariedade ativa), 3.4.2, sobre mora e juros (na solidariedade ativa) e 4.2, sobre litisconsórcio (facultativo, necessário, simples e unitário).

[2258] Beneduzi, Renato. *Comentários ao Código de Processo Civil*: artigos 70 ao 187. 2. ed. São Paulo: Editora Revista dos Tribunais, 2018, v. II, p. 219.

[2259] Câmara, Alexandre Freitas. *Lições de direito processual civil*. 24. ed. São Paulo: Atlas, 2013, v. 1, p. 207; Didier Jr., Fredie. *Curso de direito processual civil*: introdução ao direito processual civil e processo de conhecimento. 14. ed. Salvador: JusPodivm, 2012, v. 1, p. 364; Dinamarco, Cândido Rangel. *Intervenção de terceiros*. 5. ed. São Paulo: Malheiros, 2009, p. 37.

[2260] Cintra, Antonio Carlos de Araújo; Grinover, Ada Pellegrini; Dinamarco, Cândido Rangel. *Teoria geral do processo*. 29. ed. São Paulo: Malheiros, 2013, p. 329.

resultado a ser dado no litígio[2261] ou de fiscalizar a conduta das partes em juízo.[2262]

É indiferente ao *objeto* do processo o ingresso do assistente. O que legitima esse terceiro a intervir é a titularidade de situação jurídica conexa ou dependente da *res in iudicium deducta* – quando se faz inserir na demanda, não provoca julgamento *principaliter* sobre qualquer relação jurídica *sua*. Com ou sem essa intervenção, o juiz julgará somente a pretensão do autor perante o réu. Consequentemente, os efeitos substanciais diretos da sentença serão sempre aqueles que ela produziria se o terceiro não houvesse ingressado na relação processual; a coisa julgada ostentará a mesma delimitação *objetiva* que teria sem essa intervenção.[2263]

O Código de Processo Civil de 2015 disciplina, em seções apartadas do mesmo capítulo, duas espécies de assistência: a *simples* (v. arts. 121 a 123) e a *litisconsorcial* (v. art. 124). Na assistência *simples* (ou *adesiva*), o terceiro ingressa como auxiliar da parte principal, sob a alegação de ser titular de relação jurídica conexa àquela *sub judice*. Não se discute, no processo, segundo a doutrina, nenhuma relação jurídica da qual esse terceiro já faça parte: ele não mantém, em regra, vínculo algum com o adversário do assistido (p. ex., a assistência do sublocatário, em ação de despejo contra o locatário).[2264] Diverge a literatura sobre a qualidade do assistente simples como parte, parte principal, parte acessória ou subordinada, quase-parte, representante da parte, substituto processual, sujeito processual, sujeito processual secundário ou terceiro interveniente,[2265] mas tal discussão, aqui, se revela inoportuna.

Há, ainda, a figura da *assistência litisconsorcial* ou *qualificada*, viabilizada sempre que a futura sentença puder *influir na relação jurídica* entre o *assistente* e o *adversário do assistido*, nos termos do art. 124[2266] do Código de

2261 Alvim, Arruda; Pinto, Teresa Arruda Alvim. *Assistência – litisconsórcio*: repertório de jurisprudência e doutrina. São Paulo: Editora Revista dos Tribunais, 1986, p. 11.

2262 Beneduzi, Renato. *Comentários ao Código de Processo Civil*: artigos 70 ao 187. 2. ed. São Paulo: Editora Revista dos Tribunais, 2018, v. II, p. 223 e 237.

2263 Dinamarco, Cândido Rangel. *Intervenção de terceiros*. 5. ed. São Paulo: Malheiros, 2009, p. 37-38.

2264 Didier Jr., Fredie. *Curso de direito processual civil*: introdução ao direito processual civil e processo de conhecimento. 14. ed. Salvador: JusPodivm, 2012, v. 1, p. 365-369.

2265 Maurício, Ubiratan de Couto. *Assistência simples no direito processual civil*. São Paulo: Editora Revista dos Tribunais, 1983, p. 97-102.

2266 "Art. 124. Considera-se litisconsorte da parte principal o assistente sempre que a sentença influir na relação jurídica entre ele e o adversário do assistido".

Processo Civil de 2015. Nessas circunstâncias, o terceiro interveniente também é titular da relação jurídica deduzida no processo, embora não figure na demanda como *parte*. Na relação jurídica plúrima, não se poderia impedir que os demais titulares ingressassem no processo, para auxiliar aquele cuja vitória lhes interessasse.[2267]

Note-se: na *assistência simples*, o vínculo jurídico substancial dá-se *entre assistente e assistido*, de um lado, e *entre assistido e seu adversário*, de outro, sem que exista relação entre assistente e adversário do assistido (autor ou réu), ou, ainda, sem que tal relação, se existir, seja relevante para o processo; ao passo que, na *assistência litisconsorcial*, ocorre o oposto: *o assistente e o adversário do assistido* são (alegadamente) partes de uma mesma relação jurídica material; existe entre eles um vínculo direto.[2268]

Conquanto o Código de Processo Civil de 2015 (v. art. 124) disponha que o assistente (litisconsorcial) se consideraria *litisconsorte* da parte principal, entende a doutrina, majoritariamente,[2269] que não seria correta essa equiparação, porque o interveniente não estaria direta e imediatamente vinculado à relação jurídica posta como objeto do processo.[2270] Como o assistente litisconsorcial não tem pretensão no processo, por ser a lide de outrem, não é propriamente *litisconsorte*, apesar de ser titular do direito que dá a alguém legitimidade para acionar a jurisdição.[2271] Cuida-se de mero assistente, tratado "como se fosse" litisconsorte, ou seja, com o mesmo tratamento formal dispensado ao litisconsorte, mas sem adquirir a posição de autor ou de réu.[2272]

[2267] CÂMARA, Alexandre Freitas. *Lições de direito processual civil*. 24. ed. São Paulo: Atlas, 2013, v. 1, p. 208-209.

[2268] BENEDUZI, Renato. *Comentários ao Código de Processo Civil*: artigos 70 ao 187. 2. ed. São Paulo: Editora Revista dos Tribunais, 2018, v. II, p. 237.

[2269] Em sentido diverso, cf. DIDIER JR., Fredie. *Curso de direito processual civil*: introdução ao direito processual civil e processo de conhecimento. 14. ed. Salvador: JusPodivm, 2012, v. 1, p. 370. Considera referido autor que a assistência litisconsorcial seria hipótese de litisconsórcio facultativo ulterior, de modo que o terceiro se transformaria em litisconsorte do assistido, com a mesma intensidade processual.

[2270] BEDAQUE, José Roberto dos Santos. *Direito e processo*: influência do direito material sobre o processo. 6. ed. São Paulo: Malheiros Editores, 2011, p. 130.

[2271] FERRAZ, Sérgio. *Assistência litisconsorcial no direito processual civil*: breves notas. São Paulo: Editora Revista dos Tribunais, 1979, p. 85.

[2272] CÂMARA, Alexandre Freitas. *Lições de direito processual civil*. 24. ed. São Paulo: Atlas, 2013, v. 1, p. 209.

Com efeito, o assistente não se torna parte, no sentido completo da palavra: ele é *assistente* litisconsorcial, e não *litisconsorte* assistente – o substantivo "assistente" predomina sobre o adjetivo "litisconsorcial".[2273] Ante a natureza especial de seu interesse na causa, porém, são-lhe reconhecidos poderes muito mais amplos do que os conferidos ao assistente simples; logo, ele poderá praticar todos os atos necessários à defesa do direito, como: produzir provas, fazer alegações e impugnações, interpor recursos etc. Autoriza-se que o assistente até mesmo atue em oposição ao assistido, como, p. ex., se recorrer da decisão, quando o último renunciar a essa faculdade.[2274]

Na hipótese de *obrigação solidária*, assim que, por qualquer meio, tomar conhecimento da pendência de demanda entre o credor comum e um dos codevedores, qualquer coobrigado estará autorizado – se porventura entender conveniente – a intervir no processo, para assistir o demandado: a assistência será admitida, em princípio, em qualquer procedimento (salvo quando houver vedação legal, como, p. ex., nos processos de competência dos juizados especiais cíveis, por força do que dispõe o art. 10[2275] da Lei n. 9.099/1995), em todos os graus de jurisdição (v. art. 119, par. ún.,[2276] do Código de Processo Civil de 2015). Também se facultará, nos mesmos moldes, o ingresso do credor solidário alheio à relação jurídica processual. Resta saber qual seria a figura mais adequada: a assistência simples ou litisconsorcial?

Na vigência do Código de Processo Civil de 1973, asseverava a doutrina que o assistente (simples e litisconsorcial), depois de ingressar na relação jurídica processual, estaria sujeito à *justiça da decisão*, à luz do que dispunha o art. 55[2277] do mencionado diploma. Em rigor técnico, ele não

2273 BENEDUZI, Renato. *Comentários ao Código de Processo Civil*: artigos 70 ao 187. 2. ed. São Paulo: Editora Revista dos Tribunais, 2018, v. II, p. 237.

2274 BARBI, Celso Agrícola. *Comentários ao Código de Processo Civil*: arts. 1º a 55. Rio de Janeiro: Forense, 1977, v. I, t. I, p. 303. No mesmo sentido, cf. NERY JUNIOR, Nelson; NERY, Rosa Maria de Andrade. *Comentários ao Código de Processo Civil*. São Paulo: Editora Revista dos Tribunais, 2015, p. 543.

2275 "Art. 10. Não se admitirá, no processo, qualquer forma de intervenção de terceiro nem de assistência. Admitir-se-á o litisconsórcio".

2276 "Art. 119. [...] Parágrafo único. A assistência será admitida em qualquer procedimento e em todos os graus de jurisdição, recebendo o assistente o processo no estado em que se encontre".

2277 "Art. 55. Transitada em julgado a sentença, na causa em que interveio o assistente, este não poderá, em processo posterior, discutir a justiça da decisão, salvo se alegar e provar que:

se submetia às vinculações inerentes à coisa julgada – circunscrita ao conteúdo da sentença quanto aos eventuais direitos e obrigações entre autor e réu. Se não era o autor da pretensão ou destinatário dos efeitos da sentença, não se inseria nos limites subjetivos da coisa julgada: expunha-se, segundo Cândido Rangel Dinamarco, à eficácia preclusiva da coisa julgada, e não à coisa julgada em si mesma.[2278]

Anota Vicente Greco Filho, à luz do diploma revogado, que se inutilizaria o instituto da assistência, se houvesse a impossibilidade absoluta de o interveniente, em causa posterior, discutir a justiça da decisão. Ninguém mais interviria, para não correr o risco de, ao se habilitar no processo, se vincular a uma transigência leviana, a uma confissão dolosa, ao desinteresse ou, até, à simulação do assistido. Por mais que se ampliassem as faculdades processuais do assistente, sua participação seria sempre acessória e secundária; pelas mesmas razões que autorizavam o seu ingresso, dever-se-ia permitir que, em processo posterior, quando passasse a figurar como parte principal, o assistente pudesse levar aos autos as provas e elementos que, sem culpa, não pôde fazer valer no processo primitivo.[2279]

Aplicava-se, para sustentar esse entendimento, o disposto no art. 55, I e II, do Código de Processo Civil de 1973, inserido em única seção, indivisa, destinada a disciplinar a assistência simples e a litisconsorcial. Tornava-se ineficaz a sentença, portanto: (i) se o assistente alegasse e provasse óbice na produção de provas suscetíveis de influir na sentença (inc. I), tanto pelo estado em que recebera o processo (ingresso tardio), quanto por declarações e atos do assistido (p. ex., na hipótese de confissão do assistido); (ii) se o assistente desconhecesse a existência de alegações (fatos jurídicos, e não normas legais ou jurisprudência) e provas sonegadas, dolosa ou culposamente, pelo assistido (inc. II), também suficientes para alterar o destino da demanda.

Celso Agrícola Barbi defendia a incompatibilidade desse dispositivo com a assistência litisconsorcial, porque destinado, sob sua ótica, a

I – pelo estado em que recebera o processo, ou pelas declarações e atos do assistido, fora impedido de produzir provas suscetíveis de influir na sentença; II – desconhecia a existência de alegações ou de provas, de que o assistido, por dolo ou culpa, não se valeu".

2278 Dinamarco, Cândido Rangel. *Intervenção de terceiros*. 5. ed. São Paulo: Malheiros, 2009, p. 38-39.

2279 Greco Filho, Vicente. *Da intervenção de terceiros*. 3. ed. São Paulo: Saraiva, 1991, p. 57-58.

regular a eficácia da sentença *entre o assistente e o assistido*; logo, só teria aplicação na assistência simples, em que se revelava importante a futura relação entre o assistente e o assistido. Na assistência litisconsorcial, porém, não haveria direito a ser discutido futuramente *entre* o *assistente e o assistido*, de modo que não se vislumbraria razão para se lhe estender a regra prevista no artigo em questão.[2280]

Considerava Sérgio Ferraz, em outro sentido, que o citado art. 55 se aplicava a ambas as espécies de assistência: operaria a justiça da decisão como uma prejudicial. Se houvesse assistência litisconsorcial, todavia, essa espécie de assistente envolver-se-ia pela coisa julgada formada no processo em que se julgasse lide alheia; pela só circunstância da assistência, estaria impedido o assistente litisconsorcial de rediscutir, em processo posterior, a *verdade dos fatos* (estabelecida como fundamento da sentença), *os motivos* (ainda que importantes para determinar o alcance da coisa julgada) e *o direito aplicado à espécie* – ressalvadas as exceções previstas nos incisos.[2281]

Se a questão já era controvertida quando da vigência do Código de Processo Civil de 1973, o advento do diploma atual talvez fomente, ainda mais, o debate. Afinal, o enquadramento sistemático da *assistência litisconsorcial*, no Código de Processo Civil de 2015 (Seção III, do Capítulo I, do Título III, do Livro III), induz à conclusão de que não lhe seria aplicável a norma prevista no art. 123[2282] (correspondente ao art. 55 do Código de Processo Civil de 1973), inserido em seção apartada, circunscrita à assistência simples.

Independentemente disso, tem-se que a assistência litisconsorcial não amplia objetivamente a demanda, tanto que, de acordo com Nelson Nery Junior e Rosa Maria de Andrade Nery, o assistente não pode reconvir, fazer pedido declaratório incidental ou alterar o pedido ou causa de pedir, assim como, em princípio, também não lhe seria dado desistir

2280 Barbi, Celso Agrícola. *Comentários ao Código de Processo Civil*: arts. 1º a 55. Rio de Janeiro: Forense, 1977, v. I, t. I, p. 308-309.

2281 Ferraz, Sérgio. *Assistência litisconsorcial no direito processual civil*: breves notas. São Paulo: Editora Revista dos Tribunais, 1979, p. 80-86.

2282 "Art. 123. Transitada em julgado a sentença no processo em que interveio o assistente, este não poderá, em processo posterior, discutir a justiça da decisão, salvo se alegar e provar que: I – pelo estado em que recebeu o processo ou pelas declarações e pelos atos do assistido, foi impedido de produzir provas suscetíveis de influir na sentença; II – desconhecia a existência de alegações ou de provas das quais o assistido, por dolo ou culpa, não se valeu".

da ação, renunciar ao direito ou reconhecer a procedência do pedido, atos esses que seriam ineficazes se a eles se opusesse o assistido.[2283]

Dada a não ampliação objetiva da demanda,[2284] o credor solidário, quando figurasse como assistente litisconsorcial, não estaria sujeito aos meios de defesa *pessoais* oponíveis ao assistido (v. art. 273 do Código Civil de 2002); correlativamente, o devedor solidário, ao intervir, não poderia suscitar seus próprios meios de defesa *pessoais* em face do demandante (v. art. 281 do Código Civil de 2002). Apesar disso, consoante a processualística, o assistente litisconsorcial sujeitar-se-ia à autoridade da coisa julgada material,[2285] de modo que, se a obrigação fosse solidária, estaria tolhido de pleitear, em outra demanda, a anulação do negócio jurídico, p. ex., ou de discutir qualquer outra questão pessoal, anteriormente inoponível.

A vantagem é que, como observa Renato Beneduzi, o assistente litisconsorcial poderia promover, em nome próprio, o cumprimento do título executivo judicial; ou ele próprio sujeitar-se-ia a sofrer a execução, a depender do polo em que houvesse figurado seu assistido. Seria facultado ao credor, sob tal perspectiva, executar a sentença condenatória contra o devedor solidário que, durante a fase de conhecimento, interveio na qualidade de assistente litisconsorcial do outro, mesmo que, contra ele, o credor comum não tivesse também demandado;[2286] simetricamente, na hipótese em que houvesse participado como assistente litisconsorcial um dos credores solidários, ele também estaria autorizado a exigir, em nome próprio, contra o devedor comum, o cumprimento da sentença.

À primeira vista, seria adequado esse entendimento: não se poderia negar, em princípio, o interesse dos codevedores (ou dos cocredores) na vitória do que fosse demandado (ou, a depender das circunstâncias, do

[2283] NERY JUNIOR, Nelson; NERY, Rosa Maria de Andrade. *Comentários ao Código de Processo Civil*. São Paulo: Editora Revista dos Tribunais, 2015, p. 543.

[2284] DINAMARCO, Cândido Rangel. *Intervenção de terceiros*. 5. ed. São Paulo: Malheiros, 2009, p. 37-38.

[2285] NERY JUNIOR, Nelson; NERY, Rosa Maria de Andrade. *Comentários ao Código de Processo Civil*. São Paulo: Editora Revista dos Tribunais, 2015, p. 543.

[2286] BENEDUZI, Renato. *Comentários ao Código de Processo Civil*: artigos 70 ao 187. 2. ed. São Paulo: Editora Revista dos Tribunais, 2018, v. II, p. 239.

demandante).[2287] Permitir-se-ia, assim, que interviessem como assistentes litisconsorciais, naquelas hipóteses em que fosse facultativa a formação do litisconsórcio, até para que não houvesse a necessidade, depois, de ajuizamento de nova demanda, para exigir o cumprimento de obrigação já reconhecida em título judicial, notadamente se considerada a regra prevista no art. 274 do Código Civil de 2002, acerca da eficácia da sentença em favor dos credores solidários alheios à relação jurídica processual.[2288]

Remanesceria sem solução, contudo, o problema do óbice ao exercício dos meios de defesa pessoais, e se tolheria o assistente litisconsorcial de buscar – depois de se submeter à autoridade da coisa julgada – a anulação do negócio jurídico, p. ex., se esse vício apenas lhe dissesse respeito e, por isso, não fosse suscitável no processo em que interviesse (por ampliar os limites objetivos da demanda).

Com efeito, a solidariedade é peculiar, porque todos (credores e devedores) mantêm relação substancial, uns com os outros, de diferentes ordens. Mereceria o instituto, por isso, uma atenção diferenciada, dadas essas suas características *sui generis*. Se a obrigação é solidária, cuida-se, a um só tempo, de unidade e pluralidade, por compreender uma *relação obrigacional de ordem superior*, polarizada entre credor(es) e devedor(es), e, simultaneamente, uma *pluralidade de obrigações de ordem inferior*, estabelecida entre os membros do grupo solidário (credores solidários e/ou devedores solidários).[2289]

Na fase externa da relação obrigacional, em que pode entrar em conflito a relação obrigacional de ordem superior, entre credores solidários e devedor comum (na solidariedade ativa), ou entre credor comum e devedores solidários (na solidariedade passiva), a só propositura da ação já poderá ser suficiente para influir na relação substancial entre as partes e os consortes alheios ao processo. Na solidariedade ativa, p. ex., o simples ajuizamento provoca a chamada *prevenção judicial* (v. art. 268 do Código Civil de 2002), com a consequente concentração do crédito na pessoa do demandante.[2290] Ademais, quando vantajosa ao grupo solidá-

[2287] CÂMARA, Alexandre Freitas. *Lições de direito processual civil*. 24. ed. São Paulo: Atlas, 2013, v. 1, p. 208-209.

[2288] V. seção 4.4, sobre coisa julgada e eficácia da sentença.

[2289] V. seção 1.8.3, sobre unidade ou pluralidade.

[2290] V. seção 3.2.2, sobre prevenção judicial.

rio, a sentença (na solidariedade ativa ou passiva) poderá ser eficaz para beneficiar aqueles consortes alheios à relação processual – tema esse que será melhor analisado em momento adequado.[2291]

Diante dessas considerações, a espécie mais apropriada de assistência, em uma primeira aproximação, seria a *litisconsorcial*, dada a possibilidade de a sentença influir na relação jurídica entre o assistente e o adversário do assistido. Se adotado esse entendimento sem maiores reflexões, no entanto, o pretenso assistente deixaria, quase sempre, de invervir, notadamente quando dispusesse de meio de defesa pessoal – inoponível naquela demanda específica –, para não correr o risco de se submeter à autoridade da coisa julgada, sem, depois, poder discutir a justiça da decisão.

Nesse caso, a figura que melhor se amoldaria à solidariedade (ativa ou passiva) seria a da *assistência simples*, porque, no mais das vezes, o assistente estará mais preocupado com a sua relação jurídica (interna) com o assistido, de quem poderá exigir (na solidariedade ativa), depois, a sua quota no crédito, ou a quem deverá pagar (na solidariedade passiva), proporcionalmente à responsabilidade que lhe tocar na fase interna. A solução, então, seria a de permitir que o interveniente, na solidariedade, optasse entre a assistência simples e a litisconsorcial, o que afastaria o inconveniente de ser inviável a ampliação objetiva da demanda: se ingressar como assistente simples, poderá o terceiro discutir, em processo posterior, a justiça da decisão, porque o estado em que recebera o processo o impedira de suscitar os meios de defesa pessoais.

4.3.2. Denunciação da lide e chamamento ao processo

Além da assistência (simples e litisconsorcial), também a *denunciação da lide* (v. arts. 125 a 129 do Código de Processo Civil de 2015) e o *chamamento ao processo* (v. arts. 130 a 132 do Código de Processo Civil de 2015) são espécie de intervenção de terceiros que podem apresentar algum interesse durante o estudo das obrigações solidárias. Ambas traduziriam, de acordo com Nelson Nery Junior e Rosa Maria de Andrade Nery, verdadeiras *ações condenatórias*, ajuizadas no curso de uma outra demanda: duas relações processuais; apenas um processo.[2292]

[2291] V. seção 4.4, sobre coisa julgada e eficácia da sentença.

[2292] Nery Junior, Nelson; Nery, Rosa Maria de Andrade. *Comentários ao Código de Processo Civil.* São Paulo: Editora Revista dos Tribunais, 2015, p. 546 e 562-563.

A primeira dessas duas figuras é *denunciação da lide*, inserida na ordem jurídica brasileira (e remodelada) por obra do Código de Processo Civil de 1973, em substituição ao antigo *chamamento à autoria*.[2293] No início das discussões sobre o que viria a ser o Código de Processo Civil de 2015, propôs-se que a denunciação da lide passasse a ser denominada *denunciação em garantia*, mas tal alteração, além de inútil, não se justificava pela estrutura do instituto que, em linhas gerais, ainda tinha a mesma conformação do correspondente no diploma revogado.[2294]

A denunciação da lide – intervenção coacta ou provocada – é técnica de ampliação objetiva e subjetiva da demanda: o autor ou réu formulam, desde logo, pretensão regressiva contra terceiro, em face de quem ostentam *direito de garantia* por derrota na causa. Formam-se, com ela, duas relações processuais, na mesma base procedimental, relacionadas por conexão. Por se tratar de demanda condenatória, tem cabimento apenas no processo de conhecimento.[2295] Sua finalidade precípua é a de liquidar, na mesma sentença, o direito que, por acaso, tenha o denunciante contra o denunciado, de modo que a sentença possa valer como título executivo em favor do denunciante contra o denunciado. Tudo isso na hipótese de o denunciante perder a demanda; se vencê-la, nada haverá a liquidar.[2296]

A redação do art. 125, II,[2297] do Código de Processo Civil de 2015, à primeira vista, sugeriria o cabimento da denunciação da lide, provocada por qualquer das partes, em face dos outros membros do grupo solidário, por fazer referência expressa à "ação regressiva". De acordo com parte da doutrina, aliás, a melhor interpretação para o aludido inciso seria a extensiva, no sentido de atingir qualquer pretensão fundamen-

[2293] Dinamarco, Cândido Rangel. *Intervenção de terceiros*. 5. ed. São Paulo: Malheiros, 2009, p. 147-148.

[2294] Nery Junior, Nelson; Nery, Rosa Maria de Andrade. *Comentários ao Código de Processo Civil*. São Paulo: Editora Revista dos Tribunais, 2015, p. 546.

[2295] Costa Neto, José Wellington Bezerra da. In: Santos, Silas Silva et al (Coord). *Comentários ao Código de Processo Civil*: perspectivas da magistratura. São Paulo: Editora Revista dos Tribunais, 2018, p. 211.

[2296] Greco Filho, Vicente. *Da intervenção de terceiros*. 3. ed. São Paulo: Saraiva, 1991, p. 85.

[2297] "Art. 125. É admissível a denunciação da lide, promovida por qualquer das partes: [...] II – àquele que estiver obrigado, por lei ou pelo contrato, a indenizar, em ação regressiva, o prejuízo de quem for vencido no processo".

tada na responsabilidade do denunciado por indenizar ao denunciante os prejuízos de sua eventual condenação.[2298]

Há quem pense, ainda, que a questão deveria ser solucionada à vista do caso concreto, de forma equilibrada, pelo juiz, a quem caberia considerar a economia processual, sob o prisma do autor (celeridade do procedimento) e também do réu (evitar futura demanda), de acordo com os princípios da proporcionalidade e da razoabilidade, mencionados no art. 8º do Código de Processo Civil de 2015. Importaria, de acordo com esse posicionamento, o real impacto que a intervenção poderia causar no processo já em curso.[2299]

Opõe-se Vicente Greco Filho, porém, a qualquer interpretação que pudesse levar ao exercício abusivo do instituto, por ser incompatível com os princípios que o informam. A seu ver, a solução seria admitir a denunciação da lide tão somente nos casos de *ação de garantia* (e não para as hipóteses de simples ação de regresso). Não se permitiria, com ela, assim, a introdução de fundamento jurídico novo, ausente na demanda originária, que não fosse a responsabilidade direta decorrente da lei e do contrato.[2300]

Segundo Sydney Sanches, o direito de regresso decorrente da fiança, da cofiança e das obrigações solidárias não poderia ser exercitado mediante denunciação da lide, porquanto haveria outro instituto próprio para essa finalidade: o *chamamento ao processo*.[2301] Acrescenta Cândido Rangel Dinamarco: não poderia o réu escolher entre a denunciação ao terceiro ou seu chamamento ao processo; a disciplina da situação do

[2298] BENEDUZI, Renato. *Comentários ao Código de Processo Civil*: artigos 70 ao 187. 2. ed. São Paulo: Editora Revista dos Tribunais, 2018, v. II, p. 245. No mesmo sentido, cf. GONÇALVES, Aroldo Plínio. *Da denunciação da lide*. Rio de Janeiro: Forense, 1983, p. 242-256.

[2299] DIDIER JR., Fredie. *Curso de direito processual civil*: introdução ao direito processual civil e processo de conhecimento. 14. ed. Salvador: JusPodivm, v. 1, 2012, p. 396-397; WAMBIER, Teresa Arruda Alvim et al. *Comentários ao novo Código de Processo Civil*: artigo por artigo. São Paulo: Editora Revista dos Tribunais, 2015, p. 229.

[2300] GRECO FILHO, Vicente. *Da intervenção de terceiros*. 3. ed. São Paulo: Saraiva, 1991, p. 91. No mesmo sentido, cf. SANCHES, Sydney. *Denunciação da lide no direito processual civil brasileiro*. São Paulo: Editora Revista dos Tribunais, 1984, p. 121-123.

[2301] SANCHES, Sydney. *Denunciação da lide no direito processual civil brasileiro*. São Paulo: Editora Revista dos Tribunais, 1984, p. 118-119. No mesmo sentido, cf. BENEDUZI, Renato. *Comentários ao Código de Processo Civil*: artigos 70 ao 187. 2. ed. São Paulo: Editora Revista dos Tribunais, 2018, v. II, p. 245; NERY JUNIOR, Nelson; NERY, Rosa Maria de Andrade. *Comentários ao Código de Processo Civil*. São Paulo: Editora Revista dos Tribunais, 2015, p. 548.

chamado no processo é diferente da disciplina do litisdenunciado justamente por causa da direta vinculação jurídico-material ao autor, que o primeiro tem e o segundo, não.[2302]

A súmula do Superior Tribunal de Justiça (v. enunciado n. 537)[2303] aparenta admitir a denunciação da lide ao responsável solidário em ação indenizatória. Referido verbete, no entanto, se encontra redigido de maneira atécnica, consoante já se observou ao longo do presente estudo,[2304] visto que, na verdade, a seguradora não responde *solidariamente* pelos danos provocados pelo segurado; se houvesse solidariedade, aliás, o instrumento correto seria o chamamento ao processo, em lugar da denunciação.

Mostra-se mais relevante, então, sob a perspectiva das obrigações solidárias, esta outra modalidade de intervenção de terceiros: o *chamamento ao processo* (v. arts. 130[2305] a 132 do Código de Processo Civil de 2015) do afiançado, dos cofiadores e dos demais devedores solidários, quando o credor exigir de um ou de alguns o pagamento da dívida comum. Caberá ao réu, em processo de conhecimento (e não na execução ou no cumprimento de sentença),[2306] tomar a iniciativa de chamar seus consortes, os quais já poderiam ter figurado, desde o início, no polo passivo da demanda.

De fato, se o terceiro interveniente, na *denunciação da lide*, não tem vínculo ou ligação jurídica com a parte contrária do denunciante na ação principal, a situação é diversa no *chamamento ao processo*: o réu da ação primitiva convoca para a disputa judicial uma pessoa que, junta-

2302 Dinamarco, Cândido Rangel. *Intervenção de terceiros*. 5. ed. São Paulo: Malheiros, 2009, p. 180.

2303 "Em ação de reparação de danos, a seguradora denunciada, se aceitar a denunciação ou contestar o pedido do autor, pode ser condenada, direta e solidariamente junto com o segurado, ao pagamento da indenização devida à vítima, nos limites contratados na apólice".

2304 V. seção 1.9.4, sobre algumas situações limítrofes e duvidosas.

2305 "Art. 130. É admissível o chamamento ao processo, requerido pelo réu: I – do afiançado, na ação em que o fiador for réu; II – dos demais fiadores, na ação proposta contra um ou alguns deles; III – dos demais devedores solidários, quando o credor exigir de um ou de alguns o pagamento da dívida comum".

2306 Fachin, Luiz Edson. *Intervenção de terceiros no processo civil*. São Paulo: Editora Revista dos Tribunais, 1989, p. 34; Nery Junior, Nelson; Nery, Rosa Maria de Andrade. *Comentários ao Código de Processo Civil*. São Paulo: Editora Revista dos Tribunais, 2015, p. 566; Sanches, Sydney. *Denunciação da lide no direito processual civil brasileiro*. São Paulo: Editora Revista dos Tribunais, 1984, p. 119.

mente com ele, tem obrigação perante o autor da demanda principal; só se chama ao processo quem, pelo direito material, tem nexo obrigacional para com o autor.[2307]

O escopo do chamamento é o de criar um título executivo que assegure o posterior exercício do direito de sub-rogação (*rectius*: regresso):[2308] aquele que pagar a dívida poderá, nos mesmos autos, exigir a totalidade do devedor principal, no caso da fiança, ou a quota interna de cada um dos codevedores, nas hipóteses de solidariedade passiva. Funda-se no princípio da economia processual; permite que a obrigação seja resolvida judicialmente em relação a todos os devedores, em único processo.[2309]

Alguns processualistas vislumbram utilidade do chamamento ao processo ao próprio demandante, sob o argumento de que ele estaria autorizado, depois, a promover a execução em face do réu originário ou de qualquer um dos chamados. Sob semelhante perspectiva, não se trataria de *demanda eventual* (ou *secundária*) deduzida pelo réu contra o terceiro: admitida a sua intervenção, o chamado tornar-se-ia litisconsorte passivo, autêntico réu, ao lado do chamante, ainda que contra ele o autor não tivesse formulado pedido algum.[2310]

Ocorre que, nos termos do art. 132[2311] do Código de Processo Civil de 2015, a sentença de procedência "valerá" como título executivo *em favor do réu* que satisfizer a dívida, a fim de poder exigi-la, por inteiro,

[2307] Theodoro Júnior, Humberto. *Curso de direito processual civil*: teoria geral do processo civil e processo de conhecimento. 39. ed. Rio de Janeiro: Forense, 2003, v. I, p. 124.

[2308] V. seção 2.5.1, sobre a natureza do direito de regresso.

[2309] Ferreira Filho, José Manuel. In: Santos, Silas Silva et al (Coord). *Comentários ao Código de Processo Civil*: perspectivas da magistratura. São Paulo: Editora Revista dos Tribunais, 2018, p. 216. No mesmo sentido, cf. Fachin, Luiz Edson. *Intervenção de terceiros no processo civil*. São Paulo: Editora Revista dos Tribunais, 1989, p. 31-32.

[2310] Beneduzi, Renato. *Comentários ao Código de Processo Civil*: artigos 70 ao 187. 2. ed. São Paulo: Editora Revista dos Tribunais, 2018, v. II, p. 264; Dinamarco, Cândido Rangel. *Intervenção de terceiros*. 5. ed. São Paulo: Malheiros, 2009, p. 178; Ferreira Filho, José Manuel. In: Santos, Silas Silva et al (Coord). *Comentários ao Código de Processo Civil*: perspectivas da magistratura. São Paulo: Editora Revista dos Tribunais, 2018, p. 216-217; Wambier, Teresa Arruda Alvim et al. *Comentários ao novo Código de Processo Civil*: artigo por artigo. São Paulo: Editora Revista dos Tribunais, 2015, p. 243.

[2311] "Art. 132. A sentença de procedência valerá como título executivo em favor do réu que satisfizer a dívida, a fim de que possa exigi-la, por inteiro, do devedor principal, ou, de cada um dos codevedores, a sua quota, na proporção que lhes tocar".

do devedor principal, ou, de cada um dos codevedores, a sua quota, na proporção que lhes tocar. A literalidade desse dispositivo parece reforçar a posição de que o autor não estaria obrigado a demandar contra quem não quisesse; logo, o chamamento não imporia a necessariedade litisconsorcial, quando a lei e o direito lhe garantissem a facultatividade. A sentença, por isso, não serviria de título executivo *em favor do autor da demanda*, credor da obrigação solidária, por ele não ser parte na ação secundária de chamamento ao processo, existente apenas entre o chamante e os chamados.[2312]

Muitas vezes será inconveniente o chamamento ao processo, por agregar à demanda originária uma nova (e, por vezes, inútil) discussão. Se as quotas internas dos devedores solidários, p. ex., não forem equivalentes, tornar-se-á imprescindível a ampliação objetiva do processo, para que, já na fase de conhecimento, se passe a discutir a fração de responsabilidade de cada um, tal como sugere o art. 132, *in fine*, do Código de Processo Civil de 2015. Na hipótese de se omitir sentença sobre a proporção de partilhamento das quotas internas – ou sobre a atribuição de interesse exclusivo a um ou a uma parte dos devedores solidários, se for o caso –, não se cogitará sequer de título judicial entre o chamante e os chamados; e a intervenção, assim, terá sido inútil (e desastrosa ao credor, por delongar o trâmite processual).

Consideramos mais adequado, desta maneira, o entendimento de Renato Beneduzi, para quem o chamamento só será admissível se não se revelar processualmente inconveniente. Caberá ao juiz, portanto, casuisticamente, avaliar se o aumento potencial da complexidade do processo tornará ou não inconveniente o chamamento,[2313] tal como já se pronunciou a jurisprudência brasileira.[2314] Entende-se que, por simetria de motivos, seria viável a aplicação analógica da regra prevista no art. 113, § 1º, do Código de Processo Civil de 2015, permissiva da limitação do litisconsórcio facultativo quanto ao número de litigantes, nas hipóte-

2312 Nery Junior, Nelson; Nery, Rosa Maria de Andrade. *Comentários ao Código de Processo Civil*. São Paulo: Editora Revista dos Tribunais, 2015, p. 563 e 570.

2313 Beneduzi, Renato. *Comentários ao Código de Processo Civil*: artigos 70 ao 187. 2. ed. São Paulo: Editora Revista dos Tribunais, 2018, v. II, p. 263.

2314 Cf. STF, RE n. 607.381 AgR, rel. Min. Luiz Fux, Primeira Turma, j. 31.5.2011; STJ, REsp 1.203.244/SC, rel. Min. Herman Benjamin, Primeira Seção, j. 9.4.2014.

ses de comprometimento da rápida solução do litígio ou de dificuldades para a defesa ou para o cumprimento de sentença.

4.4. Coisa julgada e eficácia da sentença

A *coisa julgada* e a *eficácia da sentença* – dentre as matérias tipicamente processuais que também interessam ao estudo das obrigações solidárias – são, talvez, os temas que mais chamem a atenção da civilística. O Código Civil de 2002, aliás, inovou no ordenamento jurídico brasileiro, ao dispor, em seção dedicada à solidariedade ativa, que o *julgamento contrário* a um dos credores solidários não atinge os demais, mas o *julgamento favorável* aproveita-lhes, sem prejuízo de exceção pessoal que o devedor tiver direito de invocar em relação a qualquer deles (v. a atual redação do art. 274).[2315] Omitiu-se o legislador brasileiro, porém, ao disciplinar a solidariedade passiva: não criou disposição simétrica.

Já o Código Civil italiano preocupa-se com a eficácia da sentença tanto nas obrigações solidárias ativas quanto nas passivas. Dispõe o art. 1.306,[2316] em tradução livre: (i) a sentença proferida entre o credor e um dos devedores solidários, ou entre o devedor e um dos credores solidários, não produz *efeito contra* os outros devedores ou *contra* os outros credores; (ii) os outros devedores podem opô-la ao credor, a menos que ela se baseie em razões pessoais ao codevedor; os outros credores podem executá-la contra o devedor, salvo as exceções pessoais que este puder opor a cada um daqueles.

Inspirado no diploma italiano, o Código Civil português também disciplina, em dispositivos apartados (v. arts. 522º[2317] e 531º),[2318] os efeitos

[2315] "Art. 274. O julgamento contrário a um dos credores solidários não atinge os demais, mas o julgamento favorável aproveita-lhes, sem prejuízo de exceção pessoal que o devedor tenha direito de invocar em relação a qualquer deles".

[2316] "Art. 1306. [...] La sentenza (2900) pronunziata tra il creditore e uno dei debitori in solido, o tra il debitore e uno dei creditori in solido, non ha effetto contro gli altri debitori o contro gli altri creditori. Gli altri debitori possono opporla al creditore, salvo che sia fondata sopra ragioni personali al condebitore, gli altri creditori possono farla valere contro il debitore, salve le eccezioni personali che questi può opporre a ciascuno di essi".

[2317] "Art. 522º [...] O caso julgado entre o credor e um dos devedores não é oponível aos restantes devedores, mas pode ser oposto por estes, desde que não se baseie em fundamento que respeite pessoalmente àquele devedor".

[2318] "Art. 531º [...] O caso julgado entre um dos credores e o devedor não é oponível aos outros credores; mas pode ser oposto por estes ao devedor, sem prejuízo das excepções pessoais que o devedor tenha o direito de invocar em relação a cada um deles".

do "caso julgado" nas obrigações solidárias passivas e ativas: (i) o caso julgado entre o credor e um dos devedores não é oponível aos restantes devedores, mas pode ser oposto por estes, desde que não se baseie em fundamento que respeite pessoalmente àquele devedor; (ii) o caso julgado entre um dos credores e o devedor não é oponível aos outros credores, mas pode ser oposto por estes ao devedor, sem prejuízo das exceções pessoais que o devedor tenha o direito de invocar em relação a cada um deles.

O Código Civil e Comercial argentino, nas disposições gerais sobre as obrigações solidárias (passivas e ativas), prescreve, sob a rubrica *cosa juzgada* (v. art. 832),[2319] que: (i) a sentença proferida *contra* um dos codevedores não é oponível aos demais, mas estes podem invocá-la (em seu benefício) quando não estiver fundamentada em circunstâncias pessoais do codevedor demandado; (ii) o devedor não pode opor aos demais cocredores a sentença obtida *contra* um deles; mas os cocredores podem opô-la ao devedor, sem prejuízo das exceções pessoais que este tiver diante de cada um daqueles.

Diverge de todas essas a fórmula prevista no Código Civil alemão (§ 425),[2320] ao limitar às partes os efeitos (favoráveis ou contrários) do julgamento final (*rechtskräftigen Urteil*).[2321] Na Alemanha, portanto, se a

2319 "Art. 832. Cosa juzgada La sentencia dictada contra uno de los codeudores no es oponible a los demás, pero éstos pueden invocarla cuando no se funda en circunstancias personales del codeudor demandado. El deudor no puede oponer a los demás coacreedores la sentencia obtenida contra uno de ellos; pero los coacreedores pueden oponerla al deudor, sin perjuicio de las excepciones personales que éste tenga frente a cada uno de ellos".

2320 "§ 425. [...] 1. Los supuestos distintos de los especificados en los §§ 422 a 424 son efectivos, a menos que la naturaleza de la obligación lo indique de otra manera, a favor e y en contra sólo del deudor solidario a quien se refieran de forma particular. 2. Esto se aplica en particular a la denuncia, a la mora, a la culpa de la imposibilidad de cumplimiento por parte de un deudor solidario, de la perscripción, de su interrupción y suspensión, de la confusión del crédito con la deuda de la sentencia firme". A tradução em língua inglesa, especialmente quanto aos efeitos da sentença, parece melhor traduzida. Cf.: "Section 425 [...] (1) Facts other than those cited in sections 422 to 424 are only effective, unless the obligation leads to a different conclusion, for and against the joint and several debtor personally affected by them. (2) This applies in particular, without limitation, to notice of termination, to default, to fault, to impossibility of performance in the person of a joint and several debtor, to limitation and to the new beginning, suspension and suspension of expiry of a period of limitation, to the merger of the claim with the debt and to a final and absolute judgment".

2321 ENNECCERUS, Ludwig. *Derecho de obligaciones*. Trad. Blas Pérez González e José Alguer. 2. ed. Barcelona: Bosch, 1954, v. 1, p. 454.

ação judicial foi julgada improcedente em face de um devedor solidário – p. ex., porque o contrato em que se baseava a pretensão era nulo –, o credor poderá ajuizar uma nova ação judicial em face de outro devedor solidário, contra quem poderá obter uma sentença condenatória. Inversamente, se o devedor solidário demandado for condenado, os demais poderão, depois, ainda assim, alegar a inexistência da obrigação.[2322]

Antes de mais nada, a fim de melhor compreender a eficácia da sentença ou os limites subjetivos da coisa julgada nas obrigações solidárias, cumpre tecer breves considerações gerais sobre o assunto, à luz do direito processual civil. Não seria razoável negligenciar, nesse tema, os escritos de E. T. Liebman, jurista italiano que tanto influenciou a processualística brasileira. Segundo ele, pelo que respeitasse aos *limites objetivos*, a sentença não poderia ter eficácia senão para o caso concreto, ou seja, para o objeto do próprio processo, de modo que outros assuntos que não houvessem sido discutidos não receberiam, de nenhum modo, a eficácia da sentença.[2323]

Quanto à *extensão subjetiva da eficácia da sentença* – e essa questão é a que aparenta ser, no ponto, a de maior relevo, no que concerne à solidariedade –, a resposta de Liebman é a seguinte: a eficácia da sentença tem uma extensão geral (natural), à qual todos estariam subordinados. Afinal, se o juiz é o órgão estatal instituído para examinar e decidir as controvérsias que lhe são submetidas, todos deveriam reconhecer os resultados dos processos como manifestação da vontade do Estado naquelas controvérsias que houvessem sido objeto de exame, à semelhança do que ocorreria com qualquer ato administrativo.[2324]

Para além dessa *eficácia natural*, Liebman entende que a lei reconheceria uma eficácia maior e especial, para distinguir a sentença de todos os outros atos estatais e evitar que as controvérsias pudessem sempre ser renovadas sem fim: estabeleceria, assim, para a sentença uma qualidade especial que reforçasse a sua eficácia, denominada *autoridade da coisa julgada*. Quando todos os recursos estivessem preclusos, quando não

[2322] LARENZ, Karl. *Derecho de obligaciones*. Trad. Jaime Santos Briz. Madrid: Editorial Revista de Derecho Privado, 1958, p. 507.

[2323] LIEBMAN, Enrico Tullio. Decisão e coisa julgada. Separata da *Revista da Faculdade de Direito*. São Paulo: [s.n], v. XL (extraordinário), 1946, p. 246.

[2324] LIEBMAN, Enrico Tullio. Decisão e coisa julgada. Separata da *Revista da Faculdade de Direito*. São Paulo: [s.n], v. XL (extraordinário), 1946, p. 246.

houvesse meio algum de se obter a reforma da sentença, tal ato final do processo se tornaria imutável, inatacável.[2325]

No tocante aos *limites subjetivos da coisa julgada*, Liebman não lança dúvidas de que seriam atingidas as próprias partes; o problema seria o de apurar em que condição estariam os outros (terceiros) em face da coisa julgada, porque, na verdade, as relações jurídicas não vivem isoladas no mundo, cada uma por si; ao contrário, encontrar-se-iam continuamente entrelaçadas. Reconhece Liebman que se cuida de problema dos mais difíceis, dos mais intrincados no direito, porque as partes têm a oportunidade de defender as suas razões e os seus interesses, mas os terceiros, não.[2326]

Em regra, então, para o jurista italiano, a autoridade da coisa julgada alcançaria tão somente as partes; e os terceiros, estranhos ao processo, não seriam atingidos por ela: *res inter alios judicata, aliis non prejudicare.* Afigurar-se-ia sumamente injusto àquele que não houvesse participado do processo – provavelmente sem nem saber de sua existência – ser alcançado, em certo tempo, com uma sentença que decidisse direta ou indiretamente sobre os seus direitos.[2327]

Reconhece Liebman, todavia, que a realidade apresentaria relações tão íntimas entre os direitos, entre as relações jurídicas das várias pessoas, que, em certos casos, seria impossível negar alguma forma de repercussão da decisão proferida em face das relações jurídicas de pessoas que fossem estranhas ao processo. O alcance geral da *eficácia natural da sentença* e a *limitação subjetiva da coisa julgada* completar-se-iam mutuamente, pois, com o que forneceriam uma solução geral para o problema.[2328]

Consequentemente, enquanto a *autoridade da coisa julgada* se formaria e existiria só para as partes, a *eficácia natural da sentença* atingiria a todos. Em outras palavras: as partes, porque tiveram a oportunidade de se defender no processo, não poderiam mais se insurgir contra a sentença

2325 Liebman, Enrico Tullio. Decisão e coisa julgada. Separata da *Revista da Faculdade de Direito*. São Paulo: [s.n], v. XL (extraordinário), 1946, p. 249.

2326 Liebman, Enrico Tullio. Decisão e coisa julgada. Separata da *Revista da Faculdade de Direito*. São Paulo: [s.n], v. XL (extraordinário), 1946, p. 256-257.

2327 Liebman, Enrico Tullio. Decisão e coisa julgada. Separata da *Revista da Faculdade de Direito*. São Paulo: [s.n], v. XL (extraordinário), 1946, p. 257.

2328 Liebman, Enrico Tullio. Decisão e coisa julgada. Separata da *Revista da Faculdade de Direito*. São Paulo: [s.n], v. XL (extraordinário), 1946, p. 258-261.

transitada em julgado, ainda que para demonstrar a sua injustiça; já os terceiros seriam atingidos pela *eficácia natural da sentença*, de modo que estariam autorizados a questionar semelhante ato, para demonstrar, eventualmente, que o juiz errou, no caso concreto, e proferiu decisão injusta, aplicou mal a lei.[2329]

Cuida-se, todavia, de assunto extremamente complexo, e as teses de Liebman não são inteiramente aceitas. Os conceitos da chamada eficácia natural da sentença e dos limites subjetivos da coisa julgada misturam-se, muitas vezes, na doutrina. Em monografia dedicada ao tema, p. ex., sustenta o espanhol J. Nieva-Fenoll que a própria realidade descartaria que se produzissem efeitos de coisa julgada somente entre as partes do processo, porque a lei estabeleceria exceções muito relevantes ao princípio *res iudicata inter partes*; e todas elas, muito reais.[2330] Menciona a literatura brasileira, nesse sentido, a possibilidade de a coisa julgada, a depender das circunstâncias, operar-se *inter partes*, *ultra partes* e *erga omnes*.[2331]

Seja como for, o Código de Processo Civil de 2015 (v. art. 506)[2332] influenciou-se, em grande medida, pela doutrina de Liebman, ao dispor que a sentença *faz coisa julgada às partes entre as quais é dada*, sem prejudicar terceiros. Todo aquele que não atua no processo na condição de sujeito parcial (*parte*) é considerado terceiro; se não integra o contraditório, não é titular dos poderes, faculdades, ônus, deveres e sujeições próprios das partes. Porque não participaram dos atos que precedem e preparam o julgamento final, os terceiros não poderiam sofrer os efeitos da sentença de mérito e muito menos se vincular à coisa julgada material.[2333]

Assevera-se, sob outro ângulo, que os terceiros sem interesse jurídico não precisariam do fenômeno da coisa julgada para que a decisão se lhes tornasse imutável, e não teriam sequer legitimidade perante o litígio:

[2329] LIEBMAN, Enrico Tullio. Decisão e coisa julgada. Separata da *Revista da Faculdade de Direito*. São Paulo: [s.n], v. XL (extraordinário), 1946, p. 262.

[2330] NIEVA-FENOLL, Jordi. *Coisa julgada*. Trad. Antonio do Passo Cabral. São Paulo: Editora Revista dos Tribunais, 2016, p. 226-227.

[2331] DIDIER JR., Fredie; BRAGA, Paula Sarno; OLIVEIRA, Rafael. *Curso de direito processual civil*: teoria da prova, direito probatório, teoria do precedente, decisão judicial, coisa julgada e antecipação dos efeitos da tutela. 7. ed. Salvador: Editora JusPodivm, 2012, v. 2, p. 428-432.

[2332] "Art. 506. A sentença faz coisa julgada às partes entre as quais é dada, não prejudicando terceiros".

[2333] TUCCI, José Rogério Cruz e. *Comentários ao Código de Processo Civil*: artigos 485 ao 538. 2. ed. São Paulo: Editora Revista dos Tribunais, 2018, v. VIII, p. 218.

tais efeitos seriam imutáveis naturalmente. Resumir-se-ia a questão da imutabilidade, em relação aos terceiros, a um problema de legitimação – sem vínculo, propriamente, com a coisa julgada. Quando o terceiro ostentasse interesse jurídico (e, assim, legitimidade), poderia opor-se aos efeitos da sentença; caso contrário, sofreria naturalmente tais efeitos. Somente as partes, assim, é que se sujeitariam à coisa julgada. Embora terceiros (interessados ou não) pudessem sofrer *efeitos da sentença* de procedência, a autoridade da coisa julgada não os atingiria.[2334]

Se adotada a concepção liebmaniana, concluir-se-ia que a regra do art. 274 do Código Civil diria respeito à *eficácia da sentença* (e não propriamente aos limites subjetivos da coisa julgada), favoravelmente aos credores solidários que não houvessem integrado a relação processual. Registre-se, mais uma vez, entretanto, que não se cuida de posição unânime: há quem afirme que haveria coisa julgada *ultra partes*, na hipótese de decisão favorável a um dos credores solidários, extensiva aos demais.[2335] J. C. Barbosa Moreira, aliás, sustenta que não se poderia constituir "motivo de escândalo" que, na interpretação desse artigo, se reputasse extensiva aos credores estranhos ao processo não apenas os efeitos da sentença favorável àquele que demandou, senão também a *autoridade da coisa julgada* que tal sentença revestisse.[2336] Essas divergências conceituais, no entanto, não parecem interferir na solução dos problemas práticos pertinentes à solidariedade.

Antes da entrada em vigor do Código Civil de 2002, quando a legislação brasileira ainda era omissa acerca da eficácia da sentença (ou dos limites subjetivos da coisa julgada, a depender da concepção que se adotar), já se verificava forte controvérsia doutrinária acerca do assunto.

No tocante à solidariedade ativa, prevalecia no Brasil o entendimento de que a sentença, quando favorável ao credor que figurasse na relação processual, aproveitaria a todos os membros do grupo solidário, salvo se

2334 Marinoni, Luiz Guilherme; Arenhart, Sérgio Cruz; Mitidiero, Daniel. *O novo processo civil*. São Paulo: Editora Revista dos Tribunais, 2015, p. 590-591.

2335 Didier Jr., Fredie; Braga, Paula Sarno; Oliveira, Rafael. *Curso de direito processual civil*: teoria da prova, direito probatório, teoria do precedente, decisão judicial, coisa julgada e antecipação dos efeitos da tutela. 7. ed. Salvador: Editora JusPodivm, 2012, v. 2, p. 431.

2336 Moreira, José Carlos Barbosa. Solidariedade ativa: efeitos da sentença e coisa julgada na ação de cobrança proposta por um único credor. In: *Temas de direito processual*: nona série. São Paulo: Saraiva, 2007, p. 232-233.

fundada em causa pessoal àquele; quando contrária, só prejudicaria aos credores que houvessem intervindo no processo.[2337] Havia quem – como M. I. Carvalho de Mendonça – sustentasse que, favorável ou desfavorável, a sentença proferida sobre a obrigação se aplicava a todos os credores, ainda que estranhos à relação jurídica processual, a menos que se baseasse em fato pessoal ou exceção peculiar a um dos credores, somente.[2338]

Embora o advento do art. 274 do Código Civil de 2002 tenha arrefecido a controvérsia, seu texto original[2339] chegou a ser objeto de críticas veementes por J. C. Barbosa Moreira, a quem causava perplexidade a redação da segunda parte, ao cuidar do julgamento favorável ao credor demandante: além de utilizar o termo (equívoco) "exceção",[2340] o artigo referia-se à "exceção pessoal ao credor"; e seria inconcebível que julgamento *favorável* ao credor demandante se fundasse "em exceção pessoal" a ele oposta; na verdade, o julgamento teria de decorrer da *rejeição* de semelhante meio de defesa – do contrário, seria favorável ao réu, não ao autor.[2341]

[2337] Espinola, Eduardo. *Garantia e extinção das obrigações*: obrigações solidárias e indivisíveis. Rio de Janeiro: Freitas Bastos, 1951, p. 412; Fulgêncio, Tito. *Do direito das obrigações*: das modalidades das obrigações: artigos 863-927. 2. ed. Atual. por José de Aguiar Dias. Rio de Janeiro: Forense, 1958, p. 264; Lopes, Miguel Maria de Serpa. *Curso de direito civil*: obrigações em geral. 4. ed. Rio de Janeiro: Freitas Bastos, 1966, v. II, p. 161; Varela, Antunes. *Direito das obrigações*: conceito, estrutura e função da relação obrigacional, fontes das obrigações, modalidades das obrigações. Rio de Janeiro: Forense, 1977, p. 317; Santos, J. M. de Carvalho. *Código Civil brasileiro interpretado*: principalmente do ponto de vista prático: parte geral. 7. ed. Rio de Janeiro: Freitas Bastos, 1956, v. XI, p. 196-198.

[2338] Mendonça, Manuel Inácio Carvalho de. *Doutrina e prática das obrigações ou tratado geral dos direitos de crédito*. 4. ed. Rio de Janeiro: Forense, 1956, t. I, p. 322. No mesmo sentido, cf. Almeida, Francisco de Paula Lacerda de. *Obrigações*. 2. ed. Rio de Janeiro: Livraria Cruz Coutinho [s.d.], p. 42.

[2339] "Art. 274. O julgamento contrário a um dos credores solidários não atinge os demais; o julgamento favorável aproveita-lhes, a menos que se funde em exceção pessoal ao credor que o obteve".

[2340] V. seção 2.3, sobre os meios de defesa do devedor solidário.

[2341] Moreira, José Carlos Barbosa. Solidariedade ativa: efeitos da sentença e coisa julgada na ação de cobrança proposta por um único credor. In: *Temas de direito processual*: nona série. São Paulo: Saraiva, 2007, p. 228-230. Nesse sentido, cf. Laux, Francisco de Mesquita. Notas a respeito do regime jurídico das obrigações solidárias e seus reflexos sobre os limites subjetivos da coisa julgada. *Revista de Processo*. São Paulo: Editora Revista dos Tribunais, v. 239, jan. 2015, p. 29-30.

Por força da Lei n. 13.105/2015 (Código de Processo Civil de 2015), promoveu-se alteração do art. 274 do Código Civil de 2002, com o que se aperfeiçoou a sua redação: tornou-se mais compreensível e em conformidade com os paradigmas do direito estrangeiro. Fez-se claro, com isso, o verdadeiro escopo da regra – o de proteger o devedor, para ele pudesse arguir contra os demais credores solidários, posteriormente, eventuais exceções (ou meios de defesa) pessoais que tivesse contra qualquer deles.[2342] Cuidar-se-ia, segundo a doutrina majoritária, da extensão da coisa julgada *secundum eventum litis*.[2343]

Remanesce a discussão, contudo, quanto à *solidariedade passiva*, diante da omissão do legislador de 2002. De acordo com posição de Cássio Scarpinella Bueno, aplicar-se-ia a regra de legitimação extraordinária

[2342] Didier Jr., Fredie. CPC-2015, coisa julgada, obrigações solidárias e a nova redação do art. 274 do Código Civil. *Revista de doutrina e jurisprudência*. Brasília: Tribunal de Justiça do Distrito Federal e Territórios, v. 106, n. 2, jan.-jun. 2015, p. 332.

[2343] Didier Jr., Fredie. CPC-2015, coisa julgada, obrigações solidárias e a nova redação do art. 274 do Código Civil. *Revista de doutrina e jurisprudência*. Brasília: Tribunal de Justiça do Distrito Federal e Territórios, v. 106, n. 2, jan.-jun. 2015, p. 332; Diniz, Maria Helena. *Curso de direito civil brasileiro*: teoria geral das obrigações. 33. ed. São Paulo: Saraiva, 2018, v. 2, p. 194; Gagliano, Pablo Stolze; Pamplona Filho, Rodolfo. *Novo curso de direito civil*: obrigações. 12. ed. São Paulo: Saraiva, 2011, v. II, p. 110; Lôbo, Paulo. *Direito civil*: obrigações. 2. ed. São Paulo: Saraiva, 2011, p. 141; Morato, Antonio Carlos. Obrigações solidárias. In: Lotufo, Renan; Nanni, Giovanni Ettore (Coord). *Obrigações*. São Paulo: Atlas, 2011, p. 195; Pereira, Caio Mário da Silva. *Instituições de direito civil*: teoria geral das obrigações. 26. ed. Rio de Janeiro: Forense, 2014, v. II, p. 92; Tepedino, Gustavo; Barboza, Heloisa Helena; Moraes, Maria Celina Bodin de. *Código Civil interpretado*: conforme a Constituição da República: parte geral e obrigações. 2. ed. Rio de Janeiro: Renovar, 2007, v. 1, p. 556; Tepedino, Gustavo; Schreiber, Anderson. *Código Civil comentado*: direito das obrigações: artigos 233 a 420. Coord. Álvaro Villaça Azevedo. São Paulo: Atlas, 2008, v. IV, p. 129; Zangerolame, Flavia Maria. Obrigações divisíveis e indivisíveis e obrigações solidárias. In: Tepedino, Gustavo (Coord.). *Obrigações*: estudos na perspectiva civil-constitucional. Rio de Janeiro: Renovar, 2005, p. 203. Em outro sentido, cf. Moreto, Mariana Capela Lombardi. Limites subjetivos da coisa julgada na sucessão, substituição processual e solidariedade. In: Tucci, José Rogério Cruz e; Rodrigues, Walter Piva; Amadeo, Rodolfo da Costa Manso Real (Coord.). *Processo Civil*: homenagem a José Ignacio Botelho de Mesquita. São Paulo: Quartier Latin, 2013, p. 163-164; Talamini, Eduardo. *Coisa julgada e sua revisão*: coisa julgada e Constituição: o regime infraconstitucional da coisa julgada: a ação rescisória e outros meios rescisórios típicos: os limites da revisão atípica ("relativização") da coisa julgada: as sentenças inexistentes. São Paulo: Editora Revista dos Tribunais, 2005, p. 106; Tucci, José Rogério Cruz e. *Comentários ao Código de Processo Civil*: artigos 485 ao 538. 2. ed. São Paulo: Editora Revista dos Tribunais, 2018, v. VIII, p. 225.

à solidariedade, de modo que, mesmo que os devedores solidários não agissem ao lado do réu como litisconsortes, ficariam sujeitos à coisa julgada por imposição do sistema.[2344]

Eduardo Talamini e José Rogério Cruz e Tucci criticam com veemência essa tese, quer pela inexistência de regra que estabeleça a substituição processual, quer porque, se fosse possível o seu acolhimento, se tornaria inútil o chamamento ao processo dos devedores solidários não demandados, os quais já estariam atrelados à coisa julgada gerada no processo entre o credor e o devedor demandando.[2345]

As mais comuns soluções propostas pela literatura brasileira, porém, são as seguintes: (i) a sentença (favorável ou desfavorável) é ineficaz em relação aos devedores que não integraram a relação processual;[2346] (ii) apenas a sentença favorável ao devedor demandado beneficia aos demais, salvo se fundada em fato pessoal entre os integrantes da relação processual.[2347]

2344 BUENO, Cassio Scarpinella. *Partes e terceiros no processo civil brasileiro*. 2. ed. São Paulo: Saraiva, 2006, p. 353.

2345 TALAMINI, Eduardo. *Coisa julgada e sua revisão*: coisa julgada e Constituição: o regime infraconstitucional da coisa julgada: a ação rescisória e outros meios rescisórios típicos: os limites da revisão atípica ("relativização") da coisa julgada: as sentenças inexistentes. São Paulo: Editora Revista dos Tribunais, 2005, p. 108; TUCCI, José Rogério Cruz e. *Comentários ao Código de Processo Civil*: artigos 485 ao 538. 2. ed. São Paulo: Editora Revista dos Tribunais, 2018, v. VIII, p. 225.

2346 LÔBO, Paulo. *Direito civil*: obrigações. 2. ed. São Paulo: Saraiva, 2011, p. 143; LOPES, Miguel Maria de Serpa. *Curso de direito civil*: obrigações em geral. 4. ed. Rio de Janeiro: Freitas Bastos, 1966, v. II, p. 162; MIRANDA, Pontes de. *Tratado de direito privado*. 3. ed. Rio de Janeiro: Borsoi, 1971, v. X, p. 345.

2347 DIDIER JR., Fredie. CPC-2015, coisa julgada, obrigações solidárias e a nova redação do art. 274 do Código Civil. *Revista de doutrina e jurisprudência*. Brasília: Tribunal de Justiça do Distrito Federal e Territórios, v. 106, n. 2, jan.-jun. 2015, p. 332; ESPINOLA, Eduardo. *Garantia e extinção das obrigações*: obrigações solidárias e indivisíveis. Rio de Janeiro: Freitas Bastos, 1951, p. 434; FULGÊNCIO, Tito. *Do direito das obrigações*: das modalidades das obrigações: artigos 863-927. 2. ed. Atual. por José de Aguiar Dias. Rio de Janeiro: Forense, 1958, p. 209-210; MONTEIRO, Washington de Barros. *Curso de direito civil*: direito das obrigações, 1ª parte: das modalidades das obrigações: dos efeitos das obrigações. 15. ed. São Paulo: Saraiva, 1979, p. 187-188; SANTOS, J. M. de Carvalho. *Código Civil brasileiro interpretado*: principalmente do ponto de vista prático: parte geral. 7. ed. Rio de Janeiro: Freitas Bastos, 1956, v. XI, p. 198-199; VARELA, Antunes. *Direito das obrigações*: conceito, estrutura e função da relação obrigacional, fontes das obrigações, modalidades das obrigações. Rio de Janeiro: Forense, 1977, p. 309.

A primeira dessas soluções era sustentável à luz do Código de Processo Civil de 1973, cujo artigo 472, primeira parte,[2348] estabelecia que a sentença fazia coisa julgada às partes entre as quais era dada, sem *beneficiar* nem prejudicar terceiros. Mas o artigo 506 do Código de Processo Civil de 2015, ao excluir o verbo "beneficiar", teria corrigido, nas palavras de José Rogério Cruz e Tucci, um notório equívoco histórico.[2349] Com essa alteração, seria mais lógico sustentar, hoje, que a regra do art. 274 do Código Civil de 2002 se aplicaria, *mutatis mutandis*, à solidariedade passiva,[2350] com o que se obteria solução análoga às dos códigos italiano, português e argentino.

Ainda na vigência do Código Civil de 1916 e do Código de Processo Civil de 1973, aliás, o processualista Ovídio Araújo Baptista da Silva já escrevia que a sentença emanada a favor do devedor solidário – supostamente declaratória da inexistência do débito, ou que contivesse eficácia semelhante – beneficiaria os outros devedores, haja vista o desaparecimento da relação obrigacional.[2351]

Com efeito, permite-se a extensão da coisa julgada (ou, sob a ótica de E. T. Liebmann, da eficácia natural da sentença) aos devedores não demandados, no sentido de beneficiar. Aparenta reforçar esse entendimento, hoje, a regra extraída do art. 1.005, par. ún.,[2352] do Código de Processo Civil de 2015, que estende aos demais devedores solidários o efeito de recurso interposto por devedor solidário que veicule a afirmação de defesa comum. Logo: (i) se o credor comum propõe a demanda contra um (ou parte) dos devedores solidários e sucumbe, a eficácia da sentença beneficia a todos os membros do grupo solidário, salvo se a improcedência se basear em fundamento que respeite apenas ao deman-

2348 "Art. 472. A sentença faz coisa julgada às partes entre as quais é dada, não beneficiando, nem prejudicando terceiros".

2349 Tucci, José Rogério Cruz e. *Comentários ao Código de Processo Civil*: artigos 485 ao 538. 2. ed. São Paulo: Editora Revista dos Tribunais, 2018, v. VIII, p. 212.

2350 Marinoni, Luiz Guilherme; Arenhart, Sérgio Cruz; Mitidiero, Daniel. *O novo processo civil*. São Paulo: Editora Revista dos Tribunais, 2015, p. 589.

2351 Silva, Ovidio Araujo Baptista da. Eficácias da sentença e coisa julgada. In: *Sentença e coisa julgada*: ensaios. Porto Alegre: Fabris, 1979, p. 124.

2352 "Art. 1.005. [...] Parágrafo único. Havendo solidariedade passiva, o recurso interposto por um devedor aproveitará aos outros quando as defesas opostas ao credor lhes forem comuns".

dado; (ii) se o credor comum propõe a demanda contra um (ou parte) dos devedores solidários e obtém êxito, a eficácia da sentença não se estende aos demais membros do grupo solidário, se não houverem integrado a relação processual.[2353]

É relevante, por fim, a observação de D. Rubino (aplicável, aliás, tanto à solidariedade passiva quanto à ativa): ainda que a sentença seja favorável aos outros consortes, não se admitiria uma eficácia imediata, *ipso iure*, mas simplesmente se lhes atribuiria o poder de suscitá-la; o juiz não poderia declarar de ofício essa extensão da eficácia (em última análise, não teria o poder de reconhecer a existência da primeira sentença): seria necessário que ela fosse invocada pelo titular do direito, a quem competiria avaliar o momento de fazê-lo (ou não).[2354] De fato, uma sentença que, para uns, pareça favorável, pode não ser considerada boa para outros: cuida-se de avaliação subjetiva daquele que supostamente seria beneficiado.

[2353] DIDIER JR., Fredie. CPC-2015, coisa julgada, obrigações solidárias e a nova redação do art. 274 do Código Civil. *Revista de doutrina e jurisprudência*. Brasília: Tribunal de Justiça do Distrito Federal e Territórios, v. 106, n. 2, jan.-jun. 2015, p. 333-334.

[2354] RUBINO, Domenico. Delle obbligazioni: obbligazioni alternative, obbligazioni in solido, obbligazioni divisibili e indivisibili: art. 1285-1320. In: SCIALOJA, Antonio; BRANCA, Giuseppe (a cura di). *Commentario del Codice Civile*: libro quarto: delle obbligazioni. 2. ed. Bologna: Zanichelli; Roma: Soc. Ed. Del Foro Italiano, 1968, p. 292-293.

CONCLUSÕES

Analisamos, ao longo do presente trabalho, as obrigações solidárias (nos polos ativo e passivo), desde as suas remotas origens históricas, no período clássico do direito romano. Constatamos, por meio de comparação entre diferentes codificações (incluído, nesse rol, o Esboço de Código Civil, de A. Teixeira de Freitas), que não se criou, até os dias de hoje, nenhum enquadramento sistemático *ideal* para tão peculiar instituto. Revelam-se mais adequados, a nosso ver, entretanto, aqueles que classificam a solidariedade quanto aos sujeitos da obrigação.

A doutrina, em geral, refere-se a três *pressupostos* da solidariedade: (i) pluralidade de devedores ou de credores; (ii) identidade de prestação; e (iii) unidade de fato gerador. Costuma-se asseverar que a falta de um só desses pressupostos (ou elementos, para alguns) impediria que a obrigação se qualificasse como solidária. Apuramos, no entanto, que apenas um deles é, efetivamente, um verdadeiro pressuposto (e não elemento, por não se inserir na estrutura da relação obrigacional): a *pluralidade de sujeitos*. Se não houver mais de um credor ou mais de um devedor, não se cogitará de solidariedade.

A *identidade da prestação*, todavia, não se confunde com pressuposto da relação obrigacional solidária, porque nem sempre se faz presente. É possível (e, inclusive, o Código Civil português permite expressamente) que as prestações sejam diversas entre os membros do grupo solidário. Essencial é que a prestação (dar, fazer ou não fazer) de um devedor ou em favor de um credor seja suficiente para extinguir a *fase externa* da relação obrigacional em relação a todos. Mesmo que a lei se refira à "mesma obrigação", nada obsta a que as partes estabeleçam prestações diversas entre os codevedores (ou em favor dos cocredores), sem que isso retire o caráter solidário da relação. Logo, não se cuida de pressuposto, mas de expressão da regra jurídica, afastável pela vontade das partes.

Obtivemos achado similar quanto à unidade do fato gerador (*eadem causa obligandi*), verdadeiro mito da solidariedade. Discute-se na doutrina italiana a imprescindibilidade do mesmo título ou da mesma fonte ou, para alguns, do coligamento funcional entre os fatos geradores; são intermináveis as divergências. Entendemos, na esteira de escritores italianos contemporâneos, que nem mesmo esse coligamento corresponderia a pressuposto da solidariedade: na obrigação de indenizar, p. ex., nem sempre há unidade de desígnios ou culpa concorrente entre os responsáveis solidários.

As *fontes de solidariedade* – classificadas, sob concepção dualista, em legais e negociais – dão origem a muitas controvérsias doutrinárias. Não necessariamente a relação obrigacional nasce solidária: muitas vezes, torna-se solidária ao longo do caminho – em especial, por meio de negócio jurídico celebrado posteriormente, ao qual se agregam outros sujeitos (ativos ou passivo). A fonte mais comum de solidariedade é o contrato, mas atos unilaterais (como promessas de recompensa, p. ex.) também podem dar origem a obrigações dessa natureza. Afirma a doutrina que a lei também seria fonte de solidariedade – embora aparente ser mais correto afirmar que o fato, abstratamente descrito na lei, seria a fonte imediata.

Por influência da doutrina francesa, predominava, na literatura brasileira, o entendimento de que a solidariedade dependia de convenção expressa. Entendemos que não há, no Brasil, essa exigência: não havia, aliás, nem mesmo quando ainda estava em vigor o Código Civil de 1916. Basta, quando se tratar de fonte negocial, a vontade das partes. A nosso ver, haverá necessidade de expressa previsão quando a solidariedade originar-se de fonte legal; mesmo nesse caso, porém, dispensam-se os termos sacramentais. Chegamos à conclusão, ainda, de que é inviável a chamada *solidariedade judicial*, apesar do que defendem alguns poucos autores: cabe ao juiz reconhecer (em vez de criar) a solidariedade já estabelecida anteriormente.

Examinamos: (i) a possibilidade de existir pluralidade de causas da obrigação (ou de escopos práticos), o que não impede a atuação solidária, mas apenas justifica a exclusão de determinadas regras pertinentes ao instituto, quando, p. ex., houver interesse exclusivo de um ou de outro membro do grupo solidário, sem que isso implique diferenças estruturais; (ii) a função (ou múltiplas funções) da solidariedade, tanto para conferir maior vantagem e maior probabilidade de bom êxito ao credor, de reforçar o vínculo, de atribuir maior garantia, de simplificar a prestação, quanto, em plano secundário, de fomentar o tráfico jurídico, estimular a circulação de riquezas, além das funções preventiva, na obrigação de indenizar, e simplificadora, sob a ótica do julgador (juiz e árbitro); (iii) o fundamento, isto é, as razões que justificam a função da solidariedade: a comunhão de interesses entre os devedores ou credores (interesse na solidariedade, e não diretamente na obrigação).

No tocante à estrutura da relação obrigacional solidária, analisamos a antiga controvérsia – ainda não resolvida – sobre a existência de única obrigação, com pluralidade de sujeitos, ou conjunto de obrigações conexas. Concluímos que a literatura, como regra, apoia-se em concepção estática da obrigação, oriunda do direito justinianeu. Impõe-se, atualmente, contudo, a concepção dinâmica – ou seja, a obrigação vista não apenas como relação isolada de prestação, mas como relação jurídica total, complexa, ou seja, um processo tendente a um fim, um conjunto de atividades. Vislumbra-se a solidariedade, assim, de outro ângulo, desenvolvida em duas fases principais: na primeira delas (a *externa*), discutem-se as relações entre devedores solidários e credor comum (na solidariedade passiva) ou entre devedor comum e credores (solidariedade ativa); na seguinte (a *interna*), exerce-se o direito de regresso, entre os membros do grupo solidário.

Com efeito, cuida-se de *estrutura bifronte*, com duas fases distintas, mas coligadas ou (mais propriamente) imbricadas entre si. Há múltiplas conexões e influências recíprocas entre os dois planos, o que permite, se bem compreendido, melhor solucionar várias vicissitudes da relação obrigacional: não está o credor comum autorizado a interferir maleficamente nas relações entre os devedores solidários; da mesma forma, o devedor comum deve evitar causar prejuízos aos demais credores solidários; os fatos praticados ao longo de uma fase repercutem na outra.

A solidariedade corresponde a unidade obrigacional, diante da ideia de obrigação como processo. Essa mesma relação obrigacional unitária encerra, contudo, uma pluralidade de dívidas ou de créditos, e todas essas singulares relações permanecem unidas entre si por meio da unidade de fim do adimplemento. Em outras palavras: há relação obrigacional de ordem superior, na qual estão contidas várias relações singulares de ordem inferior. A obrigação solidária é, simultaneamente, unidade e pluralidade.

Não há categorias distintas de solidariedade, diferentemente do que sugerem alguns escritores. No Brasil, pelo menos, não coexistem solidariedade simples e correalidade, solidariedade negocial e legal (perfeita ou *in solidum*). Há instituto único (solidariedade), e isso não significa que, nos casos concretos, existiria também solução única. Entendemos que o legislador pretendeu estabelecer regime jurídico uniforme para as obrigações solidárias, independentemente da fonte. Se a lei não estabelece distinção, não cabe ao intérprete romper a unidade do sistema.

Não se confundem as obrigações solidárias com o mandato, apesar do que sustenta a denominada teoria da representação, de origem francesa. São distintas, ainda, sob o ponto de vista teórico, as obrigações solidárias das obrigações indivisíveis; nada impede que uma obrigação de prestação indivisível seja, ao mesmo tempo, solidária, o que exige a aplicação combinada das regras previstas para ambas as modalidades. Na essência, distancia-se a solidariedade da indivisibilidade pela perspectiva sob a qual se analisa cada uma delas: a primeira (fenômeno subjetivo) está nos sujeitos; a segunda (fenômeno objetivo), no objeto. É inadequada, além disso, a equiparação entre obrigações solidárias e alternativas. Se há solidariedade, não ocorre propriamente "concentração", muito embora a doutrina costume utilizar esse termo plurívoco: afinal, a escolha do devedor ou do credor não elimina os demais sujeitos, os quais podem, inclusive, intervir em determinada demanda.

No ordenamento jurídico brasileiro, a solidariedade não se distingue das demais modalidades (dar, fazer, não fazer, alternativas, divisíveis e indivisíveis). O enquadramento sistemático atual foi adotado por razões de ordem prática, visto que essas categorias são heterogêneas. Na verdade, se considerada a *obrigação como processo* (complexo de atividades que se desenvolvem com a finalidade de obter a satisfação do crédito), a solidariedade traduz um *procedimento* específico, a ser seguido quando, em uma primeira fase (externa), bastar um ato de adimplemento para extingui-la; com o que se inaugurará uma segunda fase (interna), em que se liquidarão e se satisfarão os créditos surgidos entre os antigos consortes. Esses novos créditos, nascidos com a extinção da fase externa, decorrem do direito de regresso.

Não se cuida de categoria própria de obrigação: a obrigação solidária pode ter por objeto uma prestação de fazer, de dar, de não fazer; essa prestação pode ser divisível, indivisível, alternativa; seu objeto, inclusive, pode ser um misto de prestações de naturezas diversas. O que qualifica a obrigação como solidária, sob o ponto de vista estático, não é a sua prestação, mas a forma como se agrupam e se vinculam os vários consortes, em relação à contraparte; sob o aspecto dinâmico, corresponde ao procedimento, ou seja, ao caminho que deve ser observado em busca da extinção de todos os vínculos, quer aquele primário, entre os integrantes de polos diversos, quer aqueles eventuais, nascidos com o encerramento da fase externa. Trata-se de instituto único e peculiar do direito das obrigações, com características próprias e natureza *sui generis* – um modo de ser de certas obrigações plurissubjetivas.

Essas ideias sobre a estrutura e a natureza jurídica da solidariedade são imprescindíveis para conceituar tanto a obrigação solidária passiva quanto a ativa. A doutrina costuma negligenciá-las, porque, em geral, os escritores apenas se referem à fase externa da relação obrigacional, formada entre os devedores solidários e o credor comum (solidariedade passiva) ou entre o devedor comum e os credores solidários (solidariedade ativa). No mais das vezes, desprezam os civilistas, ao conceituar a solidariedade, a fase interna, subsequente à externa, destinada ao acertamento das eventuais quotas de cada um dos antigos membros do grupo solidário, em regresso.

Consideramos que essa outra concepção mostra-se imprescindível para permitir a melhor análise dos efeitos fundamentais e das vicissitudes da relação obrigacional solidária (ativa ou passiva), especialmente à luz do Código Civil de 2002, em razão de seus (já conhecidos) princípios norteadores: sociabilidade, eticidade e operabilidade. Ainda que, na solidariedade passiva, p. ex., cada um dos devedores se responsabilize pela inteira prestação – a ponto de o credor ter a faculdade de exigi-la, no todo ou em parte, da totalidade dos devedores ou de um só deles –, não se permite o comportamento desleal, abusivo, por capricho, com o intuito de prejudicar quem quer que seja. Pensamos, assim, que o credor não teria o direito de ajuizar, sem nenhuma justificativa, várias demandas sucessivas, em momentos distintos, em face dos vários devedores.

Em síntese, esse foi o norte para a análise dos meios de defesa dos devedores (e credores) solidários, dos principais fatos modificativos, extintivos e impeditivos do exercício do direito, assim como da fase interna – durante a qual se exerce o direito de regresso, para o que há necessidade de acertamento das quotas internas entre os outrora consortes. Essas duas fases (externa e interna) são imbricadas, tanto que os atos praticados durante uma delas interferem, por vezes, na solução de controvérsias surgidas ao longo da outra. Concluímos que não é necessária a extinção total da fase externa para se iniciar a fase interna: é comum que se desenvolvam em paralelo, depois de pagamentos parciais.

Discorremos, no último capítulo, acerca de questões processuais afetadas, de forma particular, pela solidariedade. Não se poderia isolar o direito adjetivo (o que inclui o procedimento arbitral) do substantivo: é nítida a interdependência, porque a técnica processual se constrói a partir de características da crise de direito material. Não pretendíamos esgotar nenhum dos temas – é claro –, mas apenas melhor compreender a dinâmica da solidariedade, quando o direito passa para sua atuação patológica.

Apuramos que, quando se trata de ação condenatória ou de execução de título extrajudicial, a solidariedade acarreta *litisconsórcio facultativo*. Em outras palavras: incluem-se, ou não, nos polos passivo ou ativo do processo, os outros membros da relação obrigacional. Muitas vezes, entretanto, quando se cuidar de ação constitutiva ou declaratória, o litisconsórcio será *unitário* (e, por isso, a nosso ver, *necessário*, mesmo no polo ativo): a solução deverá ser a mesma para todos esses membros; não há como um negócio jurídico, p. ex., ser válido e inválido, simultaneamente. A melhor solução, em caso de unitariedade, é citar todos os interessados, para que passem a integrar um dos polos da relação processual.

Quanto à *intervenção de terceiros*, entendemos que sempre (ou quase sempre, porque, na Lei n. 9.099/95, p. ex., há vedação expressa) cabe a *assistência*. Buscamos enfrentar, ainda que de forma perfunctória – dadas as limitações próprias do tema –, as divergências doutrinárias; concluímos que se deve permitir o ingresso do terceiro como assistente simples ou litisconsorcial, ao seu alvedrio. Pensamos que essa possibilidade de escolha, além de adequada às normas do Código de Processo Civil de 2015, decorre de peculiaridades da obrigação solidária. Não cabe, ainda, pelo fato de se tratar de obrigação solidária, a *denunciação da lide*: o ingresso de terceiros na relação processual pode ser promovido, pelo réu, por intermédio do *chamamento ao processo*.

Finalmente, tecemos algumas considerações sobre os *limites subjetivos da coisa julgada* ou, a depender da concepção, *a eficácia da sentença*, em face da relação obrigacional solidária. Na solidariedade ativa, o Código Civil de 2002 (v. art. 274) prevê que o julgamento favorável a um dos credores solidários aproveita os demais, sem prejuízo de exceção pessoal que o devedor tenha direito de invocar em relação a qualquer deles. A doutrina majoritária denomina esse fenômeno coisa julgada *secundum eventum litis*; para os discípulos de E. T. Liebman, tratar-se-ia de eficácia (natural) da sentença em favor de terceiros. Na solidariedade passiva, não há semelhante regra, mas entendemos, conforme a maioria dos autores, que os devedores terceiros se beneficiam da sentença favorável a seu consorte, salvo se se basear em fundamento pessoal ao demandado. Mas essa eficácia não é *pleno iure*: os devedores têm o poder de suscitá-la em seu favor; podem, por variados motivos, não querer fazê-lo.

REFERÊNCIAS

ALMEIDA, Francisco de Paula Lacerda de. *Obrigações*. 2. ed. Rio de Janeiro: Livraria Cruz Coutinho [s.d.].

Alonso, Jose Ricardo Leon. *La categoria de la obligación "in solidum"*. Sevilla: Publicaciones de la Universidad de Sevilla, 1978.

ALVES, João Luiz. *Código Civil da República dos Estados Unidos do Brasil*: parte especial: do direito das obrigações. 3. ed. Rio de Janeiro: Editor Borsoi, 1958, v. 4.

ALVES, José Carlos Moreira. *Direito romano*. 4. ed. Rio de Janeiro: Forense, 1986, v. II.

ALVIM, Agostinho. *Da inexecução das obrigações e suas consequências*. São Paulo: Saraiva, 1949.

ALVIM, Arruda; PINTO, Teresa Arruda Alvim. *Assistência – litisconsórcio*: repertório de jurisprudência e doutrina. São Paulo: Editora Revista dos Tribunais, 1986.

______. *Direito processual civil*: teoria geral do processo de conhecimento. São Paulo: Editora Revista dos Tribunais, 1972, v. 1.

AMARAL NETO, Francisco dos Santos. Solidariedade (direito das obrigações). In: FRANÇA, R. Limongi (Coord.). *Enciclopédia Saraiva do Direito*. São Paulo: Saraiva, 1977, v. 70.

AMORTH, Giorgio. *L'obbligazione solidale*. Milano: Giuffrè, 1959.

ASCARELLI, Tullio. *Teoria geral dos títulos de crédito*. Trad. Nicolau Nazo. 2. ed. São Paulo: Saraiva, 1969.

ASCENSÃO, José de Oliveira. *Direito civil*: teoria geral: ações e fatos jurídicos. 3. ed. São Paulo: Saraiva, 2010, v. 2.

AUBRY, Charles; RAU, Charles-Frédéric. *Cours de droit civil français*: d'après l'ouvrage allemand de C. S. Zacharie. 3. ed. Paris: Librairie de la Cour de Cassation, 1856, t. III.

AULETE, Francisco Júlio de Caldas. *Dicionário contemporâneo da língua portuguesa*. 2. ed. Rio de Janeiro: Delta, 1964.

AZEVEDO, Álvaro Villaça. *Curso de direito civil*: teoria geral das obrigações. 8. ed. São Paulo: Editora Revista dos Tribunais, 2000.

AZEVEDO, Antonio Junqueira de. A conversão dos negócios jurídicos: seu interesse teórico e prático. In: *Estudos e pareceres de direito privado*. São Paulo: Saraiva, 2004, p. 126-134.

______. *Negócio jurídico*: existência, validade e eficácia. São Paulo: Saraiva, 1974.

______. O direito pós-moderno e a codificação. *Revista de Direito do Consumidor*. São Paulo: Editora Revista dos Tribunais, v. 33, p. 123-129, jan.-mar. 2010.

BAPTISTA, Luiz Olavo. *Arbitragem comercial e internacional*. São Paulo: Lex Editora, 2011.

BARASSI, Lodovico. *Instituciones de derecho civil*. Trad. Ramon Garcia de Haro de Goytisolo. Barcelona: José M. Bosch Editor, 1955, v. II.

______. *La teoria generale delle obbligazioni*: la struttura. 2. ed. Milano: Dott. A. Giuffrè Editore, 1963, v. 1.

BARBI, Celso Agrícola. *Comentários ao Código de Processo Civil*: arts. 1º a 55. Rio de Janeiro: Forense, 1977, v. I, t. I.

BARROSO, Luís Roberto. A Constitucionalização do direito e o direito civil. In: TEPEDINO, Gustavo (Org.). *Direito civil contemporâneo*: novos problemas à luz da legalidade constitucional: anais do Congresso Internacional de Direito Civil-Constitucional da Cidade do Rio de Janeiro. São Paulo: Atlas, 2008, p. 238-261.

BAUDRY-LACANTINERIE, G.; BARDE, L. *Théorie et pratique de droit civil*: des obligations. Paris: Librairie de la Société du Recueil des Lois et des Arrêts, 1902, t. 2.

BDINE JR., Hamid Charaf. *Cessão da posição contratual*. 2. ed. São Paulo: Saraiva, 2008.

BEDAQUE, José Roberto dos Santos. Breves notas sobre o litisconsórcio no novo Código de Processo Civil. *Revista Brasileira da Advocacia*. São Paulo: Editora Revista dos Tribunais, v. 3, p. 189-206, out.-dez. 2016.

______. *Direito e processo*: influência do direito material sobre o processo. 6. ed. São Paulo: Malheiros Editores, 2011.

BENACCHIO, Marcelo. Direito subjetivo – situação jurídica – relação jurídica. In: LOTUFO, Renan; NANNI, Giovanni Ettore (Coord.). *Teoria geral do direito civil*. São Paulo: Atlas, 2008, p. 186-217.

BENEDUZI, Renato. *Comentários ao Código de Processo Civil*: artigos 70 ao 187. 2. ed. São Paulo: Editora Revista dos Tribunais, 2018, v. II.

BENETI, Sidnei Agostinho. Da cessão de débito. In: Gustavo; FACHIN, Luiz Edson (Org.). *Doutrinas essenciais*: obrigações e contratos: obrigações: estrutura e dogmática: relação jurídica e o trânsito de bens e interesses: direito das obrigações: relações obrigacionais: fatos, atos e negócios jurídicos. São Paulo: Editora Revista dos Tribunais, 2011, v. 1, p. 529-547.

BETTI, Emilio. *Teoria geral das obrigações*. Trad. Francisco José Galvão Bruno. Campinas: Bookseller, 2006

BEVILAQUA, Clovis. *Codigo Civil dos Estados Unidos do Brasil commentado*. Rio de Janeiro: Livraria Francisco Alves, 1931, v. I.

______. *Codigo Civil dos Estados Unidos do Brasil commentado*. Rio de Janeiro: Livraria Francisco Alves, 1930, v. IV.

______. *Codigo Civil dos Estados Unidos do Brasil commentado*. Rio de Janeiro: Livraria Francisco Alves, 1926, v. V.

______. *Direito das obrigações*. Ed. histórica. Rio de Janeiro: Editora Rio, 1977.

BIANCA, C. Massimo. *Diritto civile*: il contratto. Milano: Giuffrè, 1998, v. 3.

______. *Diritto civile*: l'obbligazione. Milano: Giuffrè, 1993, v. 4.

BOBBIO, Norberto. *Da estrutura à função*: novos estudos de teoria do direito. Trad. Daniela Beccaccia Versiani. Barueri: Manole, 2007.

BOGGERO, Luis María Boffi. *Tratado de las obligaciones*. Buenos Aires: Editorial Astrea, 1985, t. 3.

BONFANTE, Pietro. *Scritti giuridici varii*: obbligazioni, comunione e possesso. Torino: Unione Tipografico – Editrice Torinese, 1926, v. III.

BORDA, José Edwaldo Tavares. *Direito societário*. 8. ed. Rio de Janeiro: Renovar, 2003.

BORDA, Guillermo A. *Tratado de derecho civil*: obligaciones. 5. ed. Buenos Aires: Editorial Perrot, 1983, t. I.

BRECCIA, Umberto; BUSNELLI, Francesco Donato (a cura di). Le "nuove" obbligazioni solidali: principi europei, orientamenti giurisprudenziali, interventi legislativi. In: *I quaderni della Rivista di Diritto Civile*. Padova: Cedam, 2015.

______. Le obbligazioni. In: IUDICA, Giovanni; ZATTI, Paolo (a cura di). *Trattato di diritto privato*. Milano: Giuffrè, 1991, p. 193.

BRUTAU, José Puig. *Fundamentos de derecho civil*: derecho geral de las obligaciones. Barcelona: Bosch Casa Editorial, 1959, t. I, v. II.

BUENO, Cassio Scarpinella. *Partes e terceiros no processo civil brasileiro*. 2. ed. São Paulo: Saraiva, 2006.

BUFNOIR, C. et al. *Code civil allemand*: traduit et annoté. Paris: Imprimerie Nationale, 1904, t. 1.

CABRAL, Antônio da Silva. Cessão de contratos. In: TEPEDINO, Gustavo; FACHIN, Luiz Edson (Org.). *Doutrinas essenciais*: obrigações e contratos: obrigações: função e eficácia: obrigações, crédito e circulação jurídica: patologia obrigacional: programa obrigacional: inadimplemento obrigacional: culpa, danos e penas na inexecução das obrigações: socialidade, controle de bens e economicidade na segurança jurídica obrigacional. São Paulo: Editora Revista dos Tribunais, 2011, v. 2, p. 39-54.

CAHALI, José Francisco. *Curso de arbitragem*: mediação: conciliação: Resolução CNJ 125/2010: com apontamentos sobre os projetos de: reforma da Lei de Arbitragem, Lei de Mediação e novo Código de Processo Civil. 4. ed. São Paulo: Editora Revista dos Tribunais, 2014.

______; HIRONAKA, Giselda Maria Fernandes Novaes. *Direito das sucessões*. 5. ed. São Paulo: Editora Revista dos Tribunais, 2014.

CÂMARA, Alexandre Freitas. *Lições de direito processual civil*. 24. ed. São Paulo: Atlas, 2013, v. 1.

CAMBLER, Everaldo. As obrigações divisíveis e indivisíveis e o novo Código Civil. In: ALVIM, Arruda; CÉSAR, Joaquim Portes de Cerqueira; ROSAS, Roberto (Coord.). *Aspectos controvertidos do novo Código Civil*: escritos em homenagem ao Ministro José Carlos Moreira Alves. São Paulo: Editora Revista dos Tribunais, 2003, p. 175-183.

______; GONÇALVES, Carlos Roberto; MAIA, Mairan. *Comentários ao Código Civil brasileiro*: do direito das obrigações. Coord. Arruda Alvim e Thereza Alvim. Rio de Janeiro: Forense, 2003, v. 3.

CÁNOVAS, Diego Espín. *Manual de derecho civil español*: obligaciones y contratos. Madrid: Editorial Revista de Derecho Privado, 1954, v. III.

CARMONA, Carlos Alberto. *Arbitragem e processo*: um comentário à Lei n. 9.307/96. 2. ed. São Paulo: Atlas, 2004.

CARNELUTTI, Francisco. *Sistema de derecho procesal civil*: introducción y función del proceso civil. Trad. Niceto Alcalá-Zamora y Castillo e Santiago Sentís Melendo. Buenos Aires: Uteha Argentina, 1944, v. I.

CAVALIERI FILHO, Sergio. *Programa de direito do consumidor*. 3. ed. São Paulo: Atlas, 2011.

______. *Programa de responsabilidade civil*. 7. ed. São Paulo: Atlas, 2007.

CERCHIA, Rossella Esther. *Uno per tutti, tutti per uno*: itinerari dela responsabilità solidale nel diritto comparato. Milano: Giuffrè Editore, 2009.

CHIOVENDA, Giuseppe. *Instituições de direito processual civil*: os conceitos fundamentais; a doutrina das ações. Trad. J. Guimarães Menegale. São Paulo: Saraiva, 1942, v. 1.

CIANCI, Mirna. Renúncia da exceção de prescrição – abrangência do tema. In: CIANCI, Mirna (Coord.). *Prescrição no Código Civil*: uma análise interdisciplinar. 2. ed. São Paulo: Saraiva, 2006, p. 355-373.

CIAN, Giorgio; TRABUCCHI, Alberto. *Commentario breve al codice civile*. 4. ed. Padova: Cedam, 1992.

CIFUENTES, Santos. *Negocio jurídico*: estructura: instrumentos: vicios: nulidades: sujetos: objeto: causa: formas: clasificación: interpretación: responsabilidad por las consecuencias: ignorancia y error: dolo: violencia: lesión: simulación: fraude: convalidación. 2. ed. Buenos Aires: Editorial Astrea, 2004.

CINTRA, Antonio Carlos de Araújo; GRINOVER, Ada Pellegrini; DINAMARCO, Cândido Rangel. *Teoria geral do processo*. 29. ed. São Paulo: Malheiros, 2013.

CLUSELLAS, Gabriel (Coord.). *Código Civil y Comercial*: comentado, anotado y concordado: modelos de redacción sugeridos: artículos 638 a 1091. Buenos Aires: Astrea, 2015, v. 3.

COELHO, Fábio Ulhoa. *Curso de direito civil*: obrigações: responsabilidade civil. 4. ed. São Paulo: Saraiva, 2010, v. 2.

COLIN, Ambroise; CAPITANT, H. *Cours élémentaire de droit civil français*. 6. ed. Paris: Librairie Dalloz, 1930, t. 1.

COLMO, Alfredo. *De las obligaciones en general*. 3. ed. Buenos Aires: Editorial Guillermo Kraft Ltda., 1944.

CORDEIRO, António Menezes. *Da boa fé no direito civil*. Coimbra: Almedina, 2017.

______. *Tratado de direito civil português*. Coimbra: Almedina, direito das obrigações, 2009, v. II, t. I.

COREA, Ulisse. *Obbligazioni solidali e giusto processo*. Napoli: Edizioni Scientifiche Italiane, 2012.

CORREIA, Alexandre; SCIASCIA, Gaetano. *Manual de direito romano*. Rio de Janeiro: Cadernos Didáticos [s.d.].

COSTA, José Maria da. As obrigações solidárias. In: FRANCIULLI NETTO, Domingos; MENDES, Gilmar Ferreira; MARTINS FILHO, Ives Gandra da Silva (Coord.). *O novo Código Civil*: estudos em homenagem ao Professor Miguel Reale. São Paulo: LTr, 2003, p. 238-312.

COSTA, Mário Júlio de Almeida. *Direito das obrigações*. 12. ed. Coimbra: Almedina, 2009.

COHN, E. J. *Manual of german law*: general introduction, civil law. 2. ed. London: The British Institute of International and Comparative Law; Dobbs Ferry, N.Y: Oceana Publications Inc., 1968, v. 1.

DELVINCOURT, M. *Cours de Code Napoléon*. Paris: Chez P. Gueffier, Imprimeur -Libraire, 1813, t. 2.

DEMANGEAT, Charles. *Des obligations solidaires en droit romain*: commentaire du titre *de duobus reis*, au Digeste. Paris: A. Marescq Ainé Libraire-Éditeur, 1858.

DEMANTE, A. M.; SANTERRE, E. Colmet de. *Cours Analytique de Code Napoléon*: art. 1101-1386. Paris: Henri Plon, Impremeur-Éditeur, 1865.

DERNBURG, Arrigo. *Diritto delle obbligazioni*. Trad. Francesco Bernardino Cicala. 6. ed. Torino: Fratelli Bocca, Editori, 1903, v. 2.

DESHAYES, Olivier; GENICON, Thomas; LAITHIER, Yves-Marie. *Réforme du droit des contrats, du régime general et de la preuve des obligations*: commentaire article per article. Paris: LexisNexis, 2016.

DIAS, José de Aguiar. *Da responsabilidade civil*. 6. ed. Rio de Janeiro: Forense, 1979, v. II.

DIAS, Regina Bottentuit Gondim. *Natureza jurídica da solidariedade*. Rio de Janeiro: Conquista, 1958.

DIDIER JR., Fredie. CPC-2015, coisa julgada, obrigações solidárias e a nova redação do art. 274 do Código Civil. *Revista de doutrina e jurisprudência*. Brasília: Tribunal de Justiça do Distrito Federal e Territórios, v. 106, n. 2, p. 332-335, jan.-jun. 2015.

______. *Curso de direito processual civil*: introdução ao direito processual civil e processo de conhecimento. 14. ed. Salvador: JusPodivm, 2012, v. 1.

______. Litisconsórcio unitário e litisconsórcio necessário. *Revista de Processo*. São Paulo: Editora Revista dos Tribunais, v. 208, p. 407-422, jun. 2012.

______; BRAGA, Paula Sarno; OLIVEIRA, Rafael. *Curso de direito processual civil*: teoria da prova, direito probatório, teoria do precedente, decisão judicial, coisa julgada e antecipação dos efeitos da tutela. 7. ed. Salvador: Editora JusPodivm, 2012, v. 2.

______ et al. *Curso de direito processual civil*: execução. 4. ed. Salvador: JusPodivm, 2012, v. 5.

DÍEZ-PICAZO, Luis. *Fundamentos del derecho civil patrimonial*: las relaciones obligatorias. 6. ed. Madrid: Civitas, 2008, v. II.

DINAMARCO, Cândido Rangel. *A arbitragem na teoria geral do processo*. São Paulo: Malheiros, 2013.

______. *Intervenção de terceiros*. 5. ed. São Paulo: Malheiros, 2009.

______. *Instituições de direito processual civil*. 6. ed. São Paulo: Malheiros, 2009, v. I.

______. *Instituições de direito processual civil.* 6. ed. São Paulo: Malheiros, 2009, v. II.

______. *Litisconsórcio.* 4. ed. São Paulo: Malheiros, 1996.

Diniz, Maria Helena. *Curso de direito civil brasileiro*: teoria geral das obrigações. 33. ed. São Paulo: Saraiva, 2018, v. 2

______. Novação. In: Tepedino, Gustavo; Fachin, Luiz Edson (Org.). *Doutrinas essenciais*: obrigações e contratos: funções e eficácia: obrigações, crédito e circulação jurídica: patologia obrigacional: programa obrigacional: inadimplemento obrigacional: culpa, danos e penas na inexecução das obrigações: socialidade, controle de bens e economicidade na segurança jurídica obrigacional. São Paulo: Editora Revista dos Tribunais, 2011, v. 2, p. 865-879.

______. *Tratado teórico e prático dos contratos.* 7. ed. São Paulo: Saraiva, 2013, v. 1.

______. *Tratado teórico e prático dos contratos.* 7. ed. São Paulo: Saraiva, 2013, v. 3.

______. *Tratado teórico e prático dos contratos.* 7. ed. São Paulo: Saraiva, 2013, v. 5.

Encinas, Emilio Eiranova. *Código Civil alemán comentado*: BGB. Barcelona: Marcial Pons, 1998.

Enneccerus, Ludwig. *Derecho de obligaciones.* Trad. Blas Pérez González e José Alguer. 2. ed. Barcelona: Bosch, 1954, v. 1.

Espanés, Luis Mosset de; Márquez, José Fernando. *Curso de derecho civil*: obligaciones. Buenos Aires: Zavalía, 2018, v. 2.

Espinola, Eduardo. *Garantia e extinção das obrigações*: obrigações solidárias e indivisíveis. Rio de Janeiro: Freitas Bastos, 1951.

Fachin, Luiz Edson. *Intervenção de terceiros no processo civil.* São Paulo: Editora Revista dos Tribunais, 1989.

Farias, Cristiano Chaves de; Rosenvald, Nelson. *Direito das obrigações.* Rio de Janeiro: Lumen Juris, 2006.

Ferraz, Sérgio. *Assistência litisconsorcial no direito processual civil*: breves notas. São Paulo: Editora Revista dos Tribunais, 1979.

Fiuza, Ricardo (Coord.). *Novo Código civil comentado.* São Paulo: Saraiva, 2002.

Franco, Vera Helena de Mello. *Contratos*: direito civil e empresarial. 5. ed. São Paulo: Editora Revista dos Tribunais, 2014.

François, Clément. Présentation des articles 1310 à 1319 du nouveau paragrafe 1 'L'obligation solidaire'. *La réforme du droit des contrats présentée par l'IEJ de Paris 1*, 2016. Disponível em: [https://iej.univ-paris1.fr/openaccess/reforme-contrats/titre4/chap1/sect3/ssect2/para1-obligation-solidaire/]. Acesso em 2.9.2018.

Freitas, A. Teixeira de. *Código Civil*: esbôço. Rio de Janeiro: Ministério da Justiça e Negócios Interiores, 1952.

FULGÊNCIO, Tito. *Do direito das obrigações*: das modalidades das obrigações: artigos 863-927. 2. ed. Atual. por José de Aguiar Dias. Rio de Janeiro: Forense, 1958.

GAGLIANO, Pablo Stolze; PAMPLONA FILHO, Rodolfo. *Novo curso de direito civil*: obrigações. 12. ed. São Paulo: Saraiva, 2011, v. II.

GAGLIARDO, Mariano. *Tratado de obligaciones*: según el Código Civil y Comercial. Buenos Aires: Zavalía, 2015, t. 1.

GAMA, Affonso Dionysio. *Theoria e pratica dos contractos por instrumento particular no direito brasileiro*. 3. ed. Rio de Janeiro: Livraria Editora Leite Ribeiro, 1925.

GAMBINO, Francesco. Le obbligazioni: il rapporto obbligatorio. In: SACCO, Rodolfo (diretto da). *Trattato di diritto civile*. Milano: Utet Giuridica, 2015, v. 1.

GÁSPERI, Luis de. *Tratado de las obligaciones en el derecho civil paraguayo y argentino*: parte especial: de las obligaciones en particular y sus fontes. Buenos Aires: Editorial DePalma, 1946, v. II.

GHERSI, Carlos Alberto. *Obligaciones civiles y comerciales*: complementado con análisis socioeconómico, constitucional, tratados internacionales y ley de defensa del consumidor. 2. ed. Buenos Aires: Astrea, 2005.

GIORGI, Jorge. *Teoria de las obligaciones en el derecho moderno*: expuesta conforme a la doctrina y la jurisprudência italiana, francesa, alemana, etc., etc.: definición de las obligaciones: obligaciones naturales, solidarias, indivisibles: forma y prueba de las obligaciones. Trad. Eduardo Dato Iradier. 2. ed. Madrid: Editora Reus, 1928, v. I.

______. *Teoria de las obligaciones en el derecho moderno*: expuesta conforme a la doctrina y la jurisprudência italiana, francesa, alemana, etc., etc.: extinción de las obligaciones: pago: oferta real: "datio in solutum": remisión: novación. Trad. Eduardo Dato Iradier. 2. ed. Madrid: Editora Reus, 1930, v. VII.

______. *Teoria de las obligaciones en el derecho moderno*: expuesta conforme a la doctrina y la jurisprudência italiana, francesa, alemana, etc., etc.: extinción de las obligaciones (continuación y fin): compensación: confusión: pérdida de la cosa debida: acciones rescisorias: prescriptión. Trad. Eduardo Dato Iradier. 2. ed. Madrid: Editora Reus, 1930, v. VIII.

GIORGIANNI, Michele. Obbligazione solidale e parziaria. In: AZARA, Antonio; EULA, Ernesto (Dir.). *Novissimo Digesto Italiano*. Torino: UTET, 1965, v. 11, p. 674-685.

GODOY, Claudio Luiz Bueno de. *Responsabilidade civil pelo risco da atividade*: uma cláusula geral no Código Civil de 2002. 2. ed. São Paulo: Saraiva, 2010.

GOMES, Orlando. *Obrigações*. 5. ed. Rio de Janeiro: Forense, 1978.

______. *Transformações gerais do direito das obrigações*. 2. ed. São Paulo: Editora Revista dos Tribunais, 1980.

GONÇALVES, Aroldo Plínio. *Da denunciação da lide*. Rio de Janeiro: Forense, 1983.

GONÇALVES, Luiz da Cunha. *Princípios de direito civil luso-brasileiro*: direito das obrigações. São Paulo: Max Limonad, 1951, v. II.

GRAU, Eros Roberto. *Por que tenho medo dos juízes*: a interpretação/aplicação do direito e os princípios. 6. ed. São Paulo: Malheiros, 2013.

GRECO FILHO, Vicente. *Da intervenção de terceiros*. 3. ed. São Paulo: Saraiva, 1991.

HEDEMANN, J. W. *Derecho de obligaciones*. Trad. Jaime Santos Briz. Madrid: Editorial Revista de Derecho Privado, 1958, v. III.

HONTEBEYRIE, Antoine. *Le fondement de l'obligation solidaire en droit privé français*. Paris: Economica, 2004.

HUC, Théophile. *Commentaire théorique & pratique du Code Civil*: contrats et obligations: effets des obligations: condition: solidarité: indivisibilité: clause pénale: art. 1101 à 1233. Paris: Librairie Cotillon, 1894, t. 7.

______. *Commentaire théorique & pratique du Code Civil*: contrats et obligations (suite): modes d'extinction: paiement: subrogation: compensation, etc.: modes de preuve: chose jugée, etc.: quasi-contrats: quasi-délits: arts. 1234 à 1386. Paris: Librairie Cotillon, 1895, t. 8.

IHERING, Rodolf von. *Jurisprudencia en broma y en serio*. Trad. Román Riaza. Madrid: Editorial Reus [s.d.].

ITALIA. Ministerio di Grazia e Giustizia. *Codice Civile*: testo e relazione ministeriale. Roma: Instituto Poligrafico dello Stato, 1943.

JOSSERAND, Louis. *Cours de droit civil positif français*: théorie générale du droit et des droits: les personnes: la famille: la propriété et les autres droits réels principaux. 3. ed. Paris: Librairie du Recueil Sirey, 1938, v. I.

______. *Cours de droit civil positif français*: théorie générale des obligations: les principaux contrats du droit civil: les suretés. 3. ed. Paris: Librairie du Recueil Sirey, 1939, v. II.

KASER, Max. *Direito privado romano*. 2. ed. Trad. Samuel Rodrigues e Ferdinand Hämmerle. Rev. Maria Armanda de Saint-Maurice. Lisboa: Fundação Calouste Gulbenkian, 2011.

KELSEN, Hans. *Teoría general del derecho y del estado*. Trad. Eduardo García Máynez. México: Textos Universitarios, 1969.

LAFAILLE, Héctor. *Tratado de las obligaciones*. Buenos Aires: Ediar Soc. Anón. Editores [s.d.], v. II.

LAPORTA, Jorge Caffarena. La extensión de la solidariedade y la dulcificación de su régimen. In: LAPORTA, Jorge Caffarena; LÓPEZ, Joaquín Ataz (Coord.).

Las obligaciones solidarias: jornadas de derecho civil em Murcia. Valencia: Tirant lo Blanch, 2002, p. 15-71.

LARENZ, Karl. *Derecho civil*: parte general. Trad. Miguel Izquierdo e Macías--Picavea. Madrid: Editorial Revista de Derecho Privado, 1978.

______. *Derecho de obligaciones*. Trad. Jaime Santos Briz. Madrid: Editorial Revista de Derecho Privado, 1958.

______. *Metodologia da ciência do direito*. Trad. José Lamego. 3. ed. Lisboa: Calouste Gulbenkian, 1997.

LAROMBIÈRE, M. L. *Théorie & pratique des obligations*: ou commentaire des titres III & IV, livre III, du Code Napoléon: art. 1101 à 1386. Paris: A. Durand, 1857, t. 2.

LAUX, Francisco de Mesquita. Notas a respeito do regime jurídico das obrigações solidárias e seus reflexos sobre os limites subjetivos da coisa julgada. *Revista de Processo*. São Paulo: Editora Revista dos Tribunais, v. 239, p. 15-34, jan. 2015.

LEAL, Antônio Luís da Câmara. *Da prescrição e da decadência*: teoria geral do direito civil. 3. ed. Rio de Janeiro: Forense, 1978.

LEITÃO, Luís Manuel Teles de Menezes. *Garantias das obrigações*. 6. ed. Coimbra: Almedina, 2018.

LIEBMAN, Enrico Tullio. Decisão e coisa julgada. Separata da *Revista da Faculdade de Direito*. São Paulo: [s.n], v. XL (extraordinário), 1946, p. 203-270.

LÔBO, Paulo. *Direito civil*: obrigações. 2. ed. São Paulo: Saraiva, 2011.

LOPES, Miguel Maria de Serpa. *Curso de direito civil*: obrigações em geral. 4. ed. Rio de Janeiro: Freitas Bastos, 1966, v. II.

LÓPEZ, Joaquín Ataz. Las obligaciones solidarias en la nueva ley de enjuiciamiento civil (aspectos sustantivos). In: LAPORTA, Jorge Caffarena; LÓPEZ, Joaquín Ataz (Coord.). *Las obligaciones solidarias*: jornadas de derecho civil em Murcia. Valencia: Tirant lo Blanch, 2002, p. 75-163.

LOTUFO, Renan. *Código Civil comentado*: obrigações: parte geral (arts. 233 a 420). São Paulo: Saraiva, 2003, v. 2.

LYRA JUNIOR, Eduardo M. G. de. Notas sobre a solidariedade passiva no novo Código Civil. *Revista de Direito Privado*. São Paulo: Editora Revista dos Tribunais, v. 13, p. 29-50, jan.-mar. 2003.

MAGALHÃES, J. M. Barbosa de. *Das obrigações solidárias em direito civil portuguez*. Coimbra: Livraria Central de J. Diogo Pires – Editor, 1882.

MAJO, Adolfo Di. Obbligazioni solidali (e indivisibili). In: MORTATI, Costantino; SANTORO-PASSARELLI, Francesco (Dir.). *Enciclopedia del Diritto*. Milano: Giuffrè Editore, 1979, v. XXIX.

MALAURIE, Philippe; AYNÈS, Laurent; STOFFEL-MUNCK, Philippe. *Droit civil*: droit des obligations. 8. ed. Paris: LGDJ, 2016.

MARINO, Francisco Paulo De Crescenzo. *Interpretação do negócio jurídico*. São Paulo: Saraiva, 2011.

MARINONI, Luiz Guilherme. *Curso de processo civil*: teoria geral do processo. 3. ed. São Paulo: Editora Revista dos Tribunais, 2008, v. 1.

______; ARENHART, Sérgio Cruz; MITIDIERO, Daniel. *O novo processo civil*. São Paulo: Editora Revista dos Tribunais, 2015.

MARQUES, José Frederico. *Manual de direito processual civil*: teoria geral do processo civil. 5. ed. São Paulo: Saraiva, 1977, v. I.

MARTINS-COSTA, Judith. *A boa-fé no direito privado*: critérios para sua aplicação. 2. ed. São Paulo: Saraiva, 2018.

______. Reflexões sobre o princípio da função social dos contratos. *Revista Direito GV*, v. 1, n. 1, p. 41-66, maio 2005.

MARTINS, Fran. *Títulos de crédito*: cheques, duplicatas, títulos de financiamento, títulos representativos e legislação. Rio de Janeiro: Forense, 1980, v. II.

MARTINS, Pedro A. Batista. *Apontamentos sobre a Lei de Arbitragem*. Rio de Janeiro: Forense, 2008.

______. A arbitragem no Brasil. *Revista Síntese*, n. 68, p. 21-30, nov.-dez. 2010.

MASI, Antonio. Solidarietà (diritto romano). In: AZARA, Antonio; EULA, Ernesto (Dir.). *Novissimo Digesto Italiano*. Torino: UTET, 1965, v. 17.

MAURÍCIO, Ubiratan de Couto. *Assistência simples no direito processual civil*. São Paulo: Editora Revista dos Tribunais, 1983.

MAZEAUD, Henri y Léon; MAZEAUD, Jean. *Lecciones de derecho civil*: parte segunda: cumplimiento, extinción y transmisión de las obligaciones. Trad. Luis Alcalá-Zamora y Castillo. Buenos Aires: Ediciones Jurídicas Europa-América, 1960.

MEDICUS, Dieter. *Tratado de las relaciones obligacionales*. Trad. Ángel Martínez Sarrión. Barcelona: Bosch Casa Editorial, 1995, v. 1.

MEIRA, Sílvio A. B. *História e fontes do direito romano*. São Paulo: Saraiva, 1966.

MELLO, Marcos Bernardes de. *Teoria do fato jurídico*: plano de existência. 20. ed. São Paulo: Saraiva, 2014.

______. *Teoria do fato jurídico*: plano da validade. 13. ed. São Paulo: Saraiva, 2014.

MENDONÇA, José Xavier Carvalho de. *Tratado de direito commercial brasileiro*: das obrigações, dos contractos e da prescripção em materia commercial: parte I: das obrigações em materia commercial. 3. ed. Rio de Janeiro: Livraria Editora Freitas Bastos, 1939.

MENDONÇA, Manuel Inácio Carvalho de. *Doutrina e prática das obrigações ou tratado geral dos direitos de crédito*. 4. ed. Rio de Janeiro: Forense, 1956, t. I.

MESA, Marcelo J. López. *Derecho de las obligaciones*: análisis exegético del nuevo Código Civil y Comercial. Buenos Aires: Euros Editores S.R.L., 2015.

MESSINEO, Francesco. *Manual de derecho civil y comercial*: derecho de las obligaciones: parte general. Trad. Santiago Sentis Melendo. Buenos Aires: Ediciones Juridicas Europa-America, 1955, t. VI.

MIGNOT, Marc. *Les obligations solidaires et les obligations in solidum en droit privé français*. Paris: Dalloz, 2002.

MIRANDA, Pontes de. *Comentários ao Código de Processo Civil*: arts. 677-807. Rio de Janeiro: Revista Forense, 1949, v. IV.

______. *Tratado de direito privado*. 3. ed. Rio de Janeiro: Borsoi, 1970, v. V.

______. *Tratado de direito privado*. 3. ed. Rio de Janeiro: Borsoi, 1970, v. VI.

______. *Tratado de direito privado*. 3. ed. Rio de Janeiro: Borsoi, 1971, v. X.

MONTEIRO, Washington de Barros. *Curso de direito civil*: direito das obrigações, 1ª parte: das modalidades das obrigações: dos efeitos das obrigações. 15. ed. São Paulo: Saraiva, 1979.

MONTES, Angel Cristobal. *Estudios de derecho de obligaciones*. Zaragoza: Editorial Librería General, 1985.

______. *La estructura y los sujetos de la obligacion*. Madrid: Editorial Civitas, 1990.

MORATO, Antonio Carlos. Obrigações solidárias. In: LOTUFO, Renan; NANNI, Giovanni Ettore (Coord). *Obrigações*. São Paulo: Atlas, 2011, p. 175-215.

MOREIRA, José Carlos Barbosa. *Litisconsórcio unitário*. Rio de Janeiro: Forense, 1972.

______. Notas sobre pretensão e prescrição no sistema do novo Código Civil brasileiro. *Revista Forense*. Rio de Janeiro: Forense, 2003, v. 366, p. 119-126, mar.-abr. 2003.

______. Solidariedade ativa: efeitos da sentença e coisa julgada na ação de cobrança proposta por um único credor. In: *Temas de direito processual*: nona série. São Paulo: Saraiva, 2007, p. 221-234.

MORETO, Mariana Capela Lombardi. Limites subjetivos da coisa julgada na sucessão, substituição processual e solidariedade. In: TUCCI, José Rogério Cruz e; RODRIGUES, Walter Piva; AMADEO, Rodolfo da Costa Manso Real (Coord.). *Processo Civil*: homenagem a José Ignacio Botelho de Mesquita. São Paulo: Quartier Latin, 2013, p. 145-171.

Nader, Paulo. *Curso de direito civil*: obrigações. 8. ed. Rio de Janeiro: Forense, 2016, v. 2.

NANNI, Giovanni Ettore. *A possibilidade de convenção tácita da solidariedade no direito obrigacional*: análise do artigo 265 do Código Civil. Inédito, 2018.

______. (Coord.). *Comentários ao Código Civil*: direito privado contemporâneo. São Paulo: Saraiva, 2019.

______. O direito civil da arbitragem e na arbitragem. In: *Direito civil e arbitragem*. São Paulo: Atlas, 2014, p. 3-7.

______. *Enriquecimento sem causa*. 2. ed. São Paulo: Saraiva, 2010.

______. O negócio de acertamento como espécie de negócio jurídico. *Letrado*: Informativo Instituto dos Advogados de São Paulo. São Paulo, v. 100, maio-jun. 2012, p. 78-79.

Nazo, Georgette Nacarato. Contrato judicial. In: Tepedino, Gustavo; Fachin, Luiz Edson (Org.). *Doutrinas essenciais*: obrigações e contratos: contratos: formação e regime: formação contratual, negociações preliminares, pré-contrato: vicissitudes da relação contratual e seu perecimento: contratos, autonomia existencial e direitos da personalidade: regimes contratuais especiais. São Paulo: Editora Revista dos Tribunais, 2011, v. 4, p. 95-108.

Nery Junior, Nelson; Nery, Rosa Maria de Andrade. *Comentários ao Código de Processo Civil*. São Paulo: Editora Revista dos Tribunais, 2015.

Nery, Rosa Maria Barreto Borrielo de Andrade. Apontamentos sobre o princípio da solidariedade no sistema do direito privado. *Revista de Direito Privado*. São Paulo: Editora Revista dos Tribunais, v. 17, p. 65-70, jan.-mar. 2004.

______; Nery Junior, Nelson. *Instituições de direito civil*: parte geral. São Paulo: Editora Revista dos Tribunais, 2015, v. I, t. II.

______; Nery Junior, Nelson. *Instituições de direito civil*: direito das obrigações. São Paulo: Editora Revista dos Tribunais, 2015, v. II.

______; Nery Junior, Nelson. *Instituições de direito civil*: contratos. São Paulo: Editora Revista dos Tribunais, 2016, v. III.

Nicolau Junior, Mauro; Almeida, Ricardo Marques de. Prescrição, cláusulas gerais e segurança jurídica. Perspectivas hermenêuticas dos direitos fundamentais no Código Civil. In: Cianci, Mirna (Coord.). *Prescrição no Código Civil*: uma análise interdisciplinar. 2. ed. São Paulo: Saraiva, 2006, p. 201-317.

Nieva-Fenoll, Jordi. *Coisa julgada*. Trad. Antonio do Passo Cabral. São Paulo: Editora Revista dos Tribunais, 2016.

Nonato, Orosimbo. *Curso de obrigações*: generalidades – espécies. Rio de Janeiro: Forense, 1959, v. II.

Noronha, Fernando. *Direito das obrigações*. São Paulo: Saraiva, 2003.

Oliveira, Arthur Vasco Itabaiana de. *Tratado de direito das sucessões*: da sucessão em geral e da sucessão legítima. 4. ed. São Paulo: Max Limonad, 1952, v. I.

______. *Tratado de direito das sucessões*: inventário e partilha: ações que nascem do direito hereditário: sucessão no direito internacional privado: sucessão no direito comparado. 4. ed. São Paulo: Max Limonad, 1952, v. III.

ORLANDI, Mauro. *La responsabilità solidale*: profili dele obbligazioni solidali risarcitorie. Milano: Dott. A. Giuffrè Editore, 1993.

PASSOS, J. J. Calmon de. Função social do processo. *Revista do Tribunal Regional Federal da 1ª Região*, v. 9, n. 2, p. 47-59, abr.-jun. 1997.

PELLEGATTA, Stefano. *Unità e pluralità nella obbligazione solidale passiva*. Torino: G. Giappichelli Editore, 2016.

PELUSO, Cezar (Coord.). *Código Civil comentado*: doutrina e jurisprudência: Lei n. 10.406, de 10.01.2002: contém o Código Civil de 1916. 4. ed. Barueri: Manole, 2010.

PEÑA, Federico Puig. *Tratado de derecho civl español*: teoria general de la obligación: obligaciones y contratos. Madrid: Editorial Revista de Derecho Privado, 1951, v. I, t. IV.

PEREIRA, Caio Mário da Silva. *Instituições de direito civil*: introdução ao direito civil: teoria geral de direito civil. 27. ed. Rio de Janeiro: Forense, 2014, v. I.

______. *Instituições de direito civil*: teoria geral das obrigações. 26. ed. Rio de Janeiro: Forense, 2014, v. II.

PEREIRA, Regis Fichtner. A natureza jurídica das obrigações solidárias. *Revista do Ministério Público*. Edição comemorativa. Rio de Janeiro: Ministério Público do Estado do Rio de Janeiro, v. 1, n. 1, p. 1.057-1.064, jan.-jun. 1995.

PERLINGIERI, Pietro. *Perfis do direito civil*: introdução ao direito civil constitucional. Trad. Maria Cristina De Cicco. 3. ed. Rio de Janeiro: Renovar, 1997.

PEZZELLA, Federico. *L'obbligazione in solido nei riguardi dei creditori*. Milano: Società Editrice Libraria, 1934.

PINTO, Carlos Alberto da Mota. *Cessão de contrato*: contendo parte tratando a matéria conforme o direito brasileiro. São Paulo: Saraiva, 1985.

PLANIOL, Marcel. *Traité élémentaire de droit civil*: príncipes généraux, personnes, biens. 4. ed. Paris: Librairie Générale de Droit et de Jurisprudence, 1948, t. 1.

______. *Traité élémentaire de droit civil*: obligations, contrats, sûretés réelles. 3. ed. Paris: Librairie Générale de Droit et de Jurisprudence, 1949, t. 2.

PORTA, Ubaldo La. Delle obbligazioni in solido: artt. 1292-1313. In: SCHLESINGER, Piero; BUSNELLI, Francesco Donato (diretto da). *Il Codice Civile*: commentario. Milano: Giuffrè Editore, 2014.

POTHIER, Robert Joseph. *Tratado de las obligaciones*. Buenos Aires: Editorial Atalaya, 1947.

RÁO, Vicente. *Ato jurídico*: noção, pressupostos, elementos essenciais e acidentais: o problema do conflito entre os elementos volitivos e a declaração. 3. ed. São Paulo: Saraiva, 1981.

REALE, Miguel. *Lições preliminares de direito*. São Paulo: José Bushatsky, 1974.

REQUIÃO, Rubens. *Curso de direito comercial*. 8. ed. São Paulo: Saraiva, 1977, v. 2.

______. *Curso de direito falimentar*: falência. 2. ed. São Paulo: Saraiva, 1976, v. 1.

REZZÓNICO, Luis María. *Estudio de las obligaciones en nuestro derecho civil*: teoria general de las obligaciones: extinción de las obligaciones. Buenos Aires: Ediciones Depalma, 1966, v. 1, 1ª parte.

RIZZARDO, Arnaldo. *Direito das obrigações*. 7. ed. Rio de Janeiro: Forense, 2013.

RODIÈRE, A. *De la solidarité et de l'indivisibilité*. Paris: Chez A. Durant, 1852.

RODOVALHO, Thiago. *Abuso de direito e direitos subjetivos*. São Paulo: Editora Revista dos Tribunais, 2011.

RODRIGUES, Silvio. *Direito civil*: parte geral das obrigações. 7. ed. São Paulo: Saraiva, 1977, v. II.

______. *Direito civil*: direito das sucessões. 5. ed. São Paulo: Saraiva, 1976, v. VII.

ROSSETTI, Giulietta. *Le obbligazioni in solido*: modelli romani e disciplina attuale. Napoli: Jovene Editore, 2013.

RUBINO, Domenico. Delle obbligazioni: obbligazioni alternative, obbligazioni in solido, obbligazioni divisibili e indivisibili: art. 1285-1320. In: SCIALOJA, Antonio; BRANCA, Giuseppe (a cura di). *Commentario del Codice Civile*: libro quarto: delle obbligazioni. 2. ed. Bologna: Zanichelli; Roma: Soc. Ed. Del Foro Italiano, 1968.

RUGGIERO, Roberto de. *Instituições de direito civil*: introdução e parte geral: direito das pessoas. Trad. Ary dos Santos. 6. ed. São Paulo: Saraiva, 1934, v. I.

______. *Instituições de direito civil*: direito das obrigações: direito hereditário. Trad. Ary dos Santos. 6. ed. São Paulo: Saraiva [s.d.], v. III.

SALVAT, Raymundo M. *Tratado de derecho civil argentino*: obligaciones en general. 6. ed. Buenos Aires: Tipografica Editora Argentina, 1953, v. II.

SANTOS, J. M. de Carvalho. *Código Civil brasileiro interpretado*: principalmente do ponto de vista prático: parte geral. 7. ed. Rio de Janeiro: Freitas Bastos, 1956, v. XI.

SANTOS, Moacyr Amaral. *Primeiras linhas de direito processual civil*. 27. ed. Saraiva: São Paulo, 2011, v. 2.

SAVATIER, René. *Traité de la responsabilité civile en droit français*: civil, administratif, professionnel, procédural. 2. ed. Paris: Librairie Générale de Droit et de Jurisprudence, 1951, t. II.

SAVIGNY, M. de. *Le droit des obligations*. Trad. C. Gérardin e P. Jozon. Paris: Auguste Durand, Librairie-Éditeur, 1863.

SCAVONE JUNIOR, Luiz Antonio. *Juros no direito brasileiro*. 4. ed. São Paulo: Editora Revista dos Tribunais, 2011

SERRA, Adriano Paes da Silva Vaz. Pluralidade de devedores ou de credores. Lisboa: [s.n], v. 69, out. 1957. Separata do *Boletim do Ministério da Justiça*, p. 37-352.

______. Pluralidade de devedores ou de credores. Lisboa: [s.n], v. 70, nov. 1957. Separata do *Boletim do Ministério da Justiça*, p. 5-240.

SESSAREGO, Carlos Fernández. *Abuso del derecho*. Buenos Aires: Editorial Astrea, 1992.

SICA, Heitor Vitor Mendonça. Três velhos problemas do processo litisconsorcial à luz do CPC/2015. *Revista de Processo*. São Paulo: Editora Revista dos Tribunais, v. 256, p. 65-86, jun. 2016.

SILVA, Clóvis V. do Couto e. *A obrigação como processo*. Rio de Janeiro: Editora FGV, 2006.

SILVA, De Plácido e. *Vocabulário jurídico*. 15. ed. Rio de Janeiro: Forense, 1999.

SILVA, Luís Renato Ferreira da. *Reciprocidade e contrato*: a teoria da causa e sua aplicação nos contratos e nas relações "paracontratuais". Porto Alegre: Livraria do Advogado Editora, 2013.

SILVA, Ovidio Araujo Baptista da. Eficácias da sentença e coisa julgada. In: *Sentença e coisa julgada*: ensaios. Porto Alegre: Fabris, 1979.

______. Litisconsórcio. In: SILVA, Ovídio A. Baptista da; GOMES, Fábio Luiz. *Teoria geral do processo civil*. 6. ed. São Paulo: Editora Revista dos Tribunais, 2011, p. 137-154.

STERN, Walter. Obbligazioni (Diritto civile). In: D'AMELIO, Mariano (a cura di). *Nuovo Digesto Italiano*. Torino: Unione Tipografico – Editrice Torinense, 1939, v. VIII.

TALAMINI, Eduardo. *Coisa julgada e sua revisão*: coisa julgada e Constituição: o regime infraconstitucional da coisa julgada: a ação rescisória e outros meios rescisórios típicos: os limites da revisão atípica ("relativização") da coisa julgada: as sentenças inexistentes. São Paulo: Editora Revista dos Tribunais, 2005.

TEPEDINO, Gustavo; Barboza, Heloisa Helena; MORAES, Maria Celina Bodin de. *Código Civil interpretado*: conforme a Constituição da República: parte geral e obrigações. 2. ed. Rio de Janeiro: Renovar, 2007, v. 1.

______; Oliva, Milena Donato. Notas sobre a condição no negócio jurídico. *Revista de Direito Civil Contemporâneo*. São Paulo: Editora Revista dos Tribunais, n. 5, v. 16, p. 61-83, jul.-set. 2018.

______. Premissas metodológicas para a constitucionalização do direito civil. In: Tepedino, Gustavo. *Temas de direito civil*. Rio de Janeiro: Renovar, 1999, p. 1-22.

______; Schreiber, Anderson. *Código Civil comentado*: direito das obrigações: artigos 233 a 420. Coord. Álvaro Villaça Azevedo. São Paulo: Atlas, 2008, v. IV.

Theodoro Júnior, Humberto. *Curso de direito processual civil*: teoria geral do direito processual civil e processo de conhecimento. 39. ed. Rio de Janeiro: Forense, 2003.

Ticozzi, Marco. *Studio sulle obbligazioni solidali*. Padova: Cedam, 2012.

Tucci, José Rogério Cruz e. *Comentários ao Código de Processo Civil*: artigos 485 ao 538. 2. ed. São Paulo: Editora Revista dos Tribunais, 2018, v. VIII,

Tuhr, A. Von. *Tratado de las obligaciones*. Trad. W. Roces. Madrid: Editorial Reus, 1934, t. II.

Varela, Antunes. *Direito das obrigações*: conceito, estrutura e função da relação obrigacional, fontes das obrigações, modalidades das obrigações. Rio de Janeiro: Forense, 1977.

Venosa, Sílvio de Salvo. *Direito civil*: teoria geral das obrigações e teoria geral dos contratos. 7. ed. São Paulo: Atlas, 2007, v. 2.

Wald, Arnoldo. *Direito civil*: direito das obrigações e teoria geral dos contratos. 20. ed. São Paulo: Saraiva, 2011, v. 2

______. Solidariedade e fiança. In: MENDES, Gilmar Ferreira; Stoco, Rui (Org.). *Doutrinas essenciais*: direito civil: parte geral: princípios e aspectos gerais: lei de introdução às normas do direito brasileiro: princípios do direito privado: aspectos gerais do direito civil. São Paulo: Editora Revista dos Tribunais, 2011, v. 2, p. 535-546.

Wambier, Teresa Arruda Alvim et al. *Comentários ao novo Código de Processo Civil*: artigo por artigo. São Paulo: Editora Revista dos Tribunais, 2015.

Westermann, Harm Peter. *Código civil alemão*: direito das obrigações: parte geral. Trad. Armindo Edgar Laux. Porto Alegre: Sergio Antonio Fabris, 1983.

Wieacker, Franz. *História do direito privado moderno*. Trad. A. M. Botelho Hespanha. 2. ed. Lisboa: Fundação Calouste Gulbenkian. 1967.

Windscheid, Bernardo. *Diritto delle pandette*. Trad. Carlo Fadda e Paolo Emilio Bensa. Torino: Unione Tipografico, 1904, v. 2.

ZANGEROLAME, Flavia Maria. Obrigações divisíveis e indivisíveis e obrigações solidárias. In: TEPEDINO, Gustavo (Coord.). *Obrigações*: estudos na perspectiva civil-constitucional. Rio de Janeiro: Renovar, 2005, p. 181-210.

ZIMMERMANN, Reinhard. *The law of obligations*: roman foundations of the civilian tradition. Oxford: Oxford University Press, 1996.